ESIC UDC

फेज 1 - प्रारंभिक परीक्षा

नवीनतम संस्करण

अभ्यास किट

20 टेस्ट्स

08 मॉक टेस्ट्स

12 सेक्शनल टेस्ट्स

वास्तविक परीक्षा प्रारूप पर आधारित टेस्ट

✓ पूर्णतः संशोधित और अद्यतन

✓ सभी बहुविकल्पीय प्रश्नो का विस्तृत विश्लेषण

शीर्षक : ESIC UDC फेज 1 - प्रारंभिक परीक्षा
लेखक का नाम : Mr. Rohit Manglik
प्रकाशक : EduGorilla Community Pvt. Ltd.
प्रकाशक का पता : 12/651 प्रथम तल, अरविन्दो पार्क के सामने, निकट जामा मस्जिद, इंदिरा नगर लखनऊ, उत्तर प्रदेश, 226016, भारत।

कॉपीराइट EduGorilla

ISBN : 978-93-90893-08-9
द्वितीय संस्करण

अस्वीकरण EduGorilla

Compiled and created by EduGorilla Community Pvt. Ltd

EduGorilla Community Pvt. Ltd. द्वारा मुद्रित

रोहित मांगलिक
सीईओ, EduGorilla

प्रिय छात्रों,

एक बहुत ही प्रचलित कहावत है कि "सफलता उन्हीं को मिलती है जो उसके लिए कड़ी मेहनत करते हैं।" लेकिन मैंने लोगों को उनकी परीक्षाओं के लिए दिन-रात एक करके मेहनत करते हुए देखा है, पर फिर भी वे सफल नहीं हो पाते। तो वहीं दूसरी ओर, कुछ लोग बस आधी मेहनत करके परीक्षा में सफलता प्राप्त करते हैं। तो, क्या वे किस्मत वाले हैं? नहीं मेरा मानना है, कि ऐसा इसलिए है क्योंकि वे सिर्फ कड़ी नहीं बल्कि कुशल तरीके से अपनी तैयारी करते हैं। इसी तरह आपको भी अपनी परीक्षाओं की तैयारी के लिए अपनी योजना बनानी चाहिए, ताकि आपकी भी सफलता की संभावना बढ़ सके। तो तैयार हो जाइये EduGorilla के साथ अपनी परीक्षा में चयन होने की संभावना को 16 गुना बढ़ाने के लिए।

EduGorilla आपको न केवल कड़ी मेहनत करने में मदद करता है, बल्कि एक स्मार्ट और योजनाबद्ध तरीके से तैयारी करने में भी सहायता प्रदान करता है। EduGorilla की तैयारी पैकेज के साथ आप अपने परीक्षा में चयन होने के रास्ते को सहज और मनोरंजक बना सकते हैं। अपनी तैयारी के लिए सही रास्ता खोजना मुश्किल हो सकता है, यदि आप ये नहीं जानते कि आपको किस दिशा में जाना है। चिंता न करें हम आपके साथ खड़े हैं! EduGorilla आपकी सफलता में आपका मार्गदर्शक बनेगा। हमारे तैयारी पैकेज के साथ आप रणनीतिक रूप से तैयारी कर, अपनी परीक्षा में सिर्फ एक ही प्रयास में सफल हो सकते हैं।

EduGorilla के तैयारी पैकेज में शामिल हैं-

- टेस्ट सीरीज़
- किताबें

हमारे तैयारी पैकेज को सभी तरह के नये बदलवों, विशेषज्ञों की राय एवं छात्रों के प्रतिक्रिया के अनुसार तैयार किया गया है। जो आपको परीक्षा के प्रत्येक चरण की चयन प्रक्रिया को पार करने के योग्य बनाता है।

हमारी किताबें शिक्षकों और विशेषज्ञों द्वारा आपकी परीक्षा के लिए तैयार की गई हैं, 150+ वर्षों के अनुभव के साथ; ताकि आपको आसान, कुशल और प्रभावी शिक्षण प्रदान किया जा सके। हमारी स्मार्ट किताबें न सिर्फ आपको प्रश्नों के उत्तर देने की समझ देती हैं, अपितु आपके अभ्यास के लिए समान रूप के प्रश्न भी प्रदान करती हैं।

EduGorilla की सक्षम टेस्ट सीरीज आपको वास्तविक अनुभव और आत्मविश्वास प्रदान करती हैं, जिसके माध्यम से आप केवल एक प्रयास में अपनी ऑफलाइन अथवा ऑनलाइन परीक्षा पास कर सकते हैं। वर्तमान में हम 83,000+ मॉक टेस्ट्स और 1,440+ प्रतियोगी एवं शैक्षणिक परीक्षाओं की तैयारी कराते हैं।

अर्थात, EduGorilla आपकी तैयारी में आपकी सहायता करने का कोई भी मौका नहीं छोड़ता है और परीक्षा के सभी चरणों को कवर करता है, ताकि परीक्षा की तैयारी के लिए आपको कहीं और भटकना ना पड़े।

हम आपको डिफेन्स, बैंकिंग, टीचिंग और अन्य राष्ट्रीय एवं राज्य स्तरीय परीक्षाओं के लिए सम्पूर्ण तैयारी पैकेज प्रदान करते हैं। अतः इससे कोई फर्क नहीं पड़ता कि आप किस परीक्षा के लिए तैयारी कर रहे हैं, क्योंकि आप सफलता हासिल करेंगे।

आपको परीक्षा की शुभकामनाएं!

रोहित मांगलिक,
संस्थापक और मुख्य कार्यकारी अधिकारी, EduGorilla

संपादक की कलम से

प्रस्तावना

EduGorilla छात्रों को उनकी परीक्षा में सफल होने के लिए मार्गदर्शन प्रदान करता है। जिसको ध्यान में रखते हुए हमारे कुल 150+ वर्षों का अनुभव रखने वाले प्रतिष्ठित विशेषज्ञों ने कड़े प्रयासों के द्वारा "ESIC UDC : फेज 1 - प्रारंभिक परीक्षा" को तैयार किया है। इस किताब के प्रश्नों को हाल ही में परीक्षा के पाठ्यक्रम और पैटर्न में हुए सभी बदलावों को ध्यान में रखकर बनाया गया है। वो प्रश्न जिनकी ESIC UDC परीक्षा में आने कि संभवना काफी प्रबल है, उनको इस किताब मे रखा गया है। आप EduGorilla की "ESIC UDC : फेज 1 - प्रारंभिक परीक्षा" के माध्यम से अपनी सफलता की संभावना को 16 गुना बढ़ा सकते हैं।

EduGorilla ये अपनी संपूर्ण तैयारी पैकेज के माध्यम से साकार करता है। इस किट में आपको प्रश्न अच्छी तरह अवधारित एवं संरचित रूप मे मिलेंगे जिन्हे आपकी जरूरतों के अनुसार बनाया गया है। इसके माध्यम से आपको स्मार्ट तरीके से परीक्षा के लिए अभ्यास करने में मदद मिलेगी। साथ ही आपको सहायक, समाधान और स्मार्ट उत्तर पत्रिका भी प्रदान की जायेंगी। जिससे आप अपना मूल्यांकन स्वयं कर सकते हैं। आप स्वयं की समीक्षा कर, उन सभी बिन्दुओं पर खुद को बेहतर तरीके से तैयार कर सकते हैं।

EduGorilla आपको अपनी परीक्षा में सफ़लता दिलाने और आपके लक्ष्य को हासिल करने में आपकी सहायता करने का वादा करता हैं। हम अपने प्रतिभागियों पर पूरा भरोसा करते हैं और उन्हें मेरिट सूची के शीर्ष पर देखते हैं। शीर्ष स्थान की ओर आपका पहला कदम है हमारे साथ तैयारी शुरू करना। EduGorilla की "ESIC UDC : फेज 1 - प्रारंभिक परीक्षा" की विशेषताएं कुछ इस प्रकार हैं।

- अच्छी तरह से शोध किया हुआ पाठ्यक्रम
- उच्च गुणवत्ता
- विस्तृत उत्तर और विश्लेषण
- स्मार्ट उत्तर पत्रिका
- परीक्षा सुसंगत प्रश्न

इस प्रकार EduGorilla आपकी तैयारी को मजबूत और आपको परीक्षा में सफल होने के योग्य बनाता है।

ESIC UDC
परीक्षा की योग्यता, परीक्षा पैटर्न, विषय को जानने के लिए QR कोड को स्कैन करें।

Book ID: 0739

विषय-सूची

मॉक टेस्ट 01

General Intelligence & Reasoning

Q.1 दिए गए विकल्पों में संबंधित आकृति का चयन करें।

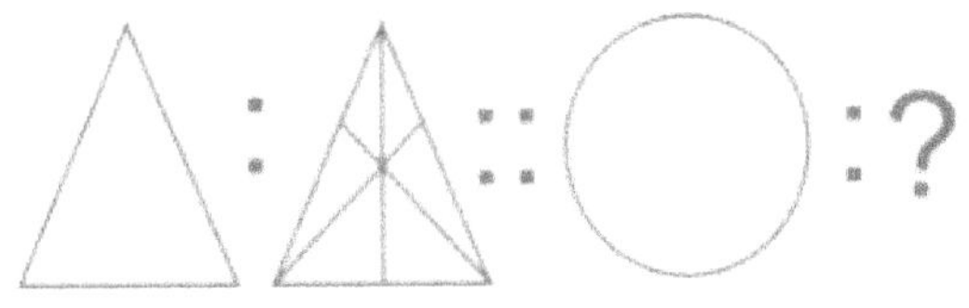

A.  **B.** 

C. 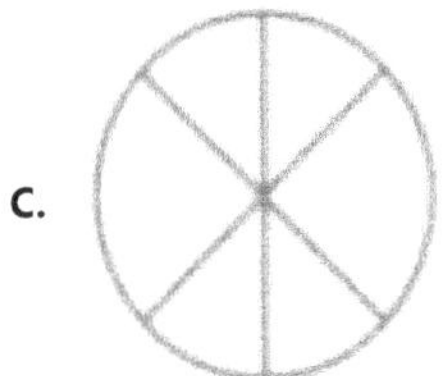 **D.** 

Q.2 दिए गए विकल्पों में संबंधित आकृति का चयन करें।

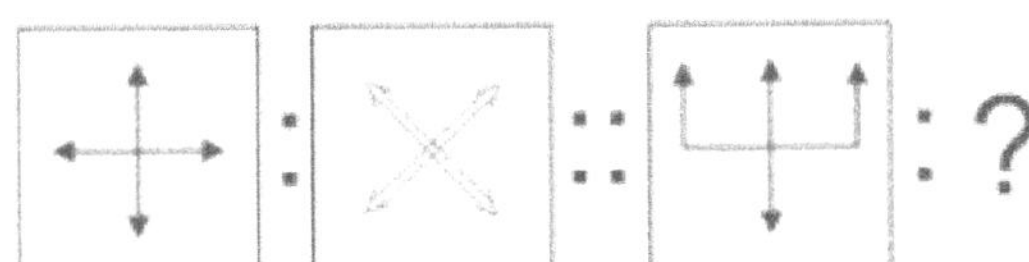

A. 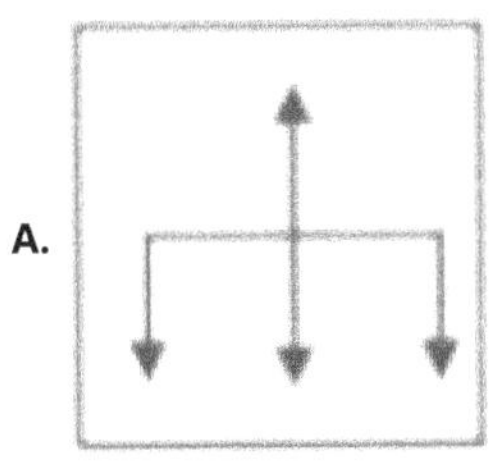 **B.** 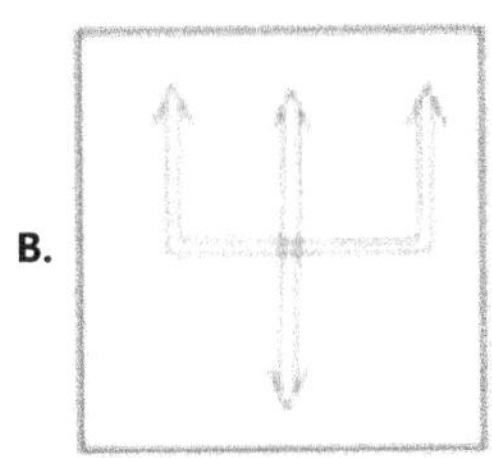

C. 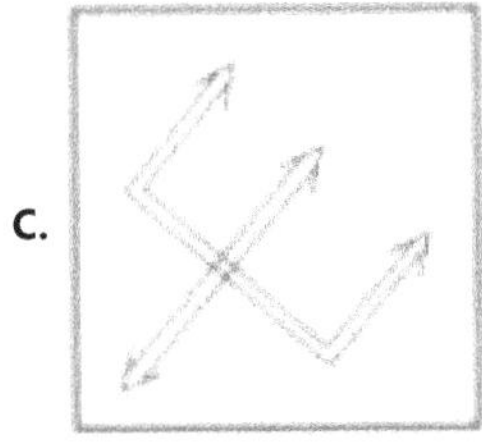 **D.** 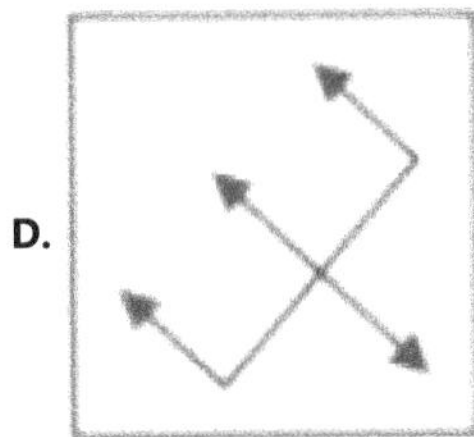

Q.3 निम्नलिखित प्रश्न में से सही विकल्प चुनिए।

HJIK: MONP : : PRQS: ?

A. UVWX **B.** UWVX **C.** UXWV **D.** UWXV

Q.4 निम्नलिखित प्रश्न में दिए गए विकल्पों में से विषम युग्म को चुनिए।

A. पुस्तक: कागज़ **B.** घर: ईंट

C. न्यायलय: वकील **D.** शरीर: अंग

Q.5 'लोहा' 'ठोस' से उसी तरह संबंधित है जैसे 'पारा'_______ से संबंधित है।

A. ठोस **B.** गैस **C.** तरल **D.** भाप

Q.6 निम्नलिखित प्रश्न में से सही विकल्प चुनिए।

चीन : बौद्ध धर्म :: जर्मनी : ?

A. रोमन कैथोलिकवाद **B.** इस्लाम

C. हिन्दू धर्म **D.** ईसाई धर्म

Q.7 निम्न लिखित प्रश्न में से लुप्त संख्या बताइए।

6, 13, 32, 69, 130, ?

A. 221 **B.** 201 **C.** 336 **D.** 186

Q.8 निम्न लिखित प्रश्न में से गलत पद ज्ञात कीजिए।

9234, 8345, 2394, 8541

A. 8541 **B.** 9234 **C.** 2394 **D.** 8345

Q.9 निम्नलिखित प्रश्न में से सही विकल्प चुनिए।

343 : 678 : : 512 : ?

A. 1024 **B.** 1536 **C.** 1000 **D.** 1016

Q.10 निम्नलिखित प्रश्न में दिए गए विकल्पों में से विषम विकल्प को चुनिए।

A. 2, 4, 72 **B.** 1, 2, 9 **C.** 5, 3, 152 **D.** 3, 4, 90

Q.11 एक विशिष्ट कूट भाषा में " $NUMBER$" को " 156897" लिखा जाता है और " $BARREN$" को " 847791" लिखा जाता है। इस कूट भाषा में " $RUBBER$" को किस प्रकार लिखा जाएगा?

A. 759597 **B.** 758897 **C.** 795957 **D.** 795579

Q.12 निम्नलिखित प्रश्न में दिए गए विकल्पों में से विषम विकल्प को चुनिए।

A. ब्रश **B.** रंग **C.** चित्रकारी **D.** कलाकार

Q.13 एक परिवार में, 5 सदस्य हैं और वे सभी एक पिकनिक पर जा रहे हैं। D, T की माँ है। M, T का भाई है। M और T, U की संताने हैं। V, M की संतान है। यदि T एक महिला है, तो T, V से किस प्रकार संबंधित है?

A. आंटी **B.** भांजा/भतीजा

C. बहन **D.** कज़िन

Q.14 दिए गए प्रश्न में कौन-सी आकृति प्रश्न आकृति के प्रतिरूप को पूरा करेगी?

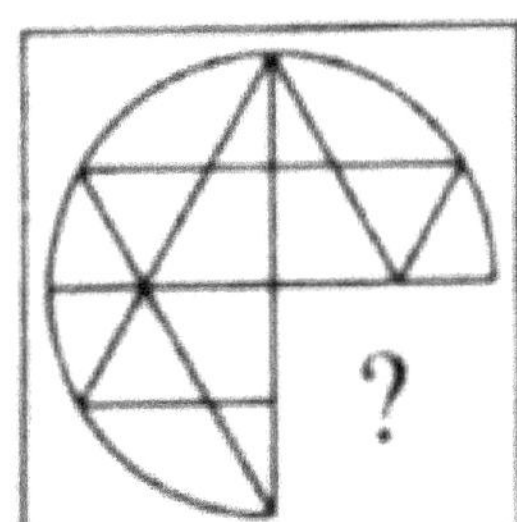

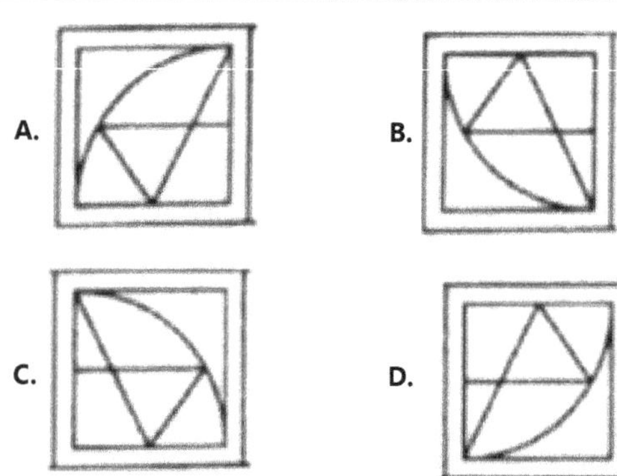

Q.15 निर्देश: निम्न प्रश्न में कुछ कथन और कुछ निष्कर्ष दिए गये हैं। आपको दिए गये कथनों को सत्य मानना है भले ही वे ज्ञात तथ्यों से अलग प्रतीत होते हों, सभी निष्कर्षों को पढ़िए और फिर निर्णय कीजिए कि दिये गये निष्कर्षों में से कौन सा निष्कर्ष कथनों का तार्किक रूप से अनुसरण करते हैं।

कथन:

I. कोई वृत्त वर्ग नहीं है।

II. कुछ वर्ग आयताकार हैं।

निष्कर्ष:

I. कुछ वृत्त आयताकार हैं।

II. कोई वृत्त आयताकार नहीं है।

A. केवल निष्कर्ष (I) अनुसरण करता है

B. केवल निष्कर्ष (II) अनुसरण करता है

C. दोनों निष्कर्ष अनुसरण करते हैं

D. न तो निष्कर्ष (I) और न ही निष्कर्ष (II) अनुसरण करता है

Q.16 कौन-सी आकृति करेले, अनानास, और सब्ज़ी में सम्बन्ध दर्शाती है?

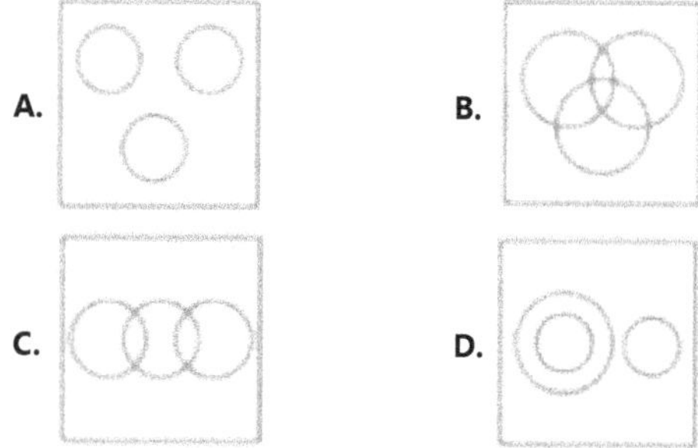

Q.17 दिए गए प्रश्न में कौन-सी आकृति प्रश्न आकृति के प्रतिरूप को पूरा करेगी?

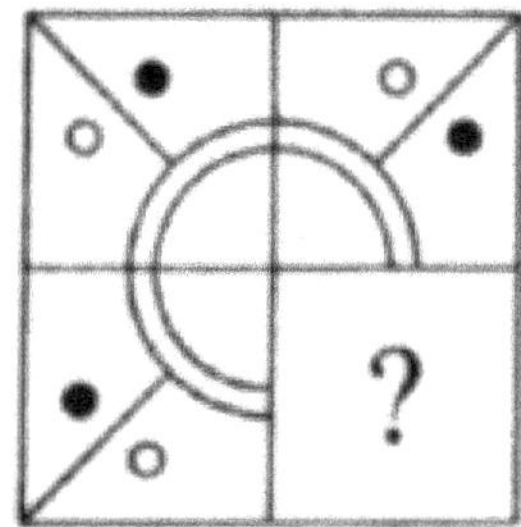

A. 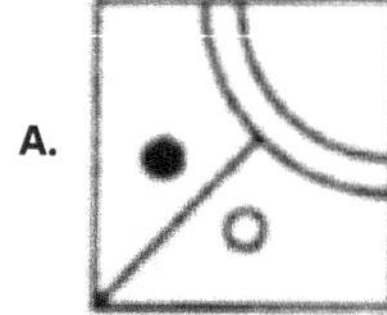

B. 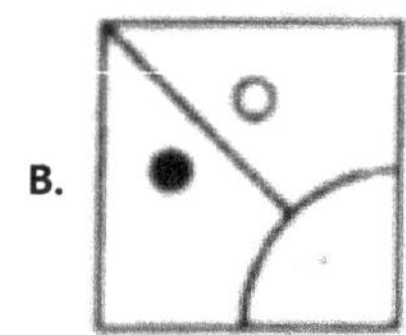

C. 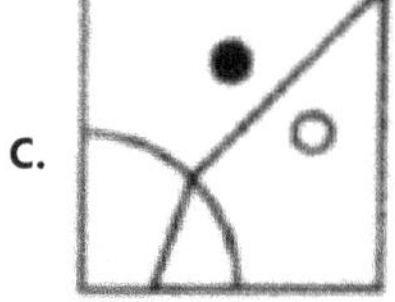

D. 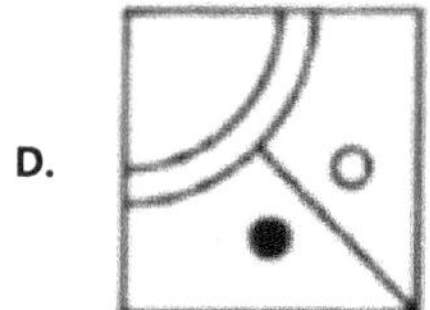

Q.18 एक पासा के तीन अलग-अलग पदों को नीचे दिखाया गया है। 6 संख्या के विपरीत सतह पर कौन सी संख्या दिखाई देती है?

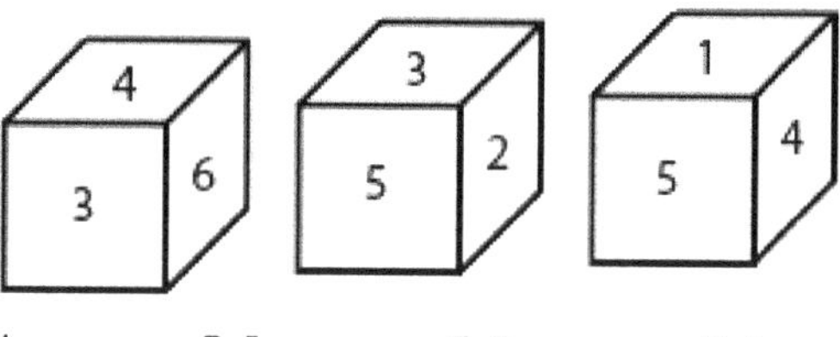

A. 4 **B.** 5 **C.** 2 **D.** 1

Q.19 यदि ' + ' का अर्थ ' - ' है, ' × ' का अर्थ ' + ' है, ' ÷ ' का अर्थ ' ÷ ' है और ' - ' का अर्थ ' × ' है तो मान ज्ञात कीजिये:

86 × 12 + 53 – 18 ÷ 49

A. 81 **B.** 46.48 **C.** 78.53 **D.** 47.17

Q.20 एक ही पासा के तीन अलग-अलग स्थितियों को नीचे दिखाया गया है। दिखने वाली सतह 4 के विपरीत सतह पर कौन सी संख्या होगी?

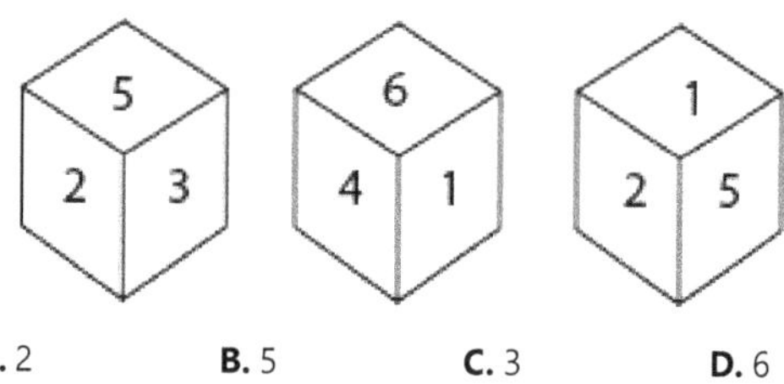

A. 2 **B.** 5 **C.** 3 **D.** 6

Q.21 निर्देश: निम्नलिखित प्रश्न में, एक शब्द को विकल्पों में से किसी एक में केवल एक संख्या द्वारा दर्शाया गया है। विकल्प में दिए गए संख्याओं के सेट को दो दिए गए मैट्रिसेस की तरह अक्षरों के दो वर्गों द्वारा दर्शाया गया है। मैट्रिक्स I का कॉलम और रो 0 से 4 तक और मैट्रिक्स II की संख्या 5 से 9 तक होती है। इन मेट्रिसेस के एक अक्षर को पहले पंक्ति और फिर कॉलम संख्या में दर्शाया जा सकता है जैसे कि प्रश्न 1 से 5 के लिए मैट्रिक्स में, K को 65,77 आदि द्वारा दर्शाया जा सकता है। H को 30,11 आदि द्वारा दर्शाया जा सकता है। प्रत्येक प्रश्न में दिए गए शब्द के लिए सही सेट की पहचान करें।

	0	1	2	3	4
0	A	E	S	T	H
1	T	H	A	E	S
2	E	S	T	H	A
3	H	A	E	S	T
4	S	T	H	A	E

मैट्रिक्स I

	5	6	7	8	9
5	P	O	R	K	L
6	K	L	P	O	R
7	O	R	K	L	P
8	L	P	O	R	K
9	R	K	L	P	O

मैट्रिक्स II

LEAST

A. 85, 01, 00, 40, 41

B. 32, 21, 44, 87, 44

C. 10, 34, 21, 32, 97

D. 00, 66, 33, 20, 34

Q.22 निर्देश: निम्नलिखित प्रश्न में, एक शब्द को विकल्पों में से किसी एक में केवल एक संख्या द्वारा दर्शाया गया है। विकल्प में दिए गए संख्याओं के सेट को दो दिए गए मैट्रिसेस की तरह अक्षरों के दो वर्गों द्वारा दर्शाया गया है। मैट्रिक्स I का कॉलम और रो 0 से 4 तक और मैट्रिक्स II की संख्या 5 से 9 तक होती है। इन मेट्रिसेस के एक अक्षर को पहले पंक्ति और फिर कॉलम संख्या में दर्शाया जा सकता है जैसे कि प्रश्न 1 से 5 के लिए मैट्रिक्स में, K को 65,77 आदि द्वारा दर्शाया जा सकता है। H को 30,11 आदि द्वारा दर्शाया जा सकता है। प्रत्येक प्रश्न में दिए गए शब्द के लिए सही सेट की पहचान करें।

	0	1	2	3	4
0	A	E	S	T	H
1	T	H	A	E	S
2	E	S	T	H	A
3	H	A	E	S	T
4	S	T	H	A	E

मैट्रिक्स I

	5	6	7	8	9
5	P	O	R	K	L
6	K	L	P	O	R
7	O	R	K	L	P
8	L	P	O	R	K
9	R	K	L	P	O

मैट्रिक्स II

POLAR

A. 66, 31, 95, 33, 43
B. 86, 97, 24, 88, 11
C. 79, 87, 59, 31, 76
D. 00, 86, 32, 89, 57

Q.23 आकृतियों की दी गई श्रृंखला में अगली आकृति कौन सी होगी ?

प्रश्न आकृति

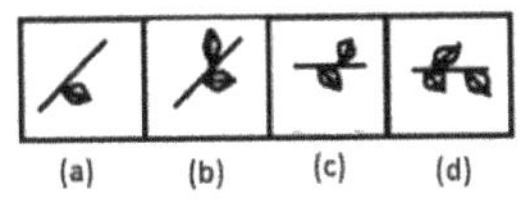

(a) (b) (c) (d)

उत्तर आकृति

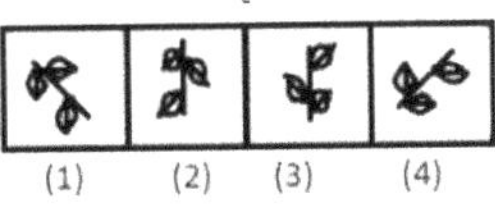

(1) (2) (3) (4)

A. (1) **B.** (2) **C.** (3) **D.** (4)

Q.24 प्रश्न चिह्न (?) के स्थान पर क्या आएगा?

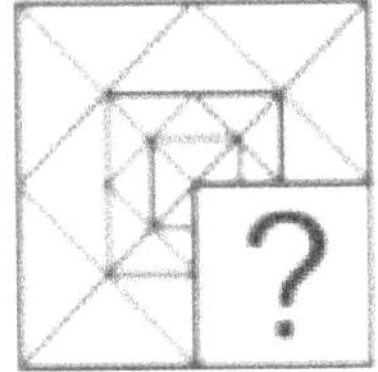

A. 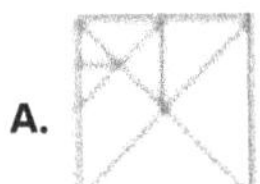 **B.** 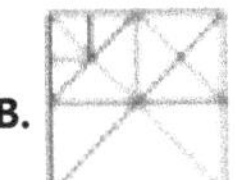 **C.** 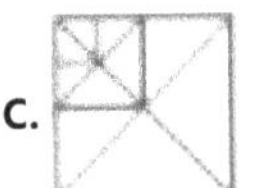 **D.** 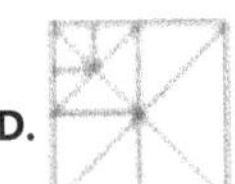

Q.25 आकृतियों में से उस आकृति का चयन कीजिए जो उन्हीं शर्तों को पूरा करती है जो प्रश्न आकृति में हैं।

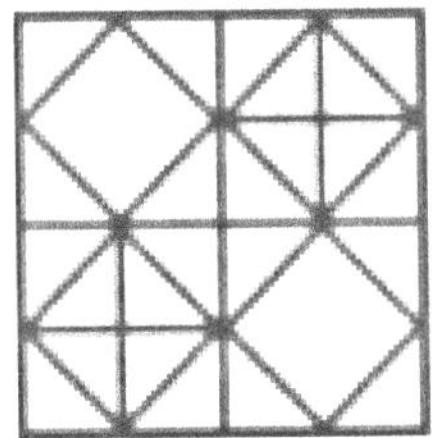

A. 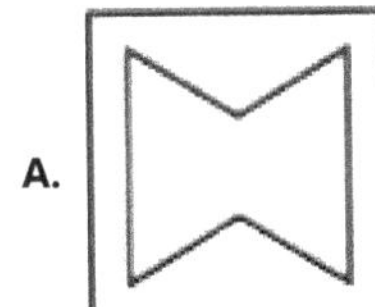 **B.** 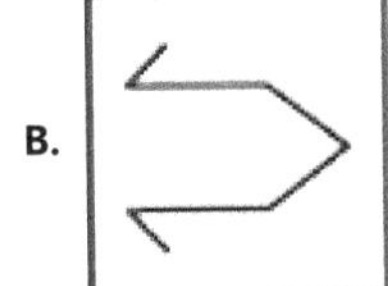

C. 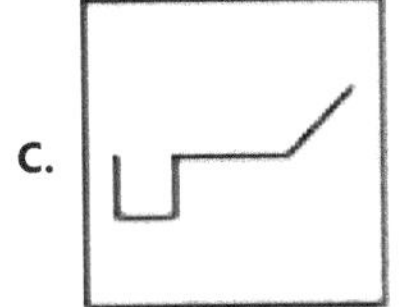 **D.** 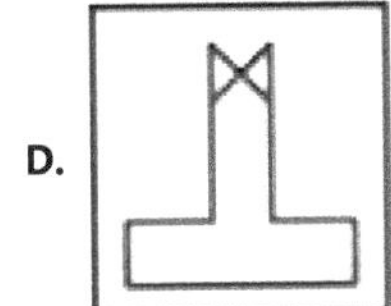

General Awareness

Q.26 हाल ही में चल रहे स्वच्छता सर्वेक्षण 2021 में बिहार को किस स्थान पर शामिल किया गया है?

[Delhi Forest Guard, 2021], [UPSSSC Rajasva Lekhpal, 2015]

A. 1 **B.** 10 **C.** 12 **D.** 13

Q.27 बिहार के किस वैज्ञानिक और उनकी टीम ने बैक्टीरिया की पहचान करने के लिए एक नई तकनीक का आविष्कार किया है?

[UPSSSC Rajasva Lekhpal, 2015]

A. डॉ. अमर त्रिपाठी
B. रवि भूषण पांडेय
C. डॉ. उज्ज्वल वर्मा
D. डॉ. राधाकृष्ण प्रसाद

Q.28 3 साल की अवधि के लिए सेबी के नए अध्यक्ष के रूप में किसे नियुक्त किया गया है?

A. अरुंधति भट्टाचार्य
B. कल्पना मोरपारिया
C. गीता गोपीनाथ
D. माधबी पुरी बुच

Q.29 _____ ने 'वेलनेस प्लस क्रेडिट कार्ड' लॉन्च करने के लिए आदित्य बिड़ला वेलनेस के साथ साझेदारी की है।

A. आईसीआईसीआई बैंक
B. येस बैंक
C. एचडीएफसी बैंक
D. आईडीबीआई बैंक

Q.30 आरबीआई ने डिजिटल उधार देने वाले धोखाधड़ी को नियंत्रित करने के लिए कार्य समूह का गठन किया है। एक कार्य समूह में कितने सदस्य हैं?

A. तीन **B.** पाँच **C.** छह **D.** आठ

Q.31 भारत का 51 वां अंतर्राष्ट्रीय फिल्म समारोह, दिग्गज फिल्म निर्माता _______ के कार्य का जश्न मनाएगा।

A. सौमित्र चटर्जी
B. उत्तम कुमार
C. सत्यजीत रे
D. अपर्णा सेन

Q.32 केंद्र ने ______ में परशुराम कुंड तीर्थ स्थल के उत्थान के लिए 37.87 करोड़ रुपये मंजूर किए हैं।

A. अरुणाचल प्रदेश
B. मणिपुर
C. तेलंगाना
D. महाराष्ट्र

Q.33 डॉ नजमा हेपतुल्ला ने वस्तुतः "मेकिंग ऑफ़ ए जनरल-ए हिमालयन इको" नामक पुस्तक जारी की है। पुस्तक _______ के द्वारा लिखी गई है।

A. लेफ्टिनेंट जनरल कोनसम हिमालय सिंह
B. निर्मल चंद्र सूरी
C. लेफ्टिनेंट जनरल सरथ चंद
D. लेफ्टिनेंट जनरल अनिल चौहान

Q.34 भारतीय राष्ट्रीय कांग्रेस का 1896 का अधिवेशन निम्नलिखित में किसके लिए विख्यात है?

A. पहली बार राष्ट्रगान गाया
B. पहली बार राष्ट्रीय गीत गाया
C. पहली बार तिरंगा लहराया गया
D. इनमें से कोई नहीं

Q.35 निम्नलिखित में से किस गवर्नर जनरल को भारतीय प्रेस का मुक्तिदाता कहा जाता है?

A. लार्ड विलियम बेंटिंक **B.** सर चार्ल्स मेटकाफ
C. लार्ड ऑकलैंड **D.** लार्ड एलेनबोरो

Q.36 समुद्री व्यापार के सन्दर्भ में कार्ताज़ व्यवस्था का उपयोग किसके द्वारा किया जाता था?

A. डच **B.** फ़्रांसिसी **C.** अंग्रेज़ **D.** पुर्तगाली

Q.37 एस विजयलक्ष्मी किस खेल से सम्बंधित हैं?

A. बैडमिंटन **B.** टेबल टेनिस
C. चेस **D.** हॉकी

Q.38 'सैंडी स्टॉर्म' किस क्रिकेटर की आत्मकथा है?

A. दिलीप वेंगसरकर **B.** मोहिंदर अमरनाथ
C. संदीप पाटिल **D.** रॉजर बिन्नी

Q.39 विश्व जैव विविधता दिवस कब मनाया जाता है?

A. 22 मार्च **B.** 22 अप्रैल **C.** 22 मई **D.** 22 जून

Q.40 सुप्रीम कोर्ट के जजों की संख्या को कौन बदल सकता है?

A. राष्ट्रपति आदेश
B. कानून द्वारा संसद
C. सुप्रीम कोर्ट की अधिसूचना
D. केंद्र सरकार की अधिसूचना

Q.41 सुप्रीम कोर्ट के मुख्य न्यायाधीश के रूप में कार्य करने के लिए व्यक्ति को उच्च न्यायालय में कम से कम कितने वर्ष तक कार्य करना चाहिये?

A. 10 वर्ष **B.** 12 वर्ष **C.** 15 वर्ष **D.** 20 वर्ष

Q.42 भारत के विशाल मैदानों के सम्बन्ध में निम्नलिखित में से कौन सा कथन सही है?

1. भारत में विश्व का सबसे बड़ा अलुवियम निक्षेप पाया जाता है।
2. खादर क्षेत्र की अपेक्षा बांगर में नया अलुवियम है।
3. खादर क्षेत्र कम ऊंचाई वाले क्षेत्रों में स्थित है।

A. केवल 1 और 2 **B.** केवल 2 और 3
C. केवल 1 और 3 **D.** 1, 2 और 3

Q.43 डेम्पिएर - होजेस रेखा निम्नलिखित में से किससे सम्बंधित है?

A. खंभात की खाड़ी
B. पल्क जलडमरूमध्य
C. अंडमान व निकोबार द्वीप समूह
D. सुंदरबन

Q.44 भारत का सबसे बड़ा नमक उत्पादक राज्य कौन सा है?

A. राजस्थान **B.** गुजरात **C.** तमिलनाडु **D.** ओडिशा

Q.45 भारतीय संविधान की छठी अनुसूची किन चार राज्यों में अनुसूचित क्षेत्रों और अनुसूचित जनजातियों के प्रशासन और नियंत्रण से संबंधित है?

A. मणिपुर, मिजोरम, त्रिपुरा, नागालैंड
B. असम, मेघालय, त्रिपुरा, मिजोरम
C. असम, मेघालय, अरुणाचल प्रदेश, नागालैंड
D. असम, मेघालय, मिजोरम, नागालैंड

Q.46 निम्न में से कौन प्रसिद्ध पुस्तक 'मेघदूत' के लेखक हैं?

A. कालिदास **B.** चेतन भगत
C. अरुंधती भट्टाचार्य **D.** दादाभाई नोर्वेगियाई

Q.47 कामाख्या मंदिर भारत के किस राज्य में स्थित है?

A. झारखंड **B.** छत्तीसगढ़
C. अरुणाचल प्रदेश **D.** असम

Q.48 किस बैडमिंटन खिलाड़ी ने 'इंडोनेशिया मास्टर्स' का खिताब जीता है?

A. कैरोलिना मारिन **B.** रचानोक इंतानोन
C. पी वी सिंधु **D.** नोज़ोमी ओकुहारा

Q.49 रूपिंदर पाल सिंह ने अंतर्राष्ट्रीय खेल से संन्यास की घोषणा की है, वह किस खेल से जुड़े हैं?

A. क्रिकेट **B.** हॉकी **C.** फुटबॉल **D.** बैडमिंटन

Q.50 भारत की किस नदी को वृद्ध गंगा कहा जाता है?

A. कृष्णा **B.** गोदावरी **C.** कावेरी **D.** नर्मदा

Quantitative Aptitude

Q.51 प्रश्न वाचक चिह्न (?) के स्थान पर क्या आएगा?

$$19 \div \left[1 - \frac{1}{2} + 2\frac{2}{3}\right] = ?$$

A. $\frac{1}{6}$ **B.** 6 **C.** $\frac{1}{2}$ **D.** $\frac{1}{19}$

Q.52 तीन लड़को की औसत आयु 15 वर्ष है। यदि उनकी आयु 3: 5: 7 के अनुपात में है, सबसे छोटे लड़के की आयु क्या होगी?

A. 5 वर्ष **B.** 9 वर्ष **C.** 7 वर्ष **D.** 8 वर्ष

Q.53 एक कक्षा के 40 छात्रों द्वारा प्राप्त अंको का औसत 86 है। यदि 5 सर्वाधिक अंको को निकाल दिया जाये तो औसत एक अंक कम हो जाता है। शीर्ष 5 छात्रों के औसत अंक बताइये।

A. 93 **B.** 52 **C.** 47 **D.** 85

Q.54 किक्रेट के एक खिलाडी का 10 पारियों का कुछ औसत था। 11 वीं पारी में उसने 108 रन बनाये तथा इससे उसकी औसत रन संख्या में 6 की वृद्धि हो गई। अब उनकी औसत रन संख्या कितनी है?

A. 20 **B.** 11 **C.** 45 **D.** 48

Q.55 तीन कक्षाओं में विद्यार्थियों की संख्या का अनुपात 2 : 3 : 4 है। यदि प्रत्येक कक्षा में 12 विद्यार्थी बढा दिये जायें, तो अनुपात 8 : 11 : 14 हो जाता है। पहले तीनों कक्षाओं में मिलाकर कुल कितने विद्यार्थी थे?

A. 164 **B.** 165 **C.** 163 **D.** 162

Q.56 A तथा B की वार्षिक आय का अनुपात 4 : 3 है, तथा उनकी वार्षिक व्यय का अनुपात 3 : 2 है। यदि वर्ष के अंत में उनमें से प्रत्येक 6000 की बचत करे। तो A की वार्षिक आय क्या है?

A. 22000 **B.** 15000 **C.** 10000 **D.** 24000

Q.57 किसी कारखाने में श्रमिकों की कमी की वजह से उसके उत्पादन में 25% कमी आती है। कार्य अवधि को कितना % बढाया जाये, कि उत्पादन पूर्ववत बना रहे?

A. $53\frac{1}{3}\%$ **B.** $23\frac{1}{3}\%$ **C.** $40\frac{1}{3}\%$ **D.** $33\frac{1}{3}\%$

Q.58 किसी परीक्षा में 40% छात्र गणित में असफल हो जाते है, 30% अंग्रेजी में असफल हो जाते है। 10% दोनों विषयों मे असफल हो जाते है। तो दोनो विषयों में उत्तीर्ण होने वाले छात्रों का % बतायें।

A. 36% **B.** 20% **C.** 50% **D.** 40%

Q.59 यदि $a + b = 1$ तथा $a^3 + b^3 + 3ab = k$ तो k का मान है :

A. 1 **B.** 2 **C.** 8 **D.** 7

Q.60 पिता अपने बेटे रोनित से तीन गुना अधिक बड़ा हैं। 8 वर्ष बाद वह रोनित की उम्र का ढाई गुना होगा। आगे के 8 वर्षों के बाद वह कितने गुना रोनित की उम्र का होगा?

A. 2 गुना **B.** $2\frac{1}{2}$ गुना **C.** $2\frac{3}{4}$ गुना **D.** 3 गुना

Q.61 यदि एक पेन को 56 रुपये में बेचने पर 30% की हानि होती है, तो 20% का लाभ प्राप्त करने के लिए इसे किस मूल्य पर बेचा जाएगा?

A. 96 रुपये **B.** 84 रुपये **C.** 72 रुपये **D.** 48 रुपये

Q.62 नीचे दिए गए प्रश्न में प्रश्न चिह्न (?) के स्थान पर क्या मान आएगा?

265 का $40\% + 180$ का $35\% = ?$ का $50\% + ?$ का 80%

A. 80 **B.** 95.58 **C.** 130 **D.** 125.5

Q.63 मोहन किसी कार्य को 10 दिनों में तथा सोहन उसे 15 दिनों में पूरा कर सकते है। 3 दिनों तक सोहन अकेले कार्य करता है, तथा उसके बाद वह कार्य छोड देता है तो मोहन शेष कार्य को कितने दिन में पूरा करेगा?

A. 8 दिन **B.** 5 दिन **C.** 6 दिन **D.** 9 दिन

Q.64 8 घंटे प्रतिदिन कार्य करते हुए आशु एक पुस्तक की प्रति 18 दिनों में तैयार कर सकता है। यदि वही कार्य 12 दिनों में पूरा करना हो, तो आशु को प्रतिदिन कितने घंटे काम करना होगा?

A. 12 घंटे **B.** 10 घंटे **C.** 11 घंटे **D.** 13 घंटे

Q.65 शांत जल में एक नाव की गति, धारा की गति से 12 किमी/घंटा अधिक है। यदि धारा की गति $1.25x$ किमी/घंटा है, और धारा अनुप्रवाह में 160 किमी की दूरी तय करने में नाव द्वारा लिया गया समय 5 घंटे है, तो ' x' का मान ज्ञात करें?

A. 8 **B.** 6 **C.** 4 **D.** 10

Q.66 एक आयत की लंबाई इसकी चौड़ाई से 4 सेमी अधिक है। यदि आयत का क्षेत्रफल 45 सेमी² है, तो आयत का परिमाप कितना होगा?

A. 21 सेमी **B.** 24 सेमी **C.** 25 सेमी **D.** 28 सेमी

Q.67 एक व्यक्ति धारा के विपरीत दिशा में 10 किमी /घण्टा की चाल से नाव चला सकता है। तथा धारा की दिशा में उसकी चाल 16 किमी /घण्टा होती है। शांत जल में नाव की चाल बताइये।

A. 17 किमी/घण्टा **B.** 13 किमी/घण्टा
C. 30 किमी/घण्टा **D.** 29 किमी/घण्टा

Q.68 निम्नलिखित प्रश्न में प्रश्नवाचक चिन्ह (?) के स्थान पर क्या आना चाहिए?

$$464 \div (16 \times 29) + 4\frac{1}{2} = ?$$

A. 1.5 **B.** 2.5 **C.** 2 **D.** 5.5

Q.69 10,000 में से कौन सी बडी संख्या घटाई जाए, कि शेष 32, 36, 48 तथा 54 से पूर्ण या विभाजित हो?

A. 9136 **B.** 3868 **C.** 3123 **D.** 3785

Q.70 वह सबसे बडी संख्या कौन सी है जिससे 38, 45 एवं 52 में भाग देने पर क्रमश: 2, 3 एवं 4 बचते है?

A. 12 **B.** 6 **C.** 13 **D.** 14

Q.71 निम्नलिखित प्रश्न में प्रश्नवाचक चिन्ह (?) के स्थान पर क्या आना चाहिए?

$14 \times ? + 695 = 2400$ का $36\% + 755$

A. 72 **B.** 66 **C.** 75 **D.** 80

Q.72 तीन वृत्त, जिनमें से प्रत्येक की त्रिज्या 3.5 सेमी है, एक-दूसरे को स्पर्श करते हैं | उनके बीच अंतरित क्षेत्रफल कितना है?

A. $6(\sqrt{3}\pi - 2)$ वर्ग इकाई
B. $6(2\pi - \sqrt{3})$ वर्ग इकाई
C. $\frac{49}{8}(2\sqrt{3} - \pi)$ वर्ग इकाई
D. $\frac{49}{8}(\sqrt{3} - \pi)$ वर्ग इकाई

Q.73 $\alpha(\alpha \neq 0)$ का वह मान क्या है, जिसके लिए $x^2 - 5x + \alpha$ और $x^2 - 7x + 2\alpha$ का एक सार्व गुणनखंड होता है?

A. 6 **B.** 4 **C.** 3 **D.** 2

Q.74 75 पैसे प्रति वर्ग मीटर की दर से एक आयताकार खेत की जुताई का लागत 225 रु है। यदि लम्बाई और चौड़ाई का अनुपात $4:3$ है। इसका परिमाप ज्ञात कीजिये।

A. 50 **B.** 60 **C.** 80 **D.** 70

Q.75 एक वस्तु का विक्रय मूल्य 1920 रुपये है और दी गई छूट 4% है। तो इस वस्तु का अंकित मूल्य ज्ञात करें।

A. 2400 रुपये **B.** 2000 रुपये
C. 1600 रुपये **D.** 1200 रुपये

English Comprehension

Q.76 Choose the most appropriate option to change the passive voice form of the given sentence.

Close the windows for fear of rain.

A. The windows be closed for fear of rain.
B. Let the windows be closed for fear of rain.
C. The windows may be closed for fear of rain.
D. Due to fear of rain, close the windows.

Ques (77-79):Direction: Read the following passage and answer the question that follows.

In 18th-century Germany, Baron Munchausen regales his friends, over drinks, with stories of his many adventures. These include his supposed travel to the moon. Long before Neil Armstrong and Edwin Aldrin stepped out of Apollo 11 onto the surface of the moon 50 years ago, on July 20, 1969, the aspiration to travel to this shiny orb in the sky has fired human imagination. A Flight To The Moon by George Fowler, From The Earth To The Moon – and its sequel, Around The Moon – by Jules Verne, The First Men In The Moon by HG Wells, Prelude To Space by Arthur C Clarke... are only a few of the many fictionalised accounts that have, for centuries, reflected this aspiration. In the 1954 Explorers On The Moon, iconic comic book character, Tintin, reaches the moon. While some writers imagined the moon's surface to be barren and uninhabited, others have written about it being populated with lunar beings. Even when Apollo 11 mission was being planned and worked on, in 1963, Apollo At Go by Jeff Sutton, presented a realistic fictionalised portrayal of the upcoming landing.

The successful landing of Apollo 11 and Neil Armstrong and Buzz Aldrin's walk on the moon, opened up another exciting possibility – could the common man or non-space-scientist reach for the moon? Literally? What had hitherto been in the realm of speculation was now a reality and we weren't satisfied with just second-hand information anymore. Between 1969 and 1972, the US sent six successful manned missions to the moon, and with each victory, the lunar destination seemed a little closer within the reach of the common man.

Q.77 When did the US send first successful manned trip to the moon?

A. 1972 **B.** 1963 **C.** 1969 **D.** 1954

Q.78 Who was the first person to speak of travel to the moon?

A. Munchausen **B.** Armstrong
C. Sutton **D.** Branson

Q.79 Which of the following statements is not true according to the passage?

[SSC Sub Inspector (CPO), 2019]

A. Man's walk on the moon inspired scientists to plan more expeditions.
B. All the writers wrote about the moon being inhabited by weird creatures.
C. Someday the common man could make a trip to the moon
D. Man has always been attracted to the moon.

Q.80 In the following question choose the word which best expresses the meaning of the given word.

Uncouth

A. Ungraceful **B.** Rough
C. Slovenly **D.** Dirty

Q.81 In the following question choose the word which best expresses the meaning of the given word.

Error

A. Misadventure **B.** Misgiving
C. Ambiguity **D.** Blunder

Q.82 Improve the bracketed part of the sentence.

Women walk miles on the blazing sands in search of an (elite) pot of water

A. Elusive **B.** Elated
C. Effusive **D.** No Improvement

Q.83 Find the opposite meaning of Heresy.

A. Agreement **B.** Error
C. Mindful **D.** Rash

Q.84 Find the word just opposite of Provoke.

A. Insult **B.** Anger
C. Encourage **D.** Soothe

Q.85 Select the most appropriate meaning of the given idiom/Phrase.

To cry out against

A. To complain loudly against
B. To fall
C. To throw aside
D. To remain without

Q.86 Fill in the blanks.

Scarcely had the day dawned ______ we left for the mountains.

A. than **B.** when **C.** then **D.** so

Q.87 Fill in the blanks.

I wonder ______ we shall reach there in time.

A. when **B.** if **C.** where **D.** while

Q.88 Select the most appropriate meaning of the given Idiom/Phrase.

A Perfect Storm

A. To take risks
B. A perfect enemy
C. The worst possible situation
D. To spoil something

Q.89 In the following question, select the correctly spelled word from the four alternatives.

A. Distributesd **B.** Deteriorating
C. Distresssed **D.** Drestic

Q.90 Direction: In the following question, some part of the sentence is highlighted in bold. Which of the options given below the sentence should replace the part printed in bold to make the sentence grammatically correct.

The manager was sleeping during day time in his cabin **than suddenly his room filled with light.**

A. and than suddenly his room filling with light.
B. as suddenly his room filled through light.
C. when suddenly his room filled with light.
D. then suddenly his room filled by light.

Q.91 Direction: In the following question, out of the four alternatives, choose the one which can be substituted for the given words/ sentence.

One who collects coins

A. Archaeologist **B.** Numismatist
C. Philatelist **D.** Connoisseur

Q.92 Direction: In the following question, out of the four alternatives, choose the one which can be substituted for the given words/ sentence.

One who is skillful

A. Diligent **B.** Different
C. Disciplined **D.** Dexterous

Q.93 Improve the bold part of the sentence.

The man disappeared after he **was rescuing** a boy from drowning.

A. was rescued **B.** has been rescued
C. had rescued **D.** No improvement

Q.94 Correct the underlined part of the sentence.

I am waiting for three-quarters of an hour.

A. I am waiting since
B. I have waited since
C. I have been waiting for
D. I have been waiting for

Q.95 Direction: In the following question, a disarranged sentence is given in which words are lettered P, Q, R, and S. Arrange these to form a meaningful sentence.

P: tramp.

Q: I was

R: as free

S: as a

A. QRSP **B.** QPRS **C.** PQRS **D.** PRSQ

Q.96 Direction: In the following question, a disarranged sentence is given in which words are lettered P, Q, R, and S. Arrange these to form a meaningful sentence.

P: the narcissus

Q: bloom

R: is the

S: first to

A. PSQR **B.** PRSQ **C.** RSQP **D.** RPQS

Q.97 Direction: Fill in the blanks with a suitable form of a verb.

This medicine is __________ from a tropical plant.

A. deprived **B.** derived

C. derisive **D.** None of these

Q.98 Direction: Fill in the blanks with a suitable form of a verb.

The new law will __________ the entire community. Everyone will be affected.

A. impact **B.** impede

C. impress **D.** None of these

Q.99 Direction: Fill in the blanks with a suitable article.

She wants to become ______ engineer.

A. a **B.** an

C. the **D.** None of these

Q.100 Find out the Adjective.

Exhaustion

A. exhausted **B.** exhaustive

C. exhausting **D.** exhaust

// स्मार्ट उत्तर पुस्तिका //

सही उत्तर उन छात्रों के प्रतिशत को इंगित करता है जिन्होंने प्रश्नों का सही उत्तर दिया था।

छोड़ दिया उन छात्रों के प्रतिशत को इंगित करता है जिन्होंने प्रश्नों को छोड़ दिया था।

प्रश्न संख्या	उत्तर	सही उत्तर	छोड़ दिया
1	C	58.97 %	32.21 %
2	C	88.29 %	11.13 %
3	B	43.65 %	37.53 %
4	C	65.14 %	34.27 %
5	C	89.27 %	10.0 %
6	D	44.16 %	31.33 %
7	A	61.19 %	37.97 %
8	D	58.2 %	31.0 %
9	D	55.62 %	36.48 %
10	D	62.74 %	33.54 %
11	B	47.84 %	43.46 %
12	D	63.93 %	32.52 %
13	A	68.29 %	30.91 %
14	D	68.74 %	30.9 %
15	D	45.08 %	41.45 %
16	D	64.49 %	32.88 %
17	D	66.39 %	32.47 %
18	B	16.15 %	82.15 %
19	C	50.16 %	39.14 %
20	B	64.43 %	33.34 %
21	A	48.26 %	37.34 %
22	C	46.52 %	50.66 %
23	A	60.12 %	38.56 %
24	C	53.35 %	41.84 %
25	C	40.55 %	50.22 %
26	D	57.59 %	40.47 %
27	C	57.17 %	35.77 %
28	D	66.35 %	33.28 %
29	B	44.43 %	42.56 %
30	C	46.01 %	34.12 %
31	C	67.3 %	31.23 %
32	A	17.93 %	73.48 %
33	A	66.45 %	32.61 %
34	B	45.06 %	46.36 %
35	B	51.13 %	42.81 %
36	D	41.36 %	36.47 %
37	C	53.71 %	39.69 %
38	C	32.15 %	67.13 %
39	C	44.62 %	46.76 %
40	B	59.33 %	37.61 %
41	A	13.59 %	85.92 %
42	C	47.13 %	36.09 %
43	D	62.13 %	37.18 %
44	B	60.08 %	38.63 %
45	B	27.5 %	70.0 %
46	A	48.24 %	34.27 %
47	D	10.59 %	80.37 %
48	B	69.69 %	30.18 %
49	B	40.64 %	32.76 %
50	B	42.5 %	53.12 %
51	B	61.83 %	33.28 %
52	B	62.44 %	32.58 %
53	A	41.45 %	43.24 %
54	D	45.0 %	41.21 %
55	D	49.73 %	36.89 %
56	D	82.53 %	16.97 %
57	D	49.33 %	44.94 %
58	D	51.33 %	32.3 %
59	A	45.06 %	46.38 %
60	A	51.7 %	45.1 %
61	A	64.03 %	34.96 %
62	C	65.06 %	31.36 %
63	A	48.92 %	34.28 %
64	A	43.45 %	46.73 %
65	A	40.44 %	58.75 %
66	D	65.1 %	33.36 %
67	B	88.66 %	11.22 %
68	D	42.33 %	33.02 %
69	A	44.72 %	53.3 %
70	B	49.69 %	39.6 %
71	B	52.48 %	42.08 %
72	C	68.58 %	30.71 %
73	A	62.64 %	32.83 %
74	D	30.87 %	68.85 %
75	B	60.18 %	35.61 %
76	B	47.14 %	47.87 %
77	C	31.14 %	68.4 %
78	A	16.9 %	68.23 %
79	B	32.27 %	67.0 %
80	B	79.82 %	17.32 %

प्रश्न संख्या	उत्तर	सही उत्तर / छोड़ दिया
81	D	87.1 %
		12.0 %
82	A	48.8 %
		33.48 %
83	A	48.86 %
		36.26 %
84	D	62.67 %
		31.65 %

प्रश्न संख्या	उत्तर	सही उत्तर / छोड़ दिया
85	A	58.53 %
		39.64 %
86	B	48.33 %
		45.5 %
87	B	81.4 %
		12.35 %
88	C	45.8 %
		44.38 %

प्रश्न संख्या	उत्तर	सही उत्तर / छोड़ दिया
89	B	67.48 %
		32.02 %
90	C	84.2 %
		11.87 %
91	B	81.72 %
		11.9 %
92	D	54.84 %
		42.0 %

प्रश्न संख्या	उत्तर	सही उत्तर / छोड़ दिया
93	C	61.28 %
		36.76 %
94	C	58.39 %
		37.28 %
95	A	40.18 %
		37.85 %
96	B	51.18 %
		37.17 %

प्रश्न संख्या	उत्तर	सही उत्तर / छोड़ दिया
97	B	55.92 %
		33.04 %
98	A	69.19 %
		30.28 %
99	B	65.48 %
		34.06 %
100	A	44.89 %
		31.13 %

कार्य विश्लेषण	
औसत अंक (%)	34.0%
टॉपर्स स्कोर (%)	55.0%
आपका स्कोर	

//संकेत और समाधान//

1.

अतः विकल्प (C) सही है।

2.

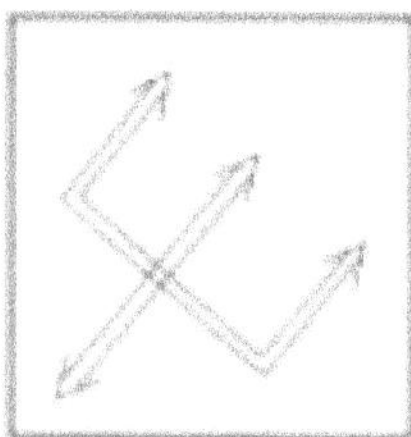

अतः विकल्प (C) सही है।

3. जैसा कि आप देख सकते हैं :

H → (+5) → M, J → (+5) → O, I → (+5) → N, K → (+5) → P

इस प्रकार,

P → (+5) → U, R → (+5) → W, Q → (+5) → V, S → (+5) → X

अतः विकल्प (B) सही है।

4. (1) पुस्तक: कागज → पुस्तकें कागज़ों से बनी होती हैं।

(2) घर: ईंट → घर ईंटों से बना होता है।

(3) न्यायलय: वकील → वकील न्यायाधिकर न्यायालय का एक हिस्सा है।

(4) शरीर: अंग → शरीर अंगों से बना है।

अतः विकल्प (C) सही है।

5. लोहा ठोस अवस्था में पाया जाता है। इसी तरह, पारा तरल अवस्था में पाया जाता है।

अतः विकल्प (C) सही है।

6. जिस प्रकार बौद्ध धर्म चीन का मुख्य धर्म है, उसी प्रकार पूरे देश की 57% जनसंख्या के साथ ईसाईं धर्म जर्मनी का सबसे बड़ा धर्म है।

अतः विकल्प (D) सही है।

7. पैटर्न है,

$1^3 + 5 = 6$

$2^3 + 5 = 13$

$3^3 + 5 = 32$

$4^3 + 5 = 69$

$5^3 + 5 = 130$

$6^3 + 5 = 221$

अतः विकल्प (A) सही है।

8. सभी संख्याओं के अंको का योग 18 है। लेकिन 8345 के अंको का योग 20 है, इसलिए यह पद गलत है।

$9 + 2 + 3 + 4 = 18$

$8 + 3 + 4 + 5 = 20$

$2 + 3 + 9 + 4 = 18$

$8 + 5 + 4 + 1 = 18$

अतः विकल्प (D) सही है।

9. पैटर्न के अनुसार,

$343 \times 2 = 686 - (2)^3$

$= 686 - 8$

$= 678$

इसी प्रकार,

$512 \times 2 = 1024 - (2)^3$

$= 1024 - 8$

$= 1016$

अतः विकल्प (D) सही है।

10. पहले तीन विकल्पों में, श्रृंखला में तीसरा शब्द पहले दो शब्दों के घन का योग है। जब कि, चौथे विकल्प में ऐसा नहीं है।

$2^3 + 4^3 = 72$

$1^3 + 2^3 = 9$

$5^3 + 3^3 = 152$

$3^3 + 4^3 = 91$

अतः विकल्प (D) सही है।

11. " $NUMBER$" और " $BARREN$" के लिए कूट इस प्रकार हैं:

N	U	M	B	E	R
1	5	6	8	9	7

और,

B	A	R	R	E	N
8	4	7	7	9	1

ऊपर दी गई जानकारी के अनुसार,

R	U	B	B	E	R
7	5	8	8	9	7

इसलिए, " $RUBBER$" के लिए कूट 758897 होगा।

अतः विकल्प (B) सही है।

12. विकल्प (A), (B) और (C) एक चित्र बनाने के लिए उपयोग किए गए टूल को दर्शाते हैं, लेकिन कलाकार कोई व्यक्ति होता है।

अतः विकल्प (D) सही है।

13. क्योंकि M और T, U की संताने हैं और D, T की माँ है→ U, D का पति है

T एक महिला है और V, M की संतान है → T, V की आंटी है।

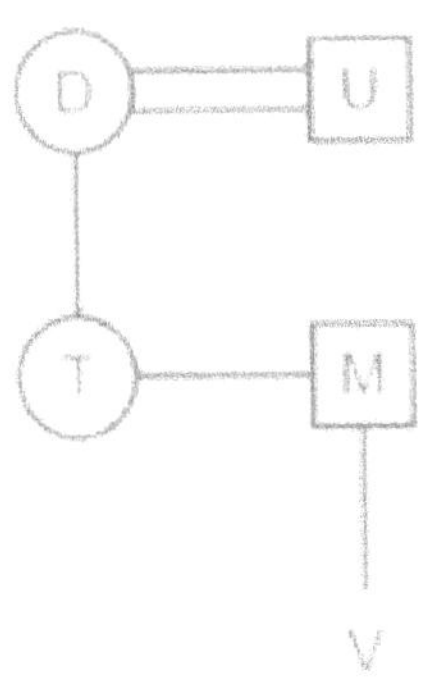

अतः विकल्प (A) सही है।

14.

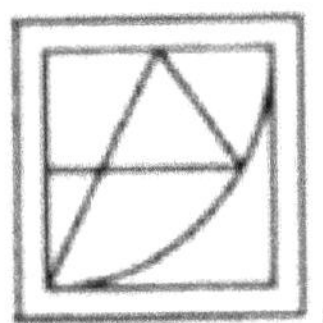

अतः विकल्प (D) सही है।

15. इस प्रश्न का न्यूनतम संभावित आरेख निम्नानुसार है,

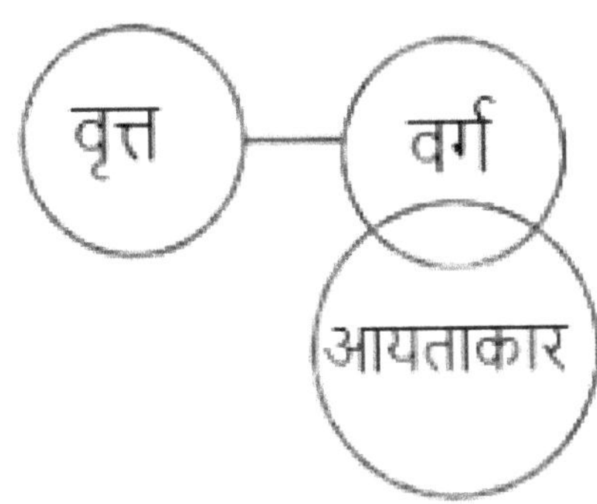

I. कुछ वृत्त आयताकार हैं → असत्य (यह संभव है लेकिन परिभाषित नहीं है)

II. कोई वृत्त आयताकार नहीं है → असत्य (यह संभव है लेकिन परिभाषित नहीं है)

लेकिन, निष्कर्ष I और II एक मानार्थ जोड़ी बनाता है।

इस प्रकार, या तो निष्कर्ष (I) या निष्कर्ष (II) अनुसरण करता है।

अतः विकल्प (D) सही है।

16. करेला एक प्रकार की सब्ज़ी है, जबकि अनानास एक प्रकार का फल है।

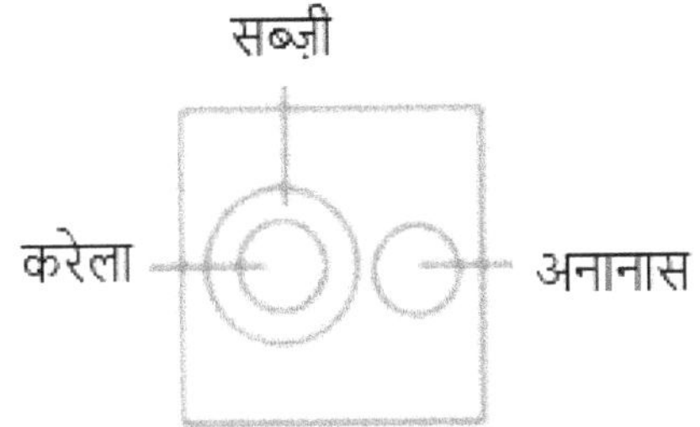

अतः विकल्प (D) सही है।

17.

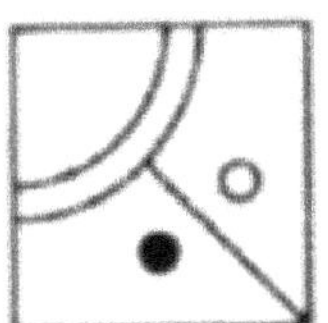

अतः विकल्प (D) सही है।

18. आरेख के अनुसार, हम देख सकते हैं कि, सतह 3 और 4 सम्मुख हैं, सतह 3 और 5 सम्मुख हैं, और सतह 4 और 5 सम्मुख हैं, इसलिए सतह 3,4 और 5 सम्मुख सतह हैं।

लेकिन आरेख 1 के अनुसार सतह 4 और सतह 6 सम्मुख सतह हैं। इसलिए ऊपर से, यह स्पष्ट है कि सतह 5 सतह 6 के विपरीत सतह है।

अतः विकल्प (B) सही है।

19. दिए गए प्रारूप के अनुसार संक्रियाओं को बदलकर

चिन्ह	अर्थ
+	-
×	+
÷	÷
-	×

दिया गया व्यंजक: 86 × 12 + 53 – 18 ÷ 49
चिन्हों को परस्पर बदलने के बाद: 86 + 12 - 53 × 18 ÷ 49
= 86 + 12 – 19.46
= 78.53
अतः विकल्प (C) सही है।

20. आकृति (1) और आकृति (3) से, हम कह सकते हैं कि 3 और 1 को 2 और 5 से संयुग्मित किया जाता है। और संख्या 3 नीचे की तरफ 2 और 5 के बीच है। 1 ऊपरी तरफ 2 और 5 के संयुग्म है। अब, आकृति (2) स्पष्ट रूप से कहता है कि संख्या 4, संख्या 6 के दाईं ओर (नीचे) है और 4 भी 5 के विपरीत तरफ है।

अतः विकल्प (B) सही है।

21. $L \rightarrow 59,66,78,85,97$

$E \rightarrow 01,13,20,32,44$

$A \rightarrow 00,12,24,31,43$

$S \rightarrow 02,14,21,33,40$

$T \rightarrow 03,10,22,34,41$

LEAST $\rightarrow 85,01,00,40,41$

अतः विकल्प (A) सही है।

22. $P \rightarrow 55,67,79,86,98$

$O \rightarrow 56,68,75,87,99$

$L \rightarrow 59,66,78,85,97$

$A \rightarrow 00,12,24,31,43$

$R \rightarrow 57,69,76,88,95$

$POLAR \rightarrow 79,87,59,31,76$

अतः विकल्प (C) सही है।

23.

प्रत्येक चरण में, एक पत्ता लाइन के दोनों ओर जोड़ा जा रहा है और प्रत्येक दो चरणों के बाद, आकृति 45 ° दक्षिणावर्त के कोण से घूम रही है। घूमते समय कोई पत्ता नहीं जोड़ा जाता है।

अतः विकल्प (A) सही है।

24.

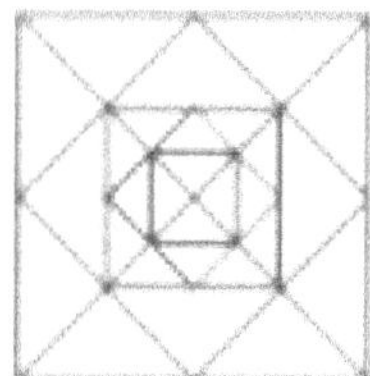

अतः विकल्प (C) सही है।

25.

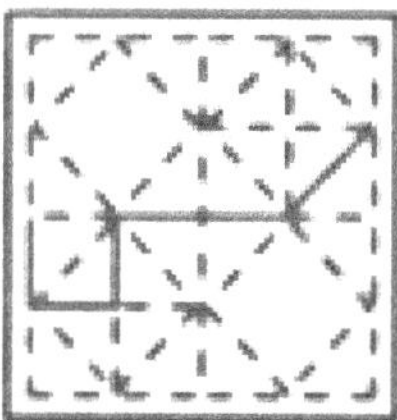

इसलिए, सही उत्तर 'विकल्प (C)' है।

अत: विकल्प (C) सही है।

26. केंद्र सरकार ने स्वच्छता सर्वेक्षण 2021 की राज्य रेंकिंग जारी की, जिसमें बिहा 100 से अधिक नगर निकायों वाले राज्यों में 13वें स्थान पर है, जबकि गया जिल अखिल भारतीय की जिला रेंकिंग में देश भर के 659 जिलों में से 289वें स्थान है। वहीं सुपौल को 300वां, पटना को 313वां और मुजफ्फरपुर को 351वां स्थान मिला है।

अतः विकल्प (D) सही है।

27. बिहार के युवा वैज्ञानिक डॉ. उज्जवल वर्मा और उनकी टीम ने बैक्टीरिया की पहचान के लिए एक नई तकनीक का आविष्कार किया है। कदमकुआं पटना के रहने वाले और कर्नाटक के मणिपाल इंस्टीट्यूट ऑफ टेक्नोलॉजी में इलेक्ट्रॉनिक्स एंड कम्युनिकेशन इंजीनियरिंग के प्रोफेसर डॉ. उज्जवल वर्मा ने चीनी को धागों में डालकर और बैक्टीरिया को खिलाने के लिए कल्चर डिश में डालकर चीनी के रासायनिक परिवर्तन को देखा है।

अतः विकल्प (C) सही है।

28. माधबी पुरी बुच को 3 साल की अवधि के लिए सेबी का नया अध्यक्ष नियुक्त किया गया है।

सरकार ने 3 साल की अवधि के लिए सेबी के नए अध्यक्ष के रूप में माधबी पुरी बुच की घोषणा की है। बुच सेबी के पूर्व पूर्णकालिक सदस्य हैं। वह अजय त्यागी का स्थान लेंगी, जिनका पांच साल का कार्यकाल समाप्त हो रहा है। यह पहली बार है जब सेबी में किसी महत्वपूर्ण पद के लिए किसी महिला और निजी क्षेत्र के व्यक्ति को चुना गया है।

अतः विकल्प (D) सही है।

29. येस बैंक ने आदित्य बिड़ला वेलनेस प्राइवेट लिमिटेड के साथ 'येस बैंक वेलनेस'और येस बैंक वेलनेस प्लस' क्रेडिट कार्ड लॉन्च करने के लिए अपनी साझेदारी की घोषणा की है। इसका उद्देश्य समग्र स्वास्थ्य, स्व-देखभाल और उपभोक्ताओं की भलाई है। यह आत्म-देखभाल, मानसिक और शारीरिक कल्याण को प्रोत्साहित करने और बढ़ावा देने के लिए एक अभिनव कदम है।

अतः विकल्प (B) सही है।

30. भारतीय रिज़र्व बैंक ने ऑनलाइन प्लेटफ़ॉर्म और मोबाइल एप्लिकेशन के माध्यम से डिजिटल उधार को विकसित करने और विनियमित करने के लिए एक कार्य समूह का गठन किया है। कार्य समूह विनियमित और साथ ही अनियमित वित्तीय क्षेत्र द्वारा डिजिटल ऋण गतिविधियों के सभी पहलुओं का अध्ययन करेगा। छह सदस्यीय पैनल में चार आंतरिक सदस्य और दो बाहरी सदस्य हैं। पैनल तीन महीने के भीतर अपनी रिपोर्ट देगा। आरबीआई के कार्यकारी निदेशक जयंत कुमार दास समूह के अध्यक्ष होंगे। अन्य तीन आंतरिक सदस्य हैं अजय कुमार चौधरी, मुख्य महाप्रबंधक प्रभारी, पर्यवेक्षण विभाग, पी वासुदेवन, मुख्य महाप्रबंधक, भुगतान और निपटान प्रणाली, आरबीआई, और नियमन विभाग के मुख्य महाप्रबंधक, मनोरंजन मिश्रा।

अतः विकल्प (C) सही है।

31. भारत के 51 वें अंतर्राष्ट्रीय फिल्म महोत्सव में दिग्गज फिल्मकार सत्यजीत रे को श्रद्धांजलि दी जाएगी। सूचना और प्रसारण मंत्रालय के सचिव अमित खरे द्वारा सत्यजीत रे के शताब्दी समारोह के रूप में 2019 में आईएफएफआई के स्वर्ण जयंती संस्करण के दौरान इसकी घोषणा की गई थी। आईएफएफआई इस श्रद्धांजलि के हिस्से के रूप में अपनी चुनी हुई फिल्में चारुलता, घरे बैरे, पाथेर पांचाली, शत्रुंज के खिलाड़ी और सोनार केला का प्रदर्शन करेगा।

अतः विकल्प (C) सही है।

32. केंद्र ने अरुणाचल प्रदेश के लोहित जिले में परशुराम कुंड तीर्थ स्थल के उत्थान के लिए 37.87 करोड़ रुपये मंजूर किए हैं। परशुराम कुंड देश के सबसे पवित्र स्थानों में से एक है, जहां साल भर बड़ी संख्या में तीर्थयात्री आते हैं और हजारों लोग मकर संक्रांति के दौरान लोहित नदी में पवित्र डुबकी लगाते हैं।

अतः विकल्प (A) सही है।

33. मणिपुर की राज्यपाल डॉ नजमा हेपतुल्ला ने 8 जनवरी, 2021 को "मेकिंग ऑफ ए जनरल-ए हिमालयन इको" नामक पुस्तक का विमोचन किया है। पुस्तक का लेखन (सेवानिवृत्त) लेफ्टिनेंट जनरल कोनस हिमालय सिंह ने किया है। इस पुस्तक में उन्होंने अपने सपनों और विचारों के साथ-साथ मणिपुर के बारे में भी बताया है। यह पुस्तक लेफ्टिनेंट जनरल (डॉ) हिमालय सिंह का संस्मरण है । कोणार्क पब्लिशर्स प्राइवेट लिमिटेड पुस्तक का प्रकाशक है।

अतः विकल्प (A) सही है।

34. 1896 में पहली बार कांग्रेस के अधिवेशन में भारत का राष्ट्रीय गीत 'वंदे मातरम' गाया गया। वंदे मातरम बंकिम चंद्र चटर्जी के उपन्यास आनंद मठ का अंश है। यह 1937 तक भारत का राष्ट्रीय गान रहा था।

अतः विकल्प (B) सही है।

35. सर चार्ल्स मेटकाफ 20 मार्च, 1835 से 4 मार्च, 1936 के बीच भारत के गवर्नर जनरल थे। उन्होंने प्रेस को पूर्ण स्वंतत्रता दी थी, इसलिए उन्हें भारतीय प्रेस का मुक्तिदाता भी कहा जाता है।

अतः विकल्प (B) सही है।

36. कार्ताज़ व्यवस्था का सम्बन्ध पुर्तगालियों द्वारा समुद्री व्यापार के लिए जारी किये गए व्यापार लाइसेंस से है। 20वीं शताब्दी में अंग्रेजों ने भी "नेवीसर्ट" नामक व्यवस्था शुरू की थी।

अतः विकल्प (D) सही है।

37. एस विजयलक्ष्मी चेस खेल से सम्बंधित हैं।

सुब्बारामन विजयलक्ष्मी का जन्म 25 मार्च 1979 को हुआ था, जो एक भारतीय शतरंज खिलाड़ी हैं, जिन्होंने इन खिताबों को हासिल करने वाली अपने देश की पहली महिला खिलाड़ी इंटरनेशनल मास्टर (IM) और वुमन ग्रैंडमास्टर (GM) के FIDE खिताब अपने नाम किए हैं। उसने शतरंज ओलंपियाड में भारत के लिए किसी भी अन्य खिलाड़ी की तुलना में अधिक पदक जीते हैं।

अतः विकल्प (C) सही है।

38. संदीप पाटिल पूर्व भारतीय क्रिकेटर, भारतीय राष्ट्रीय आयु वर्ग के क्रिकेट प्रबंधक और केन्या के पूर्व राष्ट्रीय टीम के कोच हैं, जिन्होंने अर्धव्यास को निर्देशित किया। जिन्होंने 2003 विश्व कप के सेमीफाइनल के लिए माइनोज़ को निर्देशित किया था।वह मध्यम क्रम के बल्लेबाज़ और एक सामयिक मध्यम गति के गेंदबाज थे। इनकी आत्मकथा का नाम सैंडी स्टॉर्म है।

अतः विकल्प (C) सही है।

39. अंतरराष्ट्रीय जैव विविधता दिवस 22 मई को मनाया जाता है। इसका उद्देश्य जैव विविधताओं की सुरक्षा करना है।

अतः विकल्प (C) सही है।

40. संसद को कानून बनाने का अधिकार है। संसद कानून द्वारा जजों की संख्या को बदल सकती है। प्रारंभ में सुप्रीम कोर्ट में 7 जज थे। यह संख्या 1956 में 10, 1960 में 13, 1977 में 17 और 1985 में 25 हो गयी। वर्तमान में यह संख्या 31 है।

अतः विकल्प (B) सही है।

41. सुप्रीम कोर्ट के जज बनने की एक प्रमुख योग्यता है कि व्यक्ति कम से कम 10 वर्ष तक किसी उच्च न्यायालय के न्यायाधीश के रूप में कार्य कर चुका हो।

अतः विकल्प (A) सही है।

42. उत्तर भारत में गंगा के विशाल मैदान विश्व के सबसे बड़े अलुवियम निक्षेप हैं, हिमालय से बहने वाली नदियों द्वारा यहां पर उपजाऊ मिट्टी का निक्षेप किया जाता है। खादर क्षेत्र की रचना नये अलुवियम से हुई है, यह कम ऊंचाई युक्त क्षेत्र है।

अतः विकल्प (C) सही है।

43. डेम्पिएर - होजेस रेखा एक काल्पनिक रेखा है, जिसे 1829-30 में खींचा गया था, यह रेखा सुंदरबन डेल्टा की उत्तरी सीमा को दर्शाती है। यह रेखा पश्चिम बंगाल के 24 परगना जिले के समानांतर स्थित है।

अतः विकल्प (D) सही है।

44. भारत में प्रतिवर्ष 160 लाख टन नमक का उत्पादन किया जाता है, भारत विश्व का तीसरा सबसे बड़ा नमक उत्पादक देश है। गुजरात, राजस्थान, आंध्र प्रदेश और तमिलनाडु भारत के 4 प्रमुख नमक उत्पादक राज्य हैं। ओडिशा में भी गंजम, पूरी और बलासोर में लगभग 30 हज़ार टन नमक का उत्पादन किया जाता है।

अतः विकल्प (B) सही है।

45. भारतीय संविधान की छठी अनुसूची असम, मेघालय, त्रिपुरा, मिजोरम राज्यों में अनुसूचित क्षेत्रों और अनुसूचित जनजातियों के प्रशासन और नियंत्रण से संबंधित है। क्योकि संविधान की छठी अनुसूची असम, मेघालय, मिजोरम और त्रिपुरा के आदिवासी क्षेत्रों के लिए अलग व्यवस्था करती है। अनुच्छेद 244 ए को 22 वें संवैधानिक संशोधन अधिनियम, 1969 के माध्यम से संविधान में जोड़ा गया। यह संसद को असम के कुछ आदिवासी क्षेत्रों और स्थानीय विधानमंडल या मंत्रिपरिषद या दोनों के लिए एक स्वायत्त राज्य स्थापित करने का अधिकार देता है।

अतः विकल्प (B) सही है।

46. कालिदास प्रसिद्ध पुस्तक 'मेघदूत' के लेखक हैं। कालिदास संस्कृत भाषा के महान कवि और नाटककार थे। उन्होंने भारत की पौराणिक कथाओं के आधार पर रचनाएँ की है। उनके नाटक और कविता मुख्य रूप से वेदों, रामायण, महाभारत और पुराणों पर आधारित हैं।

अतः विकल्प (A) सही है।

47. कामाख्या मंदिर असम के गुवाहाटी में नीलाचल पहाड़ियों पर स्थित एक हिंदू मंदिर है। यह देवी माँ कामाख्या का मंदिर है। यह तांत्रिक साधनाओं के सबसे पुराने और सबसे प्रतिष्ठित केंद्रों में से एक है। इस मंदिर का निर्माण 8वीं-17वीं शताब्दी के बीच हुआ था।

अतः विकल्प (D) सही है।

48. थाईलैंड की बैडमिंटन खिलाड़ी रचानोक इंतानोन ने जकार्ता में आयोजित इंडोनेशिया मास्टर्स टूर्नामेंट के महिला एकल फाइनल मैच में स्पेन की कैरोलिना मारिन को हराया। 2010 में जीत के बाद इंडोनेशियाई मास्टर्स स्पर्धा में यह उनकी दूसरी जीत है।

रचानोक इंतानोन 2013 में महिला एकल में विश्व चैंपियन बनीं और महिला एकल में नंबर 1 बनने वाली पहली थाई खिलाड़ी बनीं। कैरोलिना मारिन वर्तमान ओलंपिक चैंपियन और तीन बार की विश्व चैंपियन हैं।

अतः विकल्प (B) सही है।

49. रूपिंदर पाल सिंह ने अंतरराष्ट्रीय खेल से संन्यास की घोषणा की है, वह हॉकी से जुड़े हुए हैं।

वह टोक्यो ओलंपिक 2020 में कांस्य पदक जीतने वाली भारतीय पुरुष हॉकी टीम का हिस्सा थे। उन्होंने 223 मैचों में भारत का प्रतिनिधित्व किया। उन्होंने 2014 राष्ट्रमंडल खेलों, 2014 इंचियोन में एशियाई खेलों, 2016 रियो डी जनेरियो में आयोजित ओलंपिक खेलों और 2018 राष्ट्रमंडल खेलों में भारत का प्रतिनिधित्व किया।

अतः विकल्प (B) सही है।

50. भारत की गोदावरी नदी को वृद्धा गंगा कहा जाता है।

गंगा के बाद गोदावरी भारत की दूसरी सबसे लंबी नदी है। इसका स्रोत महाराष्ट्र के त्रयंबकेश्वर में है। यह महाराष्ट्र, तेलंगाना, आंध्र प्रदेश, छत्तीसगढ़ और ओडिशा राज्यों से बहते हुए 1,465 किलोमीटर पूर्व में बहती है।

अतः विकल्प (B) सही है।

51. $19 \div \left[1 - \frac{1}{2} + 2\frac{2}{3}\right] = ?$

$$\Rightarrow ? = 19 \div \left[1 - \frac{1}{2} + 2\frac{2}{3}\right]$$

$$\Rightarrow ? = 19 \div \left[3 - \frac{1}{2} + \frac{2}{3}\right]$$

$$\Rightarrow ? = 19 \div \left[3 - \frac{3}{6} + \frac{4}{6}\right]$$

$$\Rightarrow ? = 19 \div \left[3 + \frac{1}{6}\right]$$

$\Rightarrow ? = 19 \div \left[\frac{19}{6}\right]$

$\Rightarrow ? = 19 \times \left[\frac{6}{19}\right]$

$\Rightarrow ? = 6$

अतः विकल्प (B) सही है।

52. माना तीन लड़को की आयु क्रमशः $3x, 5x$ और $7x$ है। और औसत आयु 15 वर्ष है।

जबकि औसत आयु $= \frac{3x+5x+7x}{3}$

$15 = \frac{15x}{3}$

$\Rightarrow x = 3$

इसलिए, सबसे छोटे लड़के की आयु $= 3 \times 3 = 9$ वर्ष

अतः विकल्प (B) सही है।

53. दिया गया है कि, एक कक्षा के 40 छात्रों द्वारा प्राप्त अंको का औसत 86 है।

औसत = सभी अंको का योग / छात्रों की संख्या

सबसे पहले हम अभी अंको का योग निकालेंगे $= 86 \times 40 = 3440$

अब जो योग उन पाँच अंको को निकालने के बाद बनेगा, वह है $= 35 \times 85 = 2975$

दोनों का अंतर $= 3440 - 2975 = 465$

अब पाँच अंको का औसत $= \frac{465}{5}$

$\Rightarrow 93$

अतः विकल्प (A) सही है।

54. दिया गया है,

n वी पारी = 11

बनाये रन= 108

औसत में वृद्धि= 6

अभीष्ट औसत रन संख्या = आखिरी पारी n में बनाये रन - (n - 1) × औसत में वृद्धि

⇒ 108 - (11 - 1) × 6

⇒ 108 - 60

⇒ 48 रन

अतः विकल्प (D) सही है।

55. माना कि तीन कक्षाओं में विद्यार्थियों की संख्या $2x, 3x$ और $4x$ है।

प्रत्येक कक्षा में 12 विद्यार्थी बढ़ाने पर विद्यार्थियों की संख्या $(2x + 12)$, $(3x + 12)$ और $(4x + 12)$ होगी।

अतः $\frac{2x+12}{3x+12} = \frac{8}{11}$

$\Rightarrow x = 18$

अतः विद्यार्थियों की संख्या $= 2x + 3x + 4x$

$\Rightarrow 2 \times 18 + 3 \times 18 + 4 \times 18$

$\Rightarrow 162$

अतः विकल्प (D) सही है।

56. माना कि A की आय $4x$ तथा व्यय $3x$ है।

और B की आय $3x$ तथा व्यय $2x$ है।

दिए गए सूत्र के अनुसार,

आय - व्यय = बचत

$\Rightarrow 4x - 3x = 6000$

$\Rightarrow x = 6000$

A की वार्षिक आय $= 6000 \times 4 = 24000$

B की वार्षिक आय $= 6000 \times 3 = 18000$

अतः विकल्प (D) सही है।

57. दिया गया है,

किसी कारखाने में श्रमिकों की कमी की वजह से उसके उत्पादन में कमी = 25%

अतः कार्य अवधि $= \frac{25}{100-25} \times 100$

$\Rightarrow 33\frac{1}{3}\%$

अतः विकल्प (D) सही है।

58. दिया गया है कि, किसी परीक्षा में 40% छात्र गणित में असफल हो जाते है, 30% अंग्रेजी में असफल हो जाते है। 10% दोनों विषयों मे असफल हो जाते है।

कुल असफल हुए छात्र = 40% + 30% - 10% = 60%

अतः दोनो विषयों में उत्तीर्ण होने वाले छात्र = 100 - 60 = 40%

अतः विकल्प (D) सही है।

59. दिया गया है,

$a + b = 1$

दोनों पक्षों में घन करने पर,

$\Rightarrow (a + b)^3 = 1^3$

$\Rightarrow a^3 + b^3 + 3ab(a + b) = 1$

$\Rightarrow a^3 + b^3 + 3ab = 1$

$\Rightarrow k = 1$

अतः विकल्प (A) सही है।

60. माना कि, रोनित की वर्तमान आयु x वर्ष है।

फिर, पिता की वर्तमान आयु $= (x + 3x)$ वर्ष $= 4x$ वर्ष

$\therefore (4x + 8) = \frac{5}{2}(x + 8)$

$\Rightarrow 8x + 16 = 5x + 40$

$\Rightarrow 3x = 24$

$\Rightarrow x = 8$

$\therefore$ आवश्यक अनुपात $= \frac{(4x+16)}{(x+16)}$

$\Rightarrow \frac{48}{24} = 2$

अतः विकल्प (A) सही है।

61. यह दिया गया है कि एक पेन को 56 रुपये में बेचने पर 30% की हानि होती है।

हम जानते हैं कि,

क्रय मूल्य = [100/(100 - हानि प्रतिशत)] × विक्रय मूल्य

विक्रय मूल्य = [(100 + लाभ प्रतिशत)/100] × क्रय मूल्य

इसलिए, प्रश्नानुसार,

क्रय मूल्य $= \left[\frac{100}{(100-30)}\right] \times 56$

$= \left(\frac{100}{70}\right) \times 56$

$= 80$ रुपये

अब, विक्रय मूल्य $= \left[\frac{(100+20)}{100}\right] \times 80$

$= \left(\frac{6}{5}\right) \times 80$

$= 96$ रुपये

$\therefore$ 20% का लाभ प्राप्त करने के लिए पेन को 96 रुपये पर बेचा जाएगा।

अतः विकल्प (A) सही है।

62. 265 का $40\% + 180$ का $35\% = ?$ का $50\% + ?$ का 80%

$\Rightarrow \frac{40\times265}{100} + \frac{35\times180}{100} = \frac{50\times?}{100} + \frac{?\times80}{100}$

$\Rightarrow 106 + 63 = \frac{?}{2} + \frac{?\times4}{5}$

$\Rightarrow 169 = \frac{?\times5+?\times8}{10}$

$\Rightarrow 13 \times ? = 169 \times 10$

$\therefore ? = \frac{169\times10}{13} = 130$

अतः विकल्प (C) सही है।

63. दिया गया है कि, मोहन किसी कार्य को 10 दिनों में तथा सोहन उसे 15 दिनों में पूरा कर सकते है।

1 दिन में सोहन द्वारा किया गया कार्य $= \frac{1}{5}$

3 दिनों में सोहन द्वारा किया गया कार्य $= \frac{3}{15} = \frac{1}{5}$

अत. शेष कार्य $= 1 - \frac{1}{5} = \frac{4}{5}$

मोहन 1 कार्य को 10 दिनों मे करता है।

अतः $\frac{4}{5}$ कार्य को करेगा $= 10 \times \frac{4}{5} = 8$ दिन

अतः विकल्प (A) सही है।

64. दिया हैं:

8 घंटे प्रतिदिन कार्य करते हुए आशु एक पुस्तक की प्रति 18 दिनों में तैयार कर सकता है।

इसलिए, दिन में 1 घंटा काम करने से आशु काम पूरा कर सकता हैं $= 18 \times 8 = 144$ दिन

$\therefore 12$ दिन में काम पूरा करने के लिए आशु को काम करना चाहिए $= \frac{144}{12} = 12$ घंटे/दिन

अतः विकल्प (A) सही है।

65. दिया गया है,

धारा की गति $= 1.25x$ किमी/घंटा

और शांत जल में एक नाव की गति, धारा की गति से 12 किमी/घंटा अधिक है।

प्रश्न के अनुसार,

नाव की गति + धारा की गति = दूरी/(नाव द्वारा लिया गया समय)

$1.25x + 1.25x + 12 = \frac{160}{5}$

या, $2.5x = 20$

या, $x = 8$

अतः विकल्प (A) सही है।

66. माना कि आयत की लंबाई और चौड़ाई क्रमशः x सेमी और $(x + 4)$ सेमी है।

दिया गया है,

आयत का क्षेत्रफल $= 45$ सेमी^{2}

$x(x + 4) = 45$

$\Rightarrow x^2 + 4x - 45 = 0$

$\Rightarrow (x + 9)(x - 5) = 0$

$\Rightarrow x = 5$

अतः लंबाई $= x = 5$ सेमी

और चौड़ाई क्रमशः $= x + 4$

$\Rightarrow 5 + 4 = 9$ सेमी

परिमाप = 2(लंबाई + चौड़ाई)

$\Rightarrow 2(9 + 5)$

$\Rightarrow 28$ सेमी

अतः विकल्प (D) सही है।

67. व्यक्ति को धारा के विपरीत दिशा में नाव की चाल 10 किमी /घण्टा है। और धारा की दिशा में उसकी चाल 16 किमी/घण्टा होती है।

दिए गए सूत्र के अनुसार,

शांत जल में नाव की चाल = (धारा की दिशा में चाल + धारा के विपरीत दिशा में चाल)/ 2

शांत जल में नाव की चाल $= \frac{10+16}{2} = 13$ किमी/घण्टा

अतः विकल्प (B) सही है।

68. दिया गया है,

$464 \div (16 \times 29) + 4\frac{1}{2} = ?$

$\Rightarrow 464 \times \frac{1}{16 \times 29} + 4.5 = ?$

$\Rightarrow 1 + 4.5 = ?$

$\Rightarrow ? = 5.5$

अतः विकल्प (D) सही है।

69. जैसा कि दिया गया है, संख्या 10,000 है।

गुणनखंड करने पर

32 = 2 × 2 × 2 × 2 × 2

36 = 2 × 2 × 3 × 3

48 = 2 × 2 × 2 × 2 × 3

54 = 2 × 3 × 3 × 3

इस प्रकार 32, 36, 48 एवं 54 का ल.स. = 2 × 2 × 2 × 2 × 2 × 3 × 3 × 3

⇒ 864

अतः वह बडी से बडी संख्या =10,000 - 864 = 9136

अतः विकल्प (A) सही है।

70. माना सबसे बडी संख्या x है, और 38, 45 एवं 52 में भाग देने पर क्रमशः 2, 3 एवं 4 बचते है।

अभीष्ट संख्या= x

$\Rightarrow (38-2), (45-3), (52-4)$ का म.स.

$\Rightarrow 36, 42, 48$ का म.स. $= 6$

$\Rightarrow x = 6$

अतः सही विकल्प (B) है।

71. दिया गया है,

$14 \times ? + 695 = 2400$ का $36\% + 755$

$\Rightarrow ? \times 14 + 695 = \frac{36}{100} \times 2400 + 755$

$\Rightarrow ? \times 14 = 864 + 755 - 695$

$\Rightarrow ? = \frac{924}{14}$

$\Rightarrow ? = 66$

अतः विकल्प (B) सही है।

72.

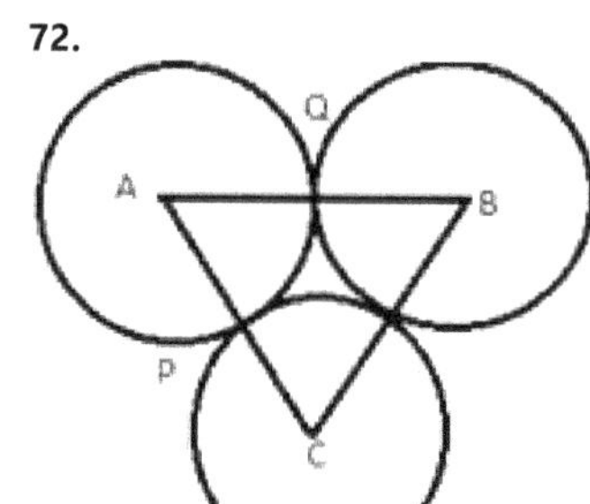

दिया गया है,

वृत्त की त्रिज्या = 3.5 सेमी

समबाहु त्रिभुज की भुजा = 3.5 + 3.5 = 7 सेमी

समबाहु त्रिभुज में, कोण $(\theta) = 60^\circ$

APQ त्रिज्यखंड का क्षेत्रफल $= \frac{(\pi r^2 \theta)}{360}$

अंतरित क्षेत्रफल = समबाहु त्रिभुज का क्षेत्रफल $-3 \times$ APQ त्रिज्यखंड का क्षेत्रफल

$\Rightarrow \frac{\sqrt{3}}{4} \times (7)^2 - 3 \times \pi \times (3.5)^2 \times \frac{60}{360}$

$\Rightarrow \frac{\sqrt{3}}{4} \times 49 - 3 \times \pi \times 3.5 \times 3.5 \times \frac{1}{6}$

$\Rightarrow \frac{49}{8}(2\sqrt{3} - \pi)$ वर्ग इकाई

अतः विकल्प (C) सही है।

73. $(x-a)$, द्विघात समीकरण का गुणनखंड है।

तब $x = a$ दोनों समीकरण को संतुष्ट करेगा।

इसलिए, $a^2 - 5a + \alpha = 0$ .... (i)

$a^2 - 7a + 2\alpha = 0$ ....(ii)

समीकरण (i) को समीकरण (ii) से घटाने पर,

$2a - \alpha = 0$

$\Rightarrow \alpha = 2a$

अब समीकरण (i) से

$a^2 - 5a + 2a = 0$

$\Rightarrow a^2 - 3\alpha = 0$

$\Rightarrow a = 3, a \neq 0$

$\Rightarrow \alpha = 2a = 6$

अतः विकल्प (A) सही है।

74. खेत का क्षेत्रफल $= \frac{225}{75} = 300$

मानाकि एक आयताकार खेत की लम्बाई $4x$ और $3x$ है।

प्रश्नानुसार,

$\Rightarrow 4x \times 3x = 300$

$\Rightarrow 12x^2 = 300$

$\Rightarrow x^2 = 25$

$\Rightarrow x = 5$

आयताकार खेत का परिमाप $= 2(l + b)$

$\Rightarrow 2(4 \times 5 + 3 \times 5) = 2(35)$

$\Rightarrow 70$

अतः विकल्प (D) सही है।

75. दिया गया है कि, एक वस्तु का विक्रय मूल्य 1920 रुपये है और दी गई छूट 4% है।

माना कि वस्तु का अंकित मूल्य x रुपये है, तो

$\Rightarrow x$ का $96\% = 1920$

$\Rightarrow \frac{x \times 96}{100} = 1920$

$\Rightarrow x = 2000$ रुपये

अतः विकल्प (B) सही है।

76. The imperative sentences which are used to give orders should start with 'let' in the passive voice and the form of the verb should be 'be + V3'.

Therefore, the correct passive voice of the sentence will be option B, i.e., 'Let the windows be closed for fear of rain'.

Hence, the correct option is (B).

77. US send first successful manned trip to the moon on July 20, 1969.

According to the passage, "Long before Neil Armstrong and Edwin Aldrin stepped out of Apollo 11 onto the surface of the moon 50 years ago, on July 20, 1969 , the aspiration to travel to this shiny orb in the sky has fired human imagination."

Hence, the correct option is (C).

78. As can be read from the first two lines, it was Baron Munchausen who first spoke of travel to the moon in the 18th century, much before than the actual manned mission was sent to the moon.

Hence, the correct option is (A).

79. According to the passage, some writers imagined the moon's surface to be barren and uninhabited whereas others have written about it being populated with lunar beings.

Hence, the correct option is (B).

80. Uncouth: Rude or socially unacceptable

Rough: Not smooth, soft or level

Ungraceful: Lacking grace; clumsy

Slovenly: Lazy, careless, and untidy

Dirty: Not clean

Hence, the correct option is (B).

81. Error: Mistake

Blunder: To make a stupid mistake

Misadventure: An unfortunate incident

Misgiving: A feeling of doubt or apprehension about the outcome or consequences of something

Ambiguity: The quality of being open to more than one interpretation

Hence, the correct option is (D).

82. Elusive: Difficult to find, catch, or achieve

The sentence is:

Women walk miles on the blazing sands in search of an elusive pot of water.

Here Elusive is used as an adjective.

Hence, the correct option is (A).

83. Hersey: An (religious) opinion or belief that is different from what is generally accepted to be true

Agreement: The state of agreeing with somebody

Error: Mistake

Rash: An area of small red spots that appear on your skin when you are ill or have a reaction to something

Hence, the correct option is (A).

84. Provoke: To cause a particular feeling or reaction

Soothe: To make somebody calmer or less upset

Insult: To speak or act rudely to somebody

Anger: The strong feeling that you have when something has happened or somebody has done something that you do not like

Encourage: To inspire with courage

Hence, the correct option is (D).

85. To complain loudly against, is the correct meaning of the given idiom.

Example:

People around the world are crying out against the government's civil rights abuses.

Hence, the correct option is (A).

86. The sentence suggests that the blank should contain a word that is a conjunction as it joins the two sentences.

The sentence uses the conjunction phrase 'Scarcely had ..... when. It is used to show two things happening right after one another.

e.g. Scarcely had I finished my lunch when the teacher came back.

The appropriate word that completes the phrase is 'when'.

Hence, the correct option is (B).

87. The sentence suggests that the blank should contain conjunction as it binds the two sentences.

The conjunction should also reflect the possibility that the sentence implies, with conditional conjunction, in this case- if.

The only option that gives the intended meaning is 'If'.

Hence, the correct option is (B).

88. "A Perfect Storm" means "The worst possible situation".

Example:

Through some perfect storm of wars, downturns, and disasters, the once-sunny outlook turned dark.

Hence, the correct option is (C).

89. "Deteriorating" is correctly spelled. This word means "To become worse".

Example:

The political tension is deteriorating into civil war.

Hence, the correct option is (B).

90. Among the given phrases, the correct replacement of the highlighted phrase will be "when suddenly his room filled with light".

'When' will be used in the form of conjunction for indicting the 'time' in simple tense.

The preposition 'with' is used as "by means of" comes before an INSTRUMENT (light) whereas 'By' as a preposition indicates the way of doing something (action).

Hence, the correct option is (C).

91. Numismatist is the study or collection of currency, which includes coins, tokens, paper money, and relatable objects. The meanings of the other words are:

Archaeologist: A person who studies human history, particularly the culture of historic and prehistoric people, through discovery and exploration of remains, structures, and writings, etc.

Philatelist: A person who collects or studies stamps

Connoisseur: An expert judge in matters of taste

Hence, the correct option is (B).

92. Diligent = Quietly and steadily continuing a task despite any difficulties

Different = Unlike in nature, quality, form, or degree.

Disciplined = Obeying the rules.

Dexterous = Skillful in physical movements; especially of the hands

Hence, the correct option is (D).

93. Two complete events occurred, rescue happened first hence it will be expressed in the past perfect tense, 'had rescued' will be the correct usage.

Hence, the correct option is (C).

94. If some action has started in the past and is still continuing, then present perfect continuous tense should be used instead of present continuous tense. So, the phrase 'am waiting' needs to be replaced with 'have been waiting' to make the sentence contextually correct.

Thus, the correct formation would be, 'I have been waiting for three – quarters of an hour'.

Hence, the correct option is (C).

95. Q is first because it has the subject, the comparison is always in order 'as free as'. Thus, S follows R.

Then the sentence is: "I was as free as a tramp."

Hence, the correct option is (A).

96. P is first, since it contains the subject followed by the auxiliary verb in R, the is followed by first-degree adjective S and not a verb.

The sentence is:

The narcissus is the first to bloom.

Hence, the correct option is (B).

97. If something is "derived from" something else, it means it came from there; originated there.

To take something, especially something necessary or pleasant, away from someone: He claimed that he had been "deprived" of his freedom/rights.

A "derisive" noise, expression, or remark expresses contempt. There was a short, derisive laugh. Synonyms: mocking, ridiculing, jeering,

This medicine is **derived** from a tropical plant.

Hence, the correct option is (B).

98. The verb "impact" means to affect something.

"Impede" something to delay or stop the progress of something synonym hinder, hamper.

If something "impresses" you, you feel great admiration for it. What impressed him most was their speed.

The new law will impact the entire community. Everyone will be affected.

Hence, the correct option is (A).

99. 'An' is used with a word having a vowel sound to indicate a single countable noun that is random in nature. 'An Engineer' is thus grammatically correct.

Then the sentence is,

She wants to become **an** engineer.

Hence, the correct option is (B).

100. Exhaustion: The state of being extremely tired

An adjective is a word that tells us more about a noun. It "describes" or "modifies" a noun. And the adjective form of Exhaustion is **Exhausted**.

Hence, the correct option is (A).

मॉक टेस्ट 02

General Intelligence & Reasoning

Ques (1-2):निर्देश: निम्नलिखित आकृति का अध्ययन करें और नीचे दिए गए प्रश्न का उत्तर दें।

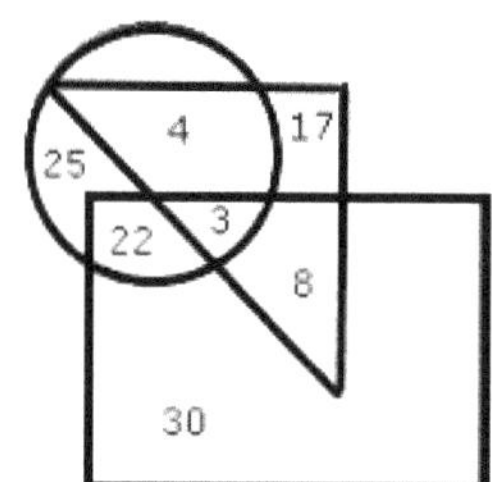

▭ → कलाकारों

○ → खिलाड़ियों

◁ → डॉक्टरों

Q.1 ऐसे कितने डॉक्टर है जो कि न तो खिलाड़ी हैं और न ही कलाकार ?

A. 17 **B.** 5 **C.** 10 **D.** 30

Q.2 कितने डॉक्टर दोनों खिलाड़ी और कलाकार हैं?

A. 22 **B.** 8 **C.** 3 **D.** 30

Q.3 निर्देश: चिह्नित आकृतियों (A), (B), (C) और (D) के बीच से वह आकृति चुनें जो आकृति (X) के रूप में बिंदु के स्थानन की समान स्थिति को स्वीकृत करता है।

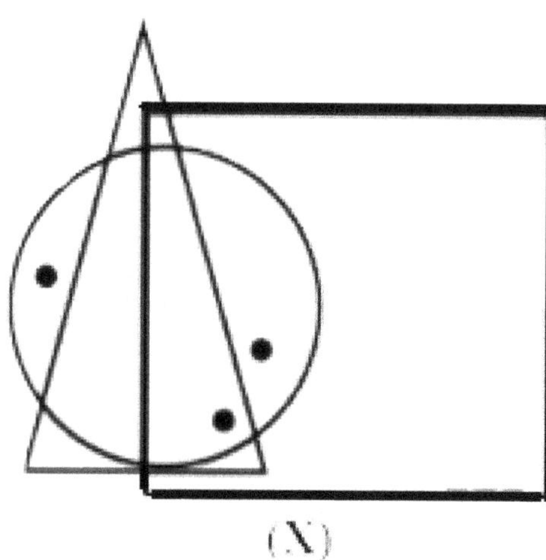

(X)

A.

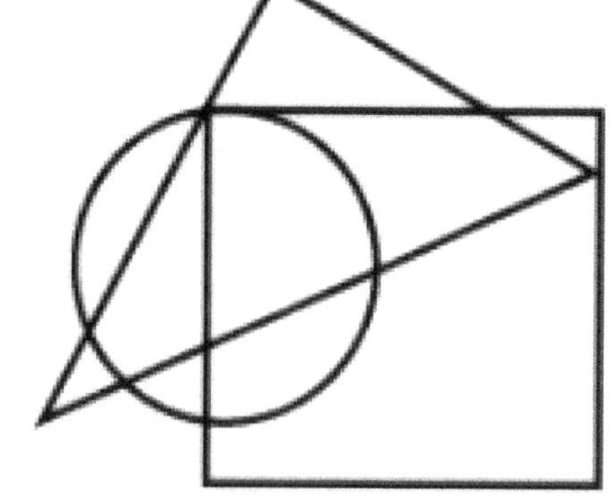

B.

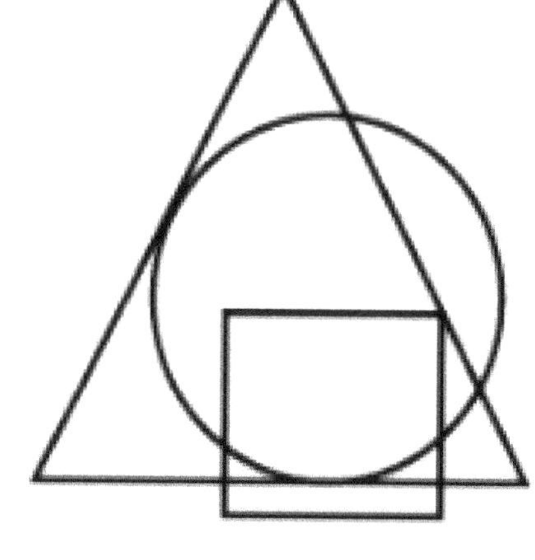

C.

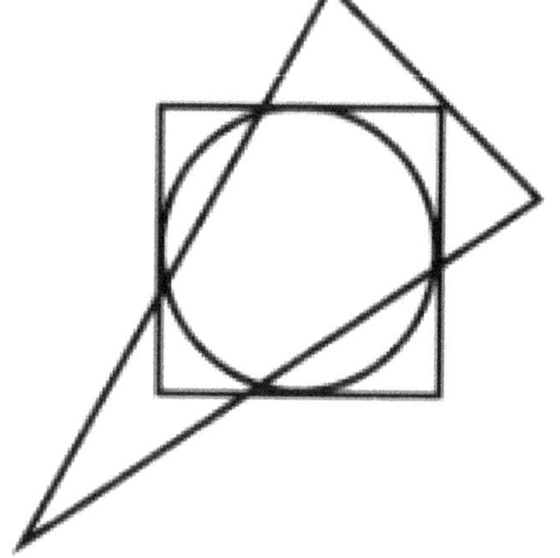

D.

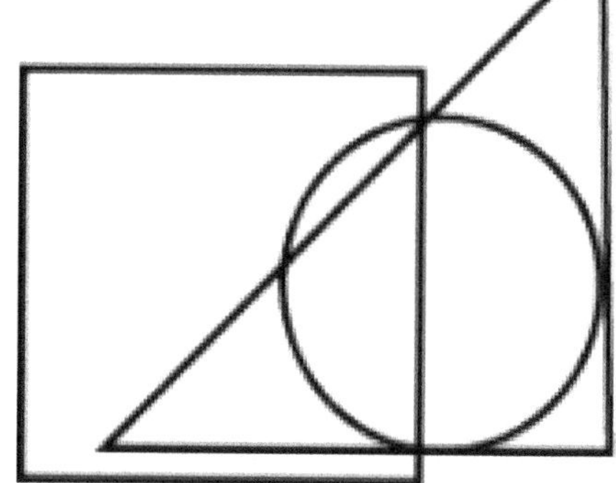

Q.4 निर्देश: निम्नलिखित प्रश्न में, दिए गए विकल्पों में से संबंधित शब्द का चयन करें।

भारत: बंगाल टाइगर :: संयुक्त राज्य अमेरिका : ?

A. कंगारू **B.** एमु **C.** बाइसन **D.** स्नो लेपर्ड

Q.5 निर्देश: एक पासा के दो स्थान दिखाए गए हैं। जब 4 सबसे नीचे है, तो शीर्ष पर कौन सी संख्या होगी?

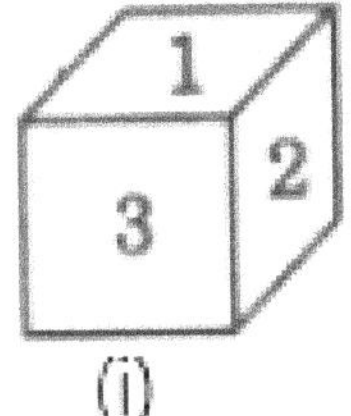

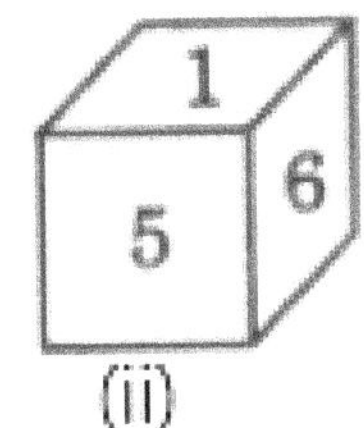

A. 1 **B.** 2 **C.** 3 **D.** 4

Q.6 यदि "DINNER" का कोड 8 है, तो "LETTER" का कोड क्या होगा?

A. 0 **B.** 10 **C.** 1 **D.** 2

Q.7 दिए गए विकल्पों में से विषम अक्षरों का चयन करें।

A. BDF **B.** JBA **C.** HBF **D.** BFF

Q.8 निम्नलिखित प्रश्न में, दिए गए विकल्पों में से विषम शब्द युग्म का चयन करें।

A. माता - बहन **B.** पिता - पुत्र
C. पुत्र - पुत्री **D.** मित्र - बहन

Q.9 निर्देश: एक श्रृंखला दी गई है जिसमें एक पद लुप्त है। दिए गए विकल्पों में से वह सही विकल्प का चयन करें, जो श्रृंखला को पूरा करेगा।

10, 12, 8, 10, 6, 8, 4, ?, 2, 4, 0

A. 5 **B.** 7 **C.** 6 **D.** 3

Q.10 निर्देश: नीचे एक श्रृंखला दी गई है जिसमें एक पद लुप्त है। दिए गए विकल्पों में से वह विकल्प का चयन करें जो इस श्रृंखला को पूरा करेगा।

KLCQ, PPFS, UTIU, ?

A. AYLW **B.** AXLW **C.** ZXLW **D.** ZXMW

Q.11 निर्देश: निम्नलिखित में से कौन सा शब्द दी गई सूची की प्रवृत्ति का अनुसरण करता है?

PQPQPQPQ, RQPQPQPQ, RSPQPQPQ, RSRQPQPQ, RSRSPQPQ, ________.

A. RSRSRSPQ **B.** PQPQPQPQ
C. RQPQPQPQ **D.** RSRSRQPQ

Q.12 किसी निश्चित भाषा में, CHIT को CIHT के रूप में कोड किया जाता है। उसी भाषा में READ को किस प्रकार कोड किया जाएगा?

A. RDEA **B.** ARED **C.** RAED **D.** DEAR

Q.13 यदि 'बादल' का मतलब 'नीला', 'भूमि' का मतलब 'भूरा', 'सड़क' का मतलब 'काला', 'फूल' का मतलब 'लाल' और 'चिड़िया' का मतलब 'उड़ना' है तो 'लाल' का प्रयोग कहाँ होगा?

A. भूरा **B.** नीला **C.** काला **D.** उड़ान

Q.14 निर्देश: एक पासे को दो बार फेंका जाता है और दो स्थितियों को नीचे आकृति में दिखाया गया है। जब पासा स्थिति (i) में होता है तो निचले किनारे पर बिन्दुओं की संख्या कितनी होगी?

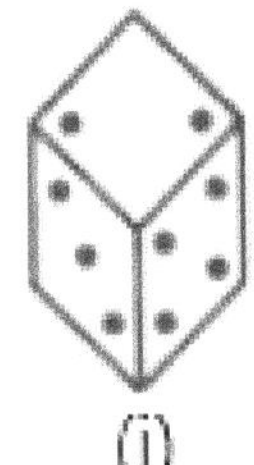
(i)

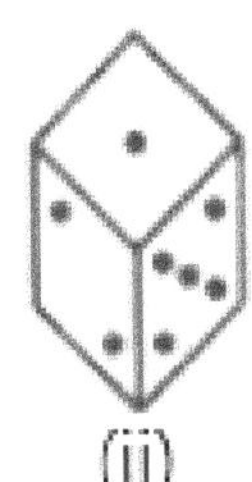
(ii)

A. 1
B. 5
C. 6
D. निर्धारित नहीं किया जा सकता है

Ques (15-16):निर्देश: निम्नलिखित जानकारी का ध्यानपूर्वक अध्ययन कीजिये और नीचे दिए गए प्रश्न का उत्तर दीजिये।

एक परिवार में, P की शादी R से हुई है। उनके तीन बेटियां S, U और V है। S की शादी X से हुई है, U की शादी K से हुई है और V की शादी L से हुई है। S और X की बेटी J है। K और U की एक बेटी है। V और L की 2 बेटियां बेटे हैं और प्रत्येक बेटी के एक भाई है।

Q.15 परिवार में कितनी महिला सदस्य हैं?

A. 7 **B.** 9 **C.** 8 **D.** 4

Q.16 परिवार के सदस्यों की कुल संख्या कितनी है?

A. 10 **B.** 16 **C.** 13 **D.** 12

Ques (17-19):निर्देश: निम्नलिखित प्रश्न में, आपको एक आकृति (X) दी गयी है, उसके बाद चार वैकल्पिक आकृति (1), (2), (3) और (4) दी गयी हैं जिनमें से एक आकृति में (X) अंकित है। वैकल्पिक का चयन करें जिसमें आकृति (X) इसके भाग के रूप में है।

Q.17 उस वैकल्पिक आकृति का चयन करें जिसमें उसके भाग के रूप में आकृति (X) हो।

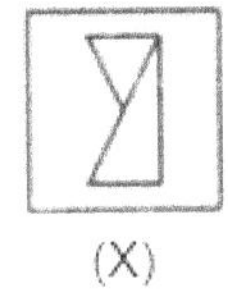
(X)

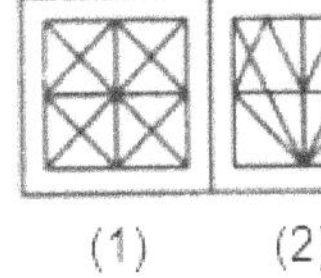
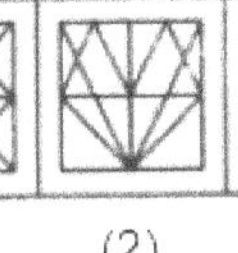
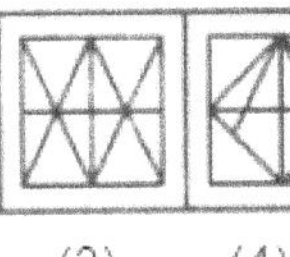
(1) (2) (3) (4)

A. (1) **B.** (2) **C.** (3) **D.** (4)

Q.18

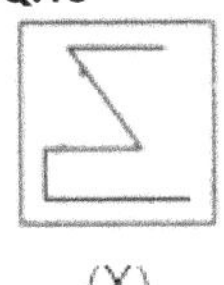
(X)

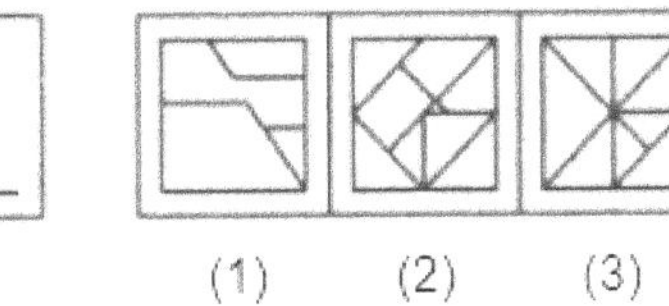
(1) (2) (3) (4)

[SSC Sub Inspector (CPO), 2020]

A. (1) **B.** (2) **C.** (3) **D.** (4)

Q.19 उस वैकल्पिक आकृति का चयन करें जिसमें उसके भाग के रूप में आकृति (X) हो।

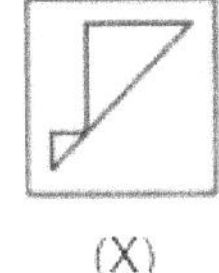

(X)

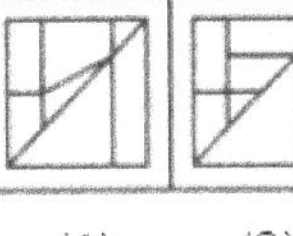

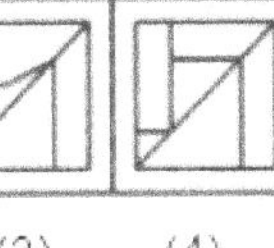
(1) (2) (3) (4)

A. (1) **B.** (2) **C.** (3) **D.** (4)

Q.20 निर्देश: यदि रेखा AB पर एक दर्पण रखा जाये, तब निम्नलिखित में से कौन सी आकृति दी गयी आकृति की छवि है?

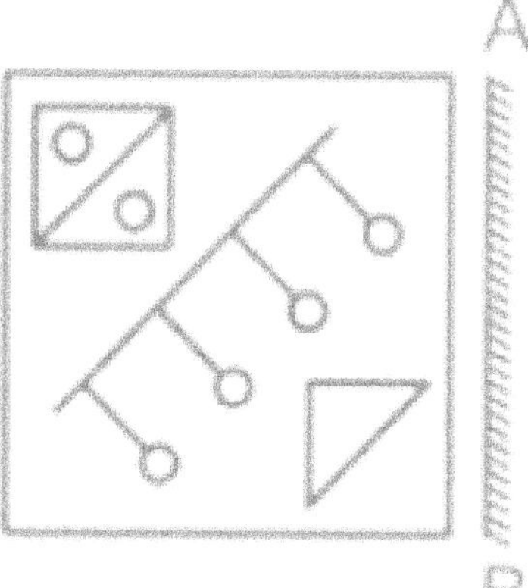

A.

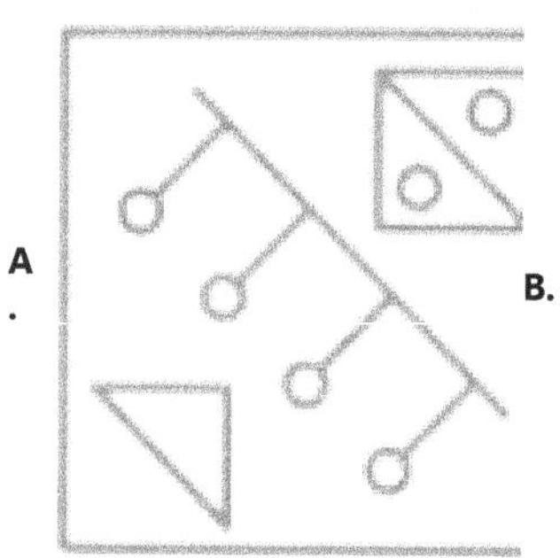

B.

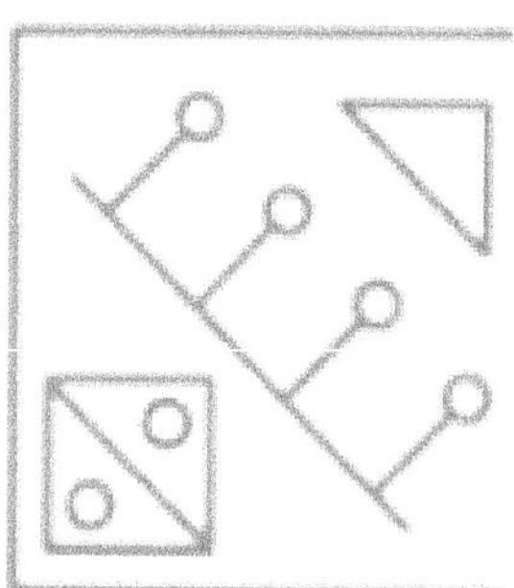

C.

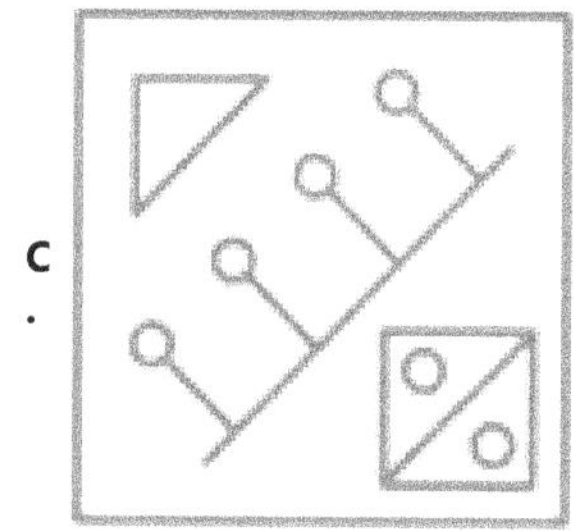

D. None of these

Q.21 निर्देश: उस आकृति का चयन करें जो नीचे दिए गए वर्गों के बीच संबंधों का सबसे अच्छा प्रतिनिधित्व करता है।

गेहूं, चाय, पौधे और कॉफी

A.

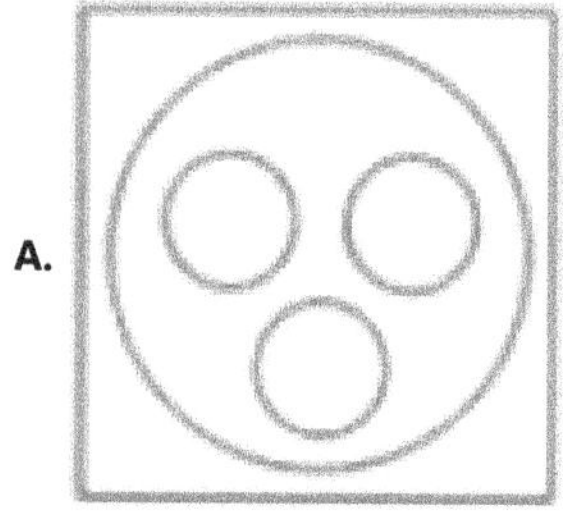

B.

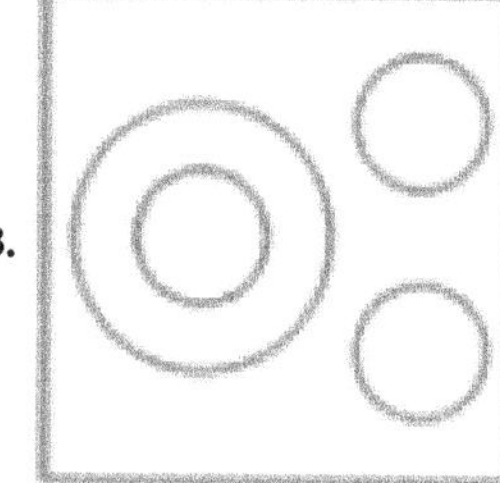

C.

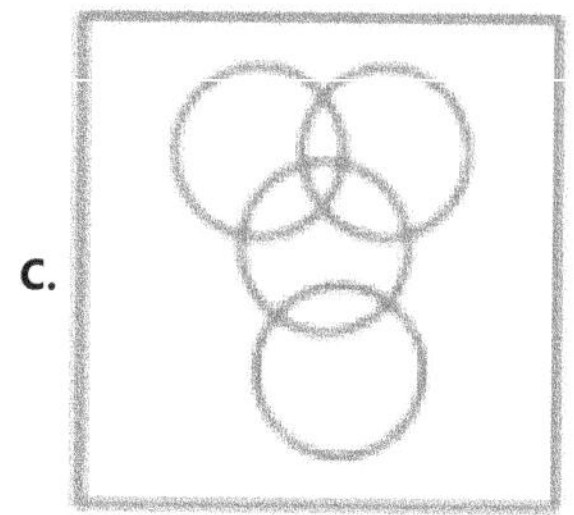

D.

Ques (22-24):निर्देश: मैट्रिक्स I के कॉलम और पंक्तियाँ 0 से 4 तक और मैट्रिक्स 5 से 9 तक की संख्याएँ हैं। इन मैट्रिक्स के एक अक्षर को पहले इसकी पंक्ति द्वारा और फिर कॉलम संख्या जैसे, 1 से 4 के सवालों के लिए मैट्रिक्स में दर्शाया जा सकता है।, M 14, 21 आदि द्वारा प्रतिनिधित्व किया जा सकता है; 0 को 20, 32 आदि द्वारा दर्शाया जा सकता है। इसी तरह आपको प्रश्न में दिए गए शब्द के लिए सही सेट का चयन करें।

मैट्रिक्स I

	0	1	2	3	4
0	F	A	N	O	I
1	I	O	F	A	N
2	A	N	O	I	F
3	O	F	I	N	A
4	N	I	A	F	O

मैट्रिक्स II

	5	6	7	8	9
5	S	E	H	B	T
6	H	S	E	T	B
7	B	T	S	E	H
8	E	H	T	B	S
9	T	S	E	H	B

Q.22 NEST

A. 02, 56, 55, 59
B. 14, 67, 66, 67
C. 21, 76, 77, 76
D. 33, 85, 88, 86

Q.23 FAITH

A. 43, 42, 41, 78, 89
B. 24, 31, 10, 59, 57
C. 31, 34, 23, 76, 79
D. 12, 20, 40, 68, 65

Q.24 FINE

A. 31, 32 33, 82
B. 24, 19, 21, 78
C. 12, 10, 13, 67
D. 00, 04, 02, 56

Q.25 निर्देश: नीचे दिए गए आरेख का अध्ययन करें और निम्नलिखित प्रश्न का उत्तर दें।

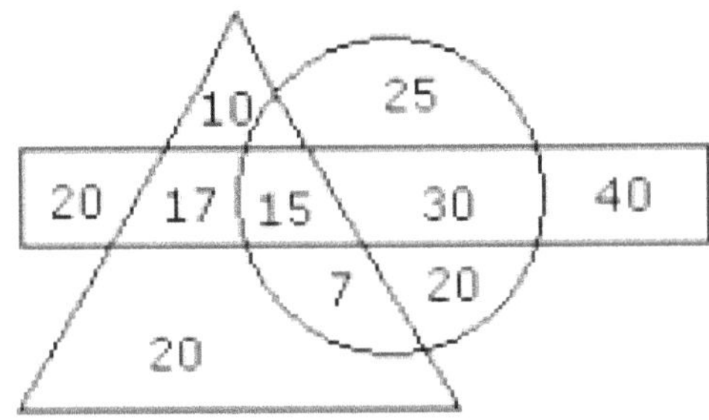

△ → जो व्यक्ति चाय लेते हैं

○ → जो व्यक्ति कॉफी लेते हैं

▭ → शराब लेने वाले व्यक्ति

कितने व्यक्ति हैं जो चाय और शराब लेते हैं लेकिन कॉफ़ी नहीं?

A. 20 **B.** 17 **C.** 25 **D.** 15

General Awareness

Q.26 बिहार के मधुबनी जिले से किस देश के रेलवे लिंक के बीच पहली ट्रेन का सफल परीक्षण किया गया?

A. नेपाल **B.** भोपाल **C.** बिहार **D.** इलाहाबाद

Q.27 बिहार में एकमात्र जीनोम सीक्वेंसिंग लैब कहाँ से शुरू हुई है?

[Delhi Forest Guard, 2021]

A. पटना **B.** दरभंगा **C.** गया **D.** वैशाली

Q.28 2022 लॉरियस स्पोर्ट्समैन ऑफ द ईयर किसे चुना गया है?

[Delhi Forest Guard, 2021]

A. मार्सेल ह्यूगो **B.** मैक्स वर्स्टपेन
C. राफेल नडाल **D.** रॉबर्ट लेवानडॉस्की

Q.29 निम्नलिखित देशों में से किसमें प्रधानमंत्री नरेंद्र मोदी ने 11 मई, 2018 को 'रामायण सर्किट' की शुरुआत की?

[Super TET Paper - I, 2019]

A. नेपाल **B.** इंडोनेशिया **C.** श्रीलंका **D.** म्यांमार

Q.30 "बटरफ्लाई स्ट्रोक" शब्द निम्नलिखित में से किस खेल से जुड़ा हुआ है?

A. टेनिस **B.** वॉलीबॉल **C.** कुश्ती **D.** तैराकी

Q.31 "द किंगडम ऑफ गॉड इज़ विदइन यू" पुस्तक के लेखक कौन हैं?

A. लियो टॉलस्टॉय **B.** हेनरी डेविड
C. महात्मा गांधी **D.** जॉन रस्किन

Q.32 2020-21 के लिए विनिवेश लक्ष्य क्या है?

A. 1,73,000 करोड़ **B.** 2,10,000 करोड़
C. 65,000 करोड़ **D.** 1,05,000 करोड़

Q.33 निम्नलिखित में से कौन उस मॉडल को परिभाषित करता है जिसमें बैंक अपनी साझेदार बीमा कंपनी के बीमा उत्पादों को बेचते हैं?

A. बैंकएश्योरेंस **B.** बैंकिंग एश्योरेंस
C. बैंक एश्योरेंस **D.** इंश्योरेंस बैंकिंग

Q.34 जैन धर्म के पहले तीर्थंकर कौन थे?

A. अरिष्टनेमि **B.** पार्श्वनाथ
C. अजितनाथ **D.** ऋषभ

Q.35 निम्नलिखित में से किसने अंग्रेजों के खिलाफ खासी आदिवासी आंदोलन का नेतृत्व किया था?

A. राजा जगन्नाथ **B.** सेवाराम
C. गोमधार कुंवर **D.** तीरथ सिंह

Q.36 "एशियाटिक सोसाइटी" के संस्थापक कौन थे?

A. सर विलियम जोन्स **B.** सर जॉन मार्शल
C. आर. डी. बनर्जी **D.** सर विलियम बेंटिक

Q.37 केंद्रीय बजट 2020-21 का उद्देश्य: -

I. डिजिटल शासन के माध्यम से निर्बाध वितरण को प्राप्त करना

II. राष्ट्रीय अवसंरचना पाइपलाइन के माध्यम से जीवन की भौतिक गुणवत्ता में सुधार

A. केवल I **B.** केवल I, II
C. केवल II **D.** न तो I और न ही II

Q.38 राजकोषीय नीति का संबंध _______ से है।

A. सार्वजनिक राजस्व
B. सार्वजनिक व्यय और ऋण
C. बैंक दर नीति
D. (A) और (B) दोनों

Q.39 शिक्षा के अधिकार ________ को मौलिक अधिकार बनाया गया था।

A. 15 मार्च, 2010 **B.** 1 अप्रैल, 2010
C. 17 जुलाई, 2010 **D.** 10 अक्टूबर, 2010

Q.40 "मूर्तिदेवी साहित्य पुरस्कार" निम्नलिखित में से किस संस्था द्वारा प्रदान किया जाता है?

A. एचआरडी मंत्रालय, केंद्र सरकार
B. साहित्य अकादमी
C. भारतीय ज्ञानपीठ समिति
D. भारतीय विद्या भवन

Q.41 'इंडिया विन्स फ्रीडम' के लेखक कौन हैं?

A. मौलाना आज़ाद **B.** डोमिनिक लैपिएरे
C. अब्दुल गफ्फार खान **D.** जवाहरलाल नेहरू

Q.42 जामिनी रॉय ने _______ के क्षेत्र में अपनी अलग पहचान बनाई।

A. बैडमिंटन **B.** चित्रकारी **C.** थिएटर **D.** मूर्तिकला

Q.43 'सैडल पर्वत'________ में स्थित अंडमान और निकोबार द्वीप समूह की सबसे ऊंची चोटी है।

A. ग्रेट निकोबार **B.** मध्य अंडमान
C. छोटा अंडमान **D.** उत्तरी अंडमान

Q.44 IDFC फर्स्ट बैंक लिमिटेड के मुख्य कार्यकारी अधिकारी के रूप में किसे नियुक्त किया गया था?

A. आदित्य पुरी **B.** संदीप बख्शी
C. वी. ए. प्रशांत **D.** वी. वैद्यनाथन

Q.45 बीमा नियामक और विकास प्राधिकरण को बीमा अधिनियम 1938 की _______ के तहत भारत में बीमा क्षेत्र के नियमों को तैयार करने की शक्तियां दी गई हैं।

A. धारा 114 **B.** धारा 114A
C. धारा 112 **D.** धारा 115A

Q.46 आर्कटिक क्षेत्र में स्थित भारत के अनुसंधान स्टेशन का नाम क्या है?

A. दक्षिण गंगोत्री **B.** मैत्री
C. हिमाद्री **D.** इनमें से कोई नहीं

Q.47 भारतीय संविधान का अनुच्छेद 19 _______ प्रदान करता है।

A. 6 प्रकार की स्वतंत्रताएं **B.** 7 प्रकार की स्वतंत्रताएं
C. 8 प्रकार की स्वतंत्रताएं **D.** 9 प्रकार की स्वतंत्रताएं

Q.48 विश्व थियेटर दिवस कब मनाया जाता है?

A. 25 मार्च **B.** 26 मार्च **C.** 27 मार्च **D.** 28 मार्च

Q.49 "मांग के नियम" का अर्थ है कि जब किसी वस्तु की अधिक मांग होती है, तो ________।

A. वस्तु की कीमत कम होती है
B. वस्तु की कीमत समान रहती है
C. वस्तु की कीमत बढ़ जाती है
D. वस्तु की मांग की मात्रा कम हो जाती है

Q.50 अलमत्ती बांध का निर्माण निम्नलिखित में से किस नदी पर किया गया है?

A. कावेरी **B.** सिलेरू **C.** कृष्णा **D.** तुंगभद्रा

Quantitative Aptitude

Q.51 150 आदमियों का एक समूह एक काम को निश्चित दिनों में पूरा कर सकते हैं। यदि पहले दिन सभी आदमियों ने साथ में काम किया, दूसरे दिन 4 आदमी काम छोड़ कर चले गए, तीसरे दिन 4 और आदमी काम छोड़कर चले गए और इसी प्रकार यह प्रक्रिया ज़ारी रही। इस प्रक्रिया में समूह को 8 दिन अधिक लग गए। समूह द्वारा लिए गए दिनों की संख्या ज्ञात कीजिए।

A. 15 दिन **B.** 35 दिन **C.** 45 दिन **D.** 25 दिन

Q.52 द्विघात समीकरण $(2x^2 + x + 4 = 0)$ का मूल है?

A. सकारात्मक और नकारात्मक
B. दोनों सकारात्मक
C. दोनों नकारात्मक
D. कोई वास्तविक मूल नहीं

Q.53 यदि $x = 3 - 3^{\frac{1}{3}} + 3^{\frac{2}{3}}$, तो $x^3 - 9x^2 + 36x + 10$ का मान ज्ञात कीजिए।

A. 50 **B.** 60 **C.** 80 **D.** 0

Q.54 एक बेईमान दुकानदार वस्तुओं को खरीदते समय 25% की धोखाधड़ी करता है और वस्तुओं को बेचते समय 37.5% की धोखाधड़ी करता है। वह दावा करता है कि उसने अपना सामान 15% घाटे पर बेचा। लाभ प्रतिशत ज्ञात कीजिए।

A. 60% **B.** 70% **C.** 50% **D.** 80%

Q.55 व्यंजक $18^2 \times 17^3 \times 45^3 \times 23^2 \times 29$ में अभाज्य गुणकों की संख्या ज्ञात कीजिए।

A. 20 **B.** 21 **C.** 22 **D.** 23

Q.56 ब्याज में अंतर क्या है जब एक व्यक्ति 1500 रुपए की राशि को दो वर्ष के लिए 10% के साधारण ब्याज पर निवेश करता है और इसी धन को इतने ही समय के लिए दर के वार्षिक संयोजन पर निवेश करता है?

A. 5 रुपए **B.** 15 रुपए **C.** 25 रुपए **D.** 35 रुपए

Q.57 एक व्यापारी ने 1800 रुपए में दो साइकिल खरीदीं, यदि वह पहली साइकिल को 15% लाभ पर और दूसरी साइकिल को 25% लाभ पर बेचता है, तो उसे 351 रुपए का लाभ प्राप्त होता है, और यदि वह पहली साइकिल को 25% लाभ और दूसरी साइकिल को 15% लाभ पर बेचता है, उसे 18 रुपए का लाभ होता है। दोनों साइकिलों का लागत मूल्य ज्ञात कीजिए।

A. 990 रुपए और 810 रुपए
B. 810 रुपए और 990 रुपए
C. 900 रुपए और 900 रुपए
D. 1000 रुपए और 800 रुपए

Q.58 एक रेलगाड़ी अपनी लंबाई के आधे प्लेटफार्म को 1 मिनट में 72 किमी/घंटे की गति से पार करती है, तो ज्ञात कीजिए कि अपनी गति के 60% से कितने समय में यह दोगुनी लंबाई की दूसरी रेलगाड़ी को पार करेगी जो प्लेटफार्म पर खड़ी है।

A. 100 सेकंड **B.** 150 सेकंड
C. 200 सेकंड **D.** 250 सेकंड

Q.59 $100x^2 - 20x + 1 = 0$ का मूल है?

A. $\frac{1}{20}$ **B.** $\frac{1}{10}$
C. $\frac{1}{10}$ **D.** इनमे से कोई भी नहीं

Q.60 यदि $3x - 4y = 5$ तथा $xy = 3$, तो $27x^3 - 64y^3$ का मान ज्ञात करें।

A. 125 **B.** 665 **C.** 225 **D.** 985

Q.61 एक वर्ग ABCD में, L भुजा AB का मध्य-बिंदु है, M भुजा BC का मध्य-बिंदु है, N भुजा CD का मध्य-बिंदु है और O भुजा AD का मध्य-बिंदु है, तो वर्ग ABCD के क्षेत्रफल से छायांकित क्षेत्र PQRS के क्षेत्रफल का अनुपात ज्ञात कीजिए।

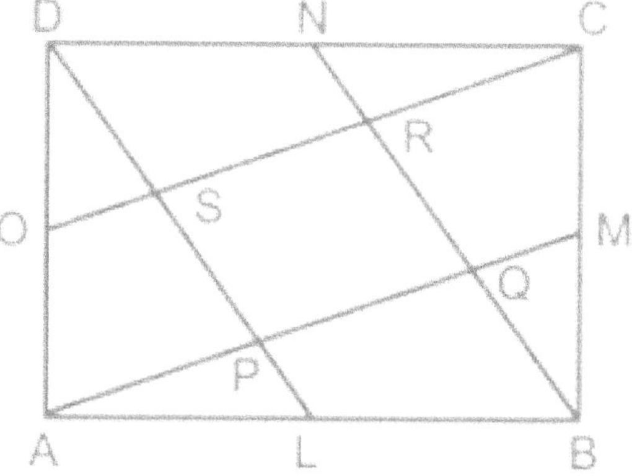

A. 1 : 4 **B.** 1 : 5 **C.** 1 : 6 **D.** 1 : 8

Q.62 एक बच्चा एक समकोणीय त्रिकोणीय पार्क के आसपास जाता है। A से B तक उसकी गति 10 किमी/घंटा है, B से C तक उसकी गति 12 किमी/घंटा है और C से A तक उसकी गति 15 किमी/घंटा है। उसकी औसत गति ज्ञात कीजिए।

A. 10 किमी/घंटा **B.** 12 किमी/घंटा
C. 15 किमी/घंटा **D.** 8 किमी/घंटा

Q.63 A, B और C ने एक व्यवसाय शुरू किया, A ने 4 माह के लिए धन का निवेश किया और लाभ के $\left(\frac{1}{8}\right)$वें हिस्से पर दावा किया तथा B ने 6 माह के लिए धन का निवेश किया और लाभ के $\left(\frac{1}{3}\right)$वें हिस्से की दावेदारी की, जबकि C ने 8 माह के लिए 1560 रुपए का निवेश किया। A ने कितने धन का निवेश किया?

A. 520 रुपए **B.** 620 रुपए **C.** 720 रुपए **D.** 820 रुपए

Q.64 एक व्यक्ति ने दो साइकिल 1600 रुपये में खरीदी और पहला 10% लाभ पर और दूसरा 20% लाभ पर बेचा। यदि वह पहले 20% लाभ पर और दूसरा 10% लाभ पर बेचता है, तो उसे 5 रुपये अधिक मिलेगा। दो साइकिलों की लागत मूल्य में अंतर है:

A. 25 रुपये **B.** 75 रुपये **C.** 50 रुपये **D.** 40 रुपये

Q.65 निम्न समीकरण में '?' के स्थान पर क्या आना चाहिए?

$$52^2 - 42^2 + ?^2 = 64^2 - 56^2 + 3^2 - 2^2$$

A. 2 **B.** 3 **C.** 4 **D.** 5

Q.66 एक विद्यार्थी दस 2 अंकीय संख्याओं का औसत ज्ञात करता है, और संख्याओं की नक़ल करते समय गलती से वह एक संख्या को उसके अंकों की अदला-बदली करके लिख देता है, इसके परिणामस्वरूप उसका औसत सही उत्तर से 3.6 कम आता है, तो उस संख्या के अंकों में अंतर ज्ञात कीजिए जिसमें उसने गलती की।

A. 2 **B.** 3 **C.** 4 **D.** 5

Q.67 A, B और C की आय का अनुपात $4:5:6$ के अनुपात में है और व्यय का अनुपात $2:3:4$ है, यदि B की बचत उसकी आय का $\left(\frac{1}{3}\right)$ है, तो उनकी संबंधित बचतों का अनुपात ज्ञात कीजिए।

A. $15:16:14$ **B.** $16:14:15$

C. $14:15:16$ **D.** $16:15:14$

Q.68 सरल करें $\frac{(0.73)^3+(0.27)^3}{(0.73)^2+(0.27)^2-0.73\times0.27} = ?$

A. 0.27 **B.** 0.4087 **C.** 0.73 **D.** 1

Q.69 एक मेश्रेत धातु में 83% ताँबा है और शेष प्रतिशत जस्ता है, एक अन्य मिश्रित धातु में 87% ताँबा है और शेष प्रतिशत जस्ता है। दो मिश्रित धातुओं को किस अनुपात में मिलाया जाना चाहिए ताकि नए मिश्रण में 14% जस्ता हो। नए मिश्रण में ताँबे का प्रतिशत ज्ञात कीजिए।

A. 65% **B.** 75% **C.** 55% **D.** 85%

Q.70 निम्न समीकरण में '?' के स्थान पर क्या अनुमानित मान आना चाहिए?

699 का 69% + 19.96 × 19.68 – 99.9 का 45.5% = ?

A. 745 **B.** 845 **C.** 645 **D.** 945

Q.71 एक चुनाव में दो उम्मीदवार होते हैं। 10000 मतदाताओं ने अपना मत नहीं दिया। कुल पड़े मतो में 80% वैध थे। विजयी उम्मीदवार 2000 मतो से जीता और पराजित उम्मीदवार को कुल मतो का 20% प्राप्त हुआ। मतदाताओं की कुल संख्या ज्ञात कीजिये।

A. 15000 **B.** 25000 **C.** 35000 **D.** 20000

Q.72 तीन नल A, B और C क्रमशः $12,15$ और 20 घंटे में एक टैंक भर सकते हैं। अगर A हर समय खुला रहता है B और C एक-एक घंटे के लिए बारी-बारी से खुला रहता है, तो टैंक पूरा भर जाएगा:

A. 6 घंटे **B.** $6\frac{2}{3}$ घंटे **C.** 7 घंटे **D.** $7\frac{1}{2}$ घंटे

Q.73 यदि KUBER शब्द के अक्षर सभी संभावित आदेशों में लिखे गए हैं और एक शब्दकोश के रूप में व्यवस्थित हैं, तो KUBER शब्द की रैंक क्या होगी:

A. 67 **B.** 68 **C.** 65 **D.** 69

Q.74 तीन संख्याएँ जो एक दूसरे से सह अभाज्य हैं, इस प्रकार है कि पहले दो का गुणनफल 551 है और अंतिम दो का गुणनफल 1073 है। तीन संख्याओं का योग है:

A. 75 **B.** 81 **C.** 85 **D.** 89

Q.75 निम्नलिखित में से कौन सा भिन्न सबसे बड़ा है?

A. $\frac{7}{8}$ **B.** $\frac{13}{16}$ **C.** $\frac{31}{40}$ **D.** $\frac{63}{80}$

English Comprehension

Ques (76-80):Read the passage given below and then answer the question given below the passage. Some words may be highlighted for your attention. Read carefully.

Research predicts that digital payments in India will exceed USD 500 billion by 2020, up from USD 50 billion in 2016. It's just one way in which Fintech is changing the face of the financial services industry. Fintech – the technological innovations in the design and delivery of financial services and products – is revolutionizing customer expectations. Emerging technologies such as Artificial Intelligence (AI), big data and analytics, the blockchain, cloud, Internet of Things (IoT), and robotics are disrupting traditional finance.

AI and machine learning are transforming customer experience with personalized services and improvements in back-office efficiencies. Banks use big data and analytics in their fraud, risk management, and regulatory compliance. IoT is revolutionizing insurance. But its growth is **conservative** in comparison to big data, cloud and machine learning used in payments and alternative lending. Big data and machine learning are spotting trends and providing better investment insights. Robots are venturing into investment and changing how wealth advisory services are delivered. The effect of machines on investment management professionals is a pressing question.

The real challenge is finding the right talent pool to complement the **agility** of the technologies. Investment management firms must compete with other industries using disruptive technologies to attract the best people. Investment teams and technical teams will need to be integrated to create checks and balances on the models and processes. Proper integration is a counter to the potential lack of transparency and interpretability in these models' decision-making processes.

Q.76 How are the emerging technologies transforming customer experiences?

A. Through innovations in the design and delivery of financial services and products.

B. By improving the back-office efficiencies.

C. By using complex algorithms that need a longer learning curve.

D. Both (A) and (B)

Q.77 Which of the following is the major challenge faced in models' decision-making processes?

A. The growth is conservative in India.
B. There is a lack of transparency and interpretability.
C. They are disrupting traditional finance.
D. Both (A) and (B)

Q.78 What is the meaning of the word agility used in the passage?

A. The way of behaving or happening in an unusual and unexpected manner.
B. The process of making a problem or situation worse.
C. The ability to deal with new changes or situations quickly.
D. A typical example.

Q.79 According to the passage, how are robots helping the investment?

A. By instilling cultures of ethical decision making.
B. By reducing fees and improve the quality of service for investors.
C. By enhancing digital payments in India.
D. By changing how wealth advisory services are delivered.

Q.80 Which of the following is the closest antonym for the word conservative used in the passage?

A. Conventional **B.** Progressive
C. Hostile **D.** Winsome

Q.81 Fill in the blank with an appropriate word.

All the winners _____ prize tomorrow.

A. will be given **B.** will given
C. will be given **D.** will have given

Q.82 Read the sentence to find out whether there is any grammatical error in it. The error, if any will be in one part of the sentence. If there is no error choose option 4 'No error' as the answer.

The Japan-administered islands (a) / are also claimed in China,(b) / which calls them the Diaoyu. (c) / No error (d)

A. (a) **B.** (b) **C.** (c) **D.** (d)

Q.83 In the following question, four words have been given out of which one word is incorrectly spelt. Find the incorrectly spelt word.

A. Prudence **B.** Tact
C. Haox **D.** Dupe

Q.84 In the following question, out of the four alternatives, select the alternative which is the best substitute of the phrase.

That which cannot be easily read

A. Illegible **B.** Eligible
C. Illegitimate **D.** Legislature

Q.85 In the following question, a sentence has been given in Active/Passive voice. Out of four alternatives suggested, select the one, which best expresses the same sentence in Passive/Active voice.

Rohan was asking a question.

A. A question had been asked by Rohan
B. A question has been asked by Rohan
C. A question was being asked by Rohan
D. A question was asked by Rohan

Q.86 Fill in the blank with an appropriate word.

America ______ the powerful president.

A. have **B.** has **C.** is **D.** does

Ques (87-91):In the following passage, some of the words have been left out. Read the passage carefully and select the correct answer for the given blank out of the given alternatives.

Unlike Egypt in the 1970s, Syria has had neither the military ability nor the international __(1)__to launch a campaign to get its territory back. President Bashar al-Assad tried to kick-start a U.S.-mediated peace process with Israel during the Obama __(2)__, but it failed to take off. And now, the Syrian government, after fighting eight years of a civil war, is __(3)__ and isolated, and the U.S. move is unlikely to trigger any strong response, even from the Arab world. But that is the least of the problems. Mr Trump's decision flouts international norms and consensus and sets a dangerous __(4)__ for nations involved in conflicts. The modern international system is built on sovereignty, and every nation-state is supposed to be an equal player before international laws irrespective of its military or economic__(5)__.

Q.87 Which of the following word fits the blank labelled as (1)?

A. Clot **B.** Clout **C.** Bull **D.** Foul

Q.88

Which of the following word fits the blank labelled as (2)?

A. Regimen **B.** Regulate
C. Presidency **D.** Resolve

Q.89

Which of the following word fits the blank labelled as (3)?

A. Debilitated **B.** Denominated
C. Divulged **D.** Deluge

Q.90 Which of the following word fits the blank labelled as (4)?

A. Pretension **B.** Prejudiced
C. Precedent **D.** Portend

Q.91

Which of the following word fits the blank labelled as (5)?

A. Foresight **B.** Paltry
C. Crony **D.** Might

Q.92 Choose the word SIMILAR in meaning to the given word.

Bewitching

A. Daring **B.** Fascinating
C. Deriding **D.** Tailgating

Q.93 In the following question, choose the word opposite in meaning to the given word and mark it in the answer sheet.

Profane

A. Discord **B.** Criticism
C. Religious **D.** Applause

Q.94 In the following question, a word has been written in 4 different ways out of which only one correctly spelt. Select the correctly spelt word.

A. Idiocyncrasy **B.** Idiocyncresy
C. Idiosyncresy **D.** Idiosyncrasy

Q.95 In the following question, a word has been written in 4 different ways out of which only one correctly spelt. Select the correctly spelt word.

A. Liason **B.** Liaison **C.** Liaeson **D.** Liaision

Q.96 In the following question, a word has been written in 4 different ways out of which only one correctly spelt. Select the correctly spelt word.

A. Dilema **B.** Delemma
C. Dilemma **D.** Delema

Q.97 Directions: Rearrange the given 5 sentences A, B, C, D and E in proper sequence to form a meaningful paragraph and mark the correct sequence from the given options as your answer.

A. Ashoka Chakra is imprinted in the centre with twenty-four spokes equally spaced.

B. The flag is made of Khadi.

C. The National Flag of India is a tri-colour flag with saffron, white and green colour.

D. It is in navy blue colour.

E. It has the saffron colour on the top, white in the centre and green at the bottom with equal width and length.

A. BADEC **B.** ADCEB **C.** BEADB **D.** CEADB

Q.98 Directions: Rearrange the given 5 sentences A, B, C, D and E in proper sequence to form a meaningful paragraph and mark the correct sequence from the given options as your answer.

A. Indian culture is popular across the world.

B. Indian culture is considered as the oldest and most diverse cultures of the world.

C. Indian people are highly devoted to their culture and religion.

D. People of different religions and cultures live here with strong bond.

E. The Indian literature, philosophy, art and music have heavily been influenced by Indian culture and "Dharmik" religions throughout the history of India.

A. ABCDE **B.** ABECD **C.** BACED **D.** CDEAB

Q.99 In the following question, out of the four alternatives, select the alternative which is the best substitute for the phrase.

A person who insists that a particular type of behaviour is very important.

A. Fiend **B.** Maniac **C.** Lunatic **D.** Stickler

Q.100 In the following question, out of the four alternatives, select the alternative which is the best substitute of the phrase.

That which cannot be erased

A. Invincible **B.** Indelible
C. Incorrigible **D.** Inaudible

// स्मार्ट उत्तर पुस्तिका //

सही उत्तर उन छात्रों के प्रतिशत को इंगित करता है जिन्होंने प्रश्नों का सही उत्तर दिया था।

छोड़ दिया उन छात्रों के प्रतिशत को इंगित करता है जिन्होंने प्रश्नों को छोड़ दिया था।

प्रश्न संख्या	उत्तर	सही उत्तर	छोड़ दिया
1	A	53.5 %	36.42 %
2	C	63.63 %	34.38 %
3	A	50.19 %	48.99 %
4	C	43.42 %	33.35 %
5	A	45.39 %	52.47 %
6	A	42.55 %	50.26 %
7	B	51.88 %	43.13 %
8	D	58.95 %	33.02 %
9	C	41.56 %	37.23 %
10	C	42.58 %	42.31 %
11	D	40.24 %	45.41 %
12	C	65.64 %	32.13 %
13	A	44.92 %	46.42 %
14	C	67.68 %	30.38 %
15	C	62.39 %	31.76 %
16	C	55.53 %	38.84 %

प्रश्न संख्या	उत्तर	सही उत्तर	छोड़ दिया
17	C	52.03 %	36.55 %
18	D	61.44 %	36.07 %
19	D	65.21 %	33.19 %
20	A	58.41 %	32.34 %
21	A	50.14 %	35.38 %
22	A	52.19 %	41.88 %
23	B	56.42 %	41.35 %
24	D	49.35 %	39.47 %
25	B	43.45 %	54.53 %
26	A	62.74 %	36.73 %
27	A	46.34 %	36.12 %
28	C	60.13 %	38.95 %
29	A	43.58 %	40.2 %
30	D	76.55 %	17.91 %
31	A	54.52 %	38.91 %
32	B	83.88 %	14.79 %

प्रश्न संख्या	उत्तर	सही उत्तर	छोड़ दिया
33	A	56.62 %	36.42 %
34	D	88.33 %	10.4 %
35	D	59.19 %	34.27 %
36	A	53.3 %	38.01 %
37	B	67.49 %	32.41 %
38	D	65.84 %	31.91 %
39	B	60.76 %	36.13 %
40	C	63.99 %	33.8 %
41	A	83.13 %	13.83 %
42	B	69.24 %	30.21 %
43	D	44.71 %	39.73 %
44	D	49.54 %	43.92 %
45	B	66.18 %	33.82 %
46	C	67.58 %	30.87 %
47	A	41.39 %	45.88 %
48	C	85.28 %	13.92 %

प्रश्न संख्या	उत्तर	सही उत्तर	छोड़ दिया
49	C	42.0 %	40.17 %
50	C	52.46 %	44.42 %
51	D	62.04 %	34.6 %
52	D	82.88 %	12.79 %
53	D	77.84 %	20.94 %
54	B	46.86 %	39.47 %
55	B	40.12 %	47.46 %
56	B	50.11 %	42.3 %
57	A	26.57 %	67.89 %
58	C	58.3 %	38.98 %
59	C	84.13 %	14.4 %
60	B	54.6 %	39.31 %
61	B	61.4 %	32.1 %
62	B	64.03 %	30.74 %
63	C	42.17 %	53.82 %
64	C	52.86 %	31.68 %

प्रश्न संख्या	उत्तर	सही उत्तर	छोड़ दिया
65	D	54.42 %	32.51 %
66	C	61.85 %	37.37 %
67	D	55.42 %	33.92 %
68	D	82.03 %	11.69 %
69	B	62.92 %	36.28 %
70	B	59.83 %	35.23 %
71	B	40.91 %	56.52 %
72	C	53.78 %	44.66 %
73	A	55.61 %	43.88 %
74	C	58.53 %	30.82 %
75	A	41.83 %	50.18 %
76	D	49.98 %	42.44 %
77	D	42.5 %	51.2 %
78	C	53.08 %	35.17 %
79	D	44.28 %	30.23 %
80	B	43.2 %	34.83 %

प्रश्न संख्या	उत्तर	सही उत्तर	छोड़ दिया
81	A	80.02 %	12.37 %
82	B	66.77 %	31.0 %
83	C	76.12 %	16.89 %
84	A	49.58 %	41.71 %
85	C	86.43 %	11.58 %
86	B	82.14 %	14.87 %
87	B	45.82 %	31.0 %
88	C	58.04 %	41.41 %
89	A	54.37 %	32.66 %
90	C	55.63 %	37.46 %
91	D	58.58 %	37.73 %
92	B	88.59 %	10.25 %
93	C	76.06 %	12.21 %
94	D	50.78 %	41.28 %
95	B	45.04 %	39.14 %
96	C	66.9 %	30.15 %
97	D	47.93 %	31.62 %
98	A	44.5 %	44.12 %
99	D	86.94 %	11.85 %
100	B	67.22 %	31.96 %

कार्य विश्लेषण	
औसत अंक (%)	47.5%
टॉपर्स स्कोर (%)	56.0%
आपका स्कोर	

//संकेत और समाधान//

1. ऐसे डॉक्टर जो कि न तो खिलाड़ी और न ही कलाकार है उनकी सँख्या 17 है।

अतः विकल्प (A) सही है।

2. डॉक्टर जो खिलाड़ी और कलाकार दोनों हैं, उनकी संख्या 3 है।

अतः विकल्प (C) सही है।

3.

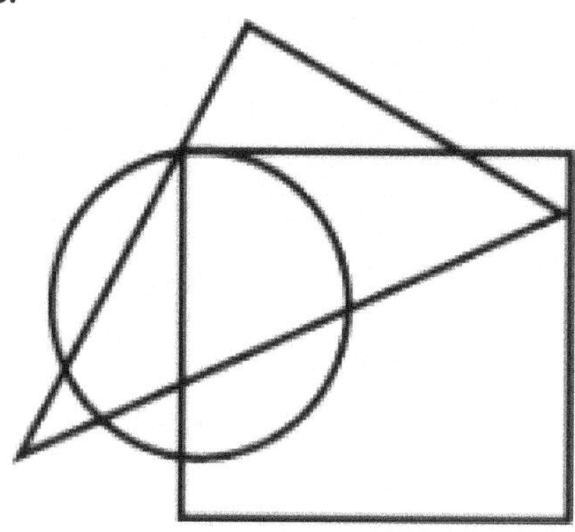

आकृति (X) में तीन बिंदु है। एक वृत्त के अंदर है, दूसरा वृत्त और वर्ग की उभयनिष्ठ स्थान पर है और तीसरा तीनो आकृतियों के उभयनिष्ठ स्थान में है।

केवल आकृति (A) तीनो प्रकार के उभयनिष्ठ को दिखता है।

अतः विकल्प (A) सही है।

4. बंगाल टाइगर भारत का राष्ट्रीय पशु है।

इसी प्रकार, बाइसन (जंगली सांड) संयुक्त राज्य अमेरिका का राष्ट्रीय पशु है।

इसलिये बाइसन संयुक्त राज्य अमेरिका से संबंधित है।

अतः विकल्प (C) सही है।

5. आकृति (i) और (ii) से, हम यह निष्कर्ष निकालते हैं कि 2, 3, 5 और 6 वह 1 से सटे हैं। इसलिए, 4 विपरीत 1 है। इसलिए, जब 4 सबसे नीचे है, तो शीर्ष पर 1 संख्या होगी।

अतः विकल्प (A) सही है।

6.

A	B	C	D	E	F	G	H	I	J	K	L	M
1	2	3	4	5	6	7	8	9	10	11	12	13
N	O	P	Q	R	S	T	U	V	W	X	Y	Z
14	15	16	17	18	19	20	21	22	23	24	25	26

D चौथा अक्षर है, I नौवां अक्षर है, N चौदहवां अक्षर है, E पांचवां और R अठारहवां अक्षर है।

D	I	N	N	E	R
4	9	14	14	5	18

18 + 4 = 22 .....i)

9 + 5 = 14 .....ii)

14 + 14 = 28

i) + ii) = 22 + 14 = 36

36 – 28 = 8

"DINNER" का कोड 8 है।

इसी प्रकार,

L	E	T	T	E	R
12	5	20	20	5	18

12 + 18 = 30 .....(i)

5 + 5 = 10 .....(ii)

20 + 20 = 40

i) + ii) = 30 + 10 = 40

40 – 40 = 0

इसलिये "LETTER" का कोड 0 है।

अतः विकल्प (A) सही है।

7. यदि हम प्रत्येक अक्षर को उसके वर्णमाला क्रम के अनुसार अंकित करते हैं, तो हमें मिलता है,

BDF = 246 = सभी अक्षरों की संख्या सम है।

JBA = 1021 = केवल पहले दो अक्षरों की संख्या सम है।

HBF = 826 = सभी अक्षरों की संख्या सम है।

BFF = 266 = सभी अक्षरों की संख्या सम है।

अतः विकल्प (B) सही है।

8. 'मित्र - बहन' के अलावा सभी विकल्प रक्त संबंध को दर्शाते हैं जबकि 'मित्र - बहन' रक्त संबंध को नहीं दर्शाते हैं।

अतः विकल्प (D) सही है।

9. यहाँ दी गई श्रृंखला का अवलोकन करने पर,

10 + 2 = 12

12 – 4 = 8

8 + 2 = 10

10 – 4 = 6

6 + 2 = 8

8 – 4 = 4

4 + 2 = 6

6 – 4 = 2

2 + 2 = 4

4 – 4 = 0

इसलिए "6" लुप्त पद है।

अतः विकल्प (C) सही है।

10. दी गई श्रृंखला है: KLCQ, PPFS, UTIU, ?

अक्षरों के लिए अनुसरित किया गया तर्क इस प्रकार है:

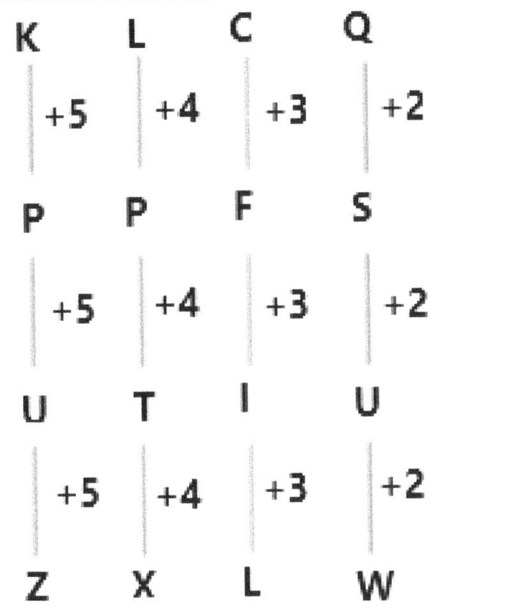

इसलिए अगला पद ZXLW होगा।

अतः विकल्प (C) सही है।

11. दिया गया तर्क:

पहले अक्षर से शुरू करते हुए, वर्णमाला श्रृंखला के अनुसार अक्षरों को 2 से बढ़ाया गया है,

PQPQPQPQ, **R**QPQPQPQ, **RS**PQPQPQ, **RSR**QPQPQ, **RSRS**PQPQ, **RSRSR**QPQ.

अतः विकल्प (D) सही है।

12.

इसी प्रकार,

अतः विकल्प (C) सही है।

13. यहाँ बादल = नीला, जमीन = भूरा, सड़क = काला, फूल = लाल और चिड़िया = उड़ान है,

यहाँ लाल, फूल को दर्शाता है, इसलिए फूल, जमीन पर उगाया जायेगा।

और जमीन का अर्थ भूरा है।

अतः विकल्प (A) सही है।

14. आकृति (i) और (ii) से हम यह निष्कर्ष निकालते हैं कि 3, 4, 1 और 5 बिन्दु, 2 बिन्दु से सटे हुए दिखाई देते हैं। इसलिए, 6 बिन्दु को 2 बिन्दु के विपरीत दिखाई देना चाहिए। चूंकि, शीर्ष मुख पर 2 बिन्दु होते हैं जब पासा (i) स्थिति में होता है, इसलिए, नीचे के मुख पर बिन्दु की संख्या 6 होनी चाहिए।

अतः विकल्प (C) सही है।

15.

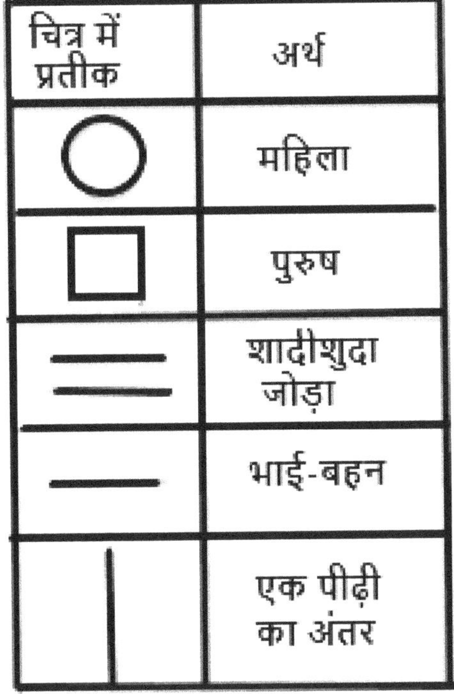

चित्र में प्रतीक	अर्थ
	महिला
	पुरुष
	शादीशुदा जोड़ा
	भाई-बहन
	एक पीढ़ी का अंतर

सदस्य: K, L, P, R, S, F, U, V और X

एक परिवार में, P की शादी R से हुई है। उनके तीन बेटियां S, U और V है। S की शादी X से हुई है, U की शादी K से हुई है और V की शादी L से हुई है।

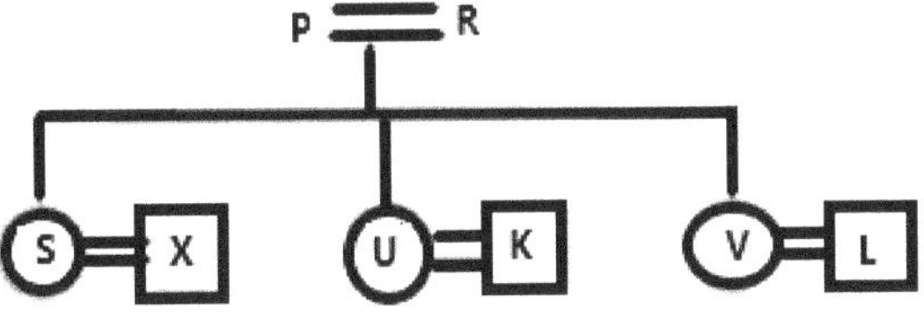

S और X की बेटी D है। K और U की एक बेटी है। V और L की 2 बेटियां बेटे हैं और प्रत्येक बेटी के एक भाई है।

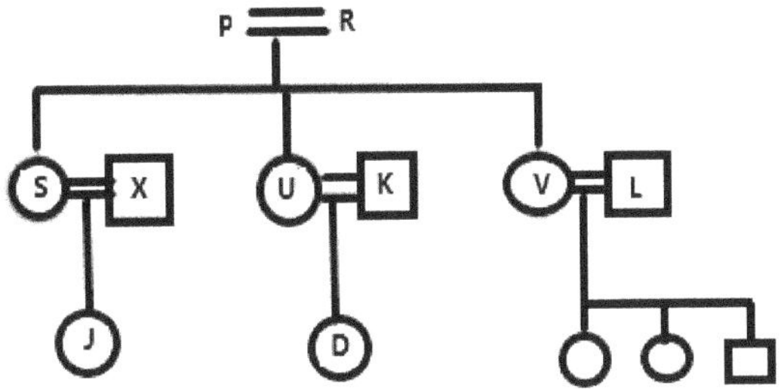

वंश-वृक्ष से हम देख सकते हैं कि महिलाओं की संख्या 8 है।

अतः विकल्प (C) सही है।

16.

चित्र में प्रतीक	अर्थ
○	महिला
□	पुरुष
=	शादीशुदा जोड़ा
—	भाई-बहन
|	एक पीढ़ी का अंतर

सदस्य: K, L, P, R, S, F, U, V और X

एक परिवार में, P की शादी R से हुई है। उनके तीन बेटियां S, U और V है। S की शादी X से हुई है, U की शादी K से हुई है और V की शादी L से हुई है।

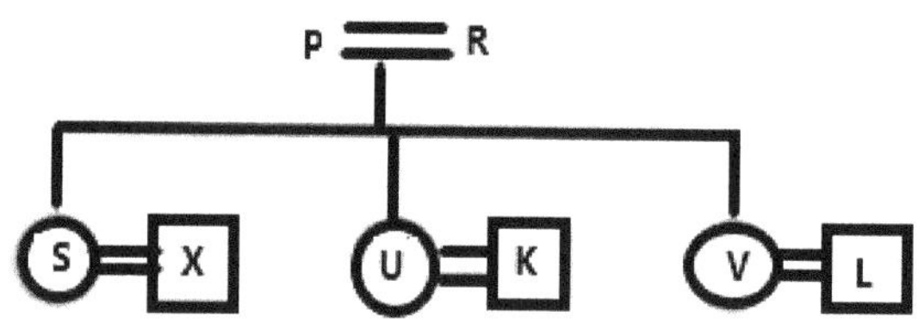

S और X की बेटी D है। K और U की एक बेटी है। V और L की 2 बेटियां बेटे हैं और प्रत्येक बेटी के एक भाई है।

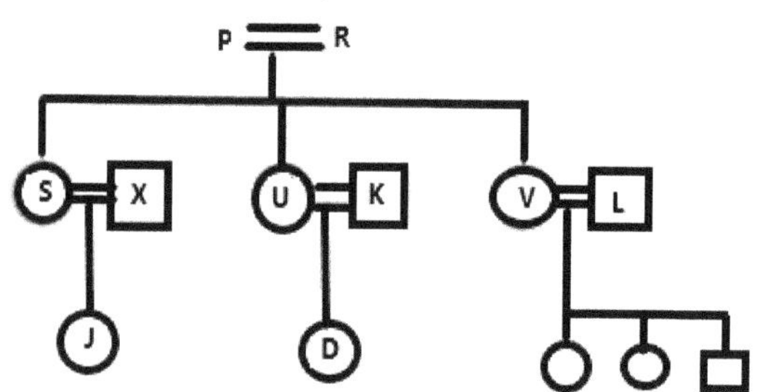

ऊपर दिए गये वंश वृक्ष से हम देख सकते हैं कि सदस्यों की कुल संख्या 13 है।

अतः विकल्प (C) सही है।

17.

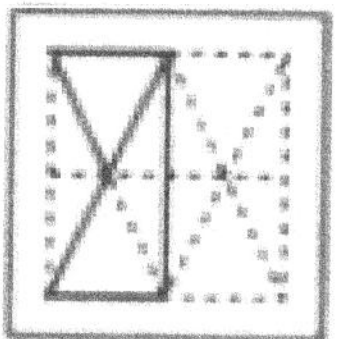

अतः विकल्प (C) सही है।

18.

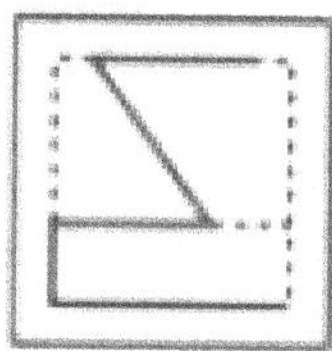

अतः विकल्प (D) सही है।

19.

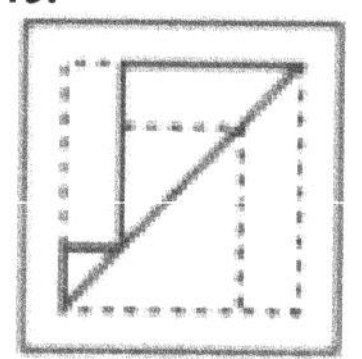

अतः विकल्प (D) सही है।

20.

A

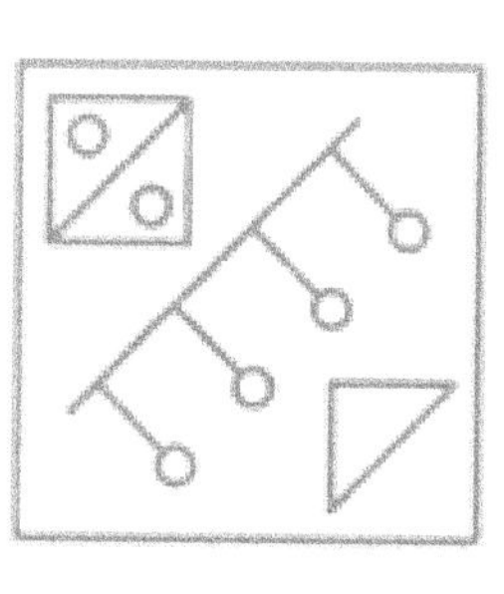

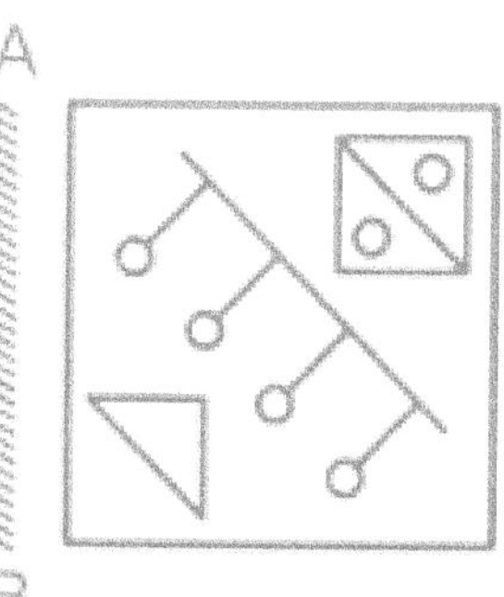

B

इसलिए, आकृति 2 दी गयी आकृति की दर्पण छवि है।

अतः विकल्प (A) सही है।

21. दिए गए तत्व: गेहूं, चाय, पौधे और कॉफी

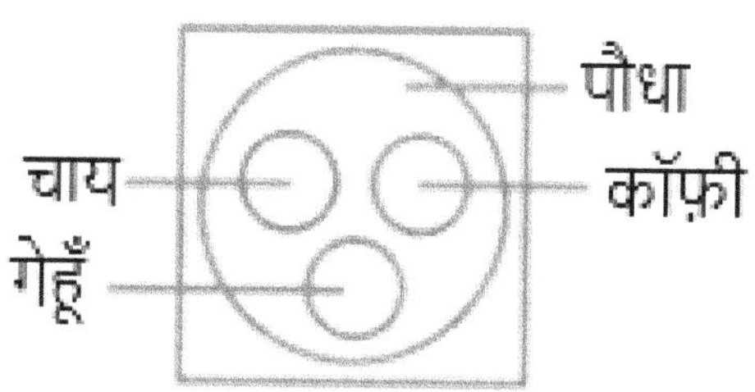

अतः विकल्प (A) सही है।

22. मैट्रिक्स I से, N को 02, 14, 21, 33 या 40 के रूप में कोडित किया जा सकता है।

मैट्रिक्स II से, E को 56, 67, 78, 85 या 97 के रूप में कोडित किया जा सकता है।

मैट्रिक्स II से, S को 55, 66, 77, 89 या 96 के रूप में कोडित किया जा सकता है।

मैट्रिक्स II से, T को 59, 68, 76, 87 या 95 के रूप में कोडित किया जा सकता है।

अतः विकल्प (A) सही है।

23. मैट्रिक्स I से, F को 00, 12, 24, 31 या 43 के रूप में कोडित किया जा सकता है।

मैट्रिक्स I से, A को 01, 13, 20, 34 या 42 के रूप में कोडित किया जा सकता है।

मैट्रिक्स 1 से, I 04, 10, 23, 32 या 41 के रूप में कोडित किया जा सकता है।

मैट्रिक्स II से, T को 69, 68, 76, 87 या 95 के रूप में कोडित किया जा सकता है।

मैट्रिक्स II से, H को 57, 65, 79, 86 या 98 के रूप में कोडित किया जा सकता है।

अतः विकल्प (B) सही है।

24. मैट्रिक्स I से, F को 00, 12, 24, 31 या 43 के रूप में कोडित किया जा सकता है।

मैट्रिक्स I से, I 04, 10, 23, 32 या 41 के रूप में कोडित किया जा सकता है।

मैट्रिक्स I से, N को 02, 14, 21, 33 या 40 के रूप में कोडित किया जा सकता है।

मैट्रिक्स II से, E को 56, 67, 78, 85 या 97 के रूप में कोडित किया जा सकता है।

अतः विकल्प (D) सही है।

25. 17 व्यक्ति चाय और शराब लेते हैं लेकिन कॉफी नहीं।

अतः विकल्प (B) सही है।

26. बिहार के मधुबनी जिले से नेपाल देश के रेलवे लिंक के बीच पहली ट्रेन का सफल परीक्षण किया गया।

बिहार के जयनगर और नेपाल के कुर्था के बीच ट्रेन का गति परीक्षण होने के बाद इन स्टेशनों के बीच रेलसेवा शीघ्र शुरू होने की उम्मीद है। पूर्व-मध्य रेल (ईसीआर) के मुख्य जनसंपर्क अधिकारी राजेश कुमार ने बताया कि समस्तीपुर मंडल के जयनगर और नेपाल के कुर्था के मध्य 34.50 किलोमीटर लंबे नव-आमान परिवर्तित रेलखंड पर लोकोमोटिव द्वारा 110 किलोमीटर प्रतिघंटा की गति से सफलतापूर्वक स्पीड ट्रायल किया गया। इस दौरान इरकॉन और नेपाल रेलवे के वरिष्ठ उच्च अधिकारी उपस्थित थे।

अतः विकल्प (A) सही है।

27. पटना के पास राज्य की एकमात्र जीनोम सीक्वेंसिंग लैब है। पटना स्थित इंदिरा गांधी इंस्टीट्यूट ऑफ मेडिकल साइंसेज (आईजीआईएमएस) में बिहार की पहली और एकमात्र जीनोम-अनुक्रमण सुविधा अभिकर्मकों की कमी के कारण पिछले सप्ताह से गैर-संचालन हो गई है। कोविड - 19 के ओमिक्रॉन संस्करण का पता लगाने के लिए इस समय राज्य में किसी भी नमूने का परीक्षण नहीं किया जा रहा है।

अतः विकल्प (A) सही है।

28. एफ 1 चैंपियन मैक्स वेरस्टैपेन को 2022 लॉरियस स्पोर्ट्समैन ऑफ द ईयर चुना गया है।

जमैका ओलंपिक स्प्रिंटर एलेन थॉम्पसन-हेरा को स्पोर्ट्सवुमेन ऑफ द ईयर चुना गया है।

अतः विकल्प (C) सही है।

29. 11 मई, 2018 को, प्रधानमंत्री नरेंद्र मोदी और नेपाली प्रधानमंत्री केपी शर्मा ओली ने संयुक्त रूप से रामायण सर्किट के हिस्से के रूप में दो पवित्र शहरों जनकपुर और अयोध्या के बीच एक सीधी बस सेवा को हरी झंडी दिखाई।

बस सेवा धार्मिक पर्यटन को बढ़ावा देना चाहती है और दोनों देशों के बीच लोगों के बीच संपर्क के लिए एक मज़बूत आधार बनाया है। पौराणिक कथा 'रामायण' के अनुसार, अयोध्या भगवान राम की जन्मभूमि है, जबकि, जनकपुर देवी सीता की जन्मभूमि है।

अतः विकल्प (A) सही है।

30. "बटर फ्लाई" शब्द तैराकी से जुड़ा हुआ है।

बटर फ्लाई ब्रेस्ट पर एक तैराकी स्ट्रोक है, जिसमें दोनों हाथ एक साथ चलते हैं, साथ में एक बटरफ्लाई किक होती है। इसे "डॉल्फिन किक" के नाम से भी जाना जाता है।

मूल रुप से फ्रीस्टाइल, बैकस्ट्रोक, ब्रेस्टस्ट्रोक और बटरफ्लाई स्ट्रोक नाम की चार मुख्य बटरफ्लाई स्ट्रोक हैं।

तैराकी समुदाय में इसे फ्री, बैक, ब्रेस्ट और फ्लाई के रूप में भी जाना जाता है।

अतः विकल्प (D) सही है।

31. "द किंगडम ऑफ गॉड इज़ विदइन यू" पुस्तक के लेखक लियो टॉल्स्टॉय हैं।

पुस्तक अहिंसा, अहिंसक प्रतिरोध और ईसाई अराजकतावादी आंदोलन के टॉलस्टायन समर्थकों पर आधारित है।

यह पुस्तक जर्मनी में रूसी भाषा में वर्ष 1894 में प्रकाशित हुई थी।

यह पुस्तक बाइबिल से ल्यूक 17:21 की उनकी वास्तविक रूपांतरण प्रक्रिया थी।

अतः विकल्प (A) सही है।

32. वित्त वर्ष 2020-21 के लिए विनिवेश लक्ष्य 2,10,000 करोड़ रुपये है. यह लक्ष्य 2019-20 में 65,000 करोड़ रुपये के संशोधित अनुमान से 223% अधिक है।

अतः विकल्प (B) सही है।

33. बैंकएश्योरेंस को मॉडल के रूप में परिभाषित किया गया है जिसमें बैंक बीमा कंपनियों के कॉर्पोरेट एजेंट के रूप में कार्य करते हैं।

बैंक संबंधित बीमा कंपनी के बीमा उत्पादों को अपने ग्राहकों को बेचते हैं।

बीमा कंपनियां वितरण के इस मॉडल के माध्यम से बैंकों के बड़े ग्राहक आधार में पहुँच बनाती हैं।

अतः विकल्प (A) सही है।

34. ऋषभ जैन धर्म के पहले तीर्थंकर थे। उन्हें आदिनाथ और आदिश जीना के नाम से भी जाना जाता था। वे जैन परंपरा के चौबीस तीर्थंकरों में प्रथम तीर्थंकर थे।उनका जन्म चौदहवें और अंतिम कुलकार राजा नाभि और उनकी रानी मरुदेवी से अयोध्या में हुआ था। उन्होंने पहला तपस्वी आदेश स्थापित किया और लोगों को मोक्ष का मार्ग सिखाया। अरिष्टनेमि जैन धर्म में बाईसवें तीर्थंकर थे। पार्श्वनाथ जैन धर्म के तेईसवें तीर्थंकर थे। महावीर जैन जैन धर्म के चौबीसवें तीर्थंकर थे। अजितनाथ जैन धर्म के दूसरे तीर्थंकर थे।

अतः विकल्प (D) सही है।

35.

आदिवासी विद्रोह	वर्ष	नेता
खासी	1829-32	तीरथ सिंह
भील	1817	सेवाराम
अहोम	128-33	गोमधार कुंवर
चुआड़	1766-72	राजा जगन्नाथ

अतः विकल्प (D) सही है।

36. सर विलियम जोन्स ने "एशियाटिक सोसाइटी" की स्थापना की।

उन्होंने 15 जनवरी 1784 को "एशियाटिक सोसाइटी" की स्थापना की।

बंगाल की एशियाटिक सोसाइटी कोलकाता में स्थित है।

एशियाई समाज में एक कला संग्रह है जिसमें कलाकार पीटर पॉल रूबेन्स और जोशुआ रेनॉल्ड्स की पेंटिंग शामिल हैं।

सोसायटी के पुस्तकालय में लगभग 10,0000 सामान्य खंड हैं, और इसके संस्कृत खंड में 27,000 से अधिक पुस्तकें, पांडुलिपियां, सिक्के, प्रिंट और उत्कीर्णन हैं।

अतः विकल्प (A) सही है।

37. केंद्र सरकार ने नेशनल इन्फ्रास्ट्रक्चर पाइपलाइन पर 2019-2025 के लिए टास्क फोर्स की एक रिपोर्ट जारी की है. इस पाइपलाइन का उद्देश्य स्वच्छ और सस्ती ऊर्जा, सुरक्षित पेयजल, सभी के लिए स्वास्थ्य देखभाल, बस टर्मिनलों, हवाई अड्डों, आधुनिक रेलवे स्टेशनों और विश्व स्तर के शैक्षणिक संस्थानों तक पहुंच प्रदान करके जीवन यापन आसान बनाना है।

अतः विकल्प (B) सही है।

38. राजकोषीय नीति का संबंध सार्वजनिक राजस्व, सार्वजनिक व्यय और ऋण से है।

राजकोषीय नीति सरकारी आर्थिक नीति का हिस्सा है जो अर्थव्यवस्था में सार्वजनिक ऋण के प्रबंधन, व्यय, कराधान, उधार और प्रबंधन से संबंधित है।

यह मूल रूप से अर्थव्यवस्था में धन के प्रवाह से संबंधित है।

राजकोषीय नीति के दो मुख्य साधन सरकारी कराधान और कराधान के स्तर एवं संरचना में परिवर्तन हैं और सरकारी खर्च अर्थव्यवस्था में निम्नलिखित चरों को प्रभावित कर सकता है: सकल मांग और आर्थिक गतिविधि का स्तर; संसाधन आवंटन का पैटर्न: और आय का वितरण।

यह भुगतान संतुलन को बनाए रखता है और आर्थिक विकास को बढ़ावा देता है।

यह निवेश और मूल्य स्थिरता को भी प्रोत्साहित करता है।

अतः विकल्प (D) सही है।

39. 1 अप्रैल, 2010 को शिक्षा के अधिकार को मौलिक अधिकार बनाया गया था।

शिक्षा का अधिकार अधिनियम (आरटीई), 4 अगस्त 2009 को भारतीय संसद का एक अधिनियम है।

शिक्षा का अधिकार मौलिक अधिकार है जो भारत के संविधान द्वारा भारत के प्रत्येक नागरिक को दिया जाता है।

शिक्षा का अधिकार न केवल भारत के किसी भी क्षेत्र में बल्कि स्कूलों, कॉलेजों और विश्वविद्यालयों में भी शिक्षा पाने का अधिकार प्रदान करता है।

6 से 14 वर्ष की आयु वर्ग के सभी बच्चों को भारतीय संविधान के अनुच्छेद 21A के तहत मुफ्त और अनिवार्य शिक्षा प्राप्त करने का अधिकार है।

अतः विकल्प (B) सही है।

40. "मूर्तिदेवी साहित्य पुरस्कार" की स्थापना भारतीय ज्ञानपीठ समिति द्वारा की गई थी।

मूर्तिदेवी पुरस्कार लेखक को दिया जाने वाला भारत का साहित्यिक पुरस्कार है।

यह पुरस्कार केवल भारत के संविधान की आठवीं अनुसूची में शामिल भारतीय भाषाओं और अंग्रेजी में बिना किसी नामांकन के लिखने वाले भारतीय लेखकों को ही दिया गया है।

अतः विकल्प (C) सही है।

41. (इंडिया विन्स फ्रीडम) पुस्तक के लेखक मौलाना आज़ाद हैं इस पुस्तक में बताया गया है की आधुनिक भारत के निर्माताओं में से एक भारत के विभाजन की कहानी को अंतरंग ज्ञान और भावना के साथ पहले कभी नहीं बताता है।

अतः विकल्प (A) सही है।

42. जामिनी रॉय ने चित्रकारी के क्षेत्र में अपनी अलग पहचान बनाई।

जामिनी रॉय एक बंगाली, भारतीय चित्रकार थे।

जामिनी रॉय ललित कला पुरस्कार के पहले पुरस्कार विजेता थे।

उन्हें वर्ष 1954 में पद्म भूषण से सम्मानित किया गया था।

उन्होंने अपनी शैली को मूल लोक चित्रों की विशेषताओं के साथ जोड़कर अनूठी शैली की चित्रकारी बनाई।

उनके चित्र बंगाल के आदिवासी कला के तत्वों के साथ कालीघाट शैली के नाममात्र ब्रश स्ट्रोक के संयोजन थे।

अतः विकल्प (B) सही है।

43. अंडमान और निकोबार द्वीप समूह की सबसे ऊंची चोटी 'सैडल पर्वत' उत्तर अंडमान द्वीप के शहर दिगलीपुर में स्थित है।

यह 731 मीटर (2,418 फीट) की लंबाई के साथ बंगाल की खाड़ी में द्वीपसमूह का उच्चतम बिंदु है, जिसके बाद ग्रेट निकोबार पर 2,106 फीट (642 मीटर) पर माउंट थुलियर और दक्षिण अंडमान में 1,717 फीट (365 मीटर) पर माउंट हैरियट है।

यह सैडल पीक नेशनल पार्क से घिरा हुआ है।

अतः विकल्प (D) सही है।

44. निजी क्षेत्र के ऋणदाता IDFC बैंक का नाम बदलकर 'IDFC फर्स्ट बैंक लिमिटेड' कर दिया गया है।

IDFC बैंक और गैर-बैंकिंग वित्तीय कंपनी (NBFC) 'कैपिटल फर्स्ट' ने 18 दिसंबर 2018 को अपना विलय पूरा कर लिया था।

कैपिटल फर्स्ट लिमिटेड के संस्थापक वी. वैद्यनाथन को IDFC फर्स्ट बैंक लिमिटेड के प्रबंध निदेशक और मुख्य कार्यकारी अधिकारी के रूप में नियुक्त किया गया।

अतः विकल्प (D) सही है।

45. देश में बीमा क्षेत्र को विनियमित करने के उद्देश्य से भारत में बीमा नियामक और विकास प्राधिकरण 2000 में भारत में आया था।

इसे बीमा अधिनियम 1938 की धारा 114A के प्रावधानों के अनुसार भारत में बीमा कंपनियों को नियंत्रित करने की शक्तियां दी गई थीं।

अतः विकल्प (B) सही है।

46. उत्तरी ध्रुव पर स्थिति भारत के अनुसंधान स्टेशन का नाम हिमाद्री है।

हिमाद्री स्टेशन भारत का पहला आर्कटिक अनुसंधान स्टेशन है जो स्पिट्सबर्गेन, स्वालबार्ड, नॉर्वे में स्थित है।

इसका उद्घाटन 1 जुलाई 2008 को भू-विज्ञान मंत्री द्वारा किया गया था।

यह उत्तरी ध्रुव से 1,200 किलोमीटर की दूरी पर स्थित है।

इसका मुख्य उद्देश्य एरजोल विकिरण, अंतरिक्ष मौसम, खाद्य-वेब गतिकी, सूक्ष्मजीव समुदाय, ग्लेशियर, तलछट और कार्बन पुनर्चक्रण पर फ़्योर्ड गतिशीलता और वायुमंडलीय अनुसंधान और अन्वेषण की निगरानी करना है।

अतः विकल्प (C) सही है।

47. भारतीय संविधान का अनुच्छेद 19, छह प्रकार की स्वतंत्रताएं प्रदान करता है।

भारत के संविधान के अनुच्छेद 19 के तहत प्रदान की गई छह मौलिक स्वतंत्रताएं निम्नलिखित हैं:

भाषण और अभिव्यक्ति की स्वतंत्रता।

बिना हथियार के शांति से इकट्ठा होने की स्वतंत्रता।

भारत के पूरे क्षेत्र में स्वतंत्र रूप से आने-जाने की स्वतंत्रता।

संघों या सहकारी समितियों के गठन की स्वतंत्रता।

भारत के किसी भी हिस्से में निवास करने और बसने की स्वतंत्रता।

किसी भी पेशे को अपनाने या किसी भी व्यापार, व्यवसाय या पेशे को करने की स्वतंत्रता।

अतः विकल्प (A) सही है।

48. विश्व थियेटर दिवस 27 मार्च को मनाया जाता है। यह अंतरराष्ट्रीय थियेटर संस्थान द्वारा मनाया जाता है। पहली बार विश्व थियेटर दिवस का संदेश जीन कॉक्टेओ द्वारा 1962 में लिखा गया।

अतः विकल्प (C) सही है।

49. "मांग के नियम" से तात्पर्य है कि जब किसी वस्तु की मांग अधिक होती है, तब वस्तु की कीमत बढ़ जाती है।

मांग का नियम यह है कि जब जब उत्पाद की खपत में वृद्धि के साथ उत्पाद की कीमत घट जाती है और इससे विपरीतता भी दर्शाया जाता है।

जब कीमत बढ़ती है	a.	यदि किसी वस्तु की कीमत बढ़ जाती है और मांग कम हो जाती है तो बाजार में उस वस्तु की अतिरिक्त आपूर्ति होगी।
	a.	अतिरिक्त आपूर्ति के लिए, वस्तु की कीमत तब तक कम हो जाएगी जब तक कि यह अपने संतुलन बिंदु तक नहीं पहुंच जाती।
जब मांग बढ़ती है	b.	यदि मांग बढ़ती है तो बाजार अधिक वस्तु की मांग करेगा और आपूर्ति की कमी या अतिरिक्त मांग होगी।
	c.	अधिक मांग का लाभ उठाते हुए उत्पादक उत्पाद की कीमत तब तक बढ़ा देते हैं, जब तक कि यह उसके संतुलन मूल्य तक नहीं पहुंच जाता।

अतः विकल्प (C) सही है।

50. अलमत्ती बांध उत्तर कर्नाटक के बीजापुर जिले में कृष्णा नदी पर बनाया गया है।

अलमत्ती बांध कृष्णा नदी पर स्थित एक जलविद्युत परियोजना है।

524.26 फीट की ऊंचाई और 1565.15 फीट की लंबाई के साथ जुलाई 2005 में अलमत्ती बांध खोला गया था।

यह ऊपरी कृष्णा सिंचाई परियोजना का मुख्य जलाशय है।

यह कर्नाटक पावर कॉर्पोरेशन लिमिटेड द्वारा संचालित है।

अतः विकल्प (C) सही है।

51. माना कि 150 आदमियों द्वारा काम को पूरा करने में x दिन लिए गए

$\Rightarrow$ कुल काम $=$ आदमी $\times$ दिन $= 150 \times x = 150x$

$\Rightarrow$ एक दिन में किया गया काम $= \frac{1}{150x}$

अब,

$\Rightarrow$ पहले दिन 150 आदमियों द्वारा किया गया काम $= \frac{150}{150x}$

$\Rightarrow$ 146 आदमियों द्वारा किया गया काम $(= 150-4)$ दूसरे दिन $= \frac{146}{150x}$

और इसी प्रकार आगे भी यह प्रक्रिया ज़ारी है, यह $(x+8)$ दिन तक चला

$$\Rightarrow \left(\frac{150}{150x}\right) + \left(\frac{146}{150x}\right) + \cdots..(x+8) \text{ बार } = 1$$

$$\Rightarrow \left(\frac{1}{150x}\right)\{150 + 146 + \cdots.(x+8) \text{ बार }\} = 1$$

$$\Rightarrow \left(\frac{1}{150x}\right)\left[\left\{\left(\frac{(x+8)}{2} 2 \times 150\right) + (x+8-1)(-4)\right\}\right] = 1$$

$$\Rightarrow \left\{\frac{(x+8)}{2}\right\}(300 - 4x - 28) = 150x$$

$$\Rightarrow (x+8)(272 - 4x) = 300x$$

$$\Rightarrow 272x - 4x^2 + 2176 - 32x = 300x$$

$$\Rightarrow 4x^2 + 60x - 2176 = 0$$

$$\Rightarrow x^2 + 15x - 544 = 0$$

$$\Rightarrow x^2 - 17x + 32x - 544 = 0$$

$$\Rightarrow (x-17)(x+32) = 0$$

$$\Rightarrow x = 17$$

$\therefore$ लिए गए दिनों की संख्या $= 17 + 8 = 25$ दिन

अतः विकल्प (D) सही है।

52. दिया गया,

$$2x^2 + x + 4 = 0$$

$$\Rightarrow 2x^2 + x = -4$$

समीकरण को 2 से विभाजित करते हुए, हम प्राप्त करते हैं

$$\Rightarrow x^2 + \frac{1}{2}x = -2$$

$$\Rightarrow x^2 + 2 \times x \times \left(\frac{1}{4}\right)^2 = -2$$

समीकरण के दोनों ओर जोड़कर, $\left(\frac{1}{4}\right)^2$ हम प्राप्त करते हैं,

$$\Rightarrow (x)^2 + 2 \times x \times \frac{1}{4} + \left(\frac{1}{4}\right)^2 = \left(\frac{1}{4}\right)^2$$

$$\Rightarrow \left(x + \frac{1}{4}\right)^2 = \frac{1}{16} - 2$$

$\Rightarrow \left(x+\frac{1}{4}\right)^2$

$=\frac{-31}{16}$

एक नकारात्मक संख्या का वर्गमूल काल्पनिक है, इसलिए, दिए गए समीकरण के लिए कोई वास्तविक मूल नहीं है।

अतः विकल्प (D) सही है।

53. $\Rightarrow x = 3 - 3^{\frac{1}{3}} + 3^{\frac{2}{3}}$

$\Rightarrow x - 3 = 3^{\frac{2}{3}} - 3^{\frac{1}{3}} \quad -(1)$

दोनों पक्षों का घन करने पर,

$\Rightarrow x^3 - 9x^2 + 27x - 27$

$= \left(3^{\frac{2}{3}}\right)^3 - \left(3^{\frac{1}{3}}\right)^3 - 3 \times 3^{\frac{2}{3}} \times 3^{\frac{1}{3}}\left[3^{\frac{2}{3}} - 3^{\frac{1}{3}}\right]$

$\Rightarrow x^3 - 9x^2 + 27x - 27 = 9 - 3 - 9(x-3)$ ($\because$ समीकरण (1) से)

$\Rightarrow x^3 - 9x^2 + 27x - 27 = 6 - 9x + 27$

$\Rightarrow x^3 - 9x^2 + 36x - 27 = 33$

$\Rightarrow x^3 - 9x^2 + 36x + 10 = 0$

अतः विकल्प (D) सही है।

54. माना कि 1000 ग्राम वस्तुओं का मूल्य 1000 रुपए है

एक बेईमान दुकानदार वस्तुओं को खरीदते समय 25% की धोखाधड़ी करता है,

$\Rightarrow$ 1000 रुपए में दुकानदार द्वारा खरीदी गई मात्रा = 1000 + 1000 का 25% = 1250 ग्राम

एक दुकानदार वस्तुओं को बेचते समय 37.5% की धोखाधड़ी करता है,

$\Rightarrow$ 1000 रुपए में दुकानदार द्वारा बेची गई मात्रा = 1000 − 37.5% का 1000 = 625 ग्राम

परंतु, वह अपना सामान 15% घाटे पर बेचने का दावा करता है,

$\Rightarrow$ 625 ग्राम वस्तु का विक्रय मूल्य = 1000 − 15% का 1000 = 850 रुपए

$\Rightarrow$ 1250 ग्राम वस्तु का विक्रय मूल्य $= \left(\frac{850}{625}\right) \times 1250 =$ 1700 रुपए

$\therefore$ लाभ प्रतिशत = (विक्रय मूल्य − लागत मूल्य)/ लागत मूल्य × 100

$= \left(\frac{1700-1000}{1000}\right) \times 100 = 70\%$

अतः विकल्प (B) सही है।

55. व्यंजक $18^2 \times 17^3 \times 45^3 \times 23^2 \times 29$ को, निम्न प्रकार से लिखा जा सकता है

$\Rightarrow 18^2 \times 17^3 \times 45^3 \times 23^2 \times 29 = 3^4 \times 2^2 \times 17^3 \times 3^6 \times 5^3 \times 23^2 \times 29$
$= 3^{10} \times 2^2 \times 17^3 \times 5^3 \times 23^2 \times 29$

$\Rightarrow$ अभाज्य गुणकों की संख्या = 10 + 2 + 3 + 3 + 2 + 1 [अभाज्य संख्याओं की सभी घातों का योग करने पर]

$\therefore$ अभाज्य गुणकों की संख्या = 21

अतः विकल्प (B) सही है।

56. $\Rightarrow$ 2 वर्षों के लिए साधारण ब्याज = (मूलधन × दर × समय) / 100

$= \frac{(1500 \times 10 \times 2)}{100}$

= 300 रुपए

10% की दर पर वार्षिक संयोजित करने पर चक्रवृद्धि ब्याज

$\Rightarrow$ संयोजित राशि =मूलधन $\{1 + \left(\frac{\text{rate}}{100}\right)\}^2$

$= 1500\{1 + \left(\frac{10}{100}\right)\}^2$

= 1815 रुपए

$\Rightarrow$ चक्रवृद्धि ब्याज = 1815 − 1500

= 315 रुपए

$\Rightarrow$ आवश्यक अंतर = (315 − 300)

= 15 रुपए

$\therefore$ अंतर 15 रुपए है।

अतः विकल्प (B) सही है।

57. माना कि पहली साइकिल का लागत मूल्य C_1 और दूसरी साइकिल का लागत मूल्य C_2 है।

वह पहली साइकिल को 15% लाभ पर और दूसरी साइकिल को 25% लाभ पर बेचता है, तो उसे एक निश्चित लाभ प्राप्त होता है

$\Rightarrow$ कुल लाभ = 351 रुपए

अब,

$\Rightarrow$ लाभ = लागत मूल्य का लाभ %

$\Rightarrow 351 = 15\%C_1 + 25\%C_2$

$\Rightarrow 15C_1 + 25C_2 = 35100 \quad$ ---- (1)

साथ ही, उसने पहली साइकिल को 25% लाभ और दूसरी साइकिल को 15% लाभ पर बेचा, उसे 18 रुपए का लाभ प्राप्त हुआ,

$\Rightarrow 25\%C_1 + 15\%C_2 = 351 + 18$

$\Rightarrow 25C_1 + 15C_2 = 36900 \quad$ ---- (2)

समीकरण (2) से समीकरण (1) घटाने पर, हमें प्राप्त होता है

$\Rightarrow 10(C_1 - C_2) = 1800$

$\Rightarrow (C_1 - C_2) = 180$

$\Rightarrow C_1 = 180 + C_2 \quad$ ---- (3)

अब,

⇒ $15(180 + C_2) + 25C_2 = 35100$

⇒ $2700 + 40C_2 = 35100$

⇒ $C_2 = 810$

अब,

⇒ $C_1 = 180 + 810 = 990$ रुपए

∴ साइकिलों का लगत मूल्य 990 रुपए और 810 रुपए है।

अतः विकल्प (A) सही है।

58. माना कि रेलगाड़ी की लंबाई $2x$ किमी है।

⇒ प्लेटफार्म की लंबाई $= \left(\frac{1}{2}\right) \times 2x = x$ किमी

क्योंकि रेलगाड़ी अपनी लंबाई के आधे प्लेटफार्म को 1 मिनट में 72 किमी/घंटे

⇒ गति $= 72$ किमी/घंटे

$= 72 \times \left(\frac{5}{18}\right)$

$= 20$ मीटर/सेकंड

⇒ समय $= 1$ मिनट $= 60$ सेकंड

अब,

⇒ दूरी $=$ गति $\times$ समय

$\Rightarrow x + 2x = 20 \times 60$

$\Rightarrow 3x = 1200$

$\Rightarrow x = 400$ मीटर

अब,

⇒ दूसरी रेलगाड़ी की लंबाई $= 2 \times 2x = 4x = 4 \times 400 =$ 1600 मीटर

⇒ गति $= 60\%$ का $20 = 12$ मीटर/सेकंड

⇒ रेलगाड़ी को पार करने में समय

= दूरी/गति

$= \frac{(1600+800)}{12}$

$= \frac{2400}{12}$

$= 200$ सेकंड

∴ रेलगाड़ी को पार करने में लिया गया समय 200 सेकंड है।

अतः विकल्प (C) सही है।

59. दिया गया,

$\Rightarrow 100x^2 - 10x - 10x + 1 = 0$

$\Rightarrow 10x(10x - 1) - 1(10x - 1) = 0$

$\Rightarrow (10x - 1)(10x - 1) = 0$

$\Rightarrow (10x - 1)^2 = 0$

$\Rightarrow 10x - 1 = 0$

$\Rightarrow x = \frac{1}{10}$

अतः विकल्प (C) सही है।

60. हम जानते हैं,

$a^3 - b^3 = (a - b)(a^2 + ab + b^2)$

$(a - b)^2 = a^2 + b^2 - 2ab$

अब हम सरलीकृत करते हैं, $27x^3 - 64y^3$ सूत्र का उपयोग करते हुए $a^3 - b^3 = (ab)(a^2 + ab + b^2)$

जहां $a = 3x$ और $b = 4y$

$= (3x)^3 - (4y)^3$

$= (3x - 4y)((3x)^2 + 3x.4y + (4y)^2)$

$= (3x - 4y)(9x^2 + 12xy + 16y^2) - \cdots (1)$

दिया गया डेटा, $3x - 4y = 5$

इस समीकरण के दोनों पक्षों का वर्ग करने पर ,

$\Rightarrow (3x - 4y)^2 = 5^2$

$(a - b)^2 = a^2 + b^2 - 2ab$ का रूप है, जहां $a = 3x$ और $b = 4y$

$\Rightarrow 9x^2 + 16y^2 - 24xy = 25$

अब हम समीकरण में $12xy$ जोड़ते हैं और घटाते हैं

$\Rightarrow 9x^2 + 16y^2 - 24xy + 12xy - 12xy = 25$

$\Rightarrow 9x^2 + 16y^2 - 36xy + 12xy = 25$

$\Rightarrow 9x^2 + 16y^2 + 12xy = 25 + 36xy$

उपरोक्त समीकरण में दिए गए डेटा: $xy = 3$ को प्रतिस्थापित करना,

$\Rightarrow 9x^2 + 16y^2 + 12xy = 25 + 36 \times 3$

$\Rightarrow 9x^2 + 16y^2 + 12xy = 25 + 108$

$\Rightarrow 9x^2 + 16y^2 + 12xy = 133$

अब, समीकरण $9x^2 + 16y^2 + 12xy = 133$ और $3x - 4y = 5$ को समीकरण (1), में प्रतिस्थापित करते हुए, हम प्राप्त करते हैं

$\Rightarrow (3x - 4y)(9x^2 + 12xy + 16y^2)$

$\Rightarrow 27x^3 - 64y^3 = 5 \times 133$

$\Rightarrow 27x^3 - 64y^3 = 665$

अतः विकल्प (B) सही है।

61.

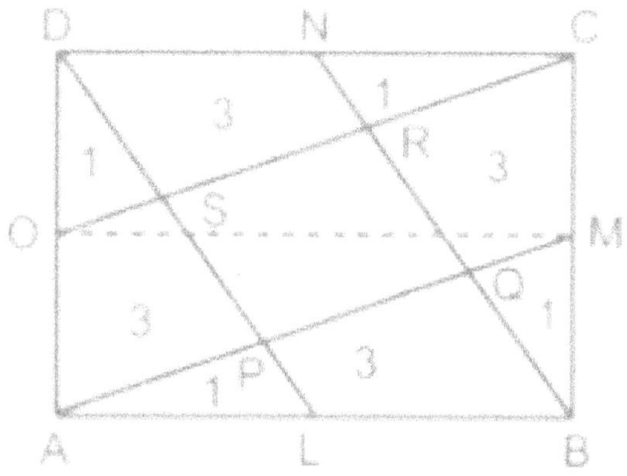

L और N मध्य-बिंदु हैं, इसलिए DL ∥ BN.

इसी प्रकार, OC ∥ AM,

ΔAQB में, L, AB का मध्य-बिंदु है और LP ∥ BQ है।

अतः, P भुजा AQ का मध्य-बिंदु है।

⇒ AP= $(\frac{1}{2}) \times$ AQ

⇒ $\frac{AP}{AQ} = \frac{1}{2}$

इसके अलावा, ΔAPL और ΔAQB समान हैं

⇒ ΔAPL और ΔAQB के क्षेत्रफल का अनुपात = 1 : 4

⇒ ΔAPL का क्षेत्रफल = 1

⇒ PLQB का क्षेत्रफल = 3

सम्मिति से,

⇒ ΔAPL का क्षेत्रफल = ΔQMB = ΔNRC = ΔDOS = 1

⇒ PLQB का क्षेत्रफल = RCMQ = DSRN = OSPA = 3

अब, मध्य बिन्दुओं O और M को मिलाइए,

⇒ ΔAMB का क्षेत्रफल = ΔAOM = ΔMOC = ΔDOC = 5

⇒ ABCD का क्षेत्रफल = 5 + 5 + 5+ 5 = 20

⇒ AMCO का क्षेत्रफल = 5 + 5 = 10

⇒ PQRS का क्षेत्रफल = AMCO का क्षेत्रफल – APSO का क्षेत्रफल – CRQM का क्षेत्रफल = 10 – 3 – 3 = 4

∴ छायांकित क्षेत्र का क्षेत्रफल : ABCD का क्षेत्रफल = 4 : 20 = 1 : 5

अतः विकल्प (B) सही है।

62. माना कि प्रत्येक भुजा पर तय की गई दूरी x किमी है

क्योंकि,

गति $=$ दूरी $/$समय

AB भुजा को तय करने में लिया गया समय $= \frac{x}{10}$ घंटा

BC को तय करने में लिया गया समय $= \frac{x}{12}$ घंटा

CA भुजा को तय करने में लिया गया समय $= \frac{x}{15}$ घंटा

अब,

⇒ औसत गति = (कुल दूरी / कुल समय)

$= \frac{(x+x+x)}{\left(\frac{x}{10}\right)+\left(\frac{x}{12}\right)+\left(\frac{x}{15}\right)}$

$= 3x \times \frac{60}{(6x+5x+4x)}$

$= \frac{180x}{15x}$

$= 12$ किमी/घंटा

अतः विकल्प (B) सही है।

63. क्योंकि, A ने लाभ के $\left(\frac{1}{8}\right)$वें हिस्से पर दावा किया तथा B ने लाभ के $\left(\frac{1}{3}\right)$वें हिस्से की दावेदारी की इसलिए, माना कि लाभ 24 इकाइयाँ है

⇒ A का लाभ $= \left(\frac{1}{8}\right) \times 24 = 3$ इकाइयाँ

⇒ B का लाभ $= \left(\frac{1}{3}\right) \times 24 = 8$ इकाइयाँ,

⇒ $C = 24 - 3 - 8 = 13$ इकाइयाँ

इसके अलावा, A ने धन का निवेश 4 माह के लिए किया, B ने धन का निवेश 6 माह के लिए किया और C ने धन का निवेश 8 माह के लिए किया।

हम जानते हैं,

⇒ k $\times$ लाभ $=$ समय $\times$ निवेश, जहाँ k स्थिर है

	A	B	C
लाभ	3	8	13
समय	4	6	8
निवेश	$\frac{3}{4}$k	$\frac{8}{6}$k	$\frac{13}{8}$k

दिया गया है,

⇒ C का निवेश $= 1560$ रुपए

⇒ $\frac{13}{8}$k $= 1560$ रुपए

⇒ k $= 960$

अब,

⇒ A का निवेश $= \frac{3}{4}$k

$= \left(\frac{3\times960}{4}\right) = 720$ रुपए

∴ A का निवेश 720 रुपए है।

अतः विकल्प (C) सही है।

64. कुल लागत मूल्य $= 1600$ रुपये

माना CP $_1 = 600$ और CP $_2 = 1000$

केस I, जब वह पहले 10% लाभ पर बेचता है और दूसरा 20% लाभ पर:

$\therefore$ 600 रुपये पर CP $_1$ $= 10\%$ पर लाभ 60 रुपये

1000 रुपये पर CP $_2$ $= 20\%$ पर लाभ 200 रुपये

कुल लाभ $= 260$ रुपये $\ldots(i)$ केस II, जब वह पहले, 20% लाभ पर और दूसरे पर 10% लाभ बेचता है:

$\therefore$ 600 रुपये पर CP $_1$ $= 20\%$ पर लाभ 120 रुपये

1000 रुपये पर $_2$ $= 10\%$

$= 100$ रुपये

कुल लाभ $= 220$ रुपये $\ldots(ii)$

लाभ में अंतर $[(i)-(ii)\}= 260$ रुपये $-$ 220 रुपये

$= 40$ रुपये

जब लाभ में 40 रुपये अंतर, तो लागत मूल्य में $(1000 - 600) =$ रुपये अंतर $= 400$ रुपये

जब लाभ में अंतर 5 रुपये, तो लागत मूल्य में अंतर होगा:

$= \left(\frac{400}{40} \times 5\right)$ रुपये

$= 50$ रुपये

अतः विकल्प (C) सही है।

65. दिया गया,

$\Rightarrow 52^2 - 42^2 + ?^2 = 64^2 - 56^2 + 3^2 - 2^2$

$\Rightarrow ?^2 = (64^2 - 56^2) + (3^2 - 2^2) - (52^2 - 42^2)$

$\Rightarrow ?^2 = 960 + 5 - 940$

$\Rightarrow ?^2 = 25$

$\therefore ? = \sqrt{25} = 5$

अतः विकल्प (D) सही है।

66. माना कि संख्या के अंक $'xy'$ हैं

$\Rightarrow$ संख्या $= 10x + y$

अंकों की अदला-बदली के बाद, संख्या $10y + x$ हो जाती है

$\Rightarrow$ अंकों की अदला-बदली की बाद औसत में अंतर $= 3.6$

क्योंकि, 10 संख्याएँ हैं,

$\Rightarrow$ संख्याओं के बीच अंतर होगा $= 3.6 \times 10 = 36$

$\Rightarrow$ संख्याओं में अंतर $9x - 9y = 36$

$\therefore$ अंकों में अंतर, $(x - y) = 4$

अतः विकल्प (C) सही है।

67.

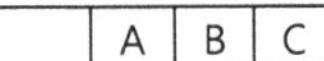

	A	B	C
आय	4	5	6
व्यय	2	3	4

आय को 3 से और व्यय को 5 से गुणा करके B के आय और व्यय के अनुपातों को बराबर करते हुए,

	A	B	C
आय	12	15	18
व्यय	10	15	20

B की बचत उसकी आय का $\frac{1}{3}$ है,

$\Rightarrow$ यदि B की आय 3 है, तो व्यय 2 है और बचत 1 है,

आय को 3 से और व्यय को 2 से गुणा करने पर, हमें प्राप्त होगा

	A	B	C
आय	36	45	54
व्यय	20	30	40
बचत	16	15	14

$\therefore$ उनकी बचत का अनुपात $= 16:15:14$

अतः विकल्प (D) सही है।

68. दिया गया,

$$\frac{(0.73)^3 + (0.27)^3}{(0.73)^2 + (0.27)^2 - 0.73 \times 0.27}$$

माना, $a = 0.73$ and $b = 0.27$

$$= \frac{(0.73+0.27)[(0.73)^2 + (0.27)^2 - 0.73 \times 0.27]}{(0.73)^2 + (0.27)^2 - 0.73 \times 0.27}$$

$[\because a^3 + b^3 = (a+b)(a^2 + b^2 - ab)$

$= 0.73 + 0.27$

$= 1$

अतः विकल्प (D) सही है।

69. $\Rightarrow$ नए मिश्रण में ताँबा $= 100 - 14 = 86\%$

आरोपण विधि का प्रयोग करते हुए,

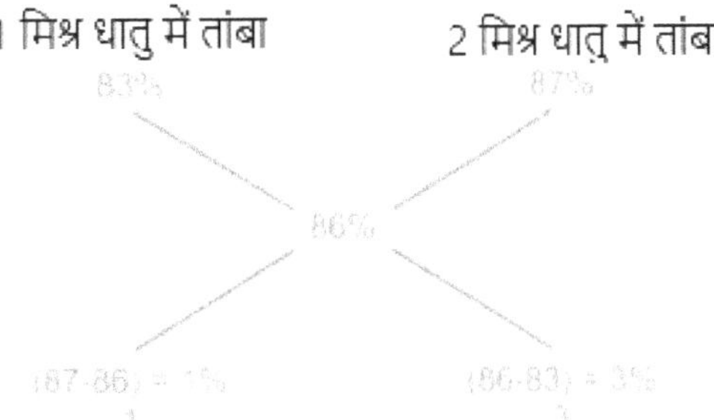

$\Rightarrow$ $1:3$ वह अनुपात है जिसमें दो मिश्रणों को मिलाया जाना चाहिए ताकि नए मिश्रण में 86% ताँबा हो,

$\Rightarrow$ नए मिश्रण में ताँबे का प्रतिशत $= \left(\frac{3}{4}\right) \times 100$

$= 75\%$

अतः विकल्प (B) सही है।

70. 69% of 699 + 19.96 × 19.68 – 98 का 45.5% = ?

अनुमानित मान को निम्न के रूप में लेने पर,

⇒ 69 ≈ 70

⇒ 699 ≈ 700

⇒ 19.96 ≈ 20

⇒ 19.68 ≈ 20

⇒ 45.5 ≈ 45

⇒ 99.9 ≈ 100

अनुमानित मान को रखने के बाद, अब समीकरण बन जाता है,

⇒ 700 का 70% + 20 × 20 – 100 का 45% = ?

⇒ 490 + 400 – 45 = ?

∴ ? = 845

अतः विकल्प (B) सही है।

71. माना कि मतदाताओं की कुल संख्या 100x है।

⇒ दिए गए मत = 100x - 10000

कुल पड़े मत के 80% वैध मत हैं,

⇒ वैध मत = 80% (100x - 10000) = (80x - 8000)

विजयी उम्मीदवार 2000 मतो से जीता और पराजित प्रत्याशी को कुल मतों का 20% प्राप्त हुआ,

⇒ पराजित उम्मीदवार को 100x का 20% = 20x प्राप्त हुआ

⇒ विजयी उम्मीदवार को = x का 20% + 2000 = 20x + 2000 प्राप्त हुआ

प्रश्न के अनुसार,

⇒ (80x - 8000) = 20x + 2000 + 20x

⇒ x = 250

⇒ 100x = 25000

∴ कुल दिए गए मतो की संख्या = 25000

अतः विकल्प (B) सही है।

72. 1 घंटे में $(A+B)$ का कार्य

$=\frac{1}{12}+\frac{1}{15}=\frac{9}{60}=\frac{3}{20}$

1 घंटे में $(A+C)$ का कार्य

$=\frac{1}{12}+\frac{1}{20}=\frac{8}{60}=\frac{2}{15}$

2 घंटे में भरा हुआ भाग

$=\frac{3}{20}+\frac{2}{15}=\frac{17}{60}$

6 घंटे में भरा हुआ भाग $=3\times\frac{17}{60}=\frac{17}{20}$

शेष भाग $=1-\frac{17}{20}=\frac{3}{20}$

अब A और B की बारी है

1 घंटे में $\frac{3}{20}$ भाग भर जाता है।

टंकी भरने में कुल समय लगा $=(6+1)$ घंटे

$=7$ घंटे

अतः विकल्प (C) सही है।

73. B $=4!=24$ से शुरू होने वाले कुल शब्द

E $=4!=24$ से शुरू होने वाले कुल शब्द

KB $=3!=6$ से शुरू होने वाले कुल शब्द

KE $=3!=6$ से शुरू होने वाले कुल शब्द

KR $=3!=6$ से शुरू होने वाले कुल शब्द

यदि प्रारंभिक शब्द कुबेर होगा, तो कुबेर का पद, $=24+24+18+1$

$=67$

अतः विकल्प (A) सही है।

74. तीन संख्याएँ जो एक दूसरे से सह अभाज्य हैं, इस प्रकार है कि पहले दो का गुणनफल 551 है और अंतिम दो का 1073 है। तीन संख्याओं का योग है

चूंकि संख्याएं सह अभाज्य हैं, तो उनके उभयनिष्ठ गुणनखण्ड केवल 1 होगा। दिए गए दो गुणनफलो में मध्य संख्या उभयनिष्ठ है। इसलिए मध्य संख्या $=$ 551 और 1073 का म.स.प. $=29$

पहली संख्या

$=\frac{551}{29}$

$=19$

तीसरी संख्या

$=\frac{1073}{29}$

$=37$

∴ आवश्यक योग $=19+29+37$

$=85$

अतः विकल्प (C) सही है।

75. 8,16,40 और 80 का ल. स. म. $=80$

$\frac{7}{8}=\frac{70}{80},\frac{13}{16}=\frac{65}{80},\frac{31}{40}=\frac{62}{80}$

चूंकि, $\frac{70}{80}>\frac{65}{80}>\frac{63}{80}>\frac{62}{80}$,

इस प्रकार, $\frac{7}{8}>\frac{13}{16}>\frac{63}{80}>\frac{31}{40}$

इसलिए, $\frac{7}{8}$ सबसे बड़ा है।

अतः विकल्प (A) सही है।

76. According to the passage, there are various technologies that are emerging - Artificial Intelligence (AI), big data and analytics, the blockchain, cloud, Internet of Things (IoT), and robotics. AI and machine learning are transforming customer experience with personalized services and improvements in back-office efficiencies. Fintech – the technological innovations in the design and delivery of financial services and products – is revolutionizing customer expectations.

Hence, the correct option is (D).

77. The passage mentions the major challenges in the last paragraph. Options (A) and (B) are not the challenges that the models' decision-making processes are faced with. According to the last line, 'Proper integration is a counter to the potential lack of transparency and interpretability in these models' decision-making processes'. The word counter means the opposite in effect. So, the line conveys that proper integration is a solution to the challenge of having a lack of transparency and interpretability in these models.

Hence, the correct option is (D).

78. The word agility is used to describe the quality of moving fast and quickly. In the given context which talks about the agility of the passage, it means that the emerging technologies have the ability to deal with new changes and challenges in a quick manner.

The way of behaving or happening in an unusual and unexpected manner – aberration, anomaly, deviation, divergence

The process of making a problem or situation worse – exacerbation

A typical example – standard, prototype, paradigm, model

Hence, the correct option is (C).

79. Robots are venturing into investment and changing how wealth advisory services are delivered. Blockchain may redefine how financial institutions operate.

Hence, the correct option is (D).

80. In the given context, the word conservative means restrained and traditional in style. Let us look into the meaning of the given words:

Progressive – new and modern which encourages change in the society

Conventional – ordinary and traditional

Hostile – showing unfriendliness and opposition

Winsome – pleasing and attractive in simple (often child-like) ways

The word conventional is, in fact, a synonym. We are looking for an antonym (a word having the opposite meaning).

Hence, the correct option is (B).

81. The sentence is in the simple future tense. Therefore will be given should be used.

Hence, the correct option is (A).

82. The error lies in part (b) of the sentence as the preposition 'in' is incorrect and must be replaced with 'by' as something is 'by' someone. It means 'formally request or demand; say that one owns or has earned (something).' It should read as are also claimed by China.

Hence, the correct option is (B).

83. The correct spelling for this is "hoax" which means "a humorous or malicious deception."

Prudence: the quality of being prudent; cautiousness.

Tact: skill and sensitivity in dealing with others or with difficult issues.

Dupe: deceive; trick.

Hence, the correct option is (C).

84. The correct word here is "illegible" which means "That which cannot be easily read."

Eligible: having the right to do or obtain something; satisfying the appropriate conditions.

Illegitimate: not authorized by the law; not in accordance with accepted standards or rules.

Legislature: the legislative body of a country or state.

Hence, the correct option is (A).

85. The sentence is in active voice thus in the passive voice the object 'question' must be written before the subject 'Rohan.' In active voice :

Subject+verb+object

In passive voice:

Object+verb+subject

The tense here is past continuous thus 'was being asked' is the correct verb to be used here.

Hence, the correct option is (C).

86. Have is used with some pronouns and plural nouns. For example: 'Nurses have a difficult job.' Has is used with the third person singular. For example: 'The washing machine has a leak in it'.

Hence, the correct option is (B).

87. The sentence suggests that the blank must contain a noun.

Also, given the context, the word should mean 'influence'.

The only word that fits the blank is **clout**.

Hence, the correct option is (B).

88. The sentence suggests that the blank must contain a noun.

Also, given the context, the word should mean 'the period when Obama was the President of the U.S.'

The only word that fits the blank is **presidency.**

Hence, the correct option is (C).

89. The sentence suggests that the blank must contain a verb.

Also, given the context, the word should is similar to 'isolated'. Since it is referring to a war-torn country, the word must mean 'reduced in strength' by war.

The only word that fits the blank is **debilitated.**

To divulge is to disclose something. A deluge is a severe flood.

Hence, the correct option is (A).

90. The sentence suggests that the blank must contain a noun.

Also, given the context, the word should mean a dangerous 'trend'.

The only word that fits the blank is **precedent.**

To portend is to be sign of something likely to happen.

Hence, the correct option is (C).

91. The sentence suggests that the blank must contain a noun.

Also, given the context, the word should mean 'strength'.

The only word that fits the blank is **might.**

Paltry means are very small. Crony means a close friend.

Hence, the correct option is (D).

92. The word 'bewitching' means 'fascinating, magical.'

Daring - involving or taking risks.

Deriding - to laugh at someone or something in a way that shows you think they are stupid or of no value.

Tailgating - drive too closely behind (another vehicle).

Hence, the correct option is (B).

93. 'Profane' means not relating to that which is sacred or religious. It means relating to or believing in a religion.

Hence, the correct option is (C).

94. The correct spelling is 'idiosyncrasy'. To have an idiosyncrasy is to have a special quality, something that may be considered an odd habit.

E.g. One major idiosyncrasy about Monica was her obsession with cleaning and organization.

Hence, the correct option is (D).

95. The correct spelling is 'liaison'. To liaison is to create communication and cooperation between committees and/or organizations.

E.g. Joseph managed the liaison between his father and his mother-in-law's company.

Hence, the correct option is (B).

96. The correct spelling is 'dilemma'. To be in a dilemma means to be in trouble or to have a problem that is confusing and thus hard to make a decision on.

E.g. Abraham was in a dilemma about whether to tell Rose about their daughter's divorce.

Hence, the correct option is (C).

97. After reading the given sentences we can easily make out that the paragraph talks about 'National Flag'.

Except for sentence C, none of the other sentences is of independent nature. Also, sentence C introduces the topic, hence it will be the starting sentence of the paragraph. Sentence E follows C, as it tells the positions of the colours mentioned in sentence C. Sentence A will follow E, as components of the flag are being discussed and sentence A is taking it further. D will follow A as sentence D tells the colour of the 'Ashoka Chakra'. Sentence B completes the paragraph.

Hence, the correct option is (D).

98. After reading the given sentences we can easily make out that the paragraph talks about 'Indian culture'.

Sentence A forms the base for the paragraph by telling that it is 'popular across the world'. Sentence B will follow B as it implicitly telling the reason why the 'Indian culture is popular. Sentences C and D both talk about 'Indian people', hence will come together. Since 'people are highly devoted to their culture and religion', hence 'people here live with strong bond'. Thus, sentence D will follow C. The paragraph is concluded by sentence E which tells about the factors that have influenced the culture.

Hence, the correct option is (A).

99. Firstly, let us find the meanings of the given options-

Stickler- A person who insists on a particular type of behaviour.

Fiend- A cruel person.

Maniac- A person having wild behaviour.

Lunatic- A person who is mentally ill.

Clearly, stickler best expresses the meaning of the above-mentioned phrase.

Hence, the correct option is (D).

100. 'Indelible' means 'that cannot be erased'.

The meanings of the other words are-

Invincible: too strong to be overcome.

Incorrigible: incapable of being corrected.

Inaudible: a sound that cannot be heard.

Hence, the correct option is (B).

मॉक टेस्ट 03

General Intelligence & Reasoning

Q.1 निर्देश: प्रश्न में, दो कथन दिए गए हैं, इसके बाद दो निष्कर्ष। और ॥ दिए गए हैं। आपको कथनों को सत्य मानना है, भले ही यह सामान्य रूप से ज्ञात तथ्यों से अलग प्रतीत होते हैं। आपको यह तय करना है कि दिए गए निष्कर्षों में से कौन-सा निष्कर्ष, यदि कोई है, कथनों का अनुसरण करता है।

कथन: रमेश के मित्र ने उसे ऋण दिलाने में मदद की है।

निष्कर्ष:

I: रमेश का मित्र सहायक था।

II: रमेश के कई मित्र थे।

A. केवल निष्कर्ष I अनुसरण करता है
B. केवल निष्कर्ष ॥ अनुसरण करता है
C. निष्कर्ष I और ॥ दोनों अनुसरण करते हैं
D. न तो I और न ही ॥ अनुसरण करता है

Q.2 पता करें कि कौनसी आकृति (1), (2), (3) और (4) आकृति (X) में दिए गए टुकड़ों से बन सकती हैं।

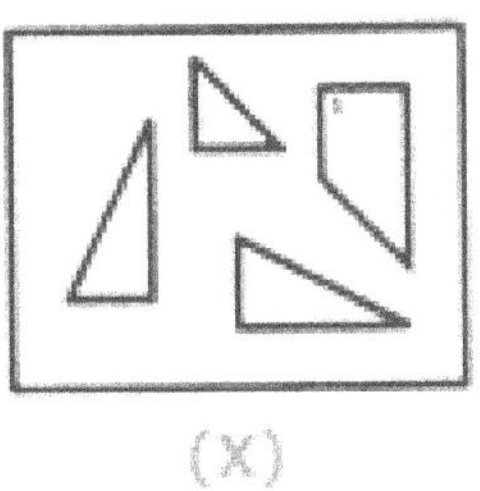
(X)

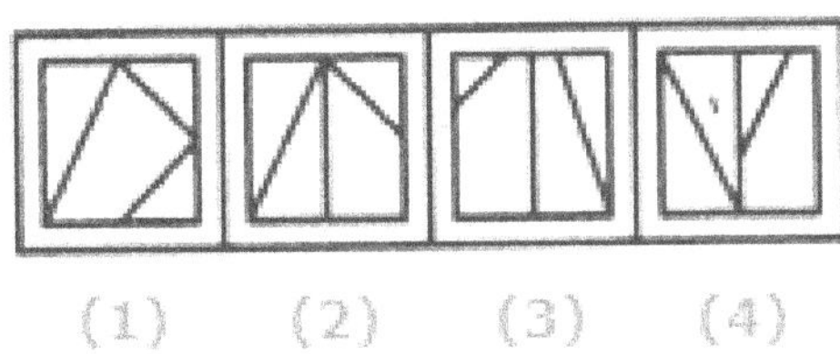
(1) (2) (3) (4)

A. 1 **B.** 2 **C.** 3 **D.** 4

Q.3 निर्देश: निम्नलिखित प्रश्न में, दिए गये विकल्पों में से संबंधित अक्षर/संख्या चुनिए।

713T: 812V :: 228O: ?

A. 327P **B.** 327Q **C.** 127P **D.** 129Q

Q.4

निर्देश: निम्नलिखित संख्या अनुक्रम का अध्ययन कीजिये और उनके अनुसार प्रश्नों के उत्तर दीजिये।

6 5 6 5 5 6 6 7 6 5 7 5 6 6 5 7 7 5 6 6 7

अगर सम स्थान पर आने वाली संख्या में 1 जोड़ा जाता है और विषम स्थान पर आने वाली संख्या में से 1 घटा दिया जाता है तो कितनी बार, एक ही संख्या लगातार 3 बार मिलेगी?

A. 0 **B.** 1 **C.** 2 **D.** 3

Q.5 निम्नलिखित में से प्रत्येक प्रश्नों में उस विकल्प को ज्ञात कीजिये जो प्रश्न चिह्न के स्थान पर आयेगा।

ट्रायल : जूरी :: ?

A. विवाद : मध्यस्थ **B.** मतदान : प्रतियोगी
C. चैंपियनशिप : दर्शक **D.** सम्मेलन : वक्ता

Q.6 निम्नलिखित प्रश्न में, तीन संख्याओं के चार समूह दिए गए हैं। प्रत्येक समूह में, दूसरी और तीसरी संख्या पहली संख्या से किसी तर्क/नियम/सम्बन्ध द्वारा सम्बन्धित है। इनमें से तीन किसी नियम/सम्बन्ध/तर्क के आधार पर एक दूसरे से सम्बन्धित हैं। दिए गए विकल्पों में से वह अलग संख्या चुनिए।

2 10 20, 3 15 30, 4 16 40, 5 25 50

A. 2 10 20 **B.** 4 16 40 **C.** 5 25 50 **D.** 3 15 30

Q.7 यदि 'MISTAKE' को 9765412 के रूप में कूटबद्ध किया जाता है और 'NAKED' को 84123 के रूप में कूटबद्ध किया जाता है, तो 'STAIN' को किस प्रकार से कूटबद्ध किया गया है?

A. 89483 **B.** 65478 **C.** 68194 **D.** 98175

Q.8 निर्देश: नीचे दिए गए कथन (नों) के आधार पर, सबसे अच्छी तरह से अनुसरण करने वाले संभावित निष्कर्ष (र्षों) का चयन कीजिये:

कथन:

एक वर्ग शिक्षक ने, सभी छात्रों के सामने विहान को बुरी तरह से डांटा।

निष्कर्ष:

I. विहान ने अपना होमवर्क पूरा नहीं किया है।

II. एक वर्ग शिक्षक चाहता था कि विहान सभी छात्रों के सामने शर्मिंदा महसूस करे।

A. केवल निष्कर्ष I अनुसरण करता है
B. केवल निष्कर्ष ॥ अनुसरण करता है
C. निष्कर्ष I और ॥ दोनों अनुसरण करता है
D. न तो निष्कर्ष I न ही ॥ अनुसरण करता है

Q.9 निम्नलिखित प्रश्न में, दिए गए विकल्पों में से बेजोड़ शब्द की जोड़ी चुनिए।

A. निष्कर्ष - प्रस्तावना **B.** विदाई - अभिवादन
C. अलविदा - अभिनंदन **D.** समापन - समाप्त करना

Q.10 किसी निश्चित कूट भाषा में, "LEAVE" को "MGDXF" लिखा जाता है। उस कूट भाषा में "MINED" को किस प्रकार लिखा जाएगा?

A. NEQJK **B.** NKQEG **C.** NKGQE **D.** NKQGE

Q.11 निम्न प्रश्न में, चार शब्द दिए गए हैं जिनमें से तीन किसी न किसी प्रकार से एक जैसे हैं जबकि चौथा भिन्न है। उस शब्द को चुनिए जो शेष शब्दों से भिन्न है।

A. बंगाली **B.** मैथिली **C.** हाउसा **D.** बोडो

Q.12 यदि FAN को '84' लिखा जाता है, HIT को '1440' लिखा जाता है, तो 'BUN' को किस प्रकार लिखा जाएगा?

A. 80 **B.** 588 **C.** 450 **D.** 200

Q.13 निम्नलिखित प्रश्न में दिए गए विकल्पों में से संबंधित शब्द को चुनिए।

A. 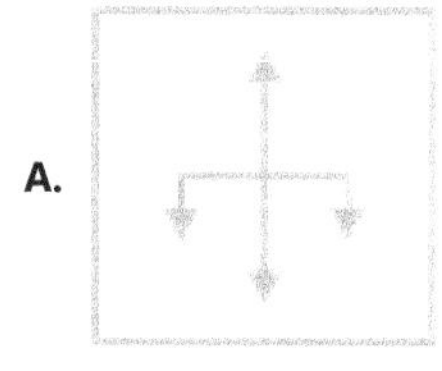

B. 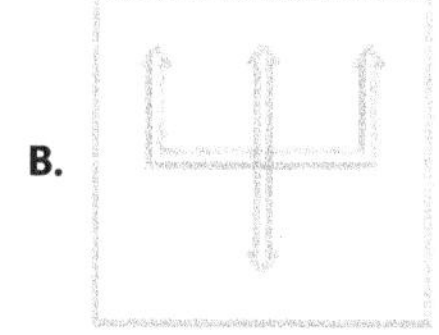

C. 

D. 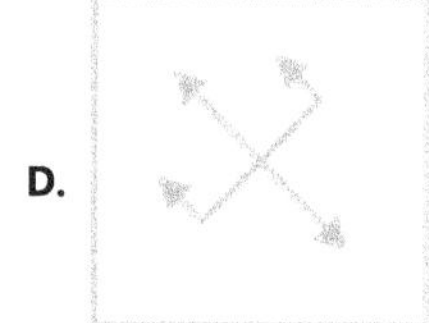

Q.14 लुप्त संख्या का पता लगाइए : 3, 5, 9, 17,?

A. 33 **B.** 42 **C.** 26 **D.** 65

Q.15 P और Q बहने हैं, R और S एकमात्र भाई हैं, P का पुत्र S का भाई है। P का R से क्या संबंध है?

A. माँ **B.** पुत्री **C.** ग्रैंडमदर **D.** आंटी

Q.16 दिए गए प्रश्न में कौन-सी आकृति प्रश्न आकृति के प्रतिरूप को पूरा करेगी?

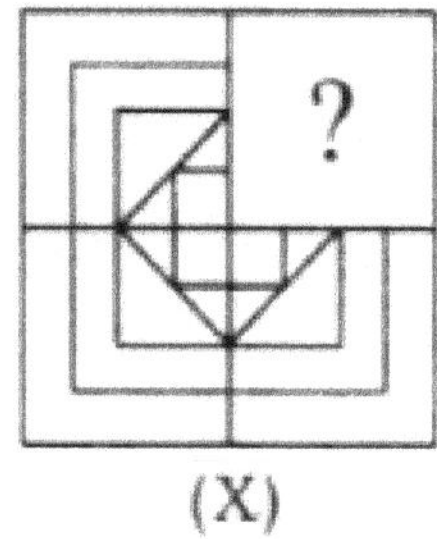

A. 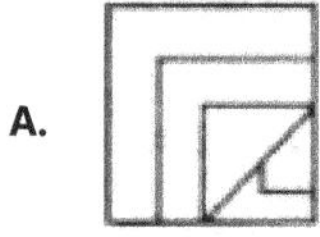

B. 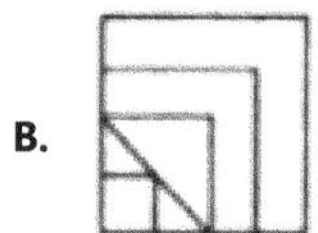

C. 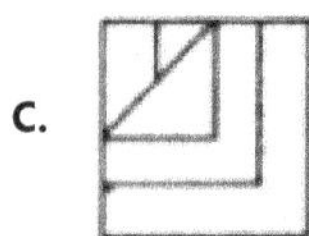

D. 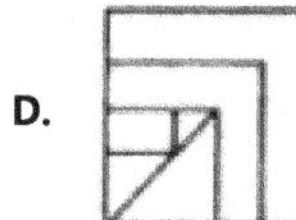

Q.17 निर्देश: उस आरेख को पहचानें जो दिए गए वर्गों के बीच संबंधों का सबसे अच्छा प्रतिनिधित्व करता है।

गायक, संगीतकार, व्यवसायी

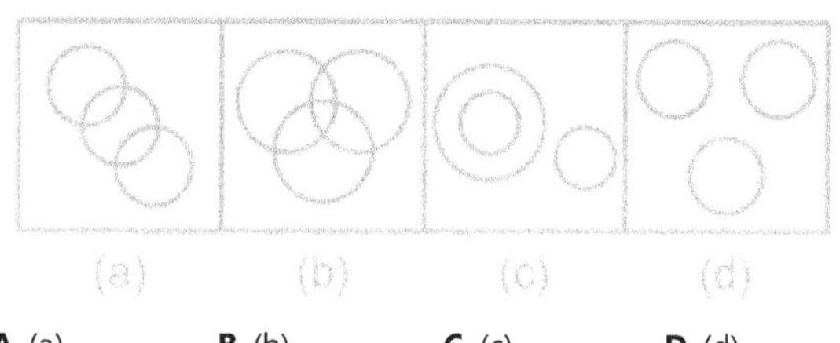

A. (a) **B.** (b) **C.** (c) **D.** (d)

Q.18 कई दोस्तों ने पिकनिक पर जाने का फैसला किया और खाने पर 96 रुपये खर्च करने की योजना बनाई। हालांकि, उनमें से चार ने हिस्सा नहीं लिया। परिणामस्वरूप, शेष लोगों को प्रत्येक अतिरिक्त 4 रुपये का योगदान करना पड़ा। पिकनिक में शामिल होने वालों की संख्या थी-

A. 8 **B.** 12 **C.** 16 **D.** 24

Q.19 उत्तर आंकड़े के बीच से एक आंकड़े का चयन करें जो पांच समस्या आंकड़े द्वारा स्थापित की गई समान श्रृंखला जारी रखेगा।

समस्या आंकड़े:

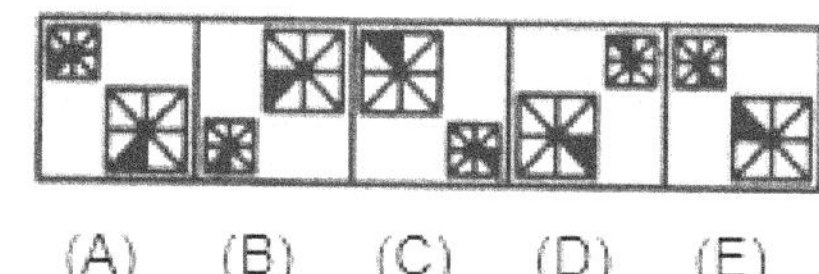

उत्तर आंकड़े:

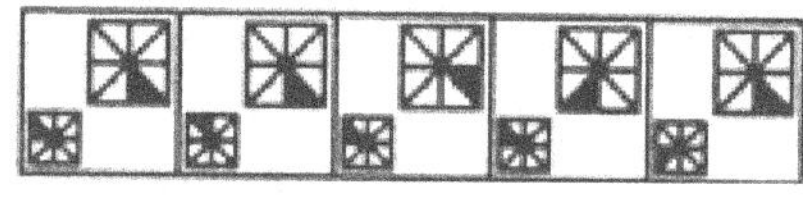

A. (1) **B.** (2) **C.** (4) **D.** (3)

Q.20 निम्नलिखित समीकरण को दो चिह्नों को परस्पर बदलकर करके सही कीजिये।

8 × 4 + 5 ÷ 2 - 1 = 11

A. × और + **B.** × और ÷ **C.** + और - **D.** ÷ और -

Q.21 निम्न प्रश्न को सही बनाने के लिए कुछ स्थानों पर कोष्ठक की आवश्यकता हो भी सकती या नहीं भी हो सकती है। ज्ञात कीजिये कि किस स्थान पर कोष्ठक की आवश्यकता है।

30 - 6 - 4 - 2 = 30

A. 30 - (6 - 4) - 2 **B.** (30 - 6) - 4 - 2

C. 30 - 4 - (6 - 2) **D.** 30 - (6 - 4 - 2)

Q.22 दी गई आकृति बनाने के लिए आवश्यक न्यूनतम पंक्तियों की संख्या ज्ञात कीजिए।

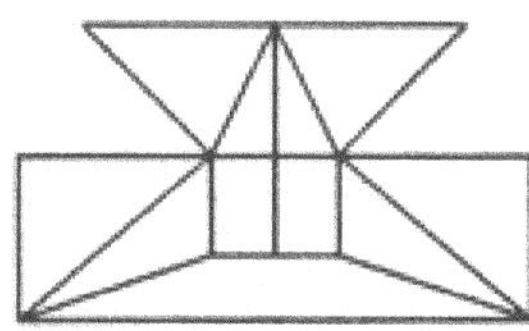

[Intelligence Bureau Security Assistant, 2017]

A. 16 **B.** 17 **C.** 18 **D.** 19

Ques (23-24):निर्देश: निम्न जानकारी को ध्यानपूर्वक पढ़िए और दिए हुए प्रश्न का उत्तर दीजिये।

अमर, ब्रिजेश, पिंकी, दीप, ईश्वर, नैंसी, गुरकमल और हर्ष एक वृत्त के चारों ओर केंद्र के सम्मुख बैठे हैं। नैंसी, पिंकी के दायीं ओर से तीसरे स्थान पर और हर्ष के बायीं ओर से दूसरे स्थान पर बैठी है। दीप, पिंकी अथवा हर्ष का निकटतम पड़ोसी नहीं है। ईश्वर, अमर के ठीक दायीं ओर है जो कि गुरकमल के दायीं ओर से दूसरा है।

Q.23 पिंकी के बायीं ओर से दूसरा कौन है?

A. अमर **B.** ईश्वर **C.** बृजेश **D.** दीप

Q.24 पिंकी के ठीक दायीं ओर कौन है?

A. अमर **B.** ब्रिजेश **C.** दीप **D.** ईश्वर

Q.25 दी गई आकृति में कितने त्रिभुज हैं?

A. 13 **B.** 32 **C.** 21 **D.** 24

General Awareness

Q.26 दृष्टिबाधित लोगों के लिए देश का पहला रेडियो चैनल, जिसका नाम 'रेडियो अक्ष' है, किस शहर में लॉन्च किया गया है?

[Delhi Forest Guard, 2021]

A. दिल्ली **B.** नागपुर **C.** इलाहाबाद **D.** आगरा

Q.27 अगस्त 2017 में फिल्म प्रमाणन बोर्ड का नया अध्यक्ष किसे नियुक्त किया गया?

[Super TET Paper - I, 2018]

A. अनुपम खेर **B.** शेखर कपूर
C. जावेद अख्तर **D.** प्रसून जोशी

Q.28 मार्च 2018 तक भारत का सबसे तेज सुपर कम्प्यूटर निम्नलिखित में से कौन-सा है?

[Super TET Paper - I, 2019]

A. समिट **B.** सिएरा **C.** मिहिर **D.** प्रत्युष

Q.29 सैन जोस निम्नलिखित देशों में से किसकी राजधानी है?

A. जमैका **B.** गिनी बिसाऊ
C. मोल्दोवा **D.** कोस्टा रिका

Q.30 उच्च न्यायालय के न्यायाधीशों के वेतन एवं भत्ते _______ पर भारित किए जाते हैं।

A. राज्य का समेकित कोष
B. भारत की संचित निधि
C. राज्य की आकस्मिकता निधि
D. भारत की लोक निधि

Q.31 सितारा देवी ______ से संबंधित हैं।

A. मणिपुरी नृत्य **B.** कथक नृत्य
C. गरबा नृत्य **D.** हिन्दुस्तानी संगीत

Q.32 किस टकसाल को भारत में मानकीकृत भार और उपायों के उत्पादन के लिए जाना जाता है?

A. नोएडा **B.** मुंबई **C.** हैदराबाद **D.** कोलकाता

Q.33 "ATA" का पूर्ण रूप क्या है?

A. एडवांस्ड टेक्नोलॉजी अटैचमेंट
B. एक्टिव टर्मिनल एक्सेस
C. ऐरे ऑफ़ ट्रांसफर एक्सेस
D. ऑटोमेटेड टेलर आर्किटेक्चर

Q.34 रिजर्व बैंक देश के भीतर वाणिज्यिक बैंकों से जिस दर पर पैसे उधार लेता है| उसे क्या कहते हैं?

A. रिवर्स रेपो रेट **B.** बेस रेट
C. सेविंग डिपाजिट रेट **D.** बैंक रेट

Q.35 लघु उद्योग विकास बैंक (SIDBI) का मुख्यालय कहां है?

A. कोलकाता **B.** नई दिल्ली **C.** मुंबई **D.** लखनऊ

Q.36 भारतीय संविधान का निम्नलिखित में से कौन सा अनुच्छेद भारत के महान्यायवादी की नियुक्ति से संबंधित है?

A. अनुच्छेद 52 **B.** अनुच्छेद 63
C. अनुच्छेद 76 **D.** अनुच्छेद 110

Q.37 राउरकेला इस्पात संयंत्र निम्नलिखित में से कौन-सी नदी के किनारे बनाया गया था?

A. भद्रा नदी **B.** ब्राह्मणी नदी
C. दामोदर नदी **D.** भीमा नदी

Q.38 जल्लीकट्टू किस राज्य का पारंपरिक खेल है?

A. कर्नाटक **B.** आंध्र प्रदेश **C.** तमिलनाडु **D.** केरल

Q.39 'कैरोलिना मारिन मार्टिन', किस खेल से संबंधित है?

A. हॉकी **B.** शूटिंग **C.** गोल्फ **D.** बैडमिंटन

Q.40 "प्लेयिंग इट माय वे" निम्नलिखित में से किस व्यक्ति की आत्मकथा है?

A. युवराज
B. डा. एपीजे. अब्दुल कलाम
C. नरेंद्र मोदी
D. सचिन तेंदुलकर

Q.41 असहयोग आंदोलन का निर्णय भारतीय राष्ट्रीय कांग्रेस ने 1920 में अपने _______ में अपनाया था।

A. बनारस सत्र **B.** कलकत्ता सत्र
C. लखनऊ सत्र **D.** मद्रास सत्र

Q.42 किस शिलालेख में अशोक कलिंग युद्ध के नुकसान के बारे में बताते हैं और युद्ध के त्याग की घोषणा करते हैं?

A. मास्की शिलालेख **B.** शिलालेख XIII
C. शिलालेख XI **D.** शिलालेख X

Q.43 भारत में, काली (ब्लैक) क्रांति_________ के उत्पादन में आत्मनिर्भरता से संबंधित है।

A. तिलहन
B. कच्चे पेट्रोलियम
C. ब्लैक बॉक्स
D. कोई विकल्प सही नहीं है।

Q.44 विल्हेम कॉनराड रेंटजेन ने किसकी खोज की थी?

A. विद्युत आवेश का संरक्षण
B. बिजली के बल्ब
C. एक्स-रे
D. ऊष्मप्रवैगिकी

Q.45 भारतीय राष्ट्रीय कांग्रेस के ______ सत्र में सरोजिनी नायडू भारतीय राष्ट्रीय कांग्रेस की पहली भारतीय महिला अध्यक्ष बनीं।

A. कानपुर **B.** कलकत्ता **C.** लखनऊ **D.** सूरत

Q.46 तृष्णा वन्यजीव अभयारण्य निम्नलिखित राज्यों में से कहां स्थित है?

A. असम **B.** तेलंगाना **C.** तमिलनाडु **D.** त्रिपुरा

Q.47 विश्व मानवतावादी दिवस कब मनाया जाता है?

A. 17 अगस्त **B.** 18 अगस्त **C.** 19 अगस्त **D.** 20 अगस्त

Q.48 निम्नलिखित में से किसने 'ग्लोबल सॉलिडेरिटी टू फाइट कोरोना वायरस डिजीज 2019 (COVID-19)' नामक एक संकल्प को अपनाया है, जो महामारी को हराने के लिए गहन अंतर्राष्ट्रीय सहयोग का आह्वान कर रहा है?

A. ASEAN
B. संयुक्त राष्ट्र महासभा
C. मानव संसाधन एवं विकास मंत्रालय
D. उपरोक्त में से कोई नहीं

Q.49 उस्ताद बिस्मिल्लाह खान ______ के लिए प्रसिद्ध हैं और उन्हें ______ से सम्मानित किया गया था।

[Allahabad High Court Review Officer (RO), 2019]

A. शहनाई, भारत रत्न **B.** सितार, भारत रत्न
C. बांसुरी, पद्म श्री **D.** सरोद, भारत रत्न

Q.50 निम्नलिखित में से किसने हाल ही में समाप्त हुए टी20 पुरुष क्रिकेट विश्व कप 2021 में ऑस्ट्रेलिया और न्यूजीलैंड के बीच फाइनल में प्लेयर ऑफ द मैच का पुरस्कार जीता?

A. डेविड वार्नर **B.** केन विलियमसन
C. एडम ज़म्पा **D.** मिशेल मार्श

Quantitative Aptitude

Q.51 निर्देश: निम्नलिखित प्रश्न में प्रश्नवाचक चिन्ह (?) के स्थान पर क्या आएगा।

345.86 + 321.86 + 123.14 + 189.14 = ?

A. 768 **B.** 980 **C.** 1048 **D.** 1145

Q.52 प्रत्येक महीने, स्वाती अपनी मासिक आय का 12% बचा लेती है। लेकिन, पिछले महीने, वह केवल 7020 रुपये बचा पायी, जो कि उसकी मासिक बचत का 90% है। उसका मासिक वेतन क्या है?

A. 48000 रुपये **B.** 54000 रुपये
C. 65000 रुपये **D.** 72000 रुपये

Q.53 एक परीक्षा में, 60 छात्रों द्वारा प्राप्त औसत अंक 55 हैं। तीन छात्रों की शिकायत पर, यह पाया गया कि उनके अंकों को क्रमशः 96, 60 और 39 के बजाय 6, 6 और 3 लिखा गया था। परीक्षा में छात्रों द्वारा बनाए गए सही औसत अंक क्या हैं?

A. 56 **B.** 57 **C.** 58 **D.** 59

Q.54 परामर्श के पहले दौर के बाद, किसी कॉलेज में ख़ाली सीटों और भरी गई सीटों का अनुपात 7 : 3 है। यदि कॉलेज में 60 अतिरिक्त सीटें थीं, और 24 अतिरिक्त सीटें खाली रह गईं, तो भरी हुई सीटों और खाली सीटों का अनुपात 9 : 4 होगा। कॉलेज में कितनी सीटें हैं?

A. 600 **B.** 640 **C.** 700 **D.** 720

Q.55 रोहित ने क्रमशः 3 : 1 और 5 : 2 के अनुपात में मिले हुए जस्ते और तांबे की दो मिश्र-धातुएं खरीदी। उसने दोनों मिश्र-धातुओं की कुल 28 किलो मात्रा खरीदी। अब उसने दोनों मिश्र-धातुओं को मिला दिया। नयी मिश्र-धातु में तांबे और जस्ते का अनुपात ज्ञात कीजिए?

A. 17 : 41 **B.** 15 : 41 **C.** 41 : 15 **D.** 41 : 17

Q.56 1000 मीटर की दौड़ में, A, B को 100 मीटर से हरा सकता है, 800 मीटर की दौड़ में, B, C को 100 मीटर से हरा सकता है। 600 मीटर की दौड़ में A, C को कितने मीटर से हराएगा?

A. 57.5 मीटर **B.** 127.5 मीटर
C. 150.7 मीटर **D.** 98.6 मीटर

Q.57 दो संख्याओं का ल.स. 32 और उनका म.स. 8 है। एक संख्या 8 दी गई है, दूसरी संख्या ज्ञात कीजिए।

A. 24 **B.** 16 **C.** 32 **D.** 40

Q.58 16 – [5 – 2{2 का 14 – (8 ÷ 4 × 2 – 1 + 3)}] का मान है:

A. 51 **B.** 55 **C.** 53 **D.** 57

Q.59 सूरत और दिल्ली के बीच की दूरी 324 किमी है। दो बाइक एक ही समय पर सूरत और दिल्ली से एक दूसरे की ओर शुरू होती हैं और 4 घंटे के बाद मिलती हैं। एक बाइक की गति दुसरे की तुलना में 9 किमी/घंटा तेज है। धीमी बाइक की गति ज्ञात कीजिये।

A. 45 किमी/घंटा **B.** 36 किमी/घंटा
C. 30 किमी/घंटा **D.** 24 किमी/घंटा

Q.60 यदि $x^2 - 12x + 33 = 0$, तो $(x - 4)^2 + [\frac{1}{(x-4)}]^2$ का मान क्या है?

A. 16 **B.** 14 **C.** 18 **D.** 20

Q.61 यदि $(x - 4) = 0$ है, तो दिए गए व्यंजक $x^3 - 3x^2 + 63$ का इकाई अंक ज्ञात कीजिये।

A. 7 **B.** 0 **C.** 9 **D.** 2

Q.62 एक ताश की गड्डी में से सभी चित्र वाले पत्ते निकाल लिये जाते हैं। शेष पत्तों को अच्छी तरह मिलाकर उनमें से एक पत्ता निकाला जाता है| निकाले गए पत्ते के इक्का होने की प्रायिकता क्या है?

A. $\frac{1}{5}$ **B.** $\frac{1}{4}$ **C.** $\frac{1}{10}$ **D.** $\frac{2}{10}$

Q.63 एक वस्तु को 21% के लाभ पर बेचा गया था। यदि उसे 640 रूपये में बेचा जाता, तो 37% का लाभ होता। वस्तु का क्रय मूल्य (रुपये में) क्या है?

A. 3250 **B.** 4000 **C.** 5700 **D.** 6500

Q.64 20% की छूट मिलने के बाद एक उत्पाद का मूल्य 3, 024 रुपये है। जिसमें विक्रय मूल्य पर 5% कर शामिल है। उत्पाद का अंकित मूल्य (रुपये में) क्या था?

A. 3780 **B.** 2742 **C.** 3600 **D.** 2880

Q.65 25,000 रुपये से कितने वर्षों में वार्षिक रूप से संयोजित 10% प्रति वर्ष चक्रवृद्धि ब्याज के रूप में 8,275 रुपये प्रतिफल प्राप्त होंगे?

A. 2 **B.** 4 **C.** 3 **D.** 5

Q.66 किसी योजना के अंतर्गत 3500 रु को 3 वर्षों के लिए साधारण ब्याज पर वार्षिक 16% की दर से निवेश किया जाता है। 3 वर्षों के बाद कितनी राशि (रु में) प्राप्त होगी?

A. 5050 **B.** 7200 **C.** 5180 **D.** 4500

Q.67 एक 15 मीटर लंबी बस 6 सेकंड में 75 मीटर लंबे पुल को पार कर जाती है। 9 किमी/घंटा की गति से एक ही दिशा में भागने वाले व्यक्ति को यह कितने समय में पार करेगी?

A. 0.6 सेकंड **B.** 0.8 सेकंड **C.** 1.0 सेकंड **D.** 1.2 सेकंड

Q.68 एक नाव गति धारा के अनुकूल दिशा में और धारा के प्रतिकूल दिशा में क्रमशः 12 किमी/घंटा और 6 किमी/घंटा है। धारा की गति (किमी/घंटा में) क्या है?

A. 2 **B.** 3 **C.** 4 **D.** 9

Q.69 यदि $(3^5)^x \div (9)^{2x-1} = 243$ और $(5)^{x-2y} \times (5)^{x+y} = 625$ है, तब $(x - y)$ का मान ज्ञात कीजिये।

A. 0 **B.** 1 **C.** 2 **D.** 3

Q.70 5 सेमी भुजा और 8 सेमी के एक विकर्ण वाले समचतुर्भुज का क्षेत्रफल (सेमी^{2} में) क्या है?

A. 25 **B.** 24 **C.** 26 **D.** 23

Q.71 एक शंकु, अर्द्धगोले और बेलन एक ही आधार और ऊंचाई के हैं, उनके आयतनों का अनुपात क्या है?

A. 2 : 1 : 3 **B.** 1 : 2 : 3 **C.** 3 : 1 : 2 **D.** 1 : 3 : 2

Q.72 वह बिंदु जहां समकोण त्रिभुज पर त्रिभुज समकोण बनाती है _______ के रूप में जाना जाता है।

A. अंतः-केन्द्र **B.** परिकेन्द्र
C. केन्द्रक **D.** लम्ब-केन्द्र

Q.73 A और B ने 2 वर्ष की अवधि के लिए 24000 रुपये और 8000 रुपये का निवेश किया। 2 वर्ष बाद, उन्हें 48000 रुपये का लाभ हुआ। लाभ में A और B के हिस्से ज्ञात कीजिये।

A. 36000 रुपये, 12000 रुपये
B. 40000 रुपये, 10000 रुपये
C. 25000 रुपये, 40000 रुपये
D. 20000 रुपये, 12000 रुपये

Q.74 पाइप A 15 मिनट में टैंक को भर सकता है और B 45 मिनट में टैंक को भर सकता है फिर कितने मिनट में दोनों टैंक का 50% भर सकते हैं:

A. $\frac{45}{2}$ **B.** $\frac{45}{4}$ **C.** $\frac{45}{8}$ **D.** 45

Q.75 500 मीटर की एक टेन 90 किमी/घंटा की गति से 1 मिनट में एक पुल को पार करती है जबकि एक व्यक्ति उसी पुल को 3 मिनट 20 सेकंड में पार करता है। व्यक्ति की गति किमी/घंटा में कितनी है।

A. 10 किमी/घंटा **B.** 15 किमी/घंटा
C. 12 किमी/घंटा **D.** 18 किमी/घंटा

English Comprehension

Ques (76-80):Direction: Read the following passage and answer the question given below.

With the latest proposal, the U.S. plans to "shame" China by bringing the Azhar listing to a public debate at the UNSC. And if that fails, it is reportedly considering a UN General Assembly statement condemning Azhar. The listing of Azhar is an unfinished task India is justified in pursuing. However, the latest U.S. move comes with some concerns. To begin with, there is no indication that China is ready to change its stand, particularly in the face of coercion or threat from the U.S., and it could veto this proposal as well. There appears to be little to be gained at present by forcing China further into Pakistan's corner, especially as New Delhi has said it would pursue the Azhar listing with China with "patience and persistence", in keeping with its desire not to sacrifice the bilateral relationship over the issue. It is equally unlikely that a world power like China would be moved by the threat of public humiliation. New Delhi must applaud the strong support the U.S. and the other UNSC members have provided on the issue of cross-border terror threats, and on the vexed issue of Azhar's listing. But it must be careful not to stake too much on an immediate win at the UNSC vis-a-vis China, and keep its expectations realistic.

Q.76 Which of the following would be a way to 'shame' China that the U.S. may be planning to use?

A. Bringing the Azhar listing to a public debate at the UNSC

B. Applauding the strong support against Azhar by the other UNSC members

C. A statement at the UN General Assembly condemning Azhar

A. A and C **B.** Only A
C. A and B **D.** A, B and C

Q.77 Which of the following could be the implications of forcing China's hand in the issue of Azhar listing?

A. It may further force China towards alliance with Pakistan
B. It may choose to veto the proposal again
C. It may complicate the bilateral relationship between India and China
D. All of the above

Q.78 Consider the following statements. Which of these are correct?

I. The U.S. is justified in pursuing listing of Azhar as global terrorist at the UNSC.

II. Coercion methods may not work well with a world power such as China.

III. China has vetoed the attempts to list Azhar at the UNSC in the past.

A. Only I **B.** I and II
C. II and III **D.** I, II and III

Q.79 Consider the following word from the passage. Which of the following options give its plural form?

Forum

A. Forums **B.** Fora
C. Forii **D.** Both 1 and 2

Q.80 Which of the following conclusions can be made about India's stance regarding China?

A. India should lessen the intensity of its demand of the listing of Azhar
B. India does not wish to jeopardize its bilateral relationship with China
C. India should thwart the U.S. ambitions to shame China
D. India should ally with U.S. and other supporting UNSC members to coerce China

Q.81 In the following sentence, a part of the sentence is underlined. Below are given alternatives to the underlined part, which may improve the sentence. Choose the correct alternative. In case no improvement is needed, choose the option 'No improvement'.

<u>**Having seen**</u> the war, Arnold thought there was nothing that could faze him.

A. Being into **B.** Having been
C. Being **D.** No improvement

Q.82 Read each sentence to find out whether there is any grammatical error in it. The error, if any will be in one part of the sentence. If there is no error choose option 4 'No error' as the answer.

Under Trump, the U.S. has bolted from (1)/ or threatening to leave a number of agreements,(2)/ including the Trans-Pacific Partnership free-trade pact. (3)/ No error (4)

A. 1 **B.** 2 **C.** 3 **D.** 4

Q.83 In the following sentence, three words or phrases have been printed in bold. One bold part in the sentence is not acceptable in Standard English. Choose the inappropriate word. If there are no errors in the bold parts, mark (4) i.e. 'No error' as the answer.

The judge was **known** to be **ostentatious** and thus they **petitioned** to him for justice.

A. Known **B.** Ostentatious
C. Petitioned **D.** No error

Q.84 Fill in the blank.

The Bible has proclaimed that he ______ loves his fellow-men is loved by God in return.

A. Whom **B.** Whose **C.** Who **D.** That

Q.85 In the following questions, a sentence has been given in Active/Passive voice. Out of four alternatives suggested, select the one, which best expresses the same sentence in Passive/Active voice.

Are you looking for the shop which sells sweets?

A. Are the shop which sells sweets was looked by you?
B. Are the shop which sells sweets was looked for by you?
C. Is the shop which sells sweets being looked for by you?
D. Is the shop which sells sweets being looking for by you?

Q.86 A sentence has been given in Active/Passive Voice. Out of the four alternatives suggested, select the one which best expresses the same sentence in Passive/Active Voice.

Who had eaten the last piece of cake?

A. By whom had the last piece of cake been eaten?
B. By whom was the last piece of cake eaten?
C. Whom was the last piece of cake been eaten by?
D. By whom has the last piece of cake been eaten?

Q.87 A sentence has been given in Direct/Indirect speech. Out of the four alternatives choose the one which best expresses the same sentence in Direct/Indirect speech.

Ted said, "The flowers have been taken care of."

A. Ted said that the flowers had been taken care of.
B. Ted said that the flowers have been taken care of.
C. Ted said that the flowers were being taken care of.
D. Ted said that the flowers were to be taken care of.

Q.88 In the following question, a sentence has been given in Direct/Indirect speech. Out of the 4 alternatives suggested, select the one which best expresses the same sentence in indirect/Direct speech.

The strange lady asked the man if he was Catholic or Jewish.

A. "Are you Catholic or not?" The strange lady asked the man
B. "Aren't you Catholic or Jewish?" The strange lady asked the man.
C. "Are you Catholic or Jewish?" The lady asked the man.
D. "Are you Catholic or Jewish?" The strange lady asked the man.

Q.89 Fill in the blank.

As I was late for the rehearsal dinner of my friend, I ______ haste.

A. Prepared **B.** Gave
C. Followed **D.** Made

Ques (90-94):Direction: In the following passage, some of the words have been left out. Read the passage carefully and select the correct answer for the given blank out of the given alternatives.

While the country celebrates the missile test as a scientific achievement, it must also __(1)__ on the possibility that this might goad its none-too-friendly neighbor Pakistan into a competitive __(2)__. Also, in the absence of a __(3)__ threat to India's space assets from China or any other country with Anti-Satellite missile capabilities, whether the 'deterrence' sought to be achieved by this test would lead to a more stable __(4)__ security environment is not certain. There are other questions, too. Will the test __(5)__ space weaponization? Prime Minister Narendra Modi, while announcing the success of the test, was clear that India wanted to maintain peace rather than indulge in warmongering.

Q.90 Which of the following word fits the blank labeled as (1)?

A. curb **B.** dwell **C.** entail **D.** curtail

Q.91

Which of the following word fits the blank labeled as (2)?

A. pallor **B.** succor **C.** frenzy **D.** prestige

Q.92 Which of the following word fits the blank labeled as (3)?

A. credible **B.** crescendo
C. vestige **D.** palliative

Q.93 Which of the following word fits the blank labeled as (4)?

A. penury **B.** prevalent
C. posterior **D.** strategic

Q.94 Which of the following word fits the blank labeled as (5)?

A. swirl **B.** spur **C.** advent **D.** refute

Q.95 In the following question, out of the four alternatives, select the word opposite in meaning to the word given.

Benediction

A. Oppressive **B.** Clinch
C. Curse **D.** Deceitful

Q.96 In the following question, a word has been written in 4 different ways out of which only one correctly spelt. Select the correctly spelt word.

A. Sangine **B.** Sanguine
C. Sanguin **D.** Sangvine

Q.97 Select the word which means the same as the group of words given.

One who does not drink alcohol.

A. Vegetarian **B.** Faithful
C. Religious **D.** Teetotaler

Q.98 Rearrange the given 5 sentences A, B, C, D and E in proper sequence to form a meaningful paragraph and mark the correct sequence from the given options as your answer.

A. They believe that they can be happy if they possess certain things or be with certain people or reach a professional height.

B. Happiness is a very simple term which is used commonly.

C. Not many! Most people look for happiness outside.

D. Even a small kid can tell the meaning of happiness.

E. But how many of us really know the meaning of true happiness and how to attain that state?

A. BDAEC **B.** BDECA **C.** BECDA **D.** ECABD

Q.99 Rearrange the given 5 sentences A, B, C, D and E in proper sequence to form a meaningful paragraph and mark the correct sequence from the given options as your answer.

A. However, as the severity of the problem increases it becomes more and more difficult to deal with it.

B. It is thus important to be alert and avert the problem from arising in the first place.

C. Cancer, a condition that is caused by excessive growth of cells, can be cured if detected at an early stage.

D. As painful as the condition is, the treatments used to cure it are equally agonizing.

E. It is also essential not to neglect its symptoms to get rid of it at the earliest.

A. DBECA **B.** CDABE **C.** ADEBA **D.** CADBE

Q.100 Select the word that best defines the phrase.

Giving undue favours to one's own kith and kin.

A. Patriotism **B.** Nepotism
C. Jingoism **D.** Favoritism

// स्मार्ट उत्तर पुस्तिका //

सही उत्तर उन छात्रों के प्रतिशत को इंगित करता है जिन्होंने प्रश्नों का सही उत्तर दिया था।

छोड़ दिया उन छात्रों के प्रतिशत को इंगित करता है जिन्होंने प्रश्नों को छोड़ दिया था।

प्रश्न संख्या	उत्तर	सही उत्तर	छोड़ दिया
1	A	67.91 %	30.29 %
2	B	60.46 %	36.36 %
3	B	53.97 %	37.92 %
4	B	60.56 %	31.05 %
5	A	77.42 %	16.77 %
6	B	69.84 %	30.15 %
7	B	69.21 %	30.03 %
8	D	59.34 %	32.3 %
9	D	62.2 %	32.07 %
10	D	51.97 %	47.5 %
11	C	20.32 %	73.65 %
12	B	60.76 %	36.04 %
13	C	56.76 %	43.09 %
14	A	60.52 %	38.97 %
15	A	48.54 %	47.48 %
16	B	69.61 %	30.02 %
17	B	40.9 %	50.4 %
18	A	69.14 %	30.32 %
19	A	41.26 %	30.84 %
20	B	86.2 %	11.58 %
21	D	59.19 %	33.78 %
22	B	64.99 %	30.41 %
23	A	42.96 %	44.78 %
24	B	56.11 %	32.39 %
25	D	57.19 %	34.32 %
26	B	53.62 %	43.81 %
27	D	42.94 %	47.71 %
28	D	43.23 %	38.09 %
29	D	80.09 %	12.69 %
30	A	54.19 %	33.21 %
31	B	59.67 %	32.07 %
32	B	42.72 %	34.41 %
33	A	69.88 %	30.12 %
34	A	50.66 %	39.16 %
35	D	54.13 %	42.19 %
36	C	42.63 %	31.75 %
37	B	50.91 %	37.48 %
38	C	58.74 %	31.55 %
39	D	61.72 %	35.88 %
40	D	63.76 %	34.8 %
41	B	67.13 %	30.35 %
42	B	47.26 %	31.78 %
43	B	46.34 %	52.8 %
44	C	58.32 %	33.69 %
45	A	47.17 %	35.31 %
46	D	43.07 %	47.53 %
47	C	62.63 %	36.04 %
48	B	56.2 %	30.41 %
49	A	61.18 %	33.05 %
50	D	47.34 %	32.04 %
51	B	54.48 %	43.85 %
52	C	41.23 %	31.26 %
53	C	41.52 %	57.28 %
54	D	52.15 %	31.12 %
55	B	31.09 %	67.16 %
56	B	45.13 %	33.39 %
57	C	56.6 %	38.09 %
58	B	62.98 %	36.86 %
59	B	58.29 %	31.38 %
60	B	47.88 %	30.13 %
61	C	56.21 %	36.48 %
62	C	14.46 %	80.09 %
63	B	59.61 %	30.49 %
64	C	46.97 %	43.19 %
65	C	61.83 %	37.79 %
66	C	63.38 %	32.62 %
67	D	50.02 %	40.47 %
68	B	57.2 %	39.15 %
69	B	42.84 %	34.02 %
70	B	61.14 %	30.65 %
71	B	61.99 %	33.33 %
72	D	57.08 %	38.51 %
73	A	65.57 %	33.78 %
74	C	52.48 %	32.79 %
75	D	68.95 %	30.48 %
76	A	55.63 %	35.19 %
77	D	41.7 %	34.01 %
78	C	68.79 %	30.86 %
79	D	54.71 %	43.06 %
80	B	57.85 %	37.3 %

प्रश्न संख्या	उत्तर	सही उत्तर	छोड़ दिया
81	D	48.65 %	36.42 %
82	B	42.58 %	33.13 %
83	B	22.83 %	71.34 %
84	C	84.54 %	12.21 %
85	C	60.27 %	33.11 %
86	A	40.82 %	30.03 %
87	A	64.02 %	34.68 %
88	D	52.26 %	43.36 %
89	D	64.4 %	34.75 %
90	B	24.03 %	72.07 %
91	C	47.47 %	45.02 %
92	A	61.16 %	36.62 %
93	D	59.84 %	30.15 %
94	B	44.87 %	55.02 %
95	C	45.65 %	32.42 %
96	B	80.89 %	18.28 %
97	D	64.38 %	35.06 %
98	B	27.88 %	70.35 %
99	D	26.56 %	68.01 %
100	B	44.33 %	33.29 %

कार्य विश्लेषण	
औसत अंक (%)	**50.0%**
टॉपर्स स्कोर (%)	**68.0%**
आपका स्कोर	

//संकेत और समाधान//

1. उपरोक्त जानकारी से, हम आसानी से यह निष्कर्ष निकाल सकते हैं कि रमेश के मित्र ने जरूरत के समय में रमेश को सहायता दी है। इसलिए, निष्कर्ष I अनुसरण करता है। लेकिन उपरोक्त जानकारी हमारे लिए रमेश के मित्रों की संख्या को निकालने के लिए पर्याप्त नहीं है। इसलिए, निष्कर्ष II अनुसरण नहीं करता है।

अतः विकल्प (A) सही है।

2. अवलोकन और विश्लेषण द्वारा,

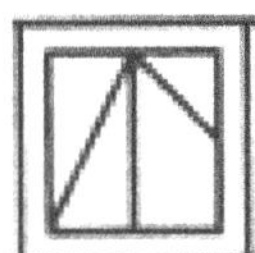

अतः विकल्प (B) सही है।

3. इस स्वरुप का अनुसरण किया गया है:

उसी प्रकार,

इसलिए सही उत्तर 327Q है।

अतः विकल्प (B) सही है।

4. दी हुई श्रृंखला: 6 5 6 5 5 6 6 7 6 5 7 5 6 6 5 7 7 5 6 6 7

बदलाव करने के बाद: 5 6 5 6 4 7 5 8 5 6 6 6 5 7 4 8 6 6 5 7 6

इसलिए, हमें सिर्फ एक बार, लगातार 3 बार 6 मिलता है।

अतः विकल्प (B) सही है।

5. चूँकि जूरी ट्रायल को सुलझा देती है।

इसी प्रकार,

मध्यस्थ का काम विवाद निपटाना है।

इसलिए, सही उत्तर विवाद:मध्यस्थ है।

अतः विकल्प (A) सही है।

6. प्रत्येक समूह में अपनाया गया तर्क है:

दूसरी संख्या पहली संख्या की पाँच गुना है।

तीसरी संख्या पहली संख्या की 10 गुना है।

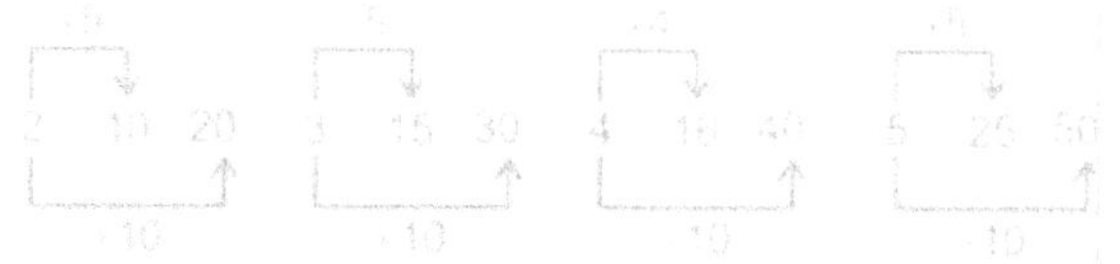

बेजोड़ समूह 4 16 400 है।

अतः विकल्प (B) सही है।

7. दिया गया तर्क इस प्रकार है:

M	I	S	T	A	K	E
9	7	6	5	4	1	2

N	A	K	E	D
8	4	1	2	3

इसी प्रकार,

S	T	A	I	N
6	5	4	7	8

अतः विकल्प (B) सही है।

8. निष्कर्ष:

I. विहान ने अपना होमवर्क पूरा नहीं किया है। चूँकि डांट का कारण कथन में नहीं बताया गया है इसलिए कथन से, निष्कर्ष। प्राप्त नहीं किया जा सकता है। इस प्रकार, निष्कर्ष I अनुसरण नहीं करता है।

II.एक वर्ग शिक्षक चाहता था कि विहान सभी छात्रों के सामने शर्मिंदा महसूस करे। वर्ग शिक्षक की मंशा कथन से निर्धारित नहीं की जा सकती इसलिए निष्कर्ष II अनुसरण नहीं करता है। अतः, न तो निष्कर्ष I और न ही II अनुसरण करता है।

अतः विकल्प (D) सही है।

9. जैसा कि 'निष्कर्ष' अंत में आता है, जबकि 'प्रस्तावना' किसी भी चीज की शुरुआत में होती है।

इसी प्रकार, विदाई' अंत में की जाती है जबकि 'अभिवादन' किसी भी समारोह की शुरुआत में किया जाता है।

कुछ भी शुरू होने के अंत में अलविदा' किया जाता है, जबकि अभिनंदन' शुरुआत में किया जाता है।

लेकिन, 'समापन और समाप्त करना' दोनों का मतलब किस चीज के अंत में होता है।

इसलिए, "समापन - समाप्त करना" दिए गए विकल्यों में से बेजोड़ शब्द की जोड़ी है।

अतः विकल्प (D) सही है।

10.

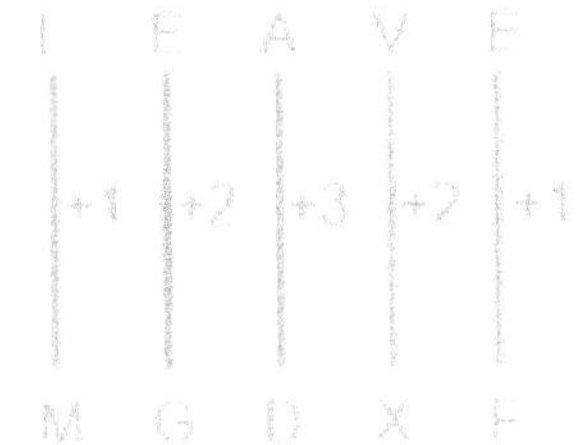

समान रूप से,

इसलिए, MINED को "NKQGE" लिखा जाएगा।

अतः विकल्प (D) सही है।

11. यहाँ, हाउसा को छोड़कर शेष सभी किसी ना किसी भारतीय राज्य की भाषाएँ हैं। होउसा नाइज़ीरिया की भाषा है।

इसलिए 'हाउसा' सही है।]

अतः विकल्प (C) सही है।

12. A = 1, B = 2, C = 3 .... Z = 26

FAN ⇒ F = 6, A = 1, N = 14

⇒ FAN = 6 × 1 × 14 = 84 (मानों का गुणा करने पर)

HIT ⇒ H = 8, I = 9, T = 20 = 8 × 9 × 20 = 1440, उसी प्रकार

BUN ⇒ B = 2 U = 21, N = 14. तो, 2 × 21 × 14 = 588

इसलिए, BUN का मान 588 होगा।

अतः विकल्प (B) सही है।

13. पहली से दूसरी आकृति तक,

दोनों युग्मों में दूसरी आकृति पहली आकृति की प्रतिकृति है। इसके अलावा, प्रत्येक आकृति के दूसरे युग्म को 45 डिग्री घुमाया गया है।

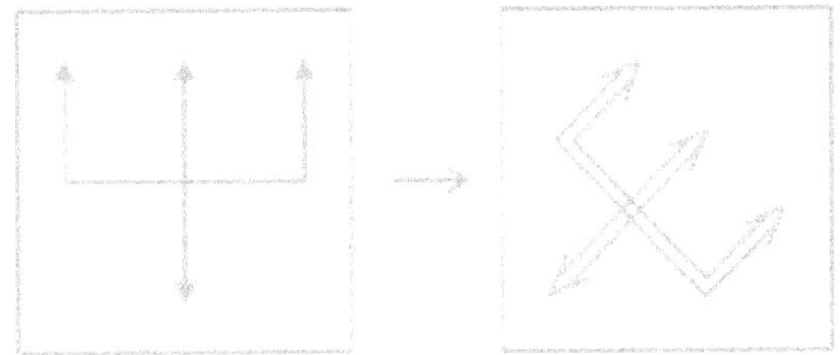

अतः विकल्प (C) सही है।

14. पहला कार्यकाल: 3

दूसरा कार्यकाल: 3 + 2 = 5

तीसरा कार्यकाल: 5 + 4 = 9

चौथा पद: 9 + 8 = 17

इसलिए,

5वां कार्यकाल: 17 + 16 = 33

अतः विकल्प (A) सही है।

15. दी गई जानकारी के आधार पर,

आरेख में प्रतीक	अर्थ
○	महिला
□	पुरुष
=	शादीशुदा जोड़ा
—	भाई
|	एक पीढ़ी का अंतर

दी गई जानकारी के आधार पर, हम निम्न वंश वृक्ष बना सकते हैं -

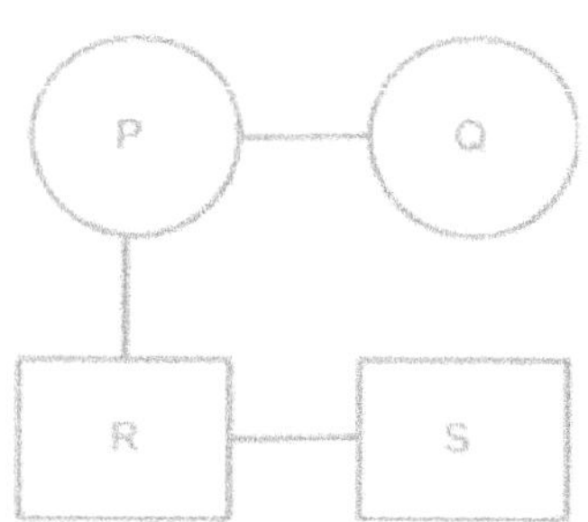

इसलिए P, R की माँ है।

अतः विकल्प (A) सही है।

16. यहाँ आकृति के अन्य तीनों डिजाइन एकसमान हैं।'दी गई आकृति को 90° दक्षिणावर्त घुमाने पर,

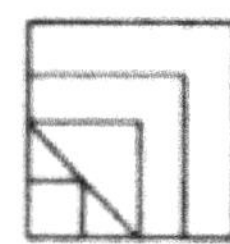

अतः विकल्प (B) सही है।

17.

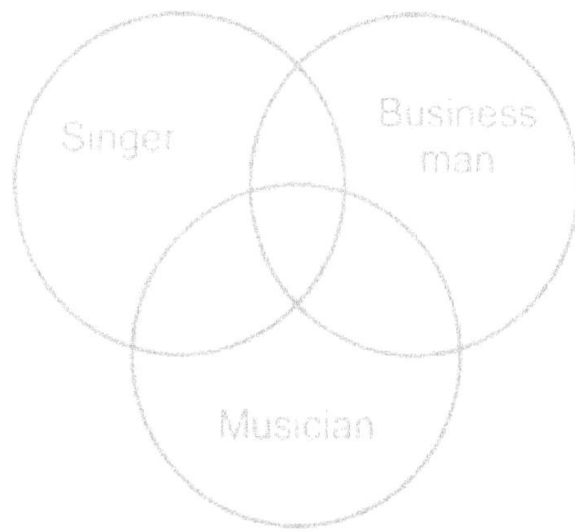

अतः विकल्प (B) सही है।

18. माना की व्यक्तियों की संख्या x है, फिर,

$$\frac{96}{x-4}-\frac{96}{x}=4$$

$$\Rightarrow \frac{1}{x-4}-\frac{1}{x}=\frac{4}{96}$$

$$\Rightarrow \frac{x-(x-4)}{x(x-4)}=\frac{1}{24}$$

$$\Rightarrow x^2-4x-96=0$$

$$\Rightarrow (x-12)(x+8)=0$$

$$\Rightarrow x=12$$

तो, आवश्यक संख्या $=x-4=8$

अतः विकल्प (A) सही है।

19. दोनों बड़े और छोटे वर्ग प्रत्येक मोड़ में आसन्न कोने वाले ACW में जाते हैं। इसके अलावा, छोटे वर्ग में छायांकन 1, 2, 3, 4, 5, ... कदम ACW क्रमिक रूप से और बड़े वर्ग में छायांकन 1, 2, 3, 4, 5, ... CW क्रमिक रूप से चलता है।

अतः विकल्प (A) सही है।

20. दिया गया समीकरण है: 8 × 4 + 5 ÷ 2 - 1 = 11

प्रत्येक विकल्प का अवलोकन करने पर,

A. × और + को बदलने पर

समीकरण बनेगा, 8 + 4 × 5 ÷ 2 - 1 = 17 ≠ 11

B. × और ÷ को बदलने पर

समीकरण बनेगा, 8 ÷ 4 + 5 × 2 - 1 = 11

C. + और - को बदलने पर

समीकरण बनेगा, 8 × 4 - 5 ÷ 2 + 1 = 30.5 ≠ 11

D. ÷ और - को बदलने पर

समीकरण बनेगा, 8 × 4 + 5 - 2 ÷ 1 = 35 ≠ 11

इसलिए × और ÷, को बदलने पर, हमें सही उत्तर प्राप्त होता है।

अतः विकल्प (B) सही है।

21. दिया गया समीकरण है: 30 - 6 - 4 - 2 = 30

प्रत्येक विकल्प का अवलोकन करने पर,

1. 30 - (6 - 4) - 2 = 30 - 2 - 2 = 26 ≠ 30
2. (30 - 6) - 4 - 2 = 24 - 4 - 2 = 18 ≠ 30
3. 30 - 4 - (6 - 2) = 30 - 4 - 4 = 22 ≠ 30
4. 30 - (6 - 4 - 2) = 30 - (6 - 6) = 30

इसलिए, 30 - (6 - 4 - 2) सही उत्तर है।

अतः विकल्प (D) सही है।

22. आकृति को दिखाए अनुसार वर्गीकरण किया जा सकता है।

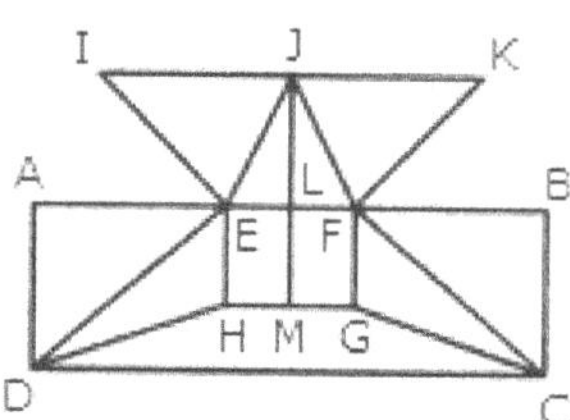

क्षैतिज रेखाएँ IK, AB, HG और DC हैं अर्थात् संख्या में 4 है।

ऊर्ध्वाधर रेखाएँ AD, EH, JM, FG और BC हैं अर्थात् संख्या में 5 है।

तिरछी रेखाएँ IE, JE, JF, KF, DE, DH, FC और GC हैं यानी 8 नंबर है।

इस प्रकार, आकृति में 4 + 5 + 8 = 17 सीधी रेखाएं हैं।

अतः विकल्प (B) सही है।

23. व्यक्ति: अमर, ब्रिजेश, पिंकी, दीप, ईश्रर, नैंसी, गुरकमल और हर्ष एक वृत्त के चारों ओर केंद्र के सम्मुख बैठे हैं।

1) नैंसी, पिंकी के दायीं ओर से तीसरे स्थान पर और हर्ष के बायीं ओर से दूसरे स्थान पर है।

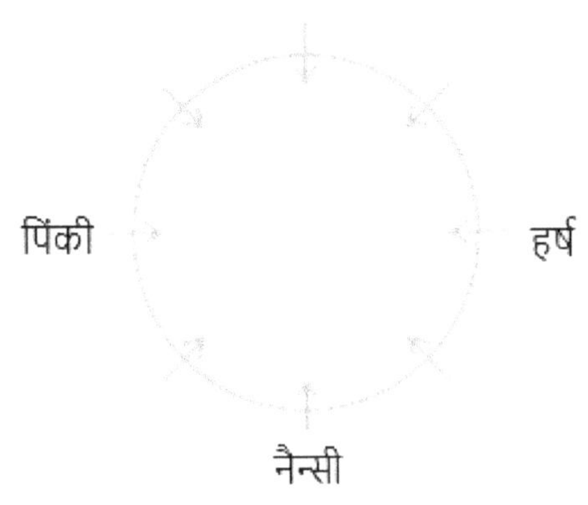

2) दीप, पिंकी अथवा हर्ष का निकतटम पड़ोसी नहीं है।

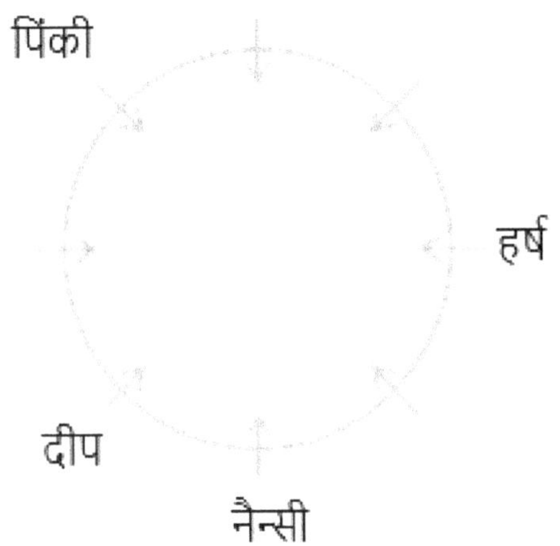

3) ईश्वर, अमर के ठीक दायीं ओर है जो कि गुरकमल के दायीं ओर से दूसरा है। यहाँ अमन के लिए एकमात्र संभव स्थान हर्ष के ठीक दायीं ओर है। इसलिए रिक्त स्थान ब्रिजेश द्वारा लिया जाता है।

इसलिए अमर, पिंकी के बायीं ओर से दूसरा है।

अतः विकल्प (A) सही है।

24. व्यक्ति: अमर, ब्रिजेश, पिंकी, दीप, ईश्वर, नैंसी, गुरकमल और हर्ष एक वृत्त के चारों ओर केंद्र के सम्मुख बैठे हैं।

1) नैंसी, पिंकी के दायीं ओर से तीसरे स्थान पर और हर्ष के बायीं ओर से दूसरे स्थान पर है।

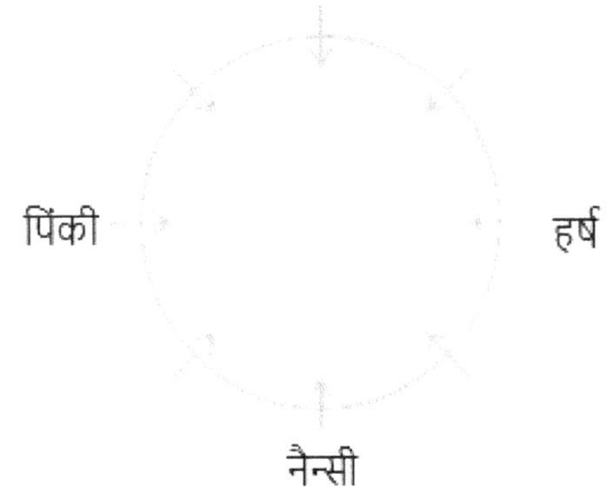

2) दीप, पिंकी अथवा हर्ष का निकतटम पड़ोसी नहीं है।

3) ईश्वर, अमर के ठीक दायीं ओर है जो कि गुरकमल के दायीं ओर से दूसरा है। यहाँ अमन के लिए एकमात्र संभव स्थान हर्ष के ठीक दायीं ओर है।

इसलिए रिक्त स्थान ब्रिजेश द्वारा लिया जाता है।

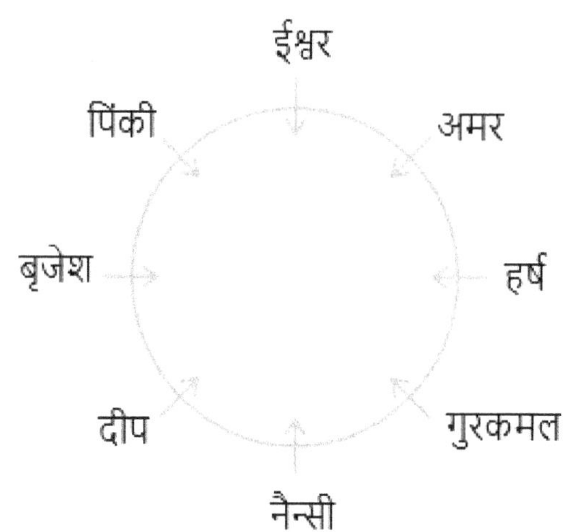

इसलिए ब्रिजेश, पिंकी के ठीक दायीं ओर है।

अतः विकल्प (B) सही है।

25.

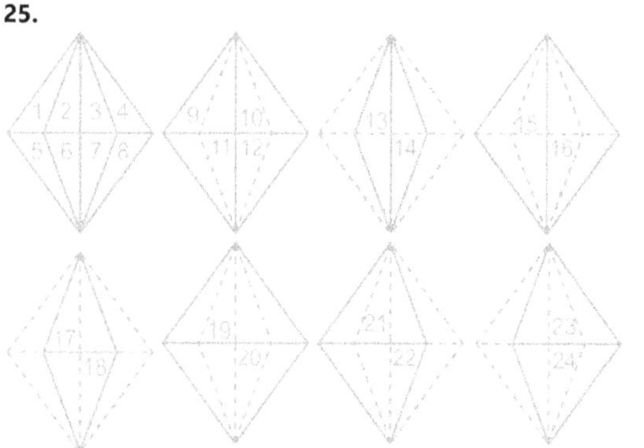

अतः विकल्प (D) सही है।

26. दृष्टिबाधित लोगों के लिए देश का पहला रेडियो चैनल, जिसका नाम 'रेडियो अक्ष' है, नागपुर में लॉन्च किया गया है। द ब्लाइंड रिलीफ एसोसिएशन नागपुर और समदृष्टि क्षमता विकास एवं अनुसंधान मंडल (सक्षम) इस अवधारणा के अग्रदूत हैं। यह दृष्टिबाधित लोगों को शिक्षा संसाधनों और ऑडियोबुक तक निर्बाध पहुंच प्राप्त करने में मदद करेगा।

अतः विकल्प (B) सही है।

27. अगस्त 2017 में फिल्म प्रमाणन बोर्ड का नया अध्यक्ष किसे नियुक्त किया गया?

- केंद्रीय सूचना और प्रसारण मंत्रालय ने प्रसून जोशी को नियुक्त किया है। उन्होंने पहलाज निहलानी की जगह ली और उनका कार्यकाल तीन साल का होगा।
- केंद्रीय फिल्म प्रमाणन बोर्ड फिल्म रेटिंग सिस्टम को सेंसर बोर्ड के नाम से भी जाना जाता है।
- यह भारत सरकार के सूचना और प्रसारण मंत्रालय के तहत एक सांविधिक सेंसरशिप और वर्गीकरण निकाय है।
- इसे सिनेमाटोग्राफी अधिनियम 1952 के प्रावधानों के तहत फिल्मों के विनियमन और सार्वजनिक प्रदर्शनी के साथ स्थापित किया गया है।

अतः विकल्प (D) सही है।

28. मार्च 2018 तक भारत का सबसे तेज सुपर कम्प्यूटर प्रत्युष है।

प्रत्युष की स्थापना पुणे में भारतीय उष्णकटिबंधीय मौसम विज्ञान संस्थान (आईआईटीएम) में की गई है और इसका उपयोग मौसम और जलवायु पूर्वानुमान के लिए किया जाता है।

भारत के सबसे शक्तिशाली सुपरकंप्यूटर प्रत्युष, देश का पहला बहु-पेटाफ्लॉप उपकरण है, जिसका उपयोग मौसम और जलवायु भविष्यवाणियों को बेहतर बनाने के लिए किया जा रहा है, ने दुनिया के शीर्ष 500 सुपर कंप्यूटरों की सूची में 39वें स्थान पर जगह बनाई है।

- 4 पेटाफ्लॉप सुपरकंप्यूटर ने पहली बार उच्च 300s से लेकर 50 की सूची में भारत की रैंकिंग में सुधार किया है।
- एक पेटाफ्लॉप प्रति मिलियन मिलियन फ़्लोटिंग पॉइंट ऑपरेशन है और यह एक सिस्टम की कंप्यूटिंग क्षमता का प्रतिबिंब है।
- प्रत्युष का उपयोग अधिक सटीक मौसम और जलवायु पूर्वानुमान करने के लिए किया जाएगा, जिसमें सभी महत्वपूर्ण मानसून पूर्वानुमान शामिल हैं।

अतः विकल्प (D) सही है।

29. कोस्टा रिका की राजधानी सैन जोस है।

देश	कोस्टा रिका
राजधानी	सैन जोस
राष्ट्रपति	कार्लोस अल्वाराडो क्यूसादा
मुद्रा	कोस्टा रिकॉन कोलन

अतः विकल्प (D) सही है।

30. अनुच्छेद 202 के अनुसार, राज्य के समेकित कोष पर उच्च न्यायालय के न्यायाधीशों के वेतन और भत्ते का शुल्क लिया जाता है। उच्च न्यायालय के न्यायाधीशों की पेंशन भारत की संचित निधि पर भारित की जाती है। उच्च न्यायालय के न्यायाधीशों की पेंशन भारत के समेकित कोष पर ली जाती है।

अतः विकल्प (A) सही है।

31. सितारा देवी एक प्रतिष्ठित भारतीय कथक नृत्यांगना थीं। वे पद्मश्री, संगीत नाटक अकादमी पुरस्कार, नृत्य निपुण और कालिदास सम्मान की प्राप्तकर्ता हैं।

अतः विकल्प (B) सही है।

32. मुंबई टकसाल को भारत में मानकीकृत भार और उपायों के उत्पादन के लिए जाना जाता है।

मुंबई में गोल्ड रिफाइनिंग, प्रसंस्करण और परीक्षण (परख) की एकीकृत सुविधा है मुंबई में गोल्ड रिफाइनिंग में अत्याधुनिक तकनीक सफलतापूर्वक स्थापित की है।

अतः विकल्प (B) सही है।

33. "ATA" का पूर्ण रूप एडवांस्ड टेक्नोलॉजी अटैचमेंट है। यह डिस्क ड्राइव का एक प्रकार है जो ड्राइव कंट्रोलर को सीधे ड्राइव पर ही इंटीग्रेट करता है। कंप्यूटर ड्राइव को सपोर्ट करने के लिए विशिष्ट कंट्रोलर के बिना एटीए हार्ड ड्राइव का उपयोग कर सकते हैं।

अतः विकल्प (A) सही है।

34. रिवर्स रेपो रेट अल्पकालिक उधार लेने की दर है जिसपर रिजर्व बैंक बैंकों से पैसे लेती है| रिज़र्व बैंक इस उपकरण का उपयोग तब करती है जब उसे लगता है कि बैंकिंग प्रणाली में बहुत अधिक धन है|

अतः विकल्प (A) सही है।

35. SIDBI एक विकास वित्तीय संस्थान है जो सूक्ष्म, लघु एवं मध्यम उद्योगों (MSME) के संवर्धन, वित्तपोषण और विकास के लिए मुख्य वित्तीय संस्थान के रूप में कार्य करता है।

बैंक	मुख्यालय	गठन	अध्यक्ष / प्रबंध निदेशक
SIDBI	लखनऊ	अप्रैल, 2 1990	मोहम्मद मुस्तफा

अतः विकल्प (D) सही है।

36.

अनुच्छेद	अनुच्छेद संबंधित है
अनुच्छेद 52	भारत के राष्ट्रपति
अनुच्छेद 63	भारत के उपराष्ट्रपति
अनुच्छेद 76	भारत के महान्यायवादी
अनुच्छेद 110	धन विधेयक

अतः विकल्प (C) सही है।

37. राउरकेला इस्पात संयंत्र ब्रह्मनी नदी के तट पर बनाया गया था। यह भारत में सार्वजनिक क्षेत्र का पहला एकीकृत इस्पात संयंत्र है। यह 1960 के दशक में 1 मिलियन टन की स्थापित क्षमता के साथ पश्चिमी जर्मनी के सहयोग के साथ स्थापित किया गया था। यह भारतीय इस्पात प्राधिकरण द्वारा संचालित होता है।

अतः विकल्प (B) सही है।

38. जल्लीकट्टू तमिलनाडु का एक पारंपरिक खेल है जिसमें एक बैल लोगों की भीड़ में छोड़ा जाता है, और कई प्रतिभागी बैल की पीठ पर बड़े कूबड़ को दोनों हाथों से पकड़ने का प्रयास करते हैं और उसे पकड़ कर रखते हैं जबकि बैल बचने का प्रयास करता है।

यह मट्टू पोंगल दिवस पर पोंगल समारोहों के एक हिस्से के रूप में प्रचलित है, जो सालाना जनवरी में होता है।

अतः विकल्प (C) सही है।

39. कैरोलिना मारिन मार्टिन स्पेन की एक पेशेवर बैडमिंटन खिलाड़ी हैं जो ओलंपिक चैंपियन हैं। वह वर्तमान में बैडमिंटन विश्व महासंघ रैंकिंग में 5 वें स्थान पर है। वह दो बार की वर्ल्ड चैंपियन और चार बार की यूरोपियन चैंपियन हैं।

अतः विकल्प (D) सही है।

40. "प्लेयिंग इट माय वे" पूर्व भारतीय क्रिकेटर सचिन तेंदुलकर की आत्मकथा है। इसका विमोचन 5 नवंबर, 2014 को मुंबई में किया गया। पुस्तक में तेंदुलकर के शुरुआती दिनों, उनके 24 साल के अंतरराष्ट्रीय करियर और उनके जीवन के पहलुओं को संक्षिप्त करती है जिन्हें सार्वजनिक रूप से साझा नहीं किया गया था।

अतः विकल्प (D) सही है।

41. कांग्रेस ने 1920 में अपने कलकत्ता सत्र में असहयोग आंदोलन के पक्ष में संकल्प लिया। यह निर्णय लिया गया कि आईएनसी स्वराज को अंतिम उद्देश्य मानेगी। आंदोलन ने मुख्य रूप से शैक्षणिक संगठनों, अदालतों और कार्यालयों जैसे प्रशासन के सभी क्षेत्रों में ब्रिटिश सरकार के साथ असहयोग स्थापित किया। आंदोलन को 1922 में महात्मा गांधी द्वारा वापस ले लिया गया था।

अतः विकल्प (B) सही है।

42. अशोक का तेरहवां शिलालेख (XIII) कहता है:

देवताओं के प्रिय, राजा प्रियदर्शनी ने अपने राज्याभिषेक के आठ साल बाद कलिंग को जीत लिया। एक लाख पचास हज़ार को निर्वासित किया गया, एक लाख लोग मारे गए और इसके अतिरिक्त भी कई लोग (अन्य कारणों से) मारे गए। कलिंग पर विजय प्राप्त होने के बाद, देवताओं के प्रिय ने धर्म की ओर, धर्म के लिए प्यार और धर्म में शिक्षा के प्रति झुकाव महसूस किया। अब देवताओं के प्रिय कलिंग पर विजय प्राप्त करके गहरा पश्चाताप महसूस करते हैं।

अतः विकल्प (B) सही है।

43.

तिलहन का उत्पादन	पीली क्रांति
कच्चे पेट्रोलियम	काली (ब्लैक) क्रांति

अतः विकल्प (B) सही है।

44. विल्हेम कॉनराड रेंटजेन ने एक्स-रे की खोज की थी।

विल्हेम कॉनराड रॉन्टगन एक जर्मन मैकेनिकल इंजीनियर और भौतिक विज्ञानी थे जो 27 मार्च 1845 को पैदा हुए थे। 1901 में, उन्होंने एक्स-रे की खोज के लिए भौतिकी का पहला नोबेल पुरस्कार दिया।

अतः विकल्प (C) सही है।

45. सरोजिनी नायडू भारत की भारतीय राष्ट्रीय कांग्रेस की पहली महिला अध्यक्ष थीं। उन्होंने 1925 में भारतीय राष्ट्रीय कांग्रेस के कानपुर सत्र की अध्यक्षता की। एनी बेसेंट 1917 में कलकत्ता सत्र में कांग्रेस की पहली महिला अध्यक्ष थीं।

अतः विकल्प (A) सही है।

46. तृष्णा वन्यजीव अभयारण्य भारत के त्रिपुरा में स्थित एक वन्यजीव अभयारण्य है। यह अभयारण्य दक्षिण त्रिपुरा जिले में स्थित है। भारतीय गौर (बाइसन) इस अभयारण्य का आकर्षण है। इसके अलावा, यहां पक्षी, हिरण, हॉलॉक गिब्बन (लंबी भुजाओं वाला बंदर), सुनहरा लंगूर, तीतर पक्षी और कई अन्य जानवरों और सांप या रेंगनेवाले जन्तुओं की किस्में हैं।

अतः विकल्प (D) सही है।

47. विश्व मानवतावादी दिवस 19 अगस्त को दुनिया भर में मनाया जाता है ताकि उन श्रमिकों को श्रद्धांजलि दी जा सके जो मानवतावादी सेवाओं में अपने जीवन को जोखिम में डालते हैं और दुनिया भर में संकट से प्रभावित लोगों के लिए समर्थन इकट्ठा करते हैं। यह दिन संयुक्त राष्ट्र महासभा द्वारा 19 अगस्त 2003 को बगदाद, इराक में संयुक्त राष्ट्र मुख्यालय पर बमबारी के लिए नामित किया गया था।

अतः विकल्प (C) सही है।

48. संयुक्त राष्ट्र महासभा ने सर्वसम्मति से COVID -19 पर एक प्रस्ताव को अपनाया है जिसमे महामारी को हराने के लिए गहन अंतर्राष्ट्रीय सहयोग का आह्वान किया गया है। भारत सहित 188 देशों द्वारा सह-प्रायोजित संकल्प को, 'ग्लोबल सॉलिडेरिटी टू फाइट कोरोना वायरस डिजीज 2019 (COVID-19)'

नाम दिया गया है। किसी वेश्विक महामारी पर विश्व संगठन द्वारा अपनाया जाने वाला या प्रथम दस्तावेज है।

अतः विकल्प (B) सही है।

49. उस्ताद बिस्मिल्लाह खान शहनाई के लिए प्रसिद्ध हैं और उन्हें भारत रत्न से सम्मानित किया गया था।

बिस्मिल्लाह खान एक भारतीय संगीतकार थे जिन्होंने ईख की लकड़ी के वाद्य यंत्र शहनाई को लोकप्रिय बनाया। खान को शहनाई की प्रतिष्ठा को बढ़ाने और संगीत कार्यक्रम के मंच पर पेश करने के लिए पहचाना जाता है, इस तथ्य के बावजूद कि इसे पारंपरिक समारोहों में बड़े पैमाने पर इस्तेमाल किए जाने वाले लोक वाद्य के रूप में लंबे समय से सम्मानित किया गया था।

भारत रत्न भारत गणराज्य का सर्वोच्च नागरिक सम्मान है।

यह पुरस्कार, जिसे 2 जनवरी, 1954 को स्थापित किया गया था, जाति, व्यवसाय, स्थिति या लिंग की परवाह किए बिना, उच्चतम स्तर की उत्कृष्ट सेवा / प्रदर्शन की सराहना में दिया जाता है।

यह पुरस्कार एक बार कला, साहित्य, विज्ञान और सार्वजनिक सेवा में उपलब्धियों तक ही सीमित था, लेकिन दिसंबर 2011 में, सरकार ने "मानव प्रयास के किसी भी क्षेत्र" को शामिल करने के लिए आवश्यकताओं को विस्तृत किया।

अत: विकल्प (A) सही है।

50. मिशेल मार्श ने टी20 पुरुष क्रिकेट विश्व कप 2021 के फाइनल मैच में प्लेयर ऑफ द मैच का पुरस्कार जीता।

मिशेल मार्श ने फाइनल में 50 गेंदों (नाबाद) में 77 रन बनाए। मिशेल मार्श ने न्यूजीलैंड के खिलाफ यह उपलब्धि हासिल की। उन्होंने टूर्नामेंट के दौरान कुल 185 रन बनाए। वह हाल ही में समाप्त हुए टी20 पुरुष क्रिकेट विश्व कप 2021 में सबसे ज्यादा रन बनाने वाले 12वें खिलाड़ी हैं।

अत: विकल्प (D) सही है।

51. प्रश्न के अनुसार:

345.86 + 321.86 + 123.14 + 189.14 = ?

⇒ ? = 980

अतः विकल्प (B) सही है।

52. माना कि स्वाती का मासिक वेतन ' x' रुपये है।

उसकी मासिक बचत = 12% of x = 0.12 x

लेकिन, उसने केवल 7020 रुपये की बचत की जो उसकी मासिक बचत का 90% है।

⇒ 0.12 x का 90% = 7020

⇒ $\frac{9}{10} \times 0.12\ x$ = 7020

⇒ 0.108 x = 7020

⇒ x = 65000 रुपये

∴ स्वाती का मासिक वेतन = 65000 रुपये

अतः विकल्प (C) सही है।

53. शोधन से पहले औसत अंक = 55

शोधन से पहले कुल अंक

= 60 × 55 = 3300

∵ अंकों को गलती से 96, 60 और 39 के बजाय 6, 6 और 3 लिखा गया था,

⇒ शोधन के बाद कुल अंक

= 3300 - 6 - 6 - 3 + 96 + 60 + 39 = 3480

∵ छात्रों की संख्या = 60

∴ परीक्षा में सही औसत अंक

$= \frac{3480}{60} = 58$

अतः विकल्प (C) सही है।

54. माना कि कॉलेज में भरी और खाली सीटों की संख्या क्रमशः '7 x' और '3 x'है।

⇒ कॉलेज में सीटों की कुल संख्या = 7 x + 3 x = 10 x

अब, यदि कॉलेज में 60 सीटें अधिक थी,

⇒ कुल सीटों की संख्या होगी = 10 x + 60

⇒ खाली सीटों की संख्या = 3 x + 24

⇒ भरी हुई सीटों की संख्या = कुल सीटें - खाली सीटें

= 10 x + 60 - 3 x - 24 = 7 x + 36

∵ खाली सीटों और भरी सीटों का अनुपात 9 : 4 होगा।

⇒ $\frac{(7x+36)}{(3x+24)} = \frac{9}{4}$

⇒ 28 x + 144 = 27 x + 216

⇒ x = 216 - 144 = 72

∴ कॉलेज में सीटों की कुल संख्या = 10 x = 10(72) = 720

अतः विकल्प (D) सही है।

55. मिश्र-धातु 1 में जस्ते की मात्रा

⇒ $28 \times \frac{3}{4} = 21$ किलो

मिश्र-धातु 1 में तांबे की मात्रा

⇒ 28 - 21 = 7 किलो

मिश्र-धातु 2 में जस्ते की मात्रा

⇒ $28 \times \frac{5}{7} = 20$ किलो

मिश्र-धातु 2 में तांबे की मात्रा

⇒ 28 - 20 = 8 किलो

नए मिश्रण में तांबे : जस्ते का अनुपात

= तांबे की कुल मात्रा : जस्ते की कुल मात्रा

∴ नए मिश्रण में तांबे : जस्ते का अनुपात

= (7 + 8) : (21 + 20) = 15 : 41

अतः विकल्प (B) सही है।

56. जब A 1000 मीटर दौड़ता है, B 900 मीटर दौड़ता है और जब B 800 मीटर दौड़ता है, C 700 मीटर दौड़ता है।

जब B 900 मीटर दौड़ता है, तब C की दूरी = $\frac{(900\times700)}{800}$

$=\frac{6300}{8}$

= 787.5 मीटर होती है।

1000 मीटर की दौड़ में, A, C को (1000 - 787.5)

= 212.5 मीटर से हराएगा।

600 मीटर की दौड़ में, मीटर की संख्या जिसके द्वारा A, C को हराएगा

= $\frac{(600\times212.5)}{1000}$

= 127.5 मीटर।

अतः विकल्प (B) सही है।

57. दिया गया है,

दो संख्याओं का ल.स. =32

दो संख्याओं का म.स. =8

पहली संख्या =8

दो नंबर का गुणनफल = म.स. $\times$ ल.स.

$\Rightarrow 8\times$ दूसरी संख्या $=8\times32$

$\Rightarrow$ दूसरी संख्या $=\frac{(8\times32)}{8}$

$\therefore$ दूसरी संख्या = 32

अतः विकल्प (C) सही है।

58. दिया गया है:

16 – [5 – 2{2 का 14 – (8 ÷ 4 × 2 – 1 + 3)}] = 16 – [5 – 2{28 – 6}]

$=16-[5-44]=55$

अतः विकल्प (B) सही है।

59. माना कि धीमी बाइक की गति x किमी/घंटा है

तेज़ बाइक की गति $=x+9$

सापेक्ष गति $=2x+9$

$\Rightarrow 2x+9=\frac{324}{4}$

$\Rightarrow 2x+9=81$

$\Rightarrow x=36$ किमी/घंटा

$\therefore$ धीमी बाइक की गति 36 किमी/घंटा है।

अतः विकल्प (B) सही है।

60. दिया हुआ है:

(x - 4) = m रखने पर

$\Rightarrow x$ = m + 4

$\Rightarrow (m + 4)^2 - 12(m + 4) + 33 = 0$

$\Rightarrow m^2 + 16 + 8m - 12m - 48 + 33 = 0$

$\Rightarrow m^2 - 4m + 1 = 0$

समीकरण को m से विभाजित करने पर,

$\Rightarrow m+\frac{1}{m}=4$

अब, (x - 4) = m को (x - 4)^2 + $[\frac{1}{(x-4)}]^2$ में रखने पर

$\Rightarrow m^2+\frac{1}{m^2}=\left(m+\frac{1}{m}\right)^2-2$

$\Rightarrow m^2+\frac{1}{m^2}=16-2=14$

$\therefore (x-4)^2+[\frac{1}{(x-4)}]^2=14$

अतः विकल्प (B) सही है।

61. दिया गया है,

$x-4=0$

$\Rightarrow x=4$

x = 4 समीकरण x^3-3x^2+63 में रखने पर

$\Rightarrow$ 43 - 3(4)2 + 63

$\Rightarrow$ 64 – 48 + 63

$\Rightarrow$ 79

$\therefore$ व्यंजक का इकाई अंक = 9

अतः विकल्प (C) सही है।

62. सभी चित्र वाले पत्ते निकाल दिये गये हैं।

$\therefore$ शेष पत्तों की संख्या

$=52-12=40$

इक्को की संख्या $=4$

$\therefore$ अभीष्ट प्रायिकता

$=\frac{4}{40}=\frac{1}{10}$

अतः विकल्प (C) सही है।

63. माना क्रय मूल्य x है।

और लाभ % = 21%

विक्रय मूल्य = क्रय मूल्य + लाभ

विक्रय मूल्य = 1.21 x

यदि 37% का लाभ हुआ होता

विक्रय मूल्य = क्रय मूल्य + लाभ

विक्रय मूल्य = 1.37 x

$\Rightarrow 1.37x - 1.21x = 640$

$\Rightarrow x = 4000$

इसलिए वस्तु का क्रय मूल्य = 4000 रूपये

अतः विकल्प (B) सही है।

64. दिया गया है,

कर के साथ कुल विक्रय मूल्य

= विक्रय मूल्य + विक्रय मूल्य का 5%

⇒ 3024 = 1.05 × विक्रय मूल्य

⇒ विक्रय मूल्य $= \frac{3024}{1.05} = 2880$

साथ ही, अंकित मूल्य का 80% = विक्रय मूल्य

⇒ 0.8 × अंकित मूल्य = 2880

⇒ अंकित मूल्य $= \frac{2880}{0.8} = 3600$

अतः विकल्प (C) सही है।

65. दिया गया है:

⇒ राशि = मूलधन + ब्याज = 25000 + 8275 = 33275

⇒ राशि= मूलधन $\left[1 + \left(\frac{R}{100}\right)^n\right]$

$$\Rightarrow 33275 = 25000 \left[1 + \left(\frac{R}{100}\right)^n\right]$$

$$\frac{33275}{25000} = \left(\frac{11}{10}\right)^n$$

$$\frac{1331}{1000} = \left(\frac{11}{10}\right)^n = \left(\frac{11}{10}\right)^3$$

⇒ समय = 3 वर्ष

अतः विकल्प (C) सही है।

66. हम जानते हैं कि,

SI = $\left(\frac{P \times R \times T}{100}\right)$

⇒ SI = $\frac{(3500 \times 16 \times 3)}{100}$

⇒ SI = 1680

राशि = मूल राशि + ब्याज़

⇒ A = 3500 + 1680 = 5180

अतः विकल्प (C) सही है।

67. पुल को पार करने के लिए बस द्वारा लिया गया समय

= बस और पुल की लंबाई का योग/बस की गति

⇒ 6 = (15 + 75)/बस की गति

⇒ बस की गति

= $\frac{90}{6} = 15$ मीटर/सेकंड

अब,

व्यक्ति की गति = 9 किमी/घंटा

= $\frac{9 \times 5}{18} = 2.5$ मीटर/सेकंड

∵ व्यक्ति बस की दिशा में भाग रहा है, उनकी सापेक्ष गति उनकी व्यक्तिगत गति का अंतर है

⇒ सापेक्ष गति

= 15 - 2.5 = 12.5 मीटर/सेकंड

⇒ व्यक्ति को पार करने के लिए बस द्वारा लिया गया समय

= बस की लंबाई/सापेक्ष गति

∴ व्यक्ति को पार करने के लिए बस द्वारा लिया गया समय

= $\frac{15}{12.5} = 1.2$ सेकंड

अतः विकल्प (D) सही है।

68. दिया गया है,

एक नाव गति धारा के अनुकूल दिशा में और धारा के प्रतिकूल दिशा में क्रमशः 12 किमी/घंटा और 6 किमी/घंटा है।

धारा के अनुकूल दिशा में गति = 12 किमी/घंटा

धारा के प्रतिकूल दिशा में गति = 6 किमी/घंटा

धारा की गति

= $\frac{1}{2}$ × (धारा के अनुकूल दिशा में गति - धारा के प्रतिकूल दिशा में गति)

धारा की गति

= $\frac{1}{2} \times (12 - 6) = \frac{6}{2} = 3$

∴ धारा की गति 3 किमी/घंटा है।

अतः विकल्प (B) सही है।

69. दिया है:

$$(3^5)^x \div (9)^{2x-1} = 243$$

$$\Rightarrow (3)^{5x} \div (3^2)^{2x-1} = (3)^5$$

$$\Rightarrow (3)^{5x} \div (3)^{4x-2} = (3)^5$$

$$\Rightarrow (3)^{\{5x-4x+2\}} = (3)^5$$

$$\Rightarrow (3)^{x+2} = (3)^5$$

घातों की तुलना करते हैं,

$$\Rightarrow x + 2 = 5$$

$$\Rightarrow x = 5 - 2 = 3$$

साथ ही, $(5)^{x-2y} \times (5)^{x+y} = 625$

$$\Rightarrow (5)^{(x-2y+x+y)} = (5)^4$$

$$\Rightarrow (5)^{2x-y} = (5)^4$$

घातों की तुलना करते हैं,

$$\Rightarrow 2x - y = 4$$

$'x'$ का मान रखते हैं

$$\Rightarrow 2(3) - y = 4$$

$\Rightarrow y = 6 - 4 = 2$

$\therefore (x - y) = 3 - 2 = 1$

अतः विकल्प (B) सही है।

70. समचतुर्भुज का क्षेत्रफल = $\frac{1}{2}$ × (विकर्णों का गुणनफल)

दिया गया है,

समचतुर्भुज की भुजा = 5 सेमी और समचतुर्भुज का विकर्ण = 8 सेमी

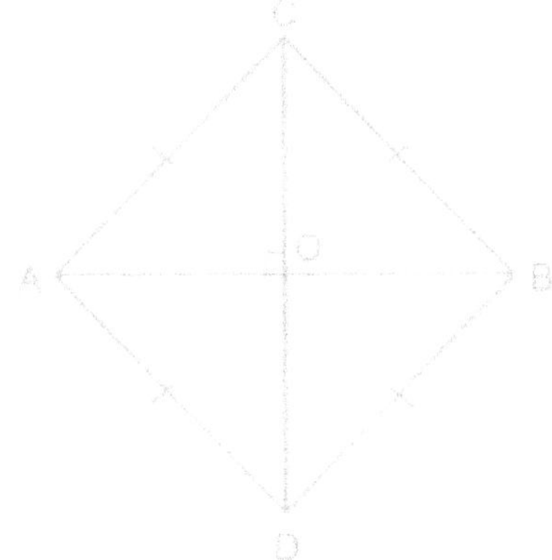

विकर्णों के बीच का कोण समकोण त्रिभुज है।

पाइथागोरस प्रमेय का प्रयोग करने पर,

⇒ (समचतुर्भुज की भुजा)^2 = (एक विकर्ण का आधा) ^{2} + (अन्य विकर्ण का आधा) ^{2}

⇒ 5^2 = $\left(\frac{8}{2}\right)^2$ + (अन्य विकर्ण का आधा) ^{2}

⇒ 25 = 42 + (अन्य विकर्ण का आधा) ^{2}

⇒ 25 = 16 + (अन्य विकर्ण का आधा) ^{2}

⇒ (अन्य विकर्ण का आधा)^2 = 9

अन्य विकर्ण का आधा = 3

अन्य विकर्ण की लम्बाई = 6 सेमी

समचतुर्भुज का क्षेत्रफल = $\frac{1}{2} \times (6 \times 8) = 24$

∴ समचतुर्भुज का क्षेत्रफल 24 सेमी^{2} है।

अतः विकल्प (B) सही है।

71. दिया हुआ,

माना r = आधार की त्रिज्या और h = ऊंचाई

शंकु का आयतन = $\frac{(\pi r^2 h)}{3}$

गोलार्ध का आयतन = $(\pi r^3) \times \left(\frac{2}{3}\right)$

एक बेलन का आयतन = $\pi r^2 h$

उनके आयतन का अनुपात

= $\left(\frac{1}{3}\right) : \left(\frac{2}{3}\right) : 1$

= 1 : 2 : 3

अतः विकल्प (B) सही है।

72. वह बिंदु जहां समकोण त्रिभुज पर त्रिभुज समकोण बनाता है उसे लम्ब-केन्द्र के रूप में जाना जाता है।

लम्ब-केन्द्र वह बिंदु है जहां त्रिभुज की तीनों ऊंचाई एक-दूसरे को काटती हैं या प्रतिच्छेद करती हैं। यहां, ऊंचाई त्रिकोण के शीर्ष से खींची गई रेखा है और विपरीत दिशा में लंबवत है।

अतः विकल्प (D) सही है।

73. दिया हुआ:

लाभ में A का हिस्सा : लाभ में B का हिस्सा =A का निवेश : B का निवेश =24000: 8000=3: 1

माना, लाभ में A का हिस्सा = $3x$, लाभ में B का हिस्सा = $1x$

प्रश्न के अनुसार

$3x + x = 48000$

$\Rightarrow 4x = 48000$

$\Rightarrow x = 12000$

स्पष्ट रूप से लाभ में B का हिस्सा

= $x = 12000$ रुपये, और

लाभ में A का हिस्सा $= 3x = 3 \times 12000$

$= 36000$ रुपये

∴ A=36000 B=12000

अतः विकल्प (A) सही है।

74. दिया हुआ:

पाइप A टैंक = 15 मिनट भर सकता है,

पाइप B टैंक = 45 मिनट भर सकता है,

पाइप A का एक मिनट का काम $= \frac{1}{15}$

पाइप B का एक मिनट का काम $= \frac{1}{45}$

दोनों पाइप का एक मिनट का काम $= \frac{1}{15} + \frac{1}{45} = \frac{4}{45}$

वे पूरा टैंक भर सकते हैं $= \frac{45}{4}$ मिनट में,

∴ दोनों पाइप टैंक में 50% तक भर सकते हैं $\frac{45}{8}$ मिनट में।

अतः विकल्प (C) सही है।

75. दिया गया है,

ट्रेन की लंबाई = 500 मी,

ट्रेन की गति = 90 किमी / घंटा

गति = दूरी/समय

1 किमी/घंटा $= \frac{5}{18}$ मी/सेकंड

1 मी/सेकंड = $\frac{18}{5}$ किमी/घंटा

1 मिनट $= 60$ सेकंड

3 मिनट 20 सेकंड $= 200$ सेकंड

माना कि पुल की लंबाई x मी है

प्रश्नानुसार,

$$90 \times [\frac{5}{18}] = \frac{(x+500)}{60}$$

$$\Rightarrow 25 \times 60 = x + 500$$

$$\Rightarrow 1500 = x + 500$$

$$\Rightarrow x = 1500 - 500$$

$$\Rightarrow x = 1000$$

∴ पुल की लंबाई 1000 मी है

माना कि व्यक्ति की गति k मी/सेकंड

$$\Rightarrow k = \frac{(1000}{200}$$

$$\Rightarrow k = 5 \times \left(\frac{18}{5}\right)$$

∴ k=18 किमी/घंटा

अतः विकल्प (D) सही है।

76. Statements A and C suggest the ways in which the U.S. plans to 'shame' China by explicitly bringing its denial to list Azhar in front of the UNSC and UN General Assembly.

So, A and C are correct.

But; statement B does not explain the U.S. plan to shame China.

Hence, the correct option is (A).

77. The passage states that Chine could veto this proposal, moving further into Pakistan's corner and that India does not wish to sacrifice the bilateral relationship with China.

So, all statements are correct.

Hence, the correct option is (D).

78. The passage states that it is India that is justified in pursuing the listing of Azhar and not the U.S.

So, I is incorrect.

Statements II and III, however, find support from the passage as correct.

Hence, the correct option is (C).

79. Both Forums and Fora are correct plural forms of the word 'forum', although 'forums' is more commonly used.

The word 'Fora' is derived from Latin roots and is accepted as correct, even if it is not used too often.

Hence, the correct option is (D).

80. The passage states that India desires not to sacrifice the bilateral relationship with China over the issue.

None of the other conclusions can be drawn from the passage.

Hence, the correct option is (B).

81. The sentence uses the form Having seen which is correct and needs no improvement.

To faze is to disturb.

Having seen is a perfect participle, which is used to indicate a completed action. It is in the form- (present participle Having + past participle of the verb).

None of the alternatives can make the sentence meaningful.

Hence, the correct option is (D).

82. The error lies in part 2 of the sentence as the verb 'threatening' is incorrect here and must be replaced with the form 'threatened' as can be understood from the structure of the sentence. It should read as:'or threatened to leave a number of agreements.'

Hence, the correct option is (B).

83. The word 'ostentatious' means **to show off**. One would not give petition to a judge who shows off. Since they wanted justice, the judge must have known to be 'sagacious' or 'judicious'.

Hence, the correct option is (B).

84. The sentence suggests that the blank should contain a pronoun as it is referring to the pronoun, 'he'.

Whom and whose both refer to subjects other than 'he'; so they cannot be correct here.

The correct word here should be 'he 'who' loves' or 'he 'that' loves his fellow men'. Both of these refer to the subject; but since it is a person, it is more appropriate to use 'who'.

'That' can be a correct choice in case of a thing and not a person.

Hence, the correct option is (C).

85. The sentence is in active voice thus in the passive voice the object 'shop' must be written before the subject 'you.'

In active voice :

Subject+verb+object

In passive voice:

Object+verb+subject

The tense here is simple past thus 'being looked' is the correct verb to be used here. The other options use incorrect tenses or are grammatically incorrect.

Hence, the correct option is (C).

86. There are four basic rules for converting sentences from active to passive voice:

1. The place of subject and object is interchanged.
2. 3rd form of verb is used.

3. Tense and form of the original sentence is not changed.

4. Helping verb (is, am, are, was, were) will be changed according to the tense.

The given sentence is in interrogative form of past perfect tense. So, the rule is:

- Active Voice – Sub + had + V3 + Obj .

- Passive Voice – Obj + had + been + V3+ by + Sub.

"Who" gets changed to "by whom" in the passive voice and the tense is kept unchanged.

Hence, the correct option is (A).

87. In indirect speech, the words of the speaker are not written in quotes. Usually, the word 'that' is used to convey the words of the speaker. The correct tense should be past perfect as the tense in direct speech is present perfect. The correct form of speech is: Ted said that the flowers were to be taken care of.

Hence, the correct option is (A).

88. When converting the sentence to direct speech form indirect speech, the punctuation '?' is added. The pronoun in 3rd person 'he; becomes 'you' in the 2nd person. The conjunction 'is' is dropped. The verb 'was' is replaced with the verb 'are'.

Thus, the sentence will be,

Changed verb 'are + changed pronoun 'you' + Catholic or Jewish + added punctuation '?' + The strange lady asked the man.

Hence, the correct option is (D).

89. Haste means speed or urgency.

The phrase 'To make haste' means doing something in a speedy and urgent manner.

The only option that can form this phrase is 'made'.

Hence, the correct option is (D).

90. The sentence suggests that the blank must contain a verb.

Also, given the context, the word should mean 'think or contemplate on'.

The only word that fits the blank is dwell.

Hence, the correct option is (B).

91. The sentence suggests that the blank must contain a noun.

Also, given the context, the word should mean an uncontrollable competitive spirit or wild behaviour.

The only word that fits the blank is frenzy.

Pallor is unhealthy paleness, succor means aid in the times of need.

Hence, the correct option is (C).

92. The sentence suggests that the blank must contain an adjective.

Also, given the context, the word should mean 'substantial'.

The only word that fits the blank is credible.

Hence, the correct option is (A).

93. The sentence suggests that the blank must contain an adjective for 'security'.

Also, given the context, the word should be close to 'stable' and planned.

The only word that fits the blank is strategic.

Note: 'prevalent' cannot be apt here as the passage talks about the future implications and uncertainty.

Hence, the correct option is (D).

94. The sentence suggests that the blank must contain a verb.

Also, given the context, the word should mean 'promote' space weaponization.

The only word that fits the blank is the spur.

Hence, the correct option is (B).

95. The word 'benediction' means 'the utterance of a blessing'.

Let us find out the meanings of the following words-

Oppressive-inflicting harsh and authoritarian treatment

Clinch-confirm or settle

Curse-a cause of harm or misery

Deceitful-deceiving or misleading others

After looking at the meanings of the given words, it is understood that the most appropriate answer is option C i.e, 'curse'.

Hence, the correct option is (C).

96. The correct option is 'Sanguine'. A sanguine person is a very optimistic person especially when it comes to a difficulty. It may also be used to refer to the blood of a person.

E.g. Rachel as a person has a very sanguine disposition.

Hence, the correct option is (B).

97. Teetotaler: A person who does not drink alcohol.

Vegetarian: a person who does not eat meat or fish.

Faithful: True-hearted or devoted.

Religious: Spiritual or relating to religion.

Hence, the correct option is (D).

98. After reading the given sentences we can easily make out that the paragraph talks about 'Happiness'.

As sentence B is the only independent sentence and it introduces the subject, it is hence the starting point of the paragraph. Sentence D will follow B as it tells that the term is so common that even small kids can define it. Thus, a link is formed between the two. Sentence E will follow D as it takes the discussion further about the meaning of the term and the method to attain it.

Sentence C will follow E as it answers the question asked in sentence E. Sentence A will follow C as the pronoun 'they' is used for people discussed in sentence C. Thus, sentence A is linked with C.

Coherent paragraph- 'Happiness is a very simple term which is used commonly. Even a small kid can tell the meaning of happiness. But how many of us really know the meaning of true happiness and how to attain that state? Not many! Most people look for happiness outside. They believe that they can be happy if they possess certain things or be with certain people or reach a professional height'.

Hence, the correct option is (B).

99. After reading the given sentences we can easily make out that the paragraph talks about 'Cancer'.

Sentence C defines the subject, thus forms the perfect base of the paragraph. Sentence A will follow C as it links with A by telling that if not detected at an early stage, the problem can become severe. Sentence D links with A as it tells that not only the disease is severe, but its treatment is also equally agonizing. Sentence B links with D as it further takes the discussion by telling that since the treatment is also agonizing, it is important to detect the disease at an early stage. Conjunction, 'thus' links the two sentences. Sentence E tells what else is required to be taken care of, so will follow B.

Coherent paragraph- 'Cancer, a condition that is caused by excessive growth of cells, can be cured if detected at an early stage. However, as the severity of the problem increases it becomes more and more difficult to deal with it. As painful as the condition is, the treatments used to cure it are equally agonizing. It is thus important to be alert and avert the problem from arising in the first place. It is also essential not to neglect its symptoms to get rid of it at the earliest'.

Hence, the correct option is (D).

100. The meanings of the words are:

Nepotism=> Giving undue favours to one's own kith and kin

Patriotism=> love for one's own country

Jingoism=> patriotism

Hence, the correct option is (B).

मॉक टेस्ट 04

General Intelligence & Reasoning

Q.1 निम्नलिखित प्रश्न में चार विकल्पों (1), (2), (3) और (4) के बाद अक्षर और संख्याओं का संयोजन दिया गया है। वह विकल्प चुनें जो दिए गए संयोजन की दर्पण छवि से निकट से मिलता जुलता हो।

ANS43Q12

(1) AИƧ4ƐQ1Ƨ (2) Ƨ1QƐ4ƧИA

(3) ƧИAƐ4QƧ1 (4) 1ƧQ4ƐAИƧ

A. (1) **B.** (2) **C.** (3) **D.** (4)

Q.2 निम्नलिखित प्रश्न में, दिए गए विकल्पों में से विषम अक्षरों का चयन करें।

A. HFDA **B.** VTQN **C.** CAYV **D.** OMKH

Q.3 निम्नलिखित प्रश्न में, दिए गए विकल्पों में से विषम अक्षरों का चयन करें।

A. ट्रुनिस **B.** मैपुटो **C.** हरारे **D.** लीड्स

Q.4 निम्नलिखित प्रश्न में, दिए गए विकल्पों में से संबंधित अक्षरों/संख्याओं का चयन कीजिए।

KUNA34 : PFMZ14 :: MEGA41 : ?

A. NVUZ10 **B.** NVTZ10

C. NUTZ10 **D.** OVTZ10

Q.5 निम्नलिखित प्रश्न में दिए गए विकल्पों में से संबंधित शब्द को चुनिए।

उग्र : कृपालु :: प्राचीन : ?

A. भौंचक्का **B.** नवीन

C. चिड़चिड़ा **D.** अपमानजनक

Q.6 निम्नलिखित प्रश्न में दिए गए विकल्पों में से संबंधित शब्द युग्म को चुनिए।

लोहा : धातु : : ऑक्सीजन :

A. श्वसन **B.** गैस **C.** गंध हीन **D.** सजीव

Q.7 निम्नलिखित प्रश्न में, दी गई श्रृंखला में से लुप्त संख्या का चयन कीजिये।

39, 40, 42, 43, 45, ?

A. 47 **B.** 46 **C.** 48 **D.** 49

Q.8 दी गई श्रृंखला में से लुप्त संख्या ज्ञात कीजिए।

1, 4, 3, 9, 5, 16, 7, 25, 9, 36, 11, ?

A. 49 **B.** 13 **C.** 64 **D.** 17

Q.9 किसी निश्चित कूट भाषा में,

"lower down like this" को "6%S 5*O 5*F 5*T" लिखा जाता है

"eyes are like clean" को "6*T 5%F 5*F 6%O" लिखा जाता है

"India is good country" को "7%B 4*T 5*E 8%Z" लिखा जाता है

इस कूट भाषा में "evaporation"को किस प्रकार लिखा जाएगा?

A. 12%O **B.** 13%O **C.** 13*O **D.** 12*O

Q.10 किसी निश्चित कूट भाषा में, 'pi ma ti sa' का अर्थ 'Neelam is watching TV' है, 'pi ta si' का अर्थ 'school is there' है, 'ma ha ga si' का अर्थ 'Neelam goes to school' है, 'ma pi ti mi' का अर्थ 'neelam is watching movie' है।

उस कूट भाषा में निम्नलिखित में से किसका अर्थ 'movie' है?

A. mi **B.** ha **C.** ma **D.** pi

Q.11 निम्नलिखित प्रश्न में चार विकल्पों (1), (2), (3) और (4) के बाद अक्षर और संख्याओं का संयोजन दिया गया है। वह विकल्प चुनें जो दिए गए संयोजन की दर्पण छवि से निकट से मिलता जुलता हो।

MALAYALAM

(1) MALAYALAM (2) MAJAYAJAM

(3) WⱯꞀⱯ⅄ⱯꞀⱯW (4) MAΓAYAΓAM

A. (1) **B.** (2) **C.** (3) **D.** (4)

Q.12 निम्नलिखित प्रश्न में, आपको एक आकृति (X) दी गयी है, उसके बाद चार वैकल्पिक आकृति (1), (2), (3) और (4) दी गयी है, जिनमें से एक आकृति (X) अंकित है। वैकल्पिक आकृति का पता लगाएं जिसमें आकृति (X) इसके भाग के रूप में है।

उस वैकल्पिक आकृति का पता लगाएं जिसमें उसके भाग के रूप में आकृति (X) हो।

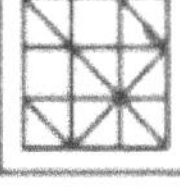

(X) (1) (2) (3) (4)

A. (1) **B.** (2) **C.** (3) **D.** (4)

Q.13 निम्नलिखित प्रश्न में, आपको एक आकृति (X) दी गयी है, उसके बाद चार वैकल्पिक आकृति (1), (2), (3) और (4) दी गयी है, जिनमें से एक आकृति (X) अंकित है। वैकल्पिक आकृति का पता लगाएं जिसमें आकृति (X) इसके भाग के रूप में है।

उस वैकल्पिक आकृति का पता लगाएं जिसमें उसके भाग के रूप में आकृति (X) हो।

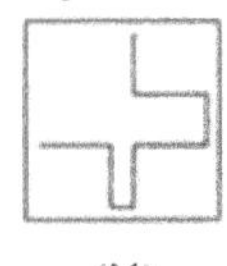

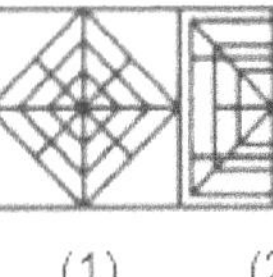

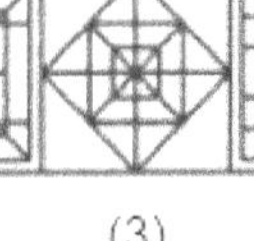

(X) (1) (2) (3) (4)

A. (1) **B.** (2) **C.** (3) **D.** (4)

Q.14 निम्न दिए गए प्रश्न में । और ॥ से अंकित दो कथन दिए गए हैं। आपको यह निश्चय करना है कि कथन में दी गयी जानकारी प्रश्न का उत्तर देने के लिए पर्याप्त है या नहीं। दोनों कथनों को पढ़िए और सही उत्तर चुनिए।

क्या D, M की पत्नी है?

I) R, D का पुत्र है।

II) M, S की माता है।

A. प्रश्न का उत्तर देने के लिए केवल कथन । में दी गई जानकारी पर्याप्त है।

B. प्रश्न का उत्तर देने के लिए केवल कथन ॥ में दी गई जानकारी पर्याप्त है।

C. प्रश्न का उत्तर देने के लिए कथन । और ॥ दोनों में दी गई जानकारी पर्याप्त है।

D. प्रश्न का उत्तर देने के लिए कथन । और ॥ दोनों में दी गई जानकारी पर्याप्त नहीं है।

Q.15 निम्नलिखित प्रश्न में, पता लगाएं कि उत्तर आकृतियों (1), (2), (3) और (4) में से कौन-सी आकृति मैट्रिक्स को पूर्ण करती है?

चार विकल्पों में से एक उपयुक्त आकृति चुनें जो मैट्रिक्स की आकृति को पूरा करेगी।

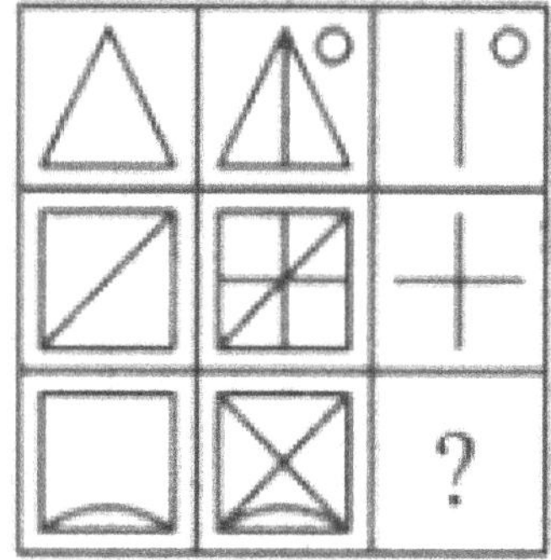

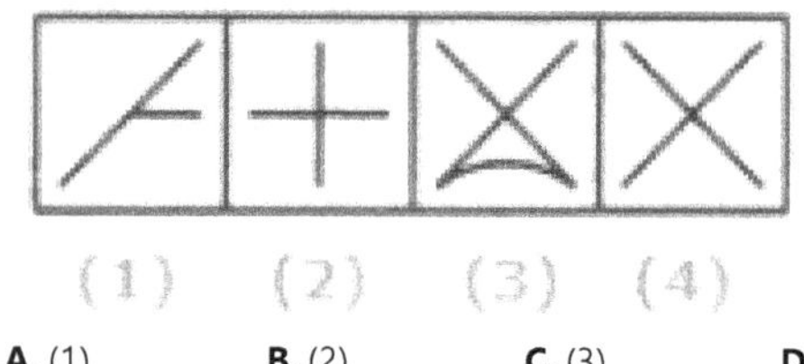

A. (1) **B.** (2) **C.** (3) **D.** (4)

Q.16 दी गई श्रेणियों के बीच संबंधों को सबसे बेहतर तरीके से दर्शाने वाले आरेख की पहचान कीजिये।

गाय, कुत्ता, जानवर

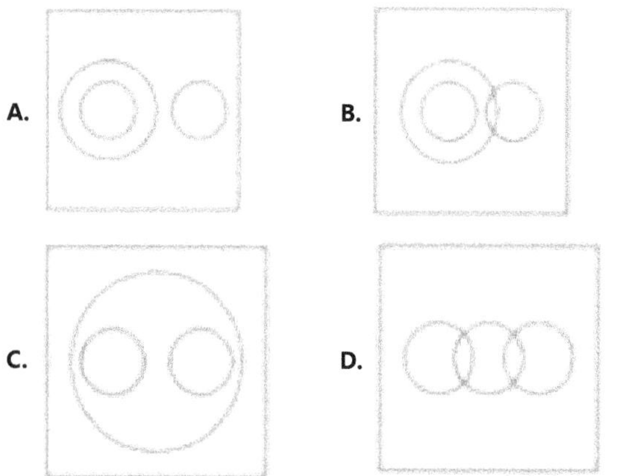

Q.17 निम्नलिखित प्रश्न में, पता लगाएं कि उत्तर आकृतियों (1), (2), (3) और (4) में से कौन-सी आकृति मैट्रिक्स को पूर्ण करती है?

चार विकल्पों में से एक उपयुक्त आकृति चुनें जो मैट्रिक्स की आकृति को पूरा करेगी।

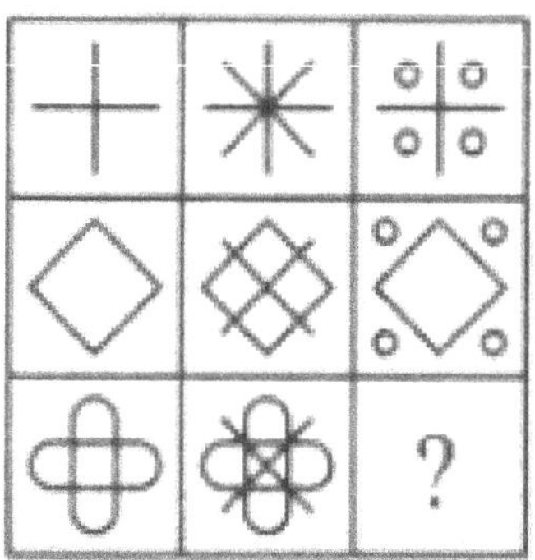

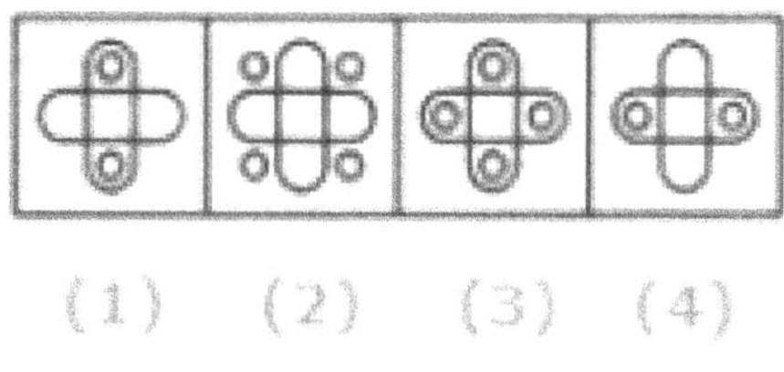

A. (1) **B.** (2) **C.** (3) **D.** (4)

Q.18 निम्नलिखित प्रश्न में, चार विकल्पों में से एक आकृति का चयन करें, जिसे जब आकृति के खाली स्थान (X) में रखा जाता है, तो पैटर्न पूरा होता है। उस आकृति को पहचानें जो पैटर्न को पूरा करती है।

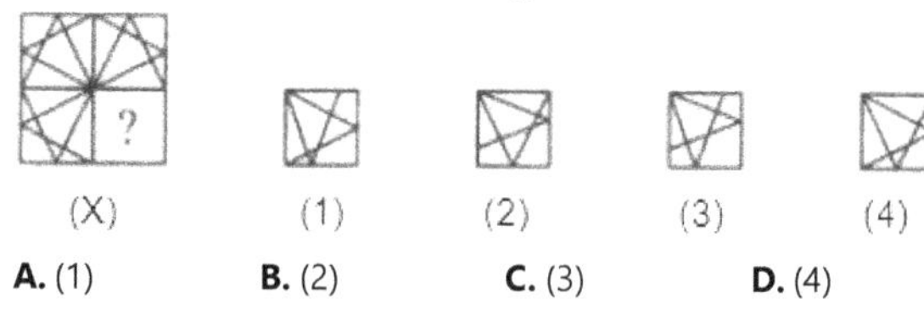

A. (1) **B.** (2) **C.** (3) **D.** (4)

Q.19 दिए गये समीकरण में * चिह्न को हटाने के लिए और समीकरण को संतुलित करने के लिए गणितीय चिह्नों के सही युग्म का चयन कीजिये।

12 * 4 * 5 * 8

A. =, ×, - **B.** ×, -, = **C.** =, -, × **D.** -, ×, =

Q.20 निम्नलिखित प्रश्न में, चार विकल्पों में से एक आकृति का चयन करें, जिसे जब आकृति के खाली स्थान (X) में रखा जाता है, तो पैटर्न पूरा होता है। उस आकृति को पहचानें जो पैटर्न को पूरा करती है।

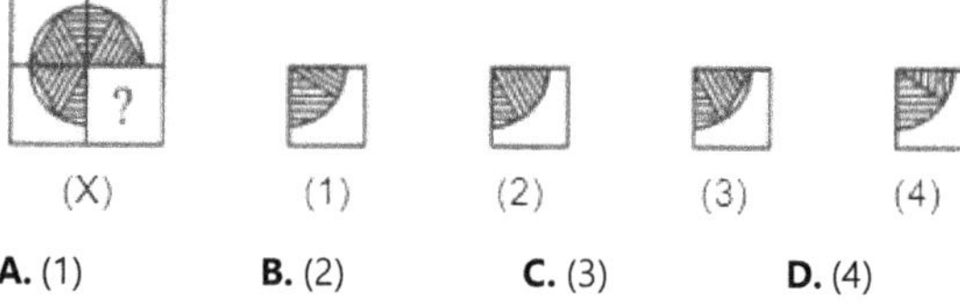

A. (1) **B.** (2) **C.** (3) **D.** (4)

Q.21 दी गई आकृति बनाने के लिए आवश्यक न्यूनतम पंक्तियों की संख्या ज्ञात कीजिए।

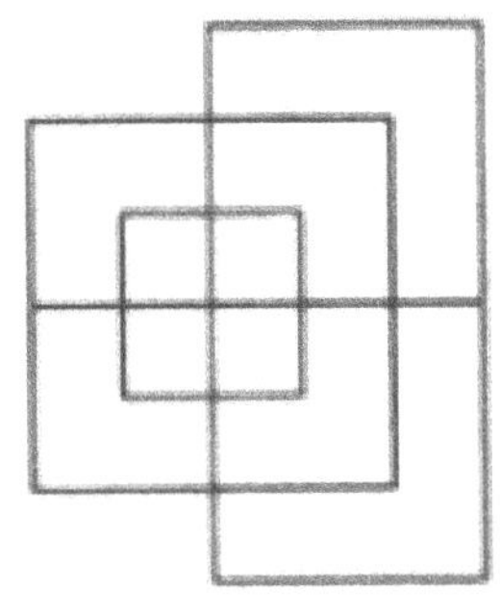

A. 13 **B.** 15 **C.** 17 **D.** 19

Q.22 दिए गए आकृति में त्रिकोणों की संख्या ज्ञात कीजिए।

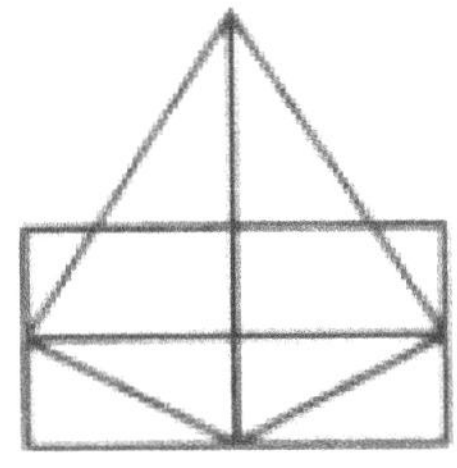

A. 11 **B.** 13 **C.** 15 **D.** 17

Q.23 एक कागज़ के टुकड़े को निम्न प्रश्न आकृतियों में दर्शाए गये अनुसार मोड़ा जाता है और उसमें छेद किया जाता है। खोलने के बाद वह किस उत्तर आकृति के समान दिखाई देगा?

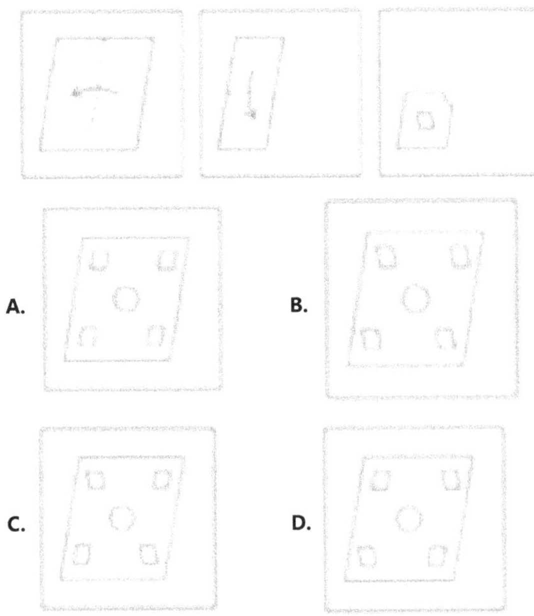

Q.24 निम्नलिखित प्रश्न में आकृति के दो सेट शामिल हैं। आकृति A, B, C और D समस्या सेट का गठन करते हैं जबकि आकृति 1, 2, 3, 4 और 5 उत्तर सेट का गठन करते हैं। आकृति में A और B के बीच एक निश्चित संबंध है। आकृति सेट से एक उपयुक्त आकृति का चयन करके आकृति C और D के बीच एक समान संबंध स्थापित करें जो आकृति में प्रश्न चिह्न (?) की जगह लेगा।

उत्तर आकृति से एक उपयुक्त आकृति चुनें जो प्रश्न चिह्न (?) की जगह लेगी।

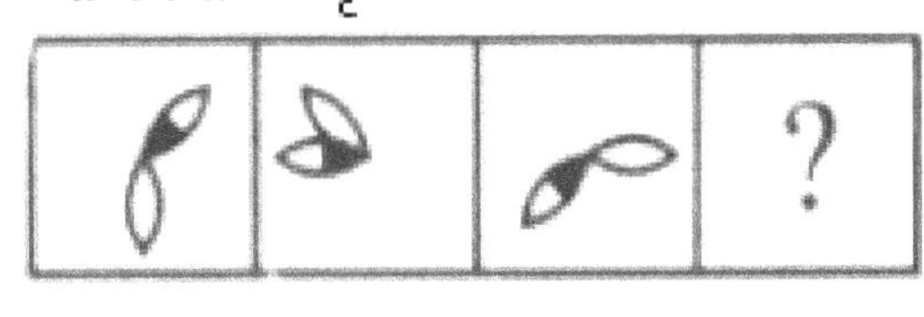

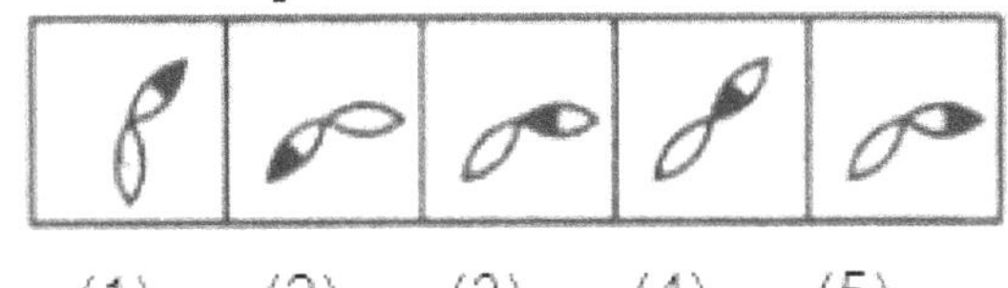

A. (1) **B.** (2) **C.** (3) **D.** (4)

Q.25 निम्नलिखित प्रश्न में आकृतियों के दो सेट शामिल हैं। आकृति A, B, C और D समस्या सेट का गठन करते हैं जबकि आकृति 1, 2, 3, 4 और 5 उत्तर सेट का गठन करते हैं। आकृति में A और B के बीच एक निश्चित संबंध है। आकृति सेट से एक उपयुक्त आकृति का चयन करके आकृति C और D के बीच एक समान संबंध स्थापित करें जो आकृति में प्रश्न चिह्न (?) की जगह लेगा।

उत्तर आकृति से एक उपयुक्त आकृति चुनें जो प्रश्न चिह्न (?) की जगह लेगी।

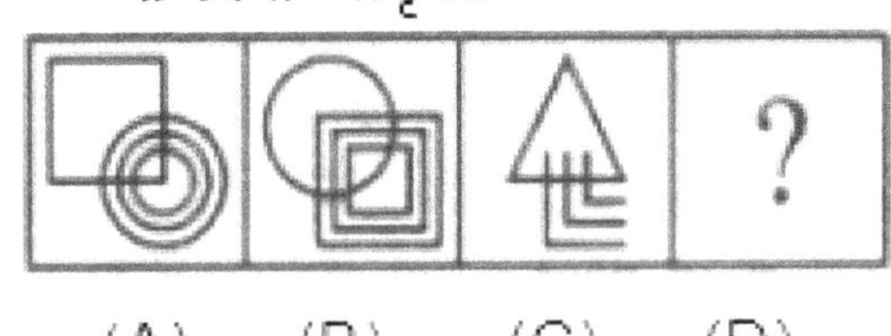

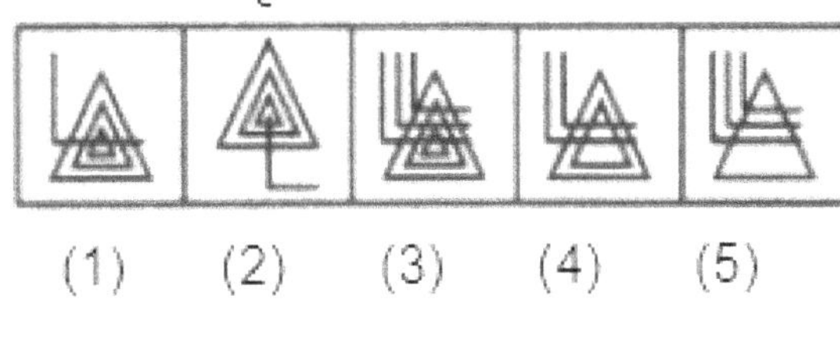

A. (1) **B.** (2) **C.** (3) **D.** (4)

General Awareness

Q.26 प्रधानमंत्री ने किस व्यक्तित्व को सम्मानित करने के लिए 100 रुपये का स्मारक सिक्का जारी किया?

A. विजया राजे सिंधिया **B.** श्यामा प्रसाद मुखर्जी
C. दीनदयाल उपाध्याय **D.** एम. एस. गोलवलकरी

Q.27 मानव विकास सूचकांक, 2018 में भारत का स्थान है:

[Super TET Paper - I, 2019]

A. 128 वाँ **B.** 129 वाँ **C.** 130 वाँ **D.** 131 वाँ

Q.28 44वाँ अंतर्राष्ट्रीय विज्ञापन संघ (IAA) शिखर सम्मेलन किस शहर/केन्द्र शासित प्रदेश में आयोजित किया गया?
A. नई दिल्ली **B.** कोच्चि **C.** पुणे **D.** चेन्नई

Q.29 आर्कोट का अवरोध किस युद्ध का हिस्सा था?
A. द्वितीय कार्नेटिक युद्ध **B.** पहला आंग्ल मिसरे युद्ध
C. वाडगांव की लड़ाई **D.** पहला कार्नेटिक युद्ध

Q.30 प्रतिवर्ष विश्व जल दिवस कब मनाया जाता है?
A. 22 मार्च **B.** 5 मार्च **C.** 13 मार्च **D.** 20 मार्च

Q.31 टैली घाटी वन्यजीव अभयारण्य निम्नलिखित राज्य में से कहाँ स्थित है?
A. असम **B.** अरुणाचल प्रदेश
C. मिजोरम **D.** मणिपुर

Q.32 ब्रह्मी और खरोशथी स्क्रिप्ट का अर्थ किसने समझा था?
A. पियादास्सी **B.** कॉलिन मैकेंज़ी
C. अलेक्जेंडर कनिंघम **D.** जेम्स प्रिंसिप

Q.33 लोक सभा के एक वर्ष में कितने सत्र होते हैं?
A. 1 **B.** 4 **C.** 6 **D.** 3

Q.34 युकाटन जलसंधि किन दो जल निकायों को जोड़ता है?
A. जावा सागर और हिंद महासागर
B. मेक्सिको की खाड़ी और कैरेबियन सागर
C. लाल सागर और अदन की खाड़ी
D. अराफुरा सागर और पापुआ की खाड़ी

Q.35 सुश्री फ्लोरेंस नाइटिंगेल _______ से संबंधित थीं।
A. सात वर्षीय युद्ध **B.** तीस वर्षीय युद्ध
C. क्रीमियन युद्ध **D.** सौ वर्षीय युद्ध

Q.36 निम्नलिखित में से कौन संस्थागत ग्राहकों और उद्योग की वित्तीय जरूरतों पर ध्यान केंद्रित करता है?
A. यूनिवर्सल बैंकिंग **B.** वर्चुअल बैंकिंग
C. होलसेल बैंकिंग **D.** रिटेलर बैंकिंग

Q.37 इंदिरा सागर बाँध निम्नलिखित नदियों में से किस पर स्थित है?
A. गोदावरी **B.** तापी **C.** नर्मदा **D.** लूनी

Q.38 निम्नलिखित में से कौन भारत के मुद्रा बाजार का हिस्सा नहीं है?
A. बैंक **B.** बिल बाजार
C. कॉल मनी मार्केट **D.** भारतीय स्वर्ण परिषद

Q.39 इनमें से कौन सी एकमात्र नदी भारतीय थार रेगिस्तान में एकीकृत है?
A. सतलुज **B.** लूनी **C.** नर्मदा **D.** तापी

Q.40 कोलंबिया की राजधानी निम्नलिखित में से कौन है?
A. येरेवन **B.** पोडगोरिका
C. नासाउ **D.** बोगोटा

Q.41 भारत में बैंक दर का फैसला कौन तय करता है?
A. भारत के वित्त मंत्री **B.** भारत के राष्ट्रपति
C. भारतीय रिजर्व बैंक **D.** स्टेट बैंक ऑफ इंडिया

Q.42 आपूर्ति का नियम _______ और _______ के बीच सीधा संबंध स्थापित करता है।
A. ग्राहक और कीमत **B.** कीमत और आपूर्ति
C. आपूर्ति और बाजार **D.** उपरोक्त में से कोई नहीं

Q.43 सर्वप्रथम किसने बताया कि पृथ्वी सूर्य के चारों ओर घूमती है?
A. न्यूटन **B.** डेल्टन
C. कोपरनिकस **D.** आइंस्टाइन

Q.44 भारतीय संविधान में, अवशिष्ट अधिकारों का विचार _______ संविधान से लिया गया है।
A. फ्रेंच **B.** कैनेडियन **C.** रूसी **D.** ब्रिटिश

Q.45 गंगौर त्योहार किस भगवान से संबंधित है?
A. हनुमान **B.** शिव और गौरी
C. राम **D.** कृष्णा

Q.46 निम्नलिखित में से, किस प्रकार की बैंकिंग प्रणाली 'शरिया' के सिद्धांतों पर काम करती है?
A. कॉर्पोरेट बैंकिंग प्रणाली **B.** शैडो बैंकिंग
C. इस्लामिक बैंकिंग **D.** पेमेंट्स बैंक सिस्टम

Q.47 किस प्रकार की बैंकिंग प्रणाली शाखाओं के माध्यम से विस्तार पर केंद्रित है?
A. इंटरनेट बैंकिंग **B.** यूनिट बैंकिंग
C. ब्रांच बैंकिंग **D.** उपभोक्ता बैंकिंग

Q.48 ग्रीष्मकालीन ओलंपिक खेल 2024 किस शहर में आयोजित किए जाने वाले हैं?

[Bihar Police SI, 2019]

A. लॉस एंजेलिस **B.** लंदन
C. बीजिंग **D.** पेरिस

Q.49 निम्नलिखित में से कौन फुकुओका पुरस्कार 2021 के तीन प्राप्तकर्ताओं में एक है?
A. जयती घोष **B.** पी. साईनाथ
C. प्रभात पटनायक **D.** उमर खालिद

Q.50 बैंक ऑफ बड़ौदा (बीओबी) द्वारा लॉन्च किया गया "बॉब वर्ल्ड वेव" _______ है।
A. ग्लोबल डेबिट कार्ड **B.** वियरेबल डिवाइस
C. एआई चैटबोट **D.** इन्वेस्टमेंट प्लेटफॉर्म

Quantitative Aptitude

Q.51 60 रु/ लीटर का मिश्रण प्राप्त करने के लिए दो प्रकार के तरल पदार्थों जिनकी लागत 52 रु/लीटर और 65 रु/लीटर है, को किस अनुपात में मिलाया जाना चाहिए?
A. 8:13 **B.** 5:8 **C.** 13:5 **D.** 8:5

Q.52 दो स्थानों की दूरी को 62 किमी/घंटा की गति से $3\frac{1}{2}$ घंटों में पूरा किया जा सकता है। यदि गति में 8 किमी/घंटा की वृद्धि कर दी जाए, तो कितना समय बचेगा?
A. 20 मिनट **B.** 24 मिनट **C.** 15 मिनट **D.** 30 मिनट

Q.53 28560 रुपये पर 15% प्रति वर्ष की दर से 2 वर्षों में साधारण ब्याज और चक्रवृद्धि ब्याज के बीच का अंतर क्या होगा?
A. 646.6 **B.** 622.6 **C.** 644.6 **D.** 642.6

Q.54 C और D के आय का अनुपात 3: 2 है। D और E के आय का अनुपात 5: 4 है। यदि C के आय का एक-तिहाई E के आय के आधे से 4000 रुपए अधिक है, तो D की आय (रुपए में) क्या है?
A. 40000 **B.** 43000 **C.** 50000 **D.** 60000

Q.55 निम्नलिखित में कौन द्विघात समीकरण है?
A. $x + \frac{1}{x} = 2$ **B.** $x^2 + 3x^{-1} = 2$

C. $x^3 - x^2 = 5$ **D.** $3x^2 - \frac{4}{x} = 0$

Q.56 $(x + 2)^3 = (x^2 - 1)2x$ किस प्रकार का समीकरण है?

A. एकघातीय समीकरण **B.** द्विघात समीकरण
C. घन समीकरण **D.** अचर पद

Q.57 16% लाभ वाले एक वस्तु का विक्रय मूल्य 435 रुपए था। यदि वस्तु को 330 रुपए में बेचा गया था, तो प्रतिशत हानि क्या होगी?

A. 12.25% **B.** 13% **C.** 12.5% **D.** 12%

Q.58 यदि $\frac{9^n \times 3^5 \times (27)^3}{3} \times (81)^4 = 27,$ तो n का मान है:

A. 0 **B.** 2 **C.** 3 **D.** 4

Q.59 A की कार्यक्षमता B की तुलना में 50% अधिक है और B और C की कार्यक्षमता का अनुपात $2:1$ है। यदि वे मिलकर 6 दिनों में काम पूरा करते हैं, तो गणना कीजिए कि A कितने समय में पूरे कार्य को पूरा करता है?

A. 7 दिन **B.** 12 दिन **C.** 5 दिन **D.** 4 दिन

Q.60 यदि $(P + Q)$ का $5\% = (P - Q)$ का 20%, तो P, Q का कितने प्रतिशत है?

A. 133.33% **B.** 166.66%
C. 150% **D.** 171.33%

Q.61 $\sqrt{13 - 4\sqrt{10}}$ का मान क्या है?

A. $\sqrt{8} - \sqrt{5}$ **B.** $\sqrt{8} + \sqrt{5}$
C. $\sqrt{6} - \sqrt{3}$ **D.** $\sqrt{6} + \sqrt{3}$

Q.62 यदि $2^{n-1} + 2^{n+1} = 320$, then n बराबर है:

A. 6 **B.** 8 **C.** 5 **D.** 7

Q.63 145 मीटर लम्बी एक ट्रेन 655 मीटर लम्बे पुल को 36 सेकेंड में पार करती है। ट्रेन की गति क्या है?

A. 75 किमी/घंटा **B.** 60 किमी/घंटा
C. 80 किमी/घंटा **D.** 70 किमी/घंटा

Q.64 एक दूध विक्रेता के पास दूध के 2 डिब्बे हैं। पहले में 25% पानी और बाकी दूध होता है। दूसरे में 50% पानी होता है। प्रत्येक कंटेनर से कितना दूध मिलाना चाहिए ताकि 12 लीटर दूध मिल सके जैसे कि दूध में पानी का अनुपात $3:5$ है?

A. 4 लीटर, 8 लीटर **B.** 6 लीटर, 6 लीटर
C. 5 लीटर, 7 लीटर **D.** 7 लीटर, 5 लीटर

Q.65 यदि $p + \left(\frac{1}{p}\right) = 8$ है, तब $p^2 + \left(\frac{1}{p^2}\right)$ का मान ज्ञात कीजिये?

A. 62 **B.** 64 **C.** 36 **D.** 44

Q.66 एक कूलर का बाजार मूल्य 1600 रु. है। दुकानदार 10% की छूट देता है और 20% अर्जित करता है। कूलर का क्रय मूल्य ज्ञात कीजिए।

A. 1280 रु. **B.** 1220 रु.
C. 1180 रु. **D.** इनमें से कोई नहीं

Q.67 एक बैग में 4 लाल गेंदें, 6 नीली गेंदें और 8 गुलाबी गेंदें हैं। एक गेंद यादृच्छिक पर खींची जाती है और 3 गुलाबी गेंदों के साथ बदल दी जाती है। एक संभावना यह है कि पहली बार खींची गई गेंद या तो लाल या नीले रंग की थी और दूसरी गेंदें गुलाबी रंग की थी?

A. $\frac{12}{21}$ **B.** $\frac{13}{17}$
C. $\frac{11}{30}$ **D.** इनमें से कोई नहीं

Q.68 $(192)^{102} + (193)^{103}$ के इकाई स्थान का अंक ज्ञात कीजिए।

A. 0 **B.** 1 **C.** 3 **D.** 5

Q.69 प्रप्ति की आयु, राखी की आयु का $\frac{1}{7}$ है। 5 वर्ष के बाद राखी की आयु, तिथि की आयु की दोगुनी हो जाएगी। यदि तिथि का 13वां जन्मदिन दो वर्ष पूर्व मनाया गया था, तो प्राप्ति की वर्तमान क्या है?

A. 8 वर्ष **B.** 18 वर्ष **C.** 5 वर्ष **D.** 12 वर्ष

Q.70 5 के प्रथम 8 गुणजों का औसत क्या है?

A. 22.5 **B.** 21.8 **C.** 20 **D.** 24

Q.71 493, 527 तथा 697 का महत्तम समापवर्त्य ज्ञात कीजिये।

A. 27 **B.** 51 **C.** 17 **D.** 23

Q.72 $\frac{1}{1+\sqrt{2}} + \frac{1}{\sqrt{2}+\sqrt{3}} + \frac{1}{\sqrt{3}+\sqrt{4}} + \cdots + \frac{1}{\sqrt{15}+\sqrt{16}}$ का मान है:

[Delhi Forest Guard, 2021]

A. 0 **B.** 3 **C.** -3 **D.** 1

Q.73 $\frac{98}{3}\%$ का $769.002 + 24\%$ का $160.89 - 67.9900 = ?$

A. 220 **B.** 224 **C.** 225 **D.** 226

Q.74 निम्नलिखित में से किसकी संख्या सबसे अधिक है?

A. 99 **B.** 101 **C.** 176 **D.** 182

Q.75 दो संख्याओं का ल. स. म. 48 है। संख्याएँ 2:3 के अनुपात में हैं संख्याओं का योग है?

A. 28 **B.** 32 **C.** 40 **D.** 64

English Comprehension

Ques (76-80):Read the following passage and answer the question given below.

U.S. President Donald Trump's decision to recognise Israel's sovereignty over the occupied Golan Heights hardly came as a surprise given his administration's blatant pro-Israel stance. It may sound ironic that a President who promised to facilitate a deal between Israelis and Palestinians has turned out to be the most pro-Israel President in U.S. history. Mr. Trump has already recognised as Israel's capital Jerusalem, a city it captured in parts in the 1948 and 1967 wars and which is claimed by both Israelis and Palestinians. Before he announced his intention to recognise Israeli sovereignty over Golan, a State Department report had dropped the word 'occupied' in references to Golan Heights and the Palestinian territories of Gaza and the West Bank, hinting at where the administration stood on the issue. Israel captured Golan, a strategically important plateau beside the Sea of Galilee, from Syria in the 1967 war. Among the territories it captured in the war, Israel has returned only the Sinai Peninsula, to Egypt. It annexed East Jerusalem and Golan Heights and continues to occupy the West Bank and the Gaza Strip. In 1981, as it passed the Golan annexation legislation, the Security Council passed a resolution that said, "the Israeli decision to impose its laws, jurisdiction and administration in the occupied Syrian Golan Heights is null and void and without international legal effect".

Q.76 Which of the following stance has been taken by the Security Council regarding the Golan Heights issue?

A. It recognizes Israeli sovereignty over Golan Heights
B. It does not recognize Israel's sovereignty over Golan Heights
C. It has passed the Golan annexation legislation
D. It recognizes the joint rights of Israel and Syria over the territory

Q.77 Consider the following pairs. Which of these is incorrect?

A. Capturing of Jerusalem by Israel - 1967
B. Capturing of Golan Heights by Israel - 1967
C. Capturing of Sinai Peninsula by Israel -1967
D. Annexation of Golan Heights by Israel - 1967

Q.78 Consider the following word from the passage. Choose its antonym from the options.

Blatant

A. Flagrant **B.** Vagrant
C. Inconspicuous **D.** Intransigent

Q.79 Which of the following territories continue to be appropriated by Israel?

A. Golan Heights **B.** West Bank
C. Gaza Strip **D.** All of the above

Q.80 Which of the following actions have been undertaken by President Trump regarding Israel?

A. Facilitating a deal between Israelis and Palestinians
B. Recognition of the city of Jerusalem as Israel's capital
C. Supporting Israel's claim of sovereignty on Golan Heights

A. Only A **B.** B and C
C. A and C **D.** A, B and C

Ques (81-82):The question below consists of a set of labelled parts. Out of the options given, select the most logical order of the parts to form a coherent sentence.

Q.81 A. when an individual is supported
B. unconditional positive regard
C. what the individual does or says
D. is offered in a social situation
E. and not judged regardless of

A. DACEB **B.** CBEDA **C.** BDAEC **D.** AEDBC

Q.82 A. it is a game of
B. who think in black and white
C. making it difficult for those
D. to understand or appreciate
E. nuance and varying shades,

A. DCEAB **B.** CAEDB **C.** AECBD **D.** ECABD

Ques (83-84):In the following question, one part of the sentence may have an error. Find out which part of the sentence has an error. If the sentence is free from error, click the 'No error' option.

Q.83 The biggest drawback to sales tax, in the eyes (a) / of many, is that they are a regressive tax - A tax on income in whose (b) / the proportion of tax paid relative to income decreases as income increases. (c) / No Error (d).

A. (a) **B.** (b) **C.** (c) **D.** No Error

Q.84 The government backtracked on the face of this (a) / stunning unity but in other cases, it has acted vindictively, a trait (b) / made worse by the loud support it has received from the bulk of the TV media. (c) / No Error (d).

A. (a) **B.** (b) **C.** (c) **D.** No Error

Q.85 Fill in the blanks.

In order to ______ understand what motivates human beings, Maslow proposed that human needs can be organized into a hierarchy.

A. More **B.** Most **C.** Be **D.** Better

Ques (86-87):In the following questions, a sentence has been given in Active/Passive voice. Out of four alternatives suggested, select the one, which best expresses the same sentence in Passive/Active voice.

Q.86 Piano lessons are given here.

A. You give piano lessons here.
B. They give piano lessons here.
C. They gave piano lessons here.
D. They have given piano lessons here.

Q.87 Sergei was embarrassed by the fact that Natasha gave him flowers.

A. Sergei embarrassed Natasha by the fact that he gave her flowers.
B. Natasha embarrassed Sergei by the fact that she gave him flowers.
C. Natasha will embarrass Sergei by the fact that she will give him flowers.
D. Natasha embarrasses Sergei by the fact that she gives him flowers.

Ques (88-89):In the following question, out of the four alternatives, choose the one which can be substituted for the given sentence.

Q.88 A hater of knowledge and learning:

A. Bibliophile **B.** Philologist
C. Misogynist **D.** Misologist

Q.89 Commencement of words with the same letter:

A. Pun **B.** Alliteration
C. Transferred epithet **D.** Oxymoron

Q.90 Direction: Fill in the blank with an appropriate word.

India's social fabric has been damaged to an ______ where repair seems impossible.

A. Portent **B.** Extent
C. Extant **D.** Extension

Q.91 In the following sentence, a part of the sentence is underlined. Below are given alternatives to the underlined part, which may improve the sentence. Choose the correct

alternative. In case no improvement is needed, choose the option 'No improvement'.

Freud also believed that the girl develops a weaker superego because the resolution of the girl's complex <u>isn't driven by</u> something as concrete as castration anxiety in men.

A. Hasn't driven by　　**B.** Isn't driving for
C. Is to be driven　　**D.** No improvement

Ques (92-96):In the following passage, some of the words have been left out. Read the passage carefully and select the correct answer for the given blank out of the given alternatives.

As the countdown for elections to the 17th Lok Sabha begins, the world's largest democracy has a chance to re-imagine itself. Over the last 16 general elections and numerous elections at lower levels, the __(1)__ trust that the founding fathers of the Republic put in the parliamentary democratic system has been substantially proven wise. India did make some dangerous turns and show signs of__(2)__, especially during the Emergency in the 1970s, but in the long term it expanded the scope of its democracy through widening representation, __(3)__ of power and redistribution of resources. This is not to overlook the various __(4)__ that have afflicted the country's democracy, such as disinformation campaigns, corruption, disenfranchisement of the weaker sections of the society, the __(5)__ influence of money and muscle power in elections, and divisive majoritarian tendencies.

Q.92 Which of the following word fits the blank labelled as (1)?

A. Resolute　　**B.** Reproachful
C. Profligate　　**D.** Retributive

Q.93 Which of the following word fits the blank labelled as (2)?

A. Frolic　　**B.** Fragility
C. Frangipani　　**D.** Bucolic

Q.94 Which of the following word fits the blank labelled as (3)?

A. Reciprocation　　**B.** Concentration
C. Evolution　　**D.** Devolution

Q.95 Which of the following word fits the blank labelled as (4)?

A. Malodours　　**B.** Malice
C. Maladies　　**D.** Masts

Q.96 Which of the following word fits the blank labelled as (5)?

A. Corroding　　**B.** Collaborating
C. Corroborating　　**D.** Confluent

Q.97 In the following question, out of the four alternatives, select the word opposite in meaning to the word given.

Exiguous

A. Ransom　　**B.** Diluted　　**C.** Humble　　**D.** Colossal

Q.98 In the following question, a word has been written in 4 different ways out of which only one correctly spelt. Select the correctly spelt word.

A. Concured　　**B.** Concuured
C. Conccured　　**D.** Concurred

Q.99 Rearrange the given 5 sentences A, B, C, D and E in proper sequence to form a meaningful paragraph and mark the correct sequence from the given options as your answer.

A. Child labour interferes with the proper growth and development of the children in all aspects like mentally, physically, socially and intellectually.

B. Child labour is the service paid by the children in their childhood in any field of work.

C. Childhood is the great and happiest period of the lives of everyone during which one learns about the basic strategy of the life from parents, loved ones and nature.

D. This is done by the child due to the lack of resources for the survival of life and irresponsibility of the parents.

E. It does not matter what is the cause of child labour as all the causes force children to live their life without childhood.

A. ADECB　　**B.** CEADB　　**C.** BDECA　　**D.** EDABC

Q.100 Choose the correct one-word substitute for:

"One who is interested in the welfare of other people."

A. Philosopher　　**B.** Altruist
C. Dreamer　　**D.** Worker

// स्मार्ट उत्तर पुस्तिका //

सही उत्तर — उन छात्रों के प्रतिशत को इंगित करता है जिन्होंने प्रश्नों का सही उत्तर दिया था।

छोड़ दिया — उन छात्रों के प्रतिशत को इंगित करता है जिन्होंने प्रश्नों को छोड़ दिया था।

प्रश्न संख्या	उत्तर	सही उत्तर	छोड़ दिया
1	B	45.07 %	34.41 %
2	B	40.52 %	51.03 %
3	D	80.84 %	14.19 %
4	B	42.37 %	37.04 %
5	B	51.03 %	46.97 %
6	B	62.3 %	37.24 %
7	B	41.07 %	42.41 %
8	A	58.39 %	36.83 %
9	B	12.38 %	67.93 %
10	A	49.45 %	40.54 %
11	B	66.4 %	31.57 %
12	A	68.75 %	30.3 %
13	D	58.84 %	31.68 %
14	D	53.09 %	32.47 %
15	D	55.84 %	39.23 %
16	C	63.49 %	33.05 %
17	B	51.62 %	34.38 %
18	D	66.17 %	31.1 %
19	A	44.47 %	48.98 %
20	C	52.69 %	40.97 %
21	A	46.33 %	35.93 %
22	C	52.54 %	39.78 %
23	D	61.04 %	34.72 %
24	C	47.92 %	46.75 %
25	A	57.27 %	39.91 %
26	A	56.7 %	30.96 %
27	C	40.65 %	43.8 %
28	B	41.72 %	36.56 %
29	A	61.43 %	38.5 %
30	A	59.88 %	31.04 %
31	B	65.05 %	33.73 %
32	D	40.34 %	41.8 %
33	D	51.99 %	30.73 %
34	B	61.16 %	35.2 %
35	C	48.98 %	43.18 %
36	C	68.22 %	30.09 %
37	C	46.32 %	35.79 %
38	D	66.94 %	32.82 %
39	B	48.53 %	35.71 %
40	D	41.03 %	40.8 %
41	C	87.54 %	10.99 %
42	B	58.89 %	34.24 %
43	C	56.24 %	33.06 %
44	B	58.61 %	39.81 %
45	B	45.32 %	54.48 %
46	D	66.35 %	30.62 %
47	C	69.47 %	30.2 %
48	D	62.27 %	37.07 %
49	B	40.72 %	42.68 %
50	B	44.64 %	52.59 %
51	B	65.85 %	30.07 %
52	B	82.33 %	16.72 %
53	D	40.53 %	38.26 %
54	A	56.17 %	43.25 %
55	A	64.81 %	34.67 %
56	C	42.27 %	39.36 %
57	D	88.44 %	11.25 %
58	C	60.99 %	31.43 %
59	B	60.14 %	37.64 %
60	B	52.67 %	39.24 %
61	A	54.68 %	34.69 %
62	D	41.97 %	51.99 %
63	C	48.12 %	39.79 %
64	B	62.68 %	36.52 %
65	A	41.78 %	48.26 %
66	D	60.22 %	32.27 %
67	D	58.96 %	38.0 %
68	B	60.73 %	34.12 %
69	C	56.5 %	34.57 %
70	A	86.18 %	13.45 %
71	C	87.32 %	10.85 %
72	B	59.76 %	34.28 %
73	D	49.36 %	41.85 %
74	C	64.37 %	30.04 %
75	C	86.41 %	12.89 %
76	B	57.33 %	40.28 %
77	D	14.22 %	69.98 %
78	C	68.27 %	30.66 %
79	D	67.75 %	30.47 %
80	B	62.74 %	32.26 %

प्रश्न संख्या	उत्तर	सही उत्तर	छोड़ दिया
81	C	78.0 %	17.72 %
82	C	82.91 %	14.66 %
83	B	49.37 %	35.51 %
84	A	41.46 %	54.44 %
85	D	84.32 %	15.61 %
86	B	45.59 %	41.51 %
87	B	47.87 %	35.43 %
88	D	76.11 %	18.84 %
89	B	56.27 %	41.05 %
90	B	50.28 %	42.45 %
91	D	42.9 %	53.21 %
92	A	60.34 %	34.16 %
93	B	49.39 %	49.61 %
94	D	61.51 %	33.57 %
95	C	64.39 %	33.69 %
96	A	63.68 %	33.19 %
97	D	80.08 %	10.33 %
98	D	42.51 %	56.29 %
99	C	44.54 %	54.85 %
100	B	88.02 %	10.68 %

कार्य विश्लेषण	
औसत अंक (%)	34.0%
टॉपर्स स्कोर (%)	64.0%
आपका स्कोर	

//संकेत और समाधान//

1.

ANS43012

अतः विकल्प (B) सही है।

2.

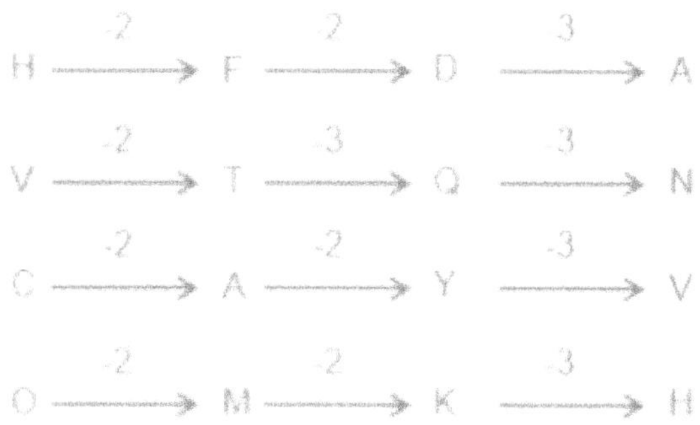

इसलिये VTQN अन्य तीनों से विषम है।

अतः विकल्प (B) सही है।

3. ट्युनिस, मैपुटो, हरारे अफ्रीका के शहर हैं। लीड्स, इंग्लैंड का एक शहर है।

इसलिये इंग्लैंड दिए गए विकल्पों में से विषम है।

अतः विकल्प (D) सही है।

4.

A	B	C	D	E	F	G	H	I	J	K	L	M
1	2	3	4	5	6	7	8	9	10	11	12	13

N	O	P	Q	R	S	T	U	V	W	X	Y	Z
14	15	16	17	18	19	20	21	22	23	24	25	26

1) K वर्णमाला के आरम्भ से ग्यारहवाँ अक्षर है और P अंत से ग्यारहवाँ अक्षर है।

2) U वर्णमाला के आरम्भ से इक्कीसवाँ अक्षर है और F अंत से इक्कीसवाँ है।

3) N वर्णमाला के आरम्भ से चौदहवें स्थान पर है और M अंत से चौदहवें स्थान पर है।

4) A आरम्भ से पहला अक्षर है और Z अंत से पहला अक्षर है।

34 → 3 + 4 = 7 × 2 → 14

समान रूप से,

1) M वर्णमाला के आरम्भ से तेरहवें स्थान पर है और N अंत से तेरहवें स्थान पर है।

2) E आरम्भ से पाँचवे स्थान पर है और V अंत से पाँचवे स्थान पर है।

3) G आरम्भ से सातवे स्थान पर है और T अंत से सातवे स्थान पर है।

4) A आरम्भ से पहले स्थान पर है और Z अंत से पहले स्थान पर है।

41 → 4 + 1 = 5 × 2 → 10.

अतः MEGA41, NVTZ10 से संबंधित है।

अतः विकल्प (B) सही है।

5. उग्र और कृपालु अर्थ में बिलकुल विपरीत हैं। उग्र का अर्थ उग्रवादी या हिंसक है, जबकि कृपालु, हिंसक होने के विरीत है।

उसी प्रकार से, प्राचीन और नवीन अर्थ में एक-दूसरे के विपरीत है। प्राचीन का अर्थ पुराना है जबकि नवीन पुराने के बिलकुल विपरीत है।

अतः विकल्प (B) सही है।

6. यहाँ, दूसरा शब्द वर्ग को निरूपित करता है जबकि पहल शब्द वर्ग का उदाहरण है अर्थात्

लोहा : धातु → यहाँ लोहा, धातु का एक उदाहरण है।

उसी प्रकार,

ऑक्सीजन, गैस का एक उदाहरण है।

इसलिए, गैस सही विकल्प है।

अतः विकल्प (B) सही है।

7. दिया गया तर्क:

39 + 1 → 40

40 + 2 → 42

42 + 1 → 43

43 + 2 → 45

45 + 1 → 46

अतः विकल्प (B) सही है।

8. दी गई श्रृंखला है: 1, 4, 3, 9, 5, 16, 7, 25, 9, 36, 11, ?

इस श्रृंखला के पीछे का तर्क है:

इस श्रृंखला में दो एकांतर श्रृंखला हैं:

1, 3, 5, 7, 9, 11 क्रमागत विषम संख्याएँ हैं जो 1 से शुरू होती हैं।

4, 9, 16, 25, 36 क्रमागत सम संख्याओं के वर्ग हैं जो 2 से शुरू होती हैं।

$2^2 = 4$

$3^2 = 9$

$4^2 = 16$

$5^2 = 25$

$6^2 = 36$

$7^2 = 49$

इसलिये अगला पद 49 होगा।

अतः विकल्प (A) सही है।

9. 1) पहला पद संख्या है, जो दर्शाता है

शब्द में अक्षरों की संख्या + 1 (यदि शब्द व्यंजन से आरम्भ होता है)

शब्द में अक्षरों की संख्या + 2 (यदि शब्द व्यंजन से स्वर से आरम्भ होता है)

2) दूसरा पद चिह्न है जो दर्शाता है

% → यदि शब्द में बेजोड़ संख्या वाले अक्षर हैं।

* → यदि शब्द में सम संख्या वाले अक्षर हैं।

3) तीसरा पद वह अक्षर है जो अंतिम अक्षरों के अगले अक्षर को बड़े रूप में दर्शाता है।

उदाहरण: "early" के लिए 7%Z

स्वर से आरम्भ होता है तो,

7 → 5 + 2

early में अक्षरों की संख्या 5 है।

% → यदि अक्षर बेजोड़ संख्या के हैं।

अंतिम अक्षर "y" है और बड़े रूप में इसका अगला अक्षर "Z" है।

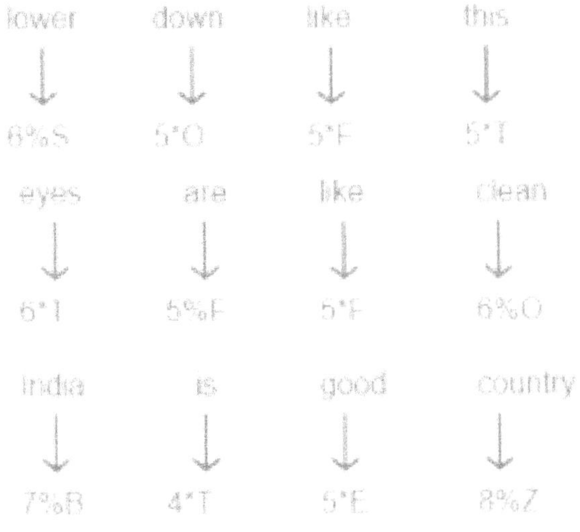

"evaporation" का कूट:

स्वर से आरम्भ होता है तो,

13 → 11 + 2

"evaporation" में अक्षरों की संख्या 11 है।

% → यदि अक्षर बेजोड़ संख्या के हैं।

अंतिम अक्षर "n" है और बड़े रूप में इसका अगला अक्षर "O" है।

अतः "independent" का कूट "13%O"है।

अतः विकल्प (B) सही है।

10.

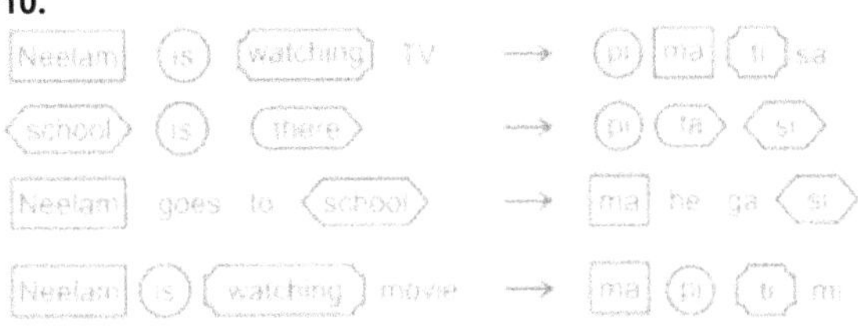

इसलिये 'movie' का कूट 'mi' है।

अतः विकल्प (A) सही है।

11.

MAJAYAJAM

अतः विकल्प (B) सही है।

12.

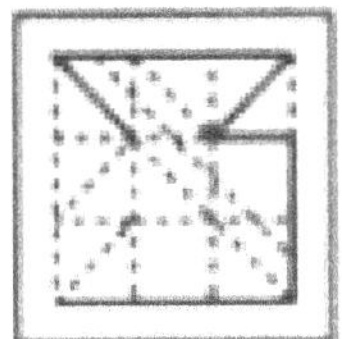

अतः विकल्प (A) सही है।

13.

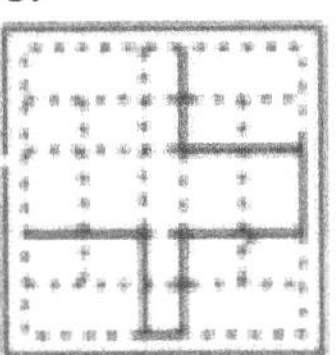

अतः विकल्प (D) सही है।

14. कथन I से:

कथन II से:

कथन I और II को संयुक्त कर देने से, दोनों कथनों को संयुक्त करने पर कोई संबंध स्थापित नहीं किया जा सकता।

अतः प्रश्न का उत्तर देने के लिए दोनों में से कोई कथन पर्याप्त नहीं है।

अतः विकल्प (D) सही है।

15. प्रत्येक पंक्ति में तीसरी आकृति में ऐसे भाग शामिल हैं जो पहले दो आकृतियों के लिए सामान्य नहीं हैं।

अतः विकल्प (D) सही है।

16.

अतः विकल्प (C) सही है।

17. प्रत्येक पंक्ति में, केंद्र में दो परस्पर लंब रेखाओं को जोड़कर पहली आकृति से दूसरी आकृति प्राप्त की जाती है और तीसरी आकृति पहली आकृति से मुख्य आकृति के बाहर चार वृत्त जोड़कर प्राप्त की जाती है।

अतः विकल्प (B) सही है।

18.

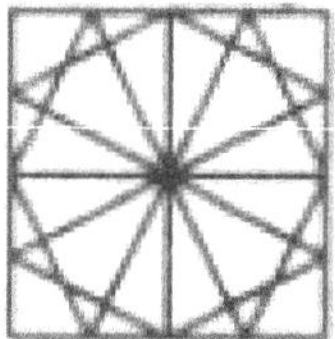

अतः विकल्प (D) सही है।

19. प्रत्येक विकल्प का अवलोकन करने पर,

1) 12 = 4 × 5 - 8, सत्य

2) 12 × 4 - 5 = 8, असत्य

3) 12 = 4 - 5 × 8, असत्य

4) 12 - 4 × 5 = 8, असत्य

इसलिये, '=, ×, -' चिह्नों का सही युग्म है।

अतः विकल्प (A) सही है।

20.

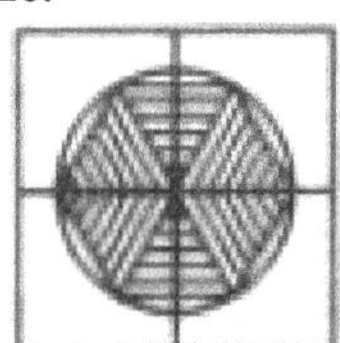

अतः विकल्प (C) सही है।

21.

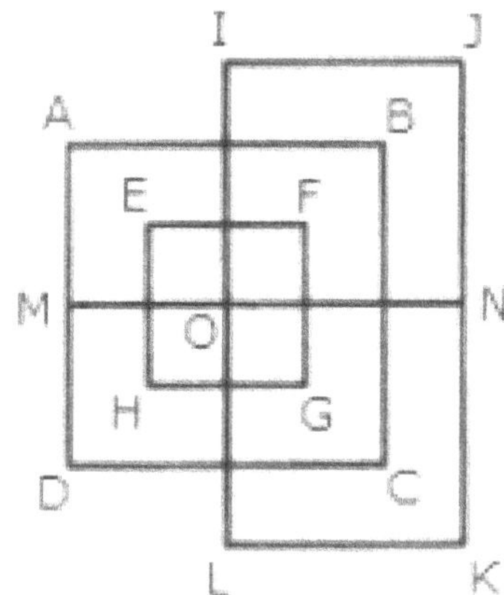

क्षैतिज रेखाएँ IJ, AB, EF, MN, HG, DC और LK अर्थात् संख्या में 7 है।

ऊर्ध्वाधर रेखाएँ AD, EH, IL, FG, BC और JK अर्थात् संख्या में 6 है।

इस प्रकार, आकृति में 7 + 6 = 13 सीधी रेखाएं हैं।

अतः विकल्प (A) सही है।

22. चित्र को इस प्रकार लेबल किया जा सकता है।

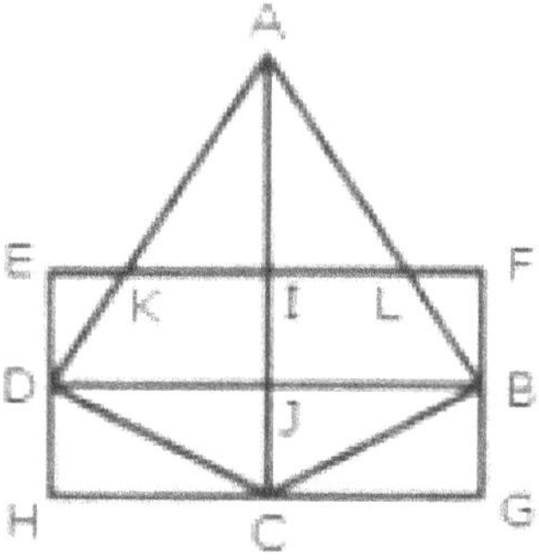

सबसे सरल त्रिभुज AKI, AIL, EKD, LFB, DJC, BJC, DHC और BCG यानि संख्या में 8 है।

प्रत्येक दो घटकों से बना त्रिकोण AKL, ADJ, AJB और DBC यानी संख्या में 4 है।

तीन घटकों से बना त्रिकोण प्रत्येक ADC और ABC अर्थात् संख्या में 2 है।

केवल एक त्रिभुज है यानी ADB चार घटकों से बना है।

इस प्रकार, आकृति में 8+ 4 + 2 + 1 = 15 त्रिकोण है।

अतः विकल्प (C) सही है।

23.

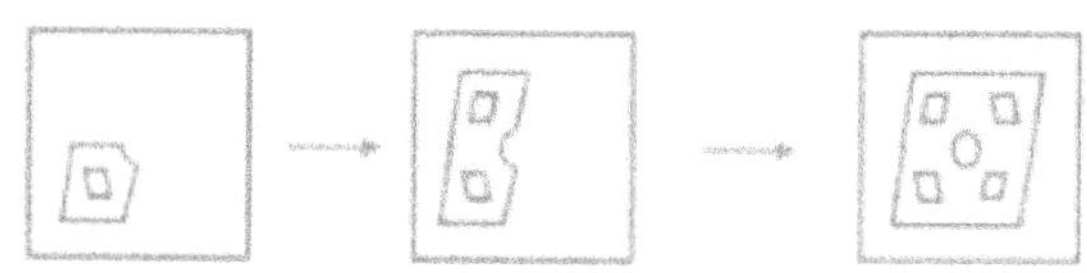

अतः विकल्प (D) सही है।

24. आधा छायांकित पत्ती 135° वामा व्रत घूमता है और बिना पका हुआ पत्ती 135° दक्षिणावर्त घूमता है।

अतः विकल्प (C) सही है।

25. ऊपरी तत्व को निचले तत्वों के समान तत्व में परिवर्तित किया जाता है और निचले तत्वों में से प्रत्येक को ऊपरी तत्व के समान तत्व में परिवर्तित किया जाता है।

अतः विकल्प (A) सही है।

26. भारतीय प्रधानमंत्री नरेंद्र मोदी ने विजया राजे सिंधिया के जन्म शताब्दी समारोह के अंत के हिस्से के रूप में 100 रुपये का स्मारक सिक्का जारी किया।

उन्हें ग्वालियर की राजमाता भी कहा जाता था और उनका जन्म वर्ष 1919 में हुआ था। विजया राजे सिंधिया ने अपने राजनीतिक जीवन की शुरुआत कांग्रेस से की और बाद में भाजपा की मूल पार्टी जनसंघ की सदस्य बनने से पहले स्वतंत्र पार्टी में शामिल हुई थी।

अतः विकल्प (A) सही है।

27. मानव विकास सूचकांक, 2018 में भारत 130 वाँ स्थान है।

रिपोर्ट के अनुसार, भारत 189 देशों और क्षेत्रों में से 131वें स्थान पर है। इंडेक्स में 2018 में भारत 130वें स्थान पर था।

संयुक्त राष्ट्र विकास कार्यक्रम (यूएनडीपी) संयुक्त राष्ट्र का वैश्विक विकास नेटवर्क है। यूएनडीपी लगभग 170 देशों और क्षेत्रों में काम करता है, गरीबी उन्मूलन, असमानताओं और बहिष्कार को कम करने में मदद करता है, और लचीलापन बनाता है ताकि देश प्रगति को बनाए रख सकें। संयुक्त राष्ट्र की विकास एजेंसी के रूप में, यूएनडीपी सतत विकास लक्ष्यों को प्राप्त करने में देशों की महत्वपूर्ण भूमिका निभाती है।

अतः विकल्प (C) सही है।

28. अंतर्राष्ट्रीय विज्ञापन संघ (IAA), विज्ञापन एजेंसियों और मीडिया का एकीकृत संघ, कोच्चि में अपने वैश्विक शिखर सम्मेलन के 44वाँ संस्करण का आयोजन करेगा। तीन दिवसीय शिखर सम्मेलन में दुनिया भर के विभिन्न क्षेत्रों और उद्योगों के गणमान्य लोगों की भागीदारी होगी।

अतः विकल्प (B) सही है।

29. आर्कोट का अवरोध द्वितीय कार्नेटिक युद्ध का हिस्सा था।

दूसरा कार्नेटिक युद्ध (1749-54) विभिन्न भारतीय दावेदारों जिसमें प्रत्येक फ्रेंच या ब्रिटिश द्वारा समर्थित था, के बीच दक्षिण भारत में सत्ता के लिए संघर्ष था।

अतः विकल्प (A) सही है।

30. प्रतिवर्ष 22 मार्च को विश्व जल दिवस मनाया जाता है। यह दिन विकासशील देशों में स्वच्छ जल, स्वच्छता और स्वास्थ्य-रक्षा (सफ़ाई) की सुविधाओं तक सार्वभौमिक पहुँच के महत्व पर ध्यान केंद्रित करता है। यह दिन मीठे पानी के संसाधनों के स्थायी प्रबंधन के लिए पक्षपोषित करने पर भी केंद्रित है।

अतः विकल्प (A) सही है।

31. टैली घाटी वन्यजीव अभयारण्य अरुणाचल प्रदेश, भारत में स्थित एक वन्यजीव अभयारण्य है। 2400 मीटर की ऊंचाई पर टैली चंदी के रंग के देवदार के घने जंगल, खूबसूरत भव्यता वाले देवदार और एक विशाल बंजर भूमि वाला पठार है। इस क्षेत्र में क्लाउड तेंदुए समेत सबसे महत्वपूर्ण लुप्तप्राय प्रजातियां पायी जाती हैं।

अतः विकल्प (B) सही है।

32. जेम्स प्रिंसिप ने ब्रह्मी और खरोशथी स्क्रिप्ट को समझा था।

ब्रह्मी स्क्रिप्ट- यह प्राचीन भारत में सबसे पुरानी लेखन शैली है। अशोक के चट्टानों का कटौती ब्राह्मी स्क्रिप्ट का सबसे अच्छा उदाहरण है जिसे ईस्ट इंडिया कंपनी जेम्स प्रिंसिप के पुरातत्ववेत्ता द्वारा समझाया गया था।

खरोशथी स्क्रिप्ट- 4-3 शताब्दी ईसा पूर्व में गंधरी प्राकृत और संस्कृत को लिखने के लिए गंधरा साम्राज्य में इसका इस्तेमाल किया जाता है।

अतः विकल्प (D) सही है।

33. लोकसभा के 3 सत्र एक वर्ष में होते हैं।

जिस अवधि के दौरान सदन अपना कार्य करने के लिए बैठक करता है उसे सत्र कहा जाता है। संविधान राष्ट्रपति को प्रत्येक सदन को इस तरह के अंतराल पर बुलाने का अधिकार देता है कि दो सत्रों के बीच छह महीने से अधिक का अंतर नहीं होना चाहिए। इसलिए, संसद को वर्ष में कम से कम दो बार अवश्य मिलना चाहिए। भारत में, संसद प्रत्येक वर्ष 3 सत्र आयोजित करती है:

- बजट सत्र: जनवरी/फरवरी से मई
- मानसून सत्र: जुलाई से अगस्त/सितंबर
- शीतकालीन सत्र: नवंबर से दिसंबर

अतः विकल्प (D) सही है।

34. युकाटन जलसंधि मेक्सिको की खाड़ी और कैरेबियन सागर को जोड़ता है।

जब दो बड़े जल निकायों को एक संकीर्ण जलमार्ग द्वारा स्वाभाविक रूप से जोड़ा जाता है, तो उस जलमार्ग को जलसंधि कहा जाता है।

युकाटन जलसंधि	मेक्सिको की खाड़ी और कैरेबियन सागर
सुंडा जलसंधि	**जावा सागर और हिंद महासागर**
बाब-अल-मंडेब जलसंधि	**लाल सागर और अदन की खाड़ी**
टोरस जलसंधि	**अराफुरा सागर और पापुआ की खाड़ी**

अतः विकल्प (B) सही है।

35. सुश्री फ्लोरेंस नाइटिंगेल एक अंग्रेजी सामाजिक सुधारक और आधुनिक नर्सिंग की संस्थापक थी।

वो क्रीमियन युद्ध के दौरान नर्सों की प्रबंधक और प्रशिक्षक थी, जिसमें उन्होंने घायल सैनिकों की देखभाल का कार्य किया था।

क्रीमियन युद्ध, (अक्टूबर 1853-फरवरी 1856), मुख्य रूप से सार्डिनिया-पीडमॉन्ट की सेना द्वारा जनवरी 1855 से समर्थन के साथ रूसी और ब्रिटिश, फ्रांसीसी और ओटोमन तुर्की के बीच क्रीमियन प्रायद्वीप पर लड़ा गया था।

यह युद्ध मध्य पूर्व में महान शक्तियों के संघर्ष से उत्पन्न हुआ था और तुर्की सुल्तान के रूढ़िवादी विषयों पर सुरक्षा अभ्यास करने के लिए रूसी मांगों के कारण अधिक था।

अतः विकल्प (C) सही है।

36. होलसेल बैंकिंग बैंकों द्वारा संगठनों के लिए सेवाओं का प्रावधान है, जैसे बंधक दलालों, बड़े कॉर्पोरेट ग्राहकों, मध्यम आकार की कंपनियों, रियल एस्टेट डेवलपर्स और निवेशक, अंतर्राष्ट्रीय व्यापार वित्त व्यवसाय, संस्थागत ग्राहक (जैसे पेंशन फंड और सरकारी संस्थाएं / एजेंसियां) , और अन्य बैंकों या अन्य वित्तीय संस्थानों को दी जाने वाली सेवाएँ है।

अतः विकल्प (C) सही है।

37. इंदिरा सागर बाँध नर्मदा नदी पर स्थित मध्य प्रदेश की एक बहुउद्देशीय परियोजना है। पानी के संग्रहण के संचयन में यह भारत में सबसे बड़ा जलाशय है, जिसकी क्षमता 12.22 बिलियन घन मीटर है, इसके बाद तेलंगाना और आंध्र प्रदेश के बीच नागार्जुन सागर है। बाँध, मध्य प्रदेश सिंचाई एवं राष्ट्रीय जल विद्युत निगम के संयुक्त उद्यम से बनाया गया। इसे मई 2005 को शुरू किया गया था।

अतः विकल्प (C) सही है।

38. भारत में मुद्रा बाजार, भारत में रातोंरात एक वर्ष से लेकर एक वर्ष तक की परिपक्वता के साथ अल्पकालिक और दीर्घकालिक धन के लिए मुद्रा बाजार है। भारतीय मुद्रा बाजार में असंगठित क्षेत्र शामिल हैं साहूकार, स्वदेशी बैंकर और नॉन-बैंक वित्तीय मध्यस्थ (जैसे वित्त कंपनियां, चिट फंड, निधि)।

अतः विकल्प (D) सही है।

39. लूनी भारतीय थार रेगिस्तान में एकीकृत एकमात्र नदी है।

यह अजमेर के पास अरावली पर्वतमाला की पुष्कर घाटी से निकलती है और गुजरात में कच्छ के रण की दलदली भूमि में समाप्त होती है।

पहले इसे सागरमती के नाम से जाना जाता था, फिर गोविंदगढ़ से गुजरने के बाद यह अपनी सहायक सरस्वती से मिलती है, जो पुष्कर झील से निकलती है, और तब से इसका नाम लूनी पड़ा।

थार रेगिस्तान को महान भारतीय रेगिस्तान के रूप में भी जाना जाता है।

अतः विकल्प (B) सही है।

40. कोलंबिया की राजधानी बोगोटा है।

देश	कोलंबिया
राजधानी	बोगोटा
राष्ट्रपति	इवान डुक मार्क्यूज़
मुद्रा	कोलंबियाई पीसो

अतः विकल्प (D) सही है।

41. भारत में, भारतीय रिज़र्व बैंक बैंक दर निर्धारित करता है, जो कि वह मानक दर है जिस पर वह भारतीय रिजर्व बैंक अधिनियम 1934 (सेकंड 49) के तहत खरीद के लिए योग्य विनिमय या अन्य वाणिज्यिक बिलों को खरीदने या फिर से छूट देने के लिए तैयार है।

अतः विकल्प (C) सही है।

42. आपूर्ति के नियम में कहा गया है कि एक अच्छा आपूर्ति किए गए स्थिर, मूल्य और मात्रा शेष अन्य कारक सीधे एक दूसरे से संबंधित हैं। दूसरे शब्दों में, जब खरीदारों ने अच्छी वृद्धि के लिए भुगतान किया, तो आपूर्तिकर्ता बाजार में उस अच्छे की आपूर्ति में वृद्धि करते हैं।

आपूर्ति का नियम कीमत और आपूर्ति के बीच सीधा संबंध स्थापित करता है।

अतः विकल्प (B) सही है।

43. निकोलस कोपरनिकस एक खगोलशास्त्री और गणितज्ञ थे जिन्होंने सबसे पहले यह बताया था कि पृथ्वी सूर्य के केंद्रीय मॉडल को संभव करते हुए इसके चारों ओर घूमती है जिसमें सूर्य ब्रह्मांड के केंद्र में होता है।

कोपरनिकस की खोज बहुत महत्वपूर्ण थी क्योंकि यह टॉलेमी मॉडल से अलग थी, जिसके अनुसार पृथ्वी ब्रह्मांड के केंद्र में स्थिर थी।

अतः विकल्प (C) सही है।

44. भारतीय संविधान में अवशिष्ट अधिकार का विचार कनाडा के संविधान से लिया गया है।

भारतीय संविधान के अनुच्छेद 248 के अनुसार, संसद के पास कानून बनाने की विशेष शक्ति है जो उन विषय से संबंधित है जिन्हें समवर्ती सूची और राज्य सूची में शामिल नहीं किया गया है।

अतः विकल्प (B) सही है।

45. गंगौर, राजस्थान में सबसे महत्वपूर्ण त्योहारों में से एक है। कुछ रीति या भिन्न प्रकार से, इसे पूरे राजस्थान में मनाया जाता है। "गण" भगवान शिव के लिए एक पर्याय है और "गौरी" या "गौर" देवी पार्वती, भगवान शिव की दिव्य पत्नी के लिए है। गंगौर दोनों गण का उत्सव है तथा दाम्पत्य और वैवाहिक खुशी का प्रतीक है।

अतः विकल्प (B) सही है।

46. इस्लामी बैंकिंग एक बैंकिंग गतिविधि है जो शरीयत (इस्लामी कानून) के सिद्धांतों के अनुरूप है और यह इस्लामी अर्थशास्त्र के विकास के माध्यम से एक व्यावहारिक अनुप्रयोग है।

अतः विकल्प (D) सही है।

47.

ब्रांच बैंकिंग एक बैंक के होम ऑफिस यानी शाखाओं से दूर सुविधाओं पर बैंकिंग गतिविधियों में संलग्न है। शाखा बैंकिंग एक वित्तीय संस्थान को घर के स्थान से बाहर के क्षेत्रों में सेवाओं का विस्तार करने की अनुमति देता है।

अतः विकल्प (C) सही है।

48. ग्रीष्मकालीन ओलंपिक खेल 2024 पेरिस में आयोजित होने वाला है।

लंदन (1908, 1948 और 2012) के बाद पेरिस तीन बार ओलंपिक की मेजबानी करने वाला दूसरा शहर बन जाएगा। यह पहले वर्ष 1900 और 1924 में मेजबान था। वर्ष 2024, 1924 के पेरिस खेलों के शताब्दी वर्ष को चिह्नित करेगा।

ये फ्रांस द्वारा आयोजित छठे ओलंपिक खेल होंगे (तीन ग्रीष्मकालीन और तीन शीतकालीन)। पेरिस को 13 सितंबर, 2017 को पेरू के लीमा में 131वें आईओसी सत्र में मेजबान शहर के रूप में चुना गया था।

अत: विकल्प (D) सही है।

49. पत्रकार पी. साईनाथ को फुकुओका पुरस्कार 2021 के तीन प्राप्तकर्ताओं में से एक के रूप में चुना गया है।

श्री साईनाथ को फुकुओका पुरस्कार का 'ग्रैंड प्राइज़' प्राप्त होगा, जबकि अकादमिक पुरस्कार और कला और संस्कृति का पुरस्कार क्रमशः जापान के प्रो. किशिमोतो मियो और थाईलैंड के फिल्म निर्माता प्रबदा यूं को मिलेगा। पिछले 30 वर्षों में 28 देशों के 115 लोगों ने पुरस्कार प्राप्त किया है।

अत: सही विकल्प (B) है।

50. भारत के प्रमुख सार्वजनिक क्षेत्र के बैंक बैंक ऑफ बड़ौदा ने डिजिटल बैंकिंग भुगतान के लिए 13 दिसंबर, 2021 को बॉब वर्ल्ड वेव नाम से एक समाधान लॉन्च किया है।

पूरे विश्व में वियरेबल तकनीक के उपयोग से ऋणदाता इसका उपयोग अधिक सुविधाजनक और कैशलेस डिजिटल भुगतान प्रणाली के लिए अपना रहे हैं। इस अभिनव समाधान का उद्देश्य निवारक स्वास्थ्य कार्यों के साथ-साथ आसान भुगतान लेनदेन को पूरी तरह से वितरित करना है।

अत: सही विकल्प (B) है।

51. माना x लीटर का मिश्रण बनाने के लिए x लीटर जिसकी लागत 52 रु/लीटर है को $(1-x)$ लीटर के साथ मिलाया जाता है जिसकी लागत 65 रु/लीटर है।

नवीन तरल पदार्थ की लागत $= (x) \times 52 + (1-x) \times 65 = 65 - 13x$

मिश्रण की लागत $= 60$ रु/लीटर

$\Rightarrow 65 - 13x = 60$

$\Rightarrow 13x = 5$

$\Rightarrow \frac{x=5}{13}$

$\Rightarrow (1-x) = \frac{1-5}{13} = \frac{8}{13}$

वह अनुपात जिसमें तरल पदार्थों को मिलाया जाना चाहिए $= \frac{x}{(1-x)}$

$= \frac{\left(\frac{5}{13}\right)}{\left(\frac{8}{13}\right)}$

$=\frac{5}{8}$

$=5:8$

संक्षिप्त पद्धति:

सस्ते वाले की मात्रा / महँगे वाले की मात्रा = (महँगे वाले का मूल्य − माध्य मूल्य) / (माध्य मूल्य - सस्ते वाले की मात्रा)

सस्ते वाले का मूल्य $=52/$ रु/लीटर

महँगे वाले का मूल्य $=65$ रु/लीटर

माध्य मूल्य $=60$ रु/लीटर

अभीष्ट अनुपात = सस्ते वाले की मात्रा /महँगे वाले की मात्रा

अभीष्ट अनुपात $=\frac{(65-60)}{(60-52)}$

$=\frac{5}{8}$

$=5:8$

अतः विकल्प (B) सही है।

52. दो स्थानों के बीच की दूरी = लिया गया समय × गति

$=\frac{7}{2}\times 62=217$ किमी

गति में वृद्धि $=70$ किमी/घंटा

$\Rightarrow$ लिया गया समय $=\frac{217}{70}$

$=186$ मिनट

$\therefore$ बचाया गया समय $=210-186$

$=24$ मिनट

अतः विकल्प (B) सही है।

53. दिया गया है,

मूलधन $=28560$

दर $=15\%$

समय $=2$ years

साधारण ब्याज = मूलधन × दर × समय $/100$

$\Rightarrow$ साधारण ब्याज $=\frac{(28560\times15\times2)}{100}$

$=8568$

और,

चक्रवृद्धि ब्याज = मूलधन $\left[\left(1+\frac{R}{100}\right)^T-1\right]=$ $28560\left[\left(1+\frac{15}{10}\right)^2-1\right]$

$\Rightarrow$ चक्रवृद्धि ब्याज =मूलधन $28560\left(\frac{13225}{10000}-1\right)=$ $28560\times\frac{3225}{10000}$

$\Rightarrow$ चक्रवृद्धि ब्याज $=28560\times0.3225$

$=9210.6$

इसलिए, अंतर $=9210.6-8568$

$=642.6$

अतः विकल्प (D) सही है।

54. C और D के आय का अनुपात $=3:2=15:10$

साथ ही,

D और E के आय का अनुपात $=5:4=10:8$

माना कि C, D और E की आय क्रमशः $15x, 10x$ और $8x$

प्रश्नानुसार,

$\Rightarrow\left(\frac{1}{3}\right)$ का $15x=\left(\frac{1}{2}\right)$ का $8x+4000$

$\Rightarrow 5x=4x+4000$

$\Rightarrow x=4000$

$\therefore$ D की आय $=10x=10\times4000=40{,}000$

$\therefore$ D की आय $=10x$

$=10\times4000$

$=40{,}000$

अतः विकल्प (A) सही है।

55. $x+\frac{1}{x}=2$

$\Rightarrow\frac{x^2+1}{x}=2$

$\Rightarrow x^2+1=2x$

$\Rightarrow x^2-2x+1=0$

जो $ax^2+bx+c=0$ के रूप में है।

अतः विकल्प (A) सही है।

56. $(x+2)^3=(x^2-1)2x$

$\Rightarrow x^3+8+3\cdot x\cdot 2(x+2)=2x^3-2x$

$\Rightarrow x^3+8+6x^2+12x=2x^3-2x$

$\Rightarrow 2x^3-x^3-6x^2-12x-2x-8=0$

$\Rightarrow x^3-6x^2-14x-8=0$

जो $ax^3+bx^2+cx+d=0$ के रूप का है।

अतः विकल्प (C) सही है।

57. विक्रय मूल्य $= 435$ रुपए और लाभ $\% = 16\%$

इसलिए, क्रय मूल्य $=$ विक्रय मूल्य $\times 100/$ (लाभ %)

$= 435 \times \frac{100}{116} =$ रुपए 375

जब विक्रय मूल्य 330 रुपए था तो हानि प्रतिशत

$\therefore$ हानि $\% =$ (क्रय मूल्य $-$ विक्रय मूल्य)/क्रय मूल्य $\times 100$

$= \frac{(375-330)}{375} \times 100$

$= 12\%$

अतः विकल्प (D) सही है।

58. $\frac{\{9^n \times 3^5 \times (27)^3\}}{3} \times (81)^4$

$= 27 \Rightarrow \frac{\{(3^2)^n \times 3^5 \times (3^3)^3\}}{3 \times (3^4)^4}$

$= 3^3 \Rightarrow \frac{(3^{2n} \times 3^5 \times 3^{(3\times3)})}{3 \times 3^{(4\times4)}} = 3^3$

$\Rightarrow \frac{3^{2n+5+9}}{3 \times 3^{16}}$

$= 3^3 \Rightarrow \frac{3^{2n+14}}{3^{17}}$

$= 3^3 \Rightarrow 3^{(2n+14-17)} = 3^3$

$\Rightarrow 3^{2n-3} = 3^3$

From the equation powers:

$\Rightarrow 2n - 3 = 3$

$\Rightarrow 2n = 6$

$\Rightarrow n = 3.$

अतः विकल्प (C) सही है।

59. B और C की कार्यक्षमता का अनुपात $= 2x : x$

A की कार्यक्षमता $= 2x \times \frac{150}{100} = 3x$

A, B और C की कार्यक्षमता का अनुपात $= 3 : 2 : 1$

कुल कार्यक्षमता $= (3 + 2 + 1) = 6$

कुल कार्य $= 6 \times 6 = 36$

$\therefore$ A अकेले पूरा कार्य को इतने दिनों में पूरा कर सकता है $= \frac{36}{3}$

$= 12$ दिन

अतः विकल्प (B) सही है।

60. प्रश्न के अनुसार

$\Rightarrow 5\%$ का $(P + Q) = 20\%$ का $(P - Q)$

$\Rightarrow \frac{5}{100} \times (P + Q) = \frac{20}{100} \times (P - Q)$

$\Rightarrow (P + Q) = 4 \times (P - Q)$

$\Rightarrow P + Q = 4P - 4Q$

$\Rightarrow 3P = 5Q$

$\Rightarrow \frac{P}{Q} = \frac{5}{3}$

माना $P = 5$ & $Q = 3$

$\therefore$ आवश्यक $\% = \frac{5}{3} \times 100$

$= 166.66\%$

अतः विकल्प (B) सही है।

61. दिया गया व्यंजक:

$\Rightarrow \sqrt{13 - 4\sqrt{10}} = ?$

$\Rightarrow \sqrt{13 - 2\sqrt{10 \times 4}} = ?$

$\Rightarrow \sqrt{8 + 5 - 2\sqrt{10 \times 4}} = ?$

$\Rightarrow \sqrt{8 + 5 - 2\sqrt{5 \times 8}} = ?$

$\Rightarrow \sqrt{(\sqrt{8})^2 - 2\sqrt{5 \times 8} + (\sqrt{5})^2} = ?$

$(a + b)^2 = a^2 + 2ab + b^2$ का प्रयोग करने पर,

$\Rightarrow \sqrt{(\sqrt{8} - \sqrt{5})^2} = ?$

वर्ग मूल लेने पर,

$= \sqrt{8} - \sqrt{5}$

अतः विकल्प (A) सही है।

62. दिया गया समीकरण:

$2^{n-1} + 2^{n+1} = 320$

$\Rightarrow 2^{n-1}(1 + 2^2) = 320$

$\Rightarrow 5 \times 2^{n-1} = 320$

$\Rightarrow 2^{n-1} = \frac{320}{5}$

$\Rightarrow 2^{n-1} = 64$

$\Rightarrow 2^{n-1} = 2^6$

$\Rightarrow n - 1 = 6$

$n = 7$

अतः विकल्प (D) सही है।

63. ट्रेन द्वारा तय की गई कुल दूरी $=$ पुल की लम्बाई $+$ ट्रेन की लम्बाई $= 655 + 145$

$= 800$ मीटर

$= 0.8$ किमी

लिया गया समय $= 36$ सेकेंड

$= \frac{36}{3600}$ घंटे

$= \frac{1}{100}$ घंटे

$\therefore$ ट्रेन की गति $=$ तय की गई दूरी/लिया गया समय

$= \frac{0.8}{\left(\frac{1}{100}\right)}$

$= 80$ किमी/घंटा

अतः विकल्प (C) सही है।

64. माना 1 लीटर दूध का मूल्य 1 रुपए है

पहले कैन में 1 लीटर मिश्रण में दूध $= \frac{3}{4}$ लीटर, पहले कैन के 1 लीटर मिश्रण का क्रय मूल्य है $\frac{3}{4}$ रुपए

दूसरे कैन में 1 लीटर मिश्रण में दूध $= \frac{1}{2}$ लीटर, दूसरे कैन के 1 लीटर मिश्रण का क्रय मूल्य होगा

अन्तिम मिश्रण के 1 लीटर मे दूध $= \frac{5}{8}$ लीटर, माध्य मूल्य $= \frac{5}{8}$ रुपए

मिश्रण के नियम से, हमारे पास हैः

पहले कैन के 1 लीटर मिश्रण का क्रय मूल्य, दूसरे कैन के 1 लीटर मिश्रण का क्रय मूल्य

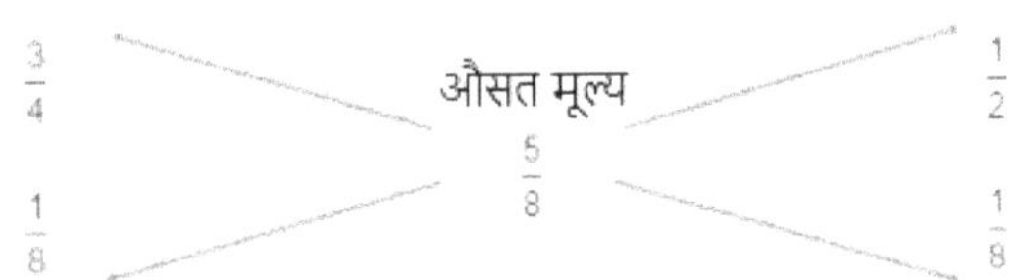

इसलिए दो मिश्रणो का अनुपात $= \frac{1}{8} : \frac{1}{8} = \frac{1}{1}$

इसलिए, प्रत्येक कैन से लिए गए मिश्रण की मात्रा $= \left(\frac{1}{2} \times 12\right) = 6$ लीटर

अतः विकल्प (B) सही है।

65. दिया है,

$\Rightarrow p + \left(\frac{1}{p}\right) = 8 \quad -(1)$

समीकरण (1) के दोनों पक्षों का वर्ग करने पर हमें प्राप्त होता है,

$\Rightarrow p^2 + \left(\frac{1}{p}\right)^2 + 2 \times p \times \frac{1}{p} = 64$

$\Rightarrow p^2 + \left(\frac{1}{p^2}\right) + 2 = 64$

$\Rightarrow p^2 + \left(\frac{1}{p^2}\right) = 64 - 2$

$= 62$

अतः विकल्प (A) सही है।

66. कूलर का बाजार मूल्य $= 1600$

विक्रय मूल्य $= 90\%$ का $1600 = 1440$ रु.

लाभ $\% = 20\% = \frac{1}{5}$

विक्रय मूल्य $= 1 + 5 = 6$ इकाई

$= 1440$

1 इकाई $= 240$ रु.

$\therefore$ कूलर का क्रय मूल्य $= 5$ इकाई

$= 5 \times 240$

$= 1200$ रु.

अतः विकल्प (D) सही है।

67. लाल गेंदों की संख्या $= 4$

नीली गेंदों की संख्या $= 6$

गुलाबी गेंदों की संख्या $= 8$

गेंदों की कुल संख्या $= 4 + 6 + 8 = 18$

आवश्यक संभावना $= \frac{4}{18} \times \frac{11}{20} + \frac{6}{18} \times \frac{11}{20}$

$= \frac{11}{20}\left[\frac{4}{18} + \frac{6}{18}\right]$

$= \frac{11}{20} \times \frac{10}{18}$

$= \frac{11}{36}$

अतः विकल्प (D) सही है।

68. $(192)^{102} + (193)^{103}$

हम प्रत्येक संख्या के इकाई अंक पर विचार करेंगे

$\Rightarrow 2^{102} + 3^{103}$

$\Rightarrow 2^{4\times25+2} + 3^{4\times25+3}$

$\Rightarrow 2^2 + 3^3$ (प्रत्येक योग के केवल इकाई स्थान के अंक को लीजिये)

$\Rightarrow 4 + 27$

$\Rightarrow 31$

$\therefore$ इकाई अंक 1 है।

अतः विकल्प (B) सही है।

69. 5 वर्ष के बाद राखी की आयु, तिथि की आयु की दुगुनी हो जाएगी, यदि तिथि का जन्मदिन दो वर्ष पूर्व मनाया गया था।

अतः तिथि की वर्तमान आयु $= 13 + 2 = 15$ वर्ष

पाँच वर्ष के बाद, तिथि की आयु $= 15 + 5 = 20$ वर्ष

माना राखी की वर्तमान आयु x वर्ष है

पाँच वर्ष के बाद, राखी की आयु $= (x + 5)$ वर्ष

अब हम लिख सकते हैं,

$x + 5 = 2 \times 20$

$\Rightarrow x = 40 - 5$

$\Rightarrow x = 35$

तब, राखी की आयु $= 35$ वर्ष

प्रप्ति की आयु, राखी की आयु का $\frac{1}{7}$ है

$\therefore$ प्रप्ति की आयु $= 35 \times \left(\frac{1}{7}\right) = 5$ वर्ष

अतः विकल्प (C) सही है।

70. 5 के प्रथम 8 गुणज इस प्रकार होंगे: 5,10,15,20,25,30,35,40

योग $= 5 + 10 + 15 + 20 + 25 + 30 + 35 + 40$

$= 180$

औसत $= \frac{180}{8}$

$= 22.5$

अतः विकल्प (A) सही है।

71. महत्तम समापवर्त्य के लिए,

493 का गुणनखंड = 17 × 29 = 1, 17, 29, 493

527 का गुणनखंड = 17 × 31 = 1, 17, 31, 527

697 का गुणनखंड = 17 × 41 = 1, 17, 41, 697

∴ (493,527,697) का महत्तम समापवर्त्य = तीनों के उभयनिष्ठ गुणनखंड = 17

अतः विकल्प (C) सही है।

72. हर में वर्गमूल का चिन्ह है। इसे हटाने के लिए, भिन्नों को तर्कसंगत बनाएं। तर्कसंगत बनाते समय विपरीत संकेत का उपयोग करें। तर्कसंगत होने पर हम प्राप्त करते हैं:

$$= \frac{1}{1+\sqrt{2}} \times \frac{1-\sqrt{2}}{1-\sqrt{2}} + \frac{1}{\sqrt{2}+\sqrt{3}} \times \frac{\sqrt{2}-\sqrt{3}}{\sqrt{2}-\sqrt{3}} \ldots + \frac{1}{\sqrt{15}+\sqrt{16}} \times \frac{\sqrt{15}-\sqrt{16}}{\sqrt{15}-\sqrt{16}}$$

$$= \frac{1-\sqrt{2}}{1-2} + \frac{\sqrt{2}-\sqrt{3}}{2-3} \ldots + \frac{\sqrt{15}-\sqrt{16}}{15-16} \rightarrow (a+b)(a-b) = a^2 - b^2$$

$$= \frac{1-\sqrt{2}}{-1} + \frac{\sqrt{2}-\sqrt{3}}{-1} \ldots + \frac{\sqrt{15}-\sqrt{16}}{-1}$$

$$= -1 + \sqrt{2} - \sqrt{2} + \sqrt{3} - \cdots - \sqrt{15} + \sqrt{16}$$

$$= -1 + \sqrt{16} = -1 + 4 = 3$$

अतः विकल्प (B) सही है।

73. प्रश्न को भागों में विभाजित करें,

$\left(\frac{98}{3}\% \text{ का } 769.002\right) + (24\% \text{ का } 160.89) - 67.9900$

$\Rightarrow \frac{98}{3}\%$ का $769.002 = 33\% \times 769 = 254.77 = 255 --(1)$

$\Rightarrow 24\%$ का $160.89 = 24\% \times 161 = 38.64 = 39 --(2)$

आखिरकार,

$255 + 39 - 68 = 294 - 68 = 226$

अतः विकल्प (D) सही है।

74. 99 = 1 x 3 x 3 x 11

101 = 1 x 101

176 = 1 x 2 x 2 x 2 x 2 x 11

182 = 1 x 2 x 7 x 13

तो, 99 के विभाजक 1, 3, 9, 11, 33, .99 हैं101 के भाजक 1 और 101 हैं

176 के विभाजक 1, 2, 4, 8, 11, 16, 22, 44, 88 और 176 हैं

182 के भाजक 1, 2, 7, 13, 14, 26, 91 और 182 हैं।

इसलिए, 176 में सबसे अधिक भाजक हैं।

अतः विकल्प (C) सही है।

75. माना संख्या 2x और 3x है।

फिर, उनके ल. स. म. = 6x है

तो, 6x = 48 या x = 8

संख्या 16 और 24 हैं

इसलिए, आवश्यक योग = (16 + 24) = 40

अतः विकल्प (C) सही है।

76. The passage states that the Security Council passed a resolution in 1981 which considers the Israeli annexation as null and void. So, it does not recognize Israeli right over Golan Heights.

Hence, the correct option is (B).

77. According to the passage, Israel captured Jerusalem, Golan Heights and the Sinai Peninsula in the war of 1967.

But the annexation of Golan Heights happened in 1981.

Annexation –The act of adding extra territory to one's own by appropriation.

Hence, the correct option is (D).

78. Blatant means something bad done openly and unashamedly.

e.g. The government continued to supply them with blatant lies.

So, its antonym must mean something that is done secretly or something that is hidden and not very obvious.

Let's look at meanings of the words:

Inconspicuous- not clearly visible or attracting attention.

Flagrant- conspicuously or obviously offensive.

Vagrant- a person without a settled home or regular work who wanders from place to place.

Intransigent- unwilling or refusing to change one's views or to agree about something.

Out of these, only Inconspicuous gives the opposite meaning to Blatant.

Hence, the correct option is (C).

79. The passage says that Israel continues to occupy the West Bank and the Gaza Strip and that it has also claimed sovereignty over Golan Heights.

Hence, the correct option is (D).

80. As per the passage, President Trump only promised but did not follow up on facilitating a deal between Israelis and Palestinians.

The passage states that he has recognized Jerusalem as Israel's capital and Golan Heights as being part of Israel.

Hence, the correct option is (B).

81. Instead of ordering the entire sentence, it is easier to find connections between one or two parts and then eliminating the options.

Option (B) talks about 'unconditional positive regard', which, in order to make a meaningful sentence, must be joined to the other parts by a verb.

Option (D) is the only part that begins with the verb 'is'.

Hence, the correct option is (C).

82. Instead of ordering the entire sentence, it is easier to find connections between one or two parts and then eliminating the options.

C talks about making something difficult 'for those', which must be logically followed by 'who' think in black and white, as given by B.

Hence, the correct option is (C).

83. The sentence uses the incorrect form 'whose'.

'Whose' is a determiner/pronoun meaning 'belonging to someone'. As it refers to a person, it cannot be used here.

In the context of the sentence, the pronoun/determiner 'which' is more appropriate.

Hence, the correct option is (B).

84. The sentence uses the incorrect form 'on'.

The phrase 'on the face' does not make any sense. The correct preposition here should be 'in', which forms the phrase 'in the face of' something, meaning 'confronted with' something.

Hence, the correct option is (A).

85. The sentence suggests that the blank comes between the infinitive form 'to' and the verb 'understand'. This means that only an adverb can fit in the blank.

Given the context, the word should be 'better', as none of the other words can make the sentence meaningful.

Note here that 'to understand' is the verb and 'better' is the adverb. It can be used as both **'to better understand' something or 'to understand something better'**. Both are correct forms.

Hence, the correct option is (D).

86. The sentence is in passive voice thus in active voice the subject 'they' must be written before the object 'piano lessons.' In active voice :

Subject+verb+object

In passive voice:

Object+verb+subject

The tense here is progressive present 'are given' thus 'give' is the correct verb to be used here. Option 2 is the correct answer. The other options use incorrect tenses or change the meaning of the sentence.

Hence, the correct option is (B).

87. The original sentence is in passive voice so the answer should be in active voice. Thus, the pattern will be,

Subject (Sergei) + Verb (embarrass)+ Object (Natasha)

The original sentence is in the past perfect tense and this will change to simple past in the answer, this eliminated option c as it is in the future tense. Option d too is eliminated by the fact that it is in the present tense. Option a too cannot be the answer as it **changes the position** of the subject with the object and vice versa and thus cannot be the answer.

Hence, the correct option is (B).

88. One word-substitution is Misologist.

Misologist: A hater of knowledge and learning.

Bibliophile: a person who collects or has a great love for books.

Philologist: learner of the language, or linguist.

Misogynist: A person who hates women.

Hence, the correct option is (D).

89. The one word-substitution is Alliteration.

Alliteration: The occurrence of the same letter or sound at the beginning of adjacent or closely connected words.

Pun: A joke exploiting the different possible meanings of a word or the fact that there are words that sound alike but have different meanings.

Transferred epithet: A transferred epithet often involves shifting a modifier from the animate to the inanimate, as in the phrases.

Oxymoron: A figure of speech in which apparently contradictory terms appear in conjunction.

Hence, the correct option is (B).

90. The sentence suggests that the blank should contain a noun as it is used with the article 'an'.

Given the context, the word should mean 'level'.

Hence, the correct option is (B).

91. The sentence uses the form isn't driven by, which is correct and needs no improvement.

None of the alternatives can make the sentence meaningful.

Hence, the correct option is (D).

92. The sentence suggests that the blank must contain an adjective.

Also, given the context, the word should mean 'firm or strong', as it talks about the trust that our forefathers had in the democracy.

The only word that fits the blank is **resolute**

Reproachable means full of disapproval. **Profligate** means wasteful. **Retributive** means seeking revenge.

Hence, the correct option is (A).

93. The sentence suggests that the blank must contain a noun.

Also, given the context, the word should mean 'weakness or flaws'.

The only word that fits the blank is **fragility**

Frolic are playful activities. **Frangipani** is a type of flower. **Bucolic** means rural.

Hence, the correct option is (B).

94. The sentence suggests that the blank must contain a noun.

Also, given the context, the word should mean a decentralisation or more equal distribution of power.

The only word that fits the blank is **devolution**.

Hence, the correct option is (D).

95. The sentence suggests that the blank must contain a noun.

Also, given the context, the word should mean 'disease or affliction'.

The only word that fits the blank is **maladies**

Malodour is bad smell. **Malice** is ill will, **mast** is a tall upright pole, like of a ship.

Hence, the correct option is (C).

96. The sentence suggests that the blank must contain an adjective.

Also, given the context, the word should have a negative meaning as it refers to the negative effect of money, such as 'corrupting'.

The only word that fits the blank is **corroding**

Hence, the correct option is (A).

97. The word **exiguous** means **very small in amount.**

The meanings of the other words are-

Colossal- large in amount

Ransom-a sum of money demanded the release of a captive

Diluted-make a liquid thin by adding water in it

Humble-down to Earth

Hence, the correct option is (D).

98. The correct spelling is 'concurred'. To concur is to agree with someone or share the same opinion.

E.g. Almost all the directors on the board concurred with Steve on the idea that the company needed a total makeover.

Hence, the correct option is (D).

99. After reading the given sentences we can easily make out that the paragraph talks about 'Child Labour'.

'Child Labour' is defined in the sentence B, hence it is the starting point of the paragraph. Sentence D will follow B as it tells the cause of the matter concerned. And the pronoun 'this' used in D refers to 'child labour', thus D links with B. Sentence E also talks about 'cause' by saying that 'causes are irrelevant in this case', hence it will follow D. The last word of sentence E, i.e. 'childhood' is described in sentence C, hence C will follow E. Sentence A completes the paragraph by telling the negative aspects of the subject.

Hence, the correct option is (C).

100. One who is interested in the welfare of other people is called Altruist.

Philosopher - One who is engaged in philosophy and imparts wisdom to society or others.

Dreamer - One who keeps on dreaming.

Worker - One who works and achieves output.

Thus, the correct answer is "Altruist".

Hence, the correct option is (B).

मॉक टेस्ट 05

General Intelligence & Reasoning

Q.1 निर्देश: निम्नलिखित जानकारी का ध्यानपूर्वक अध्ययन करें और नीचे दिए गए प्रश्नों के उत्तर दें:

आठ दोस्त A, B, C, D, E, F, G और H हैं उनमें से प्रत्येक को अलग-अलग रंग हरा, पीला, गुलाबी, लाल, काला, सफेद, नीला और ग्रे पसंद करते है, लेकिन जरूरी नहीं कि इसी क्रम में हो। उनमें से प्रत्येक की एक अलग-अलग ऊंचाई है।

जो व्यक्ति सबसे लंबा है वह काला रंग पसंद नहीं करता है। जो व्यक्ति सबसे छोटा है वह लाल और गुलाबी रंग पसंद नहीं करता है। C, A और D से लंबा है लेकिन H और E से छोटा है। A, सफेद रंग पसंद करता और सबसे छोटा नहीं है। E जो पीला रंग पसंद करता है, वह G से लंबा है और तीसरा सबसे लंबा व्यक्ति है। B को काला रंग पसंद है, E से लंबा है। F को लाल रंग पसंद है, G की तुलना में छोटा है। वह व्यक्ति जो नीला रंग पसंद करता है G से बड़ा है जो हरा रंग पसंद करता है। H को नीला रंग पसंद नहीं है। जो व्यक्ति सफेद रंग पसंद करता है वह F से लंबा और G से छोटा होता है।

C से लंबे कितने व्यक्ति है?

A. एक **B.** दो **C.** तीन **D.** चार

Q.2 निम्नलिखित हल कीजिये।

यदि RAT = 9, GAME = 12, LIVER = 15 तो POLYSTER = ?

A. 17 **B.** 22 **C.** 24 **D.** 19

Q.3 निम्न में से कौन सी आकृति दिए गये वर्गों के बीच सर्वश्रेष्ठ संबंध को प्रदर्शित करती है:

पुरुष, मेहमान, दादा

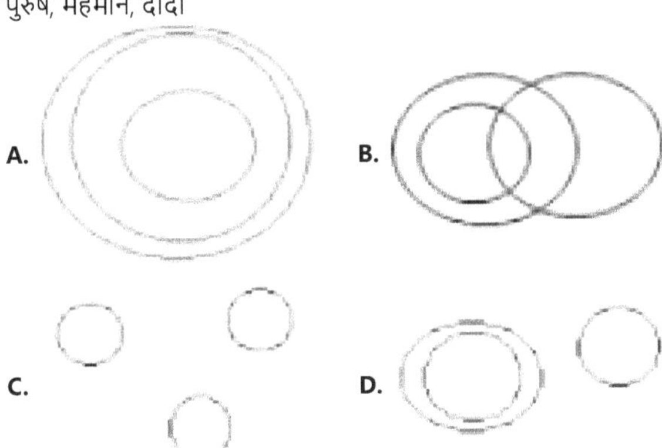

Q.4 निर्देश: निम्नलिखित प्रश्न में दिए गए विकल्पों में से सम्बंधित शब्द को चुनिए।

HJIK : MONP : : PRQS : ?

A. UVWX **B.** UWVX **C.** UXWV **D.** UWXV

Q.5 उत्तर आंकड़े से एक उपयुक्त आकृति चुनें जो प्रश्न चिह्न (?) की जगह लेगा।

प्रश्न आकृतियाँ:

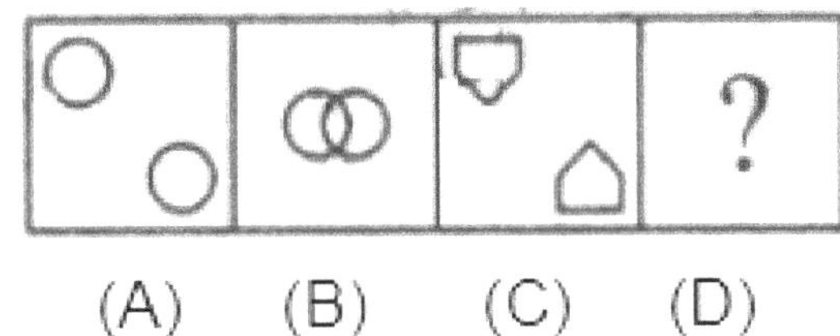

उत्तर आकृतियाँ:

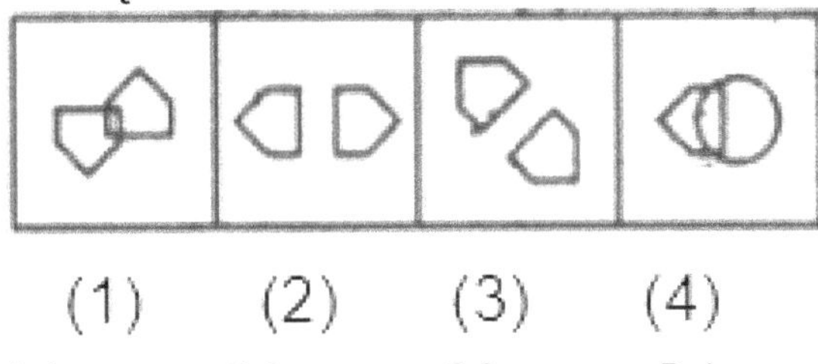

A. 1 **B.** 2 **C.** 3 **D.** 4

Q.6 664, 332, 340, 170, _____89 इस श्रृंखला की लुप्त संख्या ज्ञात कीजिए।

A. 85 **B.** 97 **C.** 109 **D.** 178

Q.7 निम्नलिखित प्रश्न में दिए गए विकल्पों में से बेजोड़ शब्द युग्म का चयन कीजिए।

A. वर्ग - चार **B.** षट्कोण - छः
C. शंकु - आकृति **D.** त्रिभुज - तीन

Q.8 एक शख्स के चित्र को देखकर संजय ने कहा, 'उसकी मां मेरे पिता के बेटे की पत्नी है। भाइयों और बहनों, मेरे पास कोई नहीं है।' जिसके चित्र पर संजय देख रहा था।

A. उसका बेटा **B.** उसका भतीजा
C. उसका भाई **D.** उसके चाचा

Q.9 निम्नलिखित में से एक अलग को चुने:

A. केला **B.** अंगूर **C.** संतरा **D.** अनार

Q.10 उस वैकल्पिक आकृति का पता लगाएं जिसमें उसके भाग के रूप में आकृति (X) हो।

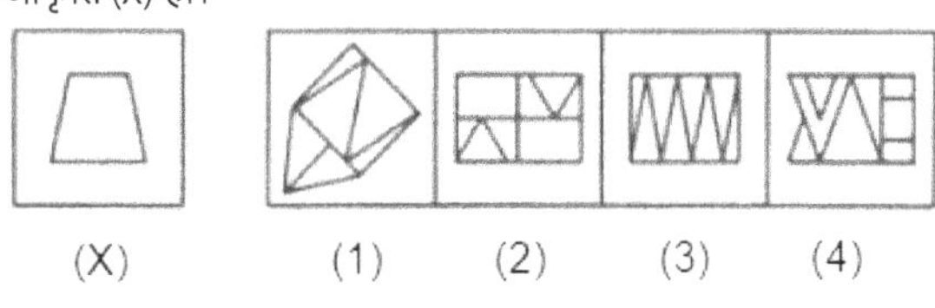

A. 1 **B.** 2 **C.** 3 **D.** 4

Q.11 यदि दर्पण को AB रेखा पर रखा जाता है, तो उत्तर आकृति में से कौन सी आकृति दी गई आकृति की सही छवि है?

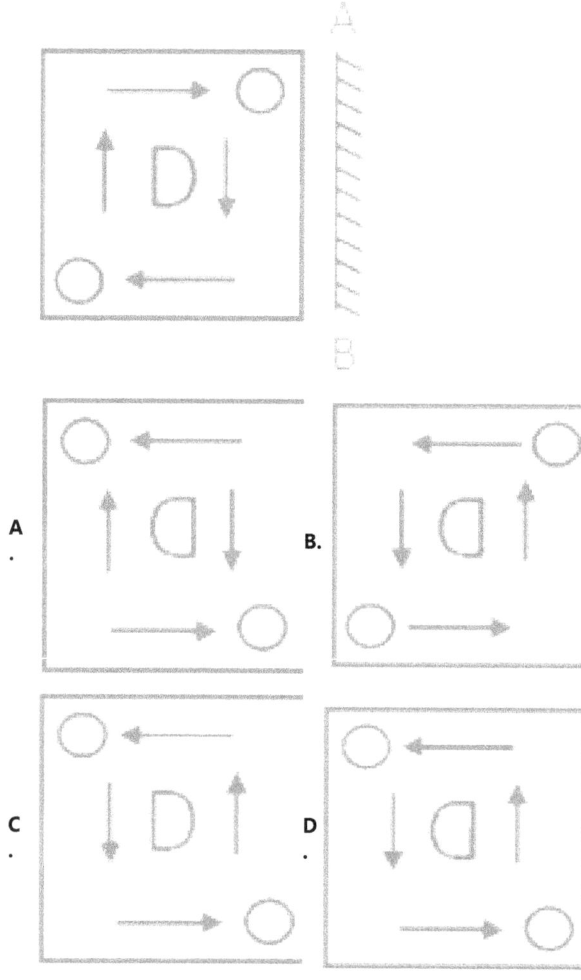

Q.12 यदि 'A' का अर्थ '+', 'B' का अर्थ '×', 'P' का अर्थ '÷' और 'Q' का अर्थ '-' है, तो 52 B 4 A 12 Q 75 P 5 =?

A. 221 **B.** 208 **C.** 224 **D.** 205

Q.13 निर्देश: दो कथन दिए गए हैं, उसके बाद दो निष्कर्ष I और II दिए गए हैं। आपको दिए गये कथनों को सत्य मानना है, भले ही वे सामान्यतः ज्ञात तथ्यों से अलग प्रतीत होते हों, निर्णय कीजिए कि कौन सा निष्कर्ष, कथन से तार्किक रूप से अनुसरण करता है।

कथन:

कोई भी पौधा पेड़ नहीं है।

सभी आभूषण पौधे हैं।

निष्कर्ष:

I. कोई आभूषण पेड़ नहीं है।

II. कुछ पौधे आभूषण हैं।

A. या तो निष्कर्ष I या II अनुसरण करता है

B. दोनों निष्कर्ष अनुसरण करते हैं

C. केवल निष्कर्ष II अनुसरण करता है

D. केवल निष्कर्ष I अनुसरण करता है

Q.14 निम्नलिखित वेन आरेख में, 'वृत्त', 'पत्रकारों' का प्रतिनिधित्व करता है, 'त्रिभुज', 'महिलाओं' का प्रतिनिधित्व करता है और 'आयत', 'शहरी निवासियों' का प्रतिनिधित्व करता है। दी गई संख्या उस विशेष श्रेणी के व्यक्तियों की संख्या को दर्शाती हैं। कितने पत्रकार, महिलाएँ हैं लेकिन शहरी निवासी नहीं हैं?

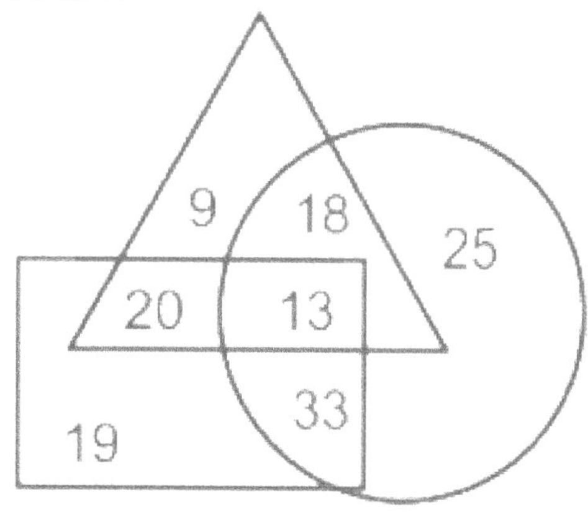

A. 13 **B.** 18 **C.** 9 **D.** 25

Q.15 निर्देश: नीचे दिए गए प्रश्न में एक कथन और उसके बाद I और II से अंकित दो निष्कर्ष दिए गए हैं। आपको कथन में सबकुछ सत्य मानना है, फिर दोनों निष्कर्षों पर विचार कीजिए और तय कीजिए कि उनमें से कौन-सा कथन में दी गयी जानकारी का एक अर्थपूर्ण संदेह के बिना तार्किक रूप से अनुसरण करता है।

कथन: मिलेनियल और Z पीढ़ी नेटफ्लिक्स और अन्य ऐप के माध्यम से भारी मात्रा में ऑनलाइन कंटेंट उपभोग कर रहे हैं, जबकि टी.वी. चैनलों के द्वारा विज्ञापन से अर्जित होने वाले राजस्व में कमी हो रही है।

निष्कर्ष:

I. नेटफ्लिक्स जैसे ऐप के विज्ञापन से होने वाले राजस्व में इजाफा हो रहा है।

II. ऐप पर स्विच करने वाले लोगों के कारण टी.वी. से होने वाले विज्ञापन का राजस्व कम हो रहा है।

A. केवल निष्कर्ष I अनुसरण करता है

B. केवल निष्कर्ष II अनुसरण करता है

C. I और II दोनों अनुसरण करते हैं

D. ना तो I और ना ही II अनुसरण करता है

Q.16 निम्नलिखित प्रश्न में दिए गए विकल्पों में से विषम शब्द को चुनिए।

A. चिकनगुनिया **B.** मलेरिया

C. घेंघा **D.** डेंगु

Q.17 दी गई उत्तर आकृतियों में से, उसका चयन कीजिए जिसमें प्रश्न आकृति छिपी हुई/निहित है (घूर्णन की अनुमति नहीं है)।

[SSC MTS, 2019]

A. 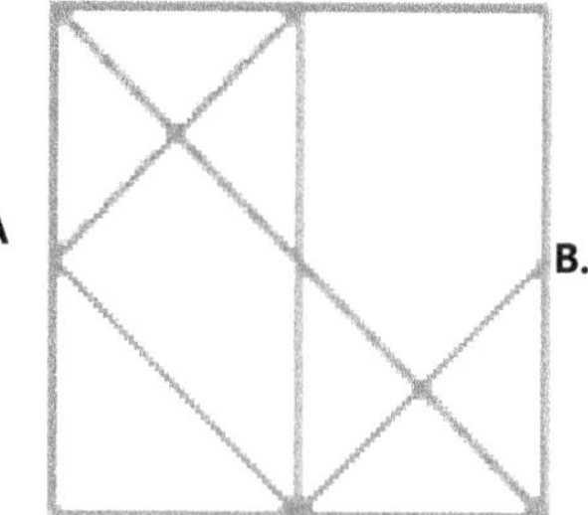

B. 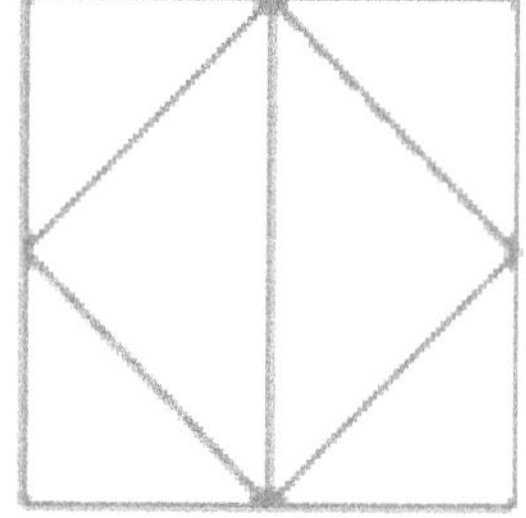

C. 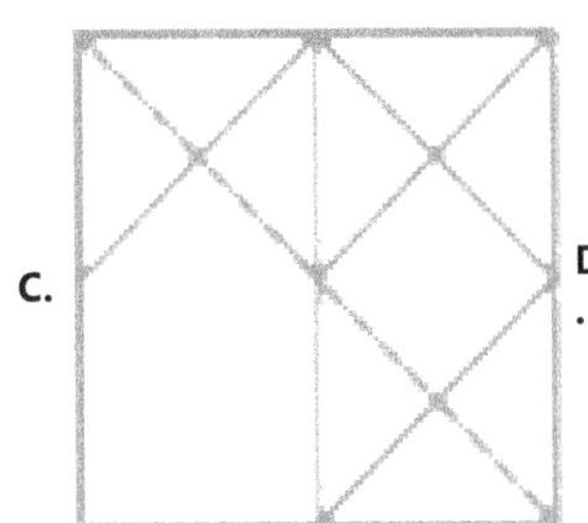 D. 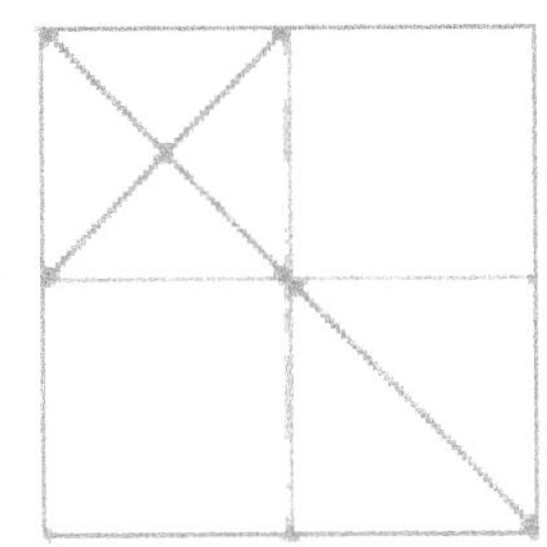

Q.18 एक कागज़ के टुकड़े को निम्न प्रश्न आकृतियों के अनुसार मोड़ा और छिद्रित किया गया। दी गई उत्तर आकृति में से इंगित कीजिए कि खोलने पर यह किस प्रकार दिखाई देगा।

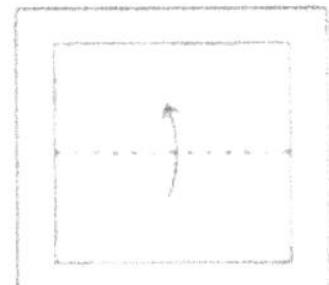 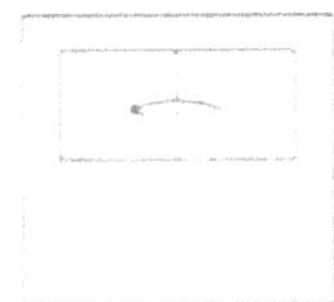 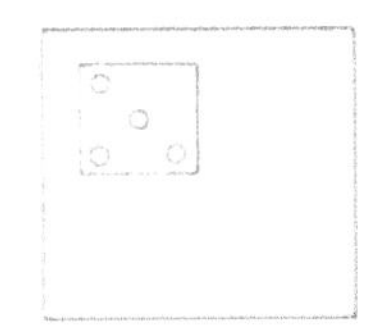

[SSC MTS, 2019], [UP Police Constable, 2019]

A. 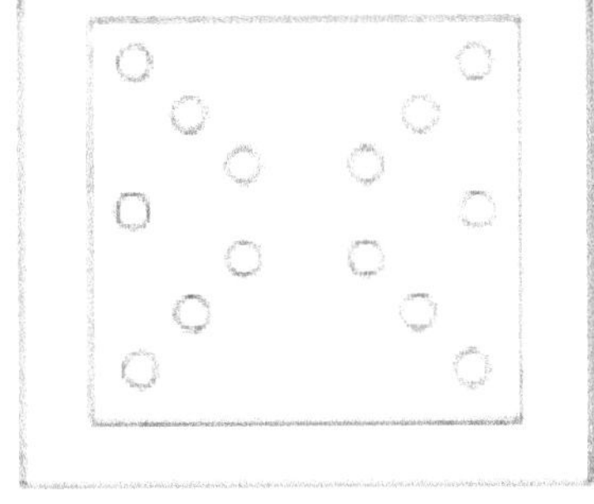

B. 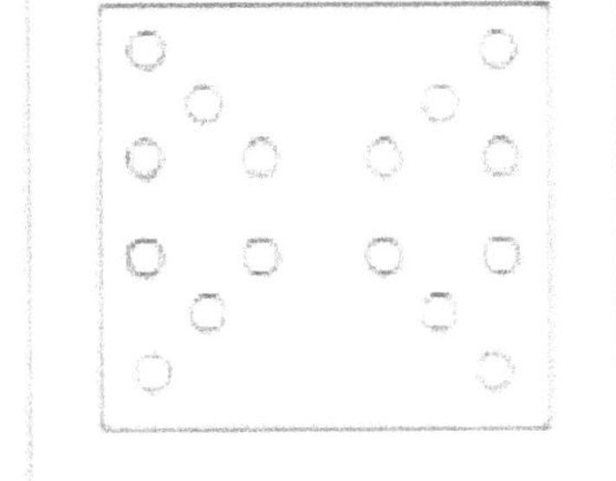

C. 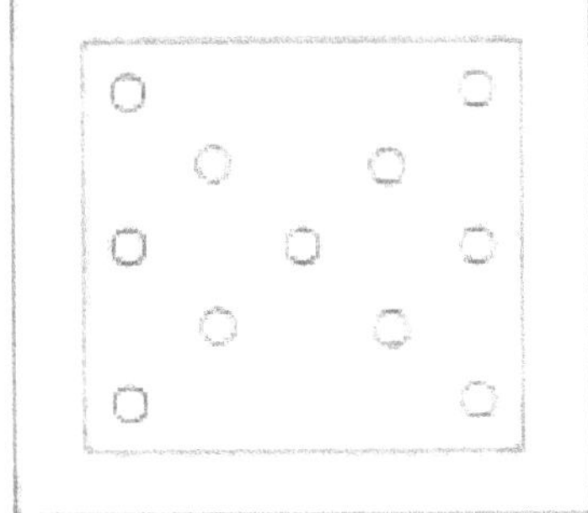

D. 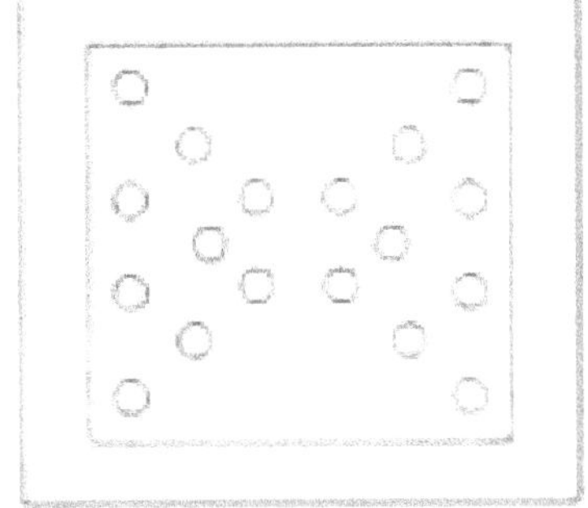

Q.19 निम्नलिखित श्रृंखला में लुप्त पद ज्ञात कीजिए।

1440 240 ? 12 4

A. 89 **B.** 56 **C.** 48 **D.** 72

Q.20

पता करें कि कौन से आंकड़े (1), (2), (3), और (4) आकृति (X) में दिए गए टुकड़ों से बन सकते हैं।

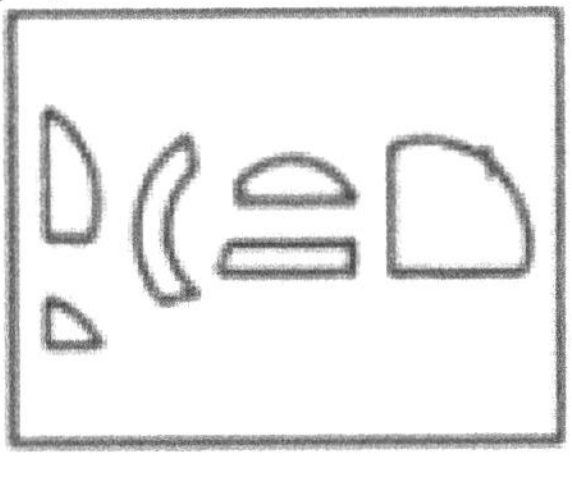

(X)

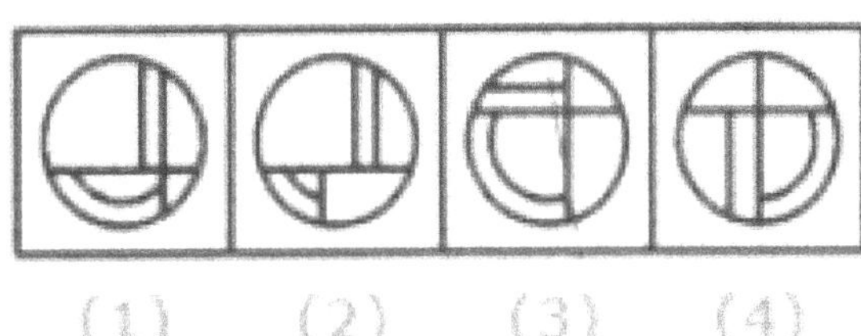

A. 1 **B.** 2 **C.** 3 **D.** 4

Q.21 निर्देश: निम्नलिखित प्रश्न में दिए गए विकल्पों में से सम्बंधित शब्द को चुनिए।

घंटा: सेकंड :: तृतीयक:?

A. मध्यस्थ **B.** प्राथमिक **C.** साधारण **D.** माध्यमिक

Q.22 उस बॉक्स को चुनें जो दी गई शीट (X) की शीट से बने बॉक्स के समान है।

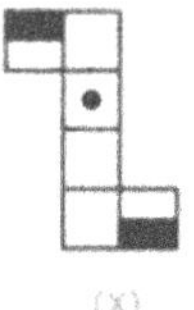    

(X) (1) (2) (3) (4)

A. केवल 1 और 2 **B.** केवल 2 और 3

C. केवल 2 और 4 **D.** 1, 2, 3 और 4

Q.23 दिए गए प्रश्न में अगर + का अर्थ है -, और - का अर्थ है +, तो निम्नलिखित प्रश्न का उत्तर ज्ञात करें।

15 + 5 - 6

A. 16 B. 12 C. 10 D. 19

Q.24 निर्देश: निम्नलिखित प्रश्न में दिए गए विकल्पों में से सम्बंधित शब्द को चुनिए।

122 : 170 : : 290 : ?

A. 316 B. 344 C. 360 D. 362

Q.25 दिए गए पदों के संबंधित युग्मों के आधार पर लुप्त पद ज्ञात कीजिये।

COULD: BNTKC :: MOULD : ________

A. NITKH B. CHMFI C. LNKTC D. LNTKC

General Awareness

Q.26 निम्नलिखित में से कौन मार्च 2021 में उत्तराखंड के मुख्यमंत्री बने? ***[SSC CGL, 2022]***

A. मदन कौशिक B. धन सिंह रावत
C. बी. सी खंडूरी D. तीरथ सिंह रावत

Q.27 जनवरी 2022 में किस देश ने G7 प्रेसीडेंसी का पदभार ग्रहण किया?

A. नीदरलैंड B. जर्मनी C. ऑस्ट्रिया D. फ्रांस

Q.28 मार्च 2022 में किस शहर में भारत के सबसे बड़े तैरते सौर ऊर्जा संयंत्र का उद्घाटन किया गया?

A. श्रीनगर B. उदयपुर
C. अहमदाबाद D. तूतिकोरिन

Q.29 किस फॉर्मूला वन रेसिंग ड्राइवर ने 3 जुलाई 2022 को ब्रिटिश F1 ग्रांड प्रिक्स जीता है?

A. लुईस हैमिल्टन B. सर्जीओ पेरेज़
C. कार्लोस सैन्ज़ D. मैक्स वेरस्टैपेन

Q.30 भारतीय संविधान में 'लोक हितकारी राज्य' का आदर्श किसमें प्रतिष्ठापित है?

A. प्रस्तावना
B. राज्य के नीति निर्देशक सिद्धांत
C. मौलिक अधिकार
D. सातवीं अनुसूची

Q.31 मुख्य चुनाव आयुक्त को हटाने की प्रक्रिया आरम्भ करने की शक्ति किसके पास है?

A. प्रधानमंत्री B. राष्ट्रपति
C. सर्वोच्च न्यायालय D. विधानमंडल

Q.32 निम्नलिखित में से किसने राष्ट्रकूट साम्राज्य की नींव रखी थी?

A. ध्रुव B. दंतिदुर्ग
C. अमोघवर्ष प्रथम D. कृष्णा प्रथम

Q.33 इनमें से किस खेल में पेनल्टी स्ट्रोक का उपयोग किया जाता है?

A. फुटबॉल
B. फील्ड हॉकी और फुटबॉल
C. बेसबॉल
D. रग्बी

Q.34 भारत में सर्वोच्च वीरता पुरस्कार कौन सा है?

A. परम विशिष्ट सेवा मेडल B. परमवीर चक्र
C. कीर्ति चक्र D. वीर चक्र

Q.35 शाहजहाँ द्वारा निर्मित मयूर सिंहासन को भारत से किसने छीन लिया था?

A. अहमद शाह अब्दाली B. ज़मन शाह
C. नादिर शाह D. शाह शुजा

Q.36 सूचना और प्रौद्योगिकी के संदर्भ में, ASCII का पूर्ण रूप अंग्रेजी में क्या है?

A. American Standard Communication for Information Interchange
B. American Standard Code for Information Interchange
C. American Standard Code for Infrastructure Interchange
D. American Standard Code for International Interchange

Q.37 आर्थिक सर्वेक्षण किसके द्वारा प्रकाशित किया जाता है?

A. वित्त मत्रांलय
B. योजना आयोग
C. भारत-सरकार
D. भारतीय सांख्यिकी संस्थान

Q.38 नीति आयोग के बारे में निम्नलिखित में से कौन सा कथन सही है?

A. नीति आयोग का गठन 25 जनवरी 2016 को किया गया था
B. नीति आयोग वाणिज्य और उद्योग मंत्रालय के अंतर्गत आता है
C. नीति आयोग का पूर्ण रूप नेशनल इंस्टीट्यूट फॉर ट्रांसफॉर्मिंग इंडिया है
D. नीति आयोग भारत सरकार का एक पॉलिसी थिंक टैंक है

Q.39 "पूंजीवाद" का क्या अर्थ है?

A. बाजार का उपयोग
B. पूंजी का सरकारी स्वामित्व
C. पूंजीगत वस्तुओं का निजी स्वामित्व
D. घरों और कारों का निजी स्वामित्व

Q.40 भारत में राष्ट्रीय आय के आँकड़े कौन जारी करता है?

A. राष्ट्रीय सांख्यिकी कार्यालय
B. केंद्रीय सांख्यिकी कार्यालय
C. नीति आयोग
D. उपरोक्त में से कोई नहीं

Q.41 प्रधानमंत्री जन-धन योजना (PMJDY) निम्नलिखित में से किस वित्तीय सेवा तक पहुँच प्रदान करती है?

A. निवृत्ति वेतन
B. क्रेडिट
C. बैंकिंग बचत और जमा खाते
D. उपरोक्त सभी

Q.42 गंगा का मैदान का सबसे बड़ा हिस्सा निम्नलिखित में से किस मिट्टी से ढका होता है?

A. बांगर की मिट्टी B. खादर की मिट्टी
C. भुर की मिट्टी D. रेगिस्तानी मिट्टी

Q.43 उत्तरी मैदानों में गर्मी के महीनों के दौरान जो गर्म और शुष्क हवाएँ चलती हैं, उन्हें _____ कहा जाता है।

A. लू B. मंजरी वर्षा
C. आम्र वर्षा D. कालबैसाखी

Q.44 भाखड़ा नांगल बाँध _____ नदी पर स्थित है। ***[SSC Selection Post Phase IX, 2019]***

A. सतलज B. चिनाब C. रावी D. ब्यास

Q.45 बिधान चंद्र रॉय पुरस्कार किस क्षेत्र में दिया जाता है?

A. पर्यावरण B. पत्रकारिता C. संगीत D. चिकित्सा

Q.46 फिलीपींस की राजधानी क्या है?

A. डावाओ B. सेबू C. सुरिगाओ D. मनीला

Q.47 "उस्ताद बिस्मिल्लाह खान" किस वाद्य यंत्र के अभ्यास में निपुण थे?

A. सितार B. बांसुरी C. शहनाई D. संतूर

Q.48 हर वर्ष नौसेना दिवस कब मनाया जाता है?

A. 1 दिसंबर B. 2 दिसंबर C. 3 दिसंबर D. 4 दिसंबर

Q.49 निम्नलिखित में से किसने अस्पृश्यता को दूर करने के लिए अपने रचनात्मक कार्यक्रम के एक भाग के रूप में हरिजन सेवक संघ को संगठित किया?

[SSC Selection Post Phase IX, 2020]

A. बी.आर. अम्बेडकर B. पेरियार ईवीआर
C. नारायण गुरु D. महात्मा गांधी

Q.50 शांति का नोबेल 2021 किसे प्रदान किया गया है?

A. स्यूकुरो मनाबे और क्लाउस हैसलमैन
B. मारिया रेस्सा और दिमित्री मुराटोव
C. डेनिस मुकवेगे और नादिया मुराद
D. एलेन जॉनसन सरलीफ और लेमाह ग्बोवी

Quantitative Aptitude

Q.51 धारा की दिशा में चलने वाली एक नाव को एक निश्चित दूरी तय करने में 8 घंटे 48 मिनट का समय लगता है, जबकि धारा के विपरीत दिशा में चलने वाली नाव को समान दूरी तय करने में 4 घंटे लगते हैं। क्रमशः नाव की गति और धारा के प्रवाह की गति के बीच का अनुपात क्या है?

A. 2 : 1
B. 3 : 2
C. 8 : 3
D. निर्धारित नहीं किया जा सकता है

Q.52 यदि पासा फेंका जाए तो 3 के योग होने की संभावना क्या है?

A. $\frac{2}{18}$ B. $\frac{1}{18}$ C. 4 D. $\frac{1}{36}$

Q.53 यदि $ax^2 + bx + c = 0$ का मूल $m:n$ के अनुपात में हैं, तो:

A. $mna^2 = (m+n)c^2$
B. $mnb^2 = (m+n)ac$
C. $mnb^2 = (m+n)^2ac$
D. $mnb^2 = (m-n)^2ac$

Q.54 15 छात्रों के एक समूह में 6 लड़कियां और 9 लडकें हैं। प्रत्येक दिन एक छात्र समूह छोड़ता है। चार दिन बाद समूह में 8 लड़कों के होने की प्रायिकता क्या है?

A. $\frac{12}{91}$ B. $\frac{13}{91}$ C. $\frac{15}{91}$ D. $\frac{18}{91}$

Q.55 एक रेजिमेंट में पूर्व में अधिकारियों और सैनिकों की संख्या के बीच 3: 31 का अनुपात था। एक लड़ाई में 6 अधिकारी और 22 सैनिक मारे गए और नया अनुपात 1: 13 हो गया, लड़ाई से पहले रेजिमेंट में अधिकारियों की संख्या थी?

A. 31 B. 38 C. 21 D. 28

Q.56 तीन सदस्यों वाले परिवार की औसत ऊँचाई 140 सेमी है और जब उस परिवार में दो और सदस्य A और B जोड़े जाते हैं, तो औसत ऊँचाई 8 सेमी बढ़ जाती है। यदि A, B से 36 सेमी लंबा है, तो B की ऊँचाई कितनी है?

A. 138 सेमी B. 142 सेमी C. 140 सेमी D. 144 सेमी

Q.57 एक आदमी एक निश्चित मूल्य के लिए एक लेख बेचकर 20% प्राप्त करता है। यदि वह इसे दोगुने दाम पर बेचता है, तो लाभ का प्रतिशत होगा:

A. 130% B. 140% C. 150% D. 160%

Q.58 एक मिश्रण में अल्कोहल तथा पानी का अनुपात 4:3 है,यदि उसमे 5 लीटर पानी मिला दिया जाता है तो नया अनुपात 4:5 हो जाता है,दिए गए मिश्रण में अल्कोहल की मात्रा है।

A. 3 लीटर B. 4 लीटर C. 15 लीटर D. 10 लीटर

Q.59 एक ट्रेन क्रमशः 82 सेकंड और 52 सेकंड में 300 मीटर और 180 मीटर लंबाई के दो पुलों से गुजरती है। तो ट्रेन की लंबाई ज्ञात कीजिए।

A. 28 मीटर B. 32 मीटर C. 42 मीटर D. 48 मीटर

Q.60 निर्देश: निम्न प्रश्न में प्रश्न चिन्ह (?) के स्थान पर कौन सा मान आना चाहिए? (आपको सटीक मान ज्ञात करने की आवश्यकता नहीं है।)

14.082 × 19.964 × 23.980 = ? ÷ 24.978

A. 162200 B. 158200 C. 168000 D. 159320

Q.61 अंजलि और मोहन क्रमशः 42 दिनों और 56 दिनों में एक काम को पूरा कर सकते हैं। लक्ष्मी की मदद से, उन्होंने 12 दिनों में काम पूरा कर लिया। लक्ष्मी अकेले काम करते हुए काम को कितने दिनों में पूरा करेगी?

A. 32 दिन B. 28 दिन C. 24 दिन D. 36 दिन

Q.62 एक शंकु के आधार की त्रिज्या 21 सेमी है और इसका आयतन 12.936 लीटर है। शंकु के वक्र पृष्ठ के क्षेत्रफल और आधार के क्षेत्रफल के बीच अंतर क्या होगा (1 सेमी3 = 1 मिली और $\pi = \frac{22}{7}$)?

A. 784 सेमी^{2} B. 876 सेमी^{2}
C. 924 सेमी^{2} D. 1048 सेमी^{2}

Q.63 यदि घन के प्रत्येक भुजा में 10% की वृद्धि होती है, तो घन के आयतन में वृद्धि होगी:

A. 30% B. 10% C. 33.1% D. 25%

Q.64 एक पानी की टंकी में दो पाइप होते हैं। खाली टंकी को पहले 12 मिनट में भर दिया जाता है और दूसरे टैंक को 20 मिनट में खाली कर दिया जाता है। जब दोनों पाइप कार्य कर रहे हो, तो $\frac{1}{2}$ भाग टैंक को भरने के लिए अभीष्ट समय है:

A. 16 मिनट B. 15 मिनट C. 20 मिनट D. 30 मिनट

Q.65 यदि $10^{0.48} = x, 10^{0.70} = y$ और $x^z = y^2$, तब z का मान लगभग है:

A. 1.45 B. 1.88 C. 2.9 D. 3.7

Q.66 A, B, C एक व्यवसाय के में 50000 रुपए का निवेश करते हैं। A,B से 4000 रुपए अधिक निवेश करता है और B,C से 5000 रुपए अधिक निवेश करता है। कुल रुपए 35000 का लाभ होता है, A प्राप्त करता है:

A. 8400 रुपए B. 11900 रुपए
C. 13600 रुपए D. 14700 रुपए

Q.67 साधारण ब्याज पर 8 वर्षों में किसी राशी में 40 प्रतिशत की वृद्धि हो जाती है। 10000 रूपये पर 3 वर्षों का समान ब्याज की दर से चक्रवृद्धि ब्याज क्या होगा?

A. 1576.25 रूपये B. 6305 रूपये
C. 7881.25 रूपये D. 4728.75 रूपये

Q.68 दो संख्याओं का योग 384 है। संख्याओं का महत्तम समापवर्तक 48 है। संख्याओं का अंतर है:

A. 100 B. 192 C. 288 D. 336

Q.69 15 माह पूर्व तुहिन की आयु संबित की आयु के तीन गुना के बराबर थी, जो सौमिक से 6 माह बड़ा है। आज से 5 माह बाद तुहिन की आयु

सौमिक की आयु के 2.5 गुना के बराबर होगी। उनकी वर्तमान आयु का योग क्या है?

A. 15 वर्ष 5 माह **B.** 15 वर्ष 11 माह
C. 15 वर्ष 7 माह **D.** 15 वर्ष 9 माह

Q.70 एक आयताकार हॉल की चौड़ाई $\frac{3}{4}$ है। यदि हॉल का क्षेत्रफल 300 वर्ग मीटर है, तो हॉल की लंबाई और चौड़ाई में क्या अंतर है?

A. 15 मीटर **B.** 5 मीटर **C.** 4 मीटर **D.** 3 मीटर

Q.71 1 किमी की दौड़ में, A, B को 7 सेकंड में 28 मीटर की दूरी पर हराता है। कोर्स पर A का समय ज्ञात करें।

A. 5 मिनट 4 सेकंड **B.** 4 मिनट 3 सेकंड
C. 2 मिनट 3 सेकंड **D.** 3 मिनट 4 सेकंड

Q.72 हल करें:

$$1+2\left[3-\left\{1+\left(2-\frac{1}{2}-\overline{\frac{5}{2}}\right)\right\}\right]$$

A. 2 **B.** 1 **C.** -3 **D.** 5

Q.73 एक बस के पहिए का व्यास 140 सेमी है यदि बस की चाल 66 किमी/घंटा हो तो पहिए को प्रति मिनट कितने चक्कर लगाने चाहिए ?

A. 500 **B.** 1000 **C.** 250 **D.** 750

Q.74 सेना के 10% सैनिक युद्ध में मारे जाते हैं। शेष सैनिकों में से 10% बीमारी से मर गए और शेष पुरुषों में से 10% विकलांग थे। अब सेना में केवल 729000 सैनिक बचे हैं। शुरुआत में सेना में कुल कितने सैनिक थे?

A. 990000 **B.** 9900000 **C.** 9800000 **D.** 1000000

Q.75 यदि एक निश्चित राशि पर कोई धन 2 वर्ष में 2400 रुपए और 3 वर्ष में 2800 रुपए हो जाती है, तो दर ज्ञात करे।

A. 20% **B.** 23% **C.** 25% **D.** 30%

English Comprehension

Ques (76-77):Directions: In the following question, a sentence is divided into some parts. Find out which part of the sentence has an error. The number of that part is your answer. If there is no error, then choose (D) as your answer.

Q.76 Four days have passed (A) / since (B) / he had gone missing (C) / No error (D).

A. (A) **B.** (B) **C.** (C) **D.** (D)

Q.77 No sooner (A) / I had started for college (B) / than it began to rain. (C)/ No error (D).

A. (A) **B.** (B) **C.** (C) **D.** (D)

Ques (78-79):Direction: In the following questions, the 1st and the last sentences of the passage are numbered 1 and 6. The rest of the passage is split into four parts and named P, Q, R, and S. These four parts are not given in their proper order. Read the sentence and find out which of the four combinations is correct. Then find the correct answer.

Q.78 1. He could not rise.

P. All at once, in the distance, he heard an elephant trumpet.

Q. He tried again with all his might but to no use.

R. The next moment he was on his feet.

S. He stepped into the river.

6. It was colder than usual.

A. PQSR **B.** PRQS **C.** QPRS **D.** QPSR

Q.79 1. The crowd swelled around the thief.

P. Suddenly, he whipped out a knife from under his shirt.

Q. The thief stood quiet, his head hung in shame.

R. The two young men holding him were scared by the sight of the shining knife.

S. They took to their heels.

6. They were followed by the crowd which left the thief alone.

A. QPRS **B.** SQPR **C.** SPQR **D.** RQSP

Q.80 Direction: In the following question, out of the four alternatives, select the word opposite in meaning to the given word.

Mitigate

A. Abate **B.** Placate **C.** Incite **D.** Soften

Q.81 Direction: Select the most appropriate word for the given group of words.

A group of stars found close together

A. Concoction **B.** Conflagration
C. Confederation **D.** Constellation

Q.82 Direction: Select the most appropriate word to fill in the blank.

Any account of the reign of King Harsha would remain _____ without a reference to Hiuen Tsang.

A. Incomplete **B.** Famous
C. Eminent **D.** Unknown

Q.83 Direction: Select the most appropriate word for the given group of words.

A place for collection of dried plant specimens

A. Green-house **B.** Nursery
C. Warehouse **D.** Herbarium

Q.84 Select the wrongly spelt word.

A. Whimsical **B.** Contiguous
C. Spectaculer **D.** Adjacent

Q.85 Direction: In the following question, out of the four alternatives, select the word synonym in meaning to the given word.

Ostentatious

A. Distinct **B.** Complete
C. Flashy **D.** Trusted

Ques (86-90):Direction: In the following passage, some words have been deleted. Fill in the blanks with the help of the alternatives given. Select the most appropriate option for each blank.

It's turning out to be a tough summer for the State. With an alarming dip **(A)** _____ groundwater levels across **(B)** _____ state, experts fear residents **(C)** _____ soon have to battle an **(D)** _____ water crisis, along **(E)** _____ extremely high temperatures.

Q.86 Select the most appropriate option to fill in the blank **(A)**.

A. from B. in C. on D. with

Q.87 Select the most appropriate option to fill in the blank **(B)**.

A. nearby B. the C. every D. all

Q.88 Select the most appropriate option to fill in the blank **(C)**.

A. might B. should C. shall D. can

Q.89 Select the most appropriate option to fill in the blank **(D)**.

A. unlikely
B. average
C. unknown
D. acute

Q.90 Select the most appropriate option to fill in the blank **(E)**.

A. with B. from C. to D. by

Ques (91-95):Direction: Read the passage and answer the following question.

By launching the GSAT-9 'South Asia satellite', India has reaffirmed the Indian Space Research Organisation's scientific prowess, but the messaging is perhaps more geopolitical than geospatial. To begin with, the Centre has kept its promise of considering India's "neighbourhood first". Within a month of taking over as Prime Minister in 2014, Narendra Modi went to Sriharikota for the launch of PSLV C-23 and "challenged" ISRO scientists to build this satellite for the South Asian Association for Regional Cooperation. The decision was then announced at the SAARC summit in Kathmandu, and the government has kept its commitment of gifting its neighbours at least one transponder each on the GSAT-9, a project that cost about ₹450 crore. India has no doubt gained goodwill across the subcontinent through the gesture, and the moment was neatly captured by the videoconference that followed the launch, showing all SAARC leaders (with the exception of Pakistan's) together on one screen as they spoke of the benefits they would receive in communication, telemedicine, meteorological forecasting and broadcasting. The message is equally strong to South Asia's other benefactor, China, at a time when it is preparing to demonstrate its global clout at the Belt and Road Forum on May 14-15. The Belt and Road Initiative is an infrastructure network that every SAARC nation other than India has signed on to. China has pledged billions of dollars in projects to each of the countries in the region; that, India is obviously not in a position to match.

Where India does excel is in its space programme, as it is the only country in South Asia that has independently launched satellites on **indigenously** developed launch vehicles. However, in recent years Pakistan and Sri Lanka have launched satellites with assistance from China, while Afghanistan, the Maldives and Nepal are also understood to have discussed satellite projects with China. Bangladesh, which will launch its first satellite Bangabandhu-1 this year, is working with a European agency. With the GSLV launch India is showing that where it is capable its commitment to the development of its neighbours is strong. Finally, by going ahead with the project despite Pakistan's decision to pull out, the Modi government is signalling that it will continue with its plans for the neighbourhood — 'SAARC minus one' — if necessary. This vision was dealt a minor blow recently when Bhutan pulled out of the 'mini-SAARC' alternative plan of a motor vehicles agreement for BBIN (Bangladesh, Bhutan, India Nepal), but the government's persistence indicates it will not be **deterred** by the obvious domestic constraints of the SAARC grouping. As Afghanistan President Ashraf Ghani, particularly aggrieved by Pakistan's refusal to grant transit rights for India-Afghanistan trade, said at the launch of the GSLV-F09: "If cooperation through land is not possible, we can be connected through space."

Q.91 What according to the passage helped India gain goodwill across the subcontinent?

A. Launching the G-SAT 9 Satellite
B. Challenging ISRO scientists to build satellite for SAARC nations
C. Keeping promise of gifting it's neighbours one transponder each on G-SAT 9
D. For Launching G-SAT 9 at a mere cost of 450 Crore Rupees.

Q.92 Why is India trying to so hard to woo its counterpart SAARC nations?

A. India wants to prove that it is committed to the development of it's neighbours in all fields
B. India wants to form allies against China
C. India wants to stand apart as a nation that has a strong space programme
D. Cannot be determined

Q.93 In the phrase "India is obviously not in a position to match", what is being talked about?

A. The infrastructure of China and India
B. India assuring huge investments in SAARC nations
C. The inability of India to carve the road structure for the SAARC nations
D. Pledging of billions of dollars by China in projects world wide

Q.94 Which countries have launched satellite with China's help?

A. Pakistan
B. Afghanistan
C. Sri Lanka
D. Both (A) and (C)

Q.95 Choose the word which has its meaning most similar to the word 'indigenously' used in the passage.

A. Migrant
B. Expatriate
C. Adventitious
D. Native

Q.96 Directions: In the following question, a sentence is divided into some parts. Find out which part of the sentence has an error. The number of that part is your answer. If there is no error, then choose (D) as your answer.

He has been issued a summon to appear (1) in court at 8:30 a.m before (2) Judge Charles Pater. (3) No error (4)

A. 1 B. 2 C. 3 D. 4

Q.97 Direction: A sentence/a part of the sentence is underlined. Five alternatives are given to the underlined part which may improve the meaning of the sentence. Choose the correct alternative and click the button corresponding to it. In case no improvement is needed, click the option corresponding to "No improvement".

The manager and receptionist is <u>careless of their</u> duty.

A. cared about their
B. careful of their

C. careless of his **D.** No improvement

Ques (98-99):Direction: The question below contains five scattered segments of a sentence. Indicate the sequence which correctly assembles the segments and completes the sentence.

Q.98 A) in India have

B) as per Unesco's estimates,

C) over 280 million children

D) school closures due to Covid-19

E) been impacted by

A. BCDAE **B.** BCAED **C.** ABDCE **D.** CBDEA

Q.99 A) taking their children

B) and putting them in private schools

C) even lower middle class

D) out of government schools

E) parents have been

A. CEADB **B.** CBDAE **C.** EABCD **D.** EBCDA

Q.100 Direction: A sentence/a part of the sentence is underlined. Five alternatives are given to the underlined part which will improve the meaning of the sentence. Choose the correct alternative and click the button corresponding to it.

The United States of America are a rich country.

A. United States of America is

B. United States of Americas are

C. United States of America can

D. United States of Americas were

// स्मार्ट उत्तर पुस्तिका //

सही उत्तर उन छात्रों के प्रतिशत को इंगित करता है जिन्होंने प्रश्नों का सही उत्तर दिया था।

छोड़ दिया उन छात्रों के प्रतिशत को इंगित करता है जिन्होंने प्रश्नों को छोड़ दिया था।

प्रश्न संख्या	उत्तर	सही उत्तर	छोड़ दिया
1	C	57.47 %	34.6 %
2	C	55.19 %	40.43 %
3	B	53.29 %	34.3 %
4	B	58.75 %	35.57 %
5	A	65.71 %	34.11 %
6	D	55.93 %	37.05 %
7	C	85.53 %	14.18 %
8	A	40.65 %	38.89 %
9	B	60.76 %	37.66 %
10	C	50.75 %	44.43 %
11	D	43.3 %	47.52 %
12	D	63.92 %	30.6 %
13	B	51.71 %	39.52 %
14	B	47.75 %	50.97 %
15	B	17.03 %	72.32 %
16	C	43.49 %	49.08 %
17	D	47.67 %	44.31 %
18	B	59.61 %	30.7 %
19	C	41.86 %	47.4 %
20	A	51.11 %	44.97 %
21	B	41.74 %	32.51 %
22	D	43.13 %	38.99 %
23	A	51.41 %	40.79 %
24	D	51.13 %	44.12 %
25	D	47.13 %	38.07 %
26	D	61.51 %	37.68 %
27	B	61.59 %	37.13 %
28	D	45.14 %	35.08 %
29	C	65.03 %	32.77 %
30	B	89.88 %	10.1 %
31	B	69.27 %	30.0 %
32	B	46.67 %	44.52 %
33	B	45.26 %	43.11 %
34	B	44.87 %	34.28 %
35	C	64.87 %	34.35 %
36	B	47.3 %	33.74 %
37	A	44.37 %	51.18 %
38	D	58.92 %	40.56 %
39	C	53.15 %	43.15 %
40	B	60.25 %	35.65 %
41	D	55.71 %	32.25 %
42	A	65.6 %	30.02 %
43	A	32.88 %	67.09 %
44	A	43.33 %	30.17 %
45	D	53.89 %	42.34 %
46	D	68.55 %	30.59 %
47	C	43.44 %	31.11 %
48	D	47.03 %	50.83 %
49	D	43.64 %	34.64 %
50	B	69.18 %	30.22 %
51	C	50.34 %	42.42 %
52	B	64.83 %	34.63 %
53	C	28.7 %	69.37 %
54	A	20.56 %	76.97 %
55	C	21.74 %	70.41 %
56	B	53.31 %	31.75 %
57	B	44.61 %	39.28 %
58	D	63.29 %	32.6 %
59	A	10.71 %	73.41 %
60	C	61.73 %	37.0 %
61	C	28.23 %	71.1 %
62	C	17.04 %	75.24 %
63	C	66.7 %	31.07 %
64	B	48.07 %	49.9 %
65	C	55.3 %	37.29 %
66	D	30.27 %	69.61 %
67	A	13.18 %	77.49 %
68	C	52.77 %	34.27 %
69	D	62.62 %	32.43 %
70	B	50.35 %	34.96 %
71	B	51.68 %	37.71 %
72	C	60.34 %	36.46 %
73	C	56.7 %	32.31 %
74	D	18.01 %	79.08 %
75	C	66.77 %	30.3 %
76	D	42.79 %	43.81 %
77	B	67.3 %	32.53 %
78	C	65.98 %	32.52 %
79	A	12.55 %	79.26 %
80	C	47.45 %	38.87 %

प्रश्न संख्या	उत्तर	सही उत्तर / छोड़ दिया
81	D	48.47 %
		32.82 %
82	A	60.39 %
		37.61 %
83	D	43.97 %
		37.02 %
84	C	62.1 %
		30.6 %

प्रश्न संख्या	उत्तर	सही उत्तर / छोड़ दिया
85	C	68.42 %
		30.63 %
86	B	45.63 %
		33.77 %
87	B	42.76 %
		53.66 %
88	A	52.56 %
		40.52 %

प्रश्न संख्या	उत्तर	सही उत्तर / छोड़ दिया
89	D	62.97 %
		35.58 %
90	A	45.83 %
		50.36 %
91	C	60.42 %
		33.96 %
92	D	44.13 %
		35.14 %

प्रश्न संख्या	उत्तर	सही उत्तर / छोड़ दिया
93	D	32.77 %
		67.08 %
94	D	52.41 %
		40.38 %
95	D	66.93 %
		30.15 %
96	A	43.52 %
		34.22 %

प्रश्न संख्या	उत्तर	सही उत्तर / छोड़ दिया
97	C	50.91 %
		35.02 %
98	B	64.9 %
		30.27 %
99	A	32.91 %
		67.03 %
100	A	48.12 %
		35.08 %

कार्य विश्लेषण	
औसत अंक (%)	39.0%
टॉपर्स स्कोर (%)	58.0%
आपका स्कोर	

//संकेत और समाधान//

1. H (गुलाबी) > B (काला) > E (पीला) > C (नीला) > G (हरा) > A (सफेद) >F (लाल) > D (ग्रे)

अतः विकल्प (C) सही है।

2. RAT = 9,

दिया गया पैटर्न है।

एक शब्द में अक्षरों की कुल संख्या × 3

RAT (3 × 3) = 9

GAME = 12,

एक शब्द में अक्षरों की कुल संख्या × 3

GAME (4 × 3) = 12

LIVER = 15

एक शब्द में अक्षरों की कुल संख्या × 3

LIVER (5 × 3) = 15

इस प्रकार,

POLYSTER (8 × 3) = 24

अतः विकल्प (C) सही है।

3.

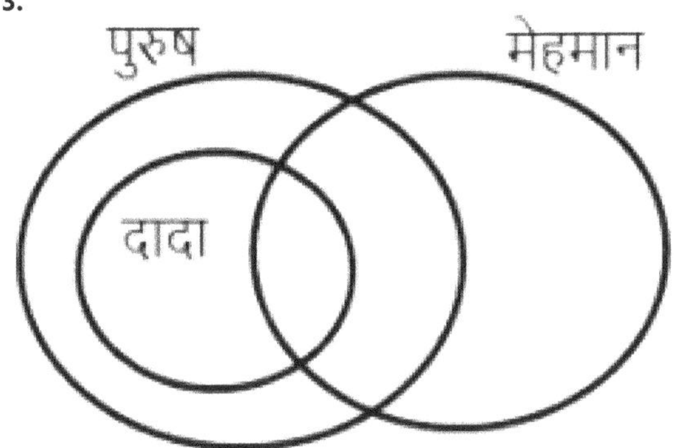

अतः विकल्प (B) सही है।

4. दिए गए शब्द इस पैटर्न का अनुसरण करते हैं:

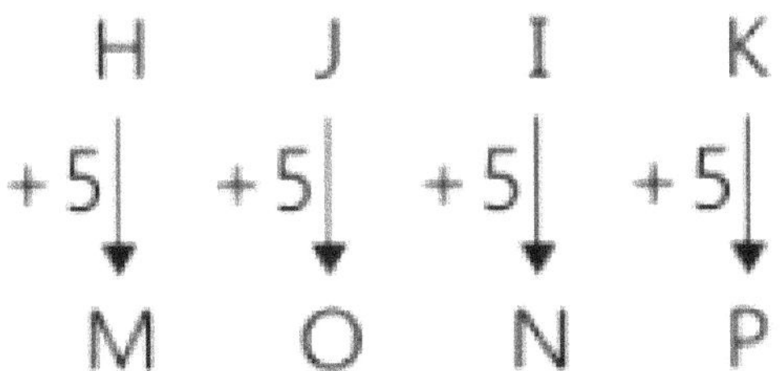

उसी प्रकार से,

P R Q S

+5 +5 +5 +5

U W V X

अतः विकल्प (B) सही है।

5. दो तत्व एक दूसरे के पास आते हैं और अतिव्याप्त हो जाते हैं।

अतः विकल्प (A) सही है।

6. यह एक वैकल्पिक विभाजन और जोड़ श्रृंखला है: पहले, 2 से विभाजित करें, और फिर 8 जोड़ें।

664 ÷ 2 = 332

332 + 8 = 340

340 ÷ 2 = 170

170 + 8 = 178

178 ÷ 2 = 89

अतः विकल्प (D) सही है।

7. 'शंकु-आकृति' को छोड़कर अन्य सभी विकल्प ज्यामितीय आकृति और उस विशिष्ट आकृति की भुजाओं की संख्या है जिससे वे बने हुए है उनको दर्शाते हैं।

अतः विकल्प (C) सही है।

8. चूंकि, संजय की न तो कोई बहन है और न ही कोई भाई, इसलिए, संजय अपने पिता का इकलौता बेटा है।

इसलिए, चित्र की माँ संजय की पत्नी है।

इसलिए, चित्र संजय के बेटे का था।

अतः विकल्प (A) सही है।

9. केले, संतरे और अनार खाने से पहले छील लिए जाते हैं। अंगूर को नहीं।

अतः विकल्प (B) सही है।

10.

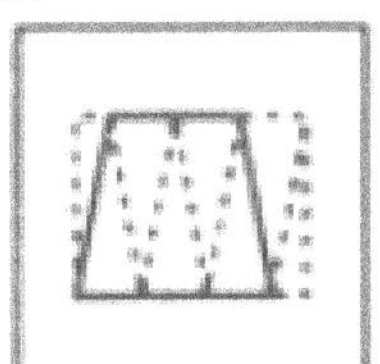

अतः विकल्प (C) सही है।

11. आकृति की दर्पण छवि,

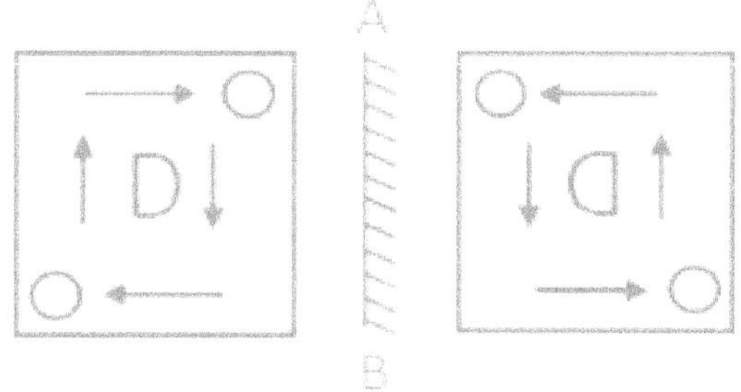

अतः विकल्प (D) सही है।

12. 52 B 4 A 12 Q 75 P 5 = ?

चिह्नों को दिए गये कूटों के साथ बदलने पर समीकरण होगा;

⇒ 52 × 4 + 12 - 75 ÷ 5

⇒ 208 + 12 - 15

⇒ 220 - 15

⇒ 205

अतः विकल्प (D) सही है।

13. संभावित वेन आरेख इस प्रकार है:

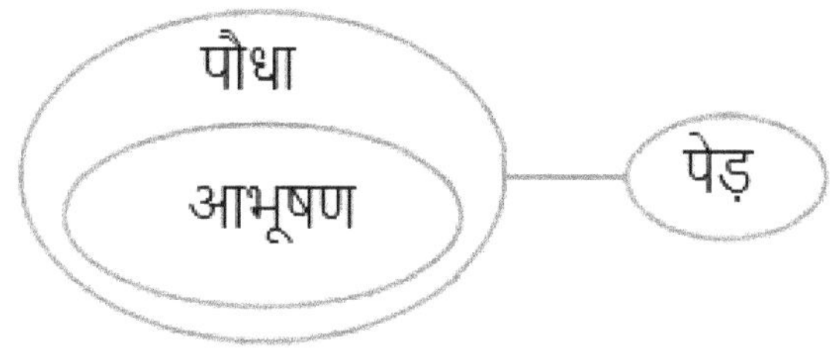

निष्कर्ष के लिए:

I. कोई आभूषण पेड़ नहीं है → सत्य (सभी आभूषण, पौधे हैं और कोई भी पौधा, पेड़ नहीं है। इसलिए, कोई भी आभूषण पेड़ नहीं है)

II. कुछ पौधे आभूषण हैं → सत्य (सभी आभूषण, पौधे हैं। इसलिए, कुछ पौधे, आभूषण हैं)

अतः विकल्प (B) सही है।

14. नीचे दिया गया आरेख उपरोक्त कथनों को दर्शाता है:

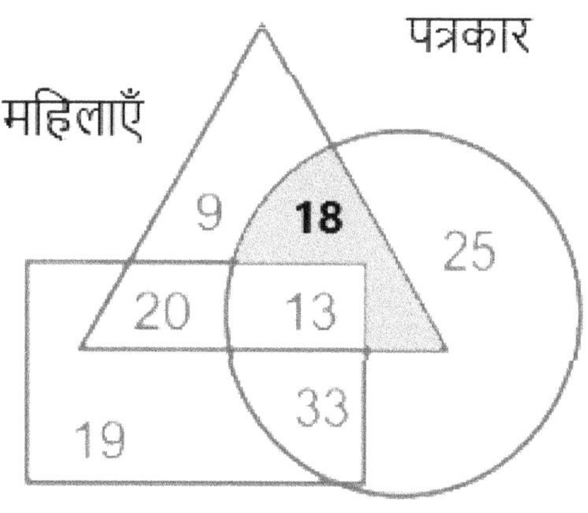

उपरोक्त आकृति में छायांकित किया गया भाग महिला पत्रकारों को दर्शाता है, जो शहरी निवासी नहीं हैं अर्थात 18

अतः विकल्प (B) सही है।

15. क्या यह बहस का विषय है कि विज्ञापन से होने वाले राजस्व को टीवी से ऐप्स में डायवर्ट किया जा रहा है, क्योंकि विज्ञापनदाता अन्य प्लेटफार्मों पर स्विच कर रहे हैं जिसके कारण विकल्प 1 और विकल्प 3 को रद्द किया जा सकता है। ऐप पर स्विच होने वाले दर्शकों के कारण टीवी पर दर्शकों कि संख्या में कमी हो रही है जिसके कारण विज्ञापनदाताओं के लिए दर्शकों की संख्या कमी हो गई है और वे कम विज्ञापन दे रहे हैं परिणामस्वरूप चैनलों द्वारा उत्पन्न विज्ञापन के राजस्व में निरंतर कमी हो रही है। यह निष्कर्ष प्रदान की गई जानकारी द्वारा सुरक्षित रूप से निकाला जा सकता है, इससे विकल्प 4 को हटाया जा सकता है और विकल्प 2 सही उत्तर है।

अतः विकल्प (B) सही है।

16. चिकनगुनिया, मलेरिया और डेंगु मनुष्य को होने वाली ऐसी बीमारियों के नाम हैं जो मच्छर के काटने से फैलती हैं। जबकि घेंघे का कारण आहार में आयोडीन की कमी है।

अतः विकल्प (C) सही है।

17. प्रश्न आकृति इस आकृति में निहित है,

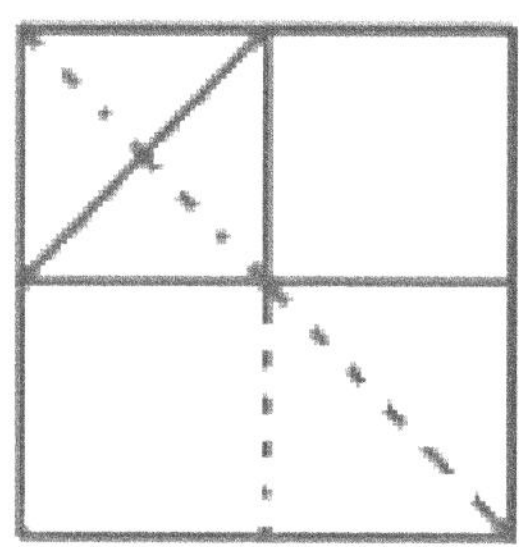

अतः विकल्प (D) सही है।

18.

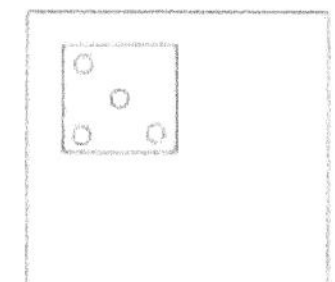 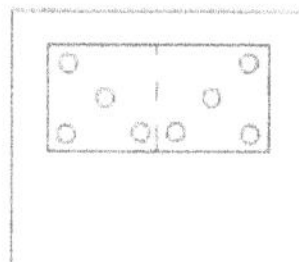 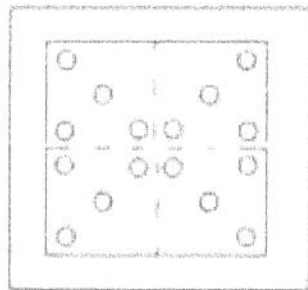

जब हम छिद्रित किये हुए कागज के टुकड़े को खोलते हैं, जैसा कि इसे मोड़ा जाता है, तो यह उपरोक्त आकृति जैसा दिखाई देगा।

अतः विकल्प (B) सही है।

19. यहाँ अनुसरित स्वरूप है:

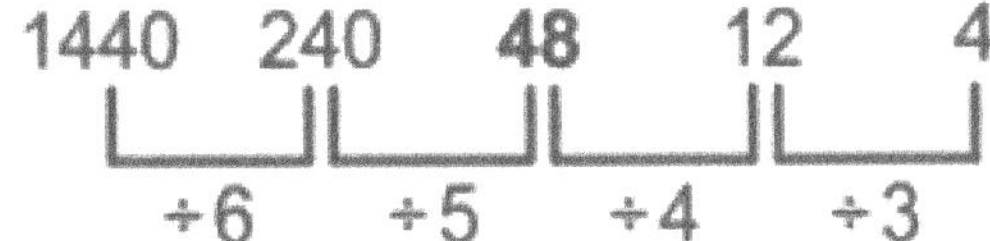

अतः विकल्प (C) सही है।

20.

अतः विकल्प (A) सही है।

21. सेकंड, मिनट और घंटे समय की तीन इकाइयाँ हैं - सेकंड सबसे छोटी इकाई है और घंटे उत्तराधिकार में तीसरी इकाई है। इसी तरह, 'प्राथमिक' प्रारंभिक चरण का प्रतिनिधित्व करता है और 'तृतीयक' एक प्रक्रिया में तीसरे चरण का प्रतिनिधित्व करता है।

अतः विकल्प (B) सही है।

22. आकृति (X) फॉर्म II के समान है। तो, जब आकृति (X) में दिखाई गई शीट को मोड़कर एक घन बनाया जाता है, तो दो आधे-छायांकित चेहरे एक दूसरे के विपरीत और एक होते हैं। तीन खाली चेहरे एक बिंदी वाले चेहरे के विपरीत दिखाई देते हैं। स्पष्ट रूप से, आंकड़े (1), (2), (3), और (4) में दिखाए गए चार क्यूब्स में से प्रत्येक को आकृति (X) में दिखाए गए शीट को मोड़कर बनाया जा सकता है।

अतः विकल्प (D) सही है।

23. प्रश्न के अनुसार संकेत बदलने के बाद,

15 - 5 + 6 = 16

अतः विकल्प (A) सही है।

24. जिस प्रकार, $122:170 \Rightarrow (11^2+1) = 122$

तथा $(11+2)^2 + 1 = 170$

उसी प्रकार,

$290:? \Rightarrow (17^2+1) = 290$

तथा $(17+2)^2 + 1 = ?$

$\Rightarrow ? = 19^2 + 1$

$\Rightarrow = 361 + 1$

$\therefore ? = 362$

अतः विकल्प (D) सही है।

25. अक्षरों के स्थानीय मान के आधार पर,

C - 1 = B

O - 1 = N

U - 1 = T

L - 1 = K

D - 1 = C

इसी प्रकार,

M - 1 = L

O - 1 = N

U - 1 = T

L - 1 = K

D - 1 = C

अतः विकल्प (D) सही है।

26. मार्च 2021 में तीरथ सिंह रावत उत्तराखंड के मुख्यमंत्री बने।

- वह उत्तराखंड के पूर्व मुख्यमंत्री और भारत में एक सेवारत संसद सदस्य हैं।
- 2019 के भारतीय आम चुनाव में वह भारतीय जनता पार्टी के सदस्य के रूप में गढ़वाल निर्वाचन क्षेत्र से 17 वीं लोकसभा के लिए चुने गए।
- 9 फरवरी 2013 से 31 दिसंबर 2015 तक वह भारतीय जनता पार्टी उत्तराखंड के दल प्रमुख और 2012 से 2017 तक चौबट्टाखाल निर्वाचन क्षेत्र से उत्तराखंड विधानसभा के पूर्व सदस्य थे।
- वे उत्तराखंड के पहले शिक्षा मंत्री भी थे।

अतः विकल्प (D) सही है।

27. जनवरी 2022 में, जर्मनी ने G7 प्रेसीडेंसी का पदभार ग्रहण किया।

1 जनवरी को जर्मनी ने G7 प्रेसीडेंसी का पदभार ग्रहण किया। G7, या "ग्रुप ऑफ सेवन" में अमेरिका, कनाडा, जापान, फ्रांस, यूनाइटेड किंगडम, इटली और जर्मनी शामिल हैं। जून 2021 के शिखर सम्मेलन में, G7 नेताओं ने 2.3 बिलियन वैक्सीन खुराक वितरित करने पर सहमति व्यक्त की। COVAX टीकाकरण गठबंधन में जर्मनी दूसरा सबसे बड़ा दाता है।

अतः विकल्प (B) सही है।

28. सदर्न पेट्रोकेमिकल्स इंडस्ट्रीज कॉरपोरेशन लिमिटेड (SPIC) ने मार्च 2022 में भारत के सबसे बड़े तैरते सौर ऊर्जा संयंत्र का उद्घाटन और पूरी तरह से संचालन किया।

तमिलनाडु के तूतिकोरिन में SPIC कारखाने के परिसर में स्थित, यह 48 एकड़ का तैरता हुआ सौर ऊर्जा संयंत्र 62 एकड़ में फैले एक बड़े जलाशय पर स्थापित किया गया है।

यह प्रति वर्ष 42 मिलियन यूनिट बिजली पैदा करने में सक्षम है।

अतः विकल्प (D) सही है।

29. फेरारी के कार्लोस सैन्ज़ ने अपने करियर की पहली फॉर्मूला वन रेस 3 जुलाई 2022 को ब्रिटिश ग्रैंड प्रिक्स में जीत के साथ जीती।

रेड बुल के सर्जियो पेरेज़ और मर्सिडीज के लुईस हैमिल्टन क्रमशः दूसरे और तीसरे स्थान पर रहे। चैंपियनशिप लीडर मैक्स वेरस्टापेन सातवें स्थान पर रहे। सैन्ज़ 2022 ड्राइवर स्टैंडिंग में चौथे स्थान पर पहुंच गया है।

अतः विकल्प (C) सही है।

30. भारतीय संविधान के भाग- IV के अनुच्छेद 36-51 राज्य के नीति निर्देशक सिद्धांत (DPSP) से संबंधित है। उन्हें आयरलैंड के संविधान से उधार लिया गया है।

एक लोक हितकारी राज्य सरकार की एक अवधारणा है जहां राज्य अपने नागरिकों के आर्थिक और सामाजिक कल्याण के संरक्षण और संवर्धन में महत्वपूर्ण भूमिका निभाता है। (DPSP) लोक हितकारी राज्य के आदर्श को बढ़ावा देते हैं, राज्य को लोगों के कल्याण को बढ़ावा देने के लिए उन्हें आश्रय, भोजन, और कपड़े जैसी बुनियादी सुविधाएं प्रदान करने पर जोर देते हैं।

अतः विकल्प (B) सही है।

31. भारत के मुख्य चुनाव आयुक्त को राष्ट्रपति द्वारा उनके कार्यालय से लोकसभा और राज्यसभा दोनों सदनों में दो-तिहाई बहुमत के साथ संसद के दोनों सदनों द्वारा पारित एक प्रस्ताव के द्वारा हटाया जा सकता है दुर्व्यवहार या अक्षमता के आधार पर।

अतः विकल्प (B) सही है।

32. दंतिदुर्ग(735 - 756)-वह मान्याखेत के राष्ट्रकूट साम्राज्य के संस्थापक थे। उनकी राजधानी कर्नाटक के गुलबर्ग क्षेत्र में स्थित थी।

ध्रुव (780 - 793)-वह राष्ट्रकूट साम्राज्य के सबसे उल्लेखनीय शासकों में से हैं, जिसके शासनकाल में राष्ट्रकूट एक सच्चे अखिल भारतीय शक्ति के रूप में उभरे थे।

अमोघवर्ष प्रथम (814 - 878)-वह राष्ट्रकूट वंश का सबसे महान शासक था जिसका 64 वर्षों का शासनकाल इतिहास पर सबसे लंबे समय तक सटीक राजशाही शासनकालों में से एक है।

कृष्णा प्रथम (756 - 774)-वह दन्तिदुर्ग के उत्तराधिकारी, प्रसिद्ध जैन तर्कशास्त्री अकालंका भट्ट, जो कि राजवर्तिका के लेखक थे, का संरक्षण किया।

अतः विकल्प (B) सही है।

33. पेनल्टी स्ट्रोक, फील्ड हॉकी और फुटबॉल में दिया जाने वाला सबसे गंभीर दंड है।

यह मुख्य रूप से तब दिया जाता है जब नियमों का उल्लंघन करके एक निश्चित गोल को बनाने से रोका जाता है या पेनल्टी सर्कल में किसी रक्षक द्वारा जानबूझकर उल्लंघन किया जाता है।

फील्ड हॉकी से जुड़े अन्य शब्द आर्टिफिशियल टर्फ , अटैकर, ब्रेकवे, कॉर्नर फ्लेग आदि हैं।

अतः विकल्प (B) सही है।

34. परमवीर चक्र (PVC) भारत का सर्वोच्च वीरता पुरस्कार है जो दुश्मन की उपस्थिति में सर्वोच्च वीरता का प्रदर्शन करने के लिए दिया जाता है। जो ब्रिटिश विक्टोरिया क्रॉस, यूएस मेडल ऑफ ऑनर, पाकिस्तानी निशान-ए-हैदर, या फ्रेंच लीजन ऑफ ऑनर या रूसी क्रॉस सेंट जॉर्ज के समकक्ष है।

अतः विकल्प (B) सही है।

35. नादिर शाह ने शाहजहाँ द्वारा निर्मित मयूर सिंहासन भारत से छीन लिया था। ईरान के शासक नादिर शाह ने 1739 के आक्रमण के दौरान भारत में उपस्थित बहुमूल्य रत्नों को चुरा लिया था।

एक प्रसिद्ध रत्नजड़ित सिंहासन जो भारत के मुगल सम्राटों का आसन था, मयूर सिंहासन था। यह 17वीं शताब्दी की शुरुआत में सम्राट शाहजहां द्वारा लाया गया था और दिल्ली के लाल किले में दीवानए-खास (हॉल ऑफ प्राइवेट ऑडियंस) में रखा गया था।

अतः विकल्प (C) सही है।

36. American Standard Code for Information Interchange (ASCII) अपरकेस और लोअरकेस रोमन अक्षरों, संख्याओं के डिजिटल प्रतिनिधित्व के लिए सात-बिट पदनामों की एक मानक तालिका है और टेलेटाइप, कंप्यूटर और वर्ड प्रोसेसर सिस्टम में विशेष नियंत्रण वर्ण हैं।

अतः विकल्प (B) सही है।

37. आर्थिक मामलों का विभाग, भारत का वित्त मंत्रालय केंद्रीय बजट से ठीक पहले हर साल संसद में आर्थिक सर्वेक्षण प्रस्तुत करता है। यह मुख्य आर्थिक सलाहकार, वित्त मंत्रालय के मार्गदर्शन में तैयार किया जाता है। यह देश के वार्षिक आर्थिक विकास पर मंत्रालय का दृष्टिकोण है।

अतः विकल्प (A) सही है।

38. नीति आयोग भारत सरकार का एक पॉलिसी थिंक टैंक है। यह कथन सही है। नीति आयोग का गठन 1 जनवरी 2015 को किया गया था।

नीति आयोग (राष्ट्रीय भारत परिवर्तन संस्थान) भारत सरकार द्वारा गठित एक नया संस्थान है जिसे योजना आयोग के स्थान पर बनाया गया है। यह संस्थान सरकार के थिंक टैंक के रूप में सेवाएं प्रदान करेगा और उसे निर्देशात्मक एवं नीतिगत गतिशीलता प्रदान करेगा।

अतः विकल्प (D) सही है।

39. पूंजीवाद, जिसे मुक्त बाजार अर्थव्यवस्था या मुक्त उद्यम अर्थव्यवस्था, आर्थिक प्रणाली भी कहा जाता है, सामंतवाद के टूटने के बाद से पश्चिमी दुनिया में प्रमुख है, जिसमें उत्पादन के अधिकांश साधनों का निजी स्वामित्व होता है और उत्पादन निर्देशित होता है और आय बड़े पैमाने पर बाजारों के संचालन के माध्यम से वितरित की जाती है।

अतः विकल्प (C) सही है।

40. भारत में GDP के आंकड़े केंद्रीय सांख्यिकी कार्यालय (CSO) द्वारा जारी किए जाते हैं, जो सांख्यिकी और कार्यक्रम कार्यान्वयन मंत्रालय (MOSPI) के अंतर्गत आता है।

अतः विकल्प (B) सही है।

41. प्रधानमंत्री जन-धन योजना (PMJDY) का उद्देश्य प्रेषण, क्रेडिट, बीमा, निवृत्ति वेतन, बैंकिंग बचत और जमा खातों सहित विभिन्न वित्तीय सेवाओं तक किफायती तरीके से पहुँच प्रदान करना है।प्रधान मंत्री जन-धन योजना (पीएमजेडीवाई) वित्तीय सेवाओं के उपयोग के लिए राष्ट्रीय मिशन है, जिसमें किफायती बचत और जमा खाते, प्रेषण, क्रेडिट, बीमा, पेंशन किफायती तरीके से उपयोग किया जा सकता है। इस योजना के तहत, किसी भी अन्य बैंक खाता नहीं रखने वाले लोगों द्वारा किसी भी बैंक शाखा या व्यवसाय संवाददाता (बैंक मित्र) आउटलेट में एक मूल बचत बैंक जमा (बीएसबीडी) खाता खोला जा सकता है।

अतः विकल्प (D) सही है।

42. गंगा की मिट्टी का सबसे बड़ा हिस्सा बांगर मिट्टी द्वारा कवर किया गया है। यह उन उच्च मैदानी क्षेत्रों में पाया जाता है जो बाढ़ के पानी से मुक्त होते हैं। यह कंकड़ों के कारण प्रकृति में बहुत उपजाऊ नहीं है। कंकर कैल्शियम युक्त जमा राशि है।इसके ऊँचे स्थानों पर लैटराइट जमा राशि कम है। यह पुरानी और परिपक्व जलोढ़ मिट्टी है। खद्दर की मिट्टी की तुलना में इसे अक्सर नवीनीकृत नहीं किया जाता है। इसे मिट्टी, रेतीले, दोमट जैसे विभिन्न नामों से जाना जाता है। प्राचीन काल से कृषि के लिए इस मिट्टी के निरंतर उपयोग के कारण मिट्टी की उर्वरता खो गई है।

अतः विकल्प (A) सही है।

43. लू पश्चिम की ओर से एक मजबूत, धूल भरी, भीषण, गर्म और शुष्क गर्मियों की हवा है जो उत्तर भारत और पाकिस्तान के पश्चिमी भारत-गंगा के मैदानी क्षेत्र में चलती है। यह मई और जून के महीनों में विशेष रूप से काफी भीषण होती है।

अतः विकल्प (A) सही है।

44. भाखड़ा बांध उत्तरी भारत में हिमाचल प्रदेश के बिलासपुर में सतलज नदी पर एक ठोस गुरुत्वाकर्षण बांध है। बांध गोबिंद सागर जलाशय बनाता है। हिमाचल प्रदेश के बिलासपुर जिले में भकरा गाँव (अब जलमग्न) के पास एक गॉव में स्थित बांध, लगभग 226 मीटर की ऊँचाई पर है।

अतः विकल्प (A) सही है।

45. बिधान चंद्र रॉय पुरस्कार 1962 में भारत की मेडिकल काउंसिल द्वारा बी सी रॉय की याद में स्थापित किया गया था। निम्नलिखित श्रेणियों में से प्रत्येक वर्ष पुरस्कार दिया जाता है: भारत में सर्वोच्च प्रकार की राजनीति, मेडिकल मैन-कम-स्टेट्समैन, प्रतिष्ठित चिकित्सा व्यक्ति, दर्शनशास्त्र में प्रतिष्ठित व्यक्ति, विज्ञान में प्रसिद्ध व्यक्ति और कला में प्रतिष्ठित व्यक्ति इत्यादि को दिया जाता है।

अतः विकल्प (D) सही है।

46. फिलीपींस दक्षिण-पूर्व एशिया में स्थित एक देश है। इसका आधिकारिक नाम 'फिलीपींस गणतंत्र' है और राजधानी मनीला है। पश्चिमी प्रशांत महासागर में स्थित 7106 द्वीपों से मिलकर यह देश बना है। फिलीपीन द्वीप-समूह पूर्व में फिलीपींस महासागर से, पश्चिम में दक्षिण चीन सागर से और दक्षिण में सेलेबस सागर से घिरा हुआ है।

अतः विकल्प (D) सही है।

47. उस्ताद बिस्मिल्लाह खान (जन्म क़मरुद्दीन खान, 21 मार्च 1916 - 21 अगस्त 2006), जिन्हें अक्सर उस्ताद शीर्षक से संदर्भित किया जाता था, एक भारतीय संगीतकार थे, जिन्हें ओबोई वर्ग के एक उपमहाद्वीपीय पवन उपकरण शहनाई को लोकप्रिय बनाने का श्रेय दिया जाता था। जबकि शहनाई का लंबे समय से महत्व था, क्योंकि पारंपरिक समारोहों में मुख्य रूप से एक लोक वाद्ययंत्र बजता था, खान को इसका दर्जा बढ़ाने और इसे संगीत समारोह में लाने का श्रेय दिया जाता है।

अतः विकल्प (C) सही है।

48. हर वर्ष 4 दिसंबर को भारतीय नौसेना दिवस मनाया जाता है।

1971 में पाकिस्तान के साथ युद्ध के दौरान भारतीय नौसेना की भूमिका के सम्मान में यह दिन मनाया जाता है जब भारतीय युद्धपोतों ने कराची बंदरगाह पर हमला किया था।

यह दिवस असैनिक काल में देश की समुद्री सीमाओं को सुरक्षित रखने और मानवतावादी मिशनों को पूरा करने में नौसेना की भूमिका को उजागर करने के लिए भी मनाया जाता है।

अतः विकल्प (D) सही है।

49. हरिजन सेवक संघ एक गैर-लाभकारी संगठन था जिसकी स्थापना महात्मा गांधी द्वारा 1932 में भारत में अस्पृश्यता उन्मूलन, हरिजन या दलित लोगों के लिए काम करने और दलित वर्ग के उत्थान के लिए की गई थी। इसका मुख्यालय दिल्ली में किंग्सवे कैंप में है, जिसकी शाखाएं भारत के 26 राज्यों में हैं।

अतः विकल्प (D) सही है।

50. 2021 का शांति का नोबेल शांति पुरस्कार मारिया रेस्सा और दिमित्री मुराटोव को दिया गया।

अभिव्यक्ति की स्वतंत्रता की रक्षा के उनके प्रयासों के लिए, जो लोकतंत्र और स्थायी शांति के लिए एक पूर्व शर्त है। सुश्री रेसा और श्री मुराटोव को फिलीपींस और रूस में अभिव्यक्ति की स्वतंत्रता के लिए उनकी साहसी लड़ाई के लिए शांति पुरस्कार प्राप्त हो रहा है। यह पुरस्कार 8 अक्टूबर 2021 को नॉर्वेजियन नोबेल समिति के अध्यक्ष बेरिट रीस-एंडरसन द्वारा प्रस्तुत किया गया था।

अतः विकल्प (B) सही है।

51. मान लीजिए कि नाव की धारा की दिशा में प्रवाह की दर x किमी प्रति घंटा है और विपरीत दिशा में y किमी प्रति घंटा है।

फिर, 8 घंटे 48 मिनट में नदी में धारा की दिशा में तय की गयी दूरी $= 4$ घंटे में विपरीत दिशा में तय की गयी दूरी

$$\Rightarrow x \times 8\frac{4}{5} = y \times 4$$

$$\Rightarrow \frac{44}{5}x = 4y$$

$$\Rightarrow y = \frac{11}{5}x$$

$\therefore$ अभीष्ट अनुपात

$$= \frac{y+x}{2} : \frac{y-x}{2}$$

$$= \left(\frac{16x}{5} \times \frac{1}{2}\right) : \left(\frac{6x}{5} \times \frac{1}{2}\right)$$

$$= \frac{8}{5} : \frac{3}{5}$$

$$= 8 : 3$$

अतः विकल्प (C) सही है।

52. दो बार फेंकने पर एक पासा, n (S) = 6 × 6 = 36

माना कि E तीन का योग है।

E = (1, 2), (2, 1)

तो, n (E) = 2

तो, P (E) = $\frac{n(E)}{n(S)}$

= $\frac{2}{36}$

या $\frac{1}{18}$

अतः विकल्प (B) सही है।

53. हमारे पास है $\frac{\alpha}{\beta} = \frac{m}{n}$

$$\Rightarrow \frac{\alpha}{m} = \frac{\beta}{n}$$

$\Rightarrow \frac{\alpha+\beta}{m+n} = \sqrt{\frac{\alpha\beta}{mn}}$ अनुपात के आधार पर

$$\therefore mn(\alpha + \beta)^2 = \alpha\beta(m+n)^2$$

$$\Rightarrow mn\left(\frac{-b}{a}\right)^2 = (m+n)^2\frac{c}{a}$$

$$\therefore mnb^2 = (m+n)^2 ac$$

अतः विकल्प (C) सही है।

54. 4 दिनों में 4 छात्र समूह छोड़ते हैं लेकिन अभी भी समूह में 8 लडकें हैं।

इसका मतलब 1 लड़के और 3 लड़कियों ने समूह छोड़ा है।

लड़का या लड़कियां चारों दिनों में किसी भी दिन समूह छोड़ सकते हैं।

अभीष्ट प्रायिकता $P(E) = \frac{{}^9C_1 \times {}^6C_3}{{}^{15}C_4} = \frac{12}{91}$

अतः विकल्प (A) सही है।

55. माना अधिकारियों और सैनिकों की संख्या (लड़ाई से पहले) $= 3x$, और $31x$

प्रश्न के अनुसार,

$\Rightarrow \frac{3x-6}{31x-22} = \frac{1}{13}$

$\Rightarrow 39x - 78 = 31x - 22$

$\Rightarrow 8x = 56$

$\Rightarrow x = 7$

तो, लड़ाई से पहले अधिकारियों की संख्या

$\Rightarrow 3x = 3 \times 7$

$= 21$

अतः विकल्प (C) सही है।

56. तीन व्यक्तियों की ऊँचाई का योग = 140 × 3 = 420 सेमी

पाँच व्यक्तियों की ऊँचाई का योग = 5 × (140 + 8) = 740 सेमी

माना A और B की ऊँचाई क्रमशः x और (x - 36) है

A और B की ऊँचाई का योग = x + (x - 36) = 740 - 420

⇒ 2x - 36 = 320

⇒ x = 178

अतः B की ऊँचाई = x - 36 = 142 सेमी

अतः विकल्प (B) सही है।

57. माना क्रय मूल्य $= x$

फिर विक्रय मूल्य $= \left(\frac{120}{100}\right)x = \frac{6x}{5}$

नया विक्रय मूल्य $= 2\left(\frac{6x}{5}\right) = \frac{12x}{5}$

लाभ $= \frac{12x}{5} - x = \frac{7x}{5}$

लाभ% = लाभ/क्रय मूल्य $\times 100$

$\Rightarrow \frac{7x}{5} \times \frac{1}{x} \times 100 = 140\%$

अतः विकल्प (B) सही है।

58. माना अल्कोहल और पानी की मात्रा क्रमशः $4x$ लीटर और $3x$ लीटर है

$\frac{4x}{(3x+5)} = \frac{4}{5}$

$\Rightarrow 20x = 4(3x+5)$

$\Rightarrow 8x = 20$

$\Rightarrow x = 2.5$

अल्कोहल की मात्रा

$= 4 \times 2.5$ लीटर

$= 10$ लीटर

अतः विकल्प (D) सही है।

59. माना ट्रेन की गति $= x$ मीटर/सेकंड और ट्रेन की लंबाई $= L$ मीटर है

जब एक ट्रेन एक पुल को पार करती है, तो यह पुल की लंबाई + अपनी लंबाई के बराबर दूरी तय करती है।

∴ प्रश्न के अनुसार,

$x = \frac{300+L}{82}$.....(1)

और, $x = \frac{180+L}{52}$.....(2)

उपर्युक्त समीकरणों को समान करने पर, हमें प्राप्त होता है:

$\frac{300+L}{82} = \frac{180+L}{52}$

$\Rightarrow 15600 + 52L = 14760 + 82L$

$\Rightarrow 30L = 840$

$\Rightarrow L = 28m$

इसलिए, ट्रेन की लंबाई 28 मीटर है।

अतः विकल्प (A) सही है।

60. दिया गया है:

14.082 × 19.964 × 23.980 = ? ÷ 24.978

सन्निकटन मान द्वारा, हम प्राप्त करते हैं:

? ÷ 25 = 14 × 20 × 24

⇒ ? ÷ 25 = 6720

⇒ ? = 25 × 6720 = 168000

अतः विकल्प (C) सही है।

61. कुल काम $= (42,56)$ का लघुतम समापवर्त्य $= 168$ इकाई

अंजलि की क्षमता $= \frac{168}{42} = 4$

मोहन की क्षमता $= \frac{168}{56} = 3$

अंजलि, मोहन और लक्ष्मी की क्षमता $= \frac{168}{12} = 14$

∴ लक्ष्मी की क्षमता $= 14 - 4 - 3 = 7$

इसलिए, अभीष्ट दिनों की संख्या $= \frac{168}{7} = 24$ दिन

अतः विकल्प (C) सही है।

62. शंकु की ऊँचाई = h

शंकु का आयतन $= \frac{1}{3} \times \pi r^2 h$

$= \frac{1}{3} \times \frac{22}{7} \times (21)^2 \times h$

$= 12936$ मिली

$= 12936$ सेमी³

$\Rightarrow h = 28$ सेमी

शंकु की तिर्यक ऊँचाई $= L$

$L = \sqrt{r^2 + h^2}$

$= \sqrt{21^2 + 28^2}$

$= 35$ सेमी

अभीष्ट अंतर = वक्र पृष्ठ का क्षेत्रफल - आधार का क्षेत्रफल

अभीष्ट अंतर $= \pi rL - \pi r^2$

$= \frac{22}{7}(35 \times 21 - 21 \times 21)$

$= 924$ सेमी^{2}

अतः विकल्प (C) सही है।

63. मान लीजिए, घन की प्रत्येक भुजा $= a$ इकाई

इस प्रकार, घन का आयतन $= a^3$

अब, घन की नई भुजा $= a \times \frac{110}{100}$

$= 1.1a$ इकाई

इस प्रकार, घन का नया आयतन $= (1.1a)^3$

$= 1.331a^3$

इस प्रकार, अभीष्ट वृद्धि प्रतिशत $= \frac{1.331a^3 - a^3}{a^3} \times 100$

$= \frac{0.331a^3}{a^3} \times 100$

$= 33.1$

अतः विकल्प (C) सही है।

64. चूंकि, पहले पाइप को टैंक को पूरी तरह से भरने में 12 मिनट लगते हैं

इस प्रकार, 1 मिनट में पहले पाइप से भरा टैंक $= \frac{1}{12}$

अब दूसरा टैंक भरे टैंक को खाली करने में 20 मिनट का समय लेता है।

इस प्रकार पूरा टैंक भरने के लिए दोनों पाइपों द्वारा लिया गया समय

$= \frac{1}{12} - \frac{1}{20}$

$= \frac{5-3}{60}$

$= \frac{2}{60}$

$= \frac{1}{30}$

चूंकि, कुल टैंक 30 मिनट में भरा जाएगा।

इसलिए, आधे टैंक को भरने में समय लगा

$= \frac{30}{2}$

$= 15$ मिनट

अतः विकल्प (B) सही है।

65. दिया है,

$x^z = y^2$

$\Rightarrow 10^{(0.48z)} = 10^{2 \times 0.70} = 10^{1.40}$

$\Rightarrow 0.48z = 1.40$

$\Rightarrow z = \frac{140}{48}$

$= \frac{35}{12}$

$= 2.9$ (लगभग)

अतः विकल्प (C) सही है।

66. माना $C = x$

फिर, $B = x + 5000$

तथा $A = x + 5000 + 4000 = x + 9000$

इसलिए, $x + x + 5000 + x + 9000 = 50000$

$\Rightarrow 3x = 36000$

$\Rightarrow x = 12000$

$A : B : C = 21000 : 17000 : 12000 = 21 : 17 : 12$

तो A का हिस्सा $= 35000 \times \frac{21}{50}$ रुपए

$= 14700$ रुपए

अतः विकल्प (D) सही है।

67. माना मूलधन $(P) = 100$

तो साधारण ब्याज $(SI) = 40$

समय $(T) = 8$ वर्ष

और दर $= r\%$

$SI = \frac{P \times R \times T}{100}$

इसलिए, $40 = \frac{100 \times 8 \times r}{100}$

$\therefore r = 5\%$

अब, चक्रवृद्धि ब्याज $(CI) = A\left(1 + \frac{r}{100}\right)^n - P$

$\Rightarrow CI = 10000\left(1 + \frac{5}{100}\right)^3 - 10000$

$\Rightarrow CI = 10000 \times \frac{21}{20} \times \frac{21}{20} \times \frac{21}{20} - 10000$

$\Rightarrow CI = 11576.25 - 10000$

$\Rightarrow CI = 1576.25$ रूपये

अतः विकल्प (A) सही है।

68. महत्तम समापवर्तक $= 48$

माना क्रमशः संख्या $48x$ और $48y$ हैं

प्रश्न के अनुसार,

$$\Rightarrow 48x + 48y = 384$$

$$(x + y) = \frac{384}{48} = 8$$

तो, सह-अभाज्य संख्या की संभावित युग्म (1,7) (3,5) संख्या हैं (48, 336) या (144, 240)

∴ संख्याओं में अंतर है $= 336 - 48 = 288$ और $240 - 144 = 96$

अतः विकल्प (C) सही है।

69. माना तुहिन की आयु = x

संबित की आयु = y

सौमिक की आयु = z

प्रश्नानुसार,

x = 3y ... (i)

y – z = 6 ... (ii)

x + 20 = 2.5 (z + 20)

⇒ x - 2.5z = 30 ... (iii)

समीकरण (iii) में हम x=3y का मान रखने पर हम प्राप्त करते है,

y - z = 6

3y - 5z = 30

इन समीकरणों को हल करने पर,

⇒ x = 90, y = 30, z = 24

सभी तीनों की वर्तमान आयु = 90 + 30 + 24 + 45 = 189 माह = 15 वर्ष 9 माह

अतः विकल्प (D) सही है।

70. माना हॉल की लंबाई L मीटर

फिर, चौड़ाई $= \frac{3}{4}L$

प्रश्न के अनुसार,

क्षेत्रफल $=$ लंबाई $\times$ चौड़ाई

$$\Rightarrow L \times \frac{3}{4}L = 300$$

$$\Rightarrow L^2 = 400$$

$\Rightarrow L = 20$ मीटर

∴ चौड़ाई $= \frac{3}{4} \times 20 = 15$ मीटर

इसलिए, अभीष्ट अंतर $= (20 - 15) = 5$ मीटर

अतः विकल्प (B) सही है।

71. B, 7 सेकंड में 28 मीटर की दूरी तय करता है।

तो, कोर्स के समय B का समय = $\frac{1}{28} \times 100$ = 250 सेकंड

जबकि कोर्स के समय B का समय = 250 -7 = 243 सेकंड

यानी, A के कोर्स का समय 4 मिनट 3 सेकंड है।

अतः विकल्प (B) सही है।

72. दिया है:

$$1 + 2\left[3 - \left\{1 + \left(2 - \overline{\frac{1}{2} - \frac{5}{2}}\right)\right\}\right]$$

$$\Rightarrow 1 + 2[3 - \{1 + (2 - (-2))\}]$$

$$\Rightarrow 1 + 2[3 - \{1 + 4\}]$$

$$\Rightarrow 1 + 2[3 - 5]$$

$$\Rightarrow 1 + 2(-2)$$

$$\Rightarrow 1 - 4$$

$$\Rightarrow -3$$

अतः विकल्प (C) सही है।

73. $2\pi r \times n =$ तय की गई दूरी

$$\Rightarrow 2 \times \frac{22}{7} \times \frac{70}{100} \times n = 66 \times \frac{1000}{60}$$

$$\Rightarrow 4 \times \frac{n}{10} = 100$$

$\Rightarrow n = \frac{1000}{4} = 250$ चक्कर

अतः विकल्प (C) सही है।

74. माना प्रारम्भ में सेना में सैनिकों की कुल संख्या थी $= 100$

∴ लड़ाई में मारे गए सैनिकों की संख्या $= \frac{10}{100} \times 100 = 10$

∴ बचे हुए सैनिक $= 100 - 10 = 90$

बीमारी से मरने वाले सैनिकों की संख्या $= \frac{10}{100} \times 90 = 9$

∴ बचे हुए सैनिक $= 90 - 9 = 81$

अक्षम सैनिकों की संख्या $= \frac{10}{100} \times 81 = \frac{81}{10}$

∴ बचे हुए सैनिक $= 81 - \frac{81}{10}$

$$= \frac{810-81}{10}$$

$$= \frac{729}{10}$$

यदि $\frac{729}{10}$ सैनिक बचे हैं

फिर सैनिकों की कुल संख्या $= 100$

यदि 1 सैनिक को छोड़ दिया जाए तो कुल सैनिकों की संख्या है $= \frac{100 \times 10}{729}$

यदि 729000 सैनिकों को छोड़ दिया जाए, तो कुल सैनिकों की संख्या $= \frac{100\times10\times729000}{729}$

$= 1000000$

अतः विकल्प (D) सही है।

75. दी गयी स्थिति के अनुसार,

प्रथम वर्ष के लिए साधारण ब्याज (SI) = 2800 - 2400 = 400 रुपए

दो साल के लिए साधारण ब्याज = 800 रुपए

इसका अर्थ है,

मूलधन (P) = 2400 - 800 = 1600 रुपए

इसलिए,

सूत्र का उपयोग करके,

$SI = \frac{P\times R\times T}{100}$

$\therefore R = \frac{SI\times100}{P\times T}$

ब्याज के लिए अभीष्ट दर $= \frac{100\times400}{1600\times1} = 25\%$

अतः विकल्प (C) सही है।

76. No error.

Using the present perfect, we can define a period of time before now by considering its duration, with for + a period of time, or by considering its starting point, with since + a point in time.

Hence, the correct option is (D).

77. When we begin a sentence with a negative word, we put the auxiliary verb before the subject. No sooner had I started for college than it began to rain.

Hence, the correct option is (B).

78. The correct sequence is:

1. He could not rise.

Q. He tried again with all his might but to no use.

P. All at once, in the distance, he heard an elephant trumpet.

R. The next moment he was on his feet.

S. He stepped into the river.

6. It was colder than usual.

Hence, the correct option is (C).

79. The correct sequence is:

1. The crowd swelled around the thief.

Q. The thief stood quiet, his head hung in shame.

P. Suddenly, he whipped out a knife from under his shirt.

R. The two young men holding him were scared by the sight of the shining knife.

S. They took to their heels.

6. They were followed by the crowd which left the thief alone.

Hence, the correct option is (A).

80. Mitigate, Abate, Placate and Soften are synonyms which mean lessen the seriousness or extent of something while Incite means provoke or stir up. Therefore, Incite is the antonym of Mitigate.

Hence, the correct option is (C).

81. Constellation (n)- A group of stars found close together

Concoction (n)- Mixture

Conflagration (n)- Fire

Confederation (n)- An organization which consists of a number of parties

Hence, the correct option is (D).

82. Any account of the reign of King Harsha would remain **incomplete** without a reference to Hiuen Tsang.

Hence, the correct option is (A).

83. Herbarium (n) - A place for collection of dried plant specimens

Green-house (n)- A glass building in which plants that need protection from cold weather are grown

Nursery (n)- A place where young plants and trees are grown for sale

Warehouse (n)- A large building where raw materials may be stored

Hence, the correct option is (D).

84. The correct spelling is 'spectacular', which means 'beautiful in a dramatic and eye-catching way'.

Hence, the correct option is (C).

85. Ostentatious: Expensive or noticeable in a way that is intended to impress other people

Flashy: Attracting attention by being very big, bright and expensive

Distinct: Being not of the same kind

Complete: Having or including all parts; with nothing missing

Trusted: To believe that somebody is good, sincere, honest, etc. and that he/she will not trick you or try to harm you

Hence, the correct option is (C).

86. Dip in/into – lower or move (something) downwards.

Hence, the correct option is (B).

87. 'The' is used to specify the noun 'state'.

Hence, the correct option is (B).

88. 'Might' shows the remote possibility.

Hence, the correct option is (A).

89. Acute (adj.)- severe

Hence, the correct option is (D).

90. 'Along with' means in company with or at the same time as.

Hence, the correct option is (A).

91. Keeping the promise of gifting it's neighbours one transponder each on G-SAT 9 helped India gain goodwill across the subcontinent.

Hence, the correct option is (C).

92. It is said in the passage that launch India is showing that where it is capable its commitment to the development of its neighbours is strong. Why is India showing so isn't mentioned.

Hence, the correct option is (D).

93. It is clearly mentioned in the passage that: China has pledged billions of dollars in projects to each of the countries in the region; that, India is obviously not in a position to match.

Hence, the correct option is (D).

94. Pakistan & Sri Lanka have launched the satellite with China's assistance.

Hence, the correct option is (D).

95. Indigenously - produced or occurring locally.

originating in and characteristic of a particular region or country; native (often followed by to):

Hence, the correct option is (D).

96. In part a, 'summon' should be replaced with 'summons'.

Some nouns look plural but have a singular meaning. A singular verb is used with them.

Hence, the correct option is (A).

97. If two singular nouns are joined by 'and' and if an article is used before the first singular noun, then it denotes 'one person/thing'.

Singular pronouns he, himself, his, him, etc. will come for human beings(when singular nouns are used), and it, itself, its will come for non-living things.

In the given sentence, two singular nouns 'manager' and 'receptionist' are joined by 'and', and the article 'The' is used before the first singular noun.

Hence, the correct option is (C).

98. First is B as it states the source of the findings i.e. UNESCO. This part could have come at the end of the sentence but notice how a comma is used after this segment. Hence, it has to be placed in the beginning.

Next is C as it indicates the number of children.

A follows C as it tells us the children where these children are i.e. India.

Next is E as it starts with 'been'. This should come after A to form the proper verb tense 'have been'.

Last is D as it tells as E ends with 'by' and D indicates the reason for this situation.

Hence, the correct option is (B).

99. First is C as it is the only logical opener of the sentence.

Next is E as it specifies the group of lower middle class people that are being talked about i.e. the parents.

A follows E as 'have been' should be followed by the main verb i.e. taking.

Next is D as it tells from where the children are being taken out.

Last is B as it starts with 'and' and states where these children are being relocated to.

Hence, the correct option is (A).

100. In the above sentence, the noun is 'United States of America.'

A basic rule in grammar is that, even when a 'proper noun' is a plural name, the verb must be singular.

In this case, the noun is 'the United States of America' and is considered as singular, but the plural verb 'are' is used which is grammatically incorrect.

Hence, the correct option is (A).

मॉक टेस्ट 06

General Intelligence & Reasoning

Q.1 यदि दी गई संख्या "695423574892" में, सभी सम अंकों में एक जोड़ा जाता है और सभी विषम अंकों से दो घटाया जाता है, फिर पुनर्व्यवस्था के बाद दो से अधिक बार कितनी संख्याएँ दिखाई देती है?

A. एक **B.** दो **C.** तीन **D.** चार

Q.2 M, R के पिता की बहन का पुत्र है। A, S का पुत्र है, जो D की माता और R की दादी/नानी है। N, F के पिता और M के दादा/नाना हैं। S, N की पत्नी है। A की कोई पुत्री नहीं है। S के कितने पोते/पोतियां हैं?

A. एक **B.** दो **C.** तीन **D.** चार

Q.3 दिए गए विकल्प में संबंधित आकृति का चयन करें:

  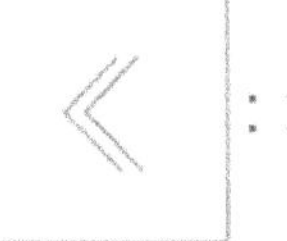 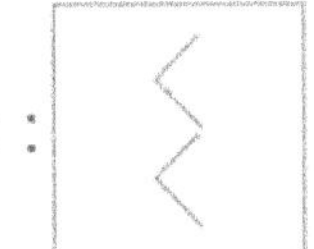 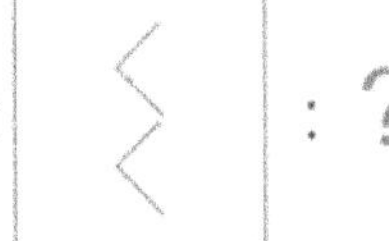

A. 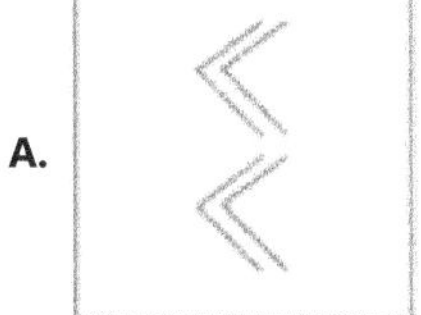

B. 

C. 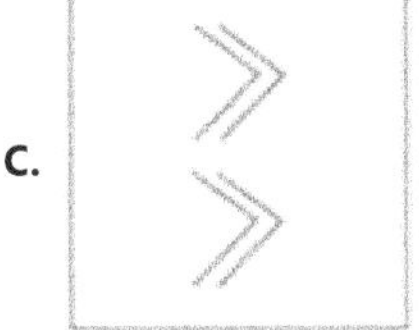

D. 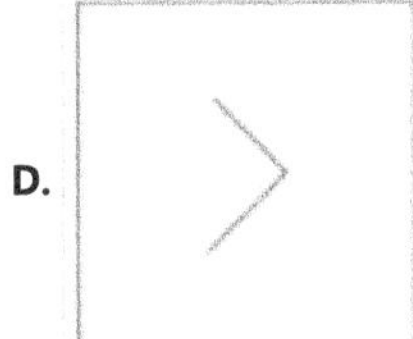

Q.4 दिए गए विकल्पों में संबंधित आकृति का चयन करें:

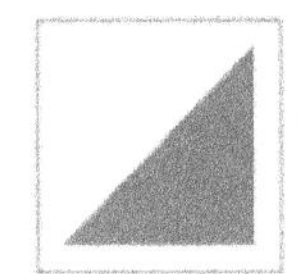 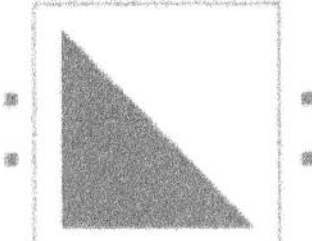 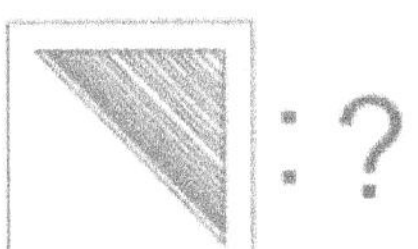

A.  

B. 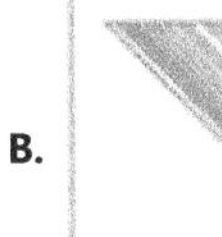

C. 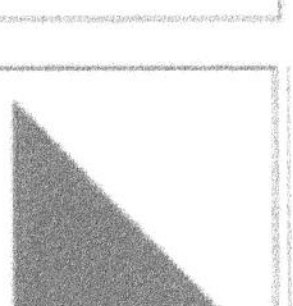

D. 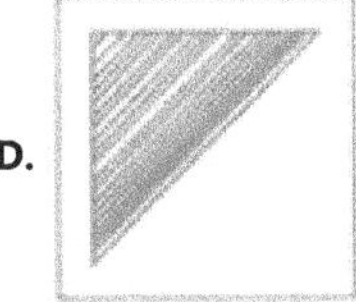

Q.5 निर्देश: निम्नलिखित प्रश्न में, एक शब्द को विकल्पों में से किसी एक में केवल एक संख्या द्वारा दर्शाया गया है। विकल्प में दिए गए संख्याओं के सेट को दो दिए गए मैट्रिसेस की तरह अक्षरों के दो वर्गों द्वारा दर्शाया गया है। मैट्रिक्स । का कॉलम और रो 0 से 4 तक और मैट्रिक्स ॥ की संख्या 5 से 9 तक होती है। इन मेट्रिसेस के एक अक्षर को पहले पंक्ति और फिर कॉलम संख्या में दर्शाया जा सकता है जैसे कि प्रश्न 1 से 5 के लिए मैट्रिक्स में, K को 65,77 आदि द्वारा दर्शाया जा सकता है। H को 30,11 आदि द्वारा दर्शाया जा सकता है। प्रत्येक प्रश्न में दिए गए शब्द के लिए सही सेट की पहचान करें।

	0	1	2	3	4
0	A	E	S	T	H
1	T	H	A	E	S
2	E	S	T	H	A
3	H	A	E	S	T
4	S	T	H	A	E

मैट्रिक्स ।

	5	6	7	8	9
5	P	O	R	K	L
6	K	L	P	O	R
7	O	R	K	L	P
8	L	P	O	R	K
9	R	K	L	P	O

मैट्रिक्स ॥

HORSE

A. 86,32,67,13,44 **B.** 57,95,02,24,87

C. 95,75,32,02,59 **D.** 04,75,88,21,32

Q.6 निम्नलिखित प्रश्न में, श्रृंखला से लुप्त अक्षर का चयन करें:

9	5	6	4
8	7	8	8
6	3	?	7
78	38	56	39

A. 7 **B.** 8 **C.** 6 **D.** 5

Q.7 यदि LABOURED को LOBAERUD लिखा जाता है तो BROTHERS को कैसे लिखा जाएगा?

A. BTOEHRTS **B.** BTORHETS

C. BTORREHS **D.** BOTREHTS

Q.8 दी गई आकृति श्रृंखला में कौन सा आकृति आएगी?

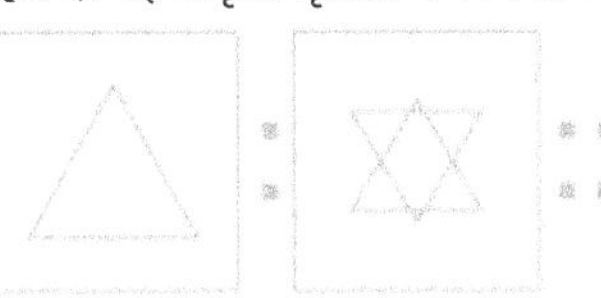 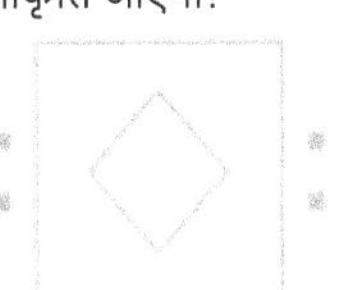

A. 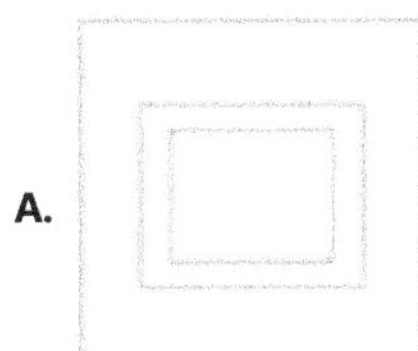

B. 

C. 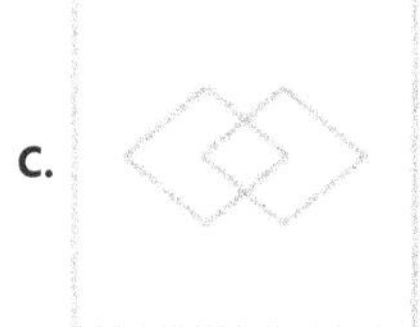

D. 

D. 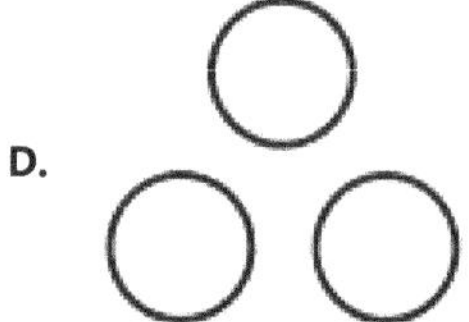

Q.9 यदि एक निश्चित भाषा में, "SANITY" को "< + = * & ?" लिखा जाता है और "MURPHY" को " # $ @ ! % ?" लिखा जाता है | "TRIUMPH" कोड को कैसे कोडित किया जाएगा ?

A. # > + < ! = $ **B.** & @ * $ # ! ?
C. & @ * $ # ! % **D.** # > < + ! = $ %

Q.10 प्रश्न चिह्न (?) के स्थान पर क्या आएगा?

$\frac{2}{3} : \frac{19}{29} :: \frac{8}{7} : ?$

A. $\frac{89}{79}$ **B.** $\frac{79}{79}$ **C.** $\frac{79}{69}$ **D.** $\frac{80}{70}$

Q.11 प्रश्न चिह्न (?) के स्थान पर क्या आएगा?

91 : ? :: 64 : 54

A. 63 **B.** 101 **C.** 32 **D.** 70

Q.12 नीचे दी गई आरेख को देखिये और फिर नीचे दिए गए विकल्पों में से सही दर्पण आरेख चुनिए:

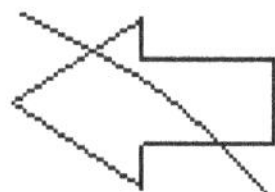

A. 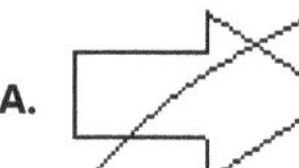

B. 

C. 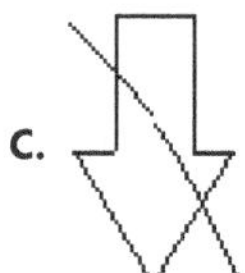

D. इनमे से कोई नहीं

Q.13 निम्नलिखित में से कौन सा आरेख डॉक्टर, वकील और प्रोफेशनल के बीच सबसे अच्छा संबंध को दर्शाता है?

A. 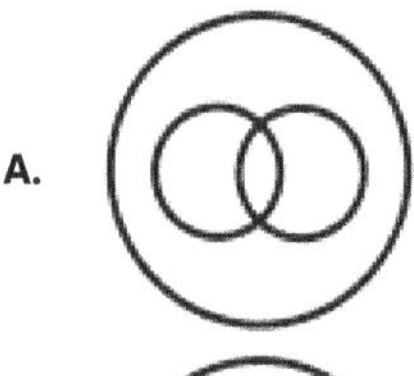

B. 

C. 

Q.14 निम्नलिखित में से कौन सा आरेख जल, वायुमंडल और हाइड्रोजन के बीच सबसे अच्छा संबंध को दर्शाता है?

A. 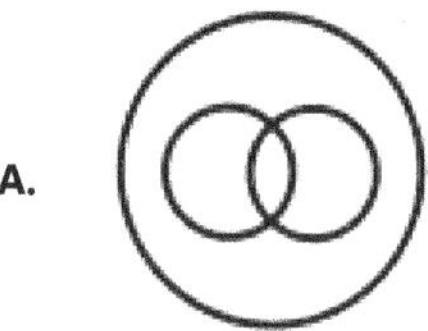

B. 

C. 

D. 

Q.15 दिए गए विकल्पों में विषम बताइये।

A. PLPAE **B.** RAORCT
C. AUVAG **D.** NOONI

Q.16 दिए गए विकल्पों में विषम बताइये।

A. गिरजाघर **B.** मस्जिद **C.** मठ **D.** मंदिर

Q.17 दिए गए विकल्पों में विषम बताइये।

A. मेढक **B.** साँप **C.** हंस **D.** मगरमच्छ

Q.18 इस प्रश्न में, चार शब्द दिए गए हैं, जिनमें से विषम को चुनें:

A. पोटैशियम **B.** सिलिकॉन
C. जरकोनियम **D.** गैलियम

Q.19 इस प्रश्न में, चार शब्द दिए गए हैं, जिनमें से विषम को चुनें?

A. छापा **B.** आक्रमण **C.** हमला **D.** रक्षा

Q.20 प्रश्न चिह्न के स्थान पर कौन सी आकृति रखा जा सकता है?

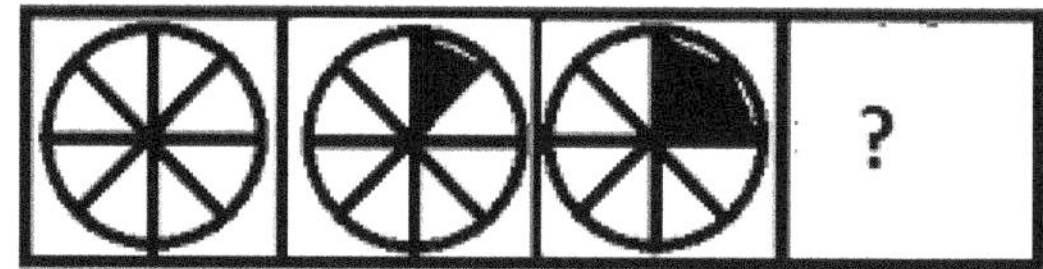

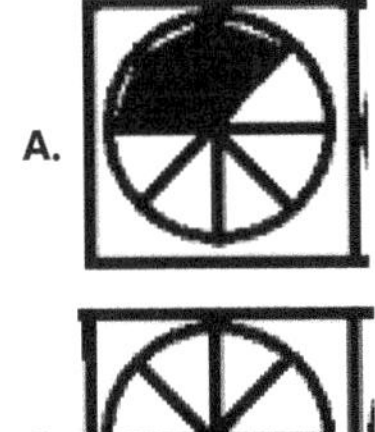

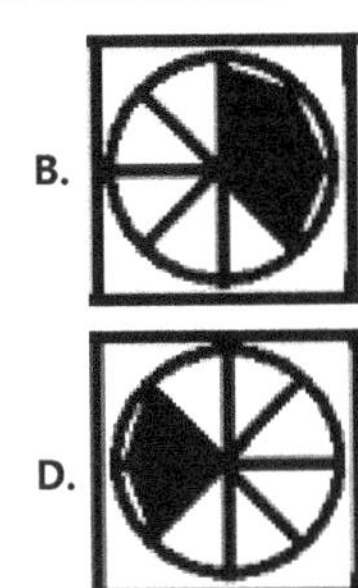

A. B. C. D.

Q.21 कौन सी आकृति दूसरों से भिन्न है?

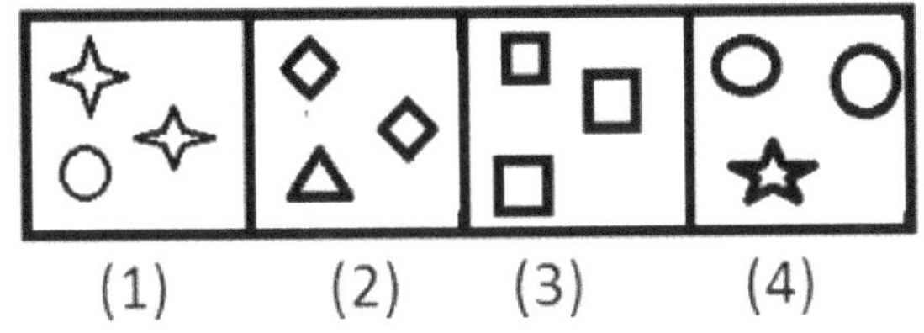

A. (1) **B.** (2) **C.** (3) **D.** (4)

Q.22 यदि, 50 * 34 = 28, 32 * 22 = 18 और 28 * 14 = 14, तो 80 * 67 = क्या होगा ?

A. 34 **B.** 27 **C.** 49 **D.** 29

Q.23 विषम को ज्ञात करें :

A. 64 **B.** 48 **C.** 85 **D.** 92

Q.24 दिखाए गए आकार, जो प्रश्न आकृति में दिखाया गया है, को बनाने के लिए आकृतियों, जो उत्तर आकृति में दिखायी गयी है, के किस समूह को सम्मलित किया जा सकता है?

प्रश्न आकृति

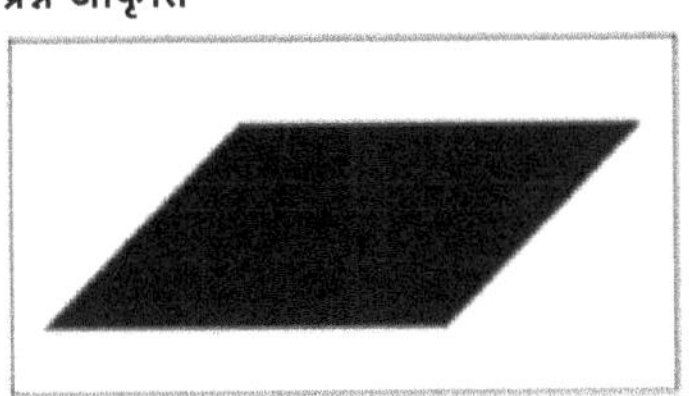

उत्तर आकृति

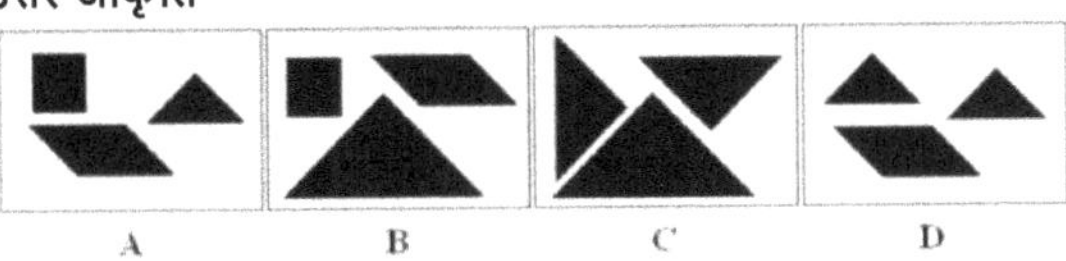

A. A **B.** B **C.** C **D.** D

Q.25 अगर TOUR को 1234 के रूप में एक निश्चित कोड में लिखा गया है, तो CLEAR को 56784 और SPARE को 90847 के रूप में लिखा जाता है, उसी कोड में SCULPTURE के लिए 5 वां अंक क्या होगा?

A. 3 **B.** 4 **C.** 6 **D.** 0

General Awareness

Q.26 अप्रैल 2022 में, मझगांव डॉक शिपबिल्डर्स ने प्रोजेक्ट 75 के तहत छह पनडुब्बियों में से अंतिम _______ लॉन्च किया।

A. INS वेला **B.** INS वाग्शीर
C. INS कलवरी **D.** INS वागीर

Q.27 निम्नलिखित में से किसने 'इंडियाज बूमिंग गिग एंड प्लेटफॉर्म इकोनॉमी' शीर्षक से एक रिपोर्ट लॉन्च की?

A. नीति आयोग
B. भारतीय रिजर्व बैंक
C. भारतीय वाणिज्य और उद्योग मंडल महासंघ
D. नैसकॉम

Q.28 जुलाई 2021 में CoWin ग्लोबल कॉन्क्लेव को किसने संबोधित किया?

A. नरेंद्र मोदी **B.** अमित शाह
C. हरदीप सिंह पुरी **D.** नितिन गडकरी

Q.29 'सेमीकॉन इंडिया कॉन्फ्रेंस-2022' का आयोजन कहाँ किया गया था ?

A. मुंबई **B.** नई दिल्ली **C.** चेन्नई **D.** बेंगलुरू

Q.30 निम्नलिखित में से भारतीय रेल का शुभंकर प्रतीक कौन है?

[RRB (NTPC), 2017]

A. मॉरिस, बिल्ली **B.** मुरुगन, पीकॉक
C. नंदी, बैल **D.** भोलु, हाथी

Q.31 भारत के किस राज्य में प्रतिवर्ष तरणेतर मेला लगाया जाता है?

A. तेलंगाना **B.** मणिपुर **C.** मध्य प्रदेश **D.** गुजरात

Q.32 निम्नलिखित में से कौन सा राज्य भारत का सबसे बड़ा जूट उत्पादक राज्य है ?

A. राजस्थान **B.** कर्नाटक
C. पश्चिम बंगाल **D.** नागालैंड

Q.33 भारत की पहली पूर्ण अवधि वाली 'टॉकी' फिल्म कौन सी थी ?

A. इंद्रसभा **B.** शीरी फरहाद
C. भक्त प्रह्लाद **D.** आलम आरा

Q.34 निम्नलिखित में से कौन सा क्षेत्र भारत का सबसे बड़ा कोयला क्षेत्र है ?

A. तालचेर **B.** रांची **C.** रामपुर **D.** झरिया

Q.35 विश्व हिंदी दिवस या विश्व हिंदी दिवस प्रत्येक वर्ष ________ को मनाया जाता है।

A. 10 जनवरी **B.** 10 दिसंबर **C.** 11 जनवरी **D.** 11 दिसंबर

Q.36 त्रिपुरा की राजधानी क्या है?

A. उदयपुर **B.** अगरतला **C.** आइजोल **D.** कंचनपुर

Q.37 मिजोरम की राजधानी क्या है?

A. जयपुर **B.** गंगटोक **C.** आइजोल **D.** ख्वाजवेल

Q.38 राजस्थान और मध्य प्रदेश में शहरी क्षेत्र की परियोजनाओं के लिए एशियाई विकास बैंक द्वारा कितनी ऋण राशि स्वीकृत की गई है?

A. 570 मिलियन डॉलर **B.** 650 मिलियन डॉलर
C. 590 मिलियन डॉलर **D.** 410 मिलियन डॉलर

Q.39 भारतीय संविधान के ब्रेल संस्करण का अनावरण किस राज्य में किया गया?

A. गोवा **B.** कर्नाटक
C. उत्तर प्रदेश **D.** महाराष्ट्र

Q.40 सुल्तान अजलान शाह कप किस खेल से संबंधित है?

A. बैडमिंटन **B.** हॉकी
C. टेबल टेनिस **D.** गोल्फ

Q.41 निम्नलिखित पर ध्यान दीजिए:-

1- प्रस्तावना
2- मौलिक अधिकार
3- मौलिक कर्तव्य
4- राज्य के नीति निदेशक सिध्दांत

लैंगिक समानता का सिध्दांत इनमें से किसमें है?

A. केवल 1 **B.** 1 & 2
C. 1, 2 & 3 **D.** 1, 2, 3 & 4

Q.42 किस भारतीय संस्थान ने इंटरनेट ऑफ थिंग्स उपकरणों के लिए स्वदेश निर्मित माइक्रोप्रोसेसर ' मौशिक' विकसित किया है?

A. IIT कानपुर **B.** IIT खड़गपुर
C. IIT मद्रास **D.** IIT गुवाहाटी

Q.43 निम्नलिखित में कौन सा कानून भारत की संसद द्वारा नहीं बनाया गया?

A. AFSPA **B.** POTA **C.** MCOCA **D.** FEMA

Q.44 नाभिवर्ष किस देश का ऐतिहासिक नाम है?

A. भारत **B.** म्यांमार **C.** चीन **D.** मिस्र

Q.45 नोहकलिकाइ झरना किस प्रदेश में है?

A. केरल **B.** असम **C.** मणिपुर **D.** मेघालय

Q.46 निम्नलिखित में किस भारतीय राजा ने धर्म महामात्त नियुक्त किए थे?

A. अशोक **B.** समुद्रगुप्त
C. चंद्रगुप्त। **D.** चंद्रगुप्त मौर्य

Q.47 जैन धर्म के 22वें तीर्थंकर कौन थे?

A. ऋषभदेव **B.** अरिष्टनेमि **C.** पार्श्वनाथ **D.** महावीर

Q.48 नोबेल पुरस्कार विजेता रविंद्र नाथ टैगोर का जन्मदिवस किस तारीख को मनाया जाता है?

A. 6 मई **B.** 7 मई **C.** 8 मई **D.** 9 मई

Q.49 2023 क्रिकेट विश्व कप की मेजबानी कौन सा देश करेगा?

A. इंग्लैंड **B.** दक्षिण अफ्रीका
C. ऑस्ट्रेलिया **D.** भारत

Q.50 संसद की लोक लेखा समिति (PAC) ने स्थापना के कितने वर्ष पूरे किए?

A. 50 **B.** 60 **C.** 75 **D.** 100

Quantitative Aptitude

Q.51 निर्देश: निम्न प्रश्न में प्रश्नवाचक चिह्न(?) के स्थान पर लगभग क्या मान आना चाहिए।

$179.994\% \times 139.98 + 50.015$ का $300.07\% + 59.921$ का $420.020\% - ? = 145.023 \times 2.019$

A. 346 **B.** 468 **C.** 364 **D.** 356

Q.52 निर्देश: निम्न प्रश्न में प्रश्नवाचक चिह्न(?) के स्थान पर लगभग क्या मान आना चाहिए।

239.97 का $45.014\% + 325.089\% \times 199.936 - ? = 950.032 \div 19.012$

A. 708 **B.** 698 **C.** 824 **D.** 584

Q.53 निर्देश: दिए गए प्रश्न में प्रश्नवाचक चिन्ह (?) के स्थान पर लगभग कितना मान आएगा?

$\sqrt{36.07 \times 16.083 \times 4.07 \times 323.95} = ? - 149.958 \times 179.9\%$

A. 984 **B.** 1064 **C.** 1134 **D.** 1122

Q.54 लम्बाई तथा चौडाई का अनुपात 7 : 4 है। लम्बाई तथा चौडाई में अंतर 33 सेमी है। आयत का क्षेत्रफल कितना है?

A. 3388 **B.** 4455 **C.** 8866 **D.** 1122

Q.55 480 मीटर लम्बी रेलगाडी विपरीत दिशा में समान चाल से आती हुई समान लम्बाई की दूसरी रेलगाडी को 8 सेकण्ड में पार कर जाती है। रेलगाडी की चाल कितनी है?

A. 60 मीटर/सेकण्ड **B.** 10 मीटर/सेकण्ड
C. 12 मीटर/सेकण्ड **D.** 15 मीटर/सेकण्ड

Q.56 सिद्धांत कुछ पेन ड्राइव 500 रूपये पर खरीदता है। और प्रति पीस कीबोर्ड की समान संख्या रु 1500 है। उन्होंने क्रय मूल्य $x\%$ लाभ पर पेन ड्राइव और क्रय मूल्य पर कीबोर्ड $2x\%$ से अधिक पर बेचे और बिक्री के समय $x\%$ छूट दी। इसके द्वारा सिद्धान्त ने कुल संक्रमणों में कुल $(x - 6)\%$ लाभ अर्जित किया। x का मान ज्ञात करें।

A. 15% **B.** 18% **C.** 25% **D.** 20%

Q.57 बर्तन A में 88 लीटर शुद्ध दूध और बर्तन B में 88 लीटर पानी है। 22 लीटर दूध A से B में स्थानांतरित किया जाता है। फिर 22 लीटर को B से A में स्थानांतरित किया जाता है। इस प्रक्रिया को दो बार और दोहराया जाता है। अंत में A में दूध और पानी का अनुपात क्या है?

A. 64:63 **B.** 19:21 **C.** 64:61 **D.** 17: 8

Q.58 प्रिज्म का आधार एक समबाहु त्रिभुज है। जिसके भुजा 6 सेमी लंबे हैं। यदि प्रिज्म का आयतन $108\sqrt{3}$ सेमी ^{3} है, तो इसकी ऊँचाई है?

A. 9 सेमी **B.** 10 सेमी **C.** 11 सेमी **D.** 12 सेमी

Q.59 एक नाव को 65 किमी धारा के प्रतिकूल जाने में और फिर 60 किमी धारा के अनुकूल की यात्रा करने के लिए 9 घंटे अधिक समय लगते हैं। यदि शांत जल में नाव की गति $2\frac{7}{9}$ मीटर/सेकंड है, तो धारा की गति (किमी / घंटा) ज्ञात करें।

A. 7 **B.** 4 **C.** 8 **D.** 5

Q.60 एक आदमी ने 12% की दर से दो वर्ष के लिए साधारण ब्याज पर 3300 रूपये निवेश करता है। और 20% की दर से चक्रवृद्धि ब्याज पर x रूपये दो साल के लिए निवेश करता है। यदि दो वर्ष के बाद साधारण ब्याज और चक्रवृद्धि ब्याज का अनुपात 9: 10 है, तो x का मान ज्ञात करें?

A. 2050 रूपये **B.** 2000 रूपये
C. 2450 रूपये **D.** 2300 रूपये

Q.61 एक शंकु का वक्रपृष्ठ सतह क्षेत्रफल 7656 सेमी^{2} है, जिसकी त्रिज्या 42 सेमी है। यदि शंकु की ऊंचाई एक वर्ग की परिधि का आधा है, तो वर्ग का क्षेत्रफल ज्ञात कीजिए?

A. 400 सेमी^{2} **B.** 441 सेमी^{2}
C. 1600 सेमी^{2} **D.** 900 सेमी^{2}

Q.62 APPLE शब्द के अक्षरों के कितने क्रमचय हैं?

A. 600 **B.** 120 **C.** 240 **D.** 60

Q.63 अभी और सैम की वर्तमान आयु क्रमशः 5 : 3 है। यदि अभी से 12 वर्ष बाद सैम की आयु, अभी से 4 वर्ष पहले अभी की आयु से 50% अधिक है, तो x का मान ज्ञात करें।

A. 4 **B.** 2 **C.** 6 **D.** 5

Q.64 यदि एक गोले का आयतन 2304π सेमी^{3} है और अर्धगोले की त्रिज्या, गोले की त्रिज्या का 75% है, तो अर्धगोले का आयतन ज्ञात कीजिये।

A. 456π सेमी^{3} **B.** 476π सेमी^{3}
C. 486π सेमी^{3} **D.** 496π सेमी^{3}

Q.65 एक ट्रेन 20 सेकंड में 150 मी लम्बे प्लेटफॉर्म और 12.5 सेकंड में एक पोल पार कर सकती है। ट्रेन की गति कितनी है?

A. 63 किमी/घंटा **B.** 72 किमी/घंटा
C. 90 किमी/घंटा **D.** 108 किमी/घंटा

Q.66 एक नाव को 240 किमी की दूरी तय करने में कुछ समय लगता है और वापस लौटने में 18 घण्टे कम लगते हैं। यदि धारा की गति, शांत जल में नाव की गति से $\frac{2}{3}$ गुना है, तब शांत जल में नाव की गति ज्ञात कीजिए।

A. 24 किमी/घंटा **B.** 36 किमी/घंटा
C. 28 किमी/घंटा **D.** 32 किमी/घंटा

Q.67 दिए गये समीकरण में प्रश्न चिह्न (?) के स्थान पर क्या आएगा?

$? + 727 - 93 = 20\%$ का 20000 का 50%

A. 1369 **B.** 1366 **C.** 1768 **D.** 1665

Q.68 दिए गये समीकरण में प्रश्न चिह्न (?) के स्थान पर क्या आएगा?

$4\frac{2}{5} + 3\frac{1}{3} - 6\frac{1}{2} = ?$

A. $2\frac{7}{30}$ **B.** $1\frac{7}{30}$ **C.** $1\frac{11}{30}$ **D.** $2\frac{13}{30}$

Q.69 प्रश्न में, दो समीकरण I और II दिए गए हैं। आपको x और y के बीच सही संबंध स्थापित करने और सही विकल्प चुनने के लिए दोनों समीकरणों को हल करना होगा।

I. $x^2 - 20x + 96 = 0$

II. $y^2 + 6y - 91 = 0$

A. $x > y$ **B.** $x \geq y$ **C.** $x < y$ **D.** $x \leq y$

Q.70 प्रश्न में, दो समीकरण I और II दिए गए हैं। आपको x और y के बीच सही संबंध स्थापित करने और सही विकल्प चुनने के लिए दोनों समीकरणों को हल करना होगा।

I. $x^2 + 5x - 36 = 0$

II. $y^2 + 24y + 135 = 0$

A. $x > y$ **B.** $x \geq y$ **C.** $x < y$ **D.** $x \leq y$

Q.71 15360 रुपये की धनराशि 12.5% के ब्याज दर से वार्षिक रूप से चक्रवृद्धित की जाती है, तो 3 वर्ष बाद अर्जित किया गया ब्याज कितना होगा?

A. 6750 रुपये **B.** 6480 रुपये
C. 4840 रुपये **D.** 6510 रुपये

Q.72 A, B से 8 वर्ष छोटा है और C से 6 वर्ष बड़ा है। यदि B और D की वर्तमान आयु क्रमशः 30 वर्ष और 24 वर्ष है, तो C की वर्तमान आयु और D की वर्तमान आयु का अनुपात ज्ञात करें?

A. 1:2 **B.** 2:5 **C.** 1:4 **D.** 2:3

Q.73 'A' 32 दिनों में एक काम पूरा कर सकता है जबकि 'B' काम पूरा करने में 'A' से 8 दिन कम लेता है। यदि उनके द्वारा प्राप्त कुल वेतन 1050 रुपये है 'A' द्वारा प्राप्त वेतन ज्ञात करें?

A. 600 रुपये **B.** 450 रुपये **C.** 750 रुपये **D.** 900 रुपये

Q.74 एक बैग में 3 लाल, 4 नीली और 3 हरी गेंदें हैं। यदि यादृच्छिक से 2 गेंदें निकाली जाती हैं, तो किसी के हरा न होने की संभावना कितनी है?

A. $\frac{6}{11}$ **B.** $\frac{8}{15}$ **C.** $\frac{11}{15}$ **D.** $\frac{7}{15}$

Q.75 8 अलग-अलग मोतियों को कितने विभिन्न तरीकों से व्यवस्थित कर माला बनाई जा सकती है?

A. 2520 **B.** 40320 **C.** 20160 **D.** 5040

English Comprehension

Ques (76-80):Direction: In the following passage some words have been omitted. Select the most appropriate option for the blank.

When things go as ________(A), we feel comfortable. But when life throws a curveball, it creates anxiety and stress. The current Covid-19 pandemic has _________(B) the carpet from under our feet. It has increased __________(C) over the economy, employment, finances, relationships, and, of course, physical and mental health. Yet as human beings, we crave security. Fear and diffidence make you powerless and drain you emotionally.

Many people can ____________(D) some levels of uncertainty in life. Some enjoy taking risks. Others get overwhelmed by the ____________(E) of life. No matter how bad the situation may be, there are steps you can take to better ______________(F) yourself to face the unknown with courage.

The world consists of pairs of opposites. Pleasure and pain, joy and sorrow, honour and dishonour are an____________(G) part of life. So, things will change, and for the better. _______________(H), the world is constantly changing. And this change is unpredictable.

Q.76 Select the most appropriate option for blank (A).

A. planned **B.** normal **C.** berserk **D.** good

Q.77 Select the most appropriate option for blank (B).

A. placed **B.** pulled **C.** snatched **D.** pushed

Q.78 Select the most appropriate option for blank (C).

A. uncertainty **B.** turmoil
C. grip **D.** momentum

Q.79 Select the most appropriate option for blank (D).

A. forecast **B.** expect **C.** tolerate **D.** testify

Q.80 Select the most appropriate option for blank (E).

A. harmony **B.** pacification
C. egalitarianism **D.** unpredictability

Q.81 Direction: In the following question, some part of the sentence may have errors. Find out which part of the sentence has an error and select the appropriate option.

We should never (a)/look down to (b)/ a person merely (c)/because he is poor. (d)

A. (a) **B.** (b) **C.** (c) **D.** (d)

Q.82 Direction: In the following question, some part of the sentence may have errors. Find out which part of the sentence has an error and select the appropriate option.

The voyager took rest (a)/below the shade (b)/ of a large (c)/ banyan tree. (d)

A. (a) **B.** (b) **C.** (c) **D.** (d)

Q.83 Find the synonym of the given word.

Boast

A. Dry **B.** Revive **C.** Pride **D.** Sly

Q.84 Find the synonym of the given word.

Haste

A. Fiat **B.** Murky **C.** Impact **D.** Hurry

Q.85 Improve the bracketed part of the sentence.

Pensions are linked to inflation, (besides) they should be linked to the cost of living.

A. and **B.** whereas
C. where **D.** as long as

Q.86 In the question below, a sentence is given, in which an idiom is highlighted in bold. From the options, choose the one that reflects the correct meaning of the idiom.

Improve the bracketed part of the sentence.

I went to the last lecture, (no sooner then) I got reminded of it.

A. almost as soon as **B.** as sooner as
C. so quickly as **D.** as quickly as

Q.87 Fill in the blanks.

The Western Ghats have infested ___ different snakes.

A. of **B.** in **C.** with **D.** by

Q.88 Fill in the blank.

You take a decision. The ball is in _________now

A. your court **B.** your pocket
C. your garden **D.** your net

Q.89 Fill in the blanks with a suitable verb.

The cold breath of autumn had _______the ivy leaves from the vine and the branches remained almost bare.

A. striking **B.** stricken **C.** strike **D.** struck

Q.90 Improve the bold part of the sentence.

M Venkaiah Naidu **has appointed as the** Vice President of India in a smooth transition after the term of Hamid Ansari ended on August 9.

A. takes the post of
B. took over as the
C. has taken the post of
D. had taken over the

Q.91 Improve the bold part of the sentence.

There are two facets to the National Climate Assessment **that can craft** distinguished brains in America's science fraternity.

A. which is crafted as
B. that is crafted through
C. which have crafted
D. that has been crafted by

Q.92 What is an antonym for "coarse"?

A. Fine **B.** Gritty **C.** Gravelly **D.** Grainy

Q.93 What is the antonym for "Apathetic".

A. Agitated **B.** Happy
C. Concerned **D.** Surprised

Q.94 Improve the bracketed part of the sentence.

I (regret for) using objectionable words against a man so mighty.

A. repent for **B.** sorry for
C. regret **D.** No improvement

Q.95 Given below is a sentence. Identify the part of speech of the underlined word. Choose the response which is the most appropriate expression.

Calcium is essential for strong bones.

A. Abstract noun **B.** Adjective
C. Material Noun **D.** Adverb

Q.96 Given below is an/a idiom/phrase followed by four alternative meanings. Choose the response which is the most appropriate expression.

Cook the books

A. To alter facts dishonestly
B. To do something that spoils someone's plan
C. To tell an interesting story
D. To be very angry

Q.97 Given below is an/a idiom/phrase followed by four alternative meanings. Choose the response which is the most appropriate expression.

To vote with your feet

A. To show that you do not support something
B. To replace something important
C. To change something you must do
D. To express a particular opinion

Q.98 Choose the correct preposition to fill the blank in the given sentence.

I lived in America ______ 2016.

A. until **B.** from **C.** for **D.** with

Q.99 Substitute one word for the group of the words given below.

A person who renounces the world and practices self-discipline in order to attain salvation

A. Sceptic **B.** Ascetic
C. Devotee **D.** Antiquarian

Q.100 Find the correctly spelled word.

A. Accomplish **B.** Acomplush
C. Ackmplesh **D.** Accompalish

// स्मार्ट उत्तर पुस्तिका //

सही उत्तर उन छात्रों के प्रतिशत को इंगित करता है जिन्होंने प्रश्नों का सही उत्तर दिया था।

छोड़ दिया उन छात्रों के प्रतिशत को इंगित करता है जिन्होंने प्रश्नों को छोड़ दिया था।

प्रश्न संख्या	उत्तर	सही उत्तर	छोड़ दिया	प्रश्न संख्या	उत्तर	सही उत्तर	छोड़ दिया	प्रश्न संख्या	उत्तर	सही उत्तर	छोड़ दिया	प्रश्न संख्या	उत्तर	सही उत्तर	छोड़ दिया	प्रश्न संख्या	उत्तर	सही उत्तर	छोड़ दिया
1	C	59.64 %	38.01 %	17	C	79.53 %	19.8 %	33	D	65.04 %	34.77 %	49	D	55.84 %	39.01 %	65	B	64.07 %	33.86 %
2	B	44.95 %	53.85 %	18	A	48.03 %	46.45 %	34	D	55.85 %	42.18 %	50	D	60.43 %	30.95 %	66	D	49.06 %	47.33 %
3	C	80.91 %	10.8 %	19	D	52.59 %	39.46 %	35	A	81.31 %	11.19 %	51	C	45.5 %	47.96 %	67	B	42.12 %	32.31 %
4	D	58.34 %	40.57 %	20	B	52.39 %	46.91 %	36	B	61.47 %	37.7 %	52	A	59.29 %	31.67 %	68	B	79.97 %	14.45 %
5	D	14.08 %	73.1 %	21	C	67.96 %	30.96 %	37	C	64.85 %	34.4 %	53	C	43.42 %	48.78 %	69	A	66.34 %	32.32 %
6	B	68.73 %	30.55 %	22	C	59.62 %	38.5 %	38	A	68.42 %	30.85 %	54	A	45.69 %	46.39 %	70	B	67.92 %	31.5 %
7	C	60.16 %	34.35 %	23	C	60.98 %	35.27 %	39	D	65.05 %	31.54 %	55	A	63.89 %	32.96 %	71	D	42.02 %	54.18 %
8	C	49.7 %	43.22 %	24	C	22.25 %	74.12 %	40	B	44.66 %	34.82 %	56	D	16.33 %	82.01 %	72	D	47.94 %	42.36 %
9	C	46.3 %	49.01 %	25	D	42.81 %	54.44 %	41	D	15.35 %	71.3 %	57	D	49.61 %	41.37 %	73	B	64.58 %	33.22 %
10	C	64.82 %	33.39 %	26	B	67.96 %	30.03 %	42	C	48.19 %	44.84 %	58	D	64.14 %	35.65 %	74	D	69.75 %	30.09 %
11	A	56.69 %	41.51 %	27	A	62.38 %	34.86 %	43	C	63.49 %	33.07 %	59	D	55.72 %	40.43 %	75	A	49.92 %	46.73 %
12	A	85.0 %	13.31 %	28	A	44.62 %	35.18 %	44	A	48.66 %	41.5 %	60	B	69.5 %	30.31 %	76	A	20.17 %	68.17 %
13	B	50.76 %	41.53 %	29	D	49.79 %	30.71 %	45	D	51.57 %	31.82 %	61	A	49.79 %	37.61 %	77	B	22.46 %	75.38 %
14	D	40.8 %	43.74 %	30	D	53.59 %	34.84 %	46	A	67.92 %	31.6 %	62	D	43.87 %	43.33 %	78	A	16.58 %	78.58 %
15	D	40.89 %	58.41 %	31	D	48.06 %	38.95 %	47	B	58.82 %	35.63 %	63	A	56.07 %	32.57 %	79	C	43.14 %	44.73 %
16	C	65.74 %	32.16 %	32	C	52.61 %	38.43 %	48	D	51.18 %	47.93 %	64	C	42.65 %	54.11 %	80	D	32.33 %	67.5 %

प्रश्न संख्या	उत्तर	सही उत्तर / छोड़ दिया
81	B	53.09 % / 30.15 %
82	A	63.95 % / 30.17 %
83	C	77.64 % / 12.77 %
84	D	59.26 % / 37.51 %
85	B	68.7 % / 30.27 %
86	A	57.97 % / 36.95 %
87	C	54.21 % / 30.85 %
88	A	58.46 % / 36.28 %
89	D	45.32 % / 31.09 %
90	B	59.19 % / 37.49 %
91	D	41.5 % / 54.3 %
92	A	65.4 % / 31.3 %
93	C	44.99 % / 41.94 %
94	C	55.59 % / 37.09 %
95	C	48.35 % / 37.77 %
96	A	40.61 % / 50.32 %
97	A	53.4 % / 34.69 %
98	A	51.47 % / 42.17 %
99	B	48.09 % / 32.17 %
100	A	61.76 % / 32.45 %

कार्य विश्लेषण	
औसत अंक (%)	53.5%
टॉपर्स स्कोर (%)	62.0%
आपका स्कोर	

//संकेत और समाधान//

1. दी गई संख्या

6 9 5 4 2 3 5 7 4 8 9 2

पुनर्व्यवस्था के बाद

7 7 3 5 3 1 3 5 5 9 7 3

पुनर्व्यवस्था के बाद दो से अधिक बार तीन संख्याएँ दिखाई देती है।

अतः विकल्प (C) सही है।

2.

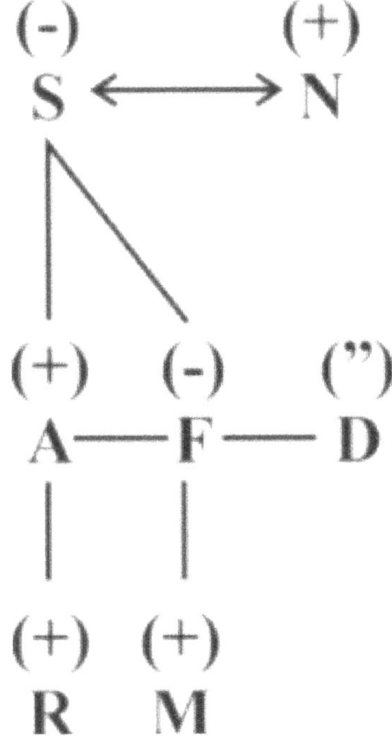

अतः विकल्प (B) सही है।

3.

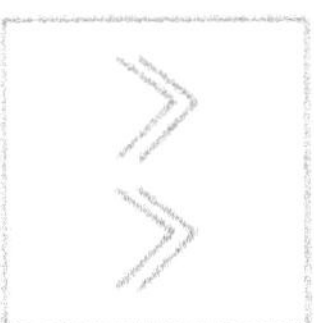

अतः विकल्प (C) सही है।

4.

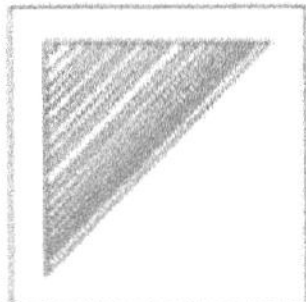

अतः विकल्प (D) सही है।

5. $H \rightarrow 04,11,23,30,42$

$O \rightarrow 56,68,75,87,99$

$R \rightarrow 57,69,76,88,95$

$S \rightarrow 02,14,21,33,40$

$E \rightarrow 01,13,20,32,44$

$HORSE \rightarrow 04,75,88,21,32$

अतः विकल्प (D) सही है।

6. निम्नलिखित पैटर्न से :

9 × 7 + 6 = 78

5 × 7 + 3 = 38

6 × 8 + 8 = 56

4×8 +7 = 39

Hence, the correct option is (B).

7. पहले अक्षर को छोड़कर, शब्द के अगले तीन अक्षरों को रिवर्स में लिखा जाता है, इसके बाद अगले तीन अक्षरों को रिवर्स में लिखा जाता है और शब्द के पहले और आखिरी अक्षर में कोई बदलाव नहीं किया जाता है।

LABOURED → LOBAERUD

BROTHERS → BTORREHS

अतः विकल्प (C) सही है।

8.

अतः विकल्प (C) सही है।

9. "**SANITY**" में,

S, < दर्शाता है

A, + दर्शाता है

N, = दर्शाता है

I, * दर्शाता है

T, & दर्शाता है

Y, ? दर्शाता है

इसी प्रकार,

"**MURPHY**" में,

M, # दर्शाता है

U, $ दर्शाता है

R, @ दर्शाता है

P, ! दर्शाता है

H, % दर्शाता है

Y, ? दर्शाता है

तो, "**TRIUMPH**", "**& @ * $ # ! %**" के रूप में कोडित किया जाएगा।

अतः विकल्प (C) सही है।

10. जैसा कि दिया गया है,

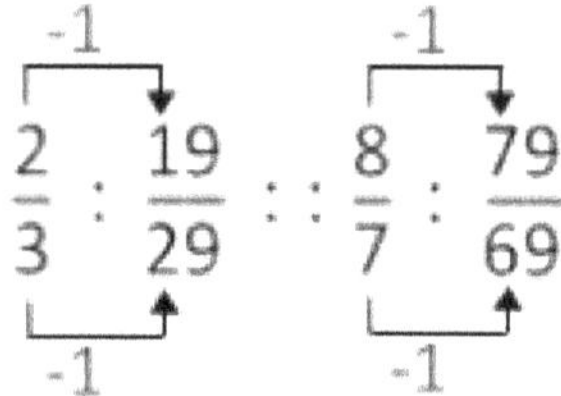

अतः विकल्प (C) सही है।

11. जैसा कि नीचे दिखाया गया है,

64 : 54

⇒ (6 + 4) : (5 + 4)

⇒ 10 : 9

इसी प्रकार,

91 : 63

⇒ (9 + 1) : (6 + 3)

⇒ 10 : 9

अतः विकल्प (A) सही है।

12.

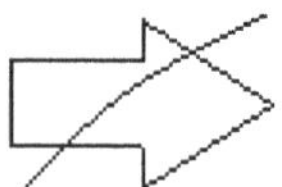

अतः विकल्प (A) सही है।

13. डॉक्टर और वकील पूरी तरह से भिन्न हैं। लेकिन, दोनों प्रोफेशनल हैं।

अतः विकल्प (B) सही है।

14. हाइड्रोजन, जल और वायुमंडल दोनों का एक घटक है। वायुमंडल में जल मौजूद है।

अतः विकल्प (D) सही है।

15. अक्षरों को सुलझाने पर, हम प्राप्त करते है

PLPAE -APPLE - सेब

RAORCT – CARROT - गाजर

AUVAG – GUAVA - अमरूद

NOONI – ONION - प्याज

अब, प्याज को छोड़कर बाकी सभी फल हैं।

दिए गए शब्दों में अक्षरों ONION विषम हैं।

अतः विकल्प (D) सही है।

16. सिवाय मठ के, अन्य सभी पूजा स्थल हैं। मठ स्तब्ध और भिक्षुओं का आवास परिसर है।

अतः विकल्प (C) सही है।

17. हंस को छोड़कर, कोई अन्य उड़ नहीं सकता।

इसलिए, हंस विषम है।

अतः विकल्प (C) सही है।

18. पोटैशियम को छोड़कर सभी अर्धचालक उपकरणों में उपयोग किए जाने वाले धातु हैं।

अतः विकल्प (A) सही है।

19. रक्षा को छोड़कर सभी हमले के रूप हैं।

अतः विकल्प (D) सही है।

20.

अतः विकल्प (B) सही है।

21. प्रत्येक बॉक्स में दो प्रकार के तीन आकृति होती हैं, जिनमें से दो समान होती हैं जबकि तीसरी अलग होती है।

(3)

अतः विकल्प (C) सही है।

22. पैटर्न है,

50 * 34 = 50 + 34 = 84

84 ÷ 3 = 28

इसी तरह,

80 * 67 = 80 + 67 = 147

147 ÷ 3 = 49

अतः विकल्प (C) सही है।

23. 85 को छोड़कर, अन्य सभी 4 के गुणक हैं।

64 = 16 × 4

48 = 12 × 4

92 = 23 × 4

85 = 17 × 5

अतः विकल्प (C) सही है।

24.

C

अतः विकल्प (C) सही है।

25. अक्षरों और अंकों की तुलना करके, हम प्राप्त करते हैं,

T = 1

O = 2

U = 3

R = 4

C = 5

L = 6

E = 7

A = 8

S = 9

P = 0

जैसा कि 5 वां अक्षर SCULPTURE है P और '0' का उपयोग P के लिए किया जाता है। इसलिए 5वां अंक आवश्यक कोड है जो '0' है।

अतः विकल्प (D) सही है।

26. 20 अप्रैल 2022 को मझगांव डॉक शिपबिल्डर्स ने प्रोजेक्ट 75 के तहत छह पनडुब्बियों में से अंतिम INS वाग्शीर को लॉन्च किया। पनडुब्बी को रक्षा सचिव अजय कुमार ने लॉन्च किया।

इसका नाम हिंद महासागर की एक घातक गहरे पानी की समुद्री शिकारी - सैंडफिश के नाम पर रखा गया है और पहली पनडुब्बी 'वाग्शीर' को भारतीय नौसेना में दिसंबर 1974 में कमीशन किया गया था। इसे भारतीय नौसेना में अप्रैल 1997 में सेवामुक्त किया गया था।

अत: विकल्प (B) सही है।

27. नीति आयोग ने 27 जून 2022 को 'इंडियाज बूमिंग गिग एंड प्लेटफॉर्म इकोनॉमी' शीर्षक से एक रिपोर्ट लॉन्च की।

यह अपनी तरह का पहला अध्ययन है जो भारत में गिग-प्लेटफॉर्म अर्थव्यवस्था पर व्यापक दृष्टिकोण और सिफारिशें प्रस्तुत करता है। रिपोर्ट क्षेत्र के वर्तमान आकार और रोजगार सृजन क्षमता का अनुमान लगाने के लिए एक वैज्ञानिक पद्धति संबंधी दृष्टिकोण प्रदान करती है।

अतः विकल्प (A) सही है।

28. प्रधानमंत्री नरेंद्र मोदी ने 5 जुलाई 2021 को CoWin ग्लोबल कॉन्क्लेव को संबोधित किया।

भारत COVID-19 का मुकाबला करने के लिए CoWin को विश्व के लिए एक डिजिटल पब्लिक गुड के रूप में पेश करता है। COVID-19 वैक्सीन पंजीकरण पोर्टल, CoWin बहुत लोकप्रिय हो गया है, और विदेशी देश इस तकनीक में रुचि दिखा रहे हैं। मध्य एशिया, लैटिन अमेरिका और अफ्रीका के 50 से अधिक देश इसमें रुचि रखते हैं।

अतः सही विकल्प (A) है।

29. प्रधान मंत्री नरेंद्र मोदी ने बेंगलुरु में सेमीकॉन इंडिया सम्मेलन-2022 का उद्घाटन किया।

भारत को सेमीकंडक्टर डिजाइन, निर्माण और प्रौद्योगिकी विकास के लिए एक वैश्विक केंद्र बनाने के लिए जो भारत सेमीकंडक्टर मिशन के दृष्टिकोण को आगे बढ़ाने में मदद करेगा।

अर्धचालक एक चालक और एक इन्सुलेटर के बीच गिरने वाले विद्युत चालकता मूल्यों वाले पदार्थ होते हैं।

अतः विकल्प (D) सही है।

30. भोलू, हाथी भारतीय रेलवे का शुभंकर प्रतीक है, जिसे एक हाथी के कार्टून के रूप में दर्शाया गया है जिसके एक हाथ में हरे रंग की अंगूठी के साथ एक सिग्नल लैंप है। भारतीय रेलवे की 150वीं वर्षगांठ की स्मृति में राष्ट्रीय डिजाइन संस्थान द्वारा डिजाइन किया गया है और इसका अनावरण 16 अप्रैल 2002 को बैंगलोर में किया गया था।

अतः विकल्प (D) सही है।

31. तरणेतर का मेला गुजरात के सौराष्ट्र में प्रति वर्ष मनाया जाता है। जिसे आदिवासी युवक-युवतियां सज-धज कर आते हैं। और अपना जीवन साथी चुनते हैं।

अतः विकल्प (D) सही है।

32. भारत का पश्चिम बंगाल राज्य सबसे बड़ा जूट उत्पादक राज्य है। जूट की फसल के लिए 20 से 40 डिग्री सेल्सियस का तापमान और गर्म एवं उच्च आर्द्र जलवायु का मौसम उपयुक्त माना जाता है।

अतः विकल्प (C) सही है।

33. आलम आरा 1931 की भारतीय फिल्म थी, जिसका निर्देशन अर्देशिर ईरानी ने किया था। यह भारत की पहली साउंड फिल्म थी। आलम आरा भारत की पहली पूर्ण अवधि वाली 'टॉकी' फिल्म थी।

अतः विकल्प (D) सही है।

34. झारखण्ड राज्य में झरिया पन्द्रहवा सबसे बड़ा शहर था। झरिया अपने समृद्ध कोयला संसाधनों के लिए प्रसिद्ध है। जिसका इस्तेमाल कोक बनाने के लिए किया जाता है।

अतः विकल्प (D) सही है।

35. विश्व हिंदी दिवस हर साल 10 जनवरी को मनाया जाता है। यह दिन प्रथम विश्व हिंदी सम्मेलन को चिह्नित करने के लिए मनाया जाता है, जो 10 जनवरी से 12 जनवरी 1975 तक नागपुर में आयोजित किया गया था। पहले हिंदी सम्मेलन का उद्घाटन इंदिरा गांधी द्वारा किया गया था। पहला विश्व हिंदी दिवस 10 जनवरी, 2006 को मनाया गया था। इस दिवस का उद्देश्य दुनिया भर में हिंदी भाषा को बढ़ावा देना है।

अतः विकल्प (A) सही है।

36. त्रिपुरा की राजधानी अगरतला है। बंगाली और त्रिपुरी भाषा यहाँ की मुख्य भाषायें हैं। त्रिपुरा पूर्वोत्तर में स्थित भारतीय राज्य है, जिसकी सीमाएं मिजोरम, असम तथा बांग्लादेश से लगी हुई हैं। उत्तर, दक्षिण तथा पश्चिम में यह बांग्लादेश से घिरा है तथा इसके कुल सीमा क्षेत्र का 84 फीसदी यानी 856 किलोमीटर क्षेत्र अंतर्राष्ट्रीय सीमा के रूप में है।

अतः विकल्प (B) सही है।

37. मिजोरम की राजधानी आइजोल है। मिजोरम में 8 जिले है, इस राज्य का जनसँख्या में सबसे बड़ा ज़िला आइजोल है जिसकी आबादी 400309, क्षेत्रफल में आइजोल सबसे बड़ा ज़िला है। 1972 में पूर्वोत्तर क्षेत्र पुनर्गठन अधिनियम लागू होने पर मिजोरम केंद्रशासित प्रदेश बना था।

अतः विकल्प (C) सही है।

38. मनीला मुख्यालय वाले एशियाई विकास बैंक (ADB) ने राजस्थान और मध्य प्रदेश में शहरी क्षेत्र की परियोजनाओं के लिए 570 मिलियन डॉलर (लगभग 4,200 करोड़ रुपये) के दो ऋणों को मंजूरी दी है। इसने राजस्थान के माध्यमिक शहरों को विकसित करने के लिए 300 मिलियन डॉलर और मध्य प्रदेश शहरी सेवा सुधार परियोजना के लिए 270 मिलियन डॉलरके ऋण को मंजूरी दी है।

अतः विकल्प (A) सही है।

39. महाराष्ट्र के सामाजिक न्याय मंत्री धनंजय मुंडे ने मुंबई में एक कार्यक्रम में भारतीय संविधान के एक ब्रेल संस्करण का अनावरण किया। संविधान के ब्रेल संस्करण को ठाणे स्थित एनजीओ एस्टिटवा फाउंडेशन की ओर से तैयार किया गया है।

अतः विकल्प (D) सही है।

40. सुल्तान अजलान शाह कप हॉकी की एक अंतर्राष्ट्रीय प्रतियोगिता है। इसकी शुरुआत 1983 में हुई। यह मलेशिया में होता है और इसका नाम मलेशिया के 9वें राजा सुल्तान अजलान शाह के नाम पर है।

अतः विकल्प (B) सही है।

41. उपरोक्त सभी भाग लैंगिक समानता के बारे में बात करते हैं। संविधान न केवल महिलाओं को समानता की गारंटी देता है, बल्कि राज्य को महिलाओं के पक्ष में सकारात्मक भेदभाव के उपायों को अपनाने का अधिकार भी देता है। कृपया ध्यान दें कि मौलिक कर्तव्यों महिलाओं की गरिमा के लिए अपमानजनक प्रथाओं को त्यागने के लिए बोलती हैं, जो स्पष्ट घोषणा के बजाय एक अंतर्निहित विचार की ओर ले जाती हैं।

अतः विकल्प (D) सही है।

42. भारतीय प्रौद्योगिकी संस्थान मद्रास ने इंटरनेट ऑफ थिंग्स (IoT) उपकरणों के लिए स्वदेशी रूप से निर्मित माइक्रोप्रोसेसर 'मौशिक 'का सफलतापूर्वक विकास किया है। 'मौशिक' एक प्रोसेसर कम-सिसटम ऑन-चिप है जो तेजी से बढ़ते IoT उपकरणों को पूरा कर सकता है, जो एक डिजिटल भारत के स्मार्ट शहरों का एक अभिन्न अंग है।

अतः विकल्प (C) सही है।

43. MCOCA (महाराष्ट्र संगठित अपराध नियंत्रण कानून) महाराष्ट्र सरकार का अधिनियम है। अधिनियम राज्य सरकार को इन मुद्दों से निपटने के लिए विशेष शक्तियां प्रदान करता है, जिसमें निगरानी की शक्तियां, सुस्पष्ट साक्ष्य मानकों और प्रक्रियात्मक सुरक्षा उपायों, और मृत्युदंड सहित अतिरिक्त आपराधिक दंड निर्धारित करना शामिल है।

अतः विकल्प (C) सही है।

44. नाभिवर्ष भारत देश का ऐतिहासिक नाम है। ऐतिहासिक स्रोतों के अनुसार, भारतवर्ष का पुराना नाम नाभिवर्ष था। जो पहले जैन तीर्थंकर ऋषभदेव के पिता राजा नाभि के नाम पर था।

अतः विकल्प (A) सही है।

45. नोहकलिकाइ झरना मेघालय के चेरापूंजी में है। यह 1115 फीट (340 मीटर) ऊंचा है| इसकी चौड़ाई 75 फीट है। यह भारत के सबसे ऊँचे झरनों में से एक है। चेरापूँजी भारी वर्षा के लिये प्रसिद्ध रहा है इस प्रपात के जल का स्रोत यही वर्षा है।

अतः विकल्प (D) सही है।

46. अशोक ने अपने धम्म या धर्म के प्रचार के लिए धर्म महामात्त नियुक्त किये थे। जो उसके धर्म का प्रचार करते थे। इसकी जानकारी अशोक के शिलालेख से मिलती है।

अतः विकल्प (A) सही है।

47. जैन धर्म के 22वें तीर्थंकर अरिष्टनेमि थे। उनका वर्णन ऋग्वेद में है। जैन धर्म के पहले तीर्थंकर ऋषभदेव थे। जैन धर्म में कुल 24 तीर्थंकर थे जिनमें से पहले ऋषभदेव और 22वें अरिष्टनेमि का नाम ऋग्वेद में है।

अतः विकल्प (B) सही है।

48. एशिया के पहले नोबेल पुरस्कार विजेता रविन्द्र नाथ टैगोर का जन्मदिवस 9 मई को मनाया जाता है। रवींद्र जयंती को लोकप्रिय रूप से पोचिशी बोइशख कहा जाता है, और पूरे पश्चिम बंगाल और बांग्लादेश में औपचारिक रूप से और जश्न मनाया जाता है। उन्होंने 2230 से अधिक गीतों की रचना की। उनके गीतों को रविन्द्र गीत कहा जाता है। रविन्द्र नाथ टैगोर ने भारत और बांग्लादेश के राष्ट्रीय गानों की रचना की। टैगोर पश्चिम में भारतीय संस्कृति को पेश करने में अत्यधिक प्रभावशाली थे, और उन्हें आम तौर पर आधुनिक भारत के उत्कृष्ट रचनात्मक कलाकार के रूप में जाना जाता है। टैगोर की बंगाली कविताओ के अंग्रेजी अनुवाद गीतांजलि के लिए उन्हें 1913 का नोबेल पुरस्कार दिया गया। उनके साहित्य का अंग्रेजी, डच, जर्मन, स्पेनिश, और अन्य यूरोपीय भाषाओं में अनुवाद किया गया है।

अतः विकल्प (D) सही है।

49. 2023 क्रिकेट विश्व कप की मेजबानी भारत करेगा।

2023 आईसीसी पुरुष क्रिकेट विश्व कप पुरुष क्रिकेट विश्व कप का 13वां संस्करण होगा, जिसकी मेजबानी अक्टूबर और नवंबर 2023 के दौरान भारत द्वारा की जाएगी। यह पहली बार होगा जब प्रतियोगिता पूरी तरह से भारत में आयोजित की जाएगी।

अतः विकल्प (D) सही है।

50. राष्ट्रपति राम नाथ कोविंद ने संसद की लोक लेखा समिति (पीएसी) के शताब्दी समारोह को संबोधित किया था। उन्होंने कहा कि पीएसी "विधायिका के प्रति कार्यपालिका की प्रशासनिक जवाबदेही" सुनिश्चित करती है। राष्ट्रपति ने पीएसी की यात्रा के 100 गौरवशाली वर्षों और राष्ट्रमंडल देशों के 15 लेखों सहित 67 लेखों को दर्शाने वाली एक स्मारिका का विमोचन किया।

अतः सही विकल्प (D) है।

51. $179.994\% \times 139.98 + 50.015$ का $300.07\% + 59.921$ का $420.020\% - ? = 145.023 \times 2.019$

प्रत्येक संख्या का अनुमानित मान लेने पर, हम प्राप्त करते हैं

$\Rightarrow 140 \times 180\% + 50 \times 300\% + 60 \times 420\% - ? = 145 \times 2$

$\Rightarrow 252 + 150 + 252 - 290 = ?$

$\Rightarrow ? = 364$

अतः विकल्प (C) सही है।

52. 239.97 का $45.014\% + 325.089\% \times 199.936 - ? = 950.032 \div 19.012$

प्रत्येक संख्या का अनुमानित मान लेने पर, हम प्राप्त करते हैं

$\Rightarrow 240 \times 45\% + 200 \times 325\% - ? = 950 \div 19$

$\Rightarrow 108 + 650 - ? = 50$

$\Rightarrow 758 - 50 = ?$

$\Rightarrow ? = 708$

अतः विकल्प (A) सही है।

53. $\sqrt{36.07 \times 16.083 \times 4.07 \times 323.95} = ? - 149.958 \times 179.9\%$

प्रत्येक संख्या का अनुमानित मान लेने पर, हम प्राप्त करते हैं

$\Rightarrow \sqrt{36 \times 16 \times 4 \times 324} = ? - 150 \times 180\%$

$\Rightarrow 6 \times 4 \times 2 \times 18 + 270 = ?$

$\Rightarrow 24 \times 36 + 270 = ?$

$\Rightarrow ? = 1134$

अतः विकल्प (C) सही है।

54. माना कि आयत की लम्बाई तथा चौड़ाई $7x$ और $4x$ है।

दिया गया है,

आयत की लम्बाई तथा चौड़ाई का अनुपात $= 7:4$

आयत की लम्बाई तथा चौड़ाई में अंतर $= 33$ सेमी

$7x - 4x = 33$

$\Rightarrow 3x = 33$

$\Rightarrow x = 11$

लम्बाई $= 11 \times 7 = 77$ सेमी

चौड़ाई $= 11 \times 4 = 44$ सेमी

$\therefore$ आयत का क्षेत्रफल $= 44$ सेमी $\times 77$ सेमी

$= 3388$ सेमी²

अतः विकल्प (A) सही है।

55. माना कि रेलगाडी की चाल x है।

दिया गया है,

रेलगाडी की लम्बाई = 480 मीटर

विपरीत दिशा से आती हुई दूसरी रेलगाडी की लम्बाई = 480 मीटर

दूसरी रेलगाडी को पार करने में लगा समय = 8 सेकण्ड

(पहली रेलगाडी की लम्बाई + दूसरी रेलगाडी की लम्बाई / पहली रेलगाडी की चाल + दूसरी रेलगाडी की चाल) = 8

$\Rightarrow \frac{480+480}{x+x} = 8$

$\Rightarrow x = 60$ मीटर/सेकण्ड

अतः विकल्प (A) सही है।

56. दिया गया है,

पेन ड्राइव का क्रय मूल्य $= 500$

लाभ $\% = x\%$

लाभ $= 5x$

कीबोर्ड का क्रय मूल्य $= 1500$

अंकित मूल्य $= 1500\left(1 + \frac{2x}{100}\right)$

विक्रय मूल्य $= 1500\left(1 + \frac{2x}{100}\right)\left(1 - \frac{x}{100}\right)$

लाभ $= \left[\left(1 + \frac{2x}{100}\right)\left(1 - \frac{x}{100}\right) - 1\right]1500$

प्रश्नानुसार कुल लाभ,

$\Rightarrow \left[\left(1 + \frac{x}{50}\right)\left(1 - \frac{x}{100}\right) - 1\right]1500 + 5x = (x-6)\left(\frac{1500+500}{100}\right)$

$\Rightarrow \left[1 + \frac{x}{50} - \frac{x}{100} - \frac{x^2}{5000} - 1\right]1500 + 5x = (x-6)(20)$

$\Rightarrow \left(\frac{x}{100} - \frac{x^2}{5000}\right)1500 + 5x = 20x - 120$

$\Rightarrow 15x - \frac{3x^2}{10} + 5x = 20x - 120$

$\Rightarrow x^2 = 400$

$\Rightarrow x = 20\%$

अतः विकल्प (D) सही है।

57. दिया गया है,

बर्तन A में शुद्ध दूध = 88 लीटर

बर्तन B में पानी = 88 लीटर

A से B में स्थानांतरित किया गया दूध = 22 लीटर

B से A में स्थानांतरित किया गया पानी = 22 लीटर

अंतिम सांद्रता तक बर्तन A में दूध

$\Rightarrow \left(88 \times \frac{3}{4} + 88 \times \frac{1}{4} \times \frac{1}{5}\right)\frac{3}{4} + \left[\left(88 \times \frac{3}{4} + 88 \times \frac{1}{4} \times \frac{1}{5}\right)\frac{1}{4} + 88 \times \frac{1}{4} \times \frac{4}{5}\right]\frac{1}{5}$

$\Rightarrow (66 + 4.4)\frac{3}{4} + \left((66 + 4.4)\frac{1}{4} + 17 - 6\right)\frac{1}{5}$

$\Rightarrow (70.4) \times \frac{3}{4} + \frac{70.4}{5 \times 4} + \frac{17.6}{5}$

$\Rightarrow 17.6 \times 3 + \frac{17.6}{5} + \frac{17.6}{5}$

$\Rightarrow \frac{17.6 \times 17}{5} = 59.84$

पानी की सांद्रता = $88 - 59.84 = 28.16$

बर्तन A में दूध : पानी

$\Rightarrow 59.84: 28.16 = 17: 8$

अतः विकल्प (D) सही है।

58. माना कि प्रिज्म की ऊंचाई h है।

दिया गया है,

समबाहु त्रिभुज की भुजा $= 6$ सेमी

प्रिज्म का आयतन $= 108\sqrt{3}$ सेमी ^{3}

आधार का क्षेत्रफल $= \frac{\sqrt{3}}{4}$ भुजा ^{2}

$\Rightarrow \frac{\sqrt{3}}{4} \times 6 \times 6 = 9\sqrt{3}$ सेमी

प्रिज्म का आयतन = आधार का क्षेत्रफल $\times$ ऊंचाई $\Rightarrow 108\sqrt{3} = 9\sqrt{3} \times h$

$\Rightarrow h = \frac{108\sqrt{3}}{9\sqrt{3}} = 12$ सेमी

अतः विकल्प (D) सही है।

59. दिया गया है,

शांत जल में नांव की गति $= \frac{25}{9} \times \frac{18}{5} = 10$ किमी/घंटा

माना धारा की गति x किमी/घंटा

धारा के प्रतिकूल जाने में लगा कुल समय = $10 - x$

धारा के अनुकूल जाने में लगा कुल समय = $10 + x$

इसलिए, $\frac{65}{10-x} - \frac{60}{10+x} = 9$

$\Rightarrow 65(10 + x) - 60(10 - x) = 9(100 - x^2)$

$\Rightarrow 650 + 65x - 600 + 60x = 900 - 9x^2$

$\Rightarrow 125x + 50 = 900 - 9x^2$

$\Rightarrow 9x^2 + 125x - 850 = 0$

$\Rightarrow 9x^2 + 170x - 45x - 850 = 0$

$\Rightarrow x(9x + 170) - 5(9x + 170)$

$\Rightarrow x = 5$ किमी/घंटा

अतः विकल्प (D) सही है।

60. दिया गया है,

एक आदमी ने 12% की दर से दो वर्ष के लिए साधारण ब्याज पर 3300 रूपये निवेश करता है।

20% की दर से चक्रवृद्धि ब्याज पर x रूपये दो साल के लिए निवेश करता है।

दो वर्ष के बाद साधारण ब्याज का चक्रवृद्धि ब्याज का अनुपात 9: 10 है।

साधारण ब्याज $= 3300 \times \frac{12 \times 2}{100} = 792$

साधारण ब्याज / चक्रवृद्धि ब्याज $= \frac{9}{10}$

चक्रवृद्धि ब्याज $= 792 \times \frac{10}{9} = 880$

$\Rightarrow x \times \frac{44}{100} = 880$

$\Rightarrow x = 2000$ रूपये

अतः विकल्प (B) सही है।

61. दिया गया है,

एक शंकु का वक्रपृष्ठ सतह क्षेत्रफल 7656 सेमी^{2} है, जिसकी त्रिज्या 42 सेमी है।

शंकु का वक्रपृष्ठ $= \frac{22}{7} \times r \times l = 7656$ सेमी ^{2}

जहाँ $'r'$ त्रिज्या है और $'l'$ शंकु की तिरछी ऊंचाई है।

$l = \frac{7656}{22} \times \frac{7}{42} = 58$ सेमी

शंकु की ऊंचाई $= \sqrt{58^2 - 42^2}$

$h = \sqrt{1600} = 40$ सेमी

वर्ग का परिमाप $= 40 \times 2 = 80$

वर्ग का भुजा $= \frac{80}{4} = 20$ सेमी ^{2}

वर्ग का क्षेत्रफल $= 20^2 = 400$ सेमी ^{2}

अतः विकल्प (A) सही है।

62. APPLE = 5 अक्षर

लेकिन दो अक्षर PP एक ही तरह के हैं।

इस प्रकार आवश्यक क्रमचय,

$\Rightarrow \frac{5!}{2!}$

$\Rightarrow \frac{120}{2}$

$\Rightarrow 60$

अतः विकल्प (D) सही है।

63. दिया गया है, अभी और सैम की वर्तमान आयु का अनुपात 5 : 3 है।

अभी और सैम की वर्तमान आयु क्रमशः $5x$ और $3x$ है।

12 वर्ष बाद सैम की आयु $= 3x + 12$

प्रश्नानुसार,

$1.5(5x - 4) = 3x + 12$

या, $4.5x = 18$

या, $x = \frac{18}{4.5}$

$\Rightarrow x = 4$

अतः विकल्प (A) सही है।

64. माना की गोले की त्रिज्या r सेमी है,

दिया गया है,

एक गोले का आयतन $= 2304\pi$ सेमी³

$\frac{4}{3} \times \pi \times r^3 = 2304\pi$

$\Rightarrow r^3 = 1728$

$\Rightarrow r = 12$ सेमी

गोलार्ध की त्रिज्या $= 12 \times \frac{3}{4} = 9$ सेमी

अर्धगोले का आयतन $= \frac{2}{3} \times \pi \times r^3$

$\Rightarrow \frac{2}{3} \times \pi \times 9 \times 9 \times 9$

$\Rightarrow 486\pi$ सेमी ^{3}

अतः विकल्प (C) सही है।

65. दिया गया है, एक ट्रेन 20 सेकंड में 150 मी लम्बे प्लेटफॉर्म और 12.5 सेकंड में एक पोल पार कर सकती है।

माना कि ट्रेन की लंबाई = x मी

प्रश्नानुसार,

$\frac{x}{12.5} = \frac{150+x}{20}$

$\Rightarrow 20x = 12.5x + 1875$

$\Rightarrow 7.5x = 1875$

$\Rightarrow x = 250$

ट्रेन की गति $= \frac{250}{12.5}$

$\Rightarrow 20$ मी/सेकंड या $20 \times \frac{18}{5}$

$\Rightarrow 72$ किमी/घंटा

अतः विकल्प (B) सही है।

66. माना की नाव की गति शांत जल में $= a$ किमी/घंटा

फिर, धारा की गति $= \frac{2a}{3}$ किमी/घंटा

अब, धारा के विपरीत दिशा की गति $= a - \frac{2a}{3} = \frac{a}{3}$

धारा के दिशा की गति $= a + \frac{2a}{3} = \frac{5a}{3}$

अब, $\frac{240}{\frac{4}{3}} - \frac{240}{\frac{5a}{3}} = 18$

$\Rightarrow a = 32$ किमी/घंटा

अतः विकल्प (D) सही है।

67. दिया गया है,

$? + 727 - 93 = 20000$ का 20% का 50%

$\Rightarrow ? + 727 - 93 = .20 \times .50 \times 20000$

$\Rightarrow ? = 2000 - 634$

$\Rightarrow ? = 1366$

अतः विकल्प (B) सही है।

68. दिया गया है,

$\Rightarrow 4\frac{2}{5} + 3\frac{1}{3} - 6\frac{1}{2} = ?$

$\Rightarrow 4 + 3 - 6 + \left(\frac{2}{5} + \frac{1}{3} - \frac{1}{2}\right) = ?$

$\Rightarrow ? = 1\frac{7}{30}$

अतः विकल्प (B) सही है।

69. समीकरण I :

$\Rightarrow x^2 - 20x + 96 = 0$

$\Rightarrow x^2 - 8x - 12x + 96 = 0$

$\Rightarrow x(x-8) - 12(x-8) = 0$

$\Rightarrow (x-8)(x-12) = 0$

$\Rightarrow x = 8,12$

समीकरण II :

$\Rightarrow y^2 + 6y - 91 = 0$

$\Rightarrow y^2 - 7y + 13y - 91 = 0$

$\Rightarrow y(y-7) + 13(y-7) = 0$

$\Rightarrow (y-7)(y+13) = 0$

$\Rightarrow y = 7, -13$

इसलिए, $x > y$

अतः विकल्प (A) सही है।

70. समीकरण I

$\Rightarrow x^2 + 5x - 36 = 0$

$\Rightarrow x^2 + 9x - 4x - 36 = 0$

$\Rightarrow x(x+9) - 4(x+9) = 0$

$\Rightarrow (x+9)(x-4) = 0$

$\Rightarrow x = -9,4$

समीकरण II:

$\Rightarrow y^2 + 24y + 135 = 0$

$\Rightarrow y^2 + 9y + 15y + 135 = 0$

$\Rightarrow y(y+9) + 15(y+9) = 0$

$\Rightarrow (y+9)(y+15) = 0$

$\Rightarrow y = -9, -15$

इसलिए, $x \geq y$

अतः विकल्प (B) सही है।

71. दिया गया है,

15360 रुपये की धनराशि 12.5% के ब्याज दर से वार्षिक रूप से चक्रवृद्धित की जाती है।

मूलधन = 15360 रुपये

दर = 12.5% प्रति वर्ष

समय = 3 वर्ष

चक्रवृद्धि ब्याज $= 15360 \times \left[\left(1 + \frac{12.5}{100}\right)^3 - 1\right] = 6510$ रुपये

अतः विकल्प (D) सही है।

72. दिया गया है,

A, B से 8 वर्ष छोटा है और C से 6 वर्ष बड़ा है।

और B और D की वर्तमान आयु क्रमशः 30 वर्ष और 24 वर्ष है।

प्रश्नानुसार,

A की वर्तमान आयु = 30 – 8 = 22 वर्ष

C की वर्तमान आयु = 22 – 6 = 16 वर्ष

आवश्यक अनुपात = 16 : 24 = 2 : 3

अतः विकल्प (D) सही है।

73. दिया गया है,

A को कार्य पूरा करने में लगने वाला समय = 32 दिन

कार्य पूरा करने के लिए B द्वारा लिया गया समय = 32 - 8 = 24 दिन

दक्षता का अनुपात लिये गये दिनों की संख्या का उल्टा है।

इसलिए, A से B की क्षमता का अनुपात = 24 : 32 = 3 : 4

A द्वारा प्राप्त मजदूरी $= 1050 \times \frac{3}{7} = 450$ रुपये

अतः विकल्प (B) सही है।

74. दिया गया है,

एक बैग में 3 लाल, 4 नीली और 3 हरी गेंदें हैं।

कुल गेंदे = 10

आवश्यक संभावना $\Rightarrow \frac{^7C_2}{^{10}C_2}$

$\Rightarrow \frac{7}{15}$

अतः विकल्प (D) सही है।

75. हल: हम जानते हैं की n अलग-अलग वस्तुओं को $(n-1)!$ तरीकों से एक वृत्त में व्यवस्थित किया जा सकता है

∴ 8 मोतियों को माला बनाने के लिए व्यवस्थित करने के तरीके,

$= (8-1)! = 7! = 7 \times 6 \times 5 \times 4 \times 3 \times 2 \times 1 = 5040$

लेकिन, मोतियों को माला बनाने के लिए व्यवस्थित करने में, दोनों वामावर्त और दक्षिणावर्त दिशाओं में व्यवस्था एक जैसी होगी

∴ माला बनाने के लिए मोतियों को व्यवस्थित करने के तरीके

$= \frac{5040}{2} = 2520$

अतः विकल्प (A) सही है।

76. The blank (A) will take the word "planned" because the context of the passage is the planning, from the execution of that we get comfortable. All other options fail to convey any appropriate meaning.

Hence, the correct option is (A).

77. The blank (B) will take the word "pulled" as carpet cannot be pushed but pulled and the intended meaning is to disbalance someone if the carpet under them get pulled, so since we all got disbalanced in 2020 so 'pulled' is the appropriate word.

Hence, the correct option is (B).

78. The blank (C) will take the word "uncertainty" because the context is of disbalancing, disbalancing of economy employment, etc for which the word that needs to be used is 'uncertainty'.

Hence, the correct option is (A).

79. The blank (D) will take the word "tolerate", since the context is of uncertainty which is not a good thing to experience is life but people have to face it, and to express this the word that needs to be used is to 'tolerate' is we tolerate the uncertainty.

Hence, the correct option is (C).

80. The blank (E) will take the word "Unpredictability" overwhelm has the context of expressing 'difficult to fight against', and the thing which needed to be fought with is 'unpredictability', the unpredictability of life.

Hence, the correct option is (D).

81. The correct phrase is 'look down on' which means to regard (someone) with a feeling of superiority.

Then the sentence is,

We should never look down on a person merely because he is poor.

Hence, the correct option is (B).

82. Replace "below' with "under" as it is used to show something directly below something, whereas below or above is used to show level in the context of comparison.

Then the sentence,

The voyager took rest **under** the shade of a large banyan tree.

Hence, the correct option is (A).

83. Boast: talk with excessive pride and self-satisfaction about one's achievements, possessions, or abilities

Pride: Vanity

Dry: Seared

Revive: Soothe

Sly: Mischievous

Hence, the correct option is (C).

84. Haste: Excessive speed or urgency of movement or action

Hurry: Spank

Fiat: Prospect

Murky: Faded

Impact: Effect

Hence, the correct option is (D).

85. 'whereas' is used in contrast or comparison with the fact that is previously stated.

Then the sentence is

Pensions are linked to inflation, whereas they should be linked to the cost of living.

Hence, the correct option is (B).

86. "almost as soon as" will be used in place of "no sooner then".

Then the sentence is,

I went to the last lecture, almost as soon as I got reminded of it.

Hence, the correct option is (A).

87. To show the context of possession or having 'with' is used, and since the Western Ghats have different snakes, thus for that 'with' is the correct preposition to use.

The sentence is,

The Western Ghats have infested **with** different snakes.

Hence, the correct option is (C).

88. The ball is in your court is the correct idiom which means 'it is your responsibility to take action next'.

Hence, the correct option is (A).

89. The use of 'had' clearly indicates that the third form of the verb is required here. 'Stricken' is an adjective and the verb forms of the strike are - strike - struck - struck. But 'stricken' is also used as the past participle of 'strike'.

The sentence,

The cold breath of autumn had **struck** the ivy leaves from the vine and the branches remained almost bare.

Hence, the correct option is (D).

90. "took over as the" is the correct phrase to make the sentence grammatically correct. Read the sentence carefully, later part of the sentence suggests that "took over" is the correct phrasal verb to add meaning to the sentence. The phrasal verb "take over" means an act of assuming control of something.

The sentence is,

M Venkaiah Naidu **took over as the** Vice President of India in a smooth transition after the term of Hamid Ansari ended on August 9.

Hence, the correct option is (B).

91. "that has been crafted" is the correct phrase to make the sentence grammatically correct. It is to be noted that the sentence is in Passive form. Moreover the preposition "by" is correct usage as it signifies the action performed by distinguished brains in America's science fraternity.

The sentence is

There are two facets to the National Climate Assessment **that has been crafted** by distinguished brains in America's science fraternity.

Hence, the correct option is (D).

92. Coarse: Consisting of large pieces; rough, not smooth

Fine: Happy and comfortable

Gritty: Showing bravery and spirit

Gravelly: Resembling, containing, or consisting of gravel

Grainy: Not smooth or fine

Hence, the correct option is (A).

93. Apathetic: Lacking interest or desire to act

Concerned: Worried and feeling concern about something

Agitated: Worried or excited

Happy: Feeling or showing pleasure; pleased

Surprised: Feeling or showing surprise

Hence, the correct option is (C).

94. The bracketed part is incorrect because "regret" is not followed by any preposition. So, 'regret for' needs to be replaced with 'regret' to make the sentence grammatically correct.

Hence, the correct option is (C).

95. The underlined word is a noun. It is a Material Noun. Material Noun refers to a material or substance from which things are made.

Hence, the correct option is (C).

96. The phrase "cook the books" means alter facts or figures dishonestly or illegally.

Example: He was an accountant, he could have cooked the books and made himself a lot more money.

Hence, the correct option is (A).

97. The phrase "to vote with your feet" means "to show your opinion by leaving an organization or by no longer supporting, using, or buying something."

Example:

When the price of skiing doubled, tourists voted with their feet and just stopped going.

Hence, the correct option is (A).

98. 'Until' is the most appropriate preposition to fill the blank, as the preposition until is describing the time span of an action or occurrence of something before a specific time.

Hence, the correct option is (A).

99. One word substitution is Ascetic.

Ascetic: Characterized by severe self-discipline and abstention from all forms of indulgence, typically for religious reasons

Sceptic: A person inclined to question or doubt accepted opinions

Devotee: A person who is very interested in and enthusiastic about someone or something

Antiquarian: Relating to or dealing in antiques or rare books

Hence, the correct option is (B).

100. The correct spelling is 'Accomplish'.

Accomplish: To succeed in doing something difficult that you planned to do

Example: I managed to accomplish my goal of writing ten letters a day.

Hence, the correct option is (A).

मॉक टेस्ट 07

General Intelligence & Reasoning

Q.1 नीचे दिए गए प्रत्येक प्रश्न में एक कथन और उसके नीचे दो तर्क संख्या। और ॥ दिए गए हैं। आपको निर्धारित करना है कि दिए गए 'तर्कों' में से कौनसा तर्क एक 'प्रबल तर्क' है और कौनसा एक 'कमजोर तर्क' है।

क्या विद्यालयों द्वारा अपने छात्रों को नाश्ता प्रदान किया जाना चाहिए?

I. हां, विद्यालय अच्छा पोषण सुनिश्चित करने का सर्वोत्तम स्थान है।

II. नहीं, सभी के लिए विद्यालयी नाश्ता, विद्यालयों पर एक अधिक लागत का मामला है।

A. केवल I
B. केवल II
C. I और II दोनों
D. न तो I और न ही II

Q.2 निर्देश: दिए गए कथन पर विचार करें और तय करें कि दी गई धारणाओं में से कौन-सा/सी धारणा/धारणाएं अंतर्निहित है/हैं।

कथन: रमेश ने महेश से कहा, "इन दिनों ट्रेन लेने की तुलना में उड़ान लेना सस्ता है"।

धारणाएं:

1. महेश आमतौर पर ट्रेन लेता है।
2. रमेश लोगों के लिए यात्रा की व्यवस्था करता है।

A. केवल धारणा 1 निहित है।
B. केवल धारणा 2 निहित है।
C. दोनों धारणाएं निहित है।
D. न तो धारणा 1 और न ही 2 निहित है।

Q.3 विकल्प आकृतियों में से उस एक आकृति को ज्ञात करें जो प्रश्न आकृतियों में से प्रश्न चिन्ह को प्रतिस्थापित करेगा।

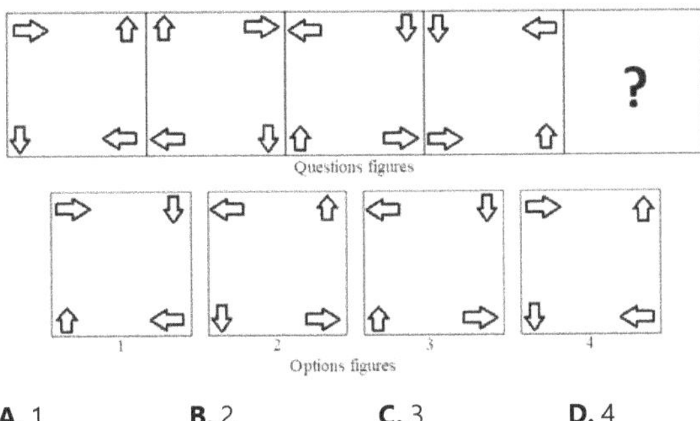

A. 1 **B.** 2 **C.** 3 **D.** 4

Q.4 उस आरेख को पहचानें जो नीचे दिए गए वर्गों के बीच संबंधों को उचित तौर पर दर्शाता है :

बिवरेज , एरेटेड ड्रिंक, कोक

a)

b)

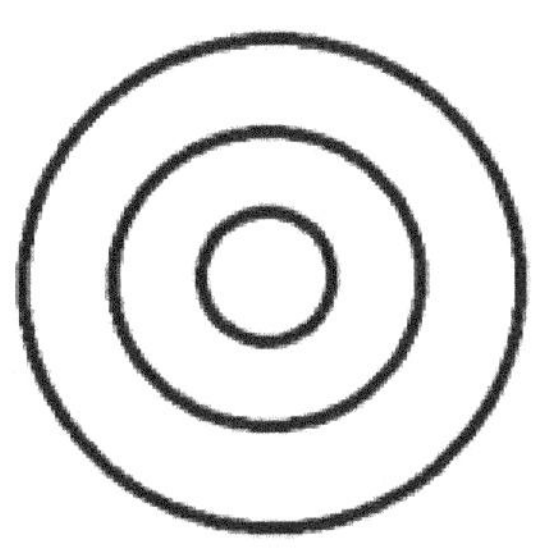

c)

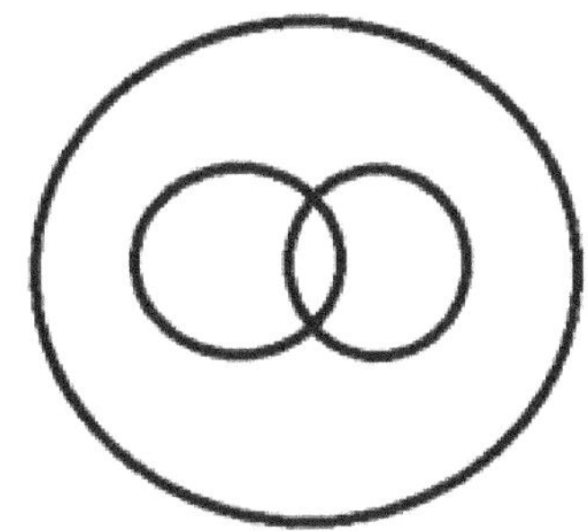

d)

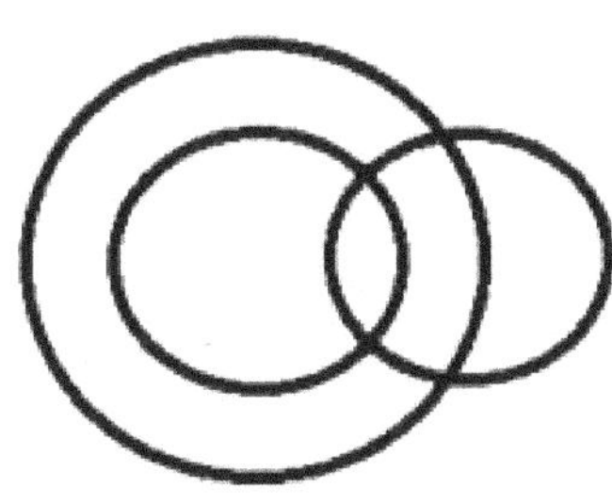

A. a **B.** b **C.** c **D.** d

Q.5 एक आकृति अन्य तीन आकृतियों के समान नहीं है | उस आकृति का चयन करें जो शेष आकृतियों से भिन्न है |

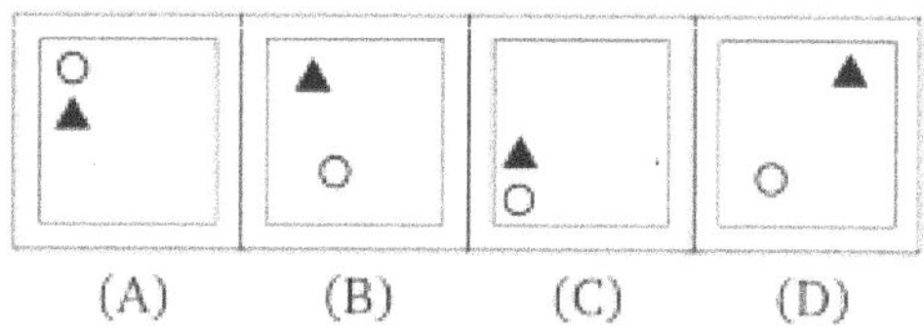

A. A **B.** B **C.** C **D.** D

Q.6 निर्देश : दिए गए सादृश्य के अनुसार उत्तर दे:
पक्षी विज्ञानी: पक्षी :: पुरातत्वविद:?

A. द्वीपों **B.** मध्यस्थों **C.** पुरातत्त्व **D.** जलीय

Q.7 यदि "Lion" को "Rabbit" कहा जाता है, Tiger को "Hen" कहा जाता है, Wolf को "Cow" कहा जाता है और Deer को "Leopard" कहा जाता है तो निम्न में से क्या Herbivore को दर्शाता है?

A. Rabbit **B.** Cow **C.** Leopard **D.** Hen

Q.8 नीचे दिए गए प्रश्नों के उत्तर एक घन के तीन दृष्टिकोणों के आधार पर दिए जाने हैं, जो निम्नानुसार दिए गए हैं:

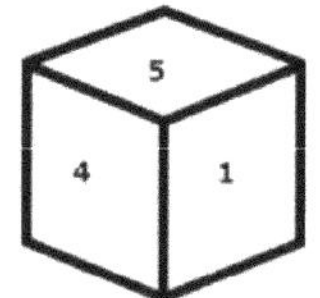

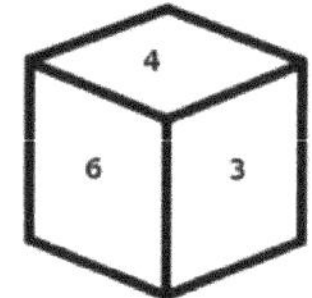

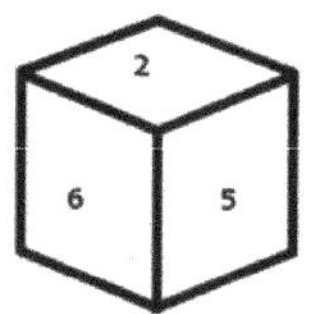

कौन-सी संख्या 4 के विपरीत फलक पर है?

A. 3 **B.** 2
C. 6 **D.** उपरोक्त में से कोई नहीं

Q.9 यदि '%' का अर्थ 'x' है, '$' का अर्थ '-' है, '&' का अर्थ '÷' है और '@' का अर्थ '+' है तो 65 % 7 & 13 @ 8 % 6 $ 5 = ? ज्ञात करें-

A. 87 **B.** 78 **C.** 48 **D.** 44

Q.10 एक संगठन में, यदि संचालन अधिकारी अपनी नौकरी छोड़ने का फैसला करता है; संगठन के प्रबंधन को इस स्थिति से कैसे निपटना है?

A. प्रबंधन को तुरंत उसे वेतन में बहुत अच्छी बढ़ोतरी की पेशकश करनी चाहिए
B. प्रबंधन को उसे अपने कागजात रखने और छोड़ने के लिए कहना चाहिए
C. प्रबंधन को व्यक्ति से जुड़े मुद्दे को देखना चाहिए और उसे हल करने का प्रयास करना चाहिए
D. प्रबंधन को व्यक्ति के लिए एक औपचारिक विदाई का आयोजन करना चाहिए

Q.11 उत्तर आकृति के बीच से एक आकृति का चयन करें जो पांच प्रश्न आकृति द्वारा स्थापित की गई समान श्रृंखला जारी रखेगा।

प्रश्न आकृति:

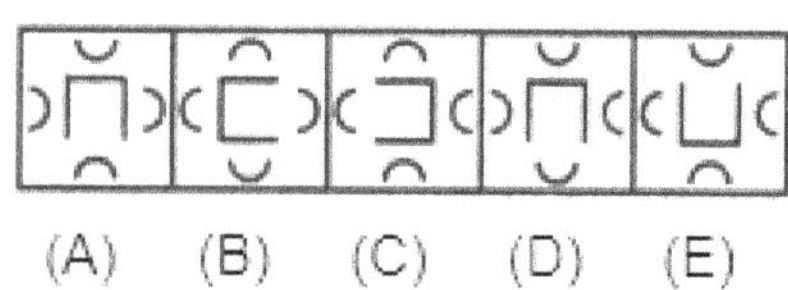

उत्तर आकृति:

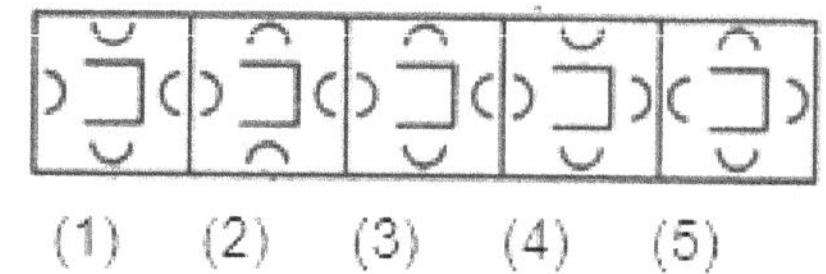

A. 1 **B.** 2 **C.** 3 **D.** 5

Q.12 विषम ज्ञात करें:

A. 147 **B.** 159 **C.** 379 **D.** 579

Q.13 विषम ज्ञात करें।

A. ABB **B.** BCF **C.** CDL **D.** DES

Q.14 यदि एक दर्पण को दी गई पंक्ति पर रखा जाता है, तो निम्नलिखित उत्तर आकृति में से कौन-सी दी गई आकृति का सही प्रतिबिम्ब है?

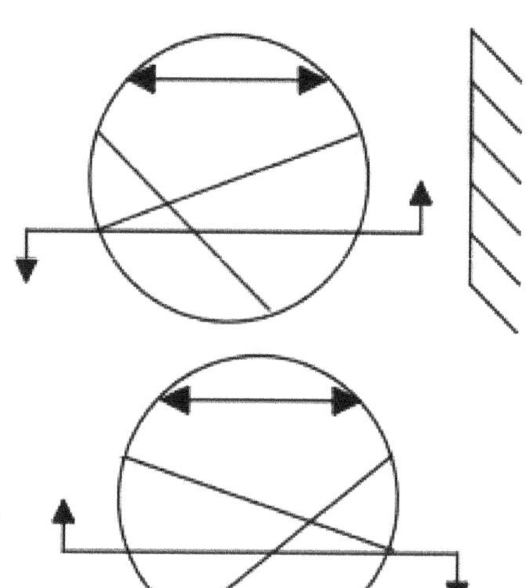

A. 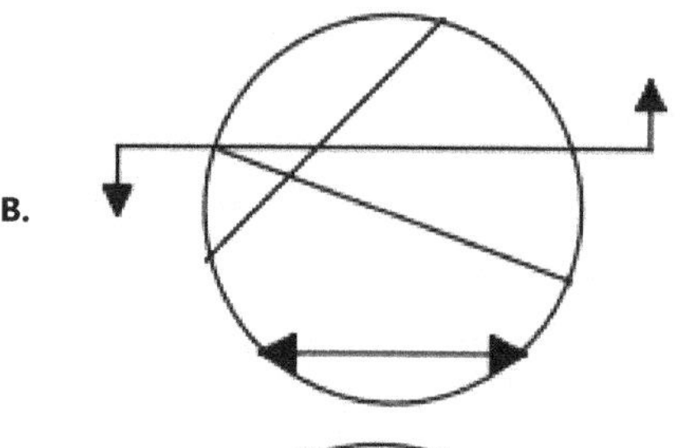

B.

C. 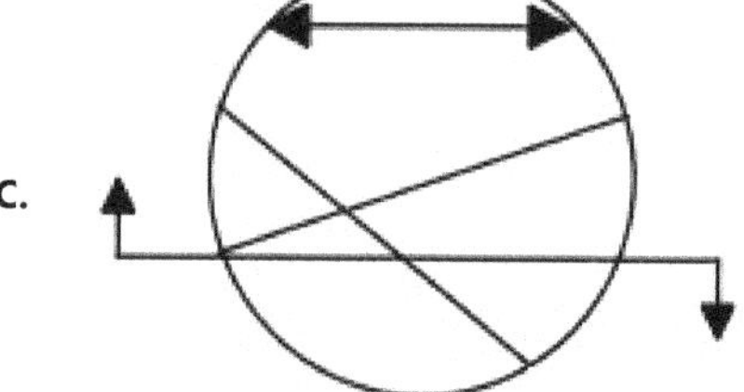

D. 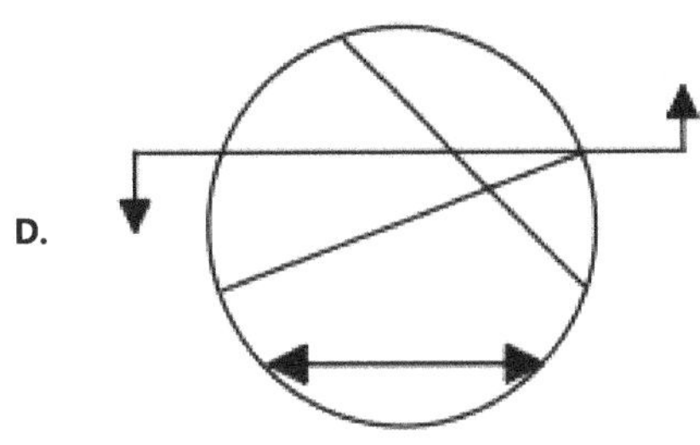

Q.15 एक कागज के टुकड़े को मोड़ा जाता है और प्रश्न आकृति के अनुसार काटा जाता है| दी गई उत्तर आकृति में से, जब इसे खोला जायेगा तो कैसा दिखाई देगा?

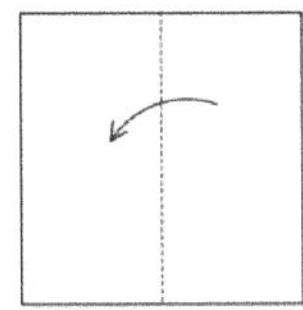 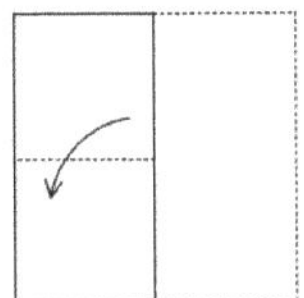 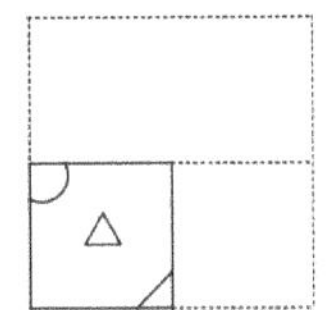

A

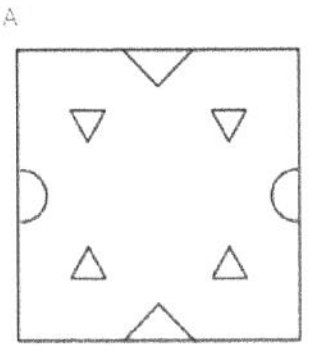

B :

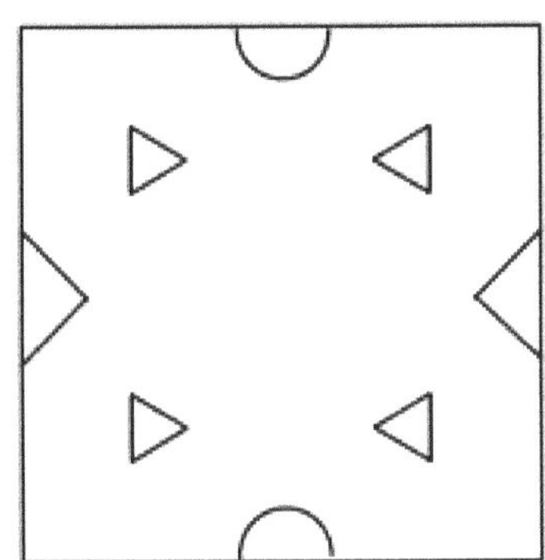

C :

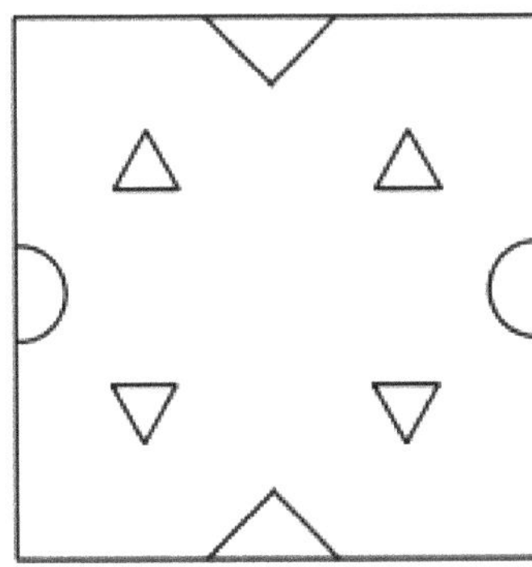

D :

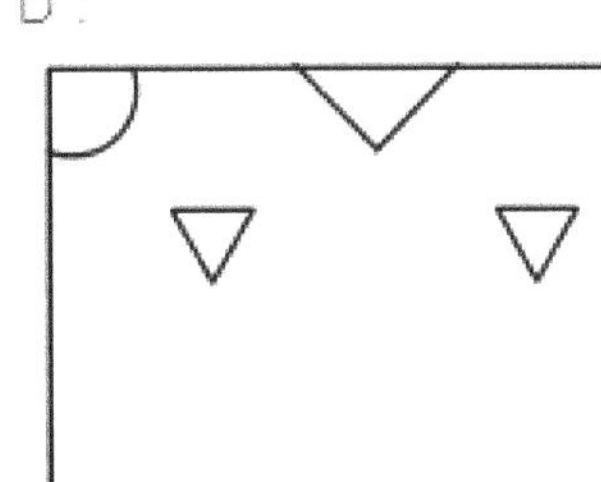

A. A **B.** B **C.** C **D.** D

Q.16 एक बैग में क्रमशः एक रुपये, 25 पैसे और 20 पैसे के सिक्कों की समान संख्या है। यदि कुल मूल्य 58 रु है, तो प्रत्येक प्रकार के कितने सिक्के हैं?

A. 40 सिक्के **B.** 18 सिक्के **C.** 22 सिक्के **D.** 55 सिक्के

Q.17 P, Q और R की माँ है, जहाँ P का कोई बेटा नहीं है। S और T, Q की बेटी हैं, जहाँ U, S और T का पिता है। S और T, R से किस प्रकार संबंधित है?

A. बेटी
B. चचेरा/ममेरा/मौसेरा/फुफेरा भाई - बहन
C. भाई
D. भांजी/भतीजी

Q.18 असंगत ज्ञात करें।

A. बैट : स्क्रीच **B.** स्नैक : हिस
C. टर्की: स्क्वीक **D.** व्हेल: सिंग

Q.19 श्रृंखला को पूरा करें:

24, 13, 15, 34, ?

A. 142 **B.** 144 **C.** 146 **D.** 140

Q.20 श्रृंखला को पूरा करें:

3, 4, 8, 17, 33, ?

A. 68 **B.** 57 **C.** 58 **D.** 63

Q.21 निम्नलिखित आकृति में त्रिकोणों की संख्या गिनें।

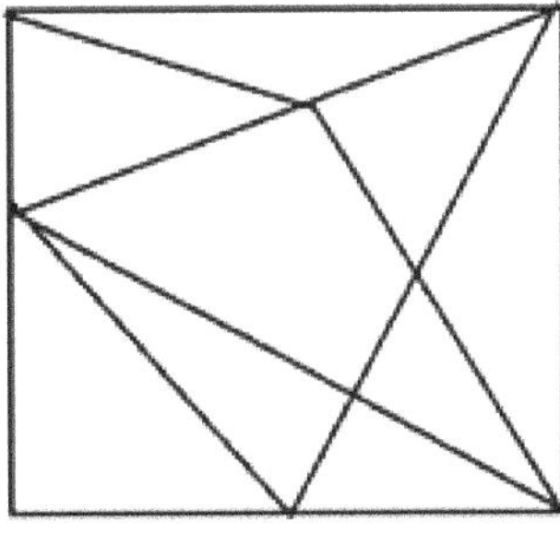

A. 16 **B.** 18 **C.** 20 **D.** 24

Q.22 एक निश्चित कोड में 'STONE' को '36521' और 'RAIN' को '7842' के रूप में कोडित किया गया है। उसी कोड में 'STATION' को किस प्रकार कोडित किया जाएगा?

A. 3685462 **B.** 3686452 **C.** 3686425 **D.** 3676352

Q.23 निम्नलिखित प्रत्येक प्रश्न में, आपको एक आंकड़ा (X) दिया गया है, जिसके बाद चार वैकल्पिक चित्र (a), (b), (c) और (d) इस प्रकार दिए गए हैं कि चित्र (X) उनमें से एक में अन्तर्निहित है। जिसमें चित्र (X) का एक भाग है,उस विकल्प को ज्ञात करें।

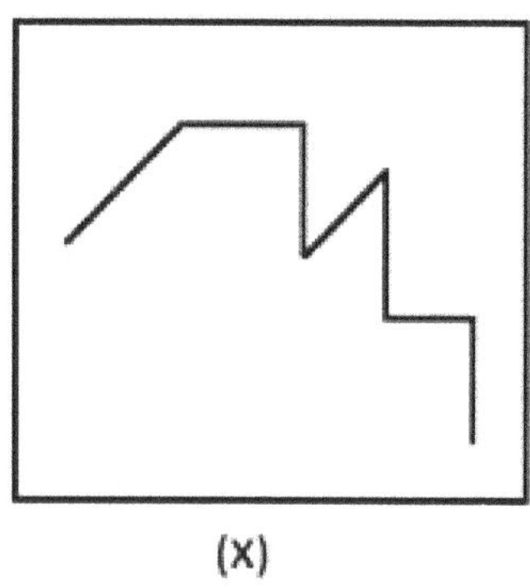

(X)

a)

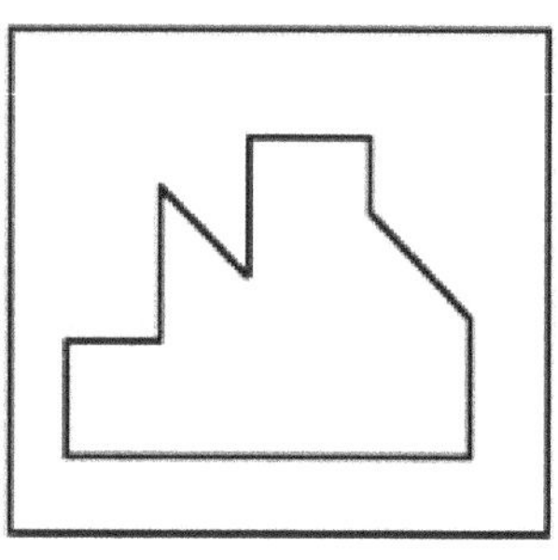

b)

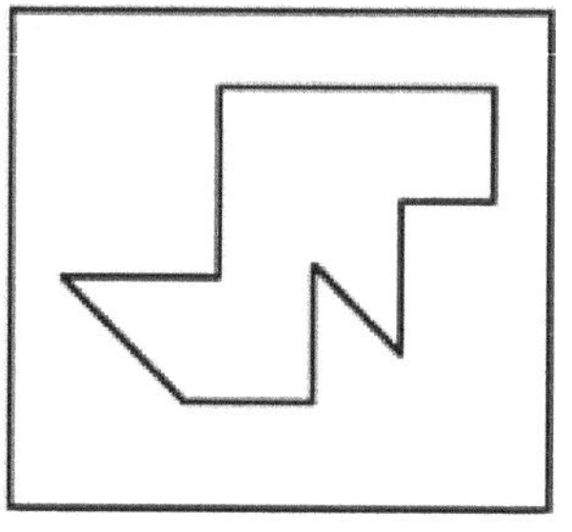

c)

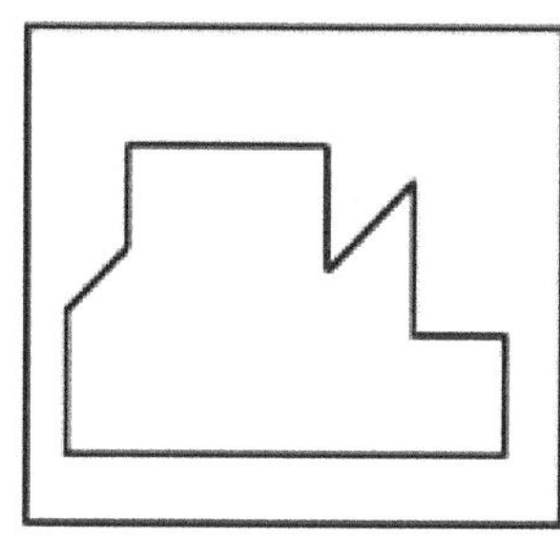

d)

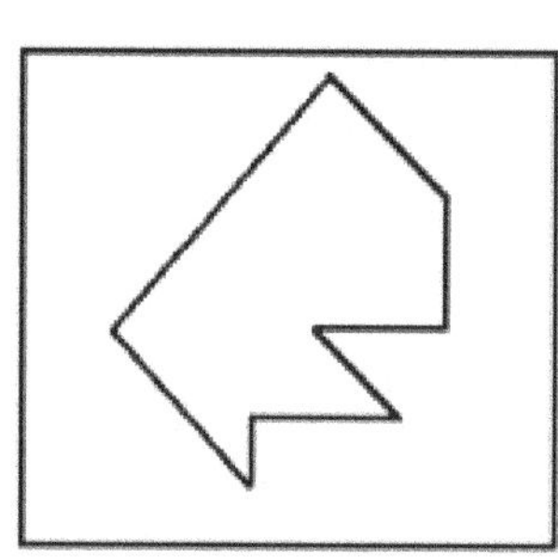

A. a) **B.** b) **C.** c) **D.** d)

Q.24 एक निश्चित कोड में यदि 'HUMAN' को 'OZNTI' के रूप में कोडित किया गया है और 'STORY' को 'ZQPST' के रूप में कोडित किया गया है, तो 'BREAD' को समान कोड में कैसे कोडित किया जाएगा?

A. EZDQC **B.** EZFSC **C.** EZFQC **D.** EBFSC

Q.25 यदि DRIBBLE, FOOTBALL से संबंधित है, उसी तरह RALLY _____ से संबंधित है।

A. CHESS **B.** BADMINTON
C. BASKETBALL **D.** HOCKEY

General Awareness

Q.26 1897 में पुणे के प्लेग कमिश्नर डब्ल्यू सी रैंड की हत्या किसने की?

A. गणेश सावरकर **B.** चापेकर ब्रदर्स
C. वासुदेव बलवंत फड़के **D.** चिपलूनकर ब्रदर्स

Q.27 अनुसूचित वाणिज्यिक बैंकों के लिए क्रेडिट कार्ड जारी करने के लिए आवश्यक न्यूनतम निवल मूल्य क्या है?

A. 10 करोड़ रुपये **B.** 50 करोड़ रुपये
C. 100 करोड़ रुपये **D.** 500 करोड़ रुपये

Q.28 झारखंड के मुख्यमंत्री हेमंत सोरेन ने 13 सितंबर 2022 को रांची में झारखंड ___ नीति 2022 लॉन्च की है।

A. किसान **B.** खेल
C. अकुशल श्रम **D.** उपरोक्त सभी

Q.29 अर्थशास्त्र में नोबेल मेमोरियल पुरस्कार 2022 तीन वैज्ञानिकों को किस क्षेत्र में उनके शोध के लिए दिया गया है?

A. व्यवहार अर्थशास्त्र **B.** वैश्विक गरीबी
C. बैंक और वित्तीय संकट **D.** मात्रात्मक विधियां

Q.30 विद्यालय नहीं जाने वाले दिव्यांग बालकों को वित्तीय सहायता (18 वर्ष से कम आयु), हरियाणा राज्य सरकार के किस विभाग की वित्तीय सहायता योजना है?

[Haryana Police Constable Commando Wing, 2021]

A. वित्त
B. महिला तथा बाल विकास
C. सामाजिक न्याय तथा अधिकारिता
D. स्वास्थ्य एवं परिवार कल्याण

Q.31 निम्नलिखित में से किसने पहली बार फिलिप कोटलर प्रेजेंडेन्शियल पुरस्कार प्राप्त किया है?

A. पीयूष गोयल **B.** नरेंद्र मोदी
C. मनमोहन सिंह **D.** राम नाथ कोविंद

Q.32 जिस अवधि के दौरान बीमाकर्ता को खरीदी गई पॉलिसी वापस की जा सकती है, उसे _______ कहा जाता है।

A. आवर्ती अवधि **B.** निहित अवधि
C. फ्री लुक अवधि **D.** प्रतीक्षा अवधि

Q.33 निम्नलिखित में से क्या धोखेबाज कर्मचारियों के कृत्यों के कारण मुद्रा और संपत्ति के नुकसान को कवर करता है?

A. विश्वस्तता बंध-पत्र **B.** ज़मानत बंध-पत्र
C. गारंटी बंध-पत्र **D.** वैश्वासिक बंध-पत्र

Q.34 अर्थशास्त्रीय शब्द WPI में 'P' का क्या अर्थ है?

A. प्राइस **B.** पॉइंट **C.** प्लान **D.** पेइंग

Q.35 महान्यायवादी भारत सरकार का कानूनी अधिकारी है। वह _______ द्वारा नियुक्त किया जाता है।

A. भारत के राष्ट्रपति
B. भारत के मुख्य न्यायाधीश
C. भारत के उपराष्ट्रपति
D. भारत के प्रधानमंत्री

Q.36 भारतीय संविधान के किस अनुच्छेद में अस्पृश्यता उन्मूलन का वर्णन किया गया है?

A. अनुच्छेद 19 **B.** अनुच्छेद 17
C. अनुच्छेद 24 **D.** अनुच्छेद 21

Q.37 उच्च न्यायालय के मुख्य न्यायाधीश की अधिकतम आयु सीमा क्या है?

A. 60 वर्ष **B.** 65 वर्ष **C.** 62 वर्ष **D.** 67 वर्ष

Q.38 किस प्रकार की मुद्रास्फीति एक बहुत तेज या नियंत्रण से बाहर की मुद्रास्फीति है?

A. मुद्रास्फीतिजनित मंदी **B.** क्रमिक/मंद मुद्रास्फीति
C. अधि मुद्रास्फीति **D.** अति-मुद्रास्फीति

Q.39 न्योकुम महोत्सव किस राज्य में मनाया जाता है?

A. अरुणाचल प्रदेश **B.** बिहार
C. जम्मू और कश्मीर **D.** असम

Q.40 प्रित्जकर पुरस्कार किस क्षेत्र से संबंधित है?

A. विज्ञान और प्रौद्योगिकी **B.** आर्किटेक्चर
C. खेल **D.** पत्रकारिता

Q.41 भूपर्पटी के नीचे के परत को _________ कहा जाता है।

A. आंतरिक क्रोड़ **B.** बाहरी क्रोड़
C. मेन्टल **D.** तलछटी परतें

Q.42 सर्वप्रथम सेफ्टी एलेवेटर' का आविष्कार किसने किया था?

A. बिल गेट्स **B.** एलीशा ओटिस
C. पॉल एलन **D.** डेव हयात

Q.43 आईने-ए-अकबरी 16वीं शताब्दी के मुगल भारत में निम्नलिखित में से किसके द्वारा लिखा गया था?

A. बीरबल **B.** टोडर मल
C. अबुल फजल **D.** फाहियान

Q.44 निम्नलिखित में से किसके शासनकाल में मुगल कला और चित्रकला अपने उत्कर्ष पर पहुंचा?

A. हमायूं **B.** अकबर **C.** जहांगीर **D.** शाहजहाँ

Q.45 कृष्णा नदी निम्न में से किस राज्य से उद्गम होती है?

A. छत्तीसगढ़ **B.** मध्य प्रदेश **C.** महाराष्ट्र **D.** कर्नाटक

Q.46 स्वतंत्र भारत के गवर्नर-जनरल बनने वाले पहले भारतीय कौन थे?

A. जवाहर लाल नेहरू **B.** महात्मा गांधी
C. सी राजगोपालाचारी **D.** राजेन्द्र प्रसाद

Q.47 निम्नलिखित सांस्कृतिक नृत्यों का उनके संबंधित राज्यों के साथ मिलान करें।

A. कथकली	a. असम
B. भरतनाट्यम	b. राजस्थान
C. सात्रिया	c. तमिलनाडु
D. घूमर	d. केरल

A. A-d, B-a, C-c, D-b **B.** A-c, B-d, C-a, D-b
C. A-d, B-c, C-a, D-b **D.** A-d, B-c, C-b, D-a

Q.48 डबलिन निम्नलिखित में से किस देश की राजधानी है?

A. बुल्गारिया **B.** आयरलैंड **C.** नॉर्वे **D.** स्पेन

Q.49 विश्व उपभोक्ता अधिकार दिवस कब मनाया जाता है?

A. 20 जून **B.** 22 अप्रैल
C. 27 सितंबर **D.** 15 मार्च

Q.50 हाल ही में किस भारतीय तेज गेंदबाज ने 200 टेस्ट विकेट का खिताब हासिल किया है?

A. मोहम्मद शमी **B.** रविचंद्रन अश्विन
C. रवींद्र जडेजा **D.** जसप्रीत बुमराह

Quantitative Aptitude

Q.51 एक दुकानदार ने 2 प्रकार के शैम्पू के पैकेट खरीदे। पहली प्रकार के पैकेट उसे 10 रुपये में 11 पैकेट के मूल्य से मिले और दूसरी प्रकार के उसे 10 रुपये में 9 पैकेट के मूल्य से मिले। वह उन दोनों को 1 रुपये प्रति पैकेट की दर से बेचता है, तो पूरे लेन-देन में उसे -

A. 1% का लाभ होता है **B.** 1% की हानि होती है
C. 2% का लाभ होता है **D.** 2% की हानि होती है

Q.52 एक संख्या 1a2b3c, 11 से विभाज्य है। (a, b, c) के लिए संभावित मान क्या हैं?

A. (4, 0, 2) **B.** (4, 5, 3) **C.** (5, 2, 7) **D.** (5, 3, 6)

Q.53 सही विकल्प चुनें:
दशमलव 131 को बायनरी में बदलें|

A. 10001101 **B.** 1000011
C. 10000011 **D.** 1100001

Q.54 व्यक्ति P को किसी कार्य को पूरा करने में 36 दिन लगते हैं जबकि 75% काम पूरा करने के लिए Q को P द्वारा पूर्ण कार्य समाप्त करने में लगे समय का $41\left(\frac{2}{3}\right)\%$ समय लगता है| Q, R की तुलना में 20% अधिक कुशल है, तो P और R एक साथ कितने दिनों में उस काम को पूरा कर सकते हैं?

A. 14.4 दिन **B.** 16.2 दिन **C.** 12.8 दिन **D.** 18.2 दिन

Q.55 17 x 4 ÷ 204 x 120 x 20 - 18 x 3 - 2 x 34 का मान कितना है:

A. 678 **B.** 644 **C.** 632 **D.** 625

Q.56 $312^{86} + 125^{29}$ का इकाई अंक क्या है?

A. 7 **B.** 9 **C.** 1 **D.** 3

Q.57 नीचे दिए गए समीकरण में 'b' का मान ज्ञात करें |
296 का b% का 30% =1480 का 5% का 50% का 40%

A. $\frac{50}{3}$ **B.** $\frac{40}{3}$ **C.** $\frac{125}{3}$ **D.** $\frac{80}{3}$

Q.58 100 कार्ड 1 से 100 नंबर के होते हैं। अभाज्य संख्या प्राप्त करने की संभावना का पता लगाएं।

A. $\frac{3}{4}$ **B.** $\frac{27}{50}$ **C.** $\frac{1}{4}$ **D.** $\frac{29}{100}$

Q.59 दो संख्याओं में से म.स.प. और ल.स.प. 11 और 7700 हैं। यदि संख्याओं में से एक 275 है, तो दूसरी संख्या ज्ञात कीजिए:

A. 279 **B.** 283 **C.** 308 **D.** 318

Q.60 द्विघात समीकरण जिसका एक परिमेय मूल $3+\sqrt{2}$ है:

A. $x^2-7x+5=0$ **B.** $x^2+7x+6=0$
C. $x^2-7x+6=0$ **D.** $x^2-6x+7=0$

Q.61 P और Q ने 2: 3 के अनुपात में एक व्यवसाय शुरू किया। 1 वर्ष के बाद P ने व्यवसाय छोड़ दिया लेकिन Q ने व्यवसाय जारी रखा । 2 साल बाद उन्हें रु. 26000 का लाभ हुआ। Q का लाभ क्या है?

A. रु. 10400 **B.** रु. 13000
C. रु. 15600 **D.** इनमें से कोई नहीं

Q.62 यदि $x=y=2z$ और $xyz=32$ है, तो x का मान ज्ञात करें।

A. 4 **B.** 8 **C.** 32 **D.** 64

Q.63 एक संतरे की लागत एक आम की लागत से $33\frac{1}{3}\%$ कम है| यदि एक आदमी चार संतरों को पांच आमों के क्रय मूल्य पर बेचता है, तो उसके लाभ का प्रतिशत कितना है?

A. 75% **B.** 81% **C.** 87.5% **D.** 90%

Q.64 यदि 24 सेमी ऊँचाई के एक लंब वृत्तीय शंकु का आयतन 1232 सेमी^{3} है, तो इसके वक्र पृष्ठ का क्षेत्रफल ज्ञात करें। ($\pi=\frac{22}{7}$ लें)

A. 1254 सेमी^{2} **B.** 704 सेमी^{2}
C. 550 सेमी^{2} **D.** 154 सेमी^{2}

Q.65 3 वर्ष पहले, 6 सदस्यों वाले राहुल के परिवार की औसत आयु 35 वर्ष थी| एक वर्ष पहले परिवार में एक नया बच्चा पैदा हुआ| चार वर्षों बाद परिवार की औसत आयु कितनी होगी?

A. $36\frac{5}{7}$ वर्ष **B.** 40 वर्ष **C.** 37 वर्ष **D.** 68 वर्ष

Q.66 एक आयताकार पार्क में बाड़ लगाने की लागत 20 रु. प्रति मीटर है| यदि क्षेत्रफल 2420 वर्ग मीटर है और भुजाओं का अनुपात 4 : 5 है, तो बाड़ लगाने की कुल लागत-

A. 3980 रु. **B.** 3960 रु. **C.** 1980 रु. **D.** 7920 रु.

Q.67 प्रियंका 45 किमी/प्रतिघंटा की गति से 5.4 घंटे और 39 किमी/प्रतिघंटा की गति से 7 घंटे यात्रा करती है। इस तरह वह दूरी का $\frac{4}{5}$ हिस्सा तय करती है। उसे 3 घंटे में शेष दूरी को तय करने में कितनी औसत गति से यात्रा करनी चाहिए?

A. 52 किमी/प्रतिघंटा **B.** 38 किमी/प्रतिघंटा
C. 43 किमी/प्रतिघंटा **D.** 48 किमी/प्रतिघंटा

Q.68 गरिमा गर्ग 5000 रुपये 6 वर्षों के लिए, 4500 रुपये 8 वर्षों के लिए और 6500 रुपये 4 वर्षों के लिए समान साधारण ब्याज की दर से जमा करती है| वह कुल साधारण ब्याज 4600 रुपये प्राप्त करती है| वार्षिक ब्याज दर कितनी है?

A. 8% **B.** 7% **C.** 6% **D.** 5%

Q.69 एक संगठन में दो कर्मचारियों A और B का कुल वेतन 40,000 रु. है। A के वेतन में 9% की वृद्धि और B के वेतन में 11% की वृद्धि होने के बाद, कुल वेतन 44100 रु. हो जाता है। A के वेतन की गणना करें।

A. 25000 रु. **B.** 15000 रु.
C. 18000 रु. **D.** उपरोक्त में से कोई नहीं

Q.70 दो संख्याओं का अनुपात 3 : 8 है। दोनों संख्याओं में 5 जोड़ने पर, अनुपात 2 : 5 हो जाता है। दोनों में से छोटी संख्या कौन सी है?

A. 64 **B.** 120 **C.** 45 **D.** 105

Q.71 7: 3 के अनुपात में दूध और पानी के 30 लीटर मिश्रण में कितने लीटर पानी मिलाया जाना चाहिए जिससे परिणामी मिश्रण में 40% पानी हो?

A. 5 **B.** 2 **C.** 3 **D.** 8

Q.72 एक कॉलोनी में, 55 सदस्य हैं। हर सदस्य सभी सदस्यों के लिए एक ग्रीटिंग कार्ड पोस्ट करता है। उनके द्वारा कितने ग्रीटिंग कार्ड पोस्ट किए गए थे?

A. 990 **B.** 890 **C.** 2970 **D.** 1980

Q.73 तीन पाइप A, B और C क्रमशः 30 मिनट, 20 मिनट और 10 मिनट में एक टैंक को खाली से पूर्ण तक भर सकते हैं। जब टैंक खाली होता है, तो तीनों पाइप खोल दिए जाते हैं। A, B और C क्रमशः रासायनिक घोल P, Q और R का निर्वहन करते हैं। 3 मिनट के बाद टैंक में तरल में घोल R का अनुपात क्या है?

A. $\frac{5}{11}$ **B.** $\frac{6}{11}$ **C.** $\frac{7}{11}$ **D.** $\frac{8}{11}$

Q.74 एक नाव अभी भी पानी में 13 किमी / घंटा की गति से यात्रा कर सकती है। यदि धारा की गति 4 किमी / घंटा है, तो नाव से 68 किमी नीचे जाने के लिए समय निकालें।

A. 2 घंटे **B.** 3 घंटे **C.** 4 घंटे **D.** 5 घंटे

Q.75 100 मीटर लम्बी ट्रेन 60 किमी प्रति घंटा की चाल से 140 मीटर लम्बे पुल को कितने समय में पार करेगी?

A. 3.6 सेकंड **B.** 7.2 सेकंड
C. 14.4 सेकंड **D.** 21.6 सेकंड

English Comprehension

Ques (76-80):Direction: For the question below, a passage is given with five blanks. Choose the correct words to be filled in each blank.

She is one of the first ______(1) I started following on YouTube. She makes content on vegan food, finding balance, motivation, and all lifestyle things. Her _____ (2) of content creation is very _______ (3), and her vlogs are to die for. What I particularly like about her is that she actively talks about mental health and issues that are generally considered a _____ (4). So, if you haven't checked out her channel yet, please do so ________ (5).

Q.76 Fill in the correct word which fits blank 1?

A. human **B.** person **C.** persons **D.** woman

Q.77 Fill in the blank which fits the blank 2?

A. produce **B.** style **C.** address **D.** make

Q.78 Fill in the blank which fits blank 3?

A. innovate **B.** style
C. absorbent **D.** interesting

Q.79 Fill in the blank which fits blank 4?

A. taboo **B.** encouragement
C. acceptance **D.** legal

Q.80 Fill in the blank which fits blank 5?

A. directly **B.** exactly
C. immediately **D.** squarely

Q.81 Which of the following sentence is correct?

A. Ritu was carrying the glasses in a tray.
B. I have allot of money with me.
C. The so-called 'hotel' was just an old shed.
D. Close the door at once.

Q.82 In the below question, a sentence has been given in **Active/Passive Voice.** Out of the four alternatives suggested, select the one which best expresses the same sentence in Passive/Active Voice.

You should have done the assignment weeks ago.

A. The assignment should have been doing by you weeks ago.
B. The assignment should have done by you weeks ago.
C. The assignment should be done by you weeks ago.
D. The assignment should have been done by you weeks ago.

Q.83 In the following question, some part of the sentence may have errors. Find out which part of the sentence has an error and select the appropriate option. If a sentence is free from error, select 'No Error'.

The journey was a great undertaking (1)/ in those days, especially (2)/ to people of small means. (3)/ No error (4)

A. 1 **B.** 3 **C.** 2 **D.** 4

Q.84 A part of the sentence is bracketed. Below are given alternatives to the bracketed part which may improve the sentence. Choose the correct alternative. In case no improvement is required, choose **"No Improvement"** option.

She is living (independent from) her parents now.

A. independent off **B.** independent of
C. independent on **D.** No improvement

Q.85 In the following question, some part of the sentence may have errors. Find out which part of the sentence has an error and select the appropriate option. If a sentence is free from error, select 'No Error'.

Between the men who fought for the South (1)/ were some of the bravest soldiers (2)/ and truest men in all history. (3)/ No error (4)

A. 4 **B.** 3 **C.** 2 **D.** 1

Q.86 Sentence/passage is split into four/five parts and named A, B, C, D & E. These four parts are not given in their proper order. Read the sentence or passage and find out which of the four combinations is correct. Then find the correct answer.

A. they find some
B. industrious as these peasants are
C. in their spare time
D. minor occupations

A. ADCB **B.** BCDA **C.** DCAB **D.** BADC

Q.87 Choose the option that best fits the blanks in the sentence.

When writers _____ ideas or things, they _____ them with human-like characteristics.

A. Enunciate, Undo **B.** Inculcate, Deride
C. Acclimatize, Bribe **D.** Personify, Endow

Ques (88-92):Direction: Read the passage given below and then answer the question given below the passage.

The worst days of any summer are the rainy ones. We spend all year looking forward to nice weather and long, hot days. And then, summer comes, and it rains. As a child, I would wake up to rainy summer days and come close to crying. On those rainy summer days, I had nothing fun to do and could only sit inside, staring out at the rain like a Dickensian orphan. I was an only child, so there was no one else to play with. I'd crawl through the day and pray each night that the rain would not be there the next day. As an adult, though, my opinion of summer rain has changed. When you have to work every day, summer is not as eagerly anticipated. Everything seems monotonous and dull, and an ennui or listlessness kicks in. Such a mind set makes you cheer for anything new or different. Rainy days are still the worst days of the summer, but summer rain today means positively beautiful - and considerably cooler - weather tomorrow.

Q.88 The passage makes use of language that is -

A. Metaphorical **B.** Rhetorical
C. Formal **D.** Ambiguous

Q.89 According to the passage, summer is different for adults because -

A. rain brings with it cold temperatures for the following days
B. the weather is much warmer than it is for children
C. they do not get a long time off from work for the season
D. they better know how to occupy their downtime

Q.90 According to the passage, which of the following is a true statement about the narrator as a child?

A. He or she was often bored on summer days.
B. He or she preferred cooler weather.
C. He or she liked staying indoors.
D. He or she had no siblings.

Q.91 Compared to how he or she was as a child, the narrator as an adult is

A. More realistic **B.** Less excitable
C. More idealistic **D.** Less calm

Q.92 Which of the following generalisations can be made, based on the passage?

A. For an adult, summer rains are welcome.
B. For a child, summer rains are a bad thing.
C. For an adult, life seems monotonous.
D. All the above.

Q.93 In the following question, choose the word opposite in meaning to the given word.

Robust

A. Sturdy **B.** Frail **C.** Eager **D.** Glum

Q.94 Select the word which is opposite in meaning to the word given.

Flabby

A. Long **B.** Firm
C. Weak **D.** Stretched

Q.95 In each of the questions below, a phrase is given. From the options, choose the one that sums up the meaning of the given phrase in one word.

An unconventional style of living

A. Cynosure **B.** Apostate
C. Debonair **D.** Bohemian

Q.96 In the following options, four words are given, out of which only one word is correctly spelt. Find the correctly spelt word.

A. Arguement **B.** Concensus
C. Independant **D.** Embarrass

Q.97 In the following options, four words are given, out of which only one word is correctly spelt. Find the correctly spelt word.

A. Inadvertant **B.** Indispensable
C. Persaverance **D.** Privelege

Q.98 In the following question, a sentence given with a blank to be filled in with an appropriate word. Four alternatives are suggested for the question. Choose the correct alternative out of the four and indicate it by selecting the appropriate option.

One thing that tends to happen with telecommuters is that their entire _______ becomes their office space.

A. forebode **B.** forbade **C.** abode **D.** remote

Q.99 In the following question, out of the four alternatives, choose the one which best expresses the meaning of the given word.

Astute

A. Brood **B.** Crude **C.** Shrewd **D.** Impolite

Q.100 Direction: Select the word which means the same as the group of words given.

A movement or action of the hands or face

A. Action **B.** Gesture **C.** Anima **D.** Posture

// स्मार्ट उत्तर पुस्तिका //

सही उत्तर उन छात्रों के प्रतिशत को इंगित करता है जिन्होंने प्रश्नों का सही उत्तर दिया था।

छोड़ दिया उन छात्रों के प्रतिशत को इंगित करता है जिन्होंने प्रश्नों को छोड़ दिया था।

प्रश्न संख्या	उत्तर	सही उत्तर	छोड़ दिया
1	B	40.51 %	33.15 %
2	D	51.06 %	40.57 %
3	D	62.4 %	36.64 %
4	B	42.28 %	31.61 %
5	A	40.81 %	33.48 %
6	C	66.52 %	30.38 %
7	C	64.67 %	33.61 %
8	B	45.92 %	41.53 %
9	B	54.55 %	33.03 %
10	C	44.99 %	41.1 %
11	D	17.47 %	76.08 %
12	C	60.93 %	37.22 %
13	D	82.68 %	12.04 %
14	A	47.72 %	47.82 %
15	A	64.61 %	34.21 %
16	A	68.91 %	30.29 %
17	D	45.65 %	37.58 %
18	C	48.57 %	36.99 %
19	B	89.44 %	10.3 %
20	C	64.01 %	34.77 %
21	B	67.59 %	31.65 %
22	B	62.34 %	34.7 %
23	B	41.19 %	54.53 %
24	C	63.83 %	33.44 %
25	B	76.83 %	14.11 %
26	B	67.16 %	30.82 %
27	C	65.04 %	33.79 %
28	B	55.52 %	31.3 %
29	C	49.64 %	36.24 %
30	C	44.81 %	44.56 %
31	B	66.73 %	31.97 %
32	C	79.15 %	13.17 %
33	A	40.18 %	58.31 %
34	A	51.7 %	42.88 %
35	A	62.48 %	36.98 %
36	B	47.25 %	40.48 %
37	C	51.61 %	39.34 %
38	D	43.88 %	42.65 %
39	A	54.45 %	35.13 %
40	B	50.88 %	31.84 %
41	C	78.44 %	14.75 %
42	B	43.17 %	43.0 %
43	C	67.94 %	30.33 %
44	C	43.81 %	49.49 %
45	C	66.56 %	33.37 %
46	C	58.4 %	39.96 %
47	C	57.89 %	38.89 %
48	B	59.87 %	31.53 %
49	D	51.13 %	30.7 %
50	A	48.78 %	45.42 %
51	B	63.55 %	35.05 %
52	A	54.45 %	30.08 %
53	C	80.56 %	12.62 %
54	A	13.05 %	73.38 %
55	A	60.7 %	32.6 %
56	B	67.7 %	31.6 %
57	A	45.17 %	44.4 %
58	C	44.32 %	31.11 %
59	C	83.77 %	14.66 %
60	D	57.04 %	36.95 %
61	D	48.49 %	43.06 %
62	A	42.48 %	50.38 %
63	C	61.6 %	38.02 %
64	C	42.84 %	37.37 %
65	A	60.68 %	31.61 %
66	B	53.34 %	41.38 %
67	C	14.02 %	79.61 %
68	D	62.81 %	36.26 %
69	B	67.23 %	31.27 %
70	C	61.48 %	33.27 %
71	A	65.57 %	33.27 %
72	C	61.26 %	30.14 %
73	B	45.9 %	39.9 %
74	C	61.08 %	35.01 %
75	C	27.9 %	69.14 %
76	C	44.13 %	30.95 %
77	B	41.39 %	38.29 %
78	D	57.5 %	30.43 %
79	A	85.25 %	12.66 %
80	C	52.08 %	46.66 %

प्रश्न संख्या	उत्तर	सही उत्तर / छोड़ दिया
81	C	41.49 % / 57.46 %
82	D	59.62 % / 38.49 %
83	D	43.35 % / 50.13 %
84	B	58.71 % / 38.34 %
85	D	66.27 % / 30.97 %
86	D	62.88 % / 34.05 %
87	D	62.05 % / 35.18 %
88	A	65.75 % / 31.2 %
89	C	44.51 % / 30.26 %
90	D	68.36 % / 31.56 %
91	B	40.51 % / 38.55 %
92	D	55.22 % / 30.04 %
93	B	44.14 % / 39.8 %
94	B	60.42 % / 33.29 %
95	D	41.65 % / 46.77 %
96	D	62.53 % / 30.56 %
97	B	68.46 % / 30.68 %
98	C	41.3 % / 55.57 %
99	C	43.1 % / 33.06 %
100	B	65.05 % / 32.53 %

कार्य विश्लेषण	
औसत अंक (%)	**66.0%**
टॉपर्स स्कोर (%)	**69.0%**
आपका स्कोर	

//संकेत और समाधान//

1. विकल्प II: यह निश्चित रूप से कहा जा सकता है कि यदि स्कूल नाश्ता प्रदान करना शुरू करते हैं, तो यह उनके लिए अतिरिक्त लागत होगी जो नाश्ता प्रदान नहीं करने का एक अच्छा पर्याप्त कारण हो सकता है। इसलिए, यह एक मजबूत तर्क है।

विकल्प I: 'सर्वश्रेष्ठ' शब्द प्रकृति में व्यक्तिपरक है और इसे निश्चितता के साथ नहीं कहा जा सकता है कि अच्छे पोषण (अस्पष्ट और अस्पष्ट) को सुनिश्चित करने के लिए स्कूल सबसे अच्छे स्थान हैं। इसलिए, यह एक कमजोर तर्क है।

अतः विकल्प (B) सही है।

2. (D) उचित उत्तर होना चाहिए। हम दिए गए कथन से महेश के बारे में कुछ भी नहीं मान सकते हैं।

अतः विकल्प (D) सही है।

3. तीर के दक्षिणावर्त आवर्तन से हमें निम्न आकृति मिलती है:

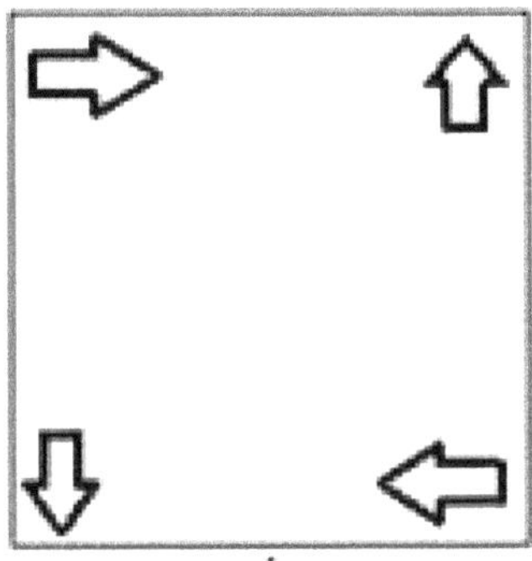

अतः विकल्प (D) सही है।

4. सभी एरेटेड ड्रिंक, बिवरेज हैं और सभी कोक एरेटेड ड्रिंक हैं। इसलिए सही वेन आरेख है:

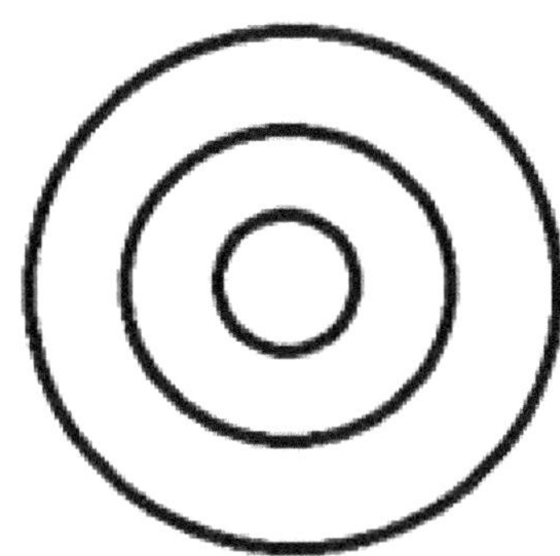

अतः विकल्प (B) सही है।

5. केवल आकृति (A) में, त्रिकोण सर्कल के नीचे है।

तो, विकल्प (A) विषम है।

अतः विकल्प (A) सही है।

6. जैसे पक्षीविज्ञानी पक्षियों का विशेषज्ञ होता है, वैसे ही पुरातत्वविद् पुरातत्व का विशेषज्ञ होता है।

अतः विकल्प (C) सही है।

7. Herbivore एक जानवर है जो पौधों को खाता है। दिए गए प्रश्न में एकमात्र शाकाहारी Deer है और इसे "Leopard" कहा जाता है।

अतः विकल्प (C) सही है।

8. पहले क्यूब से, हम जानते हैं कि 5 और 1 निकटतम 4 के पड़ोसी हैं।

दूसरे क्यूब से, हम जानते हैं कि 6 और 3 निकटतम 4 के पड़ोसी हैं।

तो, केवल इन दो क्यूब्स से, हम कह सकते हैं कि 2, 4 के विपरीत होगा।

अतः विकल्प (B) सही है।

9. दिया हुआ है:

65 % 7 & 13 @ 8 % 6 $ 5 = ?

संकेतों को बदलने के बाद,

$65 \times 7 \div 13 + 8 \times 6 - 5$

$\Rightarrow 5 \times 7 + 48 - 5$

$\Rightarrow 35 + 48 - 5$

$\Rightarrow 83 - 5$

$\Rightarrow 78$

अतः विकल्प (B) सही है।

10. एक संगठन में, यदि कोई ऑपरेशनल अधिकारी अपनी नौकरी छोड़ने का फैसला करता है, तो

कथन (A) एक बहुत रैंडम कॉल है और इंस्टेंट हाइक सबसे अच्छा विकल्प नहीं है।

कथन (B) एक बहुत कठोर कॉल है,

कथन (D) स्थिति से निपटने का एक तरीका हो सकता है, लेकिन उचित मूल्यांकन के बाद किया जाना चाहिए और स्थिति से निपटने के लिए कथन (C) उपयुक्त तरीका है।

अतः विकल्प (C) सही है।

11. तीन और दो वृत्त-चाप वैकल्पिक रूप से उलटे हैं। केंद्रीय तत्व 90°ACW और 180° बारी-बारी से घूमता है।

इसलिए सही उत्तर आकृति है:

अतः विकल्प (D) सही है।

12. मध्य अवधि संख्या के चरम अंत में पदों का औसत है, इसलिए,

(A) 147= $\frac{(1+7)}{2} = 4$

(B) 159= $\frac{(1+9)}{2} = 5$

(C) 379= $\frac{(3+9)}{2} = 6$ है 7 नहीं जैसा की विकल्प में दिया गया है।

(C) 579= $\frac{(5+9)}{2} = 7$

अतः विकल्प (C) सही है।

13. दिया हुआ है:

अक्षर	A	B	C	D	E	F	G	H	I	J	K	L	M
स्थितीय मान	1	2	3	4	5	6	7	8	9	10	11	12	13
स्थितीय मान	26	25	24	23	22	21	20	19	18	17	16	15	14
अक्षर	Z	Y	X	W	V	U	T	S	R	Q	P	O	N

तालिका से स्थितिगत मान दिए गए हैं:

⇒ A × B= 1 × 2= 2= B

⇒ B × C= 2 × 3= 6= F

⇒ C × D= 3 × 4=12= L

⇒ D × E = 4 × 5=20= T है और S(19) नहीं।

अतः विकल्प (D) सही है।

14. विकल्प (B) और (D) को आसानी से समाप्त किया जा सकता है क्योंकि हम स्पष्ट रूप से देख सकते हैं कि दोनों क्षैतिज रेखाओं की स्थिति गलत है। विकल्प (C) में, दो झुकाव वाली रेखाएं गलत खींची गई हैं। विकल्प (A) दी गई प्रश्न आकृति की सही दर्पण छवि है।

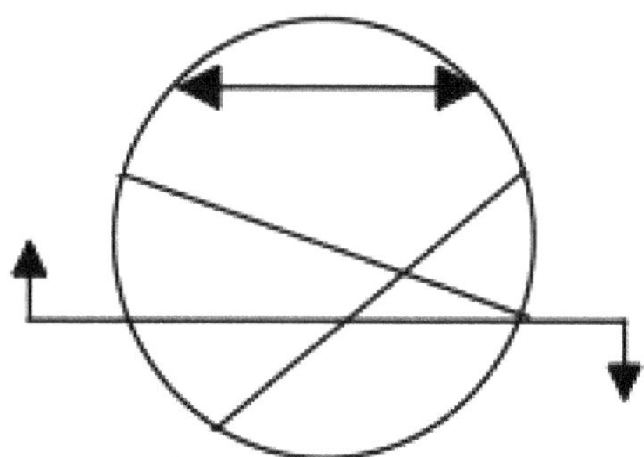

अतः विकल्प (A) सही है।

15. विकल्प (B) में, बाहरी अर्धवृत्त और दो त्रिकोणों की स्थिति गलत है, साथ ही चार आंतरिक त्रिकोणों का उन्मुखीकरण गलत है। विकल्प (C) में, चार आंतरिक त्रिकोणों का अभिविन्यास गलत है। विकल्प (D) में, 2 अर्धवृत्त की स्थिति गलत है। विकल्प (A) सही आकृति है जो कागज की दी गई शीट के सामने आने पर दिखाई देगा।

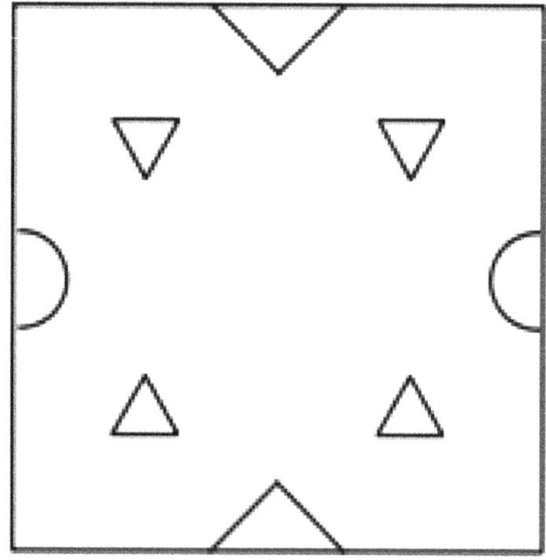

अतः विकल्प (A) सही है।

16. यहां, प्रत्येक प्रकार के सिक्कों की संख्या समान है।

इसलिए, प्रत्येक प्रकार के सिक्कों की संख्या = कुल राशि / प्रत्येक सिक्के के मूल्य का योग,

$$= \frac{58}{(1+0.2+0.25)}$$

$$= \frac{58}{1.45} = 40$$

इसलिए, प्रत्येक प्रकार के 40 सिक्के हैं।

अतः विकल्प (A) सही है।

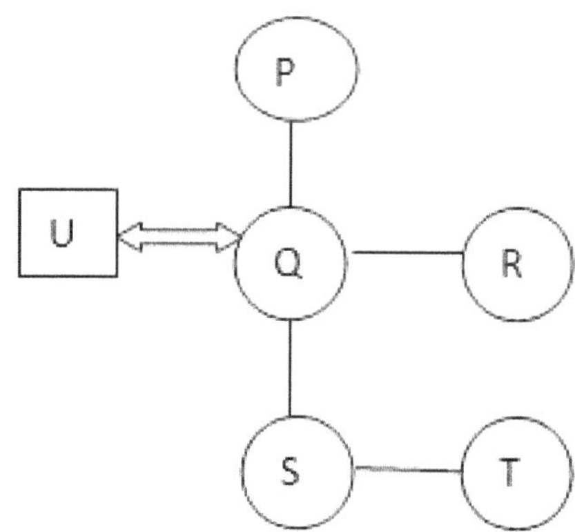

17.

उपरोक्त आकृति में, वर्ग पुरुष हैं और वृत्त महिला हैं।

∴ S और T, R की भतीजी हैं।

अतः विकल्प (D) सही है।

18. जानवरों द्वारा बनाई गई आवाज़ / शोर दिया जाता है।

टर्की द्वारा किया गया शोर गोब्बल है और बाकी सभी सही हैं।

अतः विकल्प (C) सही है।

19. प्रश्न में दी गई श्रृंखला के अनुसार:

24, 13, 15, 34, ?

दी गयी श्रृंखला का पैटर्न है,

⇒ 24 x 0.5+1=13

⇒ 13 x 1+2=15

⇒ 15 x 2+4=34

⇒ 34 x 4+8=144

अतः विकल्प (B) सही है।

20. दी गई श्रृंखला: 3, 4, 8, 17, 33,?

दी गयी श्रृंखला का पैटर्न है,

$3+1^2= 4$,

$4+2^2= 8$,

$8+3^2= 17$,

$17+4^2= 33$,

$33+5^2= 58$

इसलिए, लुप्त संख्या 58 है।

अतः विकल्प (C) सही है।

21.

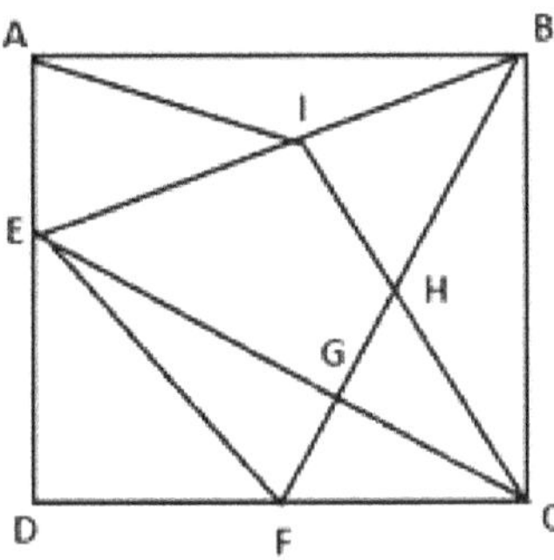

A के साथ: AIB, AIE, AEB

B के साथ: BIH, BHC, BGC, BFC, BEF, BEG, BIC

C के साथ: CGH, CEI, CHF, CED, CFE, CGF,

D के साथ: DEF

E के साथ: EFG

इसलिए, त्रिकोणों की संख्या 18 है।

अतः विकल्प (B) सही है।

22. कोड निम्नानुसार है:

STONE को 36521 के रूप में कोडित किया गया है, RAIN को 7842 के रूप में कोडित किया गया है

इस प्रकार, STATION को 3686452 के रूप में कोडित किया जाता है।

अतः विकल्प (B) सही है।

23. अवलोकन और विश्लेषण से, हम प्राप्त करते हैं,

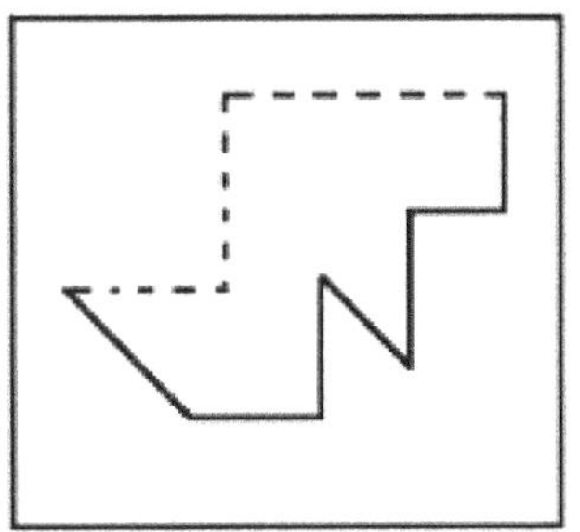

अतः विकल्प (B) सही है।

24. प्रश्न के अनुसार, हम निम्नलिखित चित्र बनाते हैं,

पैटर्न निम्नानुसार है:

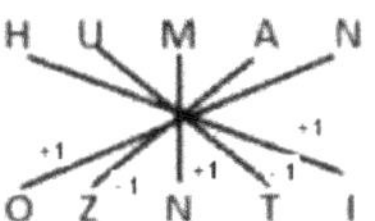

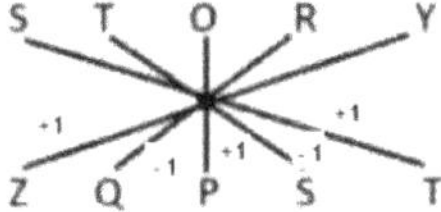

इसी प्रकार,

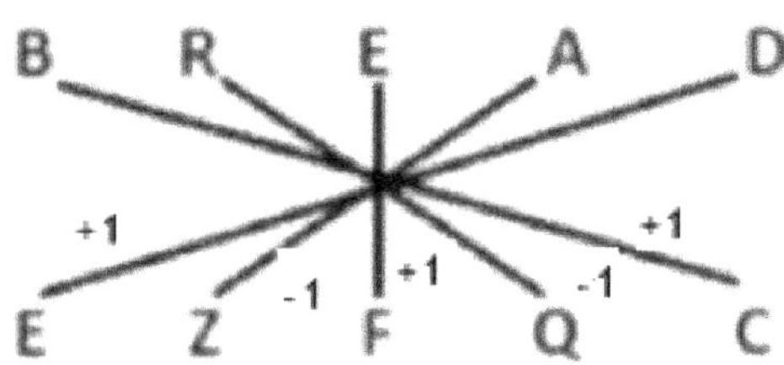

इसलिए, BREAD का कोड EZFQC है।

अतः विकल्प (C) सही है।

25. DRIBBLE एक शब्दावली है जिसका उपयोग FOOTBALL में किया जाता है उसी प्रकार RALLY, BADMINTON में प्रयुक्त शब्दावली है।

अतः विकल्प (B) सही है।

26. 1897 में पुणे के प्लेग कमिश्नर डब्ल्यू सी रैंड की हत्या चापेकर ब्रदर्स ने की थी।

22 जून 1897 को, भाइयों दामोदर हरि चापेकर और बालकृष्ण हरि चापेकर ने पुणे, महाराष्ट्र में ब्रिटिश अधिकारी डब्ल्यू सी रैंड और उनके सैन्य अनुरक्षण लेफ्टिनेंट आयर्स्ट की हत्या कर दी। 1857 के विद्रोह के बाद भारत में उग्रवादी राष्ट्रवाद का यह पहला मामला था।

अतः विकल्प (B) सही है।

27. भारतीय रिजर्व बैंक ने हाल ही (क्रेडिट कार्ड और डेबिट कार्ड - जारी करना और व्यवहार) 2022 में निर्देश आरबीआई द्वारा जारी किया गया था।

अनुसूचित वाणिज्यिक बैंक (एससीबी) रुपये की कुल संपत्ति के साथ। 100 करोड़ क्रेडिट कार्ड जारी कर सकते हैं। क्षेत्रीय ग्रामीण बैंकों को अन्य बैंकों के साथ सहयोग करने की आवश्यकता है। रिजर्व बैंक में पंजीकृत शहरी सहकारी बैंक (यूसीबी) और एनबीएफसी, जिनकी कुल संपत्ति 100 करोड़ रुपये से अधिक है, कुछ दिशानिर्देशों के अधीन कार्ड जारी कर सकते हैं।

अतः विकल्प (C) सही है।

28. झारखंड के मुख्यमंत्री हेमंत सोरेन ने 13 सितंबर 2022 को रांची में झारखंड खेल नीति 2022 लॉन्च की है।

- इस नीति का उद्देश्य राष्ट्रीय और अंतर्राष्ट्रीय स्पर्धाओं में उत्कृष्ट प्रदर्शन करने वाले खिलाड़ियों के रास्ते की बाधाओं को कम करना है।
- पांच साल की अवधि के लिए बनाई गई खेल नीति झारखंड में इस तरह की दूसरी नीति है।
- पिछली बार ऐसी नीति 2007 में बनाई गई थी।

अत: विकल्प (B) सही है।

29. अर्थशास्त्र में नोबेल मेमोरियल पुरस्कार अमेरिकी फेडरल रिजर्व के पूर्व अध्यक्ष बेन एस बर्नानके, डगलस डब्ल्यू डायमंड और यूएसए के फिलिप एच डायबविग को बैंकों और वित्तीय संकटों में शोध के लिए दिया गया था।

समिति के अनुसार, 'पुरस्कार विजेताओं ने हमारी आधुनिक समझ के लिए एक आधार प्रदान किया है कि बैंकों की आवश्यकता क्यों है, वे कमजोर क्यों हैं, और इसके बारे में क्या करना है'।

अतः विकल्प (C) सही है।

30. विद्यालय नहीं जाने वाले दिव्यांग बालकों को वित्तीय सहायता (18 वर्ष से कम आयु), हरियाणा राज्य सरकार के सामाजिक न्याय तथा अधिकारिता विभाग की वित्तीय सहायता योजना है।

सामाजिक न्याय और अधिकारिता मंत्रालय भारत सरकार का मंत्रालय है। यह अनुसूचित जाति (एससी), अन्य पिछड़ा वर्ग (ओबीसी), हाथ से मैला ढोने वाले, विकलांगों, बुजुर्गों और नशीली दवाओं के शिकार सहित समाज के वंचित और हाशिए के वर्गों के कल्याण, सामाजिक न्याय और सशक्तिकरण के लिए जिम्मेदार है।

अतः विकल्प (C) सही है।

31. नरेंद्र मोदी को पहली बार फिलिप कोटलर राष्ट्रपति पुरस्कार मिला है।

उन्हें उनकी अथक ऊर्जा के साथ संयुक्त नेतृत्व और भारत के प्रति निस्वार्थ सेवा के लिए चुना गया है।

यह पुरस्कार 'लोगों, लाभ और ग्रह' के त्रि-तल-रेखा पर केंद्रित है। यह किसी राष्ट्र के नेता को प्रतिवर्ष दिया जाता है।

अतः विकल्प (B) सही है।

32. एक समय सीमा, जिसके दौरान कोई भी खरीदे गए पॉलिसी को बीमाकर्ता को वापस कर सकता है, फ्री लुक अवधि के रूप में जाना जाता है।

यह सभी नई जीवन बीमा पॉलिसियों पर लागू होता है। IRDAI ने पॉलिसी दस्तावेज प्राप्त करने के 15 या 30 दिनों के बाद जीवन बीमा में फ्री लुक अवधि की सिफारिश की है।

अतः विकल्प (C) सही है।

33. विश्वस्तता बंध-पत्र का एक रूप है जो अपने कर्मचारियों के धोखाधड़ी या बेईमान कार्यों के कारण होने वाले नुकसान के खिलाफ एक नियोक्ता सुरक्षा प्रदान करता है।

विश्वस्तता बंध-पत्र कंपनियों द्वारा रखे जाते है जो विशेष रूप से उनकी शुद्ध पूंजी के लिए आनुपातिक सुरक्षा के लिए आवश्यक होते हैं।

अतः विकल्प (A) सही है।

34. थोक मूल्य (प्राइस) सूचकांक (WholeSale Price Index) WPI का पूर्ण रूप है।

थोक मूल्य सूचकांक खुदरा स्तर से पहले चरणों में माल की कीमत में बदलाव को मापता है।

WPI का उपयोग भारत में मुद्रास्फीति के एक महत्वपूर्ण उपाय के रूप में किया जाता है।

अतः विकल्प (A) सही है।

35. अटॉर्नी जनरल को भारत के राष्ट्रपति द्वारा संविधान के अनुच्छेद 76 (1) के तहत नियुक्त किया जाता है।

15 वें और वर्तमान अटॉर्नी जनरल के के वेणुगोपाल हैं। उनके कार्यकाल की अवधि 3 वर्ष है।

अटॉर्नी जनरल भारत सरकार को उसके द्वारा निर्दिष्ट कानूनी मामलों में सलाह देने के लिए आवश्यक है। वह राष्ट्रपति द्वारा उन्हें सौंपे गए अन्य कानूनी कर्तव्यों का पालन भी करता है।

अतः विकल्प (A) सही है।

36. भारतीय संविधान के अनुच्छेद 17 में अस्पृश्यता उन्मूलन का वर्णन है।

अस्पृश्यता को समाप्त कर दिया गया है और किसी भी रूप में इसका अभ्यास निषिद्ध है, अस्पृश्यता से उत्पन्न किसी भी विकलांगता के प्रवर्तन कानून के अनुसार एक दंडनीय अपराध होगा।

अतः विकल्प (B) सही है।

37. किसी उच्च न्यायालय के मुख्य न्यायाधीश की अधिकतम आयु सीमा 62 वर्ष है।

उच्च न्यायालय राज्य में न्यायपालिका का प्रमुख होता है। उच्च न्यायालय के न्यायाधीश की नियुक्ति राष्ट्रपति द्वारा की जाती है।

संविधान का अनुच्छेद 217 एक उच्च न्यायालय के न्यायाधीश के कार्यालय की नियुक्ति और शर्तों को बताता है।

अतः विकल्प (C) सही है।

38. जब माल और सेवाओं की कीमतों में तेजी से वृद्धि होती है, तो अति-मुद्रास्फीति होती है।

अति-मुद्रास्फीति कागजी मुद्रा की आपूर्ति में बहुत तेजी से वृद्धि के कारण होती है।

जब देश की सकल घरेलू उत्पाद वृद्धि द्वारा समर्थित धन आपूर्ति में उल्लेखनीय वृद्धि होती है जिसके परिणामस्वरूप अति-मुद्रास्फीति होती है।

अतः विकल्प (D) सही है।

39. न्योकुम महोत्सव अरुणाचल प्रदेश में मनाया जाता है।

न्योकुम एक बहुत ही रंगीन त्योहार है और यह दिलचस्प सांस्कृतिक विरासत और न्यिशी जनजाति की जातीयता को दर्शाता है।

असम - बिहू

जम्मू और कश्मीर - हेमिस

बिहार - छठ पूजा

अतः विकल्प (A) सही है।

40. प्रित्जकर पुरस्कार आर्किटेक्चर से संबंधित है। इसके अलावा, आर्किटेक्चर में उत्कृष्टता के लिए स्टर्लिंग पुरस्कार दिया जाता है।

शांति स्वरूप भटनागर पुरस्कार भारतीय विज्ञान और प्रौद्योगिकी के क्षेत्र में उत्कृष्ट कार्य के लिए दिया जाता है।

अर्जुन पुरस्कार, ध्यानचंद पुरस्कार, राजीव गांधी खेल रत्न पुरस्कार खेलों से संबंधित हैं।

अतः विकल्प (B) सही है।

41. मेन्टल क्रस्ट नामक पृथ्वी की पतली बाहरी परत के ठीक नीचे स्थित है। यह पटल और पृथ्वी के घने कोर के बीच स्थित है।

यह लगभग 2,900 किलोमीटर (1,802 मील) मोटी है और पृथ्वी के कुल आयतन का 84% है।

अतः विकल्प (C) सही है।

42. एक सेफ्टी एलेवेटर' पुराने लिफ्ट का एक संशोधन था जिसमे केबल के टूटने की स्थिति में प्लेटफॉर्म के गिरने का खतरा नहीं था। इसका आविष्कार एलीशा ओटिस ने 1852 में किया था। 23 मार्च 1857 को, न्यूयॉर्क में 488 ब्रॉडवे पर पहला यात्री 'सेफ्टी एलेवेटर' स्थापित किया गया था।

अतः विकल्प (B) सही है।

43. मुगल काल में अबुल फजल, जो बादशाह अकबर का दरबारी इतिहासकार था, ने अकबरनामा के तीसरे खंड का ग्रंथ आईने-ए-अकबरी लिखा था।

अबुल फ़ज़ल का यह कार्य सम्राट अकबर के प्रशासनिक पहलू पर प्रकाश डालता है, क्योंकि उन्होंने उस समय अकबर द्वारा उचित प्रशासन के लिए बनाए गए नियमों और विनियमों को लागू किया था।

अतः विकल्प (C) सही है।

44. हिंदू, बौद्ध और जैन के अतिरिक्त प्रभावों के साथ, मुगल चित्रकला फारसी लघु चित्रकला परंपरा से उभरा, यह आमतौर पर पुस्तक चित्रण या एल्बमों में संरक्षित एकल पत्रक का रूप लेती थी। सम्राट जहाँगीर यूरोपीय कला से प्रभावित था और अपने चित्रकार को यूरोपीय चित्रकारों द्वारा पसंदीदा एकल बिंदु परिप्रेक्ष्य का अनुकरण करने के लिए प्रोत्साहित किया, जो कि पट , बहुस्तरीय शैली में पारंपरिक रूप से लघु चित्रकला में इस्तेमाल किया गया था।

अतः विकल्प (C) सही है।

45. कृष्णा नदी महाराष्ट्र से निकलती है।

यह भारत की सबसे लंबी नदियों में से एक है। यह तेलंगाना राज्य में प्रवेश करने से पहले कर्नाटक राज्य से होकर बहती है।

यह महाराष्ट्र, कर्नाटक, तेलंगाना और आंध्र प्रदेश के लिए सिंचाई के प्रमुख स्रोतों में से एक है।

अतः विकल्प (C) सही है।

46. सी राजगोपालाचारी स्वतंत्र भारत के पहले गवर्नर जनरल थे।

उन्होंने 21 जून 1948 - 26 जनवरी 1950 की अवधि से यह पद संभाला था, जब तक कि भारत का नया संविधान अस्तित्व में नहीं आया था।

संविधान लागू होने के बाद, गवर्नर जनरल के पद को राष्ट्रपति और संविधान के अनुसार स्थापित शक्तियों के साथ बदल दिया गया।

अतः विकल्प (C) सही है।

47.

A. कथकली	d. केरल
B. भरतनाट्यम	c. तमिलनाडु
C. सात्रिया	a. असम
D. घूमर	b. राजस्थान

अतः विकल्प (C) सही है।

48. डबलिन आयरलैंड की राजधानी है। आयरलैंड की मुद्रा यूरो है।

अतः विकल्प (B) सही है।

49. विश्व उपभोक्ता अधिकार दिवस हर साल 15 मार्च को मनाया जाता है।

यह उपभोक्ता अधिकारों और जरूरतों के बारे में वैश्विक जागरूकता बढ़ाने के लिए एक दिन है।

विश्व उपभोक्ता अधिकार दिवस 2021 को बढ़ावा देने का विषय 'टैकल प्लास्टिक प्रदूषण' है।

अतः विकल्प (D) सही है।

50. मोहम्मद शमी ने हाल ही में दक्षिण अफ्रीका के खिलाफ पहले टेस्ट के दौरान 200 टेस्ट विकेट का खिताब हासिल किया।

31 वर्षीय गेंदबाज लैंडमार्क तक पहुंचने वाले भारतीय तेज गेंदबाजों में तीसरे सबसे तेज हैं, क्योंकि उन्होंने अपने 55 वें टेस्ट मैच में यह उपलब्धि हासिल की थी। वह फिलहाल कपिल देव (434), इशांत शर्मा (311), जहीर खान (311) और जवागल श्रीनाथ (236) से पीछे हैं।

अतः विकल्प (A) सही है।

51. ⇒ 1 प्रकार के 11 शैम्पू के क्रय मूल्य = 10

⇒ 1 प्रकार के 9×11 शैंपू की क्रय मूल्य $= 9 \times 10$

$= 90$

⇒ 2 प्रकार के 9 शैम्पू के क्रय मूल्य = 10 रु

⇒ 2 प्रकार के 9×11 शैम्पू का क्रय मूल्य = 10 रु × 11

= 110 रु

⇒ 99 + 99 शैम्पू के कुल क्रय मूल्य

= 110 रु + 90 रु

⇒ कुल 198 शैम्पू का क्रय मूल्य = 200 रु

⇒ और 198 शैम्पू की विक्रय मूल्य = 198 रु

⇒ हानि= 200 - 198 = 2

⇒ हानि % $= 2 \times \frac{100}{200}$

⇒ 1 %

अतः विकल्प (B) सही है।

52. एक संख्या 11 से विभाज्य होने के लिए,

(विषम पदों पर अंकों का योग) - (पदों पर अंकों का योग) 11 से विभाज्य होना चाहिए

यानी (1 + 2 + 3) - (a + b + c) 11 से विभाज्य होना चाहिए

∴ 6 - (a + b + c) 11 से विभाज्य होना चाहिए।

यह तब संभव है जब a + b + c = 6 हो।

यह केवल विकल्प A में है जब a = 4, b = 0, c = 2 हो।

अतः विकल्प (A) सही है।

53. दशमलव संख्या (131) 10 को क्रमिक रूप से 2 से विभाजित करें, जब तक कि भागफल 0 नहीं हो जाता है, और फिर विपरीत क्रम में लिया गया अवशेष (यानी 1 और 0 दाईं ओर लिखा जाता है) दिए गए दशमलव संख्या के लिए द्विआधारी समतुल्य है।

2	131	
2	65	1
2	32	1
2	16	0
2	8	0
2	4	0
2	2	0
2	1	0
	0	1

इस प्रकार, $(131)_{10} = (10000011)_2$

अतः विकल्प (C) सही है।

54. काम को अकेले पूरा करने के लिए P द्वारा लिया गया = 36 दिन

75% काम खत्म करने के लिए Q द्वारा अकेले लिया गया समय $= 41\left(\frac{2}{3}\right)$% of 36

= 15 दिन

पूरा काम खत्म करने के लिए Q द्वारा अकेले लिया गया समय $= 15 \times \left(\frac{100}{75}\right)$

= 20 दिन

Q से R की दक्षता का अनुपात = 120%: 100%

= 6: 5

काम पूरा करने के लिए R द्वारा अकेले लिया गया समय $= 20 \times \left(\frac{6}{5}\right)$

$= 24$ दिन

काम पूरा करने के लिए P और R द्वारा एक साथ लिया गया समय $= \frac{1}{\left(\frac{1}{36}\right)} + \left(\frac{1}{24}\right)$

= 14.4 दिन

अतः विकल्प (A) सही है।

55. दिया हुआ है :

17 x 4 ÷ 204 x 120 x 20 - 18 x 3 - 2 x 34

उपरोक्त व्यंजक को हल करने पर:

⇒ 800 - 54 - 68

⇒ 678

अतः विकल्प (A) सही है।

56. संख्या के अंतिम अंक की पहचान करने के लिए चक्रीयता की अवधारणा का उपयोग किया जाता है।

चक्रीयता चार्ट:

Number	Cyclicity	Unit digit values			
		Power 1	Power 2	Power 3	Power 4
0	1	0			
1	1	1			
2	4	2	4	8	6
3	4	3	9	7	1
4	2	4	6		
5	1	5			
6	1	6			
7	4	7	9	3	1
8	4	8	4	2	6
9	2	9	1		

(नोट: शेष = घात, शेष 0 होने पर, घात = चक्रीयता)

312^{86} में:

312 का इकाई अंक 2 है।

2^{86}: चक्रीयता चार्ट से, 2 की चक्रीयता 4 है।

$\Rightarrow \frac{86}{4}$, शेष = 2

= घात 2

तो, 312^{86} = 4 का इकाई अंक

125^{29} में:

125 का इकाई अंक 5 है।

5^{29}: चक्रीयता चार्ट से, 5 की चक्रीयता 1 है।

इकाई अंक 125^{29} = 5

इसलिए, $312^{86} + 125^{29}$ की इकाई अंक

= (4 + 5) का इकाई अंक = 9

अतः विकल्प (B) सही है।

57. दिया गया है: 296 के 30% का b% = 1480 के 5% के 50% का 40%

$\Rightarrow \left(\frac{30}{100}\right) \times \left(\frac{b}{100}\right) \times 296 = \left(\frac{40}{100}\right) \times \left(\frac{50}{100}\right) \times \left(\frac{5}{100}\right) \times 1480$

$\Rightarrow b = \frac{(40 \times 50 \times 5 \times 1480)}{(30 \times 296 \times 100)}$

$\Rightarrow b = \frac{50}{3}$

अतः विकल्प (A) सही है।

58. 1 से 100 तक कुल अभाज्य संख्या हैं:

2, 3, 5, 7, 11, 13, 17, 19, 23, 29, 31, 37, 41, 43, 47, 53, 59, 61, 67, 71, 73, 79, 83, 89, 97

मतलब 100 में से 25,

तो संभावना है:

P (अभाज्य संख्या) $= \frac{25}{100}$

⇒ P (अभाज्य संख्या) $= \frac{1}{4}$

अतः विकल्प (C) सही है।

59. दिया गया: संख्या में से एक = 275, म.स.प. = 11, ल.स.प. = 7700

माना दूसरी संख्या x है।

हम जानते है,

म.स.प. × ल.स.प. = दो संख्याओं का गुणनफल

म.स.प. × ल.स.प. = 275 × x

$\Rightarrow 11 \times 7700 = 275 \times x$

$\Rightarrow x = \frac{(11 \times 7700)}{275}$

$\Rightarrow x = 308$

इसलिए दूसरी संख्या 308 है।

अतः विकल्प (C) सही है।

60. ∵ एक जड़ $3 + \sqrt{2}$ है,

∴ दूसरी जड़ $3 - \sqrt{2}$ है,

∴ जड़ों का योग $= 3 + \sqrt{2} + 3 - \sqrt{2} = 6$

जड़ों का उत्पाद $= (3 + \sqrt{2})(3 - \sqrt{2})$

$= (3)^2 - (\sqrt{2})^2 = 9 - 2 = 7$

हम जानते हैं, द्विघात समीकरण है:

$ax^2+bx+c=0$,

∴ आवश्यक द्विघात समीकरण है,

$x^2 - 6x + 7 = 0$

अतः विकल्प (D) सही है।

61. बता दें कि P और Q की शुरुआती पूंजी रु. $2x$ और क्रमशः रु. $3x$

फिर, लाभ का अनुपात $= (2x \times 12) : (3x \times 24)$

$= 24x : 72x$

$= 1 : 3$

∴ Q का हिस्सा = Rs. $\left(26000 \times \frac{3}{4}\right)$

= Rs. 19500

अतः विकल्प (D) सही है।

62. दिया गया है: x = y = 2z, xyz = 32 ----- (1)

$\therefore z = \frac{x}{2}, y = x$-----(2)

x के संदर्भ में y और z का मान (2) से (1) में रखने पर

$\Rightarrow x \times x \times \frac{x}{2} = 32$

$\Rightarrow x^3 = 64$

$\Rightarrow x = 4$

अतः विकल्प (A) सही है।

63. 1 आम की कीमत 1 रुपये है

फिर एक संतरे की कीमत = $\frac{200}{3}$ % का 1

= $\frac{2}{3}$ रु.

प्रश्न के अनुसार:

4 संतरे की बिक्री मूल्य = 5 रु.

4 संतरे की क्रय मूल्य $= 4 \times \frac{2}{3}$

$= \frac{8}{3}$ रु.

लाभ = विक्रय मूल्य- क्रय मूल्य

लाभ = $5 - \frac{8}{3}$

= $\frac{7}{3}$ रु.

लाभ का प्रतिशत= $\frac{\left(\frac{7}{3}\right)}{\left(\frac{8}{3}\right)} x$

⇒ लाभ का प्रतिशत $= \frac{7}{8} \times 100 = 87.5$

अतः विकल्प (C) सही है।

64. शंकु का आयतन $= \frac{1}{3}\pi r^2$ h

$\Rightarrow 1232 = \frac{1}{3} \times \frac{22}{7} \times r^2 \times 24$

$\Rightarrow r^2 = \frac{(1232 \times 3 \times 7)}{(22 \times 24)} = 49$

$\Rightarrow r = 7$

तिरछी ऊंचाई, $l = \sqrt{(r^2 + h^2)}$

$= \sqrt{((7)^2 + (24)^2)}$

$= \sqrt{(49 + 576)}$

$= \sqrt{625} = 25$ cm

वक्र पृष्ठ का क्षेत्र $= \pi r l$

$= \frac{22}{7} \times 7 \times 25$

$= 550$ सेमी^{2}

अतः विकल्प (C) सही है।

65. तीन साल पहले, 6 सदस्यों की कुल आयु = 6 x 35

= 210 वर्ष

नए बच्चे के जन्म के समय, परिवार की कुल आयु = 210 + 2 x 6

= 222 वर्ष

परिवार की वर्तमान आयु = 222 + (1 x 7)

= 229 वर्ष

इसलिए 4 साल में, परिवार की औसत आयु $= \frac{(229+4\times7)}{7}$

$= 36\frac{5}{7}$ वर्ष

अतः विकल्प (A) सही है।

66. माना लंबाई $= 4x$

चौड़ाई $= 5x$

हम जानते है,

क्षेत्रफल = लंबाई × चौड़ाई

$4x \times 5x = 2420$

$\Rightarrow x = 11$

अब, परिधि = 2(लंबाई+चौड़ाई) $= 2(4x + 5x) = 18x$

$\Rightarrow$ परिधि $= 18 \times 11 = 198$ cm

किनारो के घेरे का मूल्य = 20 रु. × 198

= 3960 रु.

अतः विकल्प (B) सही है।

67. कुल दूरी तय की गई= x किमी

वह दूरी तय करती है $= 45 \times 5.4 + 39 \times 7$

$= 516$ किमी

प्रश्न के अनुसार, 516 किमी कुल दूरी का $\frac{4}{5}$ है।

इसलिए, $\frac{4x}{5} = 516$ किमी

$\Rightarrow x = 516 \times \frac{5}{4} = 645$ किमी

शेष दूरी = 645 - 516 = 129 किमी

$\therefore$ औसत गति $= \frac{129}{3}$

$= 43$ किमी/प्रतिघंटा

अतः विकल्प (C) सही है।

68. माना कि ब्याज की दर प्रति वर्ष r% है।

हम जानते है,

साधारण ब्याज = $\frac{P\times R\times T}{100}$

$\therefore 4600 = \left(\frac{5000\times6\times r}{100}\right) + \left(\frac{4500\times8\times r}{100}\right) + \left(\frac{6500\times4\times r}{100}\right)$

$\Rightarrow 4600 = 300r + 360r + 260r$

$\Rightarrow 4600 = 920r$

$\Rightarrow r = 5\%$

अतः विकल्प (D) सही है।

69. दिया हुआ है: A + B = 40000

प्रश्न के अनुसार:

44100 = 1.09A + 1.11B --- (1)

इसलिए, 1.09A + 1.09B = 43600 --- (2)

(1) और (2) को हल करने पर,

A =15000 रु., B =25000 रु. वेतन है।

अतः विकल्प (B) सही है।

70. मूल संख्याओं का अनुपात =3 : 8

सामान्य गुणनखंड वास्तविक मानो को प्राप्त करने में मदद करता है , तो, 'M' को सामान्य गुणनखंड के रूप में लें।

∴ मूल संख्या 3M और 8M होगी।

उनके साथ 5 जोड़ने पर, हमें (3M + 5) और (8M + 5) मिलते हैं।

$\therefore \frac{3M+5}{8M+5} = \frac{2}{5}$ → (नई संख्याओं का अनुपात 2 : 5 है)

$\therefore 15M + 25 = 16M + 10$

∴ M=15

छोटी संख्या है $3M = 3 \times 15 = 45$

अतः विकल्प (C) सही है।

71. मिश्रण की कुल मात्रा $= \frac{7}{7+3} \times 30$ लीटर

और मिश्रण में 21 लीटर पानी की मात्रा $= \frac{7}{7+3} \times 30$ लीटर

= 9 लीटर

माना की मिलाया गया पानी 'a' लीटर है

फिर,

$\Rightarrow (30 + a) \times \frac{40}{100} = 9 + a$

$\Rightarrow 120 + 4a = 90 + 10a$

$\Rightarrow 120 - 90 = 10a - 4a$

$\Rightarrow 30 = 6a$

$\Rightarrow a = 5$

तो, मिश्रण में 5 लीटर पानी मिलाया गया।

अतः विकल्प (A) सही है।

72. पहले खिलाड़ी शेष 54 खिलाड़ियों के लिए 54 तरीकों से ग्रीटिंग कार्ड पोस्ट कर सकते हैं। दूसरा खिलाड़ी 54 खिलाड़ियों को ग्रीटिंग कार्ड दे सकता

है। इसी तरह, यह बाकी खिलाड़ियों के साथ होता है। पोस्ट किए गए ग्रीटिंग कार्ड की कुल संख्या हैं,

54 + 54 + 54.......54 (55 times)

∴ 54 (55times) = 54 x 55 = 2970.

अतः विकल्प (C) सही है।

73. 3 मिनट में (A + B + C) द्वारा भरा गया भाग $= 3\left(\frac{1}{30}+\frac{1}{20}+\frac{1}{10}\right)$

$= 3 \times \frac{11}{60} = \frac{11}{20}$

3 मिनट में C द्वारा भरा गया भाग $= \frac{3}{10}$

∴ आवश्यक अनुपात $= \frac{3}{10} \times \frac{20}{11}$

$= \frac{6}{11}$

अतः विकल्प (B) सही है।

74. हम जानते हैं,

नीचे की ओर गति = (नाव की गति + धारा की गति)

नीचे की ओर गति = (13 + 4) किमी / घंटा

= 17 किमी / घंटा

हम जानते हैं,

समय = दूरी/गति

68 किमी नीचे की ओर जाने में समय लगा $= \frac{68}{17}$ घंटे

$= 4$ घंटे

अतः विकल्प (C) सही है।

75. गति $= \left(60 \times \frac{5}{18}\right)$ मीटर/सेकंड (किमी / घंटा को मीटर/सेकंड में बदला गया)

$= \frac{50}{3}$ मीटर/सेकंड

कुल दूरी तय की $= (100 + 140)$ मीटर

=240 मीटर

∴ आवश्यक समय $= \left(240 \times \frac{3}{50}\right)$ सेकंड

$= \frac{72}{5}$ सेकंड

=14.4 सेकंड

अतः विकल्प (C) सही है।

76. The phrase 'one of the first' is always followed by plural form of the noun. 'Persons' would be correct.

Hence, the correct option is (C).

77. Options (A), (C) and (D) doesn't make sense here. The sentence is saying that the person's method/way of content creation; and 'style' makes perfect sense for this.

Hence, the correct option is (B).

78. (A) and (C) doesn't make any sense. 'Very' being an adverb should qualify a verb, adjective or another adverb and not a noun (style); therefore, (B) is eliminated. (D) fits in perfectly.

Hence, the correct option is (D).

79. Taboo- a social or religious custom prohibiting or restricting a particular practice or forbidding association with a particular person, place, or thing. While other options give out opposite meanings to the sentence and do not fit in contextually. Option (A) fits here as per the context.

Hence, the correct option is (A).

80. 'Directly', 'exactly' and 'squarely' do not make sense here. 'Immediately' fits here perfectly.

Hence, the correct option is (C).

81. Option (A) is incorrect because of the usage of preposition 'in' (we keep things 'on' a tray). Option (B) is incorrect because it uses 'allot' (allocate or assign), which is a contextual misfit; here, the phrase 'a lot' should be used. Option (D) is incorrect as 'close' is an adjective, while we need a verb to describe the action, hence, 'shut' should be used in place of 'close'. The sentence given in option (C) is correct grammatically and contextually.

Hence, the correct option is (C).

82. Option (D) is the right answer. Option (A) is eliminated as it is grammatically incorrect; the part participle 'done' should be used here. Option (B) is eliminated as it is grammatically incorrect; it omits the use of the verb 'been'. Option (C) is eliminated as it uses the future tense, while the original sentence has used the present perfect tense.

Hence, the correct option is (D).

83. In part 3 of the question, usage of "to" is correct. 'to' is also used for identifying the person or thing affected by or receiving something. Therefore, the sentence is correct and free of error.

Hence, the correct option is (D).

84. Independent should be followed by 'of' not 'from'. The phrase means to be self-sufficient or separate. The difference between 'Independent from' and 'independent of' is as follows:

Independent from = [not ruled by another country]

The rebel republic has already declared itself independent from the Soviet Union

Independent of = [unaffected by]

Personal conversations are not independent of media news.

Their decisions are quite independent of any other arguments.

Hence, the correct option is (B).

85. The preposition 'among' should be used here instead of 'between', as more than two people are being referred to. 'Between' is used when referring to only two persons.

Hence, the correct option is (D).

86. Arranging the parts according to option (D): 'Industrious as these peasants are, they find some minor occupations in their spare time'- is a well formed sentence. None of the other options can result in a meaningful sentence.

Hence, the correct option is (D).

87. "Human-like characteristics" is the key phrase here. Among the given choices, the word personify refers to giving human-like characteristics to inanimate objects. Also, the second blank must contain a word that means the same as providing with a quality. Hence, endow is appropriate. Enunciate- say or pronounce clearly; Inculcate- generate or instil; Deride- express contempt for; Acclimatize- adjust or adapt.

Hence, the correct option is (D).

88. Throughout the passage, the narrator uses language that is figurative and not literal. He or she refers to "soaking in the bright and burning sun," needing to "crawl through the day" when it was raining outside. All of these are examples of figurative or metaphorical language. Because of this, the choice (A) is correct. Rhetorical language is a language used to try to persuade someone or to impress someone. There is no effort made to convince the reader to agree with him or her. As such, the passage does not use rhetorical language, so choice (B) is incorrect. The passage does not use formal language. Such language would sound stiff and polite, and it would be completely free of figurative language. Choice (C) is incorrect. Ambiguous language is a language that is unclear in meaning.

Hence, the correct option is (A).

89. The narrator explains his or her views of summer as an adult. Since adults do not get time off from work for the summer, it is different for them than it is for children.

Hence, the correct option is (C).

90. To answer this detail question, look for the parts of the passage that describe the narrator as a child. The narrator states that he or she "was an only child." This makes it clear that he or she had no siblings, and choice (D) is, therefore, correct.

Hence, the correct option is (D).

91. The passage makes it clear the narrator looked forward to summer as a child, while the last few lines of the paragraph state that all days seem "monotonous and dull" and cause him or to feel "ennui or listlessness." It also states that "summer is not as eagerly anticipated" as an adult. All of this implies that the narrator is less excitable as an adult than he or she was as a child.

Hence, the correct option is (B).

92. All of the above generalisations can be made from the passage. Short statements given is clearly stated in the passage.

Hence, the correct option is (D).

93. Robust/ sturdy - strong and hardy. Frail - weak.

Eager - keen. Glum - unhappy.

Hence, the correct option is (B).

94. Flabby means soft and loose. Therefore, the word opposite in meaning is "Firm".

Hence, the correct option is (B).

95. Bohemian - an unconventional lifestyle.

Cynosure - One who is a centre of attraction.

Apostate - A person who has changed his faith.

Debonair - A person having a sophisticated charm.

Hence, the correct option is (D).

96. The incorrect spellings of the other words are: Argument, consensus and independent. The correct spelling is: Embarrass.

Hence, the correct option is (D).

97. The incorrect spellings of the other words are Inadvertent, Perseverance and Privilege. Correct spelling is indispensable.

Hence, the correct option is (B).

98. Forebode - predict something unpleasant. Forbade - to prohibit. Abode - a place where one lives. Remote - distant. We need a noun here, so, only (C) is correct. (A) and (B) are verbs, while (D) is an adjective.

Hence, the correct option is (C).

99. Astute - having sharp powers of judgment.

Shrewd - good at judging people or situations.

Brood - complain.

Crude - rude or vulgar.

Impolite - rude.

Hence, the correct option is (C).

100. Gesture- a movement of part of the body, especially a hand or the head, to express an idea or meaning.

Action- the way in which something works or moves.

Anima- (In psychology) the feminine part of a man's personality.

Posture- the position in which someone holds their body when standing or sitting.

Out of these, only Gesture shows the same meaning as the given phrase.

Hence, the correct option is (B).

मॉक टेस्ट 08

General Intelligence & Reasoning

Q.1 निम्नलिखित में से विषम का चयन करें:

A. जॉर्ज डब्ल्यू बुश **B.** इमैनुएल मैक्रॉन
C. व्लादिमीर पुतिन **D.** नरेंद्र मोदी

Q.2 निम्नलिखित प्रश्न में दिए गए विकल्पों में से विषम शब्द का चयन करें।
जनसांख्यिकी विशेषज्ञ : जनसंख्या :: डाक-टिकट संग्राहक : ?

A. जीवाश्मों **B.** टिकट **C.** फोटोग्राफी **D.** संगीत

Q.3 A, B, C, D और E पांच भाई हैं। A, D से बड़ा है; C, B से बड़ा है; B, D से छोटा है; E, B से बड़ा है; A, E से छोटा है; C, A से छोटा है। कौन सबसे बड़ा और कौन सबसे छोटा है?

A. E and B **B.** D and E **C.** A and E **D.** E and C

Q.4 एक अनुक्रम दिया गया है, जिसमें से एक पद लुप्त है। दिए गए विकल्पों में से वह सही विकल्प का चयन करें, जो अनुक्रम को पूरा करे।

97,77,59,?,29,17

A. 54 **B.** 55 **C.** 43 **D.** 56

Q.5 यदि निम्न संख्याएँ अवरोही क्रम में व्यवस्थित हों तो कौन सी संख्या मध्य में होगी?

7756, 7765, 7655, 7665, 7565

A. 7756 **B.** 7765 **C.** 7565 **D.** 7665

Q.6 एक शब्द को संख्या के केवल एक सेट द्वारा दर्शाया जाता है जैसा कि किसी एक विकल्प में दिया गया है। विकल्पों में दिए गए संख्याओं के समूह को वर्णमाला के दो वर्गों द्वारा दर्शाया गया है जैसा कि नीचे दिए गए दो मैट्रिक्स में है। मैट्रिक्स I के कॉलम और पंक्तियाँ - संख्या 0 से 4 तक और उस मैट्रिक्स II की संख्या 5 से 9 तक होती है। इन मैट्रिक्स के एक अक्षर को पहले इसकी पंक्ति से और उसके बाद इसके कॉलम द्वारा दर्शाया जा सकता है, जैसे, 'A' हो सकता है 01, 14, इत्यादि द्वारा प्रतिनिधित्व और E को 55, 66 आदि द्वारा दर्शाया जा सकता है। इसी तरह, आपको 'BEST' शब्द के लिए सेट की पहचान करनी होगी।

मैट्रिक्स-I

	0	1	2	3	4
0	J	U	G	R	Z
1	G	R	Z	J	U
2	Z	J	U	G	R
3	U	G	R	Z	J
4	R	Z	J	U	G

मैट्रिक्स-II

	5	6	7	8	9
5	E	M	D	N	O
6	D	E	O	M	N
7	O	N	E	D	M
8	N	O	M	E	D
9	M	D	N	O	E

A. 13, 31, 96, 10, 88 **B.** 00, 30, 56, 31, 99
C. 42, 43, 65, 21, 55 **D.** 34, 01, 89, 23, 66

Ques (7-8):निर्देश: निम्नलिखित प्रश्न में, एक शब्द को किसी एक विकल्प में दिए गए संख्याओं के केवल एक समूह द्वारा दर्शाया जाता है। विकल्प में दिए गए संख्याओं के सेट को दो दिए गए मैट्रिक्स में दिए गए वर्णमाला के दो वर्गों द्वारा दर्शाया गया है। मैट्रिक्स I का कॉलम और पंक्ति 0 से 4 तक और मैट्रिक्स II की संख्या 5 से 9 तक होती है। इन मैट्रिक्स के एक अक्षर को पहले पंक्ति और फिर कॉलम संख्या द्वारा दर्शाया जा सकता है जैसे 1 से 5, K के लिए मैट्रिक्स में 65, 77 आदि का प्रतिनिधित्व किया जा सकता है। H को 30, 11 आदि द्वारा दर्शाया जा सकता है। इसी तरह आपको प्रश्न में दिए गए शब्द के लिए सही सेट की पहचान करनी होगी।

Q.7 LEAST

मैट्रिक्स-I

	0	1	2	3	4
0	A	E	S	T	H
1	T	H	A	E	S
2	E	S	T	H	A
3	H	A	E	S	T
4	S	T	H	A	E

मैट्रिक्स-II

	5	6	7	8	9
5	P	O	R	K	L
6	K	L	P	O	R
7	O	R	K	L	P
8	L	P	O	R	K
9	R	K	L	P	O

A. 85, 01, 00, 40, 41 **B.** 32, 21, 44, 87, 44
C. 10, 34, 21, 32, 97 **D.** 00, 66, 33, 20, 34

Q.8 POLAR

मैट्रिक्स-I

	0	1	2	3	4
0	A	E	S	T	H
1	T	H	A	E	S
2	E	S	T	H	A
3	H	A	E	S	T
4	S	T	H	A	E

मैट्रिक्स-II

	5	6	7	8	9
5	P	O	R	K	L
6	K	L	P	O	R
7	O	R	K	L	P
8	L	P	O	R	K
9	R	K	L	P	O

A. 66, 31, 95, 33, 43 **B.** 86, 97, 24, 88, 11
C. 79, 87, 59, 31, 76 **D.** 00, 86, 32, 89, 57

Q.9 किसी कूट भाषा में शब्द 'TRIP' को कूट 'QJSU' द्वारा दर्शाया गया है | कूट 'LSPD' का संगत शब्द है:

A. ROCK **B.** EQTM **C.** PORK **D.** RUCK

Q.10 निर्देश: निम्नलिखित प्रश्न में एक स्थिति प्रस्तुत की गई है और आपको उस विशेष परिस्थिति के बारे में निर्णय लेने के लिए कहा गया है। दी गई जानकारी के आधार पर उत्तर का चयन करें।

एलीन अपने पति के 35 वें जन्मदिन के लिए एक विशेष भोजन की योजना बना रही हैं। वह चाहती है कि शाम यादगार हो, लेकिन उसका पति एक साधारण आदमी है जो एक फैंसी रेस्तरां में सूट के बजाय बेसबॉल खेल में जींस में होना पसंद करेगा। निम्न में से एलीन को किस रेस्तरां को चुनना चाहिये?

A. अल्फ्रेडो में बढ़िया इतालवी भोजन और एक सुंदर टस्कन सजावट है। ग्राहक महसूस करेंगे जैसे उन्होंने एक शानदार इतालवी विला में शाम बिताई है।

B. पान्चो का मैक्सिकन बफ़ेट शहर में सबसे अच्छा टैकोस के साथ एक ऑल-यू-टू-ईट फैमिली स्टाइल स्मोर्गास्बोर्ड है।

C. पैरिसियन बिस्त्रो एक चार सितारा फ्रांसीसी रेस्तरां है जहाँ मेहमानों के साथ शाही तरीके से व्यवहार किया जाता है। शेफ दिलबर्ट ओले अपने गोमांस बुर्जुगोन के लिए प्रसिद्ध हैं।

D. मार्टी ने मालिक के सम्मान में एक बेसबॉल क्लबहाउस की एक आकर्षक सेटिंग में स्वादिष्ट, हार्दिक भोजन परोसा, मार्टी लेस्टर, एक पूर्व प्रमुख लीग बेसबॉल ऑल-स्टार है।

Q.11 निम्नलिखित में से कौन सी संख्या अन्य की श्रेणी से भिन्न है?

19, 13, 27, 37, 17

A. 27 **B.** 19 **C.** 17 **D.** 13

Q.12 निम्नलिखित में से कौन सा आरेख विभिन्न वस्तुओं के बीच दिए गए संबंध को दर्शाता है?

ट्रेन, मोटर कार, इंजन

A.  B. 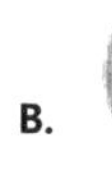 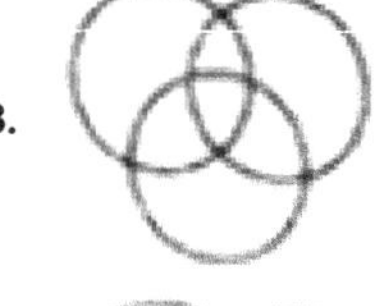

C.  D. 

Q.13 एक निश्चित कूट भाषा में यदि 'PRINCE' को 'SPLLFC' के रूप में कूटबद्ध किया जाता है। तो उसी कूट भाषा में 'RESPECTIVELY' को कैसे कूटबद्ध किया जाएगा?

A. RWGYCOWJWPCJ
B. RJJWPWGYCOWC
C. WGYCOWWPCJRJ
D. UCVNHAWGYCOW

Q.14 निर्देश: निम्नलिखित प्रश्न में एक स्थिति प्रस्तुत की गई है और आपको उस विशेष परिस्थिति के बारे में निर्णय लेने के लिए कहा गया है। दी गई जानकारी के आधार पर उत्तर का चयन करें।

डॉ. मिलर एक व्यस्त बाल दंत चिकित्सक हैं और चीजों को सुचारू रूप से चलाने के लिए उन्हें एक कुशल, विश्वसनीय स्वच्छंदतावादी की आवश्यकता है। पिछले जिन दो लोगों को उसने किराए पर लिया था, जिनकी सिफारिश क्षेत्र के शीर्ष दंत चिकित्सकों द्वारा की गई थी, वे प्रत्येक एक महीने से कम समय तक रहे। उसे अब एक ऐसे स्वच्छंदतावादी की सख्त जरूरत है, जो उसके कार्य की विशिष्ट चुनौतियों का सामना कर सके। निम्नलिखित में से किस उम्मीदवार के बारे में डॉ मिलर को सबसे गंभीरता से विचार करना चाहिए?

A. मर्लिन पंद्रह साल से एक हाइजीनिस्ट रही हैं, और उनके वर्तमान नियोक्ता, जो सेवानिवृत्त होने वाले हैं, कहते हैं कि वह व्यवसाय में सर्वश्रेष्ठ हैं। जिस ग्राहक के साथ उसने काम किया है, वह काउंटी के कुछ सबसे धनी और सबसे शक्तिशाली नागरिकों में शामिल है।

B. लिंडी ने हाल ही में राज्य में सबसे अच्छा दंत स्वच्छता कार्यक्रमों में से एक से अपनी कक्षा के शीर्ष पर स्नातक किया। दंत हाइजीनिस्ट बनने से पहले लिंडी ने डे केयर सेंटर में काम करते हुए दो साल बिताए।

C. जेम्स ने सार्वजनिक स्वास्थ्य क्लिनिक में तीन साल तक दंत चिकित्सक के रूप में काम किया है। वह एक निजी दंत चिकित्सा कार्यालय में एक स्थिति हासिल करने में बहुत रुचि रखते हैं।

D. कैथी एक अनुभवी और उच्च अनुशंसित दंत चिकित्सक हैं, जो बचपन की शिक्षा की डिग्री भी पूरी कर रहे हैं, उन्हें उम्मीद है कि उन्हें पूर्वस्कूली शिक्षक के रूप में नौकरी मिलेगी। वह बाल चिकित्सा अभ्यास में एक नौकरी खोजने के लिए उत्सुक है, क्योंकि वह हमेशा बच्चों के साथ काम करना चाहती है।

Q.15 उस वैकल्पिक आकृति का चयन करें जिसमें उसके भाग के रूप में आकृति (X) हो।

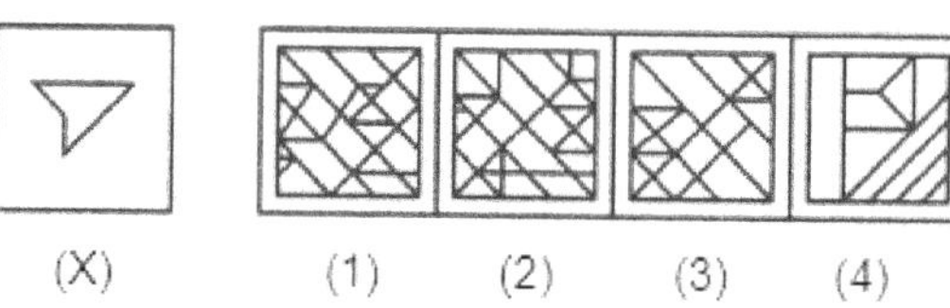

A. (1) **B.** (2) **C.** (3) **D.** (4)

Q.16 नीचे दी गयी आकृति में ज्ञात करें की कौन सी आकृति (1), (2), (3), और (4) आकृति (X) में दिए गए कृति से बन सकती है।

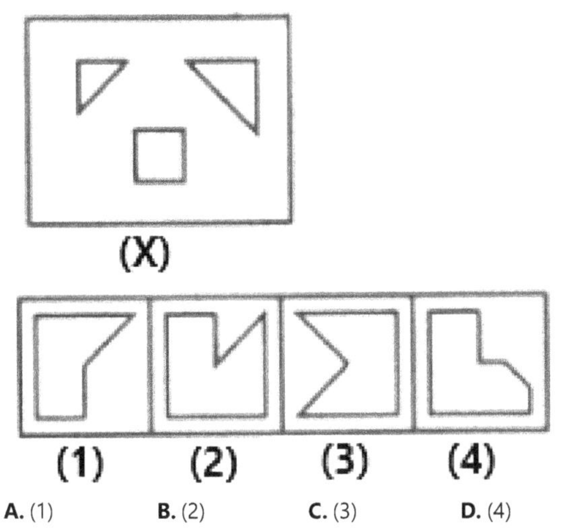

A. (1) **B.** (2) **C.** (3) **D.** (4)

Q.17 उस वैकल्पिक आकृति का चयन करें जिसमें उसके भाग के रूप में आकृति (X) हो।

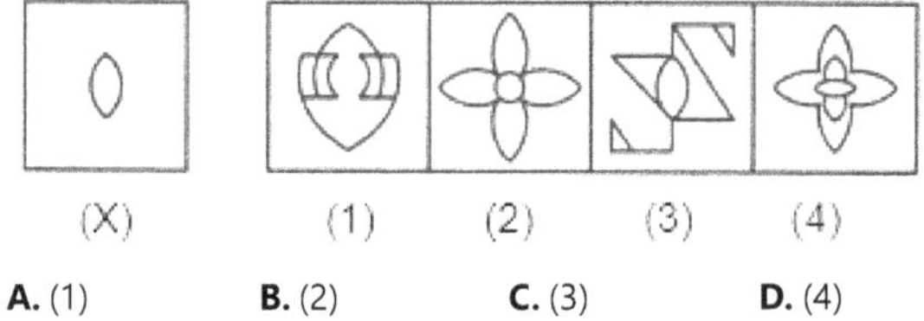

A. (1) **B.** (2) **C.** (3) **D.** (4)

Q.18 बबिता, बबली एक माँ की संताने हैं। बबिता, आयुष की मां है। आयुष के दो बच्चे हैं जिनके नाम रेखा और रूपा हैं। बबली, रूपा से किस प्रकार संबंधित है?

A. माँ
B. बहन
C. दादी माँ
D. निर्धारित नहीं किया जा सकता है

Q.19 निम्नलिखित प्रश्न में दिए गए विकल्पों में से विषम संख्या को चुनिए।

A. 85431 **B.** 23870 **C.** 99300 **D.** 11559

Q.20 निम्नलिखित प्रश्न में दिए गए विकल्पों में से संबंधित अक्षरों को चुनिए।

RIDE : LNBE :: HELP : ?

A. NINP **B.** BAJP **C.** JPCH **D.** BJJP

Q.21 एक अनुक्रम दिया गया है, जिसमें से एक पद लुप्त है। दिए गए विकल्पों में से वह सही विकल्प चुनिए, जो अनुक्रम को पूरा करे।

LC, OF, RI, UC, ?

A. YS **B.** XL **C.** ZL **D.** XF

Ques (22-23):निम्नलिखित प्रश्न में, चार वैकल्पिक विकल्पों (A), (B), (C) और (D) के बाद चार वैकल्पिक आकृति (1), (2), (3) और (4) का एक सेट प्रदान किया गया है। उस विकल्प का चयन करना आवश्यक है जो चार वैकल्पिक आकृतियों में से तीन का प्रतिनिधित्व करता है जो एक दूसरे में युक्त होने पर एक पूर्ण वर्ग का निर्माण करेंगे।

Q.22

(1)

(2)

(3)

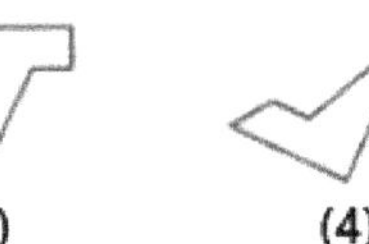
(4)

A. 145 **B.** 245 **C.** 123 **D.** 234

Q.23

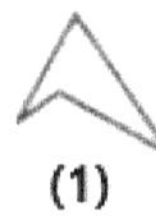
(1)

(2)

(3) (4)

A. 124 **B.** 345 **C.** 123 **D.** 135

Q.24 नीचे दिए गए प्रश्न में (A), (B) और (C) के तीन पाठ्यक्रमों के बाद एक वक्तव्य दिया गया है। समस्या, नीति, आदि के संबंध में सुधार, अनुवर्ती कार्रवाई या आगे की कार्रवाई, कथन में दी गई जानकारी के आधार पर, आपको कथन को सत्य मानने के लिए सब कुछ मान लेना होगा, फिर कार्रवाई के सुझाए गए पाठ्यक्रमों में से कौन सा तार्किक रूप से अनुसरण करता है।

कथन:

एक बड़े निजी बैंक ने पिछली तीन तिमाहियों के दौरान हुए भारी नुकसान को देखते हुए अपने एक तिहाई कर्मचारियों की छटनी करने का फैसला किया है।

की गई कारवाई:

(A) सरकार आम जनता को तुरंत एक अधिसूचना जारी करेगी, बैंक के साथ सभी लेनदेन बंद करें।

(B) सरकार को बैंक को अपने कर्मचारियों की छटनी को रोकने का निर्देश देना चाहिए।

(C) सरकार देश के केंद्रीय बैंक से बैंक की गतिविधियों की जांच शुरू करने और अपनी रिपोर्ट प्रस्तुत करने के लिए कहना चाहिए।

A. कोई नहीं **B.** केवल (A) **C.** केवल (B) **D.** केवल (C)

Q.25 वह आरेख चुनिए जो नीचे दिए गए वर्गों के बीच के संबंध का सही निरूपण करता है।

भारत,महाराष्ट्र और केरला

A. **B.**

C.

D.

General Awareness

Q.26 निम्नलिखित में से किसने भारतीय संसद में 1950 में "निवारक निरोध बिल" पेश किया?

A. बलदेव सिंह **B.** नराहर विष्णु गाडगिल
C. सरदार पटेल **D.** जवाहर लाल नेहरू

Q.27 अबू धाबी में आयोजित अंतर्राष्ट्रीय भारतीय फिल्म अकादमी पुरस्कार 2022 में सर्वश्रेष्ठ पुरुष अभिनेता का पुरस्कार किसने जीता है?

A. सलमान खान **B.** शाहरुख खान
C. विक्की कौशल **D.** वरुण धवन

Q.28 अगस्त 2022 में छोटे उद्योगों के लिए ई-कॉमर्स में तेजी लाने के लिए किस कंपनी ने सिडबी के साथ समझौता ज्ञापन (एमओयू) पर हस्ताक्षर किए हैं?

A. फ्लिपकार्ट **B.** ज़ोमैटो
C. मिंत्रा **D.** ओएनडीसी

Q.29 विश्व कैडेट जूडो चैंपियनशिप 2022 में स्वर्ण जीतने वाले पहले भारतीय कौन बने हैं?

A. अवतार सिंह **B.** लिंथोई चनंबम
C. पूनम चोपड़ा **D.** कल्पना देवी

Q.30 रेल बजट को किस समिति की सलाह पर आम बजट में मिला दिया गया था?

A. अशोक मेहता समिति **B.** मंडल समिति
C. बिबेक देबरॉय समिति **D.** इनमें से कोई नहीं

Q.31 44 वें संशोधन द्वारा किस मौलिक अधिकार को समाप्त कर दिया गया है?

A. स्वतंत्रता का अधिकार **B.** संपत्ति का अधिकार
C. समानता का अधिकार **D.** धर्म का अधिकार

Q.32 कौन सा पुरस्कार खिलाड़ियों के कोच को दिया जाता है?

A. द्रोणाचार्य पुरस्कार **B.** अर्जुन पुरस्कार
C. कालिदास सम्मान **D.** राजीव गांधी खेल रत्न

Q.33 महात्मा गांधी के निजी सचिव कौन थे?

A. गोपाल कृष्ण गोखले **B.** महादेव देसाई
C. बीपिन चंद्र पाल **D.** दादाभाई नौरोजी

Q.34 एक्जाम वारियर्स ___ के द्वारा लिखी गई है जो कि युवाओं के लिए एक प्रेरणादायी पुस्तक है।

A. नरेंद्र मोदी **B.** योगी आदित्यनाथ
C. मनमोहन सिंह **D.** इनमें से कोई नहीं

Q.35 निम्नलिखित में से किस देश के साथ, भारत सीमा की अधिकतम लंबाई सहकारिता करता है?

A. पाकिस्तान **B.** चीन **C.** बांग्लादेश **D.** नेपाल

Q.36 भारत का एकमात्र सक्रिय ज्वालामुखी किस स्थान पर स्थित है?

A. कार निकोबार **B.** बंजर द्वीप
C. माया बन्दर **D.** लक्षद्वीप

Q.37 एडीबी (एशियाई विकास बैंक) का मुख्यालय कहां है?

A. मनीला, फिलीपींस **B.** वॉशिंगटन, यूएसए
C. मैनहट्टन, यूएसए **D.** जिनेवा, स्विटजरलैंड

Q.38 पहला भारतीय उपग्रह है:

A. आर्यभट्ट अंतरिक्ष यान **B.** भास्कर-1
C. रोहिणी RS-1 **D.** इनसेट-1A

Q.39 एक्स-रे का आविष्कार किसने किया था?

A. विल्हेम कॉनराड रॉन्टगन
B. विलियम ली
C. एक्स रोल्सविक
D. आय थोम्प्सन

Q.40 व्यक्तियों की आय पर केंद्र सरकार द्वारा लगाया गया कर इस प्रकार है:

A. व्यक्तिगत आयकर **B.** ब्याज कर
C. धन कर **D.** निगम कर

Q.41 1983 में केंद्र-राज्य संबंधों पर केंद्र सरकार ने निम्नलिखित में से कौन सा आयोग नियुक्त किया था?

A. सरकारिया कमीशन **B.** दत्त कमीशन
C. सेतलवाड आयोग **D.** राजमन्नार आयोग

Q.42 भारत छोड़ो आंदोलन कब आरंभ हुआ?

A. अगस्त 1945 **B.** अगस्त 1942
C. जून 1942 **D.** जुलाई 1943

Q.43 कश्मीर का अकबर किसे कहा गया था?

A. ज़ैन-उल-अबिदीन **B.** हुसैन शाह
C. बलबन **D.** सुजुद्दोला

Q.44 निम्नलिखित में से कौन भारत की समग्र साक्षरता दर (2011 की जनगणना) है? (लगभग)

A. 68% **B.** 70% **C.** 74% **D.** 78%

Q.45 भारत का पहले चुनाव आयुक्त थें?

A. एस. पी. सेन वर्मा **B.** डॉ. नगेन्द्र सिंह
C. के. वी. के. सुन्दरम **D.** सुकुमार सेन

Q.46 भारत का पहला राष्ट्रीय युद्ध स्मारक किस शहर में बनाया गया है?

A. अमृतसर **B.** मुंबई **C.** इलाहाबाद **D.** दिल्ली

Q.47 निम्नलिखित में से किसने लगातार दो बार भारत के उपराष्ट्रपति का पद संभाला?

A. डॉ. आर वेंकटरमन **B.** डॉ. शंकर दयाल शर्मा
C. डॉ. वीवी गिरि **D.** डॉ. एस राधाकृष्णन

Q.48 निम्नलिखित में से कौन सा कर केंद्र सरकार द्वारा लगाया जाता है लेकिन राज्यों द्वारा एकत्र और विनियोजित किया जाता है?

A. मुद्रा शुल्क
B. चिकित्सा और शौचालय सामग्री पर उत्पाद शुल्क
C. बिक्री कर
D. (A) और (B)

Q.49 होलकर ट्रॉफी किस खेल से संबंधित है?

A. ब्रिज **B.** हॉकी **C.** फुटबॉल **D.** बैडमिंटन

Q.50 निम्नलिखित में से किसे उनके सामाजिक कार्य के लिए 2021 का पद्म पुरस्कार मिला?

A. कंगना रनौत **B.** पी.वी सिंधु
C. तुलसी गौड़ा **D.** ओइनम बेमबेम

Quantitative Aptitude

Q.51 द्विघातीय समीकरण ज्ञात कीजिए जिसके मूल $2x^2 + 5x + 3 = 0$ के मूलों की व्युत्क्रम हैं?

A. $3x^2 + 5x - 2 = 0$ **B.** $3x^2 + 5x + 2 = 0$
C. $3x^2 - 5x + 2 = 0$ **D.** $3x^2 - 5x - 2 = 0$

Q.52 एक कुर्सी और एक मेज का कुल मूल्य 600 रुपए है। एक कुर्सी और एक मेज का मूल्य का अनुपात 7: 5 है। तो कुर्सी का मूल्य बताओ।

A. 400 रुपए **B.** 350 रुपए **C.** 250 रुपए **D.** 450 रुपए

Q.53 $M - \frac{1}{M}$ का मान ज्ञात करें, अगर $M + \frac{1}{M} = 4$ है?

A. $3\sqrt{2}$ **B.** 2 **C.** $2\sqrt{3}$ **D.** −4

Q.54 एक संख्या का $\frac{4}{9}$ का $\frac{3}{10}$ का $\frac{5}{8}$, 60 है। तो संख्या ज्ञात कीजिये?

A. 270 **B.** 702 **C.** 720 **D.** 506

Q.55 256 छात्रों की रैली में, लड़के और लड़कियों का अनुपात 9: 7 है। लड़कियों की संख्या ज्ञात कीजिए।

A. 120 **B.** 114 **C.** 112 **D.** 115

Q.56 $\frac{a}{b} + \frac{b}{a}$ का मान ज्ञात कीजिए , अगर a और b द्विघात समीकरण $x^2 + 8x + 4 = 0$ के मूल है?

A. 15 **B.** 14 **C.** 24 **D.** 26

Q.57 एक बैग में 1 रुपये, 50 पैसे और 10 पैसे के सिक्के के रूप में 187 रुपये हैं, जिनका अनुपात 3: 4: 5 है। प्रत्येक प्रकार के सिक्कों की संख्या क्या है?

A. 102,136 और 170 **B.** 100,128 और 150
C. 101,135 और 169 **D.** इनमे से कोई नहीं

Q.58 70,210 का कितना प्रतिशत है?

A. $33\frac{1}{3}\%$ **B.** $66\frac{2}{3}\%$ **C.** 40% **D.** 30%

Q.59 निम्नलिखित भिन्न का सरलीकरण कीजिये।

$\frac{3258}{6822}$

A. $\frac{7}{17}$ **B.** $\frac{181}{379}$ **C.** $\frac{181}{369}$ **D.** $\frac{8}{17}$

Q.60 किसी वृत्त A की परिधि एक वर्ग की परिधि की $1\frac{4}{7}$ गुनी है। वर्ग का क्षेत्रफल 784 वर्ग/सेमी है। एक और वृत्त B का क्षेत्रफल क्या होगा जिसका व्यास वृत्त A के त्रिज्या की आधी है?

A. 154 वर्ग/सेमी **B.** 156 वर्ग/सेमी
C. 35.8 वर्ग/सेमी **D.** 616 वर्ग/सेमी

Q.61 A और B का औसत मासिक वेतन 14000 रुपये है। B और C का औसत मासिक वेतन 15600 रुपये है तथा A और C का मासिक वेतन 14400 रुपये है तो B का मासिक वेतन कितना होगा।

A. 12400 रुपये **B.** 12800 रुपये
C. 15200 रुपये **D.** 16000 रुपये

Q.62 साधारण ब्याज राशि पर 2 वर्ष की अवधि के बाद 720 रुपये और 5 साल की अवधि के बाद 1020 रुपये तक की राशि है। राशि का योग ज्ञात करें?

A. 600 रुपये **B.** 450 रुपये **C.** 650 रुपये **D.** 500 रुपये

Q.63 42 लेखों का विक्रय मूल्य 63 लेखों के क्रय मूल्य के समान है, लाभ का प्रतिशत ज्ञात करें?

A. 70 **B.** 42 **C.** 50 **D.** 63

Q.64 एक निश्चित धनराशि दो वर्षों में 1008 रुपए और $\frac{7}{2}$ वर्षों में 1164 रुपए हो जाती है। मूलधन तथा ब्याज की दर ज्ञात करें।

A. 10% **B.** 11% **C.** 12 **D.** 13%

Q.65 प्रति वर्ष 5% साधारण ब्याज पर 2 वर्षों में 132 रुपये का वर्तमान मूल्य ज्ञात करें ?

A. 123 **B.** 132 **C.** 120 **D.** 119

Q.66 एक यौगिक में, कार्बन और ऑक्सीजन का अनुपात 1: 4 है। यौगिक में कार्बन का प्रतिशत ज्ञात कीजिए।

A. 20% **B.** 10% **C.** 5% **D.** 80%

Q.67 सरलीकृत करें: $\left(\frac{\frac{3}{2+\sqrt{3}}-\frac{2}{2-\sqrt{3}}}{2-5\sqrt{3}}\right)=?$

A. $\frac{1}{2}-5\sqrt{3}$ **B.** $2-5\sqrt{3}$
C. 1 **D.** 0

Q.68 प्रश्नवाचक चिन्ह (?) के स्थान पर क्या आयेगा ?

$(25)^{7.5}\times(5)^{2.5}\div(125)^{1.5}=5^{?}$

A. 8.5 **B.** 13 **C.** 16 **D.** 17.5

Q.69 $\left(\frac{9^2\times18^4}{3^{16}}\right)$ का मान है?

A. $\frac{3}{2}$ **B.** $\frac{4}{9}$ **C.** $\frac{16}{81}$ **D.** $\frac{32}{243}$

Q.70 एक वर्ग ABCD के विकर्ण AC की लंबाई 10 सेमी है। वर्ग के प्रत्येक पक्ष की लंबाई का ज्ञात करें:

A. 7.07 सेमी **B.** 6.05 सेमी **C.** 8 सेमी **D.** 9.12 सेमी

Q.71 270 मीटर लंबी एक रेलगाड़ी, 36 किमी प्रति घंटा की गति से चल रही है। तदनुसार, वह 180 मीटर लंबे एक पुल को कितने समय में पार कर लेगी?

A. 40 सेकंड **B.** 45 सेकंड **C.** 50 सेकंड **D.** 35 सेकंड

Q.72 किसी यात्रा का एक तिहाई भाग 25 किमी/घंटा की दर से तय किया गया, एक चौथाई 30 किमी/घंटा की दर से और शेष 50 किमी/घंटा की दर से संपूर्ण यात्रा की औसत गति ज्ञात करें:

A. 35 किमी/घंटा **B.** $33\frac{1}{3}$ किमी/घंटा
C. 30 किमी/घंटा **D.** $37\frac{1}{12}$ किमी/घंटा

Q.73 A, B से 30% अधिक दक्ष है। उस काम को साथ में पूरा करने में वे कितना समय लेंगे जिसे A अकेले 23 दिनों में कर सकता है?

A. 11 दिन **B.** 13 दिन
C. $20\frac{3}{17}$ दिन **D.** इनमें से कोई नहीं

Q.74 8 आदमी एक काम को 12 दिनो में कर सकते हैं। 6 दिनो के बाद काम को पूरा करने के लिए 4 और आदमी लगाए जाते हैं। शेष काम कितने दिनो में पूरा हो जाएगा?

A. 2 दिन **B.** 3 दिन **C.** 4 दिन **D.** 5 दिन

Q.75 300 मीटर की दौड़ में P, Q को 25 मीटर से हराता है, और 250 मीटर की दूसरी दौड़ में Q, R को 30 मीटर से हराता है। फिर 200 मीटर की दौड़ में P, Q को कितने मीटर की दौड़ में हराएगा?

A. $\frac{116}{3}$ **B.** $\frac{118}{3}$ **C.** $\frac{120}{3}$ **D.** $\frac{119}{3}$

English Comprehension

Ques (76-80):Direction: Read the passage given below and answer the question given under it.

The strength of the electronics industry in Japan is the Japanese ability to organize production and marketing rather than their achievements in original research. The British are generally recognized as a far more inventive collection of individuals but never seem able to exploit what they invent. There are many examples, from the TSR Z hovercraft, high-speed train and Sinclair scooter to the Triumph, BSA and Norton motorcycle which all prove this sad rule. The Japanese were able to exploit their strength in marketing and development many years ago, and their success was at first either not understood in the West or was dismissed as something which could have been produced only at their low price. They were sold because they were cheap copies of other peoples' ideas churned out of a workhouse which was dedicated to hard grind above all else.

Q.76 The main theme of this passage is:

A. Electronics industry in Japan
B. Industrial comparison between Japan and Britain
C. The importance of Original Research in industry

D. The Role of Marketing Efficiency in Industrial Prosperity

Q.77 The TSR Z hovercraft, high-speed train, Sinclair Scooter, etc. are the symbols of Marketing:

A. Failure of Japanese **B.** Success of Japanese
C. Failure of British **D.** Success of British

Q.78 The sad rule mentioned in this passage refers to:

A. The lack of variety in Japanese inventions
B. The inability of the Japanese to be inventive like the British the poorer marketing ability of the British
C. The poorer marketing ability of the British
D. The inability of the British to be industrious like the Japanese

Q.79 According to the passage, prosperity in industry depends upon:

A. Marketing ability **B.** Productivity
C. Official patronage **D.** Inventiveness

Q.80 It is evident from this passage that the strength of a country's industry depends upon:

A. Electronic development
B. Dedicated work force
C. Original research
D. International cooperation

Ques (81-85):Direction: In the following passage there are blanks, each of which has been numbered. These members are printed below the passage and against each, five words are suggested, one of which fits the blank appropriately. Find out the appropriate words.

Thought is the response of memory that has been stored through knowledge; knowledge is gathered through experience. That is, experience, knowledge, memory stored in the brain, then______ (1), then action. This_____(2) our pattern of living, and the whole process is based on this movement. Man has done this for the last million years. He_______ (3) caught in the cycle, which is the movement of thought. And within this area, he has a choice. He can go from one corner to the other and say, "This is my choice, this is my movement of freedom" — but it is always within the_______ (4) field of the known. And knowledge is always accompanied by________ (5) because there is no complete knowledge about anything.

Q.81 Memory stored in the brain, then ________(1), then action.

A. confused **B.** thought **C.** sarcastic **D.** honest

Q.82 This______ (2) our pattern of living,

A. is **B.** are **C.** have **D.** has

Q.83 He __________(3) caught in the cycle,

A. was being **B.** were being
C. has been **D.** have been

Q.84 It is always within the _______ (4) field of the known.

A. limited **B.** unfettered
C. unlimited **D.** cosmic

Q.85 Knowledge is always accompanied by _________(5) because there is no complete knowledge about anything.

A. cognizance **B.** ignorance
C. wisdom **D.** competence

Q.86 Given below is a set of five sentences, numbered 1 to 5 which are not in a meaningful order. Choose from the options given, the order which will be acceptable and meaningful.

1. The Great Recession has had an immense role in the working of the Federal Reserve Bank as it highlighted some of the faults in the system.

2 Various minimal expenditure related firms took a great deal of propel, inability to pay it back made the market fall.

3. It was called the most observably terrible overall withdraw since World War II.

4. The faults were later corrected and it marked the arrival of the modern Federal Bank. The Great Recession was a period some place around 2000 and mid-2010 in which the world economy declined at an especially disturbing pace.

5. The clarification behind the subsidence was later found to be the failure of the Federal Reserve Bank to stop the tide of unsafe home credits.

A. 12435 **B.** 14352 **C.** 13452 **D.** 54321

Q.87 Given below is a set of five sentences, numbered 1 to 5 which are not in a meaningful order. Choose from the given options, the order which will be acceptable and meaningful.

1. Advertising is also advantageous to the consumers if it increases the sale of goods, industry prospers and prices may be reduced.

2. There is no obvious connection, for example, between a picture of a smiling girl and a certain brand sweet.

3. The advertiser's assumption is that by looking at such pictures, the consumer would be influenced to buy his products.

4. On the other hand, much of the canvassing, of which the consumer is the object, does not convey information but endeavours merely to draw the public attention to certain products.

5. But most people like looking at the pictures of pretty girls.

A. 54321 **B.** 12345 **C.** 14253 **D.** 24531

Q.88 Direction: In the following question, some parts of the sentence may have an error. The error, if any, will be in one part of the sentence. Find out which part of the sentence has an error and select the appropriate option. If a sentence is free from errors, select 'No error' as your answer.

The worker's union wanted /(a) she to take over /(b) as the new chairman /(c) of its coveted board /(d) No Error.

A. (a) **B.** (b) **C.** (c) **D.** (d)

Q.89 Given below is an ungrammatical, defective sentence and there are 4 options given. One of them is the correct and improved form of the sentence. Choose the one which improves the given sentence.

Therein lie the danger of too much information.

A. Therein lays the danger of too much information.

B. Therein lies a danger of too much information.
C. Therein lies the danger of much too information.
D. Therein lies the danger of too much information.

Q.90 Given below is an ungrammatical, defective sentence and there are 4 options given. One of them is the correct and improved form of the sentence. Choose the one which improves the given sentence.

A bird to the hand is worth two in the bushes.

A. A bird in the hand is worth two in the bush.
B. Two birds in the hand are worth two in the bushes.
C. Birds in the hand are worthy of two in the bush.
D. A bird in the hands is worthy of two in the bush.

Q.91 In the following question, a sentence has been given in Active Voice/Passive Voice. Out of the four alternatives suggested, select the one which best expresses the same sentence in Passive/Active Voice.

By 1829, British goods worth seven crore rupees were being exported to India by Britain.

A. India was exporting British goods worth seven crore rupees to Britain, by 1829.
B. By 1829, Britain exported British goods worth seven crore rupees to India.
C. By 1829, Britain was exporting British goods worth seven crore rupees to India.
D. Britain exported British goods to India worth seven crore rupees by 1829.

Q.92 Given below is a sentence that is to be transformed and rewritten as indicated in brackets and there are four options given. Choose the one which 'correctly' transforms the given sentence.

Did she like putting her mother's old china in the dishwasher?

A. She didn't like putting her mother's old china in the dishwasher.
B. She didn't like to put her mother's old china in the dishwasher.
C. She liked putting her mother's old china in the dishwasher.
D. She didn't like putting her mother's old china in the dishwasher.

Q.93 Direction: Read the sentence to find out whether there is an error in it. The error, if any, will be in one part of the sentence. The number of that part is the answer. If there is no error, the answer is:

This year (a) on my birthday (b) my parents gifted me the book (c) that I am fond with (d) No error.

A. (a) **B.** (b) **C.** (c) **D.** (d)

Q.94 Read the sentence given below. Pay attention to the words/phrase/segments in italics. Choose the appropriate ONE WORD substitutes for the phrase and clauses italicized.

The volume of the TV was very loud; so I asked her to turn it down but she turned down my request.

A. The volume of the TV was very loud; so I asked her to increase it but she accepted my request.
B. The volume of the TV was very loud; so I asked her to lower the volume but she declined my request.
C. The volume of the TV was very loud; so I asked her to turn it off but she refused my request.
D. The volume of the TV was very loud; so I asked her to change the channel but she accepted my request.

Q.95 Given below is a sentence which divided into four parts labelled a, b, c and d. One of these parts contains an error. Choose the part that has the error.

Lay your books (a)/ aside and (b)/ lay down to rest (c)/ for a while (d)/no error.

A. (a) **B.** (b) **C.** (c) **D.** (d)

Q.96 Fill in the blanks with the correct form of idioms/proverbs by choosing the correct option given.

I only _____ to the gym _________.

A. goes, once in a silver moon
B. go, once in a blue moon
C. gone, once in a blue moon
D. did go, once in a black moon

Q.97 Fill in the blanks with the correct form of idioms/proverbs by choosing the correct option given.

Keyneslan economic theory differs _________ from Marrxian.

A. Variably **B.** Markedly
C. Literally **D.** Usually

Q.98 Choose the word SIMILAR in meaning to the given word.

Hide

A. Reveal **B.** Conceal **C.** Display **D.** Exhibit

Q.99 A keyword is given below. Choose the word which indicates the contradictory or opposite meaning (antonym) of the keyword.

Melody

A. Chant **B.** Lyric
C. Cacophony **D.** Inflection

Q.100 Given below is a set of four words. One of the four words is spelled wrongly. Choose the word that has been spelled wrongly.

A. Aparently **B.** Aggressive
C. Ambassador **D.** Attention

// स्मार्ट उत्तर पुस्तिका //

सही उत्तर उन छात्रों के प्रतिशत को इंगित करता है जिन्होंने प्रश्नों का सही उत्तर दिया था।

छोड़ दिया उन छात्रों के प्रतिशत को इंगित करता है जिन्होंने प्रश्नों को छोड़ दिया था।

प्रश्न संख्या	उत्तर	सही उत्तर	छोड़ दिया
1	D	76.91 %	16.3 %
2	B	60.65 %	37.43 %
3	A	51.03 %	48.63 %
4	C	48.28 %	51.35 %
5	D	77.66 %	16.86 %
6	D	41.94 %	37.46 %
7	A	41.97 %	56.19 %
8	C	57.09 %	37.59 %
9	B	62.59 %	35.6 %
10	D	65.83 %	30.86 %
11	A	83.98 %	11.7 %
12	D	44.63 %	36.92 %
13	D	48.85 %	38.69 %
14	B	63.1 %	34.76 %
15	A	68.55 %	30.27 %
16	A	61.59 %	30.15 %
17	C	45.28 %	35.99 %
18	D	58.35 %	30.22 %
19	B	40.68 %	40.01 %
20	D	54.82 %	37.53 %
21	D	41.23 %	58.35 %
22	B	66.58 %	32.95 %
23	D	49.69 %	46.71 %
24	D	62.36 %	31.72 %
25	D	60.85 %	30.59 %
26	C	69.57 %	30.4 %
27	C	56.23 %	32.23 %
28	D	45.77 %	42.21 %
29	B	47.56 %	43.07 %
30	C	58.81 %	32.57 %
31	B	46.73 %	40.89 %
32	A	63.01 %	33.7 %
33	B	52.97 %	45.34 %
34	A	49.64 %	45.3 %
35	C	57.95 %	32.24 %
36	B	19.4 %	73.51 %
37	A	53.89 %	30.08 %
38	A	57.52 %	31.94 %
39	A	82.21 %	10.93 %
40	A	52.63 %	43.21 %
41	A	65.75 %	30.01 %
42	B	88.16 %	10.59 %
43	A	88.15 %	11.31 %
44	C	67.02 %	31.83 %
45	D	48.81 %	49.04 %
46	D	45.68 %	32.13 %
47	D	57.1 %	41.84 %
48	D	46.36 %	33.82 %
49	A	53.0 %	44.95 %
50	C	52.06 %	35.68 %
51	B	65.47 %	33.05 %
52	B	46.78 %	43.93 %
53	C	66.14 %	32.7 %
54	C	88.23 %	10.17 %
55	C	76.37 %	14.7 %
56	B	51.28 %	41.97 %
57	A	47.67 %	39.95 %
58	A	79.54 %	14.31 %
59	B	82.57 %	10.38 %
60	A	57.32 %	32.13 %
61	C	59.73 %	37.6 %
62	A	58.51 %	32.9 %
63	C	67.14 %	31.15 %
64	D	63.44 %	30.86 %
65	C	42.71 %	53.27 %
66	A	77.36 %	11.59 %
67	C	77.65 %	12.03 %
68	B	59.22 %	35.91 %
69	C	86.64 %	13.17 %
70	A	61.03 %	34.98 %
71	B	40.12 %	42.74 %
72	B	55.2 %	41.59 %
73	B	63.44 %	32.87 %
74	C	86.44 %	12.4 %
75	A	64.91 %	31.19 %
76	D	66.79 %	32.02 %
77	C	69.22 %	30.45 %
78	C	50.75 %	36.38 %
79	A	50.89 %	43.27 %
80	B	57.46 %	34.41 %

प्रश्न संख्या	उत्तर	सही उत्तर / छोड़ दिया
81	B	59.77 %
		30.2 %
82	A	43.11 %
		54.75 %
83	C	65.27 %
		32.02 %
84	A	49.47 %
		31.5 %

प्रश्न संख्या	उत्तर	सही उत्तर / छोड़ दिया
85	B	42.01 %
		34.66 %
86	B	16.65 %
		71.74 %
87	C	48.0 %
		43.93 %
88	B	77.63 %
		11.36 %

प्रश्न संख्या	उत्तर	सही उत्तर / छोड़ दिया
89	D	83.69 %
		11.77 %
90	A	47.65 %
		49.29 %
91	C	67.06 %
		30.8 %
92	D	50.9 %
		39.97 %

प्रश्न संख्या	उत्तर	सही उत्तर / छोड़ दिया
93	D	22.19 %
		72.28 %
94	B	60.19 %
		32.62 %
95	C	46.67 %
		44.17 %
96	B	79.43 %
		15.98 %

प्रश्न संख्या	उत्तर	सही उत्तर / छोड़ दिया
97	B	50.03 %
		46.05 %
98	B	51.49 %
		37.49 %
99	C	50.32 %
		32.28 %
100	A	43.74 %
		40.59 %

कार्य विश्लेषण	
औसत अंक (%)	57.0%
टॉपर्स स्कोर (%)	75.0%
आपका स्कोर	

//संकेत और समाधान//

1. जॉर्ज डब्ल्यू बुश, इमैनुएल मैक्रॉन, व्लादिमीर पुतिन अमेरिका, रूस और फ्रांस के राष्ट्रपति हैं, जबकि नरेंद्र मोदी भारत के प्रधानमंत्री हैं।

अतः विकल्प (D) सही है।

2. जैसा कि जनसांख्यिकी विशेषज्ञ, मानव जनसंख्या की विशेषताओं का अध्ययन करता है।

समान प्रकार से डाक-टिकट संग्राहक, डाक और पोस्ट का संग्रहण करता है, इस प्रकार यह स्टांप से संबंधित है।

अतः विकल्प (B) सही है।

3. दिए गए प्रश्न में:

A > D

C > B

B < D

E > B

E > A

C < A

उपरोक्त संबंधों से, हमें दो अनुक्रम मिलते हैं।

1st- E> A > C > B

2nd- E > A > D > B

उपरोक्त दो अनुक्रम में, E सबसे बड़ा है और B सबसे छोटा है।

अतः विकल्प (A) सही है।

4. दी गई श्रृंखला से, हम प्राप्त करते हैं

$97 - 77 = 20$

$77 - 59 = 18$

अनुक्रम में दो क्रमिक शब्दों के बीच का अंतर 2 से घट रहा है। इसलिए, $20,18$ के बाद अगला अंतर 16 होना चाहिए।

$\therefore 59 - x = 16$

$\Rightarrow x = 43$

अतः विकल्प (C) सही है।

5. दी गई श्रृंखला है:

7756, 7765, 7655, 7665, 7565

अवरोही क्रम में व्यवस्थित, हम प्राप्त करते हैं

7765, 7756, 7665, 7655, 7565

अतः विकल्प (D) सही है।

6.

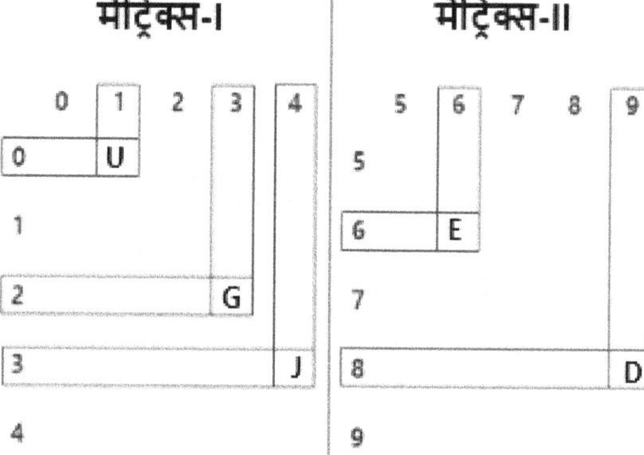

अतः विकल्प (D) सही है।

7. L= 59, 66, 78, 85, 97

E= 01, 13, 20, 32, 44

A= 00, 12, 24, 31, 43

S= 02, 14, 21, 33, 40

T= 03, 10, 22, 34, 41

LEAST= 85, 01, 00, 40, 41

अतः विकल्प (A) सही है।

8. P= 55, 67, 79, 86, 98

O= 56, 68, 75, 87, 99

L= 59, 66, 78, 85, 97

A= 00, 12, 24, 31, 43

R= 57, 69, 76, 88, 95

POLAR= 79, 87, 59, 31, 76

अतः विकल्प (C) सही है।

9. प्रश्न में DINE की कोडिंग निम्नलिखित पैटर्न के आधार पर की गई है।

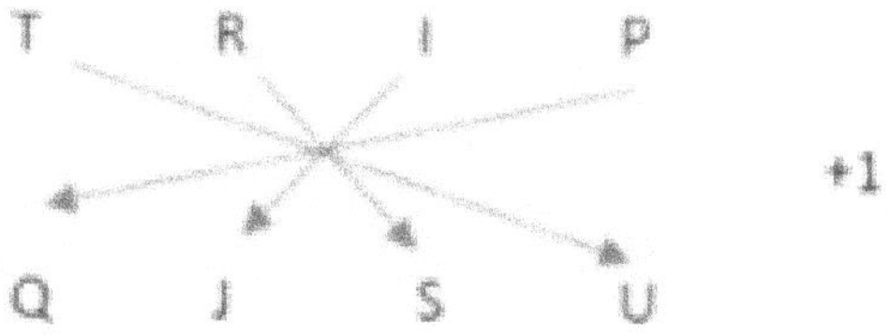

इसी पैटर्न को दोहराते हुए LSPD का कोड EQTM होगा।

अतः विकल्प (B) सही है।

10. चूंकि एलीन के पति को फैंसी रेस्तरां पसंद नहीं हैं, इसलिए विकल्प (A) और (C) से इंकार किया जा सकता है। विकल्प (B), ऐसा प्रतीत होता है, कि ये विशेष और यादगार शाम होगी जो एलीन तलाश कर रही है। विकल्प (D), जो एक पूर्व बेसबॉल स्टार के स्वामित्व में है और "आकर्षक" और "बेसबॉल क्लबहाउस की याद दिलाता है" के रूप में वर्णित है, एलीन के पति के लिए एकदम सही लगता है, जिसे बेसबॉल प्रशंसक और साधारण स्वाद वाले एक व्यक्ति के रूप में वर्णित किया गया है।

अतः विकल्प (D) सही है।

11. 27 के अलावा अन्य सभी अभाज्य संख्याएं हैं, जबकि 27 एक मिश्र संख्या है।

अतः विकल्प (A) सही है।

12. वह आरेख जो ट्रेन, मोटर कार और इंजन के बीच के संबंधों को दर्शाता है नीचे दिखाया गया है:

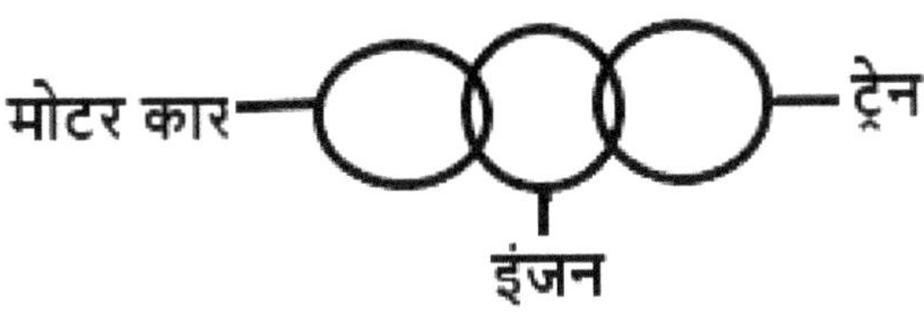

ट्रेन और मोटर कार दोनों इंजन पर चलती हैं।

अतः विकल्प (D) सही है।

13.

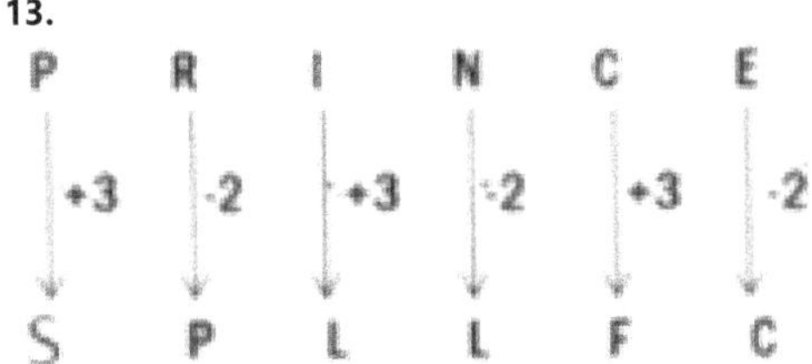

इसी प्रकार,

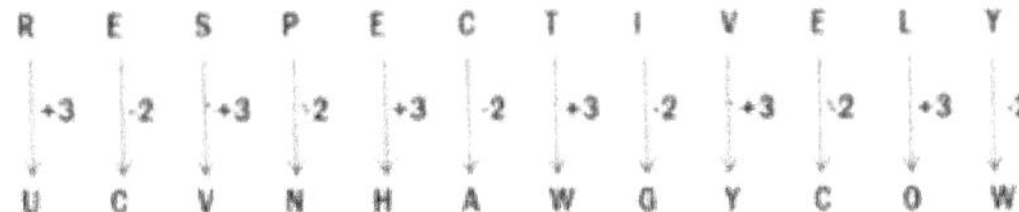

अतः विकल्प (D) सही है।

14. वर्णित स्थिति बताती है कि डॉ. मिलर का कार्य कुछ विशिष्ट चुनौतियों को प्रस्तुत करता है, यह बाल ग्राहक के साथ एक व्यस्त वातावरण है। कुछ संकेत भी हैं कि अत्यधिक अनुशंसित और अनुभवी स्वच्छतावादी भी डाॅ. मिलर के कार्यालय के लिए उपयुक्त नहीं है। यह बताने के लिए कुछ भी नहीं है कि डॉ. मिलर के कार्य के लिए मर्लिन विकल्प (A) या जेम्स विकल्प (C) उपयुक्त होंगे। कैथी विकल्प (D) के पास अनुभव है और वह बच्चों के साथ काम करने में भी दिलचस्पी रखती है। हालांकि, इस तथ्य से कि वह भविष्य में दूर-दूर तक एक पूर्वस्कूली शिक्षक बनने की उम्मीद करती है, यह दर्शाता है कि वह डॉ. मिलर के लिए आवश्यक एक प्रतिबद्ध, दीर्घकालिक कर्मचारी नहीं हो सकती है। लिंडी विकल्प (B), बच्चों के साथ काम करने के अनुभव के साथ-साथ एक प्रतिष्ठित दंत स्वच्छता कार्यक्रम से एक डिग्री, वर्णित स्थिति के आधार पर स्थिति के लिए सबसे प्रभावशाली उम्मीदवार है।

अतः विकल्प (B) सही है।

15.

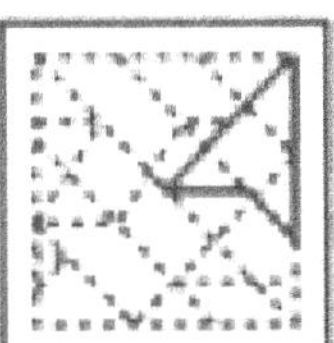

अतः विकल्प (A) सही है।

16.

अतः विकल्प (A) सही है।

17.

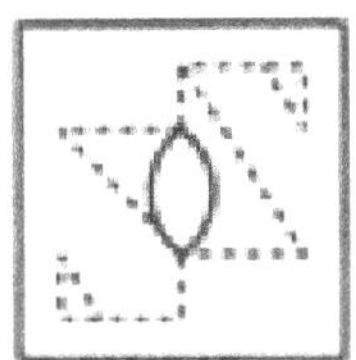

अतः विकल्प (C) सही है।

18.

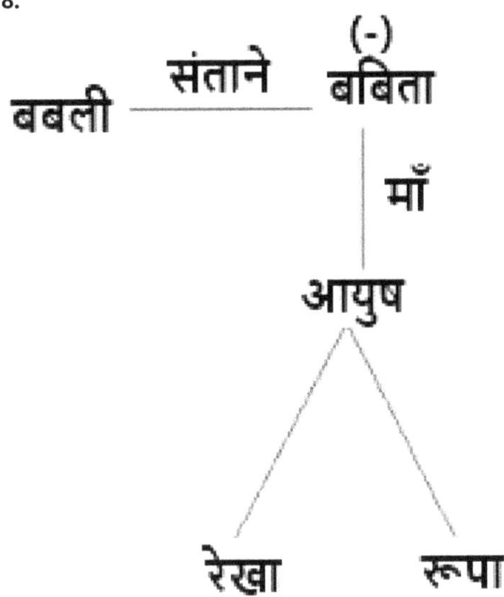

चूंकि, हम दिए गए आकृति में बबली के लिंग को नहीं जानते हैं।

इसलिए, हमें सही उत्तर नहीं मिल रहा है।

अतः विकल्प (D) सही है।

19. श्रृंखला होगी,

8 + 5 + 4 + 3 + 1 = 21

2 + 3 + 8 + 7 + 0 = 20

9 + 9 + 3 + 0 + 0 = 21

1 + 1 + 5 + 5 + 9 = 21

अतः विकल्प (B) सही है।

20. जैसे

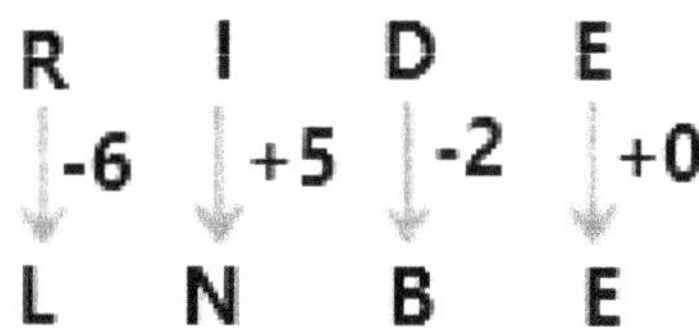

इसी प्रकार,

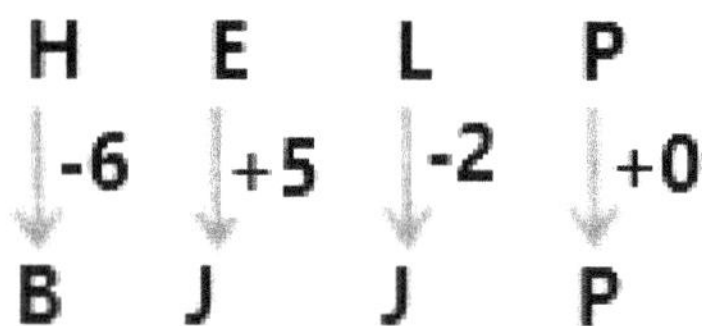

अतः विकल्प (D) सही है।

21.

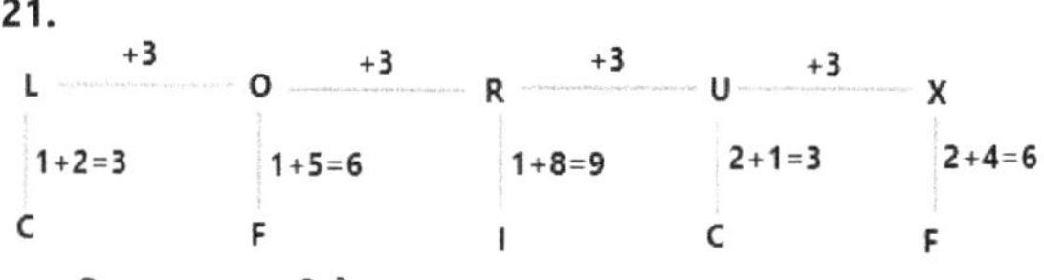

अतः विकल्प (D) सही है।

22.

अतः विकल्प (B) सही है।

23.

अतः विकल्प (D) सही है।

24. सरकार देश के केंद्रीय बैंक से बैंक की गतिविधियों की जांच शुरू करने और अपनी रिपोर्ट प्रस्तुत करने के लिए कहना चाहिए।

अतः विकल्प (D) सही है।

25. महाराष्ट्र और केरला दोनों भारत के राज्य हैं।

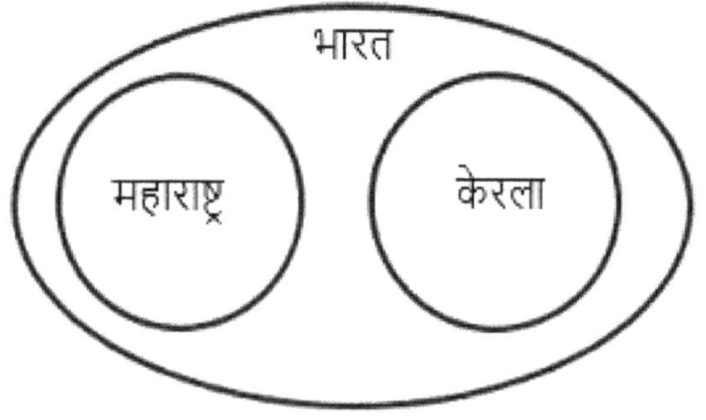

अतः विकल्प (D) सही है।

26. स्वतंत्र भारत का पहला "निवारक निरोध बिल" 1950 में सरदार पटेल द्वारा पेश किया गया था। पटेल ने कहा था कि विधेयक पेश करना जरूरी है या नहीं, यह तय करने से पहले उनकी कई रातों की नींद उड़ी हुई थी। नतीजतन, निवारक निरोध अधिनियम, 1950 को संसद द्वारा 26 फरवरी 1950 को अधिनियमित किया गया था।

अत: विकल्प (C) सही है।

27. विक्की कौशल ने अबू धाबी में आयोजित अंतर्राष्ट्रीय भारतीय फिल्म अकादमी पुरस्कारों में सर्वश्रेष्ठ पुरुष अभिनेता का पुरस्कार जीता है। उन्हें अबू धाबी में आयोजित IIFA 2022 में एक प्रमुख भूमिका (पुरुष) के लिए सर्वश्रेष्ठ प्रदर्शन का पुरस्कार मिला है। उन्होंने शूजीत सरकार द्वारा निर्देशित फिल्म सरदार उधम के लिए पुरस्कार जीता।

अत: विकल्प (C) सही है।

28. ओएनडीसी ने अगस्त 2022 में इसी तरह की गतिविधियों में लगे संस्थानों के कार्यों के समन्वय के लिए सिडबी के साथ एक समझौता ज्ञापन (एमओयू) पर हस्ताक्षर किए हैं।

- साझेदारी का उद्देश्य एमएसएमई को ओएनडीसी नेटवर्क में लाकर और ई-कॉमर्स में उनकी भागीदारी में तेजी लाकर उनके परिदृश्य को बदलना है।
- समझौता ज्ञापन पर सिडबी के अध्यक्ष और एमडी शिवसुब्रमण्यम रमन और ओएनडीसी के एमडी और सीईओ टी कोशी ने हस्ताक्षर किए।

अतः विकल्प (D) सही है।

29. भारतीय जूडो खिलाड़ी लिंथोई चनंबम ने इतिहास रचते हुए बोस्निया के साराजेवो में महिलाओं के 57 किलोग्राम वर्ग में विश्व कैडेट जूडो चैंपियनशिप 2022 में स्वर्ण पदक जीता है। 16 वर्षीय चनंबम किसी भी वर्ग में विश्व जूडो चैंपियनशिप में स्वर्ण पदक जीतने वाली पहली भारतीय बन गई हैं।

अत: विकल्प (B) सही है।

30. बिबेक देबरॉय समिति की सलाह पर, रेल बजट को आम बजट में मिला दिया गया था। 2017 से, रेल बजट को आम बजट में मिला दिया गया है। रेल मंत्रालय वाणिज्यिक उपक्रम के रूप में कार्य करना जारी रखेगा।

अतः विकल्प (C) सही है।

31. 44 वें संशोधन द्वारा संपत्ति के अधिकार को समाप्त कर दिया गया है। यह अधिकार एक विवाद के कारण समाप्त कर दिया गया था, जो इस सवाल पर केंद्रित था कि संपत्ति के अधिकारों को संरक्षित माना जाता है (जैसे मानव या निगम भी), संपत्ति का प्रकार जो संरक्षित है (संपत्ति उपभोग या उत्पादन के उद्देश्य के लिए इस्तेमाल किया जाता है), और जिन कारणों से किसी संपत्ति को प्रतिबंधित किया जा सकता है (उदाहरण के लिए, विनियमों, कराधान या जनहित में राष्ट्रीयकरण के लिए) है।

अतः विकल्प (B) सही है।

32. द्रोणाचार्य पुरस्कार खिलाड़ियों के कोच को दिया जाता है।

द्रोणाचार्य पुरस्कार, खेल कोचिंग में उत्कृष्टता के लिए भारत सरकार के युवा प्रसंग और खेल मंत्रालय द्वारा प्रस्तुत एक पुरस्कार है।

अतः विकल्प (A) सही है।

33. महादेव देसाई महात्मा गांधी के निजी सचिव थे। वह एक भारतीय स्वतंत्रता कार्यकर्ता और लेखक थे। उन्होंने कहा कि विभिन्न प्रकार "के रूप में गांधी के बोसवेल, गांधी के सुकरात के लिए एक प्लेटो, साथ ही गांधी के बुद्ध के लिए एक आनंद वर्णित किया गया है।

अतः विकल्प (B) सही है।

34. प्रधानमंत्री नरेंद्र मोदी द्वारा परीक्षा योद्धाओं युवाओं के लिए एक प्रेरणादायक पुस्तक है। एक मजेदार और संवादात्मक शैली में लिखा गया है, चित्र, गतिविधियों और योग अभ्यास के साथ, यह पुस्तक न केवल सर्वश्रेष्ठ परीक्षा में बल्कि जीवन का सामना करने में भी एक मित्र होगी।

अतः विकल्प (A) सही है।

35. भारत में 17 राज्यों में 92 जिलों के माध्यम से 15106.7 किलोमीटर की स्थलीय सीमा और 13 राज्यों और केंद्र शासित प्रदेशों (केंद्रशासित प्रदेश) को छूते हुए 7516.6 किलोमीटर की एक तटरेखा है। पड़ोसी देशों के साथ भारत की भूमि की सीमा निम्नानुसार है।

- बांग्लादेश- 4,096.7 कि.मी.
- चीन- 3,488 किमी
- पाकिस्तान- 3,323 कि.मी.
- नेपाल- 1,751 कि.मी.
- म्यांमार- 1,643 कि.मी.
- भूटान -699 कि.मी.
- अफगानिस्तान- 106 कि.मी.

भारत ने बांग्लादेश के साथ अपनी भूमि सीमा का 4096.7 कि.मी. पश्चिम बंगाल, असम, मेघालय, त्रिपुरा और मिजोरम ऐसे राज्य हैं जो बांग्लादेश के साथ सीमा साझा करते हैं।

अतः विकल्प (C) सही है।

36. बंजर द्वीप, केंद्र शासित प्रदेश अंडमान और निकोबार द्वीप समूह में स्थित है और दक्षिण एशिया में एकमात्र पुष्टि सक्रिय ज्वालामुखी है।

अतः विकल्प (B) सही है।

37. एडीबी (एशियाई विकास बैंक) का मुख्यालय मनीला, फिलीपींस में है। एशियन डेवलपमेंट बैंक (ADB) 19 दिसंबर 1966 को स्थापित एक क्षेत्रीय विकास बैंक है। संचालन का एक केंद्र, पुलिस या व्यवसाय के रूप में, जिसमें से आदेश जारी किए जाते हैं, एक संगठन का मुख्य प्रशासनिक कार्यालय है।

अतः विकल्प (A) सही है।

38. आर्यभट्ट भारत का पहला उपग्रह था, जिसका नाम उसी नाम के प्रसिद्ध भारतीय खगोल विज्ञानी के नाम पर रखा गया था। आर्यभट्ट, जिसे 19 अप्रैल 1975 को सोवियत संघ द्वारा लॉन्च किया गया था।

अतः विकल्प (A) सही है।

39. विल्हेम कॉनराड रॉन्टगन ने एक्स-रे की खोज की। रॉन्जेन की खोज दुर्घटनावश तब हुई जब वह यह परीक्षण कर रहे थे कि क्या कैथोड किरणें कांच से गुजर सकती हैं, तभी उन्होने पास की रासायनिक रूप से लेपित स्क्रीन से आने वाली चमक को देखा। एक्स-रे विद्युत चुम्बकीय ऊर्जा तरंगें हैं जो प्रकाश किरणों के समान कार्य करती हैं लेकिन प्रकाश की तुलना में तरंगदैर्ध्य लगभग 1,000 गुना कम होती हैं।

अतः विकल्प (A) सही है।

40. यह भुगतान करने की क्षमता के सिद्धांत पर आधारित है। केंद्र सरकार द्वारा व्यक्तियों की आय पर लगाया गया कर आयकर के रूप में जाना जाता है।

अतः विकल्प (A) सही है।

41. सरकारिया आयोग की स्थापना 1983 में भारत की केंद्र सरकार द्वारा विभिन्न विभागों पर केंद्र-राज्य संबंधों की जांच के लिए की गई थी। न्यायमूर्ति रंजीत सिंह सरकारिया (आयोग के अध्यक्ष), भारत के सर्वोच्च न्यायालय के एक सेवानिवृत्त न्यायाधीश थे।

अतः विकल्प (A) सही है।

42. भारत छोड़ो आंदोलन या भारत अगस्त आंदोलन, महात्मा गांधी द्वारा अखिल भारतीय कांग्रेस समिति के बॉम्बे सत्र में 8 अगस्त 1942 को द्वितीय विश्व युद्ध के दौरान शुरू किया गया एक आंदोलन था, जो भारत के ब्रिटिश शासन को समाप्त करने की मांग कर रहा था।

क्रिप्स मिशन विफल हो गया है, और अगस्त 1942 को, गांधी ने बॉम्बे में गोवालिया टैंक मैदान में दिए गए अपने भारत छोड़ो भाषण में करो या मरो का आह्वान किया।

अतः विकल्प (B) सही है।

43. सम्राट जैन-उल अबिदीन को "कश्मीर के अकबर" के नाम से जाना जाता था। उसे इसलिए यह कहकर बुलाया गया क्योंकि वह सम्राट अकबर जैसे एक दरियादिल और उदार राजा की तरह कश्मीर के सबसे महान शासकों में से एक था।

अतः विकल्प (A) सही है।

44. भारत में साक्षरता दर में पिछले एक दशक में बहुत सुधार हुआ है। 2011 की जनगणना द्वारा प्रकाशित आंकड़ों के अनुसार भारत 2011 में 74.04% की प्रभावी साक्षरता दर हासिल करने में कामयाब रहा था। 2001 की जनगणना में, देश की साक्षरता दर 64.8% थी।

अतः विकल्प (C) सही है।

45. सुकुमार सेन (1899-1961) एक भारतीय लोक सेवक थे जो 21 मार्च, 1950 से 19 दिसंबर, 1958 तक भारत के पहले मुख्य निर्वाचन आयुक्त थे।

अतः विकल्प (D) सही है।

46. प्रधान मंत्री नरेंद्र मोदी 25 फरवरी, 2019 को दिल्ली में राष्ट्रीय युद्ध स्मारक का उद्घाटन करेंगे। इसे इंडिया गेट सी-हेक्सागोन में 40 एकड़ भूमि पर बनाया गया है। यह लगभग 26,000 सैनिकों को सम्मानित करने के लिए बनाया गया है जिन्होंने आजादी के बाद से युद्ध और संचालन में अपना जीवन लगा दिया था। 176 करोड़ की लागत से राष्ट्रीय युद्ध स्मारक तैयार किया गया है। केंद्र सरकार ने अक्टूबर 2015 में इस राशि को मंजूरी दी।

अतः विकल्प (D) सही है।

47. 1952 में डॉ. एस राधाकृष्णन भारत के पहले उप-राष्ट्रपति चुने गए और भारत के दूसरे उप-राष्ट्रपति (1962-1967) में चुने गए।

अतः विकल्प (D) सही है।

48. स्टाम्प ड्यूटी, चिकित्सा और शौचालय सामग्री पर उत्पाद शुल्क से उत्पन्न राजस्व केंद्र सरकार द्वारा लगाया जाता है, लेकिन संबंधित राज्य सरकार द्वारा एकत्र और विनियोजित किया जाता है।

अतः विकल्प (D) सही है।

49. होलकर ट्रॉफी ब्रिज खेल से संबंधित है। ब्रिज अंतिम ट्रिकी कार्ड गेम है जिसे चार लोग 52 कार्ड के पैक के साथ खेल सकते हैं। यह आनंद का सबसे बड़ा स्रोत है।

अतः विकल्प (A) सही है।

50. राष्ट्रपति राम नाथ कोविंद ने सामाजिक कार्य के लिए श्रीमती तुलसी गौड़ा को पद्मश्री प्रदान किया।

वह कर्नाटक की पर्यावरणविद हैं। उन्होंने 30000 से अधिक पौधे लगाए हैं। वह पिछले छह दशकों से पर्यावरण संरक्षण गतिविधियों में शामिल हैं।

अतः विकल्प (C) सही है।

51. द्विघातीय समीकरण जिसके मूल $2x^2 + 5x + 3 = 0$ द्वारा प्रतिस्थापित करके x by $\frac{1}{x}$ प्राप्त किया जा सकता है।

इसलिये, $2\left(\frac{1}{x}\right)^2 + 5\left(\frac{1}{x}\right) + 3 = 0$

$\Rightarrow 3x^2 + 5x + 2 = 0$

अतः विकल्प (B) सही है।

52. दिया है, एक कुर्सी और एक मेज की कीमत 600 रुपए है और एक कुर्सी और एक मेज की कीमत के बीच अनुपात $7:5$ है।

माना एक कुर्सी की कीमत a और एक मेज की कीमत b है।

$\therefore \frac{a}{b} = \frac{7}{5}$

$\Rightarrow a = \frac{7b}{5}$

अब, $a + b = 600$

$\Rightarrow (\frac{7b}{5} + b) = 600$

$\Rightarrow 12b = 3000$

$\Rightarrow b = 250$ रुपए

$\therefore a = 350$ रुपए

अतः विकल्प (B) सही है।

53. दिया गया,

$M + \frac{1}{M} = 4$

दिए गए समीकरण का वर्ग करने पर,

$\left(M + \frac{1}{M}\right)^2 = 4^2 = 16$

$\therefore M^2 + 2 + \frac{1}{M^2} = 16$

$\therefore M^2 + \frac{1}{M^2} = 14$

इस प्रकार, $\left(M - \frac{1}{M}\right)^2 = M^2 - 2 + \frac{1}{M^2}$

$= 14 - 2 = 12$

वर्गमूल करने पर,

$\Rightarrow M - \frac{1}{M} = \sqrt{12}$

$= 2\sqrt{3}$

अतः विकल्प (C) सही है।

54. $\left(\frac{5}{8}\right) \times \left(\frac{3}{10}\right) \times \left(\frac{4}{9}\right) \times x = 60$

$\therefore x = 60 \times \frac{8}{5} \times \frac{10}{3} \times \frac{9}{4}$

$= 720$

अतः विकल्प (C) सही है।

55. दिया गया,

256 छात्रों की एक रैली में, लड़के और लड़कियों का $9:7$ अनुपात है।

$\therefore$ लड़कियों की संख्या $= \left(\frac{7}{16}\right) \times 256$

$= 112$

अतः विकल्प (C) सही है।

56. दिया गया है,

$x^2 + 8x + 4 = 0$

हम जानते हैं कि

शून्य का योग $= -$ x का गुणांक / x^2 का गुणांक

$\Rightarrow a + b = -\frac{8}{1} = -8$

हम यह भी जानते हैं कि,

शून्य का गुणनफल = स्थिर / x^2 का गुणांक

$\Rightarrow$ शून्य का गुणनफल $= \frac{4}{1}$

$\Rightarrow ab = 4$

अब, हम निम्नलिखित का मान ज्ञात करेंगे

$\frac{a}{b} + \frac{b}{a}$

$= \frac{a^2+b^2}{ab}$

$= \frac{(a+b)^2-2ab}{ab}$

$= \frac{64-8}{4}$

$= \frac{56}{4}$

$= 14$

अतः विकल्प (B) सही है।

57. माना 1 रुपये, 50 पैसे की संख्या और 10 पैसे के सिक्के क्रमशः $3x$, $4x$ और $5x$ के होते हैं,

$3x + 4x \times \frac{50}{100} + 5x \times \frac{10}{100} = 187$

$\Rightarrow 3x + 2x + \frac{x}{2} = 187$

$\Rightarrow \frac{11x}{2} = 187$

$\Rightarrow x = 187 \times \frac{2}{11} = 34$

$\therefore 3x = 3 \times 34 = 102,$

और $4x = 4 \times 34 = 136$

और $5x = 5 \times 34 = 170$

$\therefore$ 1 रुपये के सिक्कों की संख्या 102 है, 50 पैसे के सिक्के की संख्या 136,10 पैसे के सिक्के की संख्या 170 है।

अतः विकल्प (A) सही है।

58. 210 के 70 को इस रुप में लिखा जा सकता है:

$= \frac{70}{210}$

प्रतिशत ज्ञात करने के लिए हमें हर 100 के साथ एक समान भिन्न खोजने की आवश्यकता है। अंश और हर दोनो में 100 से गुणा करने पर

$= \frac{70}{210} \times \frac{100}{100}$

$= \left(\frac{70\times100}{210}\right) \times \frac{1}{100}$

$= \frac{33.33}{100}$

अतः विकल्प (A) सही है।

59. भिन्न कम करना

$\frac{3258}{6822}$

$= \frac{18\times181}{18\times379}$

$= \frac{181}{379}$

अतः विकल्प (B) सही है।

60. दिया गया,

वर्ग का क्षेत्रफल $= \sqrt{784}$

$= 28$ सेमी

$\therefore$ वृत्त A की परिधि

$= 4 \times 28 \times \frac{11}{7}$

$\Rightarrow 2\pi r = 16 \times 11$

$\Rightarrow 2 \times \frac{22}{7} \times r = 16 \times 11$

$\Rightarrow r = \frac{16\times11\times7}{2\times22}$

$= 28$

वृत्त B की त्रिज्या $= \frac{28}{4}$

$= 7$

$\therefore$ क्षेत्रफल $= \pi r^2$

$= \frac{22}{7} \times 7 \times 7$

$= 154$ वर्ग/सेमी

अतः विकल्प (A) सही है।

61. दिया गया,

A और B का औसत मासिक वेतन 14000 रुपये है।

तो,

$\Rightarrow \frac{(A+B)}{2} = 14000$ रुपये

$\Rightarrow A + B = 28000$ रुपये $\rightarrow$ समीकरण (i)

इसी प्रकार, $B + C = 31200$ रुपये $\rightarrow$ समीकरण (ii)

$A + C = 28800$ रुपये $\rightarrow$ समीकरण (iii)

समीकरण (i), (ii) और iii को जोड़ने पर हमें प्राप्त होता है

$2(A + B + C) = 88000$ रुपये

$A + B + C = 44000$ रुपये $\rightarrow$ समीकरण (iv)

समीकरण (iii) से समीकरण (iv) को घटाने पर हमे प्राप्त होता है $A + B + C - (A + C) = B$ का वेतन

$44000 - 28800 = B$ का वेतन

B का वेतन $= 15200$ रुपये

तो, मासिक वेतन $B = 15200$ रुपये

अतः विकल्प (C) सही है।

62. 2 वर्षों के लिए 720 रुपये और आगे 5 वर्षों के बाद राशि 1020 रुपये है।

मतलब 7 वर्ष में 1020 रुपये राशि है।

इसलिए, 5 वर्षों के लिए साधारण ब्याज ज्ञात करने के लिए, आपको इसे घटाना होगा।

अगले 5 वर्षों के लिए, $P = 720$

$A = 1020$

तथा

साधारण ब्याज $=$ राशि $-$ मूलधन

5 वर्षों के लिए साधारण ब्याज $=$ 7 वर्ष में राशि $-$ अगले 5 वर्ष का मूलधन।

5 वर्षों के लिए साधारण ब्याज $= 1020 - 720$

$= 300$

तो, प्रति वर्ष साधारण ब्याज $= \frac{300}{5}$

$= 60$

इस प्रकार, 2 वर्ष $= 60 \times 2$

$= 120$

अब, वास्तविक मूलधन $=$ 2 वर्ष के लिए राशि $-$ 2 वर्ष के लिए साधारण ब्याज

$= 720 - 120$

$= 600$ रुपये

अतः विकल्प (A) सही है।

63. 1 रूपए लेख का लागत मूल्य $= 1$ रूपए

दिए गए डेटा से,

तो, 1 लेख का विक्रय मूल्य $= \frac{22}{18}$

$= \frac{11}{9}$

फिर, लाभ $=$ विक्रय मूल्य $-$ लागत मूल्य $= \frac{11}{9} - 1$

$= \frac{2}{9}$

आवश्यक, लाभ % = लाभ/लागत मूल्य × 100

$= [\frac{\left(\frac{2}{9}\right)}{1}] \times 100$

$= \frac{200}{9}$

$= 22.222\%$

अतः विकल्प (B) सही है।

64. दिया गया,

$= 3\frac{1}{2}$ वर्षों के लिए साधारण ब्याज -2 साल के लिए साधारण ब्याज

= रु. $(1164 - 1008)$

= रु. 156

1 वर्ष के लिये साधारण ब्याज = रु. $\left(156 \times \frac{2}{3}\right)$

= रु. 104

2 वर्ष के लिये साधारण ब्याज = रु. 104×2

= रु. 208

तो, मूलधन $=$ 2 वर्ष की राशि $-$ 2 वर्ष के लिये साधारण ब्याज

= रु. $(1008 - 208)$

= रु. 800

अब $P = 800$, T $= 2$ वर्ष और

साधारण ब्याज = रु. 208

तो, दर $= \left(\frac{100 \times 208}{800 \times 2}\right)$

$= 13\%$

अतः विकल्प (D) सही है।

65. माना वर्तमान मूल्य x रुपये

फिर, साधारण ब्याज $= (132 - x)$ रुपये

सूत्र का प्रयोग करके,

साधारण ब्याज = मूलधन × दर × समय / 100

$\therefore \left(\frac{x \times 5 \times 2}{100}\right) = 132 - x$

$\Rightarrow 10x = 13200 - 100x$

$\Rightarrow 110x = 13200$

$\Rightarrow x = 120$

अतः विकल्प (C) सही है।

66. दिया गया:

कार्बन और ऑक्सीजन का अनुपात $= 1:4$

उपयोग किया गया सूत्र:

कार्बन का प्रतिशत = कार्बन का मूल्य / अनुपात का योग × 100

अनुपात का योग $= 1 + 4 = 5$

कार्बन का प्रतिशत = $(\frac{1}{5}) \times 100$

$\Rightarrow 20\%$

कार्बन का प्रतिशत 20% है।

अतः विकल्प (A) सही है।

67. दिया गया,

$= \frac{\frac{3}{2+\sqrt{3}} - \frac{2}{2-\sqrt{3}}}{2-5\sqrt{3}}$

$= \frac{\frac{3(2-\sqrt{3})-2(2+\sqrt{3})}{(2+\sqrt{3})(2-\sqrt{3})}}{2-5\sqrt{3}}$

$= \frac{6-3\sqrt{3}-4-2\sqrt{3}}{(2+\sqrt{3})(2-\sqrt{3})(2-5\sqrt{3})}$

$= \frac{2-5\sqrt{3}}{2-5\sqrt{3}}$

$= 1$

अतः विकल्प (C) सही है।

68. माना,

$(25)^{7.5} \times (5)^{2.5} \div (125)^{1.5} = 5^x$ है।

तो, $\frac{(5^2)^{7.5} \times (5)^{2.5}}{(5^3)^{1.5}} = 5^x$

$\Rightarrow \frac{5^{(2\times7.5)} \times 5^{2.5}}{5^{(3\times1.5)}} = 5^x$

$\Rightarrow \frac{5^{15} \times 5^{2.5}}{5^{4.5}} = 5^x$

$\Rightarrow 5^x = 5^{(15+2.5-4.5)}$

$\Rightarrow 5^x = 5^{13}$

$\therefore x = 13$

अतः विकल्प (B) सही है।

69. दिया गया,

$\left(\frac{9^2 \times 18^4}{3^{16}}\right)$

$= \frac{9^2 \times (9 \times 2)^4}{3^{16}}$

$= \frac{(3^2)^2 \times (3^2)^4 \times 2^4}{3^{16}}$

$= \frac{3^4 \times 3^8 \times 2^4}{3^{16}}$

$= \frac{3^{(418)} \times 2^4}{3^{16}}$

$= \frac{3^{12} \times 2^4}{3^{16}}$

$= \frac{2^4}{3^{(16-12)}}$

$= \frac{2^4}{3^4}$

$= \frac{16}{81}$

अतः विकल्प (C) सही है।

70. $AC = 10$ सेमी

हम जानते हैं कि एक वर्ग के सभी पक्ष समान हैं।

$\therefore AB = BC = CD = DA$

और प्रत्येक कोण का माप $90°$

$\therefore \angle ABC = \angle BCD = \angle CDA = \angle DAB = 90°$

अब, समकोण, $\Delta ABCAC^2 = AB^2 + BC^2$

(पाइथागोरस उपपाद्य द्वारा) $\Rightarrow 10^2 = AB^2 + AB^2$

$\Rightarrow 100 = 2AB^2$

$\Rightarrow \frac{100}{2} = AB^2$

$\Rightarrow AB^2 = 50$

$AB = \sqrt{50} = 7.07$ (लगभग),

चूँकि एक वर्ग के सभी भाग समान होते हैं, इसलिए,

$AB = BC = CD = DA = 7.07$ (लगभग)

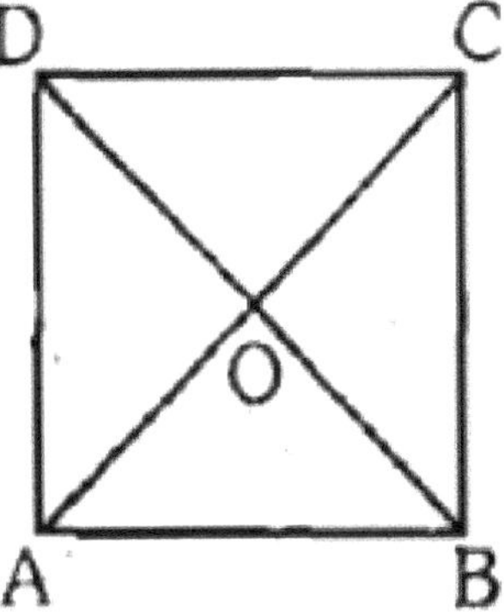

अतः विकल्प (A) सही है।

71. ट्रेन की लंबाई $= 270$ मी

ट्रेन की गति $= 36$ किमी / घंटा

पुल की लंबाई $= 180$ मी

कुल दूरी $=$ ट्रेन की लंबाई $+$ पुल की लंबाई

$\Rightarrow$ कुल दूरी $= 270$ मी $+180$ मी

$\Rightarrow$ कुल दूरी $= 450$ मी

अब ट्रेन की गति किमी / घंटा है।

इसलिए हमें इसे मी / सेकंड में बदलने की जरूरत है।

उसके लिए हमें $\left(\frac{5}{18}\right)$ से गुणा करना होगा।

$\Rightarrow$ गति = 36 $\times \left(\frac{5}{18}\right)$

$\Rightarrow$ गति = 10 मी / सेकंड

हम जानते हैं कि, गति = दूरी / समय

$\Rightarrow$ समय= दूरी / गति

$\Rightarrow$ समय $= \frac{450}{10}$

$\Rightarrow$ समय= 45 सेकंड

पुल पार करने में ट्रैन को 45 सेकंड लगेंगे

अतः विकल्प (B) सही है।

72. यहाँ, $x = 3, u = 25, y = 4, v = 30$

$z = \frac{12}{5}, w = 50$

औसत गति $= \frac{1}{\frac{1}{xu}+\frac{1}{yv}+\frac{1}{zw}}$

$= \frac{1}{\frac{1}{3\times25}+\frac{1}{4\times30}+\frac{1}{(12/5)\times50}}$

$= \frac{1}{\frac{1}{75}+\frac{1}{120}+\frac{1}{120}}$

$= \frac{1}{\frac{1}{75}+\frac{1}{60}}$

$= \frac{\frac{1}{45}}{\frac{300}{300}}$

$= \frac{300}{9} = \frac{100}{3}$

$= 33\frac{1}{3}$ किमी/घंटा

अतः विकल्प (B) सही है।

73. A और $B = 100: 130 = 10: 13$ द्वारा लिया गया समय का अनुपात

मान लीजिए कि B को कार्य करने में x दिन लगते हैं, तो,

$10: 13: : 23: x$

$\Rightarrow x = \frac{23\times13}{10}$

$\Rightarrow x = \frac{299}{10}$

A का 1 दिन का कार्य $= \frac{1}{23}$

B का 1 दिन का कार्य $= \frac{10}{299}$

$A + B$'s 1 दिन का कार्य $= \frac{1}{23} + \frac{10}{299}$

$= \frac{23}{299}$

$= \frac{1}{13}$

A और B मिलकर 13 दिनों में कार्य पूरा कर सकते हैं।

अतः विकल्प (B) सही है।

74. माना,

1 आदमी प्रति दिन 1 यूनिट कार्य करता हैं।

कुल कार्य: $8 \times 12 = 96$ यूनिट

8 पुरुषों का 6 दिन का काम

$= 8 \times 6 = 48$ यूनिट

बचा हुआ कार्य $= 96 - 48 = 48$ यूनिट

6 दिनों के बाद 4 पुरुष शामिल होते हैं।

इसलिए कुल पुरुष 12 पुरुष (8 + 4) हैं, वे प्रति दिन 12 यूनिट काम करेंगे।

$= \frac{48}{12}$

अब, शेष कार्य पूर्ण होगा

$= 4$ दिन

अतः विकल्प (C) सही है।

75. जब P 300 मीटर दौड़ता है,

फिर Q $(300 - 25) = 275$ मीटर दौड़ता है,

अब, जब Q 250 मीटर दौड़ता है,

तो R $(250 - 30) = 220$ मीटर दौड़ता है,

जब Q 275 मीटर दौड़ता है तो C $= 220 \times \frac{275}{250}$

$= 242$ मीटर दौड़ता है,

जब P 300 मीटर दौड़ता है तो C 242 मीटर दौड़ता है,

अब 200 मीटर की दौड़ में, जब P 200 चलता है, तो C

$\Rightarrow \frac{242}{300} \times 200 = \frac{484}{3}$ मीटर दौड़ेगा।

P, R को 200 मीटर की दौड़ में $\left(200 - \frac{484}{3}\right)$

$= \frac{(600-484)}{3}$ से हराता है।

$= \frac{116}{3}$ मीटर

अतः विकल्प (A) सही है।

76. The passage is about the role of marketing efficiency in industrial prosperity. The author has taken the example of Japanese who were very good in their marketing strategy. The British were great in inventing something however, they were really bad at marketing. The author's motive behind the comparison was to draw out attention towards the importance of marketing for a business perspective.

Hence, the correct option is (D).

77. It can be inferred from the following statements of the passage, 'The British are generally recognized as a far more inventive collection of individuals but never seem able to exploit what they invent. There are many examples, from the TSR Z hovercraft, high-speed train and Sinclair scooter to the Triumph, BSA and Norton motorcycle which all prove this sad rule.'

Hence, the correct option is (C).

78. The author believed that inspite of inventing more things than the Japanese, the British were unable to market their product like the Japanese did. This is also reflected in the following lines of the passage, "they are generally recognized as a far more inventive collection of individuals but never seem able to exploit what they invent".

Hence, the correct option is (C).

79. It can be well inferred from the theme of the passage. The passage has highlighted the fact that though British were the ones to invent things, they could however, not exploit them well since they were not good at marketing. The productivity and official patronage are out of context.

Hence, the correct option is (A).

80. The passage proves that if you have a dedicated workforce which knows how and when to bring tactics in play and take a lead ahead, success is guaranteed. Had the British had a dedicated workforce which could think of ways of exploiting their inventions they would have been the ones to have written the success stories, which was not the case.

Hence, the correct option is (B).

81. A Noun is required in the blank. Out of the given options only thought is a noun which means an idea. All the other options confused, sarcastic and honest are adjectives. Also from the first sentence of the passage, we can see a process that is mentioned in the first sentence is arranged in reverse order in the 2nd one.

Hence, the correct option is (B).

82. "This" is a singular pronoun and it will take singular helping verb "is" after it. Thus, "are" and "have" are eliminated. Also the sentence is in simple present tense thus "has" is also eliminated.

Hence, the correct option is (A).

83. "He" is a singular pronoun and it will take singular helping verb after it. Thus, "were being" and "have been" are eliminated. Also the sentence is in active voice thus "was being" is also eliminated. Thus "has been" is the correct option.

Hence, the correct option is (C).

84. In context of the sentence a word is required to compliment the word "within" which means inside or surrounded by. Thus limited is the best option. Unfettered means lose which does not fit in context of the sentence. Similarly, cosmic and unlimited are in contrast with the word "within".

Hence, the correct option is (A).

85. Ignorance which means lack of knowledge is the most appropriate option as in the latter part of the sentence it is mentioned that "there is no complete knowledge about anything." Thus, "ignorance" is the word complementing this part. Cognizance means knowledge or awareness, wisdom means knowledge, competence means ability. All the other options are in contrast with the latter part of the sentence.

Hence, the correct option is (B).

86. Sentence 1 should be the first sentence as it introduces the theme of the passage which is the Great Recession. Sentence 4 should be the second sentence since it continues to talk about the "fault" which is mentioned in sentence 1. The word "it" in sentence 3 signifies what has been discussed in sentence 4. Therefore, 3 would be the next sentence. Sentence 5 should be next since it clarifies the reason for the great recession. Sentence 2 would be the last sentence as it concludes the passage.

Hence, the correct option is (B).

87. Sentence 1 should be the first sentence as it mentions the advantages of advertisement to the consumers. It should be followed by sentence 4 which provides some other perspective that is also true at the same time. Next sentence should be 2 as it gives an example to the already stated fact mentioned in sentence 4. Sentence 5 is in continuation with 2, so, it comes next. Sentence 3 concludes the passage stating that the motive behind these advertisements is to prompt a consumer to buy their products.

Hence, the correct option is (C).

88. The word she is a pronoun. The word wanted is a verb. The pronoun she is also used here as an object of the verb wanted. Hence, she must be replaced with her as it is an accusative case.

Hence, the correct option is (B).

89. The given sentence is incorrect due to the following reasons:

"Therein" is an adverb that means in that place, document, or respect. Whenever a sentence begins with "therein", it takes singular verb which means the use of plural form "lie" is incorrect and should be changed to "lies".

Hence, the correct option is (D).

90. The given sentence is a famous proverb and it is incorrectly written here. The correct form is "a bird in the hand is worth two in the bush.

Hence, the correct option is (A).

91. The given sentence is in the passive voice of past continuous tense. The structures for active/passive voices are:

Passive: Object + was/were + being + verb (IIIrd from) + by + subject...

Active: Subject + was/were + verb (ing) + object...

So, with the help of the above structures, we can convert the given sentence into active voice:

By 1829, Britain was exporting British goods worth seven crore rupees to India.

Hence, the correct option is (C).

92. If the interrogative sentence is affirmative in nature, the assertive sentence will be negative.

Hence, the correct option is (D).

93. The preposition should be 'of' instead of 'with'. In the case of relative pronoun being the object of the preposition in the sentence, the sentence generally ends with the preposition.

Hence, the correct option is (D).

94. The given sentence uses the same phrasal verb two times; however, it has a different meaning in the given contexts. Turn down means to lower the volume of something and it also means to refuse to accept a request, to decline. The first context is to lower the volume and the second context is to decline the request. The correct meanings have been used in option (B).

Hence, the correct option is (B).

95. The error is in part (C) of the sentence. The use of verb "lay" is incorrect and should be replaced by "lie". It is because "lay" means place some object on the ground or on a surface while "lie" means to place yourself on the ground or on a surface. Lay requires an object however, lie does not require any object. So you lie down on the sofa (no direct object), but you lay the book down on the table (the book is the direct object).

Hence, the correct option is (C).

96. The pronoun "I" is followed by a plural noun. So, the correct verb is "go". Also, the correct form of the idiom is "once in a blue moon".

Hence, the correct option is (B).

97. Markedly = prominently

Variably = inconstant

Literally = in literal context

Usually = under normal conditions; generally.

Whether the two theories differ in content or its intent is unclear from the given sentence; hence literally can't be the answer. 'Differs' and 'variably' are used to provide the same meaning; hence can't be used together. Usually is a structural misfit.

Hence, the correct option is (B).

98. Hide means to put or keep something out of sight.

Conceal means to not allow to be seen; to hide something.

Reveal means to make previously unknown or secret information known to others.

Display means to put something in a prominent place in order that it may readily be seen.

Exhibit means to publicly display a work of art in a museum.

Hence, the correct option is (B).

99. Melody means a sequence of single notes that is musically satisfying, a tune.

Cacophony means a harsh mixture of sounds.

Chant means a repeated rhythmic phrase, typically one shouted or sung in unison by a crowd.

Lyric means (of poetry) expressing the writer's emotions, usually briefly and in stanzas or recognized forms.

Inflection means the variation of the pitch of a musical note.

Hence, the correct option is (C).

100. The correct spelling is 'apparently'. It means as far as one knows or can see.

The meanings of the other words are:

Aggressive means ready or likely to attack or confront.

Ambassador is an accredited diplomat sent by a state as its permanent representative in a foreign country.

Attention is a notice taken of someone or something, the regarding of someone or something as interesting or important.

Hence, the correct option is (A).

अनुभागीय टेस्ट 01

Q.1 निर्देश: निम्नलिखित प्रश्न में एक कथन दिया गया है, उसके बाद दो निष्कर्ष दिए गए हैं। उत्तर दें।

कथन: पुराने आदेश ने पैदावार को नए स्थान पर बदल दिया।

निष्कर्ष:

I. परिवर्तन प्रकृति का नियम है।

II. पुराने विचारों को त्यागें क्योंकि वे पुराने हैं।

A. केवल निष्कर्ष I अनुसरण करता है
B. केवल निष्कर्ष II अनुसरण करता है
C. या तो निष्कर्ष I या II अनुसरण करता है
D. न तो निष्कर्ष I और न ही II अनुसरण करता है

Ques (2-3):निर्देश: निम्नलिखित प्रश्न में दिए गए विकल्पों में से संबंधित शब्द को चुनिए।

Q.2 वाक्पटु : अस्पष्ट :: अप्रचलित : ?

A. प्रचलित **B.** वंचित करना
C. छीनना **D.** उदास

Q.3 नगण्य : अनिवार्य :: उपद्रव : ?

A. चपल **B.** पागल **C.** शांत चित्त **D.** डाँटना

Q.4 निम्नलिखित प्रश्न में उस विकल्प को ज्ञात कीजिये, जो अन्य तीन विकल्पों से बेजोड़ है।

A. 1234 – 2345 **B.** 2467 – 4182
C. 2023 – 2001 **D.** 3123 – 2042

Q.5 नीचे दिए गए प्रश्नों के विकल्पों में से बेजोड़ ज्ञात कीजिए।

A. H160T **B.** E70N **C.** K198R **D.** G109O

Q.6 निर्देश: दी गयी श्रृंखला में से लुप्त संख्या ज्ञात कीजिये।

13, 17, ?, 28, 35, 43

A. 20 **B.** 22 **C.** 25 **D.** 26

Q.7 निर्देश: दी गयी श्रृंखला में एक संख्या लुप्त है। दिए गये विकल्पों में से वह सही विकल्प चुनिए जो कि श्रृंखला को पूर्ण करता है।

7, ?, -2, -8, -15

A. 4 **B.** 2 **C.** 3 **D.** 0

Q.8 किसी विशेष कूट भाषा में, "GOAT" को "45" और "COAT" को "41"लिखा जाता है | उस कूट भाषा में "BOAT" को कैसे लिखा जायेगा?

A. 40 **B.** 41 **C.** 42 **D.** 43

Q.9 एक निश्चित कोड भाषा में 'KEYBOARD' को 'FMGADQCT' लिखा जाता है। उस कोड भाषा में 'TOUCHPAD' के लिए क्या कोड होगा?

A. FUQEBSJR **B.** FVQWEJSB
C. FVQWEJRC **D.** FVQWEJSC

Q.10 एक नाट्य में दो पात्र एक दूसरे से सम्बंधित हैं| उनमें से एक, दूसरे के बेटी की माँ है| वे दोनों एक दूसरे से कैसे सम्बंधित हैं?

A. दादी – पोती **B.** माँ – बेटी
C. चाची – भतीजी **D.** पति – पत्नी

Q.11 X ने Y को बताया, "यह सत्य है कि मैं तुम्हारा सगा भाई हूं, लेकिन तुम मेरी बहन नहीं हो।" Y का X के साथ क्या रिश्ता संभावित है?

A. चचेरा भाई
B. दोस्त
C. भाई
D. निर्धारित नहीं किया जा सकता

Q.12 दी गई आकृति में, कितने लोग केवल इटालियन और केवल फ्रेंच भाषा बोलते हैं?

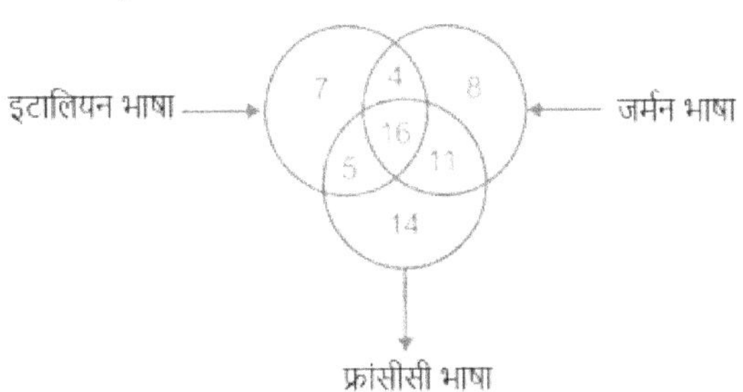

A. 21 **B.** 16 **C.** 27 **D.** 20

Q.13 निम्न आकृति में, वर्ग शिक्षकों को दर्शाता है, त्रिभुज तैराकों को दर्शाता है, वृत्त नर्सों को दर्शाता है और आयत महिलाओं को दर्शाता है। अक्षरों का कौन सा समूह उन शिक्षकों को दर्शाता है जो या तो तैराक या नर्स हैं?

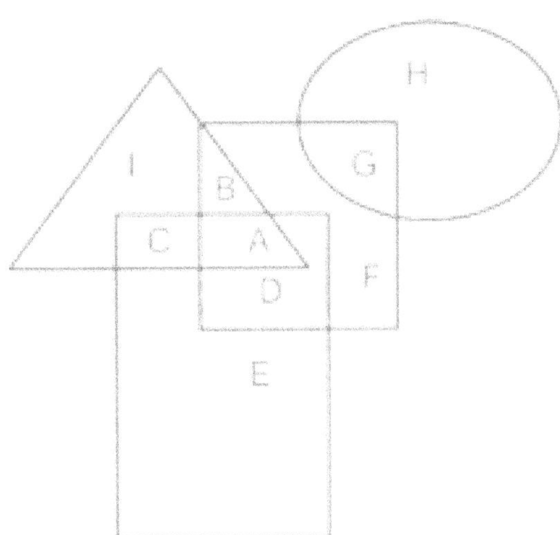

A. D, F **B.** A, B, D, F, G
C. A, B, G **D.** I, C, H

Q.14 दिए गए (A), (B), (C) और (D) आकृतियों में से, उस आकृति का चयन कीजिए जो आकृति (X) में दिए गए बिन्दुओं के विस्थापन की समान शर्तों को पूरा करता है।

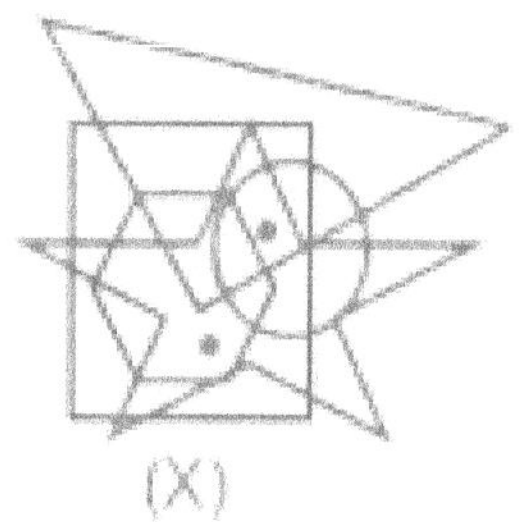

(X)

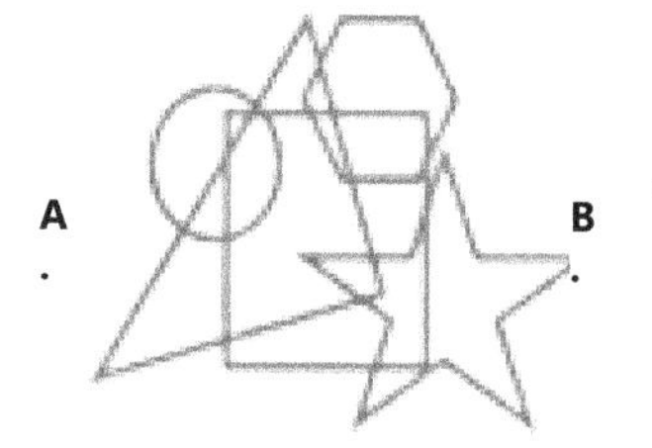

A.

B.

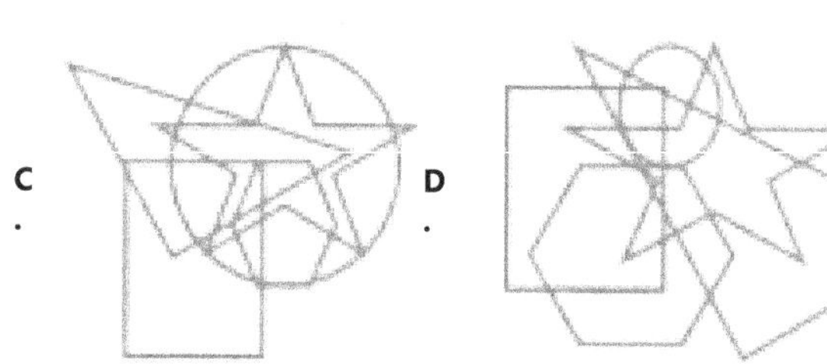

C.

D.

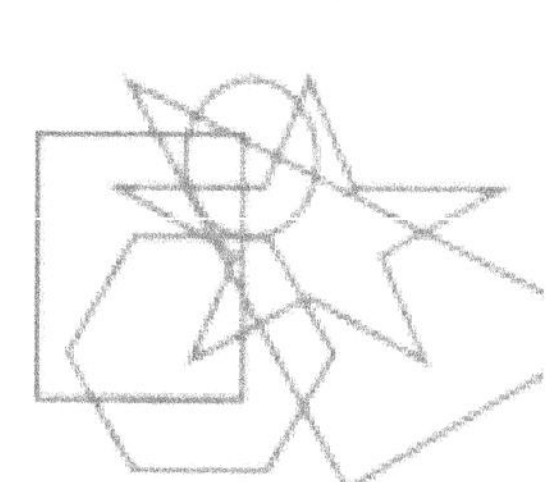

Q.15 उस विकल्प का चयन कीजिये जो दिए गए शब्द का सही दर्पण प्रतिबिंब दर्शाता है।

A. **B.**

C. **D.**

Q.16 उत्तर आकृति के बीच से एक आकृति का चयन करें जो पांच समस्या आकृति द्वारा स्थापित की गई समान श्रृंखला जारी रखेगा।

समस्या आकृतियाँ:

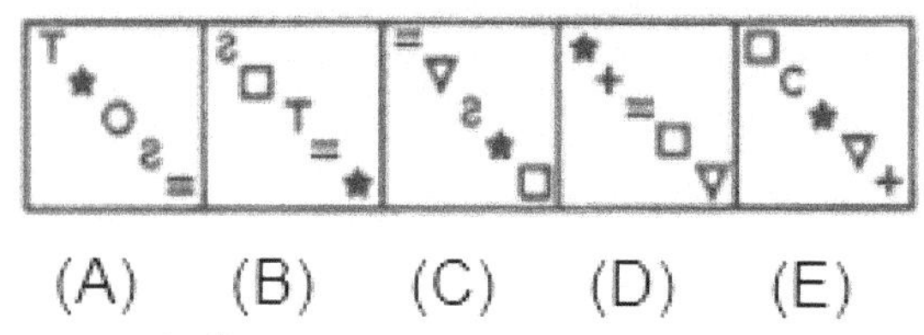

उत्तर आकृतियाँ:

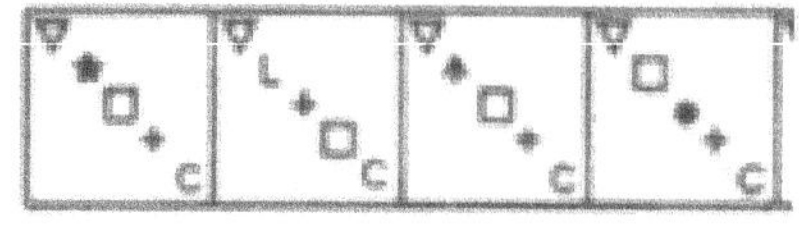

A. 1 **B.** 2 **C.** 3 **D.** 4

Q.17 उत्तर आकृति के बीच से एक आकृति का चयन करें जो पांच समस्या आकृति द्वारा स्थापित की गई समान श्रृंखला जारी रखेगा।

समस्या आकृतियाँ:

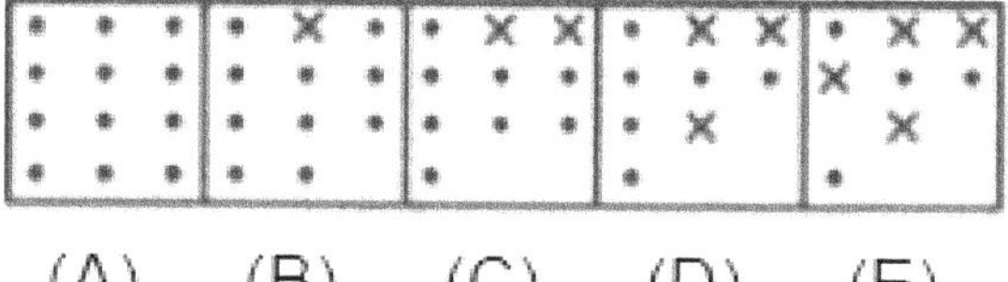

उत्तर आकृतियाँ:

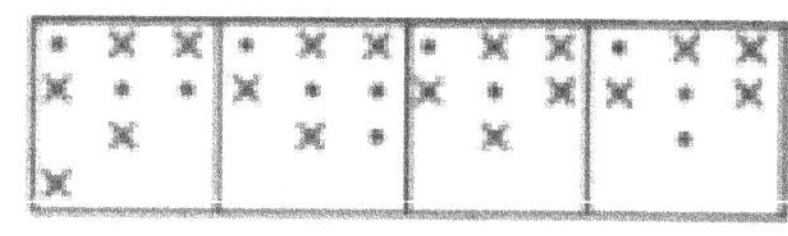

A. 1 **B.** 2 **C.** 3 **D.** 4

Ques (18-19):निर्देश: निम्नलिखित प्रश्न में दिए गए विकल्पों में से संबंधित शब्द को चुनिए।

Q.18 11 : GO :: 14.5 : ?

A. CF **B.** KM **C.** IT **D.** LP

Q.19 अमीटर: धारा :: बैरोमीटर : ?

A. दबाव **B.** मोटाई **C.** द्रव्यमान **D.** गति

Q.20 उस विकल्प को चुनिए जो बाकी तीनों से अलग है।

A. 919-949 **B.** 646-686 **C.** 828-848 **D.** 434-464

Q.21 एक दिन रमेश ने दोपहर 12 बजे घर आते समय एक खंभे की परछाई को देखने की कोशिश की। तो वह किस दिशा में खंभे की परछाई को देख सकता है?

A. कोई परछाई नहीं बनी **B.** पश्चिम

C. पूरब **D.** दक्षिण

Q.22 एक सुबह महेश एक खंभे के सामने खड़ा था। खंभे की परछाई ठीक उसके दायीं ओर बनी थी। तो वह किस दिशा के सम्मुख था?

A. उत्तर **B.** पश्चिम **C.** पूरब **D.** दक्षिण

Q.23 निम्नलिखित प्रश्न में, दिए गये विकल्पों में से वह संख्या चुनिए जिसे प्रश्न चिह्न (?) के स्थान पर रखा जा सकता है।

2	5	625
1	3	169
1	1	?

A. 235 **B.** 121 **C.** 432 **D.** 226

Q.24 निम्नलिखित प्रश्न में, दिये गये विकल्पों में से लुप्त संख्या ज्ञात कीजिए।

5	12	17
15	13	8

10	69	47
65	87	?

A. 85 **B.** 87 **C.** 89 **D.** 83

Q.25 एक कूट भाषा में HEALING को BFIKHOJ लिखते हैं, तो BEDTIME को उसी कूट भाषा में क्या लिखेंगे?

A. EFCSJNF **B.** EFCSFNJ

C. EFCUFNS **D.** CFESFNJ

// स्मार्ट उत्तर पुस्तिका //

सही उत्तर — उन छात्रों के प्रतिशत को इंगित करता है जिन्होंने प्रश्नों का सही उत्तर दिया था।

छोड़ दिया — उन छात्रों के प्रतिशत को इंगित करता है जिन्होंने प्रश्नों को छोड़ दिया था।

प्रश्न संख्या	उत्तर	सही उत्तर	छोड़ दिया
1	A	14.16 %	74.5 %
2	A	62.89 %	32.43 %
3	C	44.28 %	39.5 %
4	D	53.34 %	30.53 %
5	D	28.88 %	71.1 %
6	B	67.79 %	30.33 %
7	C	56.02 %	39.62 %
8	A	46.63 %	32.9 %
9	C	50.91 %	30.6 %
10	D	66.79 %	30.55 %
11	C	57.94 %	35.34 %
12	A	57.63 %	33.38 %
13	C	25.53 %	70.05 %
14	D	45.31 %	35.62 %
15	D	42.94 %	30.65 %
16	C	48.01 %	51.15 %
17	C	42.06 %	31.46 %
18	C	64.02 %	31.47 %
19	A	89.9 %	10.05 %
20	A	41.37 %	36.75 %
21	A	48.05 %	36.61 %
22	D	60.25 %	33.05 %
23	B	67.63 %	32.16 %
24	C	47.68 %	40.16 %
25	B	44.98 %	39.34 %

कार्य विश्लेषण	
औसत अंक (%)	38.0%
टॉपर्स स्कोर (%)	70.0%
आपका स्कोर	

//संकेत और समाधान//

1. पुरानी व्यवस्था बदल गई है, नई व्यवस्था उसका स्थान ले रही है।

निष्कर्ष -

I: परिवर्तन प्रकृति का नियम है - यह एक अंतर्निहित पूर्वधारणा है क्योंकि नया पुराने को प्रतिस्थापित करता है क्योंकि समय आवश्यकता को परिवर्तित कर देता है और परिवर्तन की मांग करता है।

II: पुराने विचारों को त्यागें क्योंकि वे पुराने हैं - विचारों के परिवर्तन के कई कारण हो सकते हैं क्योंकि शायद वे वर्तमान आवश्यकताओं और मांगों को पूरा नहीं कर रहे थे, इसलिए यह दूरगामी निष्कर्ष है।

स्पष्ट रूप से, I सीधे दिए गए कथन का अनुसरण करता है। इसके अलावा, यह उल्लेख किया गया है कि पुराने विचारों को नए लोगों द्वारा प्रतिस्थापित किया जाता है, क्योंकि समय के साथ सोच बदलती है। तो, II अनुसरण नहीं करता है।

अतः विकल्प (A) सही है।

2. वाक्पटु और अस्पष्ट अर्थ में बिल्कुल विपरीत हैं। वाक्पटु का अर्थ होता है बोलने या लिखने में धाराप्रवाह या समझाने-बुझाने में अच्छा, जबकि अस्पष्ट का अर्थ होता है किसी के विचारों या भावनाओं को स्पष्ट या आसानी से व्यक्त न कर पाना। जो वाक्पटु के विपरीत है।

इसी तरह से अप्रचलित और प्रचलित अर्थ में एक दूसरे के विपरीत हैं। अप्रचलित का अर्थ होता है कि अब उत्पादन या उपयोग नहीं किया जाता है; जो कि पुराना है, जबकि प्रचलित अद्यतन है, जो कि अप्रचलित के ठीक विपरीत है।

अतः विकल्प (A) सही है।

3. नगण्य और अनिवार्य अर्थ में बिलकुल विपरीत हैं। नगण्य का अर्थ होता है कम मूल्य या कम महत्व वाला, जबकि अनिवार्य का अर्थ महत्वपूर्ण होता है।

इसी तरह,

उपद्रव और शांत चित्त अर्थ में एक दूसरे के विपरीत हैं। उपद्रव का अर्थ क्रोध, सदमे की अत्यंत तीव्र प्रतिक्रिया है, जबकि शांत चित्त, उपद्रव के बिल्कुल विपरीत है, जिसका अर्थ होता है शांतिपूर्ण स्थिति।

अतः विकल्प (C) सही है।

4. (A) 1234 = 1 + 2 + 3 + 4 = 10,

2345 = 2 + 3 + 4 + 5 = 14;

14 – 10 = 4

(B) 2467 = 2 + 4 + 6 + 7 = 19,

4182 = 4 + 1 + 8 + 2 = 15;

19 – 15 = 4

(C) 2023 = 2 + 0 + 2 + 3 = 7,

2001 = 2 + 0 + 0 + 1 = 3;

7 – 3 = 4

(D) 3123 = 3 + 1 + 2 + 3 = 9,

2042 = 2 + 0 + 4 + 2 = 8;

9 – 8 = 1

अतः विकल्प (D) सही है।

5. यहाँ अंग्रेजी वर्णमाला में अक्षरों के स्थान को गुणा करके बीच में लिखा गया है।

H160T → H का स्थान 8 और T का स्थान 20 है, इसलिए गुणनफल 160 है।

E70N → E का स्थान 5 और N का स्थान 14 है, इसलिए गुणनफल 70 है।

K198R → K का स्थान 11 और R का स्थान 18 है, इसलिए गुणनफल 198 है।

G109O → G का स्थान 7 और O का स्थान 15 है, इसलिए गुणनफल 105 है।

अतः विकल्प (D) सही है।

6.

अतः विकल्प (B) सही है।

7. यहाँ पालन किया गया तर्क इस प्रकार है:

7 – 4 = 3;

3 – 5 = -2;

-2 – 6 = -8;

-8 – 7 = -15;

अतः, 3 श्रृंखला में लुप्त संख्या है।

अतः विकल्प (C) सही है।

8. अंग्रेज़ी वर्णमाला के अक्षरों की स्थिति पर विचार कीजिए:

A B C D E F G H I J K L M N O P Q R S T U V W X Y Z

'GOAT' को इस प्रकार लिखा जा सकता है

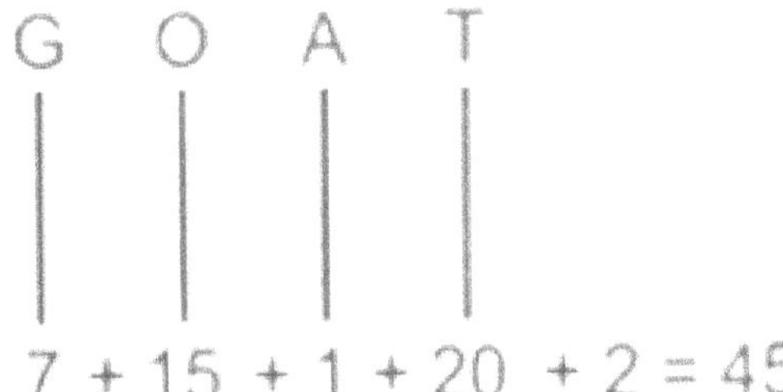

'COAT' को निम्न प्रकार से लिखा जा सकता है

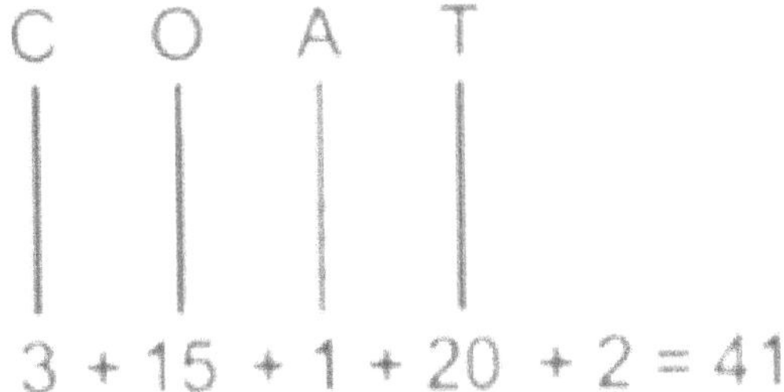

इसी प्रकार, 'BOAT' को निम्न प्रकार से लिखा जा सकता है

अतः विकल्प (A) सही है।

9. KEYBOARD को कोड करने के लिए नियम इस प्रकार है,

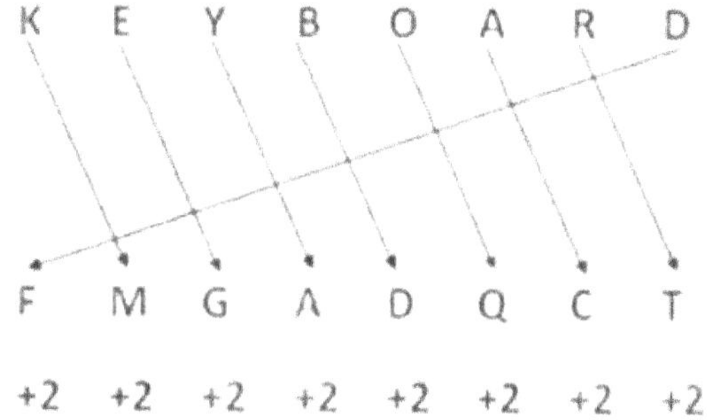

उसी नियम का पालन करने पर,

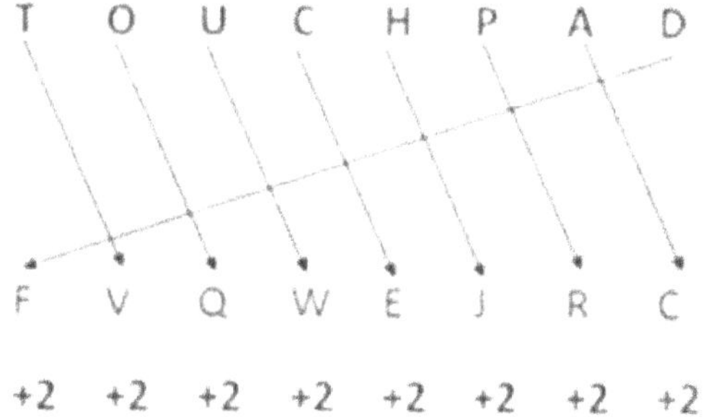

अतः विकल्प (C) सही है।

10. एक पात्र, दूसरे के बेटी की माँ है अर्थात वे दोनों एक ही बच्चे के माता - पिता हैं और इसलिए वे दोनों पति – पत्नी होंगे।

अतः विकल्प (D) सही है।

11. यहां X ने Y को बताया कि वह Y का सगा भाई है।

इसलिए X का लिंग पुरूष है।

Y, पुरुष या महिला हो सकता है।

लेकिन पुन: X का कहना है कि Y उसकी बहन नहीं है।

इसका तात्पर्य है कि Y भी पुरुष है और इस प्रकार X का भाई है।

अतः विकल्प (C) सही है।

12. प्रश्नानुसार,

केवल इटालियन में बात करने वाले व्यक्ति = 7

केवल फ्रेंच में बात करने वाले व्यक्ति = 14

इसलिए, व्यक्तियों की कुल संख्या = 7 + 14 = 21

इसलिए, 21 व्यक्ति इटालियन और फ्रेंच में बात कर सकते हैं।

अतः विकल्प (A) सही है।

13.

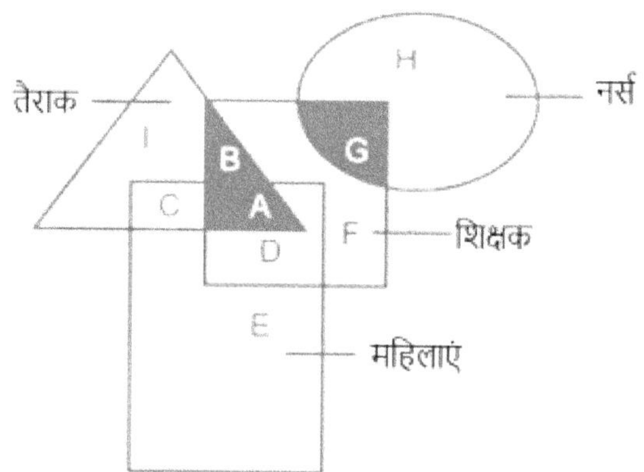

शिक्षक जो या तो तैराक या नर्स हैं, उन्हें छायांकित भाग से दर्शाया गया है अर्थात् A, B और G

अतः विकल्प (C) सही है।

14. आकृति (X) में, केवल षट्भुज, तारा और वर्ग के उभयनिष्ठ क्षेत्र में बिंदुओं में से एक बिंदु स्थित है और अन्य बिंदु सभी ज्यामितीय आकृतियों के उभयनिष्ठ क्षेत्र में स्थित है, जो षटभुज की अपेक्षा करते हैं। केवल आकृति (D) में दोनों प्रकार के क्षेत्र हैं।

अतः विकल्प (D) सही है।

15. दिए गए शब्द का सही दर्पण प्रतिबिंब निम्न प्रकार है,

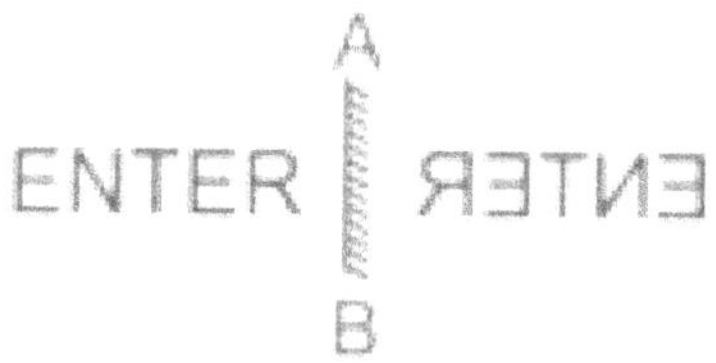

इसलिए, ENTER का दर्पण प्रतिबिंब ꓤƎTИƎ है।

अतः विकल्प (D) सही है।

16. प्रत्येक चरण में, प्रतीक अनुक्रम में चलते हैं

और जो प्रतीक घिरे हुए स्थान पर पहुंचता है वह एक नए स्थान से बदल जाता है।

अतः विकल्प (C) सही है।

17. प्रत्येक चरण में, एक डॉट खो जाता है जबकि एक अन्य डॉट को क्रॉस द्वारा बदल दिया जाता है।

अतः विकल्प (C) सही है।

18. माना, A = 1, B = 2, C = 3, ..., Y = 25, Z = 26

वर्णमाला क्रम में G 7वें और O 15वें स्थान पर है।

GO = 7 + 15 = 22 → 22/2 = 11

इसी तरह,

CF = 3 + 6 = 9 → 9/2 = 4.5 ≠ 14.5

KM = 11 + 13 = 24 → 24/2 = 12 ≠ 14.5

IT = 9 + 20 = 29 → 29/2 = 14.5 = 14.5

LP = 12 + 16 = 28 → 28/2 = 14 ≠ 14.5

अतः विकल्प (C) सही है।

19. धारा को अमीटर के द्वारा मापा जाता है।

इसी प्रकार दबाव को बैरोमीटर के द्वारा मापा जाता है।

अतः विकल्प (A) सही है।

20. अपनाए गए तरीके में, प्रत्येक जोड़े में, दूसरी संख्या का मध्य अंक पहली संख्या के मध्य अंक का दोगुना है

646-686 ⇒ 4 × 2 = 8

828-848 ⇒ 2 × 2 = 4

434-464 ⇒ 3 × 2 = 6

परन्तु 919-949 में ⇒ 1 × 2 = 2 ≠ 4

अतः विकल्प (A) सही है।

21. दोपहर 12 बजे किरणें लंबवत नीचे होती हैं इसलिए कोई परछाई नहीं होगी।

अतः विकल्प (A) सही है।

22. सुबह में सूर्य पूरब में उगता है।

इसलिए परछाई पश्चिम की ओर बनेगी।

उत्तर
महेश
पश्चिम
पूरब
खंभे की परछाई
खंभा
दक्षिण

चूँकि परछाई उसके दायीं ओर है। इसका अर्थ है परछाई खंभे के बायीं ओर है इसका अर्थ है महेश दक्षिण दिशा के सम्मुख है।

अतः विकल्प (D) सही है।

23. यहाँ अनुसरित स्वरुप है:

$25^2 = 625$

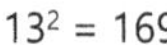

$13^2 = 169$

इसलिए, $11^2 = 121$

अतः विकल्प (B) सही है।

24. दिया गया तर्क निम्नानुसार है:

(पंक्ति 1 × पंक्ति 2) - पंक्ति 3 = पंक्ति 4

5 × 15 = 75 – 10 = 65

12 × 13 = 156 – 69 = 87

17 × 8 = 136 – 47 = 89

अतः विकल्प (C) सही है।

25. उपयोग किया गया प्रारूप है,

इसी तरह,

इसलिए, BEDTIME के लिए कूट EFCSFNJ होगा।

अतः विकल्प (B) सही है।

अनुभागीय टेस्ट 02

Ques (1-2):निर्देश: दिए गए प्रश्न में एक संख्या श्रंखला के कुछ पद दिए गए हैं जिसमें एक पद लुप्त है, जिसे (?) द्वारा दर्शाया गया है। दिए गए विकल्पो में से लुप्त पद का चयन करें।

Q.1 31, 93, 90, 270, 267, ?

A. 667 **B.** 801 **C.** 934 **D.** 720

Q.2 8, 24, 12, 36, 18, ?

A. 72 **B.** 56 **C.** 54 **D.** 96

Ques (3-4):निर्देश: निम्नलिखित प्रश्न में, वर्ण श्रृंखला के विभिन्न शब्द एक या अधिक शब्दों के साथ दिए गए हैं, जो कि (?) द्वारा दिखाए गए हैं। दिए गए विकल्पों में से लुप्त शब्द का चयन करें।

Q.3 ab_ba_babd_acb_bdba_b

A. cdabc **B.** dcabc **C.** dcbac **D.** acbcd

Q.4 ABC, BDF, CFI, ?, EJO

A. DHL **B.** DKM **C.** EHM **D.** DIM

Q.5 एक लड़के की ओर इशारा करते हुए एक महिला कहती है, "उसके पिता उस व्यक्ति के ससुर हैं, जिनके पिता मेरे ससुर हैं"। तो लड़का महिला से कैसे संबंधित है?

A. बेटा **B.** भाई **C.** दामाद **D.** बहनोई

Q.6 यदि सफेद को लाल कहा जाता है, तो लाल को काला, काला को हरा, और हरे को नीला कहा जाता है। इस भाषा में, दूध का रंग क्या होगा?

A. सफेद **B.** लाल **C.** काला **D.** हरा

Q.7 यदि पानी को हवा कहा जाता है, तो हवा को समुद्र कहा जाता है, समुद्र को आकाश कहा जाता है, तो आकाश को सड़क कहा जाता है, सड़क को बादल कहा जाता है। इस भाषा में, पक्षी कहाँ उड़ते हैं?

A. आकाश **B.** समुद्र **C.** बादल **D.** सड़क

Ques (8-10):निर्देश: सादृश्य पर आधारित प्रश्न में, शब्दों / अक्षरों / संख्याओं के बीच एक विशेष संबंध दिया गया है। नीचे दिए गए विकल्पो में उसे चुने जो समान सम्बन्ध को प्रदर्शित करता है।

Q.8 ACFG: 2478 :: HDRT:?

A. 851919 **B.** 951920 **C.** 951921 **D.** 851921

Q.9 9 : 24 :: ? : 6

A. 5 **B.** 3 **C.** 2 **D.** 1

Q.10 DYTR : 67 :: HTBF : ?

A. 38 **B.** 36 **C.** 32 **D.** 40

Q.11 रतन ने सोनू को अपनी माँ के इकलौते बेटे के रूप में मिलाया। सोनू रतन से कैसे संबंधित है?

A. चाचा **B.** बेटा **C.** भतीजा **D.** पिता

Q.12 यदि '+' का अर्थ '÷', '-' का अर्थ 'x', '÷' का अर्थ '-' और 'x' का अर्थ '+', तो –

42 ÷ 24 + 6 × 4 – 3 =?

A. 22 **B.** 50 **C.** 58 **D.** 26

Q.13 निर्देश: उस विकल्प का चयन करें जो निम्नलिखित के बीच संबंध का सही प्रतिनिधित्व करता है:

बैडमिंटन, बेसबॉल, बाहरी खेल

A.

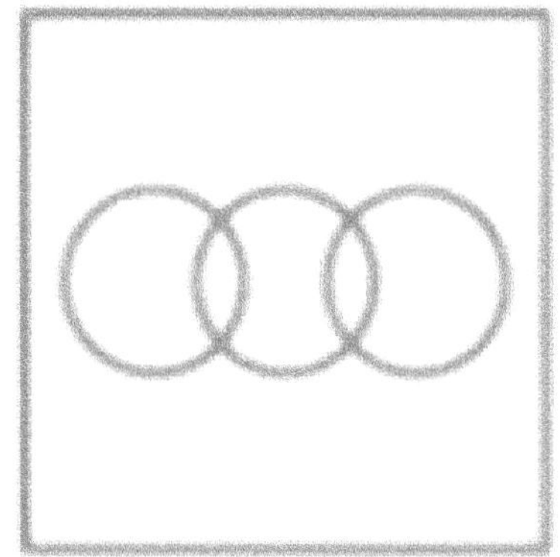

B.

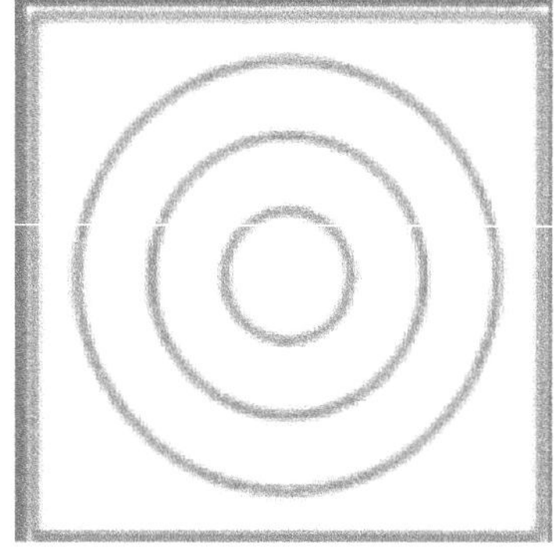

C.

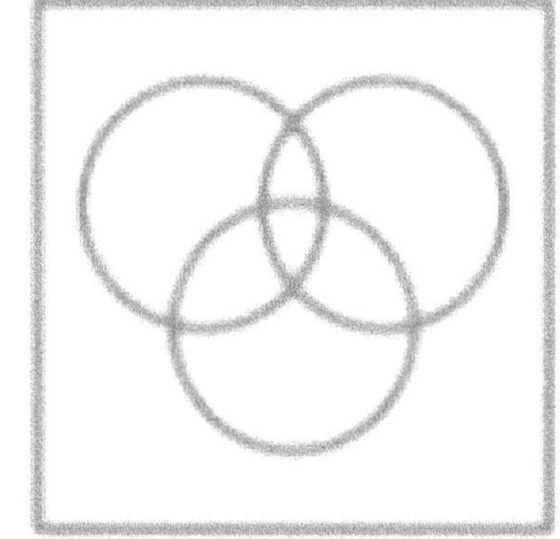

D.

Q.14 निर्देश: नीचे दी गई आकृति में कौन सा स्थान डॉक्टरों का प्रतिनिधित्व करता है जो खिलाड़ी के साथ-साथ कलाकार भी हैं?

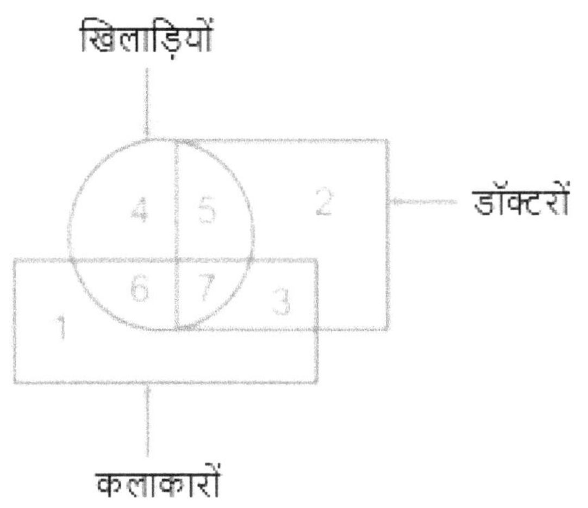

A. 2 **B.** 3 **C.** 6 **D.** 7

Q.15 निर्देश: पासे की 6 सतह है जो A, B, C, D, E और F है। पासे की अलग-अलग स्थिति नीचे दी गई है। D के विपरीत सतह पर कौन सा शब्द होगा?

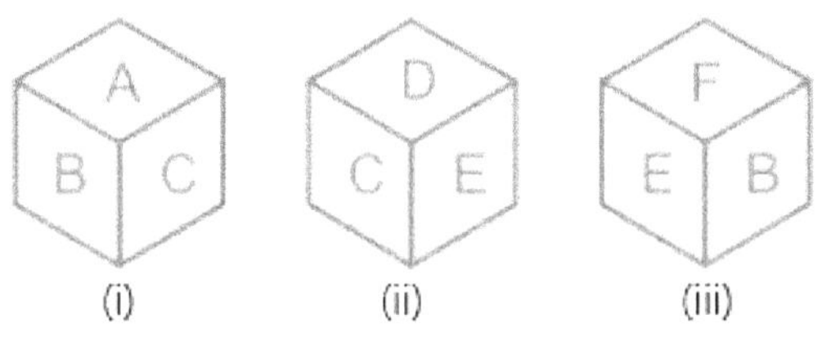

A. A **B.** B **C.** E **D.** F

Ques (16-17):निर्देश: चार विकल्पों में से एक उपयुक्त आकृति चुनें जो आकृति मैट्रिक्स को पूरा करेगी।

Q.16

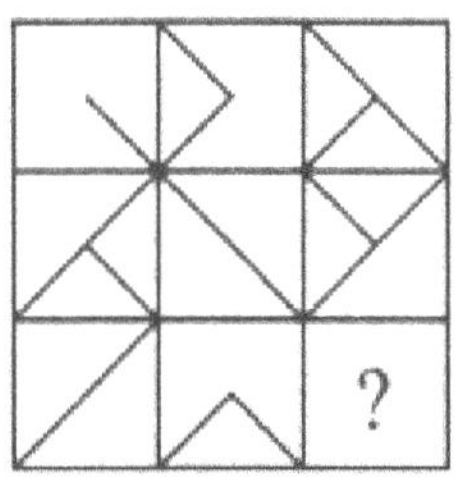

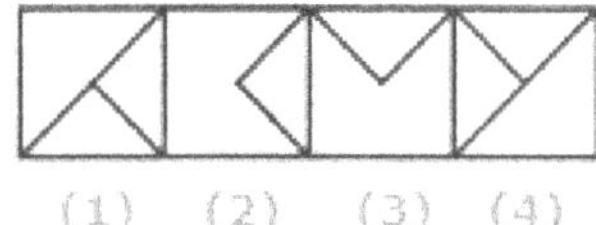

A. (1) **B.** (2) **C.** (3) **D.** (4)

Q.17

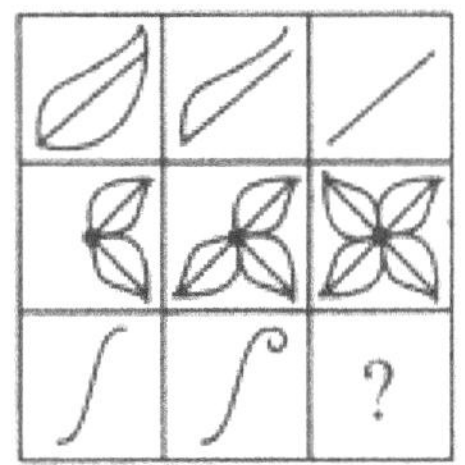

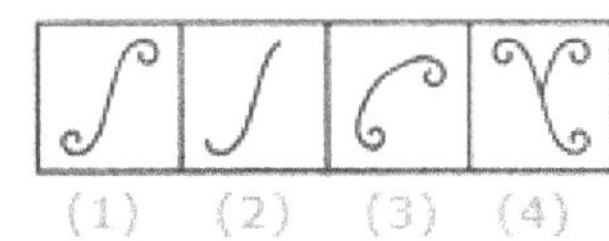

[UP Police Sub Inspector, 2021]

A. (1) **B.** (2) **C.** (3) **D.** (4)

Ques (18-19):निर्देश: निम्नलिखित प्रश्न में, चार विकल्पों में से एक आकृति का चयन करें, जिसे जब आकृति के खाली स्थान (X) में रखा जाता है, तो पैटर्न पूरा होता है।

Q.18

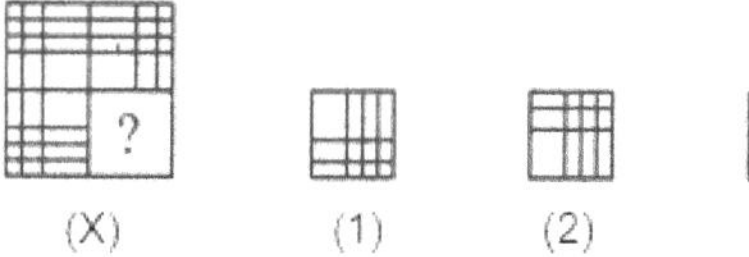

[Telangana Police Constable, 2015]

A. (1) **B.** (2) **C.** (3) **D.** (4)

Q.19

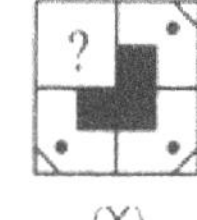

(1) (2) (3) (4)

[SSC Sub Inspector (CPO), 2020]

A. (1) **B.** (2) **C.** (3) **D.** (4)

Q.20 यदि A = 4, K = 3, N = 2, P = 1, तो अक्षरों के किस सेट का योग सबसे अधिक संख्या बनाता है?

A. KANPK **B.** NPAKN **C.** PKANA **D.** NAKNA

Q.21 यदि TOUR को 1234 के रूप में कोडित किया जाता है, तो CLEAR को 56784 और SPARE को 90847 के रूप में कोडित किया जाता है, तो SCULPTURE शब्द को कैसे कोडित किया जाएगा?

A. 953601347 **B.** 567903417
C. 953016347 **D.** 953603741

Q.22 यदि किसी निश्चित भाषा में SISTER को 535301 के रूप में कोडित किया जाता है, तो UNCLE को 84670 और BOY को 129 के रूप में कोडित किया जाता है, बेटे को कैसे कोडित किया जायेगा?

A. 923 **B.** 524 **C.** 342 **D.** 872

Q.23 निर्देश: यदि एक दर्पण को रेखा AB पर रखा जाता है, तो दिए गए आकृति की सही छवि कौन सी है?

A. 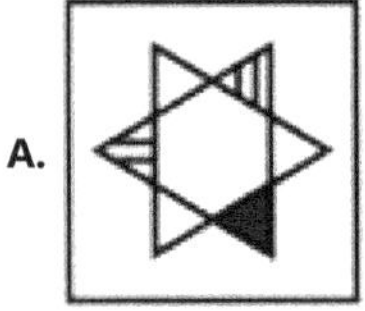

B. 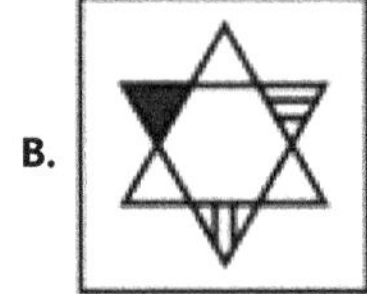

C. 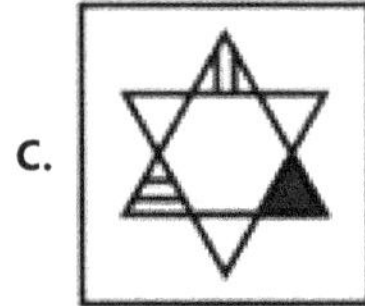

D. 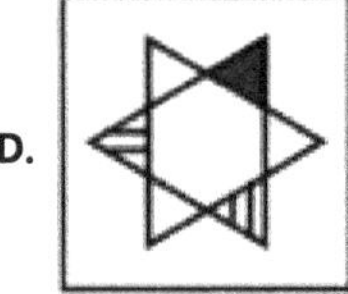

Q.24 निर्देश: दी गयी उत्तर की आकृति से, उस प्रश्न का चयन करें जिसमें प्रश्न आकृति छिपी है।

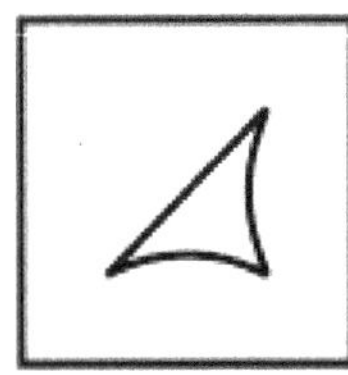

A. 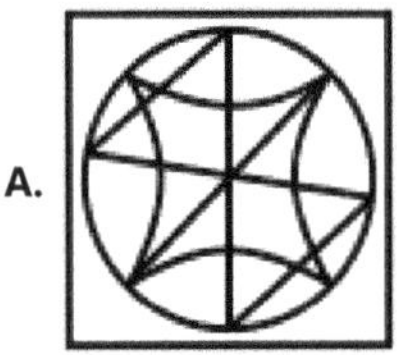

B. 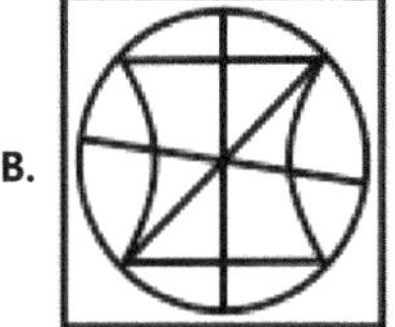

C. 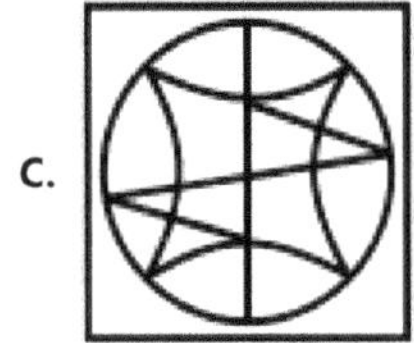

D. 

Q.25 यदि आप 1 से 100 तक की सभी संख्याएँ लिखते हैं, तो आप कितनी बार 3 लिखते हैं?

[TNUSRB Sub Inspector, 2020]

A. 11 **B.** 18 **C.** 20 **D.** 21

// स्मार्ट उत्तर पुस्तिका //

सही उत्तर उन छात्रों के प्रतिशत को इंगित करता है जिन्होंने प्रश्नों का सही उत्तर दिया था।

छोड़ दिया उन छात्रों के प्रतिशत को इंगित करता है जिन्होंने प्रश्नों को छोड़ दिया था।

प्रश्न संख्या	उत्तर	सही उत्तर	छोड़ दिया
1	B	82.37 %	10.92 %
2	C	87.81 %	11.97 %
3	C	76.66 %	11.6 %
4	A	64.5 %	32.5 %
5	B	62.77 %	31.53 %
6	B	46.94 %	34.63 %
7	D	83.16 %	10.86 %
8	C	82.49 %	13.82 %
9	B	76.06 %	17.64 %
10	B	59.09 %	36.69 %
11	B	51.51 %	43.35 %
12	B	60.93 %	31.17 %
13	D	52.05 %	44.16 %
14	D	63.84 %	31.88 %
15	B	52.15 %	37.48 %
16	B	77.16 %	20.22 %
17	A	53.95 %	31.87 %
18	C	51.85 %	46.01 %
19	D	87.37 %	11.73 %
20	D	60.29 %	31.45 %
21	A	61.82 %	31.17 %
22	B	49.06 %	39.11 %
23	B	69.66 %	30.14 %
24	A	58.84 %	33.25 %
25	C	68.16 %	31.36 %

कार्य विश्लेषण	
औसत अंक (%)	36.0%
टॉपर्स स्कोर (%)	62.0%
आपका स्कोर	

//संकेत और समाधान//

1. यहाँ अनुसरित किया गया पैटर्न है:

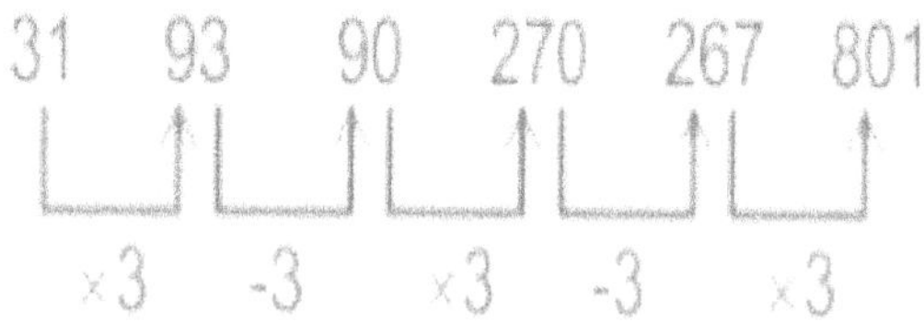

अतः विकल्प (B) सही है।

2. यहाँ अनुसरित किया गया पैटर्न है-

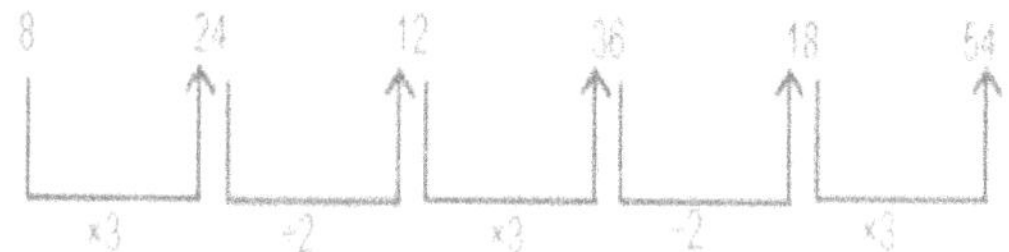

अतः विकल्प (C) सही है।

3. 1) abcbadbabdaacbbbdbacb → किसी भी पैटर्न का अनुसरण नहीं करते हैं

2) abdbacbabdaacbbbdbacb → किसी भी पैटर्न का अनुसरण नहीं करते हैं

3) abdbacb/abdbacb/abdbacb → एक पैटर्न का अनुसरण अर्थात abdbacb करते हैं

4) ababacbabdbacbcbdbadb → किसी भी पैटर्न का अनुसरण नहीं करते हैं

अतः विकल्प (C) सही है।

4. पैटर्न यहाँ है:

A $\xrightarrow{+1}$ B $\xrightarrow{+1}$ C $\xrightarrow{+1}$ D $\xrightarrow{+1}$ E

B $\xrightarrow{+2}$ D $\xrightarrow{+2}$ F $\xrightarrow{+2}$ H $\xrightarrow{+2}$ J

C $\xrightarrow{+3}$ F $\xrightarrow{+3}$ I $\xrightarrow{+3}$ L $\xrightarrow{+3}$ O

अतः विकल्प (A) सही है।

5. एक लड़के की ओर इशारा करते हुए एक महिला कहती है, "उसके पिता उस व्यक्ति के ससुर हैं, जिनके पिता मेरे ससुर हैं"।

तो, लड़का महिला का भाई है।

अतः विकल्प (B) सही है।

6. हम जानते हैं कि दूध का रंग सफेद होता है।

लेकिन, सफेद को लाल कहा जाता है।

अतः विकल्प (B) सही है।

7. हम जानते हैं कि पक्षी आकाश में उड़ते हैं।

लेकिन, आकाश को सड़क कहा जाता है।

अतः विकल्प (D) सही है।

8. 2 → A + 1

4 → C + 1

7 → F + 1

8 → G + 1

इसी प्रकार,

9 → H + 1

5 → D + 1

19 → R + 1

21 → T + 1

अतः विकल्प (C) सही है।

9. निम्नलिखित प्रतिरूप है,

9: 24 के लिये,

$9 \times 3 - 3 = 24$

इसी प्रकार,

$3 \times 3 - 3 = 6$

अतः विकल्प (B) सही है।

10. D + Y + T + R = 4 + 25 + 20 + 18 = 67

इसी प्रकार, H + T + B + F = 8 + 20 + 2 + 6 = 36

अतः विकल्प (B) सही है।

11. दिया हुआ:

रतन ने सोनू को अपनी माँ के इकलौते बेटे के रूप में मिलाया।

उनके शब्द बताते हैं कि रतन एक पुरुष है।

रतन की माँ के इकलौते बेटे का मतलब स्वयं रतन हैं।

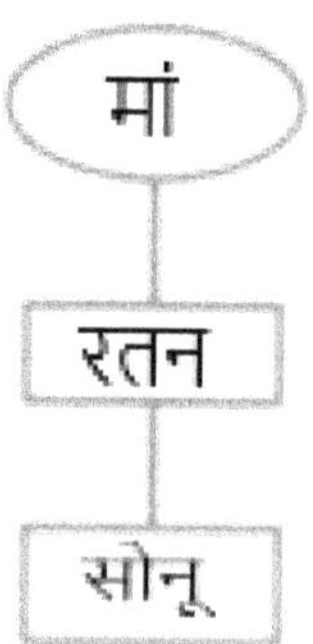

पेड़ के चित्र के अनुसार, सोनू रतन का बेटा है।

अतः विकल्प (B) सही है।

12. 42 ÷ 24 + 6 × 4 – 3

⇒ परिवर्तित

42 – 24 ÷ 6 + 4 × 3

BODMAS नियम का उपयोग:

42 – 4 + 4 × 3

⇒ 42 – 4 + 12

= 54 – 4 = 50

अतः विकल्प (B) सही है।

13. बेसबॉल और बैडमिंटन दोनों बाहरी खेल हैं।

सही आरेख प्रतिनिधित्व है,

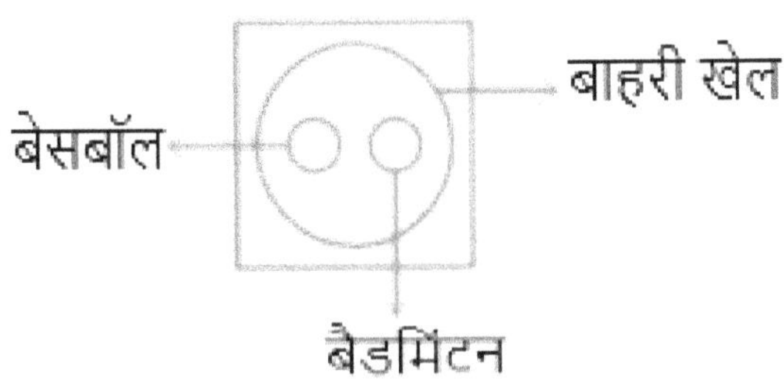

अतः विकल्प (D) सही है।

14. चित्र में वह स्थान जो डॉक्टरों को दर्शाता है जो खिलाड़ी हैं और साथ ही कलाकार नीचे दिखाए गए हैं:

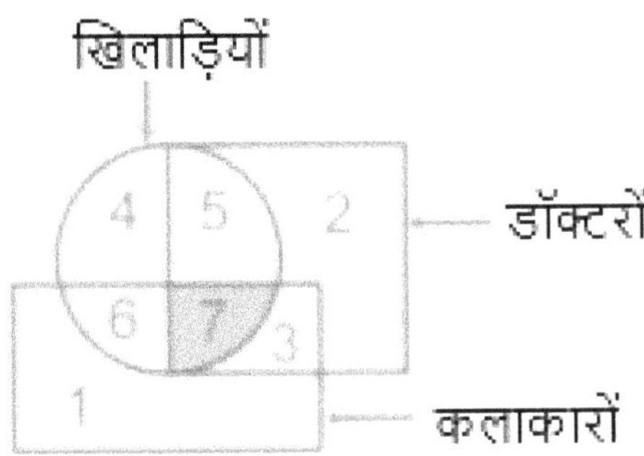

अतः विकल्प (D) सही है।

15. यहां 3 आकृति दी गयी हैं और दोनों पासे (i) और (ii) में एक समान अक्षर C है। तो हम दोनों पासे में आम तरफ से दक्षिणावर्त जाकर विपरीत सतह का पता लगा सकते हैं। इसे एक आम चाल कहा जाता है। नीचे आकृति है:

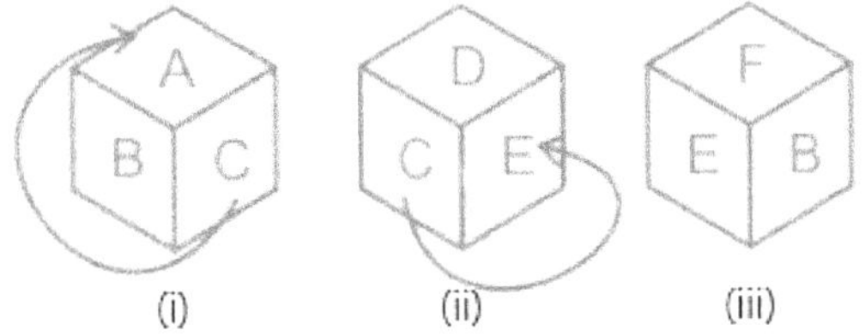

तो विपरीत सतह हैं:-

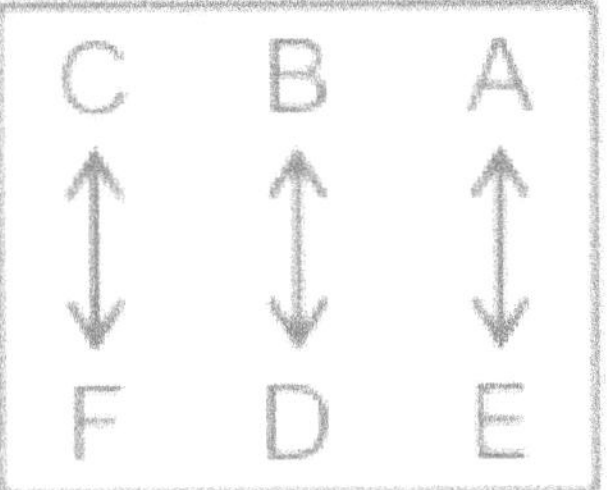

तो D के विपरीत संख्या B है।

अतः विकल्प (B) सही है।

16. प्रत्येक पंक्ति में तीसरी आकृति में ऐसे भाग शामिल हैं जो पहले दो आकृतियों के लिए सामान्य नहीं हैं।

अतः विकल्प (B) सही है।

17. प्रत्येक पंक्ति में घटकों की संख्या या तो बाएं से दाएं बढ़ती या घटती है। तीसरी पंक्ति में, यह बढ़ जाती है।

अतः विकल्प (A) सही है।

18.

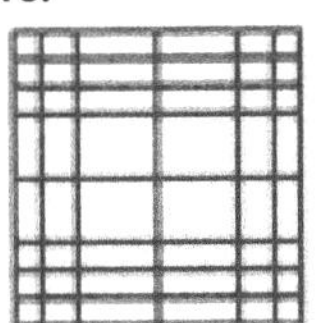

अतः विकल्प (C) सही है।

19.

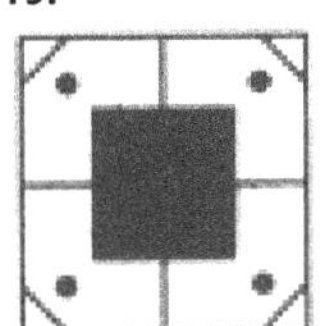

अतः विकल्प (D) सही है।

20. दिया हुआ, A = 4, K = 3, N = 2, P = 1.

पहले सेट का योग,

= K + A + N + P +K = 3 + 4 + 2 + 1 + 3 = 13.

दूसरे सेट का योग,

N + P + A + K +N = 2 + 1 + 4 + 3 + 2 = 12.

तीसरे सेट का योग,

P + K + A + N + A = 1 + 3 + 4 + 2 + 3 = 13.

चौथे सेट का योग,

N + A + K + N + A = 2 + 4 + 3 + 2 + 4 = 15.

अतः विकल्प (D) सही है।

21. T = 1

O = 2

U = 3

R = 4

C = 5

L = 6

E = 7

A = 8

S = 9

P = 0.

इसलिए, SCULPTURE = 953601347

अतः विकल्प (A) सही है।

22. हमारे पास है, S = 5

I = 3

T = 3

E = 0

R = 1

U = 8

N = 4

C = 6

L = 7

B = 1

O = 2

Y = 9

इसलिए,

बेटा = 524

अतः विकल्प (B) सही है।

23. चूंकि एक ऊर्ध्वाधर दर्पण रखा गया है, इस प्रकार ऊपर और नीचे की स्थिति समान रहेगी, जबकि बाएं और दाएं स्थान बदले जाएंगे।

शीर्ष दाईं ओर स्थित काला त्रिभुज ऊपर बाईं ओर दिखाई देगा और इस प्रकार पहला, तीसरा और चौथा आकृति बाहर हो जाएगी।

अतः विकल्प (B) सही है।

24.

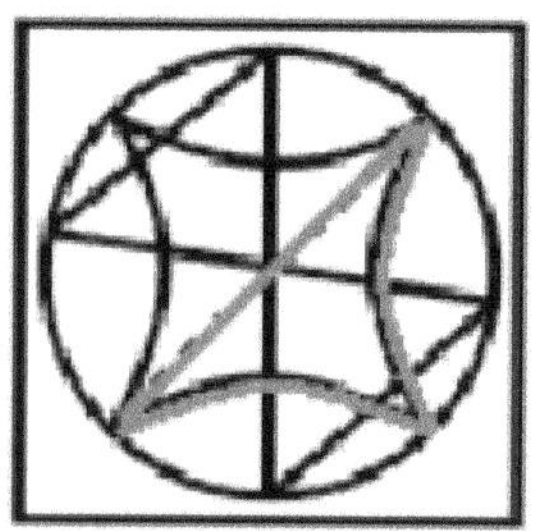

अतः विकल्प (A) सही है।

25. स्पष्ट रूप से, 1 से 100 तक, इकाई के अंक के रूप में 3 के साथ दस संख्याएँ हैं - 3, 13, 23, 33, 43, 53, 63, 73, 83, 93 और दस संख्याएँ 3 के साथ दस अंकों के रूप में - 30, 31 , 32, 33, 34, 35, 36, 37, 38, 39 है।

तो, आवश्यक संख्या = 10 + 10 = 20

अतः विकल्प (C) सही है।

अनुभागीय टेस्ट 03

Q.1 दी गयी आकृति में कौन सी आकृति पैटर्न को पूरा करेगी?

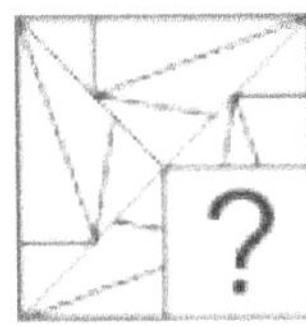

A.  B.  C.  D. 

Q.2 दी गयी आकृति में कौन सी आकृति पैटर्न को पूरा करेगी?

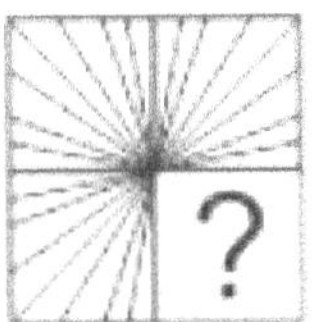

A.  B.  C.  D. 

Q.3 दिए गए विकल्पों में से, एक आकृति चुनें जिसमें प्रश्न आकृति छिपी हुई हो।

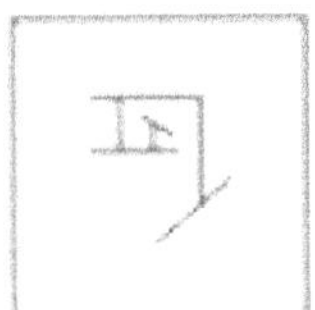

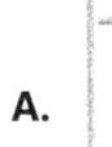
A. 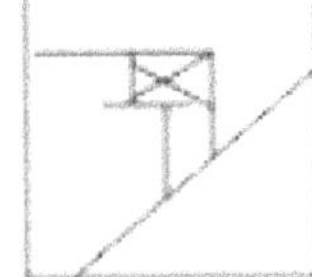

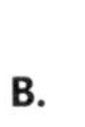
B.

C. 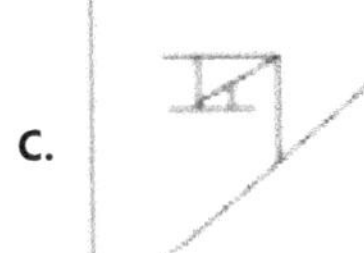

D. 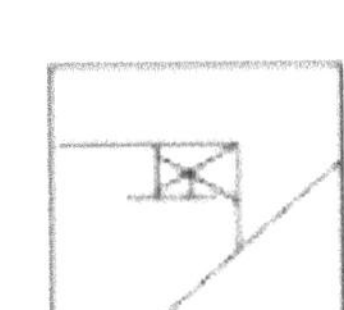

Q.4 दिए गए विकल्पों में से, एक आकृति चुनें जिसमें प्रश्न आकृति छिपी हुई हो।

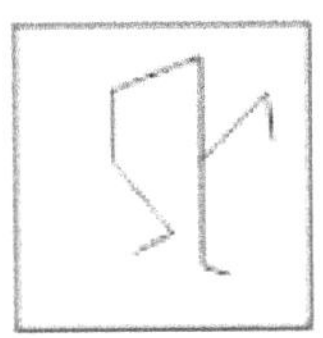

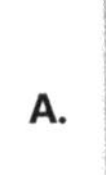
A. 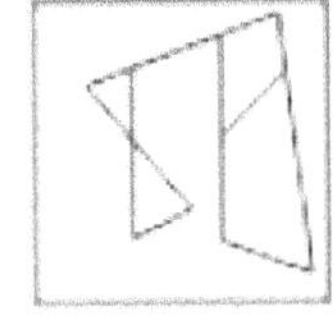

B. 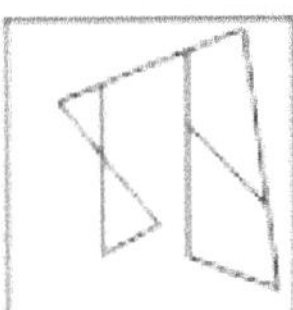

C. 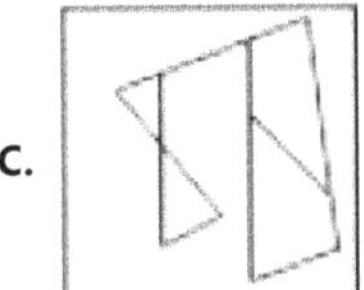

D. 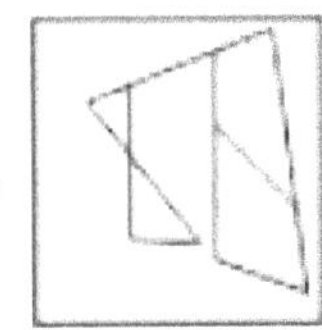

Q.5 एक दर्पण को MN रेखा पर रखा जाता है, और फिर उत्तर आकृतियों में से कौन सी प्रश्न आकृति की सही दर्पण छवि है?

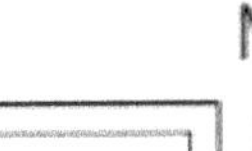

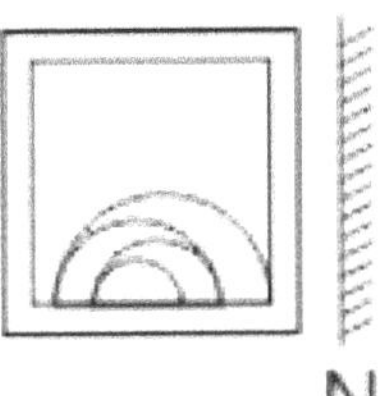

A. 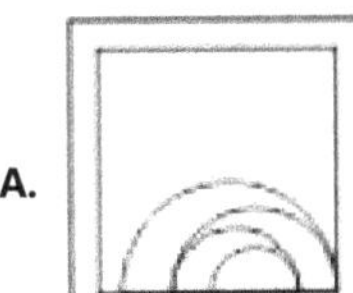

B. 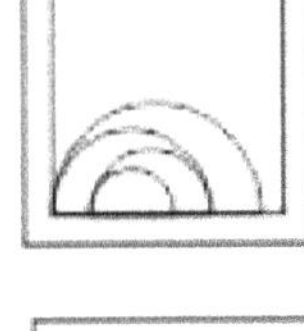

C. 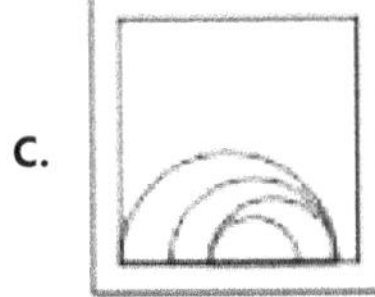

D. 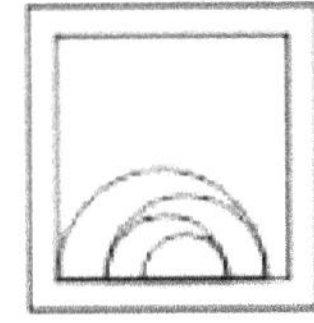

Q.6 एक दर्पण को MN रेखा पर रखा जाता है, और फिर उत्तर आकृतियों में से कौन सी प्रश्न आकृति की सही दर्पण छवि है?

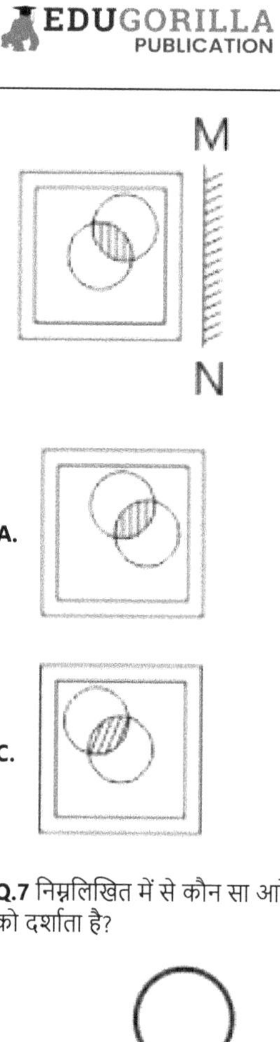

Q.7 निम्नलिखित में से कौन सा आरेख टाई, शर्ट और जूता के बीच के संबंधों को दर्शाता है?

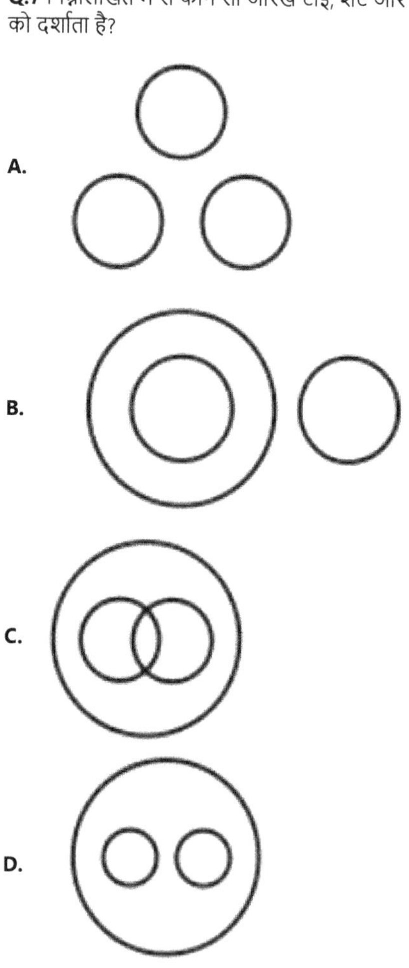

Q.8 निम्नलिखित में से कौन सा आरेख पुस्तक, शब्दकोश, और प्रिंटर के बीच के संबंधों को दर्शाता है?

A.
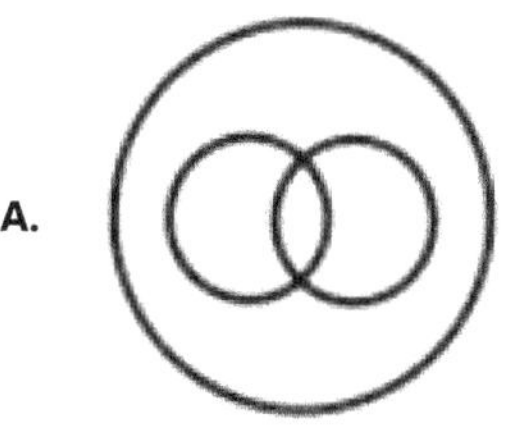

B.

C.

D.
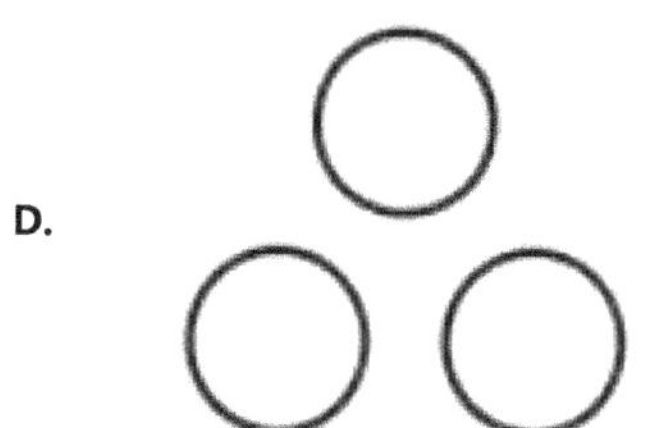

Q.9 निर्देश: निम्नलिखित प्रश्न में, एक शब्द को विकल्पों में से किसी एक में केवल एक संख्या द्वारा दर्शाया गया है। विकल्प में दिए गए संख्याओं के सेट को दो दिए गए मैट्रिसेस की तरह अक्षरों के दो वर्गों द्वारा दर्शाया गया है। मैट्रिक्स I का कॉलम और रो 0 से 4 तक और मैट्रिक्स II की संख्या 5 से 9 तक होती है। इन मेट्रिसेस के एक अक्षर को पहले पंक्ति और फिर कॉलम संख्या में दर्शाया जा सकता है जैसे कि प्रश्न 1 से 5 के लिए मैट्रिक्स में, K को 65,77 आदि द्वारा दर्शाया जा सकता है। H को 30,11 आदि द्वारा दर्शाया जा सकता है। प्रत्येक प्रश्न में दिए गए शब्द के लिए सही सेट की पहचान करें।

	0	1	2	3	4
0	A	E	S	T	H
1	T	H	A	E	S
2	E	S	T	H	A
3	H	A	E	S	T
4	S	T	H	A	E

मैट्रिक्स I

	5	6	7	8	9
5	P	O	R	K	L
6	K	L	P	O	R
7	O	R	K	L	P
8	L	P	O	R	K
9	R	K	L	P	O

मैट्रिक्स II

TASTE

A. 32,02,31,04,12
B. 34,00,40,22,44
C. 76,10,14,12,13
D. 44,32,21,33,31

Q.10 निर्देश: निम्नलिखित प्रश्न में, एक शब्द को विकल्पों में से किसी एक में केवल एक संख्या द्वारा दर्शाया गया है। विकल्प में दिए गए संख्याओं के सेट को दो दिए गए मैट्रिसेस की तरह अक्षरों के दो वर्गों द्वारा दर्शाया गया है। मैट्रिक्स I का कॉलम और रो 0 से 4 तक और मैट्रिक्स II की संख्या 5 से 9 तक होती है। इन मेट्रिसेस के एक अक्षर को पहले पंक्ति और फिर कॉलम

संख्या में दर्शाया जा सकता है जैसे कि प्रश्न 1 से 5 के लिए मैट्रिक्स में, K को 65,77 आदि द्वारा दर्शाया जा सकता है। H को 30,11 आदि द्वारा दर्शाया जा सकता है। प्रत्येक प्रश्न में दिए गए शब्द के लिए सही सेट की पहचान करें।

	0	1	2	3	4
0	A	E	S	T	H
1	T	H	A	E	S
2	E	S	T	H	A
3	H	A	E	S	T
4	S	T	H	A	E

मैट्रिक्स I

	5	6	7	8	9
5	P	O	R	K	L
6	K	L	P	O	R
7	O	R	K	L	P
8	L	P	O	R	K
9	R	K	L	P	O

मैट्रिक्स II

LAKE

A. 85,31,77,44 **B.** 77,00,41,12
C. 58,40,66,12 **D.** 02,76,43,31

Q.11 प्रश्नवाचक चिह्न (?) के स्थान पर क्या आएगा?

8 : 39 :: 72 : ?

A. 64 **B.** 312 **C.** 351 **D.** 300

Q.12 प्रश्नवाचक चिह्न (?) के स्थान पर क्या आएगा?

123 : 4 :: 726 : ?

A. 23 **B.** 26 **C.** 14 **D.** 12

Q.13 एक निश्चित कोड में, VISHWANATHAN को NAAWTHHSANIV के रूप में लिखा गया है। उसी कोड में KARUNAKARANA कैसे लिखा जायेगा?

A. AKNUARRANKA
B. KAANRAURNAAK
C. NKRANKRAUK
D. RURNKAAUNAK

Q.14 एक निश्चित कूट भाषा में, '$STAY$' को '$RTSUZBXZ$' के रूप में लिखा जाता है। उस भाषा में '$DESK$' को किस प्रकार लिखा जायेगा?

A. $CEDERTJL$ **B.** $CEDFQTJL$
C. $CEDFRTJL$ **D.** $ECFDTQLJ$

Q.15 आठ व्यक्ति - सरीन, राही, अकासा, पावी, प्रीत, गुंजन, तरन और नम्या एक ऐसे परिवार से हैं, जिनमें तीन पीढ़ियाँ और दो विवाहित जोड़े हैं। प्रीत अकासा के इकलौते बेटे की बहन है। पावी सरीन की बहू है। राही अकासा की माता हैं। सरीन तरन के दादा हैं, जो पावी की बेटी हैं। नम्या गुंजन के मामा हैं। परिवार में कितने पुरुष सदस्य हैं?

A. 3 **B.** 4 **C.** 5 **D.** 6

Q.16 निम्नलिखित विकल्पों से विषम चुनिए।

A. 8 – 11 **B.** 1 – 4 **C.** 7 – 10 **D.** 3 – 5

Q.17 निम्नलिखित विकल्पों से विषम चुनिए।

A. (96, 24) **B.** (39, 18) **C.** (81, 54) **D.** (82, 64)

Q.18 संकेतों का कौन सा विनिमय, निम्नलिखित समीकरण का अनुसरण करेगा?

(8 – 8) + 8 × 32 = 64

A. ×, +, – **B.** –, ÷, + **C.** +, ÷, + **D.** +, ÷,×

Q.19 संकेतों का कौन सा विनिमय, निम्नलिखित समीकरण का अनुसरण करेगा?

64 – 8 × 9 ÷ 8 = 64

A. + और – **B.** ÷ और × **C.** + और ÷ **D.** – और ÷

Q.20 दिए गए विकल्पों में से सही विकल्प चुनें जो श्रृंखला को पूरा करेगा।

AD EI IN OS ?

A. UX **B.** XY **C.** WY **D.** UY

Q.21 दिए गए विकल्पों में से सही विकल्प चुनें जो श्रृंखला को पूरा करेगा।

MN QR UV ?

A. XY **B.** WX **C.** YX **D.** YZ

Q.22 निम्नलिखित विकल्पों में से विषम चुनिए:

A. 7851 **B.** 6432 **C.** 5789 **D.** 1325

Q.23 निम्नलिखित में से कौन सा शब्द "SQUIRREL" शब्द के अक्षरों का उपयोग करके बनाया जा सकता है?

A. Square **B.** Quarrel **C.** Liar **D.** Lure

Q.24 दिए गए विकल्पों में से लुप्त संख्या ज्ञात कीजिए।

15	5	7	10
64	4	5	?
91	?	9	22

A. 21, 7 **B.** 12, 4 **C.** 24, 8 **D.** 35, 5

Q.25 दिए गए विकल्पों में से विषम शब्द ज्ञात कीजिए।

A. तैराकी **B.** नौकायन **C.** गोताखोरी **D.** चालन

// स्मार्ट उत्तर पुस्तिका //

सही उत्तर — उन छात्रों के प्रतिशत को इंगित करता है जिन्होंने प्रश्नों का सही उत्तर दिया था।

छोड़ दिया — उन छात्रों के प्रतिशत को इंगित करता है जिन्होंने प्रश्नों को छोड़ दिया था।

प्रश्न संख्या	उत्तर	सही उत्तर	छोड़ दिया
1	A	54.17 %	36.44 %
2	B	68.0 %	30.69 %
3	D	54.11 %	42.75 %
4	A	49.34 %	35.4 %
5	D	51.93 %	39.74 %

प्रश्न संख्या	उत्तर	सही उत्तर	छोड़ दिया
6	D	64.95 %	30.1 %
7	A	46.35 %	37.25 %
8	C	67.53 %	31.35 %
9	B	26.19 %	67.98 %
10	A	20.39 %	75.76 %

प्रश्न संख्या	उत्तर	सही उत्तर	छोड़ दिया
11	C	80.27 %	15.08 %
12	D	67.67 %	32.32 %
13	B	66.51 %	30.73 %
14	C	43.19 %	50.64 %
15	B	41.24 %	40.41 %

प्रश्न संख्या	उत्तर	सही उत्तर	छोड़ दिया
16	D	66.22 %	33.67 %
17	D	65.5 %	32.58 %
18	D	56.69 %	31.27 %
19	D	45.12 %	46.29 %
20	A	45.53 %	51.96 %

प्रश्न संख्या	उत्तर	सही उत्तर	छोड़ दिया
21	D	41.12 %	50.21 %
22	B	58.69 %	40.24 %
23	D	50.83 %	48.37 %
24	A	64.16 %	30.94 %
25	D	61.3 %	31.5 %

कार्य विश्लेषण	
औसत अंक (%)	46.0%
टॉपर्स स्कोर (%)	62.0%
आपका स्कोर	

//संकेत और समाधान//

1.

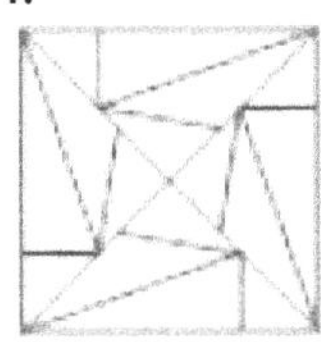

अतः विकल्प (A) सही है।

2.

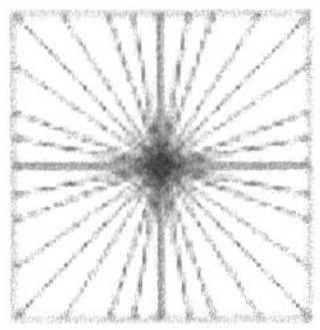

अतः विकल्प (B) सही है।

3.

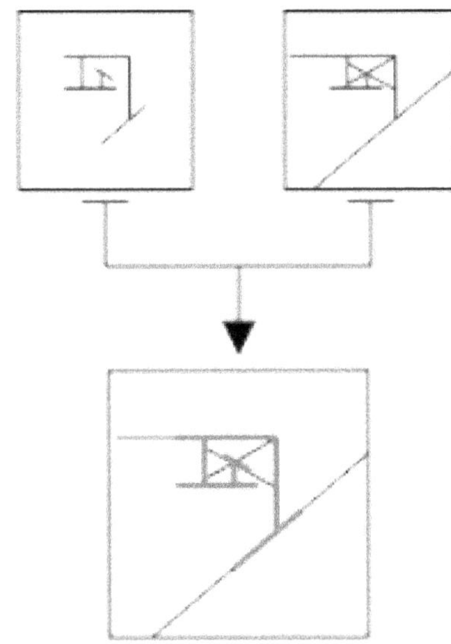

अतः विकल्प (D) सही है।

4.

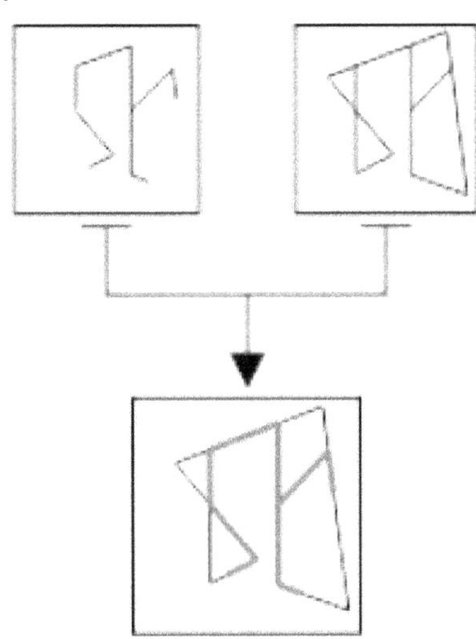

अतः विकल्प (A) सही है।

5.

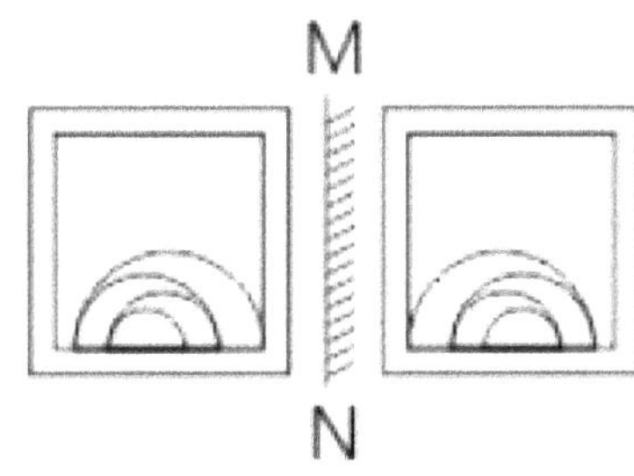

अतः विकल्प (D) सही है।

6.

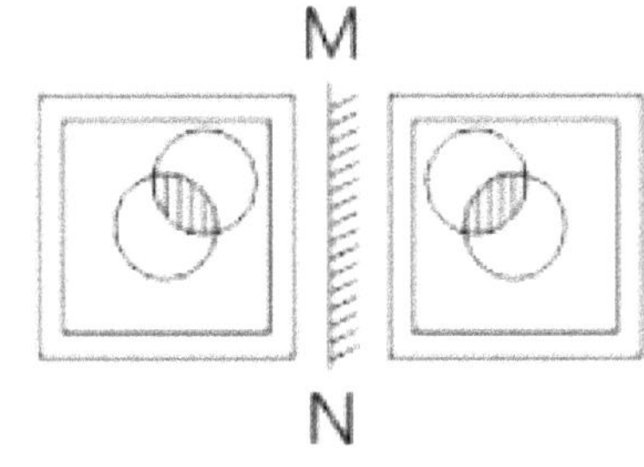

अतः विकल्प (D) सही है।

7. टाई, शर्ट और जूता सभी अलग-अलग वस्तुये हैं, एक दूसरे से पूरी तरह से अलग हैं।

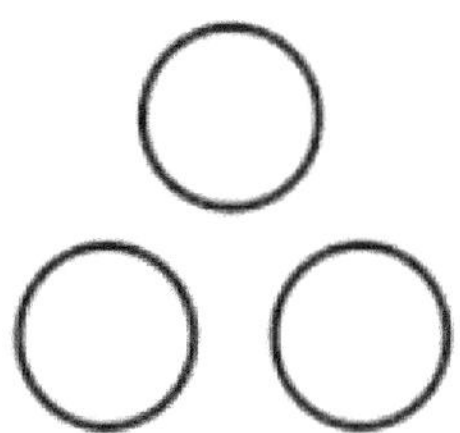

अतः विकल्प (A) सही है।

8. शब्दकोश भी एक प्रकार की पुस्तक है। लेकिन प्रिंटर की एक अलग वस्तु है।

अतः विकल्प (C) सही है।

9. $T \rightarrow 03,10,22,34,41$

$A \rightarrow 00,12,24,31,43$

$S \rightarrow 02,14,21,33,40$

$T \rightarrow 03,10,22,34,41$

$E \rightarrow 01,13,20,32,44$

TASTE $\rightarrow 34,00,40,22,44$

अतः विकल्प (B) सही है।

10. $L \rightarrow 59,66,78,85,97$

$A \rightarrow 00,12,24,31,43$

$K \rightarrow 58,65,77,89,96$

$E \rightarrow 01,13,20,32,44$

TASTE $\rightarrow 85,31,77,44$

अतः विकल्प (A) सही है।

11. ⇒ 8 × 5 – 1 = 39

इसी प्रकार,

⇒ 72 × 5 – 9 = 351

अतः विकल्प (C) सही है।

12. इसमें, दी गई संख्या के पहले दो अंक तीसरे से विभाजित हैं।

$$123 \Rightarrow \frac{12}{3} = 4$$

इसी प्रकार,

$$726 \Rightarrow \frac{72}{6} = 12$$

अतः विकल्प (D) सही है।

13. शब्द को दो अक्षरों के छह सेटों में विभाजित करें और इन सेटों को 1 से 6 तक लेबल करें। फिर, कोड में इन सेटों को क्रम 4, 3, 5, 2, 6, 1 में लिखा गया है, जिनमे सेट 3, 2, 1 के अक्षरों को उल्टे क्रम में लिखकर शामिल किया गया है।

दिया गया है,

VI SH WA NA TH AN => NA AW TH HS AN IV

इस प्रकार,

KA RU NA KA RA NA ⇒ KA AN RA UR NA AK

अतः विकल्प (B) सही है।

14. तर्क इस प्रकार है:

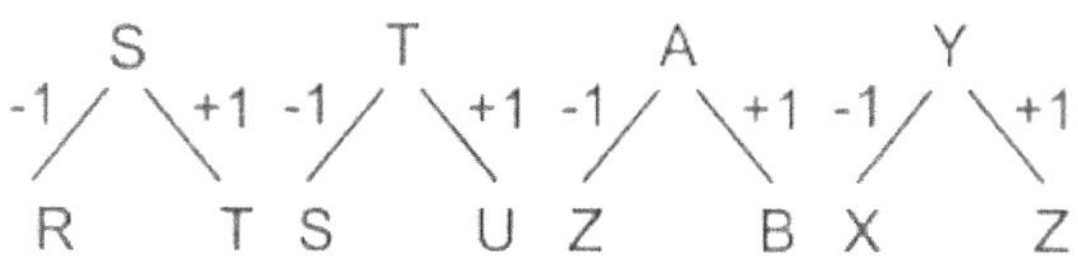

इसी तरह,

D E S K
-1 +1 -1 +1 -1 +1 -1 +1
C E D F R T J L

इसलिए सही उत्तर ' $CEDFRTJL$' है।

अतः विकल्प (C) सही है।

15.

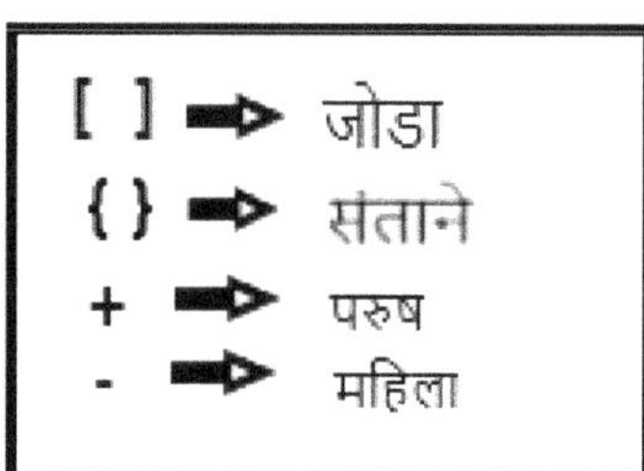

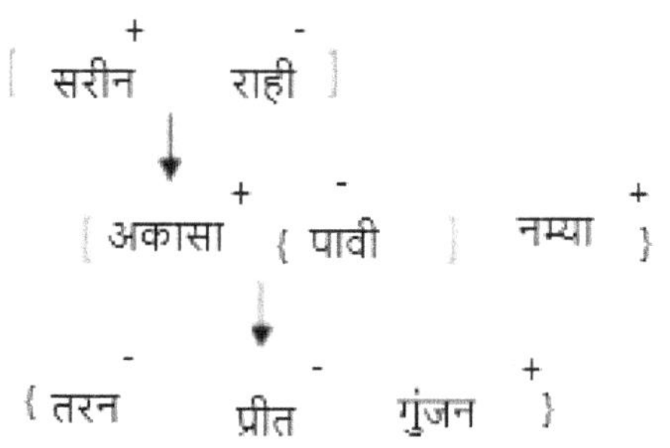

अतः परिवार में 4 पुरुष सदस्य हैं।

अतः विकल्प (B) सही है।

16. विकल्पों से, हम प्राप्त करते है,

8 – 11 = 3

1 – 4 = 3

7 – 10 = 3

लेकिन,

3 – 5 = 2

इस प्रकार, विकल्प (D) अलग है।

अतः विकल्प (D) सही है।

17. संख्या युग्म (82, 64) को छोड़कर, अन्य सभी संख्या युग्म में दोनों संख्याये 3 के गुणक हैं।

⇒ 96 = 32 × 3; 24 = 8 × 3

⇒ 39 = 13 × 3; 18 = 6 × 3

⇒ 81 = 27 × 3; 54 = 18 × 3

अतः विकल्प (D) सही है।

18. दिया गया है,

⇒ (8 – 8) + 8 × 32 = 64

विकल्प (D) के अनुसार, संकेतों का विनिमय करने पर, हम प्राप्त करते है

⇒ (8 + 8) ÷ 8 × 32 = 64

⇒ 16 ÷ 8 × 32 = 64

⇒ 2 × 32 = 64

अतः विकल्प (D) सही है।

19. दिया गया है,

64 – 8 × 9 ÷ 8 = 64

विकल्प (D) के अनुसार, संकेतों का विनिमय करने पर, हम प्राप्त करते है

⇒ 64 ÷ 8 × 9 – 8 = 64

⇒ 8 × 9 – 8 = 64

⇒ 72 – 8 = 64

⇒ 64 = 64

अतः विकल्प (D) सही है।

20. A – E – I – O – U ⇒ स्वर

$D \xrightarrow{+5} I \xrightarrow{+5} N \xrightarrow{+5} S \xrightarrow{+5} X$

अतः विकल्प (A) सही है।

21.

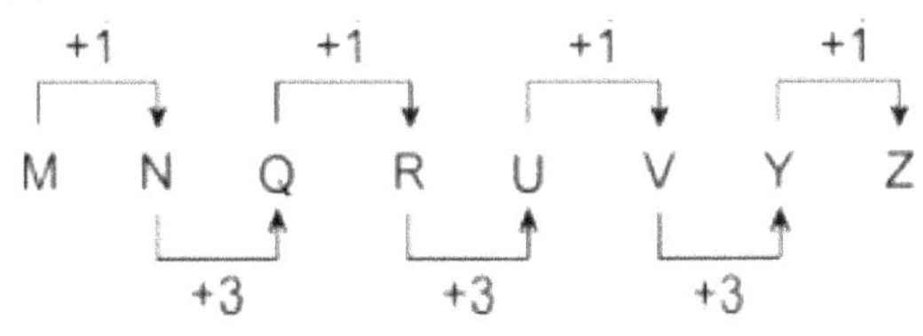

अतः विकल्प (D) सही है।

22. 6432 को छोड़कर प्रत्येक संख्या विषम संख्या है।

अतः विकल्प (B) सही है।

23. "SQUIRREL" शब्द के अक्षरों का उपयोग करके केवल "Lure" बनाया जा सकता है।

बाकी शब्दों में कुछ अतिरिक्त भी अक्षर हैं।

अतः विकल्प (D) सही है।

24. पैटर्न है,

⇒ 15 ÷ 5 + 7 = 10

⇒ 64 ÷ 4 + 5 = 21

⇒ 91 ÷ ? + 9 = 22

⇒ ? = 91 ÷ 13

⇒ 7

अतः विकल्प (A) सही है।

25. तैराकी, नौकायन और गोताखोरी पानी से संबंधित हैं। तो, ड्राइविंग विषम शब्द है। ड्राइविंग एक वाहन या जानवर की गति को नियंत्रित करने और चलाने की क्रिया है।

अतः विकल्प (D) सही है।

अनुभागीय टेस्ट 04

Q.1 महिला और बाल विकास मंत्रालय ने पीएम केयर्स फॉर चिल्ड्रन योजना को 28 _________ तक बढ़ा दिया था।

A. फरवरी 2022 **B.** मार्च 2022
C. फरवरी 2022 **D.** दिसंबर 2022

Q.2 चल रहे सिंगापुर इंटरनेशनल में भारोत्तोलन में स्वर्ण पदक किसने जीता?

[Delhi Forest Guard, 2021]

A. मीराबाई चानू **B.** स्वाति सिंह
C. कुंजारानी देवी **D.** कर्णम मल्लेश्वरी

Q.3 यू० एस० ओपन टेनिस टूर्नमेंट, 2018 (महिला एकल) की विजेता थी:

[Delhi Forest Guard, 2020], [Super TET Paper - I, 2019]

A. कैरोलीन वोज़्नियाकी **B.** सिमोना हालेप
C. नाओमी ओसाका **D.** सेरेना विलियम्स

Q.4 वर्ष 2022 में, 21 जून को अंतर्राष्ट्रीय योग दिवस का कौन सा संस्करण मनाया गया?

A. 4 **B.** 5 **C.** 8 **D.** 7

Q.5 शक्तियों का विभाजन और स्वतंत्र न्यायपालिका किसकी दो महत्त्वपूर्ण विशेषताएं हैं?

A. सरकार का लोकतांत्रिक स्वरूप
B. सरकार का संघीय स्वरूप
C. सरकार का समाजवादी स्वरूप
D. सरकार का एकात्मक स्वरूप

Q.6 राष्ट्रीय आपात घोषणा का दुरुपयोग रोकने हेतु संविधान संशोधन अधिनियम है-

A. 42वां संशोधन अधिनियम
B. 43वां संशोधन अधिनियम
C. 44वां संशोधन अधिनियम
D. 45वां संशोधन अधिनियम

Q.7 निम्नलिखित में से किसने सबसे पहले यूरोप को भारत से अवगत कराया था?

A. सिकन्दर (अलेक्जेंडर) **B.** अरब
C. ग्रीक **D.** ईरानी

Q.8 1612 ई. में, अंग्रेजी बेड़े ने किस युद्ध में पुर्तगालियों को हराया था?

A. सूरत **B.** केरल
C. अहमदाबाद **D.** मलक्का

Q.9 हीराकुंड बाँध किस नदी पर स्थित है?

A. रिहंद **B.** महानदी **C.** स्वर्णरेखा **D.** भार्गवी

Q.10 भारत की स्थलीय सीमा कितने देशों से लगती है?

A. 6 **B.** 7 **C.** 8 **D.** 9

Q.11 भारत में सबसे बड़ा राजस्व ________ से प्राप्त होता है।

A. विक्रय कर **B.** प्रत्यक्ष कर
C. उत्पाद शुल्क **D.** इनमें से कोई नहीं

Q.12 लॉरेंज वक्र क्या दर्शाता है?

A. एक निश्चित वस्तु की कीमत और उसकी मांग के बीच संबंध
B. आय वितरण
C. कर योग्य आय लोच
D. रोजगार की दर

Q.13 निम्नलिखित में से कौन भारत में क्रेडिट रेटिंग एजेंसियों का नियामक है?

A. भारतीय रिजर्व बैंक **B.** भारतीय स्टेट बैंक
C. सिडबी **D.** सेबी

Q.14 भारत में GST बिल पारित करने के लिए कौन सा संवैधानिक संशोधन किया गया था?

A. 101वां **B.** 115वां **C.** 120वां **D.** 122वां

Q.15 सूची II के साथ सूची I का मिलान करें और नीचे दिए गए कोड का उपयोग करके सही उत्तर चुनें।

	सूची I		सूची II
(a)	राष्ट्रीय समुद्री दिवस	(1)	21 जून
(b)	विश्व स्वास्थ्य दिवस	(2)	22 मई
(c)	आंतरिक योग दिवस	(3)	7 अप्रैल
(d)	विश्व होम्योपैथी दिवस	(4)	10 अप्रैल

A. (a)-(1), (b)-(2), (c)-(3), (d)-(4)
B. (a)-(3), (b)-(4), (c)-(1), (d)-(2)
C. (a)-(4), (b)-(3), (c)-(2), (d)-(1)
D. (a)-(2), (b)-(3), (c)-(1), (d)-(4)

Q.16 भारतीय संविधान के किस अनुच्छेद को डॉ. बी.आर. अम्बेडकर ने "भारतीय संविधान का हृदय और आत्मा" कहा?

A. अनुच्छेद 356 **B.** अनुच्छेद 32
C. अनुच्छेद 14 **D.** अनुच्छेद 19

Q.17 भारत में मूल अधिकार किस अधिकार के माध्यम से सुनिश्चित किए गए हैं?

A. समानता का अधिकार
B. शोषण के विरुद्ध अधिकार
C. संवैधानिक उपचारों का अधिकार
D. शैक्षिक और सांस्कृतिक अधिकार

Q.18 धर्म-निरपेक्ष राज्य किसे कहते हैं?

A. जिसका अपना कोई धर्म न हो
B. जो नास्तिक हो
C. जो धर्म विरोधी हो
D. जो लोगों की धार्मिक भावनाओं को ध्यान में रखता हो

Q.19 CNBC का पूर्ण रूप है:

A. कंस्यूमर न्यूज़ एंड बिज़नेस चैनल
B. कंस्यूमर नेटवर्क एंड बिज़नेस चैनल
C. कॉस्मोपॉलिटन नेटवर्क एंड बिजनेस चैनल
D. क्रिस्टलाइन न्यूज़ एंड बिजनेस चैनल

Q.20 अंतिम मौर्य सम्राट कौन था?

A. अशोक **B.** बृहद्रथ
C. सम्प्रति **D.** इनमें से कोई नहीं

Q.21 निम्नलिखित में से कौन सी पहाड़ियाँ हिमालय और मैदानों को जोड़ने वाली श्रृंखला का काम करती हैं?

A. टिपरा पहाड़ी **B.** मोरनी पहाड़ी
C. अरावली पहाड़ी **D.** अम्बाला पहाड़ी

Q.22 कर्नाटक युद्ध (1740-1763) निम्नलिखित यूरोपीय शक्तियों में से किसके बीच लड़ा गया था?
A. डच और पुर्तगाली **B.** अंग्रेज और फ्रांसिसी
C. फ्रांसिसी और डच **D.** अंग्रेज और डच

Q.23 साहित्य में नोबेल 2021 से किसे सम्मानित किया गया है?
A. अब्दुलराजाक गुरनाह **B.** पीटर हैंडके
C. ओल्गा टोकार्जुक **D.** काजुओ इशिगुरो

Q.24 हाल ही में खबरों में रहा 'इबोनिया' रामायण का ऐसा ही संस्करण किस देश में पाया जाता है?
A. नेपाल **B.** मेडागास्कर
C. श्रीलंका **D.** मॉरीशस

Q.25 दिसंबर 2021 में डेविस कप का खिताब किस देश ने जीता?
A. स्पेन **B.** रूस **C.** क्रोएशिया **D.** सर्बिया

// स्मार्ट उत्तर पुस्तिका //

सही उत्तर उन छात्रों के प्रतिशत को इंगित करता है जिन्होंने प्रश्नों का सही उत्तर दिया था।

छोड़ दिया उन छात्रों के प्रतिशत को इंगित करता है जिन्होंने प्रश्नों को छोड़ दिया था।

प्रश्न संख्या	उत्तर	सही उत्तर / छोड़ दिया
1	A	61.14 % / 34.94 %
2	A	47.53 % / 31.41 %
3	C	42.72 % / 41.18 %
4	C	51.97 % / 36.8 %
5	B	52.52 % / 46.79 %
6	C	13.36 % / 70.36 %
7	A	58.84 % / 35.91 %
8	A	16.53 % / 75.53 %
9	B	64.48 % / 30.3 %
10	B	63.87 % / 34.0 %
11	C	13.64 % / 85.46 %
12	B	61.49 % / 33.27 %
13	D	58.64 % / 34.65 %
14	D	10.55 % / 85.36 %
15	D	63.52 % / 30.0 %
16	B	43.74 % / 33.84 %
17	C	29.52 % / 67.04 %
18	A	65.91 % / 33.0 %
19	A	68.88 % / 31.1 %
20	B	51.33 % / 41.2 %
21	B	46.79 % / 42.01 %
22	B	43.51 % / 52.28 %
23	A	57.49 % / 35.41 %
24	B	60.81 % / 38.86 %
25	B	49.73 % / 40.78 %

कार्य विश्लेषण	
औसत अंक (%)	50.0%
टॉपर्स स्कोर (%)	72.0%
आपका स्कोर	

//संकेत और समाधान//

1. महिला और बाल विकास मंत्रालय ने 28 फरवरी 2022 तक पीएम केयर्स फॉर चिल्ड्रन योजना को बढ़ा दिया था। पहले यह योजना 31 दिसंबर 2021 तक वैध थी। यह योजना उन सभी बच्चों को कवर करती है, जिन्होंने 11 मार्च 2020 से कोविड- 19 महामारी के कारण माता-पिता, जीवित माता-पिता, या कानूनी अभिभावक/दत्तक माता-पिता/एकल दत्तक माता-पिता दोनों को खो दिया है।

अतः विकल्प (A) सही है।

2. मीराबाई चानू ने सिंगापुर इंटरनेशनल में भारोत्तोलन में स्वर्ण पदक जीता।

भारोत्तोलन में 2020 टोक्यो ओलंपिक की रजत पदक विजेता, मीराबाई चानू ने 25 फरवरी 2022 को चल रहे सिंगापुर इंटरनेशनल में स्वर्ण पदक जीता। इस जीत ने उन्हें बर्मिंघम में आगामी 2022 राष्ट्रमंडल खेलों में एक स्थान सुरक्षित करने में भी मदद की। नए भार वर्ग −55 किग्रा में प्रतिस्पर्धा करते हुए चानू ने स्नैच में कुल 191 किग्रा- 86 किग्रा और क्लीन एंड जर्क में 105 किग्रा भार उठाकर स्वर्ण पदक जीता।

अतः विकल्प (A) सही है।

3. यू० एस० ओपन टेनिस टूर्नमेंट, 2018 (महिला एकल) की विजेता नाओमी ओसाका थी।

- नाओमी ओसाका ने नाटकीय अमेरिकी ओपन फाइनल में सेरेना विलियम्स को हराया।
- वह ग्रैंड स्लैम खिताब जीतने वाली पहली जापानी महिला बनीं।
- उन्होंने फाइनल में सेरेना विलियम्स पर 6-2, 6-4 की जीत दर्ज की।

अतः विकल्प (C) सही है।

4. अंतर्राष्ट्रीय योग दिवस का 8वां संस्करण 21 जून, 2022 को मनाया गया, यह मानवता के लिए योग के विषय द्वारा निर्देशित था।' COVID-19 के ठीक होने के बाद की अवधि के दौरान सही योग आसनों का चयन और जागरूकता के साथ उनका अभ्यास करने से तेजी से उपचार के लिए आराम से शरीर और दिमाग के साथ प्रतिरक्षा का निर्माण करने में मदद मिलती है।

अत: विकल्प (C) सही है।

5. संघ और राज्यों के बीच शक्तियों का विभाजन संघात्मक संविधान का मूल तत्व है। यह विभाजन प्रायः एक संविधान द्वारा किया जाता है, जो देश की सर्वोच्च विधि होता है। चूंकि सरकारों की शक्तियों का विभाजन एक लिखित संविधान द्वारा होता है, जिससे विभिन्न सरकारें एक दूसरे के कार्य क्षेत्र में हस्तक्षेप न करें। इसके लिए एक ऐसी संस्था की आवश्यकता होती है, जो स्वतंत्र एवं निष्पक्ष होकर केन्द्रीय तथा राज्य सरकारों के बीच विवादों को निष्पक्षता से निपटा सके।

अतः विकल्प (B) सही है।

6. राष्ट्रीय आपात घोषणा का दुरुपयोग रोकने हेतु वर्ष 1978 में किए गए 44वें संविधान संशोधन द्वारा अनुच्छेद 352 में अब यह व्यवस्था की गई है कि राष्ट्रीय आपात की उद्घोषणा केवल उसी समय की जा सकेगी जब मंत्रिमंडल लिखित रूप से राष्ट्रपति से ऐसी उद्घोषणा करने के लिए कहे। इस संशोधन द्वारा 'आंतरिक अशांति' के स्थान पर 'सशस्त्र विद्रोह' पदावली रखी गई है। अतः अब आपात उद्घोषणा सशस्त्र विद्रोह से आंतरिक अशांति होने पर ही की जा सकेगी।

अतः विकल्प (C) सही है।

7. सिकन्दर का वास्तविक नाम अलेक्जेंडर तृतीय था। भारत में उसे सिकन्दर कहकर सम्बोधित किया जाता हैं। इरानियों के माध्यम से यूनानियों को भारत की अपार सम्पदा की जानकारी हुई जिसकी परिणति सिकन्दर के आक्रमण में हुई। भारत पर सिकन्दर का आक्रमण दूसरा विदेशी व पहला यूरोपीय आक्रमण था।

अतः विकल्प (A) सही है।

8. 1600 ई. में कुछ अंग्रेजी व्यापारियों ने इंग्लैण्ड की महारानी एलिजाबेथ से, भारत से व्यापार करने की अनुमति ली। इसके लिए उन्होंने ईस्ट इण्डिया कम्पनी नामक एक कम्पनी बनाई। उस समय तक पुर्तगाली यात्रियों ने भारत की यात्रा का समुद्री मार्ग खोज निकाला था। 1612 ई. में सूरत का युद्ध, पुर्तगालियों और अंग्रेजों के बीच में हुआ था जिसमे अंग्रेजों की जीत हुई थी।

अतः विकल्प (A) सही है।

9. हीराकुंड बाँध ओडिशा में महानदी पर निर्मित एक बाँध है। यह सम्बलपुर से 15 किमी दूर है। इस बाँध के पीछे विशाल जलाशय है। यह परियोजना भारत में शुरू की गयी कुछ आरम्भिक परियोजनाओं में से एक है। 1957 में महानदी पर निर्मित यह बाँध विश्व के सबसे लंबे बाँधो में से एक है। इसकी कुल लम्बाई 25.8 किमी है।

अतः विकल्प (B) सही है।

10. भारत की कुल स्थलीय सीमा 15,106 किलोमीटर है, इसमें 92 जिले और 17 राज्य शामिल हैं। भारत की स्थलीय सीमा पाकिस्तान, बांग्लादेश, चीन, नेपाल, म्यांमार, भूटान और अफ़ग़ानिस्तान लगती है।

अतः विकल्प (B) सही है।

11. उत्पाद या उत्पाद कर (कभी-कभी उत्पाद शुल्क कहा जाता है) देश के भीतर उत्पादित वस्तुओं पर लगाया जाने वाला एक प्रकार का कर है (जैसा कि सीमा शुल्क के विपरीत, देश के बाहर से माल पर शुल्क लिया जाता है)। यह किसी वस्तु के उत्पादन या बिक्री पर कर है। इस कर को अब केंद्रीय मूल्य वर्धित कर (CENVAT) के रूप में जाना जाता है।

अतः विकल्प (C) सही है।

12.

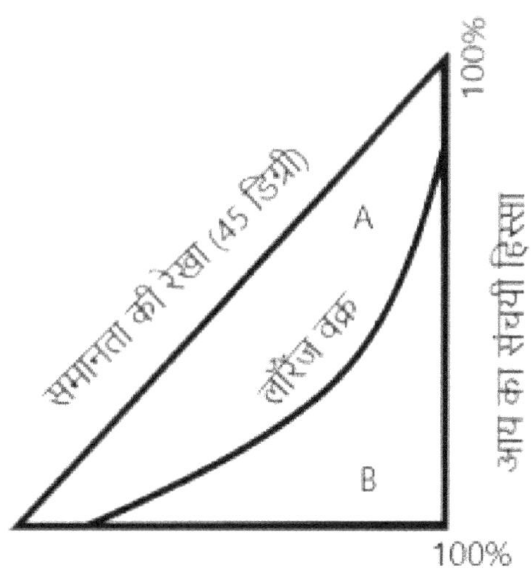

एक लॉरेंज वक्र आय में फैलता या धन में असमानता दिखाने के लिए अर्थशास्त्र में प्रयुक्त एक ग्राफ है। यह 1905 में मैक्स लॉरेंज द्वारा विकसित किया गया था, और मुख्य रूप से अर्थशास्त्र में इसका उपयोग किया जाता है। हालांकि, इसका उपयोग अन्य प्रणालियों में असमानता दिखाने के लिए भी किया जा

सकता है। गिनी इंडेक्स की गणना लॉरेंज वक्र से वक्र के अभिन्न लेने और 0.5 से घटाकर की जा सकती है।

अतः विकल्प (B) सही है।

13. सेबी का मतलब भारतीय प्रतिभूति विनिमय बोर्ड है। इसे भारत में क्रेडिट रेटिंग एजेंसियों के नियामक के रूप में जाना जाता है। यह 1992 में संसद के अधिनियम द्वारा प्रतिभूतियों में निवेशकों के हितों की रक्षा के लिए, प्रतिभूति बाजार के विकास को बढ़ावा देने के लिए स्थापित किया गया है।

अतः विकल्प (D) सही है।

14. संविधान (101 संशोधन) अधिनियम, 2016, इस संशोधन ने 1 जुलाई 2017 से भारत में एक राष्ट्रीय माल और सेवा कर (GST) पेश किया। इसे भारत के संविधान के 122वें संशोधन विधेयक के रूप में पेश किया गया था।

वस्तु एवं सेवा कर (GST) एक मूल्य वर्धित कर (वैट) है जो राष्ट्रीय स्तर पर सेवाओं के साथ-साथ वस्तुओं के निर्माण, बिक्री और उपभोग पर एक व्यापक अप्रत्यक्ष कर के रूप में प्रस्तावित है। यह भारतीय केंद्र और राज्य सरकारों द्वारा वस्तुओं और सेवाओं पर लगाए गए सभी अप्रत्यक्ष करों की जगह लेता है। इसका उद्देश्य अधिकांश वस्तुओं और सेवाओं के लिए व्यापक होना है।

अतः विकल्प (D) सही है।

15. सही मिलान है:

	सूची I		सूची II
(a)	राष्ट्रीय समुद्री दिवस	(2)	22 मई
(b)	विश्व स्वास्थ्य दिवस	(3)	7 अप्रैल
(c)	आंतरिक योग दिवस	(1)	21 जून
(d)	विश्व होम्योपैथी दिवस	(4)	10 अप्रैल

अतः विकल्प (D) सही है।

16. भारत संविधान के अनुच्छेद 32 को डॉ. बी.आर. अम्बेडकर ने "भारतीय संविधान का हृदय और आत्मा" कहा है। इस अनुच्छेद के अंतर्गत मौलिक अधिकारों को प्रवर्तित कराने के लिए समुचित कार्यवाहियों द्वारा उच्चतम न्यायालय में आवेदन करने का अधिकार प्रदान किया गया है।

अतः विकल्प (B) सही है।

17. भारत में मूल अधिकार संवैधानिक उपचारों के अधिकार (अनुच्छेद 32) के द्वारा सुनिश्चित किये गये हैं। इसके तहत मूल अधिकारों को प्रवर्तित कराने के लिए समुचित कार्यवाहियों द्वारा उच्चतम न्यायालय में समावेदन करने का अधिकार प्रत्याभूत किया गया है।

अतः विकल्प (C) सही है।

18. धर्म निरपेक्ष राज्य से तात्पर्य ऐसे राज्य से है जिसका अपना कोई धर्म न हो। किसी धर्म विशेष को प्रोत्साहन नहीं देता हो। भारतीय संविधान की प्रस्तादना में पंथनिरपेक्ष शब्द 42 वें संविधान संशोधन, 1976 द्वारा जोड़ा गया।

अतः विकल्प (A) सही है।

19. पूरा नाम "कंस्यूमर न्यूज़ एंड बिज़नेस चैनल" गिरा देने के साथ, नेटवर्क के दिन के समय की व्यावसायिक प्रोग्रामिंग "सीएनबीसी / एफएनएन डेटाइम" ब्रांडेड हो गई थी, हालांकि यह 1992 तक चरणबद्ध था।

अतः विकल्प (A) सही है।

20. अंतिम मौर्य सम्राट बृहद्रथ था जिसे उसके सेनापति सम्राट पुष्यमित्र शुंग ने मारकर शुंग राज्य की स्थापना की।

अतः विकल्प (B) सही है।

21. मोरनी पहाड़ी हिमालय और मैदानी इलाकों को जोड़ने वाली श्रृंखला का काम करती है।

मोरनी भारतीय राज्य हरियाणा के पंचकुला जिले में 1,267 मीटर (4,157 फीट) की ऊंचाई पर मोरनी पहाड़ियों में एक गांव और पर्यटकों के आकर्षण का केंद्र है। मोरनी पहाड़ियाँ हिमालय की शिवालिक श्रेणी की शाखाएँ हैं, जो दो समानांतर श्रेणियों में चलती हैं।

अत: विकल्प (B) सही है।

22. यह मुख्य रूप से दो कारणों से यूरोप में अंग्रेज और फ्रांस के बीच के युद्धों के सत्रिपात था, वाणिजियिक हितों की सुरक्षा के लिए।

दक्षिण भारत और यूरोप में राजनीतिक विकास ने अपने दावों को स्थापित करने के लिए पूर्वता प्रदान की, जिसकी परिणति तीन कर्नाटक युद्धों के रूप में हुई।प्रथम कर्नाटक युद्ध (1744-48) - यह यूरोप में आंग्ल-फ्रांसीसी प्रतिद्वंद्विता का विस्तार था और 1748 में ऐक्स-ला-चैपल की संधि के साथ समाप्त हुआ। द्वितीय कर्नाटक युद्ध (1749-54) - हालांकि अनिर्णायक, इसने दक्षिण भारत में फ्रांस और अंग्रेज की सत्ता को कमजोर कर दिया।तीसरा कर्नाटक युद्ध (1758-63) - एक निर्णायक युद्ध, जिसे वांडिवाश का युद्ध के रूप में जाना जाता है।

अतः विकल्प (B) सही है।

23. साहित्य का नोबेल पुरस्कार 2021 का नोबेल पुरस्कार अब्दुलराजाक गुरनाह को "उपनिवेशवाद के प्रभावों और संस्कृतियों और महाद्वीपों के बीच की खाई में शरणार्थी के भाग्य के उनके अडिग और करुणामय प्रवेश के लिए" से सम्मानित किया गया था।

अब्दुलराजाक गुरना एक ज़ांज़ीबार में जन्मे तंजानिया के उपन्यासकार हैं जो यूनाइटेड किंगडम में स्थित हैं। उनका जन्म 1948 में तंजानिया के ज़ांज़ीबार में हुआ था, लेकिन 1960 के दशक के अंत में एक शरणार्थी के रूप में इंग्लैंड पहुंचे।

अतः विकल्प (A) सही है।

24. भारतीय कवि और राजनयिक अभय के ने पाया है कि मेडागास्कर का 'इबोनिया' अपने भव्य कथानक में भारतीय महाकाव्य 'रामायण' से मिलता जुलता है।

इबोनिया मेडागास्कर के बारे में एक महाकाव्य कविता है, जो अपने नायक इबोनिया के जन्म, विश्वासघात, संघर्ष और मृत्यु की कहानी बताती है। उनकी मंगेतर पत्नी रामपेला का अपहरण रावतो ने रामायण के समान ही किया था। संस्कृत और मालागासी भाषा के बीच 300 समान शब्द हैं।

अत: विकल्प (B) सही है।

25. डेनियल मेदवेदेव के शानदार प्रदर्शन के बाद रूस ने दिसंबर 2021 में क्रोएशिया को हराकर डेविस कप का खिताब अपने नाम किया। 25 वर्षीय खिलाड़ी ने दूसरे एकल मैच में मारिन सिलिच को हराकर देश को 2006 के बाद अपना पहला डेविस कप खिताब दिलाया।

यह नंबर 2 मेदवेदेव के लिए डेविस कप में लगातार पांचवीं जीत थी। रूस का पहला डेविस कप खिताब 2002 में था।

अत: सही विकल्प (B) है।

अनुभागीय टेस्ट 05

Q.1 निम्नलिखित में से किस शहर में, इंडिया ग्लोबल फोरम (IGF) का पहला संस्करण मार्च 2022 में आयोजित किया गया था?

[Delhi Forest Guard, 2021]

A. बेंगलुरू **B.** पणजी **C.** मुंबई **D.** चेन्नई

Q.2 25 फरवरी 2022 को सिंगापुर इंटरनेशनल में भारोत्तोलन में स्वर्ण पदक किसने जीता?

A. मीराबाई चानू **B.** स्वाति सिंह
C. कुंजारानी देवी **D.** कर्णम मल्लेश्वरी

Q.3 एल एंड टी ने ग्रीन हाइड्रोजन प्रौद्योगिकी विकसित करने के लिए _____ के साथ सहयोग किया।

A. आईआईटी बॉम्बे **B.** आईआईटी दिल्ली
C. आईआईटी कानपुर **D.** आईआईटी मद्रास

Q.4 अप्रैल 2022 में, संघ लोक सेवा आयोग (UPSC) के अध्यक्ष के रूप में किसे नियुक्त किया गया है?

A. विक्रम सिंह मेहता **B.** डॉ. मनोज सोनी
C. गोपाल शर्मा **D.** संजय शर्मा

Q.5 भारतीय मुद्रा के लिए प्रतीक चिन्ह (₹) कब चुना गया?

A. 2009 **B.** 2010 **C.** 2012 **D.** 2013

Q.6 कंबोडिया की राजधानी क्या है?

A. नामपेन्ह **B.** नोम क्रवन
C. क्रॉन्ग कंपोट **D.** बकान

Q.7 राष्ट्रीय मतदाता दिवस कब मनाया जाता है?

A. 17 दिसम्बर **B.** 17 मार्च
C. 21 जून **D.** 25 जनवरी

Q.8 विश्व हिंदी दिवस कब मनाया जाता है?

A. 16 अगस्त **B.** 14 सितम्बर
C. 25 जनवरी **D.** 11 जुलाई

Q.9 शेक्सपियर बीच किस देश में स्थित है?

A. फ्रांस **B.** इंग्लैंड **C.** कनाडा **D.** इटली

Q.10 संकोश नदी किन दो राज्यों के बीच सीमा बनती है?

A. बिहार और पश्चिम बंगाल
B. असम और अरुणाचल प्रदेश
C. असम और पश्चिम बंगाल
D. बिहार और झारखण्ड

Q.11 भारत में अधिकतर किस प्रकार के वन पाए जाते हैं?

A. उष्णकटिबंधीय पर्णपाती वन
B. सवाना व मरुस्थलीय वन
C. भूमध्य रेखीय सदाबहार वन
D. उष्णकटिबंधीय वर्षा वन

Q.12 प्राचीन भीमा देवी मंदिर किस प्रदेश में है?

A. पंजाब **B.** हरियाणा
C. उत्तर प्रदेश **D.** बिहार

Q.13 रूमटेक मठ कहाँ स्थित है?

A. अरुणाचल प्रदेश **B.** हिमाचल प्रदेश
C. सिक्किम **D.** जम्मू कश्मीर

Q.14 लिंगराज मंदिर किस प्रदेश में है?

A. उड़ीसा **B.** आंध्र प्रदेश
C. उत्तर प्रदेश **D.** कर्नाटक

Q.15 बाबर ने भारत का सबसे शक्तिशाली राजा किसे बताया है?

A. कृष्ण देव राय **B.** राणा सांगा
C. मुहम्मद शाह रंगीला **D.** इनमें से कोई नहीं

Q.16 महमूद गजनवी के साथ कौन भारत आया?

A. अलबरूनी **B.** अमीर खुसरो
C. इब्नबतूता **D.** इनमें से कोई नहीं

Q.17 सातवाहन शासकों की राजकीय भाषा क्या थी?

A. पालि **B.** संस्कृत
C. प्राकृत **D.** उपर्युक्त में से कोई नहीं

Q.18 मतदान निगरानी प्रणाली पहली बार किस राज्य में लागू की गई?

A. गोवा **B.** मणिपुर **C.** असम **D.** त्रिपुरा

Q.19 ईवीएम में अधिकतम कितने प्रत्याशी हो सकते हैं?

A. 16 **B.** 32 **C.** 38 **D.** 64

Q.20 मूल्य सिद्धांत जाना जाता है:

A. मैक्रो अर्थशास्त्र **B.** विकास अर्थशास्त्र
C. सार्वजनिक अर्थशास्त्र **D.** माइक्रो अर्थशास्त्र

Q.21 सूक्ष्म, लघु और मध्यम उद्यमों (माइक्रो, स्मॉल एंड मीडियम एंटरप्राइजेज-MSMEs) के आर्थिक और वित्तीय स्थिरता के उपायों पर गौर करने के लिए RBI द्वारा गठित विशेषज्ञ समितिका गठन किया है। यह समिति _____ की अध्यक्षता में है।

A. जी. एन. बजपेयी **B.** सी. बी. भावे
C. एम. दामोदरन **D.** यू.के. सिन्हा

Q.22 _________ भारतीय रिजर्व बैंक का कार्य है।

A. मुद्रा विनियमन
B. उधार नियंत्रण
C. सरकार को कार्यवाहक बैंकर
D. उपरोक्त सभी

Q.23 टोक्यो पैरालिंपिक पदक विजेता अवनी लेखारा को खेल रत्न 2021 से सम्मानित किया जाएगा, वह किस राज्य से हैं?

A. उत्तर प्रदेश **B.** राजस्थान
C. गुजरात **D.** महाराष्ट्र

Q.24 2021 यूनेस्को / गिलर्मो कैनो वर्ल्ड प्रेस फ्रीडम पुरस्कार किसे मिला है?

A. पॉल मेस्कल **B.** त्सिसी डांगरेम्बगा
C. मारिया रेसा **D.** रॉबर्टो बेनिग्नी

Q.25 बीडब्ल्यूएफ विश्व बैडमिंटन चैंपियनशिप के फाइनल में पहुंचने वाले पहले भारतीय पुरुष बैडमिंटन खिलाड़ी कौन हैं?

A. के श्रीकांत **B.** पारुपल्ली कश्यप
C. साई प्रणीत **D.** नंदू नाटेकर

// स्मार्ट उत्तर पुस्तिका //

सही उत्तर उन छात्रों के प्रतिशत को इंगित करता है जिन्होंने प्रश्नों का सही उत्तर दिया था।

छोड़ दिया उन छात्रों के प्रतिशत को इंगित करता है जिन्होंने प्रश्नों को छोड़ दिया था।

प्रश्न संख्या	उत्तर	सही उत्तर	छोड़ दिया
1	A	61.9 %	38.09 %
2	A	47.41 %	38.01 %
3	A	56.17 %	38.9 %
4	B	55.32 %	30.62 %
5	B	49.76 %	37.34 %
6	A	79.67 %	10.2 %
7	D	43.76 %	46.4 %
8	B	40.23 %	59.59 %
9	B	57.73 %	40.22 %
10	B	65.22 %	31.98 %
11	A	51.78 %	39.91 %
12	B	43.79 %	50.11 %
13	C	52.39 %	40.05 %
14	A	55.62 %	41.9 %
15	A	44.29 %	32.83 %
16	A	57.8 %	35.38 %
17	C	14.39 %	78.13 %
18	A	57.72 %	37.53 %
19	D	28.59 %	69.07 %
20	D	66.72 %	31.88 %
21	D	42.89 %	56.82 %
22	D	41.29 %	45.67 %
23	B	64.49 %	32.57 %
24	C	49.29 %	36.47 %
25	A	51.69 %	31.49 %

कार्य विश्लेषण	
औसत अंक (%)	32.0%
टॉपर्स स्कोर (%)	60.0%
आपका स्कोर	

//संकेत और समाधान//

1. बेंगलुरु में इंडिया ग्लोबल फोरम (IGF) 7 और 8 मार्च 2022 को आयोजित किया किया गया था। IGF अंतर्राष्ट्रीय व्यापार और वैश्विक नेताओं के लिए एजेंडा-सेटिंग फोरम है।

इसमें कौशल विकास एवं उद्यमिता राज्य मंत्री श्री. राजीव चंद्रशेखर भाग लेंगे। यह बेंगलुरु में IGF का पहला संस्करण है। पिछले संस्करणों की मेजबानी दुबई और UK में की गई थी।

अतः विकल्प (A) सही है।

2. भारोत्तोलन में 2020 टोक्यो ओलंपिक की रजत पदक विजेता, मीराबाई चानू ने 25 फरवरी 2022 को सिंगापुर इंटरनेशनल में स्वर्ण पदक जीता। इस जीत ने उन्हें बर्मिंघम में आगामी 2022 राष्ट्रमंडल खेलों में एक स्थान सुरक्षित करने में भी मदद की। एक नए भार वर्ग - 55 किग्रा में प्रतिस्पर्धा करते हुए, चानू ने स्नैच में कुल 191 किग्रा - 86 किग्रा और क्लीन एंड जर्क में 105 किग्रा भार उठाकर स्वर्ण पदक जीता।

अतः विकल्प (A) सही है।

3. लार्सन एंड टुब्रो (एलएंडटी) ने हरित हाइड्रोजन प्रौद्योगिकी के सह-शोध और विकास के लिए बॉम्बे, महाराष्ट्र में भारतीय प्रौद्योगिकी संस्थान के साथ एक समझौते पर हस्ताक्षर किए। इस साझेदारी के तहत, एलएंडटी अपनी इंजीनियरिंग विशेषज्ञता, उत्पाद स्केल-अप और व्यावसायीकरण की जानकारी का उपयोग करेगा, जबकि आईआईटी बॉम्बे स्वदेशी वैश्विक-प्रतिस्पर्धी प्रौद्योगिकियों को विकसित करने के लिए हाइड्रोजन प्रौद्योगिकियों और विश्व स्तरीय प्रौद्योगिकीविदों में अपने अत्याधुनिक अनुसंधान का उपयोग करेगा।

अतः विकल्प (A) सही है।

4. संघ लोक सेवा आयोग (UPSC) के अध्यक्ष के रूप में डॉ. मनोज सोनी को नियुक्त किया गया है। वह वर्तमान में यूपीएससी के सदस्य हैं। उन्होंने 2005 में MS विश्वविद्यालय के देश के सबसे कम उम्र के कुलपति के रूप में कार्य किया। उन्होंने अगस्त 2009 से जुलाई 2015 के बीच अहमदाबाद में डॉ. बाबासाहेब अम्बेडकर मुक्त विश्वविद्यालय के कुलपति के रूप में भी कार्य किया।

अतः विकल्प (B) सही है।

5. रुपए का चिन्ह भारत के लोकाचार का भी एक रूपक है। रुपए का यह नया प्रतीक देवनागरी लिपि के 'र' और रोमन लिपि के अक्षर 'आर' को मिला कर बना है, जिसमें एक क्षैतिज रेखा भी बनी हुई है। यह रेखा हमारे राष्ट्रध्वज तथा बराबर के चिन्ह को प्रतिबिंबित करती है। भारत सरकार ने 15 जुलाई 2010 को भारतीय मुद्रा के लिए प्रतीक चिन्ह को चुना गया।

अतः विकल्प (B) सही है।

6. कंबोडिया मुख्य रूप से मैदानी और महान नदियों का देश है और चीन और भारत और दक्षिण पूर्व एशिया को जोड़ने वाले नदी के महत्वपूर्ण मार्गों के बीच स्थित है। कंबोडिया की राजधानी नामपेन्ह है।

अतः विकल्प (A) सही है।

7. भारत में राष्ट्रीय मतदाता दिवस प्रत्येक वर्ष 25 जनवरी को मनाया जाता है। विश्व में भारत जैसे सबसे बड़े लोकतन्त्र में मतदान को लेकर कम होते रुझान को देखते हुए राष्ट्रीय मतदाता दिवस मनाया जाने लगा। श्रीमती प्रतिभा देवी सिंह पाटिल ने 'राष्ट्रीय मतदाता दिवस' का शुभारम्भ किया था।

अतः विकल्प (D) सही है।

8. विश्व हिंदी दिवस 14 सितंबर को मनाया जाता है और विश्व हिंदी सप्ताह 14 सितंबर से 20 सितंबर तक मनाया जाता है। इसका उद्देश्य विश्व में हिंदी के प्रचार-प्रसार के लिये जागरूकता पैदा करना तथा हिन्दी को अंतर्राष्ट्रीय भाषा के रूप में पेश करना है। प्रथम विश्व हिन्दी सम्मेलन 10 जनवरी 1975 को नागपुर में आयोजित हुआ तब से ही इस दिन को 'विश्व हिन्दी दिवस' के रूप में मनाया जाता है।

अतः विकल्प (B) सही है।

9. शेक्सपियर बीच इंग्लैंड में डोवर बंदरगाह के पश्चिम में स्थित है, इस बीच से फ्रांस और इंग्लैंड के बीच की दूरी सबसे कम है। डोवर दक्षिण पूर्व इंग्लैंड में केंट की घरेलू काउंटी में एक शहर और प्रमुख नौका बंदरगाह है।

अतः विकल्प (B) सही है।

10. संकोश नदी उत्तरी भूटान से निकलती है, असम में यह नदी ब्रह्मपुत्र में सम्मिलित हो जाती है। यह नदी असम और अरुणाचल प्रदेश के बीच सीमा का निर्माण करती है। संकोश नदी या गदाधर नदी पूर्वोत्तर भारत में एक नदी है। भूटान में इसका नाम पुना त्सांग छू है।

अतः विकल्प (B) सही है।

11. भारत में अधिकतर उष्णकटिबंधीय पर्णपाती वन पाए जाते हैं, इन्हें मानसून वन भी कहा जाता है। यह वन 70 से 200 सेंटीमीटर वर्षा वाले क्षेत्रों में पाए जाते हैं। इन वनों में चन्दन, शीशम, महुआ, साल, टीक व बांस के वृक्ष पाए जाते हैं।

अतः विकल्प (A) सही है।

12. प्राचीन भीमा देवी मंदिर को उत्तर भारत का खजुराहो कहा जाता है। यह हरियाणा जिले के पंचकूला जिले में है। यह मंदिर एक पंचायतन शैली का मंदिर है। इस शैली में एक मंदिर संकुल में 5 मंदिर होते हैं जो 5 देवी-देवताओं को समर्पित होते हैं।

अतः विकल्प (B) सही है।

13. रूमटेक मठ को धर्मचक्र केंद्र भी कहा जाता है। यह सिक्किम की राजधानी गंगटोक से 24 किलोमीटर की दूरी पर स्थित है। यह मठ लगभग तीन सौ वर्ष पुराना है। रूमटेक सिक्किम का सबसे पुराना बौद्ध मठ माना जाता है। मठ में एक विद्यालय तथा ध्यान और साधना के लिए एक अलग खण्ड है। वर्ष 1960 के दशक में इस मठ का पुनर्निर्माण किया गया था।

अतः विकल्प (C) सही है।

14. लिंगराज मंदिर उड़ीसा की राजधानी भुवनेश्वर में है। इसे जजति केशरि ने बनवाया था। यह 11 वीं सदी में बनाया गया लेकिन फिर भी इसके कुछ हिस्से 1400 साल पुराने हैं।

अतः विकल्प (A) सही है।

15. कृष्ण देव राय विजयनगर साम्राज्य के सबसे महान राजा थे। उनका राज्य वर्तमान तमिलनाडु, केरल, उड़ीसा, कर्नाटक, आन्ध्र प्रदेश में फैला हुआ था। बाबर ने कृष्ण देव राय को भारत का सबसे शक्तिशाली राजा बताया है।

अतः विकल्प (A) सही है।

16. अलबरूनी महमूद गजनवी के दरबार में शोभित विद्वान था। वह उसके भारत आक्रमण के समय भारत साथ आया था। अलबरूनी एक फ़ारसी विद्वान लेखक, वैज्ञानिक, धर्मज्ञ तथा विचारक था। अलबरूनी को भारतीय इतिहास का पहला जानकार कहा जाता था। अलबरूनी की रचनाएँ अरबी भाषा में हैं पर उसे अपनी मातृभाषा फ़ारसी के अलावा तीन और भाषाओं का ज्ञान था - सीरियाई, संस्कृत, यूनानी।

अतः विकल्प (A) सही है।

17. 'प्राकृत भाषा' भारतीय आर्य-भाषा का एक प्राचीन रूप है। इसके प्रयोग का समय 500 ई. पू. से 1000 ई. तक माना जाता है। धार्मिक कारणों से जब संस्कृत का महत्त्व कम होने लगा तो 'प्राकृत भाषा' अधिक व्यवहार में आने लगी। इसके चार रूप विशेषत: उल्लेखनीय हैं:

- अर्धमागधी प्राकृत
- पैशाची प्राकृत
- महाराष्ट्री प्राकृत

- शौरसेनी प्राकृत

अतः विकल्प (C) सही है।

18. मतदान निगरानी प्रणाली पहली बार गोवा में लागू की गई। प्रणाली के तहत, मतदाताओं के फिंगरप्रिंट कंप्यूटर पर लगाए गए वेब कैमरों द्वारा अपनी तस्वीरों के साथ उंगली प्रिंट रीडिंग मशीनों द्वारा रिकॉर्ड किए जाएंगे।

अतः विकल्प (A) सही है।

19. ईवीएम अधिकतम 64 उम्मीदवारों को पूरा कर सकता है। बैलोटिंग यूनिट में 16 उम्मीदवारों के लिए प्रावधान है। यदि उम्मीदवारों की कुल संख्या 16 से अधिक हो जाती है, तो दूसरी बैलोटिंग यूनिट को पहले बैलोटिंग यूनिट के समानांतर जोड़ा जा सकता है। इसी प्रकार, यदि उम्मीदवारों की कुल संख्या 32 से अधिक है, तो तीसरी बैलोटिंग यूनिट को जोड़ा जा सकता है और यदि उम्मीदवारों की कुल संख्या 48 से अधिक हो जाती है, तो अधिकतम 64 उम्मीदवारों को पूरा करने के लिए चौथी बैलोटिंग यूनिट को जोड़ा जा सकता है।

अतः विकल्प (D) सही है।

20. एक आर्थिक सिद्धांत जो यह कहता है कि किसी भी विशिष्ट वस्तु / सेवा के लिए मूल्य आपूर्ति और मांग के बलों के बीच का संबंध है। इसे माइक्रो अर्थशास्त्र के नाम से भी जाना जाता है।

अतः विकल्प (D) सही है।

21. भारतीय रिज़र्व बैंक ने सूक्ष्म, लघु और मध्यम उद्यमों (माइक्रो, स्मॉल एंड मीडियम एंटरप्राइजेज-MSMEs) को समय से कर्ज़ की सुविधा और उनकी आर्थिक तथा वित्तीय मज़बूती के संदर्भ में दीर्घकालिक उपाय सुझाने के लिये यू. के. सिन्हा की अध्यक्षता में आठ सदस्यीय विशेषज्ञ समिति का गठन किया है।

अतः विकल्प (D) सही है।

22. भारतीय रिजर्व बैंक (RBI) भारत का केंद्रीय बैंक है। RBI कई कार्य करता है जैसे मौद्रिक नीति की देखरेख करना, मुद्रा जारी करना, विदेशी मुद्रा का प्रबंधन करना, सरकार के बैंक के रूप में और अनुसूचित वाणिज्यिक बैंकों के बैंकर के रूप में कार्य करना आदि। यह जमा स्वीकार नहीं करता है और जनता को ऋण और अग्रिम देता है।

अतः विकल्प (D) सही है।

23. अवनि लेखारा जयपुर, राजस्थान की रहने वाली हैं।

19 वर्षीय अवनि लेखा ने टोक्यो पैरालिंपिक में SH 1 श्रेणी में महिलाओं की 10 मीटर एयर राइफल स्टैंडिंग प्रतिस्पर्धा में स्वर्ण पदक जीता। वह पैरालिंपिक में स्वर्ण पदक जीतने वाली पहली भारतीय महिला बनीं। अवनी ने पैरालंपिक कीर्तिमान के लिए R2 महिलाओं की 10 मीटर एयर राइफल SH1 श्रेणी में 249.6 अंक हासिल किए और विश्व कीर्तिमान की बराबरी की।

अतः विकल्प (B) सही है।

24. खोजी पत्रकार और फिलीपींस की मीडिया कार्यकारी मारिया रेसा को यूनेस्को /गिलर्मो कैनो वर्ल्ड प्रेस फ्रीडम प्राइज 2021 का पुरस्कार मिला है।

यह पुरस्कार समारोह 2 मई को विश्व प्रेस स्वतंत्रता दिवस वैश्विक सम्मेलन के अवसर पर नामीबिया के विंधोक में हुआ था। यह पुरस्कार समारोह 2 मई को विश्व प्रेस स्वतंत्रता दिवस वैश्विक सम्मेलन के अवसर पर नामीबिया के विंधोक में हुआ था। तीस वर्ष से अधिक के करियर में रेसा ने एशिया के लिए CNN के प्रमुख खोजी रिपोर्टर और ABS-CBN न्यूज एंड करेंट अफेयर्स के प्रमुख के रूप में काम किया है। वह प्रेस की आजादी को बढ़ावा देने के लिए कई अंतरराष्ट्रीय पहलों में भी शामिल रही हैं।

अतः विकल्प (C) सही है।

25. भारतीय बैडमिंटन चैंपियन के. श्रीकांत बीडब्ल्यूएफ विश्व बैडमिंटन चैंपियनशिप के फाइनल मैच में पहुंचने वाले पहले भारतीय खिलाड़ी बन गए हैं। लेकिन, के. श्रीकांत फाइनल मैच में सिंगापुर के लोह कीन यू से हार गए और रजत पदक जीता।

के.श्रीकांत को अप्रैल 2018 में बैडमिंटन वर्ल्ड फेडरेशन (बीडब्ल्यूएफ) रैंकिंग में दुनिया का नंबर 1 स्थान दिया गया था और 2015 में अर्जुन पुरस्कार और 2018 में पद्म श्री के प्राप्तकर्ता हैं।

अतः सही विकल्प (A) है।

अनुभागीय टेस्ट 06

Q.1 तरकारी एक्सप्रेस बिहार के निम्नलिखित में से किस शहर से शुरू की गई थी?

A. दरभंगा **B.** पटना **C.** गया **D.** मुंगेर

Q.2 अंतर्राष्ट्रीय वित्तीय सेवा केंद्र प्राधिकरण (IFSCA) और _________ ने अप्रैल 2022 में एक समझौता ज्ञापन पर हस्ताक्षर किए हैं।

A. बजाज फाइनेंस लिमिटेड
B. आदित्य बिड़ला फाइनेंस लिमिटेड
C. मुथूट फाइनेंस लिमिटेड
D. GVFL लिमिटेड

Q.3 चैंपियंस लीग 2022 के लिए सेंट पीटर्सबर्ग के प्रतिस्थापन के रूप में यूनियन ऑफ यूरोपियन फुटबॉल एसोसिएशन (यूईएफए) द्वारा किस शहर को चुना गया है?

[Delhi Forest Guard, 2021]

A. पेरिस **B.** ब्रसेल्स **C.** लंदन **D.** म्यूनिख

Q.4 किस संस्थान ने 'महिलाएं और लड़कियां पीछे छूट गईं: महामारी प्रतिक्रियाओं में स्पष्ट अंतराल' रिपोर्ट जारी की?

[Delhi Forest Guard, 2021]

A. विश्व आर्थिक मंच **B.** विश्व बैंक
C. यूएन वुमैन **D.** नीति आयोग

Q.5 निम्नलिखित में से किसने मेक्सिको के अकापुल्को में आयोजित मैक्सिकन ओपन 2022 जीता है?

A. राफेल नडाल **B.** नोवाक जोकोविच
C. रोजर फ़ेडरर **D.** अलेक्जेंडर ज्वेरेव

Q.6 नीतीश कुमार ने 15 अगस्त 2021 को आजादी के बाद गाँधी मैदान में सर्वाधिक 15 वीं बार झंडा फहराकर किस पूर्व मुख्यमंत्री के 14 बार झंडा फहराने का रिकॉर्ड तोड़ा?

A. गोपाल **B.** श्री कृष्णा सिंह
C. दीक्षा **D.** जगन्नाथ मिश्रा

Q.7 बेंजामिन नेतन्याहू को 2021 के नोबेल शांति पुरस्कार के लिए नामित किया गया है। वह किस देश के प्रधानमंत्री हैं?

A. इजराइल **B.** तुर्की **C.** यमन **D.** ओमान

Q.8 मोइन-उद-दोला गोल्ड कप टूर्नामेंट किस खेल से संबंधित है?

[AFCAT, 2021]

A. क्रिकेट **B.** फुटबॉल **C.** हॉकी **D.** कबड्डी

Q.9 क्रोएशिया की राजधानी क्या है?

[AFCAT, 2021]

A. कीव **B.** वारसा **C.** दुब्रोव्निक **D.** ज़गरेब

Q.10 मलेशिया की मुद्रा क्या है?

A. मलेशियाई दीनार **B.** मलेशियाई डॉलर
C. मलेशियाई यूरो **D.** मलेशियाई रिंगित

Q.11 ईरान की मुद्रा क्या है?

A. ईरानी रियाल **B.** ईरानी रूबेल
C. ईरानी दीनार **D.** ईरानी डॉलर

Q.12 वर्ष 2020 में निम्नलिखित में से किस मंत्रालय का नाम शिक्षा मंत्रालय रखा गया था?

A. श्रम मंत्रालय
B. मानव संसाधन विकास मंत्रालय
C. जनजातीय मामलों का मंत्रालय
D. कौशल विकास मंत्रालय

Q.13 कुचिपुड़ी नृत्य की उत्पत्ति निम्न में से किस राज्य से हुई है?

A. तेलंगाना **B.** आंध्र प्रदेश **C.** तमिलनाडु **D.** केरल

Q.14 निम्नलिखित में से कौन भारत का प्रसिद्ध सरोद वादक है?

A. नुसरत फतह अली खान
B. अमजद अली खान
C. शिव कुमार शर्मा
D. हरि प्रसाद चौरसिया

Q.15 परवूर विधानसभा निर्वाचन क्षेत्र ________ में स्थित है

A. केरल **B.** कर्नाटक **C.** तमिलनाडु **D.** आंध्र प्रदेश

Q.16 शाहिद परवेज ________ से संबंधित है।

[Indian Bank Clerk, 2021], [IBPS Clerk, 2021], [Union Bank of India Clerk, 2021]

A. सितार **B.** तबला **C.** बांसुरी **D.** शेनई

Q.17 विश्व गौरैया दिवस कब मनाया जाता है?

A. 18 मार्च **B.** 20 मार्च **C.** 22 मार्च **D.** 24 मार्च

Q.18 निम्नलिखित में से कौन सा दिन शून्य भेदभाव दिवस के रूप में मनाया जाता है?

A. 3 मार्च **B.** 1 मार्च **C.** 2 मार्च **D.** 28 फरवरी

Q.19 एशियाई विकास बैंक का मुख्यालय निम्नलिखित में से किस शहर में स्थित है?

A. बैंकाक **B.** सिंगापुर
C. शंघाई **D.** मेट्रो मनीला

Q.20 निम्नलिखित कथनों पर विचार कीजिए।

1. भारत के मुख्य न्यायाधीश का कार्यालय सूचना के अधिकार (आरटीआई) अधिनियम के दायरे में आता है।
2. मुख्य सूचना आयुक्त और एक सूचना आयुक्त, ऐसे पद के लिए केंद्र सरकार द्वारा निर्धारित अवधि या जब तक वे 65 वर्ष की आयु प्राप्त नहीं कर लेते, जो भी पहले हो, तक यह पद संभालेंगे।

उपरोक्त कथनों में से कौन सा/से सही है/हैं?

A. केवल 1 **B.** केवल 2
C. 1 और 2 दोनों **D.** न तो 1 और न ही 2

Q.21 स्वामी ब्रह्मानंद पुरस्कार 2021 से किसे सम्मानित किया गया है?

A. आनंद कुमार **B.** आशा भोसले
C. डॉ राजेंद्र किशोर पांडा **D.** पी साईनाथ

Q.22 2021 के लिए एबेल पुरस्कार संयुक्त रूप से ____ को प्रदान किया गया था।

A. प्रो. शंकर बालासुब्रमण्यम और प्रो. डेविड क्लेनरमैन
B. लास्ज़लो लोवाज़ और एवी विगडरसन
C. अल्फ्रेड वी. अहो और जेफरी डेविड उलमान

D. नितिन राकेश और जेरी विंड

Q.23 तमिलनाडु के राज्य गीत के रूप में घोषित "तमिल थाई वाज़्थु" के लेखक कौन हैं?

A. सुब्रमण्यम भारती **B.** भारतीदासन
C. मनोनमनियम सुंदरम **D.** इनमें से कोई नहीं

Q.24 द इंडस एंटरप्रेन्योर्स (टीआईई) से 'ग्लोबल एंटरप्रेन्योर ऑफ द ईयर अवार्ड' किसने जीता?

A. रतन टाटा **B.** कुमार मंगलम बिड़ला
C. उदय कोटक **D.** आदि गोदरेज

Q.25 निम्नलिखित में से कौन पद्म भूषण पुरस्कार 2021 का विजेता है?

A. एम सी मैरी कोमो **B.** पी.वी सिंधु
C. कंगना रनौत **D.** अदनान सामी

// स्मार्ट उत्तर पुस्तिका //

सही उत्तर — उन छात्रों के प्रतिशत को इंगित करता है जिन्होंने प्रश्नों का सही उत्तर दिया था।

छोड़ दिया — उन छात्रों के प्रतिशत को इंगित करता है जिन्होंने प्रश्नों को छोड़ दिया था।

प्रश्न संख्या	उत्तर	सही उत्तर	छोड़ दिया
1	B	53.4 %	44.37 %
2	D	40.6 %	47.32 %
3	A	51.63 %	44.14 %
4	C	47.84 %	35.49 %
5	A	61.0 %	35.87 %

प्रश्न संख्या	उत्तर	सही उत्तर	छोड़ दिया
6	B	59.29 %	39.09 %
7	A	68.76 %	30.05 %
8	A	79.25 %	13.96 %
9	D	51.93 %	31.1 %
10	D	78.95 %	18.8 %

प्रश्न संख्या	उत्तर	सही उत्तर	छोड़ दिया
11	A	77.74 %	14.45 %
12	B	66.95 %	32.53 %
13	B	48.89 %	34.33 %
14	B	63.52 %	31.1 %
15	A	58.21 %	39.78 %

प्रश्न संख्या	उत्तर	सही उत्तर	छोड़ दिया
16	A	48.31 %	41.35 %
17	B	77.48 %	18.33 %
18	B	49.8 %	36.97 %
19	D	56.77 %	40.01 %
20	C	51.2 %	32.67 %

प्रश्न संख्या	उत्तर	सही उत्तर	छोड़ दिया
21	A	61.86 %	33.77 %
22	B	58.09 %	30.12 %
23	C	69.39 %	30.55 %
24	B	66.52 %	30.8 %
25	B	48.19 %	46.65 %

कार्य विश्लेषण	
औसत अंक (%)	46.0%
टॉपर्स स्कोर (%)	72.0%
आपका स्कोर	

//संकेत और समाधान//

1. बिहार के सहकारिता मंत्री सुभाष सिंह ने 24 अगस्त, 2021 को तरकारी एक्सप्रेस का शुभारंभ किया। यह पटना के निवासियों को उनके दरवाजे पर आधी कीमत पर सब्जियां पहुंचाने की सेवा है। सब्जियां सीधे किसानों के खेतों से प्राप्त होती हैं और पटना के सभी मोहल्लों में ई-रिक्शा से पहुंचती हैं।

अतः विकल्प (B) सही है।

2. अंतर्राष्ट्रीय वित्तीय सेवा केंद्र प्राधिकरण (IFSCA) और GVFL लिमिटेड ने गिफ्ट सिटी, गुजरात में IFSCA के कार्यालय में एक समझौता ज्ञापन पर हस्ताक्षर किए।

GIFT IFSC में फिनटेक पारितंत्र को समर्थन और सुविधा प्रदान करने के लिए सहयोग और सहभागिता के लिए इस पर हस्ताक्षर किए गए हैं। IFSCA एक एकीकृत नियामक है जो IFSC में वित्तीय उत्पादों, वित्तीय सेवाओं और संस्थानों के विकास और विनियमन के लिए जिम्मेदार है।

अत: विकल्प (D) सही है।

3. रूस को यूईएफए द्वारा चैंपियंस लीग फाइनल की मेजबानी से 25 फरवरी 2022 को हटा दिया गया था और यूक्रेन पर रूस के आक्रमण के बाद सेंट पीटर्सबर्ग की जगह पेरिस ने ले ली थी। फ्रांस ने आखिरी बार 16 साल पहले चैंपियंस लीग फाइनल की मेजबानी की थी, जब बार्सिलोना ने 2006 के फाइनल में आर्सेनल को हराया था।

अतः विकल्प (A) सही है।

4. यूएन वुमैन ने हाल ही में 'महिलाएं और लड़कियां पीछे छूट गईं: महामारी प्रतिक्रियाओं में स्पष्ट अंतराल' शीर्षक से एक नई रिपोर्ट जारी की।

रिपोर्ट के अनुसार, महिलाओं को सरकार से कोविड 19 राहत मिलने की संभावना कम थी। बच्चों के साथ रहने वाले 20 प्रतिशत कामकाजी पुरुष की तुलना में बच्चों के साथ रहने वाली 29 प्रतिशत कामकाजी माताओं ने अपनी नौकरी खो दी। रिपोर्ट के अनुसार, बच्चों के साथ रहने वाली एकल महिलाओं को अधिक पीछे छोड़ दिया गया।

अतः विकल्प (C) सही है।

5. राफेल नडाल ने मेक्सिको के अकापुल्को में आयोजित मैक्सिकन ओपन 2022 जीता है। नडाल, जिन्होंने पहली बार 2005 में खिताब जीता था और 2013 और 2020 में इसे फिर से लिया था, ने एक सेट गिराए बिना अकापुल्को ड्रॉ के माध्यम से 2022 के अपने तीसरे सीधे खिताब का दावा किया।

अतः विकल्प (A) सही है।

6. नीतीश कुमार ने 15 अगस्त 2021 को आजादी के बाद गाँधी मैदान में सर्वाधिक 15 वीं बार झंडा फहराकर श्री कृष्णा सिंह पूर्व मुख्यमंत्री के 14 बार झंडा फहराने का रिकॉर्ड तोड़ा।

15 अगस्त को बिहार के मुख्यमंत्री नीतीश कुमार ने 15 वीं बार तिरंगा झंडा फहराया। इससे पहले सबसे अधिक बार बिहार के मुख्यमंत्री रहते हुए झंडा फहराने का रिकॉर्ड श्री कृष्णा सिंह के पास था।

अत: विकल्प (B) सही है।

7. इजरायल के प्रधानमंत्री बेंजामिन नेतन्याहू और अबू धाबी के क्राउन प्रिंस मोहम्मद बिन जायद अल नाहयान को 2021 के नोबेल शांति पुरस्कार के लिए नामित किया गया है। उन्हें अपने देशों के बीच राजनयिक संबंध स्थापित करने में उनकी भूमिकाओं के लिए नामित किया गया है। सितंबर 2020 में यह घोषणा की गई थी कि इज़राइल और यूएई के बीच शांति स्थापित करने के प्रयासों के बाद डोनाल्ड ट्रम्प को पुरस्कार के लिए नामित किया गया है।

अतः विकल्प (A) सही है।

8. गैर-प्रथम श्रेणी की प्रतियोगिता 1989-90 तक तीन दिवसीय मैचों की थी। कुछ समय बाद, यह 1993-94 में यह एक दिवसीय 50 ओवर प्रतियोगिता के रूप में फिर से श्रुरू हुआ। अब हैदराबाद और सिकंदराबाद के विभिन्न मैदानों में हर वर्ष अगस्त और सितंबर में आयोजित होती है, जिसमें हैदराबाद के राजीव गांधी अंतर्राष्ट्रीय क्रिकेट स्टेडियम में फाइनल होता है। प्रतिस्पर्धा करने के लिए भारत में क्रिकेट के विभिन्न क्षेत्रीय संघों से टीमें। 2017-18 में हैदराबाद क्रिकेट एसोसिएशन इलेवन जीती थी।

अतः विकल्प (A) सही है।

9.

क्रोएशिया	यूरोप में स्थित है
राजधानी	ज़गरेब
मुद्रा	कुना
विधानसभा	सबोर

अतः विकल्प (D) सही है।

10. मलेशिया की मुद्रा मलेशियाई रिंग्गित है। इसे आगे 100 सेन में विभाजित किया गया है। मलेशियाई रिंग्गित को मलेशिया के केंद्रीय बैंक (बैंक नेगरा मलेशिया) द्वारा जारी किया जाता है। दीनार एक मौद्रिक इकाई है जिसका उपयोग अल्जीरिया, बहरीन, इराक, जॉर्डन, कुवैत, लीबिया और ट्यूनीशिया सहित कई मध्य पूर्वी देशों में किया जाता है।

अतः विकल्प (D) सही है।

11. ईरानी रियाल इस्लामी गणतंत्र ईरान की आधिकारिक कानूनी मुद्रा है। यह 100 दीनारों में विभाजित है।

अतः विकल्प (A) सही है।

12. राष्ट्रपति राम नाथ कोविंद ने शिक्षा मंत्रालय के रूप में मानव संसाधन विकास मंत्रालय (MHRD) के नाम में परिवर्तन करने की स्वीकृति दी । नाम परिवर्तन नई राष्ट्रीय शिक्षा नीति (एनईपी) के मसौदे की प्रमुख सिफारिशों में से था । तत्कालीन प्रधानमंत्री राजीव गांधी के कार्यकाल के दौरान 1985 में शिक्षा मंत्रालय का नाम बदलकर मानव संसाधन विकास मंत्रालय कर दिया गया था । राष्ट्रीय शिक्षा नीति 1986 में शुरू की गई थी और बाद में इसे 1992 में संशोधित किया गया था।

अतः विकल्प (B) सही है।

13. कुचिपुड़ी, भारत के प्रमुख नृत्य रूपों में से एक आंध्र प्रदेश से उत्पन्न हुआ था। यह 7 वीं शताब्दी ईस्वी में शुरू हुए भक्ति आंदोलन के एक उत्पाद के रूप में विकसित हुआ। कुचिपुड़ी का नाम कुचेलपुरम गाँव से लिया गया है, जहाँ इसका पालन-पोषण महान विद्वानों और कलाकारों ने किया था, जिन्होंने प्रदर्शनों की सूची तैयार की और नृत्य तकनीक को परिष्कृत किया।

अतः विकल्प (B) सही है।

14. अमजद अली खान बंगश एक भारतीय शास्त्रीय सरोद वादक हैं, जो अपने स्पष्ट और तेज़ एखर तानों के लिए जाने जाते हैं। उन्हें 2001 में भारत के दूसरे सर्वोच्च नागरिक सम्मान पद्म विभूषण से सम्मानित किया गया था। अमजद अली खान को 21वें राजीव गांधी राष्ट्रीय सद्भावना पुरस्कार, 1975 में पद्म श्री और 1991 में पद्म भूषण से सम्मानित किया गया।

अतः विकल्प (B) सही है।

15. ईवीएम का उपयोग 1982 में पहली बार केरल में उत्तर परवूर विधानसभा निर्वाचन क्षेत्र के लिए हुए उप-चुनाव के दौरान किया गया था। ईवीएम नए संस्करण में अधिकतम 3840 वोट और 2000 वोट रिकॉर्ड कर सकता है ईवीएम या इलेक्ट्रॉनिक वोटिंग मशीन को 1980 में भारत इलेक्ट्रॉनिक्स लिमिटेड, बैंगलोर और इलेक्ट्रॉनिक कॉर्पोरेशन ऑफ़ इंडिया लिमिटेड, हैदराबाद के सहयोग से चुनाव आयोग की टेक्निकल एक्सपर्ट कमेटी द्वारा डिज़ाइन किया गया था।

अतः विकल्प (A) सही है।

16. उस्ताद अल्लारक्खा कुरैशी को अल्ला रक्खा के नाम से जाना जाता है, जो एक भारतीय तबला वादक थे, जो हिंदुस्तानी शास्त्रीय में विशिष्ट थे।

पंडित भीमसेन गुरुराज जोशी एक प्रसिद्ध हिंदुस्तानी शास्त्रीय गायक थे।

अतः विकल्प (A) सही है।

17. पक्षी के बारे में जागरूकता बढ़ाने के लिए हर साल 20 मार्च को विश्व गौरैया दिवस मनाया जाता है। पहल की शुरुआत नेचर फॉरएवर सोसाइटी (NFS) ऑफ इंडिया ने की थी, जिसकी स्थापना भारतीय संरक्षणवादी मोहम्मद दिलावर ने की थी। पहला विश्व गौरैया दिवस 2010 में दुनिया के विभिन्न हिस्सों में मनाया गया था।

अतः विकल्प (B) सही है।

18. संयुक्त राष्ट्र और अन्य अंतर्राष्ट्रीय संगठन प्रत्येक वर्ष 1 मार्च को शून्य भेदभाव दिवस मनाते हैं। शून्य भेदभाव दिवस किसी की उम्र, लिंग, जाति, राष्ट्रीयता, नस्ल, त्वचा का रंग, या अन्य कारकों की परवाह किए बिना सभी लोगों के अधिकारों को बनाए रखने और मनाने के लिए मनाया जाता है। शून्य भेदभाव दिवस का उद्देश्य किसी के मूल्यों, विचारों, व्यवसाय, शिक्षा, विकलांगता या बीमारी की परवाह किए बिना, सम्मानजनक जीवन जीने के अधिकार के बारे में चेतना जगाना है। शून्य भेदभाव दिवस 2021 का नारा "असमानताओं का अंत" है।

अतः विकल्प (B) सही है।

19. एशियाई विकास बैंक का मुख्यालय मेट्रो मनीला में स्थित है। यह एक क्षेत्रीय विकास बैंक है। एडीबी एक आधिकारिक संयुक्त राष्ट्र पर्यवेक्षक है। वर्तमान राष्ट्रपति मात्सुगु असकावा हैं। इसके एशिया में 31 क्षेत्रीय कार्यालय और वाशिंगटन, फ्रैंकफर्ट, टोक्यो और सिडनी में स्थायी और प्रतिनिधि कार्यालय हैं।

अतः विकल्प (D) सही है।

20. भारत के सर्वोच्च न्यायालय ने 2019 में, सूचना के अधिकार (आरटीआई) अधिनियम के दायरे में भारत के मुख्य न्यायाधीश के कार्यालय को लाने के दिल्ली उच्च न्यायालय के फैसले को बरकरार रखा। इसलिए, कथन 1 सही है। वर्तमान में, राजनीतिक दल आरटीआई अधिनियम के दायरे में नहीं आते हैं।

केंद्रीय सूचना आयोग की स्थापना केंद्र सरकार ने 2005 में की थी। यह सूचना का अधिकार अधिनियम (2005) के प्रावधानों के तहत एक आधिकारिक राजपत्र अधिसूचना के माध्यम से गठित किया गया था। इसलिए यह एक संवैधानिक निकाय नहीं है। केंद्रीय सूचना आयोग एक उच्चस्तरीय स्वतंत्र निकाय है, जो परस्पर की गई शिकायतों पर गौर करता है और अपील तय करता है। मुख्य सूचना आयुक्त/सूचना आयुक्त 5 वर्ष (पांच) वर्ष के लिए या जब तक वह 65 वर्ष की आयु प्राप्त नहीं कर लेते, तब तक पद पर रहेंगे। इसलिए, कथन 2 सही है।

अत: विकल्प (C) सही है।

21. गणितज्ञ आनंद कुमार को उनकी सुपर 30 पहल के माध्यम से शिक्षा के क्षेत्र में उनके योगदान के लिए स्वामी ब्रह्मानंद पुरस्कार 2021 से सम्मानित किया गया है।

इस पुरस्कार में 10,000 रुपये नकद, एक कांस्य पदक, स्वामी ब्रह्मानंद की एक कांस्य प्रतिमा और एक प्रमाण पत्र दिया जाता है। यह पुरस्कार हर वर्ष उन लोगों को दिया जाता है जिन्होंने शिक्षा के क्षेत्र में या गाय के कल्याण के लिए विशेष कार्य किया है।

अतः विकल्प (A) सही है।

22. एबेल पुरस्कार 2021 एवी विगडरसन और लास्ज़लो लोवाज़ को प्रदान किया गया।

लास्ज़लो लोवाज़ अल्फ्रेड रेनी इंस्टीट्यूट ऑफ मैथमैटिक्स (ELKH, MTA इंस्टीट्यूट ऑफ एक्सीलेंस) और बुडापेस्ट, हंगरी में ईटवोस लोरंड यूनिवर्सिटी के गणितज्ञ हैं, और एवी विगडरसन इंस्टीट्यूट फॉर एडवांस्ड स्टडी, प्रिंसटन, यूएसए के गणितज्ञ हैं।

अतः विकल्प (B) सही है।

23. तमिलनाडु का राज्य गान तमिल थाई वाज़्थु है, जिसे थमिज़ थाई वज़्थु इनवोकेशन ऑफ़ मदर तमिल भी कहा जाता है। मनोनमनियम सुंदरम पिल्लई ने गीत की रचना की, जिसे उन्होंने स्वयं लिखा था। राज्य के मुख्यमंत्री श्री एम के स्टालिन द्वारा दिए गए आदेश के अनुसार, विकलांग व्यक्तियों को छोड़कर, गीत के गायन के दौरान उपस्थित सभी लोग खड़े रहेंगे।

अत: सही विकल्प (C) है।

24. इंडस एंटरप्रेन्योर्स (टीआईई) ने आदित्य बिड़ला ग्रुप के चेयरमैन कुमार मंगलम बिड़ला को कोविड -19 महामारी के दौरान उनके नेतृत्व के लिए बिजनेस ट्रांसफॉर्मेशन में ग्लोबल एंटरप्रेन्योर ऑफ द ईयर नामित किया है।

वह यह पुरस्कार पाने वाले पहले भारतीय उद्योगपति भी हैं। अन्य पुरस्कार विजेताओं में एलोन मस्क (ग्लोबल एंटरप्रेन्योर ऑफ द ईयर-इमिग्रेंट एंटरप्रेन्योर), जेफ बेजोस (ग्लोबल एंटरप्रेन्योर ऑफ द ईयर-फर्स्ट जेनरेशन) और सत्या नडेला (ग्लोबल एंटरप्रेन्योर ऑफ द ईयर - एंटरप्रेन्योरियल सीईओ) हैं।

अत: सही विकल्प (B) है।

25. राष्ट्रपति रामनाथ कोविंद ने बैडमिंटन खिलाड़ी पीवी सिंधु को पद्म भूषण प्रदान किया है।

वह बैडमिंटन वर्ल्ड चैंपियन बनने वाली पहली भारतीय हैं। वह रियो ओलंपिक में रजत पदक भी जीत चुकी हैं।

अतः विकल्प (B) सही है।

अनुभागीय टेस्ट 07

Q.1 $A \times B$ का अर्थ $A^2 + B^2$ है। $6 \times (2 \times 4)$ का मान क्या है?

A. 999 **B.** 3616 **C.** 324 **D.** 436

Q.2 यदि $\left(\frac{a}{b}\right)^{x-1} = \left(\frac{b}{a}\right)^{x-3}$ है, तो x का मान है:

A. $\frac{1}{2}$ **B.** 1 **C.** 2 **D.** $\frac{7}{2}$

Q.3 तीन निष्पक्ष सिक्के उछाले जाते हैं। सबसे अधिक दो चित आने की संभावना क्या है?

A. $\frac{3}{4}$ **B.** $\frac{1}{4}$ **C.** $\frac{3}{8}$ **D.** $\frac{7}{8}$

Q.4 यदि 6 वर्षों के लिए साधारण ब्याज मूलधन के 30% के बराबर होगा, तो यह मूलधन के बराबर होगा:

A. 20 वर्ष **B.** 30 वर्ष **C.** 10 वर्ष **D.** 22 वर्ष

Q.5 कुछ निश्चित धनराशि और 2 वर्ष में 2420 रुपये और 3 वर्ष में 2662 रुपये प्रति वर्ष, चक्रवृद्धि ब्याज की समान दर पर है। प्रति वर्ष ब्याज की दर है:

A. 6% **B.** 8% **C.** 9% **D.** 10%

Q.6 पिता अपने बेटे रोनित से तीन गुना अधिक वृद्ध हैं। 8 वर्ष बाद, वह रोनित की उम्र का ढाई गुना होगा। आगे 8 वर्ष बाद, वह कितना गुना रोनित की उम्र का होगा?

A. 2 गुना **B.** $2\frac{1}{2}$ गुना **C.** $2\frac{3}{4}$ गुना **D.** 3 गुना

Q.7 दो तरल पदार्थों का मिश्रण A और B का अनुपात 7: 5 हो सकता है। जब 9 लीटर मिश्रण निकाला जाता है और कैन को B से भरा जाता है, A और B का अनुपात 7: 9 हो जाता है। कितने लीटर तरल A शुरुआत में कैन द्वारा सम्मिलित था?

A. 10 **B.** 20 **C.** 21 **D.** 25

Q.8 पहले 97 प्राकृतिक संख्याओं का औसत ज्ञात कीजिए।

[Delhi Forest Guard, 2021]

A. 47 **B.** 37 **C.** 48 **D.** 49

Q.9 यदि 4 (P की पूंजी) = 6 (Q की पूंजी) = 10 (R की पूंजी) है, तो 4650 रुपये के कुल लाभ में से, R को प्राप्त होगा:

A. 600 रुपये **B.** 700 रुपये **C.** 800 रुपये **D.** 900 रुपये

Q.10 एक खोखले लोहे का पाइप 21 सेमी लंबा है और इसका बाहरी व्यास 8 सेमी है। यदि पाइप की मोटाई 1 सेमी है और लोहे का वजन 8 ग्राम / सेमी^{3} है, तो पाइप का वजन है:

A. 3.6 किलोग्राम **B.** 3.696 किलोग्राम
C. 36 किलोग्राम **D.** 36.9 किलोग्राम

Q.11 विपरीत दिशा में चलने वाली दो रेलगाड़ियाँ क्रमशः 27 सेकंड और 17 सेकंड में प्लेटफॉर्म पर खड़े एक व्यक्ति को पार करती हैं और वे 23 सेकंड में एक दूसरे को पार करते हैं। उनकी गति का अनुपात है:

A. 1 : 3 **B.** 3 : 2
C. 3 : 4 **D.** इनमें से कोई नहीं

Q.12 रंगीन टीवी की कीमत में 30% की कमी होने पर इसकी बिक्री में 20% की वृद्धि होती है: राजस्व पर प्रभाव इस प्रकार है:

A. 16% की कमी **B.** 16% की वृद्धि
C. 20% की वृद्धि **D.** 20% की कमी

Q.13 एक टैंक को 5 घंटे में पाइप A, 10 घंटे में पाइप B और 30 घंटे में पाइप C भर सकता है। यदि सभी पाइप खुले हैं, तो टैंक कितने घंटे में भरेगा?

A. 2.5 घंटे **B.** 2 घंटे **C.** 3.5 घंटे **D.** 3 घंटे

Q.14 यदि $x + \frac{1}{x} = 6$, तो $\frac{2x}{3x^2-4x+3}$ का मान क्या है?

A. 1 **B.** $1\frac{1}{7}$ **C.** $\frac{1}{7}$ **D.** $\frac{3}{7}$

Q.15 दो अंकों की एक संख्या के अंकों का योग 10 है। यदि संख्या में 18 जोड़ा जाता है, तो अंक पलट जाते हैं। संख्या क्या है?

A. 46 **B.** 27 **C.** 37 **D.** 62

Q.16 एक कार 20% के लाभ पर बेची गयी। यदि वह 50,000 रुपए अधिक में बिकी होती, तो लाभ 25% होता। कार का क्रय मूल्य है:

A. 10,00,000 रुपए **B.** 15,00,000 रुपए
C. 5,00,000 रुपए **D.** 2,50,000 रुपए

Q.17 प्रभात ने 12 दिनों में कार्य का $\frac{1}{2}$ हिस्सा पूरा किया है। संतोष शेष कार्य को 6 दिनों में पूरा करता है। वे दोनों मिलकर कार्य को कितने दिनों में पूरा कर सकते हैं?

A. 12 दिन **B.** 4 दिन **C.** 8 दिन **D.** 16 दिन

Q.18 एक समलम्ब की दो समानांतर भुजाओं की लंबाई क्रमशः 53 सेमी और 68 सेमी है और समानांतर भुजाओं के बीच की दूरी 16 सेमी है। समलम्ब का क्षेत्रफल ज्ञात कीजिए।

A. 968 सेमी^{2} **B.** 972 सेमी^{2}
C. 988 सेमी^{2} **D.** 1024 सेमी^{2}

Q.19 A, B और C एक ही दिशा में एक ही समय पर एक गोलाकार स्टेडियम के चारों ओर दौड़ना शुरू करते हैं। A दौड़ को 252 सेकंड में पूरा करता है, A दौड़ को 308 सेकंड में पूरा करता है, और C दौड़ को 198 सेकंड में पूरा करता है, सभी एक ही बिंदु से शुरू करते हैं। किस समय के बाद वे फिर से शुरुआती बिंदु पर होंगे?

A. 26 मिनट 18 सेकंड **B.** 42 मिनट 36 सेकंड
C. 45 मिनट **D.** 46 मिनट 12 सेकंड

Q.20 3 कक्षाओं में छात्रों की संख्या 2: 3: 4 के अनुपात में है। यदि प्रत्येक कक्षा में 12 छात्रों की संख्या में वृद्धि की जाती है, तो यह अनुपात 8: 11: 14. में बदल जाता है। शुरुआत में तीन कक्षाओं में छात्रों की कुल संख्या कितनी थी?

A. 162 **B.** 108 **C.** 96 **D.** 54

Q.21 स्थिर जल में नाव की गति 5 किमी / घंटा है। नदी 2 किमी / घंटा की गति से बह रही है और एक निश्चित दूरी को प्रवाह के विरुद्ध तय करने के लिए लिया गया समय उसी दूरी को प्रवाह की ओर तय करने में लगने वाले समय से 2 घंटे अधिक है। दूरी ज्ञात कीजिए।

A. 10.5 किमी **B.** 11 किमी
C. 10.9 किमी **D.** 15 किमी

Q.22 4 लड़कों और 3 लड़कियों को कितने तरीकों से एक पंक्ति में बैठाया जा सकता है ताकि वे एकांतर हों?

A. 144 **B.** 288 **C.** 12 **D.** 256

Q.23 $\sqrt{6+\sqrt{6+\sqrt{6\ldots\ldots.}}}$ का मान क्या होगा?

A. 3.5 **B.** 4 **C.** 3 **D.** -3

Q.24 एक आदमी ने अपनी घड़ी 5% की हानि पर बेची। अगर उसने इसे रुपये में बेचा होता। 56.25 अधिक, उसे 10% की वृद्धि हुई। घड़ी की कीमत क्या है (रुपये में)?

A. 365 **B.** 370 **C.** 375 **D.** 390

Q.25 एक निश्चित मूलधन पर यदि दो वर्ष के लिए साधारण ब्याज 1400 रुपये है और दो वर्ष के लिए चक्रवृद्धि ब्याज 1449 रुपये है, तो ब्याज दर क्या है?

A. 7% **B.** 3.5% **C.** 1.4% **D.** 10.5%

// स्मार्ट उत्तर पुस्तिका //

सही उत्तर — उन छात्रों के प्रतिशत को इंगित करता है जिन्होंने प्रश्नों का सही उत्तर दिया था।

छोड़ दिया — उन छात्रों के प्रतिशत को इंगित करता है जिन्होंने प्रश्नों को छोड़ दिया था।

प्रश्न संख्या	उत्तर	सही उत्तर	छोड़ दिया
1	D	63.77 %	33.72 %
2	C	18.85 %	68.37 %
3	D	57.82 %	35.34 %
4	A	67.05 %	31.6 %
5	D	29.27 %	68.55 %
6	A	47.15 %	32.0 %
7	C	69.58 %	30.16 %
8	D	66.9 %	31.48 %
9	D	69.69 %	30.27 %
10	B	24.2 %	70.1 %
11	B	59.45 %	34.35 %
12	A	66.63 %	31.7 %
13	D	63.92 %	31.34 %
14	C	50.75 %	31.21 %
15	A	18.25 %	80.89 %
16	A	60.85 %	35.72 %
17	C	52.77 %	36.97 %
18	A	46.3 %	40.37 %
19	D	45.77 %	53.63 %
20	A	60.81 %	33.45 %
21	A	41.94 %	38.28 %
22	A	68.07 %	31.7 %
23	C	24.82 %	72.36 %
24	C	52.6 %	45.17 %
25	A	31.34 %	68.42 %

कार्य विश्लेषण	
औसत अंक (%)	46.0%
टॉपर्स स्कोर (%)	56.0%
आपका स्कोर	

//संकेत और समाधान//

1. यहां, $A \times B$ का मतलब गुणा नहीं है। यह केवल $A^2 + B^2$ अभिव्यक्ति को दर्शाता है। इसलिए,

$6 \times (2 \times 4)$

$= 6 \times (2^2 + 4^2)$

$= 6 \times (4 + 16)$

$= 6 \times 20$

$= 6^2 + 20^2$

$= 36 + 400$

$= 436$

अतः विकल्प (D) सही है।

2. दिया है,

$\left(\frac{a}{b}\right)^{x-1} = \left(\frac{b}{a}\right)^{x-3}$

$\Rightarrow \left(\frac{a}{b}\right)^{x-1} = \left(\frac{a}{b}\right)^{-(x-3)} = \left(\frac{a}{b}\right)^{(3-x)}$

$\Rightarrow x - 1 = 3 - x$

$\Rightarrow 2x = 4$

$\Rightarrow x = 2$

अतः विकल्प (C) सही है।

3. अधिकांश दो चित पर होने का अर्थ है 0 से 2 लेकिन 2 से अधिक नहीं

यहाँ S = {TTT, TTH, THT, HTT, THH, HTH, HHT, HHH}

माना E = अधिकतम दो चित होने की घटना

फिर E = {TTT, TTH, THT, HTT, THH, HTH, HHT}

$\therefore P(E) = \frac{n(E)}{n(S)}$

$= \frac{7}{8}$

अतः विकल्प (D) सही है।

4. माना मूलधन $= 10P$

ब्याज $= 10P \times \frac{30}{100}$

$= 3P$

प्रश्न के अनुसार,

स्थिति (I)

$\Rightarrow 3P = \frac{10P \times R \times 6}{100}$

$\Rightarrow R = 5\%$

स्थिति (II)

ब्याज $=$ मूलधन $= 10P$

$\Rightarrow 10P = \frac{10P \times 5 \times t}{100}$

$\Rightarrow t = 20$ वर्ष

अतः विकल्प (A) सही है।

5. तीन वर्ष के बाद राशि = 2662 रुपये

दो वर्ष बाद राशि = 2420 रुपये

तीसरे वर्ष में शुद्ध ब्याज अर्जित किया गया = 2662−2420

= 242 रुपये

ब्याज दर (r) $= \frac{242}{2420} \times 100 = 10\%$ (∴ दूसरे वर्ष की राशि तीसरे वर्ष के लिए मूलधन है)

अतः विकल्प (D) सही है।

6. माना कि रोनित की वर्तमान उम्र x वर्ष है

फिर, पिता की वर्तमान आयु $= (x + 3x)$ वर्ष $= 4x$ वर्ष

$\therefore (4x + 8) = \frac{5}{2}(x + 8)$

$\Rightarrow 8x + 16 = 5x + 40$

$\Rightarrow 3x = 24$

$\Rightarrow x = 8$

इसलिए, अभीष्टअनुपात $= \frac{(4x+16)}{(x+16)}$

$\frac{48}{24}$

$= 2$ गुना

अतः विकल्प (A) सही है।

7. मान लीजिए कि शुरू में मिश्रण A और B के क्रमशः $7x$ और $5x$ हो सकते हैं।

बचे मिश्रण में A की मात्रा

$= \left(7x - \frac{7}{12} \times 9\right)$ लीटर

$= \left(7x - \frac{21}{4}\right)$ लीटर

बचे मिश्रण में B की मात्रा

$= \left(5x - \frac{5}{12} \times 9\right)$ लीटर

$= \left(5x - \frac{15}{4}\right)$ लीटर

$\therefore \frac{\left(7x - \frac{21}{4}\right)}{\left(5x - \frac{15}{4}\right) + 9} = \frac{7}{9}$

$\Rightarrow \frac{28x - 21}{20x + 21} = \frac{7}{9}$

$\Rightarrow 252x - 189 = 140x + 147$

$\Rightarrow 112x = 336$

$\Rightarrow x = 3$

तो, A में 21 लीटर हो सकता है।

अतः विकल्प (C) सही है।

8. प्रथम n प्राकृतिक संख्याओं का औसत इस प्रकार किया जाता है

$= \frac{\frac{n\times(n+1)}{2}}{n}$

प्रथम 97 प्राकृतिक संख्या का औसत द्वारा दिया जाता है

$= \frac{\frac{97\times(97+1)}{2}}{97}$

$= 49$

अतः विकल्प (D) सही है।

9. माना

P की पूंजी $= p$,

Q की पूंजी $= q$ और

R की पूंजी $= r$

फिर

$4p = 6q = 10r$

$\Rightarrow 2p = 3q = 5r$

$\Rightarrow q = \frac{2p}{3}$

$\Rightarrow r = \frac{2p}{5}$

$P:Q:R = p:\frac{2p}{3}:\frac{2p}{5}$

(15 से गुणा करने पर)

$= 15:10:6$

R का हिस्सा $= 4650 \times \frac{6}{31}$

$= 150 \times 6$

$= 900$ रुपये

अतः विकल्प (D) सही है।

10. बाहरी त्रिज्या $(r_1) = 4$ सेमी,

आंतरिक त्रिज्या $(r_2) = 3$ सेमी,

पाइप की लंबाई $(h) = 21$ सेमी

लोहे का आयतन $(V) = \pi(r_1^2 - r_2^2) \times h$

$= \left(\frac{22}{7} \times [(4)^2 - (3)^2] \times 21\right)$ सेमी^{3}

$= \left(\frac{22}{7} \times 7 \times 1 \times 21\right)$ सेमी^{3}

$= 462$ सेमी^{3}

$\therefore$ लोहे का वजन $= (462 \times 8) = 3696$ ग्राम

$= 3.696$ किलोग्राम

अतः विकल्प (B) सही है।

11. माना दो रेलगाड़ियों की गति क्रमशः x मीटर/सेकंड और y मीटर/सेकंड है

फिर, पहली रेलगाड़ी की लंबाई $= 27x$ मीटर

और दूसरी रेलगाड़ी की लंबाई $= 17y$ मीटर

प्रश्न के अनुसार;

$\therefore \frac{27x+17y}{x+y} = 23$

$\Rightarrow 27x + 17y = 23x + 23y$

$\Rightarrow 4x = 6y$

$\Rightarrow \frac{x}{y} = \frac{3}{2} = 3:2$

अतः विकल्प (B) सही है।

12. माना 1 रंगीन टीवी की कीमत $= x$ रुपये और टीवी की संख्या $= y$

$\therefore$ कुल मूल विक्रय मूल्य $= xy$

अब, 30% की कमी के बाद कीमत $= x - \frac{30x}{100} = \frac{7x}{10}$

इसके बाद टीवी की संख्या में वृद्धि हुई 20%

$= y + \frac{20y}{100} = \frac{6y}{5}$

$\therefore$ नए विक्रय मूल्य का कुल $= \frac{7x}{10} \times \frac{6y}{5}$

$= \frac{21xy}{25} < xy$

$\therefore$ यह हानि है

$\therefore$ हानि $= xy - \frac{21xy}{25}$

$= \frac{4xy}{25}$

तो, एक रंगीन टीवी पर नुक्सान $= \frac{\frac{4xy}{25}}{xy} \times 100$

$= 16\%$ प्रति रंगीन टीवी

अतः विकल्प (A) सही है।

13. 1 घंटे में A द्वारा भरा गया भाग $= \frac{1}{5}$

1 घंटे में B द्वारा भरा गया भाग $= \frac{1}{10}$

1 घंटे में C द्वारा भरा गया भाग $= \frac{1}{30}$

1 घंटे में A + B + C द्वारा भरा गया भाग $= \frac{1}{5} + \frac{1}{10} + \frac{1}{30}$

$= \frac{1}{3}$

तो सभी पाइप 3 घंटे में टैंक को भर देंगे।

अतः विकल्प (D) सही है।

14. $x + \frac{1}{x} = 6$

$\Rightarrow x^2 + 1 = 6x$

अब,

$\frac{2x}{3x^2-4x+3}$

$= \frac{2x}{3(x^2+1)-4x}$

$= \frac{2x}{3\times6x-4x}$

$= \frac{2x}{14x}$

$= \frac{1}{7}$

अतः विकल्प (C) सही है।

15. माना कि इकाई अंक y तथा दहाई अंक x है।

∴ संख्या = 10x + y

अंकों का योग 10 है।

∴ x + y = 10

अब, यदि संख्या में 18 जोड़ा जाता है, तो अंक पलट हो जाते हैं।

∴ नई संख्या = 10y + x

∴ (10x + y) + 18 = 10y + x

⇒ 9x + 18 = 9y

⇒ x + 2 = y

∴ x + y = 10

⇒ x + (x + 2) = 10

⇒ 2x + 2 = 10

⇒ 2x = 8

⇒ x = 4

∴ y = 10 – x = 10 – 4 = 6

∴ संख्या = 10x + y = (10 × 4) + 6 = 46

अतः विकल्प (A) सही है।

16. माना कि कार का क्रय मूल्य x है

20% लाभ पर विक्रय मूल्य = x + 0.20x = 1.2x

25% लाभ पर विक्रय मूल्य = x + 0.25x = 1.25x

प्रश्न के अनुसार,

1.25x – 1.2x = 50000

⇒ 0.05x = 50000

⇒ x = $\frac{5000}{0.05}$

⇒ x = 10,00,000 रूपए

अतः विकल्प (A) सही है।

17. प्रभात ने 12 दिनों में कार्य का $\frac{1}{2}$ हिस्सा पूरा किया है।

प्रभात ने 1 दिन में कार्य का $\frac{1}{24}$ हिस्सा पूरा किया है।

संतोष शेष $\frac{1}{2}$ कार्य को 6 दिनों में पूरा करता है।

संतोष ने 1 दिन में कार्य का $\frac{1}{12}$ हिस्सा पूरा किया है।

संतोष और प्रभात ने 1 दिन में पूरा किया कार्य का हिस्सा = $\left(\frac{1}{24}\right) + \left(\frac{1}{12}\right)$

= $\frac{1}{8}$

संतोष और प्रभात 1 दिन में कार्य का $\frac{1}{8}$ हिस्सा पूरा करते हैं।

संतोष और प्रभात 8 दिनों में कार्य पूरा करेंगे।

अतः विकल्प (C) सही है।

18. समलम्ब का क्षेत्रफल = $\frac{1}{2}$ × (समानांतर भुजाओं का योग) × (समानांतर भुजाओं के बीच की दूरी)

⇒ $\frac{1}{2} \times (53 + 68) \times 16$

⇒ $\frac{1}{2} \times 121 \times 16$

∴ समलम्ब का क्षेत्रफल = 968 सेमी^{2}

अतः विकल्प (A) सही है।

19. A ने अपना चक्कर 252 सेकंड में पूरा करता है

B ने अपना चक्कर 308 सेकंड में पूरा करता है

C ने अपना चक्कर 198 सेकंड में पूरा करता है

वे फिर से एक साथ शुरू करने के बाद,

252, 308 और 198 का लघुतम समापवर्त्य

252 = 2 × 2 × 3 × 3 × 7

308 = 2 × 2 × 7 × 11

198 = 2 × 3 × 3 × 11

अभीष्ट लघुतम समापवर्त्य = 2 × 2 × 3 × 3 × 7 × 11 = 2772 सेकंड

= 46 मिनट 12 सेकंड

अतः विकल्प (D) सही है।

20. माना कक्षाओं में छात्रों की संख्या क्रमशः $2x, 3x$ और $4x$ है।

कुल छात्र $= 2x + 3x + 4x = 9x$

प्रश्न के अनुसार,

$\frac{2x+12}{3x+12} = \frac{8}{11}$

या, $24x + 96 = 22x + 132$

या, $2x = 132 - 96$

या, $x = \frac{36}{2} = 18$

इसलिए, छात्रों की मूल संख्या,

$9x = 9 \times 18$

$= 162$

अतः विकल्प (A) सही है।

21. माना दूरी x किमी

प्रवाह की ओर गति $= 5 + 2 = 7$ किमी / घंटा

प्रवाह के विरुद्ध गति $= 5 - 2 = 3$ किमी / घंटा

तो, $\frac{x}{3} - \frac{x}{7} = 2$

$\Rightarrow 7x - 3x = 2 \times 21$

$\Rightarrow 4x = 42$

$\Rightarrow x = \frac{42}{4} = 10.5$ किमी

अतः विकल्प (A) सही है।

22. माना व्यवस्था,

B G B G B G B

4 लड़कों को 4! तरीकों से बैठाया जा सकता है

लड़की को 3! तरीकों से बैठाया जा सकता है

अभीष्ट तरीके,

= 4! × 3!

= 144

अतः विकल्प (A) सही है।

23. माना $\sqrt{6 + \sqrt{6 + \sqrt{6 \ldots \ldots}}} = y$

फिर

$\sqrt{6 + \sqrt{6 + \sqrt{6 \ldots \ldots}}} = y$

$\Rightarrow \sqrt{6 + y} = y$

$\Rightarrow 6 + y = y^2$

$\Rightarrow y^2 - y - 6 = 0$

$\Rightarrow y^2 - (3 - 2)y - 6 = 0$

$\Rightarrow y^2 - 3y + 2y - 6 = 0$

$\Rightarrow y(y - 3) + 2(y - 3) = 0$

$\Rightarrow (y - 3)(y + 2) = 0$

$\Rightarrow y = 3, -2$

चूँकि y नकारात्मक नहीं हो सकते हैं क्योंकि ऋणात्मक वर्गमूल वास्तविक नहीं है इसलिए $y = 3$ है।

अतः विकल्प (C) सही है।

24. उसने अपनी घड़ी 5% के हानि पर बेची। अगर वह अपनी घड़ी 56.25 रुपये में बेचता है, तो उसे 10% का फायदा होगा। इसका मतलब है कि

15% = 56.25 रुपये

इसलिए,

1% = $\frac{56.25}{15}$

100% = $\frac{56.25 \times 100}{15}$ = 375 रुपये

इसलिए, घड़ी की कीमत 375 रुपये है

अतः विकल्प (C) सही है।

25. माना मूलधन $= 100x$ रुपये

ब्याज की दर $= r\%$

समय अवधि $= 2$ वर्ष

साधारण ब्याज $= \frac{P \times R \times T}{100} = 1400$

$\Rightarrow \frac{100x \times r \times 2}{100} = 1400$

$\Rightarrow 2rx = 1400$

$\Rightarrow x = \frac{1400}{2r} = \frac{700}{r}$

चक्रवृद्धि ब्याज $= P\left[\left(1 + \frac{R}{100}\right)^T - 1\right] = 1449$

$\Rightarrow 100x\left[\left(1 + \frac{r}{100}\right)^2 - 1\right] = 1449$

$\Rightarrow 100x\left[\left(1 + \frac{r^2}{100^2} + 2\frac{r}{100}\right) - 1\right] = 1449$

$\Rightarrow \left(100 \times \frac{700}{r}\right)\left[\frac{r^2}{10000} + \frac{2r}{100}\right] = 1449$

$\Rightarrow 7r + 1400 = 1449$

$\Rightarrow 7r = 1449 - 1400 = 49$

$\Rightarrow r = \frac{49}{7} = 7\%$

अतः विकल्प (A) सही है।

अनुभागीय टेस्ट 08

Q.1 निर्देश : प्रश्न में, दो समीकरण (I) और (II) दिए गए हैं। दोनों समीकरणों को हल कीजिये और उत्तर दीजिए।

I. $x^2 - 19x + 88 = 0$

II. $y^2 - 12y + 35 = 0$

A. If $x > y$ **B.** If $x > y$ **C.** If $x \geq y$ **D.** If $x < y$

Q.2 निर्देश : प्रश्न में, दो समीकरण (I) और (II) दिए गए हैं। दोनों समीकरणों को हल कीजिये और उत्तर दीजिए।

I. $x^2 - 11x + 24 = 0$

II. $y^2 - 16y + 63 = 0$

A. यदि $x > y$

B. यदि $x \leq y$

C. यदि $x \geq y$

D. यदि $x = y$ या x और y के बीच संबंध स्थापित नहीं किया जा सकता है

Q.3 निर्देश: प्रश्नवाचक चिन्ह (?) के स्थान पर लगभग कितना मान आना चाहिए।

17.92 × 10.97 – 52.11 = ?

A. 146 **B.** 196 **C.** 216 **D.** 228

Q.4 प्रश्नवाचक चिह्न (?) के स्थान पर क्या अनुमानित मान आना चाहिए?

127.93 × 4.1 – 116.01 × 2.95 = ?

A. 106 **B.** 164 **C.** 98 **D.** 196

Q.5 अमित, अनिल और अजीत 5: 4: 3 के गति के अनुपात के साथ घर से एक ही कार्यालय जाते हैं। अगर कुल मिलाकर उन्हें व्यक्तिगत दूरी (जो सभी के लिए समान है) को कवर करने में 94 मिनट (व्यक्तिगत समय का योग) लगता है, तो अनिल द्वारा अपनी दूरी को कवर करने के लिए लिया गया समय बताएं।

A. 30 मिनट **B.** 48 मिनट **C.** 24 मिनट **D.** 40 मिनट

Q.6 एक समूह में 36 छात्रों की औसत आयु 14 वर्ष है। जब शिक्षक की आयु को शामिल किया जाता है, तो औसत एक बढ़ जाता है। शिक्षक की आयु क्या है?

A. 31 वर्ष **B.** 36 वर्ष **C.** 51 वर्ष **D.** 41 वर्ष

Q.7 सात विषयों में एक छात्र के औसत अंक 75 थे। गणित को छोड़कर, छह विषयों में उसके औसत अंक 73 थे। उसने गणित में कितने अंक प्राप्त किए?

A. 81 **B.** 84 **C.** 87 **D.** 91

Q.8 X और Y की औसत आयु 33 वर्ष है। अगर Z की आयु को जोड़ दिया जाए तो उनकी औसत आयु 31 वर्ष हो जाती है। Z की आयु क्या है?

A. 24 वर्ष **B.** 27 वर्ष **C.** 30 वर्ष **D.** 33 वर्ष

Q.9 एक व्यक्ति को 3 साल के लिए प्रति वर्ष 30% चक्रवृद्धि ब्याज पर 4500 रुपये दिए जाते हैं। दूसरे वर्ष में व्यक्ति द्वारा अर्जित ब्याज और तीसरे वर्ष में व्यक्ति द्वारा अर्जित ब्याज के बीच क्या अंतर है?

A. 545.5 रुपये **B.** 502 रुपये

C. 526.5 रुपये **D.** 532 रुपये

Q.10 महेश 5 दिनों में काम पूरा कर सकता है। महेश अखिलेश से दोगुना जल्दी काम करता है, जबकि अखिलेश निमेश तीन गुना जल्दी काम करता है। यदि वे सभी एक साथ काम करते हैं, तो काम कितने दिनों में पूरा हो जायेगा?

A. 5 दिन **B.** 9 दिन **C.** 12 दिन **D.** 3 दिन

Q.11 180 दिनों में काम खत्म करने के लिए 100 पुरुषों को लगाया गया था। 60 दिनों के बाद यह पाया गया कि काम का केवल $\frac{1}{5}$ किया गया था। निर्धारित समय में काम खत्म करने के लिए कितने और पुरुषों को नियोजित किया जाना चाहिए?

A. 100 **B.** 200 **C.** 300 **D.** 150

Q.12 एक दुकानदार दूध का व्यापार करता है। और 45 लीटर मिश्रण में दूध और पानी 4: 1 के अनुपात में मिलाया जाता है। यदि मिश्रण में 4 लीटर दूध और 3 लीटर पानी और मिलाया जाता है, तो पानी और दूध का नया अनुपात क्या होगा?

A. 5 : 6 **B.** 3 : 10 **C.** 4 : 5 **D.** 7 : 8

Q.13 शांत जल में नाव की गति और धारा की गति के बीच का अनुपात 5: 2 है। यदि 4 घंटे में 224 किमी धारा के अनुकूल यात्रा की जाती है, तब जल में नाव की गति और धारा की गति के बीच का अंतर क्या होगा ?

A. 24 किमी/घंटा **B.** 22 किमी/घंटा

C. 28 किमी/घंटा **D.** 26 किमी/घंटा

Q.14 एक दुकान 10 ट्यूब लाइट बेचती है, जिसमें से 3 ख़राब होती हैं। सलमान चार ट्यूबलाइट खरीदता है। सलमान के द्वारा खरीदी जाने वाली ट्यूबलाइट के सही होने की प्रायिकता बताईये।

A. $\frac{1}{15}$ **B.** $\frac{1}{25}$ **C.** $\frac{1}{30}$ **D.** $\frac{1}{6}$

Q.15 8 पीले और 5 सफेद पेन वाले बॉक्स से, तीन पेन वैकल्पिक तरीके से निकाले जाते है। तीनों पेन के पीले होने की प्रायिकता बताईये यदि निकाले गए पेन को प्रतिस्थापित नहीं किया गया है?

A. $\frac{336}{1716}$ **B.** $\frac{128}{429}$ **C.** $\frac{113}{1716}$ **D.** $\frac{336}{2197}$

Q.16 "PARAGLIDING" शब्द के अक्षरों को कितने तरीकों से व्यवस्थित किया जा सकता है, कि सभी स्वर एक साथ हों?

A. 88322 तरीके **B.** 120960 तरीके

C. 740 तरीके **D.** 144868 तरीके

Q.17 एक स्कूल में लड़के और लड़कियां 9: 5 के अनुपात में हैं। अगर स्कूल की कुल संख्या 448 है, तो लड़कियों की संख्या ज्ञात कीजिए।

A. 160 **B.** 100 **C.** 200 **D.** 150

Q.18 निम्नलिखित प्रश्न में प्रश्न चिह्न (?) के स्थान पर क्या आएगा?

$$\sqrt[3]{(126 + 392 \div 7 - 35 + 14^2)} = ?$$

A. 8 **B.** 7 **C.** 9 **D.** 5

Q.19 निम्नलिखित प्रश्न में प्रश्न चिह्न (?) के स्थान पर क्या आएगा?

$$200 \text{ का } 120\% + \frac{16^2 - 12^2}{2} - 15 = ?$$

A. 312 **B.** 281 **C.** 408 **D.** 292

Q.20 एक आलेख का क्रय मूल्य 480 रुपए है। यदि इसे 6.25% के लाभ पर बेचा जाए, तो इसकी विक्रय मूल्य कितना होगा?

A. 510 रुपए **B.** 530 रुपए **C.** 503 रुपए **D.** 519 रुपए

Q.21 एक ट्रेडमैन अपनी क्रय मूल्य से 35% ज्यादा अपने सामान को चिह्नित करता है और नकद में खरीद के लिए 17.5% की छूट देता है। वह कितने प्रतिशत लाभ कमाता है?

A. 11.25 **B.** 12.125 **C.** 11.125 **D.** 11.375

Q.22 एक स्कूल में कुल छात्रों की संख्या 2140 है। यदि स्कूल में लड़कियों की संख्या 1200 है, तो स्कूल में लड़कों की कुल संख्या के लड़कियों की कुल संख्या का अनुपात क्या है?

A. 26 : 25 **B.** 47 : 60 **C.** 18 : 13 **D.** 31 : 79

Q.23 A की आय B की आय का 150% है और C की आय A की आय का 120% है, यदि A, B और C की कुल आय 86000 रुपये है। तो C की आय क्या है?

A. 30000 रुपये **B.** 32000 रुपये
C. 20000 रुपये **D.** 36000 रुपये

Q.24 एक शहर में पुरुषों, महिलाओं और बच्चों का अनुपात 9: 8: 3 हैं। 80% पुरुष साक्षर हैं और 30% महिलाएँ निरक्षर हैं। यदि 90% बच्चे साक्षर हैं, तो उस शहर की अशिक्षा दर है:

A. $22\frac{1}{2}\%$ **B.** $25\frac{1}{2}\%$ **C.** 27% **D.** 30%

Q.25 एक शहर की जनसंख्या 126800 है। पहले वर्ष में यह 15% बढ़ जाती है, और दूसरे वर्ष में 20% घट जाती है। 2 वर्ष के अंत में शहर की जनसंख्या क्या है?

A. 174984 **B.** 135996 **C.** 116656 **D.** 145820

// स्मार्ट उत्तर पुस्तिका //

सही उत्तर — उन छात्रों के प्रतिशत को इंगित करता है जिन्होंने प्रश्नों का सही उत्तर दिया था।

छोड़ दिया — उन छात्रों के प्रतिशत को इंगित करता है जिन्होंने प्रश्नों को छोड़ दिया था।

प्रश्न संख्या	उत्तर	सही उत्तर	छोड़ दिया
1	A	48.79 %	37.71 %
2	D	64.45 %	30.87 %
3	A	87.46 %	11.95 %
4	B	64.88 %	34.05 %
5	A	65.22 %	34.66 %
6	C	60.53 %	36.68 %
7	C	50.94 %	41.35 %
8	B	61.07 %	35.96 %
9	C	27.94 %	67.51 %
10	D	50.61 %	40.83 %
11	A	50.28 %	32.42 %
12	B	54.26 %	41.97 %
13	A	59.9 %	31.94 %
14	D	42.43 %	46.31 %
15	A	67.72 %	31.48 %
16	B	14.95 %	69.95 %
17	A	46.66 %	51.66 %
18	B	61.3 %	37.51 %
19	B	59.13 %	36.76 %
20	A	57.88 %	37.07 %
21	D	46.15 %	38.35 %
22	B	87.39 %	11.54 %
23	D	48.53 %	30.1 %
24	A	32.72 %	67.17 %
25	C	43.94 %	33.5 %

कार्य विश्लेषण	
औसत अंक (%)	60.0%
टॉपर्स स्कोर (%)	64.0%
आपका स्कोर	

//संकेत और समाधान//

1. दिए गए समीकरणों के अनुसार,

I. $x^2 - 19x + 88 = 0$

$\Rightarrow x^2 - 11x - 8x + 88 = 0$

$\Rightarrow x(x - 11) - 8(x - 11) = 0$

$\Rightarrow (x - 8)(x - 11) = 0$

$x = 8,11$

II. $y^2 - 12y + 35 = 0$

$\Rightarrow (y^2 - 7y - 5y + 35 = 0$

$\Rightarrow y(y - 7) - 5(y - 7) = 0$

$\Rightarrow (y - 7)(y - 5) = 0$

$y = 7,5$

दोनों समीकरणों की तुलना के बाद, निष्कर्ष $x > y$ है।
अतः विकल्प (A) सही है।

2. दिए गए समीकरणों के अनुसार,

I. $x^2 - 11x + 24 = 0$

$\Rightarrow x^2 - 3x - 8x + 24 = 0$

$\Rightarrow x(x - 3) - 8(x - 3) = 0$

$\Rightarrow (x - 3)(x - 8) = 0$

$x = 3,8$

II. $y^2 - 16y + 63 = 0$

$\Rightarrow y^2 - 7y - 9y + 63 = 0$

$\Rightarrow y(y - 7) - 9(y - 7) = 0$

$\Rightarrow (y - 7)(y - 9) = 0$

$y = 7,9$

x और y के मूलो के मानो की तुलना करने पर, हम प्राप्त करते है कि x के एक मूल का मान y के मूलो के मानों के बीच है। x और y के बीच संबंध स्थापित नहीं किया जा सकता है।

अतः विकल्प (D) सही है।

3. दिया गया है,

17.92 × 10.97 – 52.11 = ?

अनुमानित मान लेने पर, हम प्राप्त करते हैं

⇒ ? ≈ 18 × 11 – 52

⇒ ? = 146
अतः विकल्प (A) सही है।

4. दिया गया है,

127.93 × 4.1 – 116.01 × 2.95 = ?

अनुमानित मान लेने पर, हम प्राप्त करते हैं

⇒ ? ≈ 128 × 4 – 116 × 3

⇒ ? = 512 – 348

⇒ ? = 164
अतः विकल्प (B) सही है।

5. दिया गया है,

गति का अनुपात = 5: 4: 3

कुल समय = 94 सेकंड

एक निश्चित दूरी के लिए, गति और समय व्युत्क्रमानुपातिक हैं।

तो, उनका संबंधित समय $\frac{1}{5}:\frac{1}{4}:\frac{1}{3}$ के अनुपात में होगा।

ल.स. 60 से गुणा करने पर, हमें अनुपात के रूप में 12 : 15 : 20 प्राप्त होता है।

माना कि अमित, अनिल और अजीत घर से एक ही कार्यालय जाने में लगा समय क्रमशः $12x, 15x,$ और $20x$ है।

कुल समय = 94 सेकंड

$\Rightarrow 12x + 15x + 20x = 94$

$\Rightarrow x = 2$

अनिल द्वारा दूरी तय करने में लगा समय $= 2 \times 15 = 30$ मिनट
अतः विकल्प (A) सही है।

6. दिया गया है, एक समूह में 36 छात्रों की औसत आयु 14 वर्ष है।

36 छात्रों की कुल आयु = 14 × 36 = 504 वर्ष

यह देखते हुए कि जब शिक्षक की आयु को शामिल किया जाता है, तो औसत एक बढ़ जाता है

∴ शिक्षक के साथ कुल आयु = 15 × 37 = 555 वर्ष

अब, शिक्षक की आयु = 555 – 504 = 51 वर्ष

अतः विकल्प (C) सही है।

7. दिया गया है कि, सात विषयों में एक छात्र के औसत अंक 75 थे।

गणित को छोड़कर, छह विषयों में उसके औसत अंक 73 थे।

सात विषयों में कुल अंक = 7 × 75 = 525

अब, गणित को छोड़कर

∴ छह विषयों में कुल अंक = 6 × 73 = 438

∴ गणित में अंक = 525 - 438 = 87

अतः विकल्प (C) सही है।

8. दिया गया है,

X और Y की औसत आयु 33 वर्ष है।

X और Y की कुल आयु = 2 × 33 = 66 वर्ष

अब, Z की आयु जोड़ने पर, हम प्राप्त करते है,

∴ X, Y और Z की कुल आयु = 3 × 31 = 93 वर्ष

∴ Z की आयु = X, Y और Z की कुल आयु - X और Y की कुल आयु

⇒ 93 - 66 = 27 वर्ष

अतः विकल्प (B) सही है।

9. जैसा कि दिया गया है,

एक व्यक्ति को 3 साल के लिए प्रति वर्ष 30% चक्रवृद्धि ब्याज पर 4500 रुपये दिए जाते हैं।

$P = 4500$ रुपये

$r = 30\%$

दूसरे वर्ष में व्यक्ति द्वारा अर्जित ब्याज $= P[\left(1+\frac{r}{100}\right)^2 - 1] - \frac{P\times r\times 2}{100}$

$\Rightarrow 4500 \times \left[\left\{1+\left(\frac{30}{100}\right)\right\}^2 - 1\right] - \left(\frac{4500\times 30\times 1}{100}\right)$

$\Rightarrow 4500 \times \left(\frac{69}{100}\right) - 1350$

$\Rightarrow 3105 - 1350$

$\Rightarrow 1755$ रुपये

तीसरे वर्ष में व्यक्ति द्वारा अर्जित ब्याज $= P[\left(1+\frac{r}{100}\right)^3 - 1] - P[\left(1+\frac{r}{100}\right)^2 - 1]$

$\Rightarrow 4500 \times \left[\left\{1+\left(\frac{30}{100}\right)\right\}^3 - 1\right] - 4500 \times \left[\left\{1+\left(\frac{30}{100}\right)\right\}^2 - 1\right]$

$\Rightarrow 4500 \times \left(\frac{1197}{1000}\right) - 4500 \times \frac{69}{100}$

$\Rightarrow 5386.5 - 3105$

$\Rightarrow 2281.5$ रुपये

इसलिए, आवश्यक अंतर $= 2281.5 - 1755 = 526.5$ रुपये

अतः विकल्प (C) सही है।

10. दिया गया है,

महेश 5 दिन में काम को कर सकता है, अखिलेश 10 दिन में वही काम कर सकता है, निमेश 30 दिन में वही काम कर सकता है।

महेश एक दिन में काम करता है $= \frac{1}{5}$

निमेश एक दिन में काम करता है $= \frac{1}{10}$

अखिलेश एक दिन में काम करता है $= \frac{1}{30}$

जब वे एक साथ काम करते है,

$= \left(\frac{1}{5}+\frac{1}{10}+\frac{1}{30}\right)$

$= \left(\frac{12+6+2}{60}\right) + \frac{20}{60} = \frac{1}{3}$

एक दिन में वे काम को एक तिहाई ख़त्म करते है।

इसलिए वे एक साथ 3 दिन में काम को पूरा करते है।

अतः विकल्प (D) सही है।

11. दिया गया है,

180 दिनों में काम खत्म करने के लिए 100 पुरुषों को लगाया गया था।

उत्पाद स्थिरता के अनुसार,

$\frac{M_1\times D_1}{W_1} = \frac{M_2\times D_2}{W_2}$

$M_1 = 100$

$D_1 = 180$

$W_1 = \frac{1}{5}$

$M_2 = a$

$D_2 = 60$

$W_2 = \left(1-\frac{1}{5}\right)$

$\Rightarrow \frac{100\times 60}{\frac{1}{5}} = \frac{a\times 60}{1-\frac{1}{5}}$

$\Rightarrow a = 200$

कुल पुरुष = 200

अतिरिक्त पुरुषों की आवश्यकता = 200 - 100 = 100

अतः विकल्प (A) सही है।

12. जैसा कि दिया गया है, एक दुकानदार 45 लीटर मिश्रण में दूध और पानी 4: 1 के अनुपात में मिलाता है।

45 लीटर के मिश्रण में,

दूध $= \frac{45}{5} \times 4 = 36$ लीटर,

पानी $= \frac{45}{5} \times 1 = 9$ लीटर

नया अनुपात

$= 9 + 3 : 36 + 4$

$= 12 : 40 = 3 : 10$

अतः विकल्प (B) सही है।

13. जैसा कि दिया गया है, शांत जल में नाव की गति और धारा की गति के बीच का अनुपात 5: 2 है।

माना कि शांत जल में नाव की गति और धारा की गति क्रमशः $5x$ और $2x$ है।

प्रश्न के अनुसार,

$\frac{224}{4} = 5x + 2x$

$\Rightarrow x = \frac{224}{7} \times 4$

$\Rightarrow x = \frac{32}{4} = 8$

आवश्यक अंतर $= 5x - 2x$

$= 3x$

$= 24$ किमी/घंटा

अतः विकल्प (A) सही है।

14. जैसा कि दिया गया है, एक दुकान 10 ट्यूब लाइट बेचती है, जिसमें से 3 ख़राब होती हैं।

$n(S) = {}^{10}C_4 = 210$

10 लैंप में से 7 ख़राब नहीं हैं।

∴ यदि T वह घटना है, जो सलमान की सभी ट्यूबलाइट काम करती है,

$n(T) = {}^{7}C_4 = 35$

∴ सलमान के द्वारा खरीदी जाने वाली ट्यूबलाइट के सही होने की प्रायिकता $= \frac{n(S)}{n(T)}$

$\Rightarrow \frac{35}{210} = \frac{1}{6}$

अतः विकल्प (D) सही है।

15. दिया गया है,

8 पीले और 5 सफेद पेन वाले बॉक्स से, तीन पेन वैकल्पिक तरीके से निकाले जाते है।

∴ तीनों पेन के पीले होने की प्रायिकता यदि निकाले गए पेन को प्रतिस्थापित नहीं किया गया है $= \frac{8}{13} \times \frac{7}{12} \times \frac{6}{11} = \frac{336}{1716}$

अतः विकल्प (A) सही है।

16. "PARAGLIDING" शब्द में, 11 अक्षर हैं, जिनमें 4 स्वर हैं (अर्थात, 2A और 2I) और 7 व्यंजन (अर्थात, 2G और P, R, L, D, N)।

स्वर को एक अक्षर मानकर, अक्षरों की संख्या 8 हो जाती है, जिसे व्यवस्थित किया जा सकता है,

$\Rightarrow \frac{8!}{2!} = \frac{40320}{2} = 20160$

कुल स्वर = 4

स्वर A और I दो बार आते हैं, इसलिए स्वरों को व्यवस्थित किया जा सकता है,

$\Rightarrow \frac{4!}{(2! \times 2!)} = \frac{24}{4} = 6$

इसलिए आवश्यक तरीके जिसमें शब्द "PARAGLADING" के अक्षरों को व्यवस्थित किया जा सकता है, कि सभी स्वर एक साथ हों $=$ $20160 \times 6 = 120960$

अतः विकल्प (B) सही है।

17. दिया गया है,

लड़कों की संख्या: लड़कियों की संख्या $= 9:5$

कुल संख्या $= 448$

मान लीजिये कि लड़कों की संख्या $9x$ और लड़कियों की संख्या $5x$ है।

प्रश्न के अनुसार,

$9x + 5x = 448$

$\Rightarrow 14x = 448$

$\Rightarrow x = \frac{448}{14}$

$\Rightarrow x = 32$

∴ लड़कियों की संख्या 160 है।

अतः विकल्प (A) सही है।

18. दिया गया है,

$\sqrt[3]{(126 + 392 \div 7 - 35 + 14^2)} = ?$

$\Rightarrow \sqrt[3]{(126 + 56 - 35 + 196)} = ?$

$\Rightarrow \sqrt[3]{(378 - 35)} = ?$

$\Rightarrow \sqrt[3]{343} = ?$

$\Rightarrow ? = 7$

अतः विकल्प (B) सही है।

19. दिया गया है,

200 का $120\% + \frac{16^2 - 12^2}{2} - 15 = ?$

$\Rightarrow 240 + \frac{256-144}{2} - 15 = ?$

$\Rightarrow 240 + \frac{112}{2} - 15 = ?$

$\Rightarrow 240 + 56 - 15 = ?$

$\Rightarrow ? = 296 - 15$

$\Rightarrow ? = 281$

अतः विकल्प (B) सही है।

20. दिया गया है,

एक आलेख का क्रय मूल्य = 480 रुपए

लाभ = 6.25%

लाभ % $= \frac{(SP-CP) \times 100}{CP}$

$SP =$ विक्रय मूल्य

$CP =$ क्रय मूल्य

$SP - CP =$ लाभ % $\times \frac{CP}{100}$

$SP = CP +$ लाभ % $\times \frac{CP}{100}$

$\Rightarrow 480 + \frac{6.25 \times 480}{100}$

$\Rightarrow 480 + 30$

$\Rightarrow 510$ रुपए

अतः विकल्प (A) सही है।

21. दिया गया है, एक ट्रेडमैन अपनी क्रय मूल्य से 35% ज्यादा अपने सामान को चिह्नित करता है और नकद में खरीद के लिए 17.5% की छूट देता है।

हल करने के लिए, हम सूत्र को लागू कर सकते हैं,

$x + y + \frac{xy}{100}$

मान लेते है, $x = 35\%$ और $y = -17.5\%$

उपरोक्त सूत्र से, हम प्राप्त करते हैं

लाभ $\% = \left(35 - 17.5 - \frac{35 \times 17.5}{100}\right)\%$

$\Rightarrow (17.5 - 6.125)\%$

$\Rightarrow 11.375\%$

अतः विकल्प (D) सही है।

22. दिया गया है,

एक स्कूल में छात्रों की कुल संख्या 2140 और लड़कियों की संख्या 1200 है।

लड़कों की कुल संख्या $= 2140 - 1200 = 940$

आवश्यक अनुपात $= 940 : 1200 = 47 : 60$

अतः विकल्प (B) सही है।

23. दिया गया है,

A की आय B की आय का 150% है और C की आय A की आय का 120% है।

और A, B और C की कुल आय = 86000 रुपये

मान B की आय = 100 रुपये,

तब,

$A : B : C = 150 : 100 : \frac{120 \times 150}{100}$

$\Rightarrow 15 : 10 : 18$

$\therefore$ अतः C की आय $= \frac{18}{43} \times 86000$

$\Rightarrow 36000$ रुपये

अतः विकल्प (D) सही है।

24. दिया गया है,

पुरुषों, महिलाओं और बच्चों का अनुपात $= 9 : 8 : 3$

मान लीजिए, पुरुष $= 90$, महिला $= 80$, बच्चे $= 30$

कुल जनसंख्या $= 200$

अब, साक्षर पुरुषों की संख्या $= \frac{90 \times 80}{100} = 72$.....(i)

साक्षर महिलाओं की संख्या $= \frac{80 \times 70}{100} = 56$.....(ii)

साक्षर बच्चों की संख्या $= \frac{30 \times 90}{100} = 27$.....(iii)

कुल साक्षर $= 72 + 56 + 27 = 155$

कुल निरक्षर $= 200 - 155 = 45$

तो, अशिक्षा दर $= \frac{45}{200} \times 100$

$\Rightarrow 22\frac{1}{2}\%$

अतः विकल्प (A) सही है।

25. दिया गया है,

एक शहर की जनसंख्या 126800 है।

हल करने के लिए, हम सूत्र को लागू कर सकते हैं,

$x + y + \frac{xy}{100}\%$

$x = 15\%$ और $y = -20\%$

उपरोक्त सूत्र से, हम प्राप्त करते हैं

$= 15 - 20 - \frac{15 \times 20}{100} = -8\%$

इसलिए, 126800 का $(100 - 8)\%$

$\Rightarrow$ 126800 का 92%

$\Rightarrow \frac{92 \times 126800}{100}$

$\Rightarrow 92 \times 1268$

$\Rightarrow 116656$

अतः विकल्प (C) सही है।

अनुभागीय टेस्ट 09

Q.1 निम्नलिखित प्रश्न में प्रश्न चिह्न '?' के स्थान पर क्या आएगा?
[90 ÷ 6 × (24 - 8 ÷ 4) ÷ 3] – 90 ÷ 5 + 34 = ?
A. 181 **B.** 154 **C.** 126 **D.** 135

Q.2 प्रश्न चिह्न के स्थान पर क्या मान आएगा?
$6 \times 12 + 8 \times 11 - 48 \div 6 + 23 \times 8 \div 4 - 2 = ?^2$
A. 14 **B.** 15 **C.** 196 **D.** 24

Q.3 निम्नलिखित प्रश्न में प्रश्न चिन्ह (?) के स्थान पर क्या आएगा?
$$(12)^4 \times (144)^8 \div (24)^3 = (?)^{17} \times 2^{(-3)}$$
A. 18 **B.** 12 **C.** 24 **D.** 6

Q.4 चार संख्याओं $2\frac{1}{4}, 5\frac{2}{3}, 4\frac{5}{6}, 8\frac{2}{3}$ का औसत ज्ञात करें।
A. $5\frac{3}{16}$ **B.** $3\frac{13}{16}$ **C.** $3\frac{16}{5}$ **D.** $5\frac{17}{48}$

Q.5 कलम, पेंसिल, रबड़ का औसत मूल्य 33 रुपये है। यदि उनके मूल्य 5 : 3 : 1 के अनुपात में हैं, तब उनके मूल्य क्रमशः हैं:
A. 55 रुपये, 33 रुपये, 11 रुपये
B. 65 रुपये, 39 रुपये, 13 रुपये
C. 60 रुपये, 48 रुपये, 12 रुपये
D. 25 रुपये, 15 रुपये, 5 रुपये

Q.6 P और Q की वर्तमान आयु का अनुपात 2 : 7 है। 18 वर्ष पहले, यह अनुपात 1 : 26 था। P और Q की वर्तमान आयु का योग क्या है?
A. 70 वर्ष **B.** 80 वर्ष **C.** 90 वर्ष **D.** 60 वर्ष

Q.7 A और B के आय का अनुपात 7 : 8 और B और C के आय का अनुपात 4 : 3 है। A और C के बचत का अनुपात 4 : 3 और B और C को मिलाकर उनके बचत से A के बचत का अंतर 32,000 रु है। यदि यह दिया गया है कि उनका व्यय बराबर है तो B का वेतन ज्ञात कीजिए।
A. 56,000 रु **B.** 58,000 रु **C.** 49,000 रु **D.** 64,000 रु

Q.8 14, 18, 26 के चौथे आनुपातिक और 14, 21 का तीसरे आनुपातिक के बीच का अनुपात क्या है?
A. 52 : 49 **B.** 49 : 51 **C.** 51 : 49 **D.** 52 : 47

Q.9 A, B और C क्रमशः 40 दिन, 50 दिन और 60 दिन में एक कार्य कर सकते हैं। उन्होंने उस कार्य को एक साथ पूरा किया और 7400 रूपए वेतन के रूप में प्राप्त किए। क्रमशः A, B और C की मजदूरी (रूपए में) को ज्ञात करें।
A. 4500, 2400 , 5000 **B.** 3000 , 2400 , 2000
C. 4400 , 5500 , 3000 **D.** 2400 , 2000 , 3000

Q.10 साहिल, निखिल और अखिल किसी कार्य को 10 दिनों में पूरा कर सकते हैं। साहिल को अकेले उस कार्य को पूरा करने में 20 दिन लगते हैं जबकि निखिल को साहिल की तुलना में कार्य को पूरा करने में 5 दिन आधिक लगते हैं। उन्हें इसके लिए 60,000 रु का भुगतान किया गया था। आय में अखिल का हिस्सा क्या है?
A. 8000 रु **B.** 5000 रु **C.** 7500 रु **D.** 6000 रु

Q.11 आदित्य क्रय मूल्य पर 5% हानि पर सामान बेचता है लेकिन 15% कम वजन का उपयोग करता है। लाभ या हानि प्रतिशत ज्ञात कीजिए।
A. $\frac{200}{17}$% **B.** $\frac{150}{13}$% **C.** $\frac{210}{19}$% **D.** $\frac{190}{11}$%

Q.12 एक खिलौना जब 750 रूपए के मूल्य पर बेचा जाता है, तब 25 प्रतिशत का लाभ होता है। अगर उसी प्रकार के 5 खिलौने 3,300 रूपए के दाम पर बेचे जाते हैं, तो हानि/लाभ का प्रतिशत क्या होगा?
A. 10 % हानि **B.** 11 % हानि
C. 10 % लाभ **D.** 11 % लाभ

Q.13 यदि 24 कैरेट सोना सौ प्रतिशत शुद्ध सोना है और 50% शुद्ध सोने का मूल्य 30,000 रु. है, तो 22 कैरेट सोने में शुद्ध सोने का मूल्य ज्ञात कीजिए।
A. 55000 रु. **B.** 56000 रु. **C.** 57000 रु. **D.** 58000 रु.

Q.14 $\frac{\sqrt{0.01+\sqrt{0.0064}}}{0.01\times0.3}$ सरल करें।
A. 1 **B.** 10 **C.** 100 **D.** 1000

Q.15 यदि एक समांतर चतुर्भुज की आधार और ऊंचाई क्रमशः 30% और 45% बढ़ा दी जाती है, तो समांतर चतुर्भुज के क्षेत्रफल में होने वाला प्रतिशत परिवर्तन क्या होगा?
A. 74.8% सेमी **B.** 79.5% सेमी
C. 88.5% सेमी **D.** 89.8% सेमी

Q.16 एक समलम्ब की समानांतर भुजाओं की लम्बाई 30 सेमी और 18 सेमी है। समानांतर भुजाओं के बीच लंबवत दूरी 8 सेमी है। समलम्ब का क्षेत्रफल ज्ञात कीजिए (सेमी² में)।
A. 129 **B.** 192 **C.** 219 **D.** 291

Q.17 एक आयत की लम्बाई और चौड़ाई क्रमशः 14.6 सेमी और 19.2 सेमी है। उन वर्गों के क्षेत्रफल के बीच अंतर ज्ञात कीजिये जिसकी भुजा आयत की लम्बाई और चौड़ाई से क्रमशः दो अधिक और दो कम है?
A. 22.08 सेमी² **B.** 20.28 सेमी²
C. 28.02 सेमी² **D.** 22.82 सेमी²

Q.18 एक बॉक्स में तीन प्रकार के छल्ले होते हैं। चार वर्गाकार छल्ले, तीन वृत्ताकार छल्ले और तीन षट्कोणीय छल्ले। 3 छल्लों को यदृच्छया निकाला जाता है। क्या प्रायिकता है कि निकाले गए छल्लों में 2 वर्ग के छल्ले होते हैं?
A. 0.2 **B.** 0.3 **C.** 0.1 **D.** 0.5

Q.19 52 कार्डों के एक पैकेट से एक कार्ड यादृच्छ निकाला जाता है। क्या प्रायिकता है कि निकाला गया कार्ड एक अंक कार्ड है?
A. $\frac{9}{13}$ **B.** $\frac{2}{13}$ **C.** $\frac{4}{13}$ **D.** $\frac{5}{13}$

Q.20 एक पैक में 4 नीले, 2 लाल और 3 काले पेन हैं। यदि पैक से 2 पेन यादृच्छिक रूप से निकाले जाते हैं, प्रतिस्थापित नहीं किए जाते हैं और फिर एक और पेन निकाला जाता है। 2 नीले पेन और 1 काले पेन के निकाले जाने की संभावना क्या है?
A. $\frac{2}{9}$ **B.** $\frac{1}{14}$ **C.** $\frac{2}{63}$ **D.** $\frac{2}{14}$

Q.21 $(1000)^{12} \div (10)^{30} = ?$
A. $(1000)^2$ **B.** 10 **C.** 100 **D.** $(100)^{12}$

Q.22 हल करें:
$$\frac{1.5^3+4.7^3+3.8^3-3\times1.5\times4.7\times3.8}{1.5^2+4.7^2+3.8^2-1.5\times4.7-4.7\times3.8-3.8\times1.5}=?$$
A. 0 **B.** 1 **C.** 10 **D.** 30

Q.23 हल करें:

$$\frac{0.41\times0.41\times0.41+0.69\times0.69\times0.69}{0.41\times0.41-0.41\times0.69+0.69\times0.69}=?$$

A. 0.28 **B.** 1.41 **C.** 1.1 **D.** 2.8

Q.24 कितने वर्षों में 2000 रुपए 10% वार्षिक की चक्रवृद्धि ब्याज की दर पर 2420 रुपए हो जाएगा?

A. 3 वर्ष **B.** $2\frac{1}{2}$ वर्ष **C.** 2 वर्ष **D.** $1\frac{1}{2}$ वर्ष

Q.25 यदि तीन वर्षों के लिए प्रति वर्ष 5% की ब्याज दर पर चक्रवृद्धि ब्याज और साधारण ब्याज के बीच का अंतर 36.60 रुपये है, तो राशि है:

A. 8000 रुपये **B.** 8400 रुपये
C. 4400 रुपये **D.** 4800 रुपये

// स्मार्ट उत्तर पुस्तिका //

सही उत्तर — उन छात्रों के प्रतिशत को इंगित करता है जिन्होंने प्रश्नों का सही उत्तर दिया था।

छोड़ दिया — उन छात्रों के प्रतिशत को इंगित करता है जिन्होंने प्रश्नों को छोड़ दिया था।

प्रश्न संख्या	उत्तर	सही उत्तर	छोड़ दिया
1	D	55.62 %	33.67 %
2	A	64.09 %	32.34 %
3	B	16.85 %	69.78 %
4	D	19.62 %	79.52 %
5	A	44.07 %	45.3 %
6	C	59.6 %	33.46 %
7	D	27.34 %	68.74 %
8	A	61.98 %	35.2 %
9	B	48.56 %	45.2 %
10	D	13.46 %	68.39 %
11	A	68.38 %	31.4 %
12	C	58.16 %	32.34 %
13	A	68.27 %	31.56 %
14	C	21.89 %	71.13 %
15	C	12.64 %	84.44 %
16	B	45.88 %	32.35 %
17	B	51.55 %	44.58 %
18	B	44.12 %	50.58 %
19	A	44.52 %	47.31 %
20	B	66.02 %	33.91 %
21	A	47.31 %	42.11 %
22	C	14.67 %	68.26 %
23	C	50.4 %	48.54 %
24	C	53.62 %	34.94 %
25	D	12.52 %	69.58 %

कार्य विश्लेषण	
औसत अंक (%)	50.0%
टॉपर्स स्कोर (%)	72.0%
आपका स्कोर	

//संकेत और समाधान//

1. दिया है,

[90 ÷ 6 × (24 - 8 ÷ 4) ÷ 3] – 90 ÷ 5 + 34

BODMAS नियम का उपयोग करने पर,

⇒ [90 ÷ 6 × (24 – 8 ÷ 4) ÷ 3] – 90 ÷ 5 + 34 = ?

⇒ [90 ÷ 6 × (24 – 2) ÷ 3] – 90 ÷ 5 + 34 = ?

⇒ [90 ÷ 6 × (22) ÷ 3] – 90 ÷ 5 + 34 = ?

⇒ [90 ÷ 6 × $\frac{22}{3}$] – 90 ÷ 5 + 34 = ?

⇒ [15 × $\frac{22}{3}$] – 90 ÷ 5 + 34 = ?

⇒ [110] – 90 ÷ 5 + 34 = ?

⇒ 110 – 18 + 34 = ?

⇒ 110 + 16 = ?

⇒ ? = 126

∴ '?' के स्थान पर 126 आएगा।

अतः विकल्प (C) सही है।

2. दिया है:

6 × 12 + 8 × 11 – 48 ÷ 6 + 23 × 8 ÷ 4 – 2 = $?^2$

BODMAS नियम का उपयोग करने पर,

6 × 12 + 8 × 11 – 48 ÷ 6 + 23 × 8 ÷ 4 – 2 = $?^2$

⇒ 6 × 12 + 8 × 11 – 8 + 23 × 2 – 2 = $?^2$

⇒ 72 + 88 – 8 + 46 – 2 = $?^2$

⇒ 72 + 80 + 44 = $?^2$

⇒ 196 = $?^2$

⇒ $14^2 = ?^2$

⇒ 14 = ?

∴ ? का आवश्यक मान 14 है।

अतः विकल्प (A) सही है।

3. $\Rightarrow (12)^4 \times (144)^8 \div (24)^3 = (?)^{17} \times 2^{(-3)}$

$\Rightarrow 12^4 \times (12^2)^8 \div (12 \times 2)^3 = (?)^{17} \times 2^{(-3)}$

$\Rightarrow 12^{20} \div (12^3 \times 2^3) = (?)^{17} \times 2^{(-3)}$

$\Rightarrow 12^{17} \div 2^3 = (?)^{17} \times 2^{(-3)}$

$\Rightarrow 12^{17} \times 2^{(-3)} = (?)^{17} \times 2^{(-3)}$

$\therefore 12$

अतः विकल्प (B) सही है।

4. $\Rightarrow 2\frac{1}{4} = \frac{9}{4}$

$\Rightarrow 5\frac{2}{3} = \frac{17}{3}$

$\Rightarrow 4\frac{5}{6} = \frac{29}{6}$

$\Rightarrow 8\frac{2}{3} = \frac{26}{3}$

इन चार संख्याओं का योग

$= \frac{9}{4} + \frac{17}{3} + \frac{29}{6} + \frac{26}{3}$

$= \frac{27+68+58+104}{12}$

$= \frac{257}{12}$

∴ इन चार संख्याओं का औसत

$= \left(\frac{257}{12}\right) \div 4$

$= \frac{257}{48}$

$= 5\frac{17}{48}$

अतः विकल्प (D) सही है।

5. कलम, पेंसिल, रबड़ का औसत मूल्य = 33

औसत = (सभी वस्तुओं का कुल मूल्य)/(वस्तुओं की संख्या)

∴ कलम, पेंसिल, रबड़ का कुल मूल्य = 33 × 3 = 99

माना कलम, पेंसिल और रबड़ का मूल्य 5x, 3x और x है।

⇒ 99 = 5x + 3x + x

⇒ 99 = 9x

⇒ x = 11

∴ रबड़ का मूल्य = 11 रुपये

कलम और पेंसिल का मूल्य (5x और 3x) = 55 रुपये और 33 रुपये

∴ कलम, पेंसिल और रबड़ का मूल्य क्रमशः 55 रुपये, 33 रुपये, 11 रुपये है।

अतः विकल्प (A) सही है।

6. दिया है:

P और Q की वर्तमान आयु का अनुपात $= 2:7$

18 वर्ष पहले, P और Q की आयु का अनुपात $= 1:26$

माना P की वर्तमान आयु $2x$ है।

माना Q की वर्तमान आयु $7x$ है।

∴ प्रश्न के अनुसार

$\Rightarrow \frac{(2x-18)}{(7x-18)} = \frac{1}{26}$

$\Rightarrow 26(2x-18) = (7x-18)$

$\Rightarrow 52x - 468 = 7x - 18$

$\Rightarrow 52x - 7x = -18 + 468$

$\Rightarrow 45x = 450$

$\Rightarrow x = \frac{450}{45}$

$\Rightarrow x = 10$

P की वर्तमान आयु $= 2 \times 10 = 20$ वर्ष

Q की वर्तमान आयु $= 7 \times 10 = 70$ वर्ष

$\therefore$ P और Q की वर्तमान आयु का योग $= 20 + 70 = 90$ वर्ष

अतः विकल्प (C) सही है।

7. दिया है,

A और B के आय का अनुपात 7 : 8 है।

B और C के आय का अनुपात 4 : 3 है।

A और C के बचत का अनुपात 4 : 3 है।

B और C को मिलाकर उनके बचत से A के बचत का अंतर 32,000 रु है।

A, B और C की आय 7 x, 8 x, 6 x

माना कि इनका व्यय y है

आय = व्यय + बचत

A का बचत =7 $x - y$

C का बचत =6 $x - y$

A : B का अनुपात =7: 8

B : C का अनुपात =4: 3

अब B के अनुपात को बराबर करने पर हमें प्राप्त होता है

B: C × 2=8: 6

A: B: C = 7: 8: 6

$\Rightarrow$ A और C के बचत का अनुपात $= \frac{(7x-y)}{(6x-y)} = \frac{4}{3}$

$\Rightarrow 21x - 3y = 24x - 4y$

$\Rightarrow y = 3x$

$\Rightarrow$ A की बचत $= 7x - 3x = 4x$

$\Rightarrow$ B की बचत $= 8x - 3x = 5x$

$\Rightarrow$ C की बचत $= 6x - 3x = 3x$

B और C को मिलाकर उनके बचत से A के बचत का अंतर 32,000 है।

$\Rightarrow (5x + 3x) - (4x) = 32{,}000$

$\Rightarrow 4x = 32{,}000$

$\Rightarrow x = 8000$

$\therefore$ Income of B $= 8x = 8 \times 8000 =$

$64{,}000$ रु

अतः विकल्प (D) सही है।

8. दिया है:

हमें 14, 18, 26 के चौथा आनुपातिक और 14, 21 के तीसरे आनुपातिक के बीच के अनुपात को ज्ञात करना है।

a, b, c का चौथा आनुपातिक $\frac{bc}{a}$ है

a, b का तीसरा आनुपातिक $\frac{b^2}{a}$ है

$\Rightarrow 14{,}18{,}26 = \frac{(18\times26)}{14} = \frac{234}{7}$ का चौथा आनुपातिक

$\Rightarrow 14{,}21 = \frac{21^2}{14} = \frac{63}{2}$ का तीसरा आनुपातिक

$\therefore$ आवश्यक अनुपात $= \frac{\frac{234}{7}}{\frac{63}{2}}$

$= \frac{52}{49}$

$= 52 : 49$

अतः विकल्प (A) सही है।

9. A द्वारा कार्य को पूरा करने के लिए आवश्यक समय = 40 दिन

B द्वारा कार्य को पूरा करने के लिए आवश्यक समय = 50 दिन

C द्वारा कार्य को पूरा करने के लिए आवश्यक समय = 60 दिन

$\Rightarrow$ A + B + C का वेतन = 7400 रूपए

यदि A, B, और C क्रमशः x, y और z दिनों में एक कार्य कर सकते हैं। कार्य का ठेका r रूपए का है और सभी एक साथ कार्य करते हैं।

तब,

A का हिस्सा = $\frac{ryz}{xy+yz+zx}$ रूपए

B का हिस्सा = $\frac{rzx}{xy+yz+zx}$ रूपए

C का हिस्सा = $\frac{rxy}{xy+yz+zx}$ रूपए

A का हिस्सा = $\frac{7400\times50\times60}{40\times50+50\times60+60\times40}$ रूपए

$\Rightarrow$ 3000 रूपए

B का हिस्सा = $\frac{7400\times60\times40}{40\times50+50\times60+60\times40}$ रूपए

$\Rightarrow$ 2400 रूपए

$\Rightarrow$ C का हिस्सा = $\frac{7400\times40\times50}{40\times50+50\times60+60\times40}$ रूपए

$\Rightarrow$ 2000 रूपए

$\therefore$ A, B और C की मजदूरी क्रमशः 3000 रूपए , 2400 रूपए, 2000 रूपए है।

अतः विकल्प (B) सही है।

10. दिया है:

साहिल, निखिल और अखिल ने किसी कार्य को पूरा करने के लिए समय लिया = 10 दिन

साहिल द्वारा अकेले कार्य को पूरा करने के लिए लिया गया समय = 20 दिन

निखिल द्वारा अकेले कार्य को पूरा करने के लिए लिया गया समय = 25 दिन

कार्य से आय = 60,000 रु

साहिल, निखिल और अखिल द्वारा 1 दिन में किया गया कार्य = $\frac{1}{10}$

साहिल द्वारा अकेले 1 दिन में किया गया कार्य = $\frac{1}{20}$

निखिल द्वारा अकेले 1 दिन में किया गया कार्य = $\frac{1}{25}$

अखिल द्वारा 1 दिन में किया गया कार्य = $\frac{1}{10} - \left[\frac{1}{20} + \frac{1}{25}\right]$

= $\frac{1}{10} - \frac{9}{100} = \frac{1}{100}$

1 दिन में साहिल, निखिल और अखिल द्वारा लिए गए समय का अनुपात = $\frac{1}{20} : \frac{1}{25} : \frac{1}{100}$ = 5 : 4 : 1

आय में अखिल का हिस्सा = $\frac{1}{10} \times 60{,}000$ = Rs 6,000

अतः विकल्प (D) सही है।

11. दिया है:

आदित्य 5% हानि पर सामान बेचता है

वह 15% कम वजन का उपयोग करता है

माना कि 1000 ग्राम का क्रय मूल्य 100 रु

हानि % = 5%

विक्रय मूल्य = क्रय मूल्य × (100 – हानि %)/100

तो, विक्रय मूल्य = 100 × $\frac{95}{100}$

⇒ विक्रय मूल्य = Rs. 95

अब, वह 15% कम वजन का उपयोग कर रहा है

इसलिए, उसके द्वारा इस्तेमाल किया जाने वाला वजन = 1000 × $\frac{1000-15}{100}$

⇒ वजन वह उपयोग कर रहा है = 850 ग्राम

तो, क्रय मूल्य केवल 850 ग्राम पर होगा

तो, कुल क्रय मूल्य 850 ग्राम = 100 × $\frac{850}{100}$ रु

⇒ 85 रु

और, कुल विक्रय मूल्य 1000 ग्राम = 95 रु × $\frac{1000}{1000}$

⇒ 95 रु

लाभ = विक्रय मूल्य – क्रय मूल्य

⇒ लाभ = 95 रु – 85 रु

⇒ 10 रु

लाभ % = (लाभ/क्रय मूल्य) × 100

⇒ $\frac{10}{85} \times 100$

⇒ $\frac{200}{17}\%$

∴ आदित्य का कुल लाभ प्रतिशत $\frac{200}{17}\%$ है

अतः विकल्प (A) सही है।

12. मान लेते हैं कि खिलौने की लागत मूल्य 'x' रूपए है

लाभ = लाभ % × लागत मूल्य = $\frac{25}{100}$ × लागत मूल्य = 0.25 लागत मूल्य

खिलौने का विक्रय मूल्य = 750 रूपए

⇒ x + 0.25x = 750

⇒ 1.25x = 750

⇒ x = $\frac{750}{1.25}$ = 600 रूपए

5 खिलौनों का लागत मूल्य = 5 × 600 = 3,000 रूपए

5 खिलौनों का विक्रय मूल्य = 3,300 रूपए

5 खिलौनों पर लाभ = 5 खिलौनों का विक्रय मूल्य - 5 खिलौनों का लागत मूल्य = 3300 – 3000 = 300 रूपए

5 खिलौनों पर लाभ % = $\frac{300}{3000} \times 100$ = 10%

अतः विकल्प (C) सही है।

13. दिया है:

24 कैरेट सोना सौ प्रतिशत शुद्ध सोना होता है।

50% शुद्ध सोने का मूल्य 30,000 रु. है

इस प्रकार, 1% शुद्ध सोने का मूल्य = 600 रु.

22 कैरेट सोने में शुद्ध सोना 24 में से 22 भाग है।

22 कैरेट सोने में शुद्ध सोने का प्रतिशत $= \frac{22}{24} \times 100\% = 91\frac{2}{3}\%$

चूंकि, 1% शुद्ध सोने का मूल्य = 600 रु.

∴ 22 कैरेट सोने में शुद्ध सोने का मूल्य = 600 $\times 91\frac{2}{3}\%$

⇒ 22 कैरेट सोने में शुद्ध सोने का मूल्य = 55,000 रु.

अतः विकल्प (A) सही है।

14. 64 का वर्गमूल $= 8$

यदि वर्ग में 4 दशमलव हैं, तो वर्गमूल $\frac{4}{2}$ में 2 दशमलव होंगे

$\therefore \sqrt{0.0064} = 0.08$

$\therefore \frac{\sqrt{0.01+\sqrt{0.0064}}}{0.01\times0.3}$

$= \frac{\sqrt{0.01+0.08}}{0.01\times0.3}$

$= \frac{\sqrt{0.09}}{0.01\times0.3}$

$= \frac{0.3}{0.01 \times 0.3}$

$= \frac{1}{0.01}$

$= 100$

अतः विकल्प (C) सही है।

15. माना कि समांतर चतुर्भुज का आधार और ऊंचाई क्रमशः 'b' और 'h' है

⇒ समांतर चतुर्भुज के क्षेत्रफल का सूत्र = आधार × ऊंचाई

⇒ समांतर चतुर्भुज का क्षेत्रफल = bh

दिया गया है कि समांतर चतुर्भुज की आधार और ऊंचाई क्रमशः 30% और 45% बढ़ा दी जाती है

⇒ समांतर चतुर्भुज का क्षेत्रफल = bh × (1 + 30%) × (1 + 45%)

⇒ समांतर चतुर्भुज का क्षेत्रफल = bh × (1 + 0.3) × (1 + 0.45)

⇒ समांतर चतुर्भुज का क्षेत्रफल = bh × 1.3 × 1.45

⇒ समांतर चतुर्भुज का क्षेत्रफल = 1.885bh

⇒ प्रतिशत बदलाव = [(नया क्षेत्रफल - पुराना क्षेत्रफल)/पुराना क्षेत्रफल] × 100%

⇒ प्रतिशत बदलाव = $\frac{1.885bh - bh}{bh}$ × 100%

⇒ प्रतिशत बदलाव = $\frac{0.885bh}{bh}$ × 100%

⇒ प्रतिशत बदलाव = 88.5%

∴ क्षेत्रफल में प्रतिशत बदलाव = 88.5%

अतः विकल्प (C) सही है।

16.

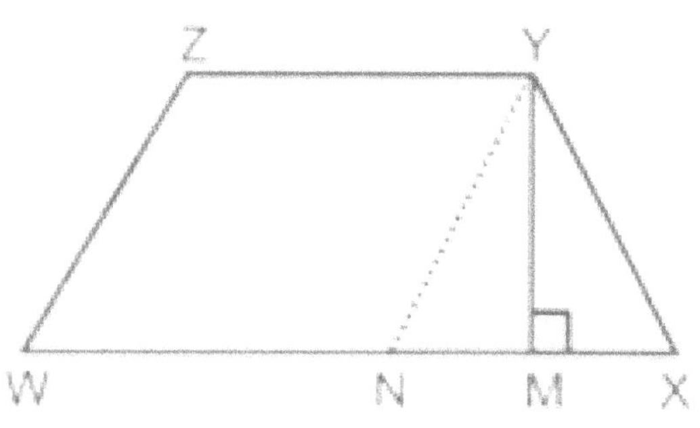

समलम्ब WXYZ का क्षेत्रफल,, A = $\frac{1}{2}$ × (समानांतर भुजाओं का योग) × (उनके बीच की दूरी)

⇒ A = $\frac{1}{2}$ × (30 + 18) × 8 सेमी²

∴ A = 192 सेमी²

अतः विकल्प (B) सही है।

17. पहले वर्ग की भुजा = आयत की लम्बाई + 2 = 16.6 सेमी

पहले वर्ग का क्षेत्रफल = 16.6 × 16.6 = 275.56 सेमी²

दूसरे वर्ग की भुजा = आयत की चौड़ाई - 2 = 17.2 सेमी

दूसरे वर्ग का क्षेत्रफल = 17.2 × 17.2 = 295.84 सेमी²

दो वर्गों के क्षेत्रफलों में अंतर = 295.84 – 275.56 = 20.28 सेमी²

∴ दो वर्गों के क्षेत्रफलों में अंतर 20.28 सेमी² है।

अतः विकल्प (B) सही है।

18. दिया है:

छल्लों की कुल संख्या: 10

P(E) = अनुकूल परिणामों की संख्या/परिणामों की कुल संख्या

मान लीजिये 'E' अनुकूल परिणामों की एक घटना है।

अनुकूल परिणामों की संख्या $= {}^4C_2 \times {}^6C_1 \Rightarrow 36$

परिणामों की कुल संख्या $= {}^{10}C_3 \Rightarrow 120$

$P(E) = \frac{36}{120}$

$= \frac{3}{10}$

$= 0.3$

अतः विकल्प (B) सही है।

19. दिया है:

कार्डों की कुल संख्या = 52

P(E) = अनुकूल परिणामों की संख्या/परिणामों की कुल संख्या

(अंक कार्ड 2 से 10 तक हैं। प्रत्येक सेट में 4 कार्ड होते हैं। इसलिए, अंक कार्डों की कुल संख्या 36 अर्थात 4 × 9 है)

अतः 'E' अनुकूल परिणामों की एक घटना है।

अनुकूल परिणामों की संख्या = 36

P(E) = $\frac{36}{52}$

= $\frac{9}{13}$

अतः विकल्प (A) सही है।

20. दिया गया है,

कुल नीले पेन: 4

कुल लाल पेन: 2

कुल काला पेन: 3

कुल पेन: $4 + 2 + 3 = 9$

पेन निकालने की संभावना $= \frac{{}^4C_2}{{}^9C_2} = \frac{4 \times 3}{9 \times 8} = \frac{1}{6}$

इसके बाद, पेन को प्रतिस्थापित नहीं किया जाता है, जो पैक में पेन की संख्या को 7 तक कम कर देता है,

इसलिए 7 पेन के पैक से 1 नीले पेन के निकाले जाने की संभावना होगी $\frac{{}^3C_1}{{}^7C_1} = \frac{3}{7}$

2 नीले पेन और 1 काले पेन निकाले जाने की संभावना $= \frac{1}{6} \times \frac{3}{7} = \frac{1}{14}$

अतः विकल्प (B) सही है।

21. $\frac{(1000)^{12}}{(10)^{30}}$

$= \frac{(10^3)^{12}}{(10)^{30}}$

$= \frac{(10)^{(3\times12)}}{(10)^{30}}$

$= \frac{(10)^{36}}{(10)^{30}}$

$= (10)^{(36-30)}$

$= 10^6$

$= (10^3)^2$

$= (1000)^2$

अतः विकल्प (A) सही है।

22. $\frac{1.5^3+4.7^3+3.8^3-3\times1.5\times4.7\times3.8}{1.5^2+4.7^2+3.8^2-1.5\times4.7-4.7\times3.8-3.8\times1.5}$

$= \frac{(1.5+4.7+3.8)\{1.5^2+4.7^2+3.8^2-1.5\times4.7-4.7\times3.8-3.8\times1.5\}}{\{1.5^2+4.7^2+3.8^2-1.5\times4.7-4.7\times3.8-3.8\times1.5\}}$

$[\therefore a^3+b^3+c^3-3abc=(a+b+c)$
$(a^2+b^2+c^2-ab-bc-ca)]$

$= 1.5 + 4.7 + 3.8$

$= 10.0$

$= 10$

अतः विकल्प (C) सही है।

23. $\frac{0.41\times0.41\times0.41+0.69\times0.69\times0.69}{0.41\times0.41-0.41\times0.69+0.69\times0.69}$

$= \frac{(0.41)^3+(0.69)^3}{(0.41)^2-0.41\times0.69+(0.69)^2}$ $[\because a^3+b^3=$
$(a+b)(a^2+b^2-ab)]$

$= 0.41 + 0.69$

$= 1.1$

अतः विकल्प (C) सही है।

24. मूलधन $=$ 2000 रुपये

राशि $=$ 2420 रुपये

दर $= 10\%$

सूत्र का उपयोग करके,

$A = P\left(1+\frac{r}{100}\right)^n$

$\Rightarrow 2420 = 2000\left(1+\frac{10}{100}\right)^n$

$\Rightarrow \frac{2420}{2000} = \left(1+\frac{10}{100}\right)^n$

$\Rightarrow \frac{121}{100} = \left(\frac{11}{10}\right)^n$

$\Rightarrow \left(\frac{11}{10}\right)^2 = \left(\frac{11}{10}\right)^n$

$\Rightarrow n = 2$

इसलिए, आवश्यक समय $= 2$ वर्ष

अतः विकल्प (C) सही है।

25. दिया गया,

अंतर $=$ चक्रवृद्धि ब्याज $-$ साधारण ब्याज

$= 36.60$

समय $= 3$ वर्ष,

दर $= 5\%$

दिए गए सूत्र का उपयोग करके,

साधारण ब्याज और 3 वर्षों के लिए चक्रवृद्धि ब्याज का अंतर

$= \frac{PR(300+R)}{100^3}$

$\because \frac{P\times25\times305}{100\times100\times100}$

$= 36.60$

$\Rightarrow P = \frac{36.60\times100\times100\times100}{25\times305}$

$= 4800$ रुपये

अतः विकल्प (D) सही है।

अनुभागीय टेस्ट 10

Q.1 Direction: In the following question, out of the four alternatives, select the alternative which best expresses the meaning of the Idiom/Phrase.

Hear it on the grapevine

A. To hear rumours

B. To find out the truth

C. To know something through unexpected sources

D. To know something which is already a big news

Q.2 Find the correct word.

A. Condone **B.** Aprobate

C. Conceede **D.** Currtail

Q.3 Direction: In the following sentence, the given blank is to be filled with the appropriate words. Four alternatives are suggested for each question. Choose the correct alternative and mark your answer:

Just as I began to get ________ about the surroundings, she applied the brakes.

A. Elusive **B.** Inclusive **C.** Effusive **D.** Evasive

Q.4 Direction: Read each sentence to find out whether there is any error in it. The error, if any, will be in one part of the sentence. Mark the part with the error as your answer.

Summer is the holiday peak for rural India, but for urban Indians, there's one peak in August, and then a few similar highs in May, September and October, possibly reflecting regional festivals.

A. Summer is the holiday peak for rural India

B. but for urban Indians, there's one peak

C. in August, and then a few similar highs in May, September

D. and October, possibly reflecting regional festivals.

Q.5 Direction: In the following questions, the first and the last parts of the sentence are numbered 1 and 6. The rest of the sentence is split into four parts named, P, Q, R, and S. These four parts are not given in their proper order. Read the parts, arrange them properly and find out which of the four combinations given below is appropriate, and mark it as your answer.

1. The psychology professor

P. to an auditorium

Q. stress management principles

R. walked around on a

S. stage while teaching

6. filled with students

A. RPSQ **B.** SRPQ **C.** RSQP **D.** RQSP

Ques (6-10):Direction: Read the passage given below and answer the questions that follow based on it.

Two decades after signing the UN Convention against Torture and Other Cruel, Inhuman or Degrading Treatment or Punishment, India is yet to **ratify** it. There can be little justification for such a prolonged delay in passing legislation to give effect to the convention. In recent times there is a fresh note of urgency attached to the need for early ratification, as the country has pending requests for the extradition of its nationals from other countries. For, as pointed out by the Supreme Court, the absence of a stand-alone law prohibiting torture may prevent many countries from agreeing to India's extradition requests. Such a law may be in the national interest, the Chief Justice of India observed during the course of a hearing on a public interest petition seeking the enactment of an anti-torture law in accordance with the country's commitment. The court also noted that India was subjected to close questioning during the Universal Periodic Review of its human rights obligations at the UN Human Rights Council in Geneva. It cannot be forgotten that an extradition request relating to Purulia arms drop case suspect Kim Davy failed owing to the apprehension that he may be ill-treated in India. In an era of increasing international cooperation on criminal matters, India will be better served if it is seen as adhering to international treaties, especially its obligations under the Convention Against Torture, which it signed in 1997.

There may be some doubt whether India needs a fresh law to prevent and punish torture. Provisions relating to causing hurt or grievous hurt, especially with a view to extracting a confession, criminal intimidation, and wrongful confinement already exist in the Indian Penal Code. However, the idea of a stand-alone law ought to be ultimately seen as a more tangible way of expressing commitment to eliminating torture. A concrete step towards enacting a law was made when the Prevention of Torture Bill, 2010, was passed by the Lok Sabha in 2010, but it was referred to a Select Committee in the Rajya Sabha. In its report submitted in the same year, the committee recommended exhaustive amendments to the Bill to make it consistent with the language and intent of the Convention. Thereafter the Bill lapsed. The government now says it has referred the matter to the Law Commission for an authoritative view. Given the pervasive nature of custodial violence and its complex policing requirements, the present legislative and administrative framework is obviously inadequate to prevent torture in a country of India's size. It is imperative that a strong law that criminalises torture, imposes stringent punishment for it, and contains liberal provisions for those suffering torture to complain against their perpetrators, prosecute them, and be compensated and rehabilitated, is passed at the earliest.

Q.6 What according to the Supreme Court, might inhibit countries from agreeing to India's extradition requests?

A. Non ratification of the convention

B. The delay in bringing the convention to effect

C. The non-existence of a self-contained law which acts against torture

D. A large list of pending extradition requests

Q.7 Why does the author feel that the present administrative framework is inadequate to prevent torture?

A. The violence occurring when a person is in custody is inescapable

B. The requirements pertaining to 'policing' being of a very complicated nature

C. The law commission hasn't given an authoritative view on the present framework

D. Both (A) and (B)

Q.8 Why did the bill lapse in the first place?

A. It was debated in Lok Sabha for a long time

B. The Select Committee in the Rajya Sabha took very long to respond

C. The select committee strong amendments in the bill

D. Cannot be determined

Q.9 Why did the extradition request against the accused in the Purulia arms drop case fail?

A. Because of the close questioning of India's human rights obligations at the UN Human Rights Council

B. Because Geneva was apprehensive of ill treatment of the accused

C. Because India is not seen as adhering to international treaties

D. None of the above

Q.10 Choose the word which has its meaning most similar to the word '**ratify**' used in the passage.

A. Defy **B.** Endorse
C. Confront **D.** Controvert

Ques (11-15):Direction: Below, a passage is given with five blanks labelled (A)-(E). Below the passage, four options are given for each blank. Choose the word that fits each blank most appropriately in the context of the passage, and mark the corresponding answer.

The thermometer is an instrument for measuring temperature. The ___**(A)**___ form consists of a ___**(B)**___ tube with a fine ___**(C)**___. One end of the ___**(D)**___ is blown to form ___**(E)**___ bulb and the other is closed.

Q.11 Which of these words most appropriately fits the blank labelled **(A)**?

A. Common **B.** Seen
C. Unseen **D.** Heard

Q.12 Which of these words most appropriately fits the blank labelled **(B)**?

A. Metal **B.** Brass **C.** Glass **D.** Rubber

Q.13 Which of these words most appropriately fits the blank labelled **(C)**?

A. Bore **B.** Boar **C.** Cavity **D.** Mole

Q.14 Which of these words most appropriately fits the blank labelled **(D)**?

A. Place **B.** Tube **C.** Edge **D.** Centre

Q.15 Which of these words most appropriately fits the blank labelled **(E)**?

A. An **B.** That **C.** A **D.** All

Q.16 Direction: In the following question, a sentence has been given in Active/Passive Voice. Out of the four alternatives suggested, select the one which best expresses the same sentence in Passive/Active Voice.

She died in 2012.

A. She died. **B.** In 2012, she died.
C. She is dead. **D.** None of the above

Q.17 Direction: In the following question, out of the four alternatives, select the word which best expresses the meaning of the given word.

Exiguous

A. Bombastic **B.** Petite
C. Conventional **D.** Erroneous

Q.18 Direction: In the following question, out of the four alternatives, select the word opposite in meaning to the given word.

Temerity

A. Audacity **B.** Effrontery
C. Impudence **D.** Wariness

Q.19 Direction: Out of four alternatives, choose the one which can be substituted for the given words/sentences.

Spread negative information about someone

A. Vociferous **B.** Vilify
C. Vituperative **D.** Winsome

Q.20 Direction: The 1st and the last parts of the sentence/ paragraph are numbered 1 and 6. The rest of the sentences are split into four parts and named P, Q, R, and S. These four parts are not given in their proper order. Read the sentence/ paragraph and find out which of the four combinations is correct.

1. It has been suggested

P. so called Pasupati seal

Q. may go back to

R. that the roots of Shiva worship

S. on the basis of the

6. the Harappan civilization.

A. SPRQ **B.** PQSR **C.** SRQP **D.** RSPQ

Q.21 Directions: The 1st and the last parts of the paragraph are numbered 1 and 6. The rest of the paragraph are split into four parts and named P, Q, R, and S. These four parts are not given in their proper order. Read the sentence/ paragraph and find out which of the four combinations is correct.

1. More organisations today seek a transformation in their businesses, yet most of them think of and talk about managing change.

P. Change is characterised by 'reactivity'.

Q. Most of us live in the domain of change both as individuals and as organisations.

R. The characteristics of transformation are positive and actually creative. They stem from a new found sense of purposefulness, once a higher purpose is discovered.

S. The implications of this conflict will not be fully appreciated until we learn to distinguish between change and transformation.

6. Clearly, we all aspire to live in the domain of transformation even if we presently are in the domain of change.

A. SRQP **B.** PQSR **C.** SPRQ **D.** SPQR

Q.22 Direction: A sentence/a part of the sentence is underlined. Five alternatives are given to the underlined part which may improve the meaning of the sentence. Choose the correct alternative. In case no improvement is needed, click the option corresponding to "No improvement".

When it was feared that the serfs might go too far and gain their freedom from serfdom, the protestant leaders joined the princess at crushing them.

A. into crushing **B.** in crushing
C. without crushing **D.** No improvement

Q.23 Direction: Improve the bracketed part of the sentence

Ganesh was by his side, (dressing in) his master's best suit.

A. Dressed in **B.** Dressed with
C. Dressed of **D.** No improvement

Q.24 Direction: In the following question, out of the four alternatives, select the word opposite in meaning to the given word.

Loquacious

A. Reticent **B.** Talkative
C. Verbose **D.** Chatty

Q.25 Direction: Out of four alternatives, choose the one which can be substituted for the given words/sentences.

To remove an objectionable part from a book.

A. Exterminate **B.** Expurgate
C. Extirpate **D.** Eradicate

// Smart Answer Sheet //

Correct — Indicates percentage of students who answered questions correctly.

Skipped — Indicates percentage of students who skipped questions.

Q.	Ans.	Correct	Skipped
1	A	41.67 %	36.65 %
2	A	57.06 %	40.87 %
3	D	42.06 %	31.14 %
4	B	54.23 %	39.57 %
5	C	52.0 %	30.99 %
6	C	18.49 %	67.5 %
7	D	69.06 %	30.72 %
8	D	52.72 %	44.25 %
9	D	49.46 %	36.01 %
10	B	55.77 %	44.17 %
11	A	60.3 %	38.05 %
12	C	49.59 %	36.82 %
13	A	68.43 %	30.66 %
14	B	15.66 %	82.74 %
15	C	84.42 %	12.82 %
16	D	44.48 %	46.27 %
17	B	52.55 %	38.25 %
18	D	66.22 %	31.59 %
19	B	23.93 %	70.43 %
20	A	45.52 %	43.33 %
21	D	53.42 %	46.02 %
22	B	40.46 %	49.91 %
23	A	44.77 %	43.98 %
24	A	52.0 %	31.81 %
25	B	56.13 %	42.37 %

Performance Analysis	
Avg. Score (%)	54.0%
Toppers Score (%)	68.0%
Your Score	

//संकेत और समाधान//

1. To hear it on the grapevine is an idiomatic expression which means to hear some news from someone who heard it from someone else.

Hence, the correct option is (A).

2. The correct spellings are -

Approbate

Concede

Curtail

Hence, the correct option is (A).

3. Elusive – subtle, intangible, vague, abstract, mysterious.

Inclusive – comprehensive, complete, broad.

Effusive – demonstrative, fulsome, lavish, expansive.

Evasive – elusive, slippery, shifty, indirect, ambiguous.

Evasive: trying to avoid something; not direct

Hence, the correct option is (D).

4. When 'rural India' is used, 'urban India' should be used instead of 'urban Indians'.

Hence, the correct option is (B).

5. The psychology professor walked around on a stage while teaching stress management principles to an auditorium filled with students.

Hence, the correct option is (C).

6. The author points out clearly in the passage that: 'For, as pointed out by the Supreme Court, the absence of a stand-alone law prohibiting torture may prevent many countries from agreeing to India's extradition requests. Such a law may be in the national interest, the Chief Justice of India observed during the course of a hearing on a public interest petition seeking the enactment of an anti-torture law in accordance with the country's commitment'.

Hence, the correct option is (C).

7. It is clearly mentioned in the passage that: 'Given the pervasive nature of custodial violence and its complex policing requirements, the present legislative and administrative framework is obviously inadequate to prevent torture in a country of India's size. It is imperative that a strong law that criminalises torture, imposes stringent punishment for it and contains liberal provisions for those suffering torture to complain against their perpetrators, prosecute them and be compensated and rehabilitated, is passed at the earliest'.

Hence, the correct option is (D).

8. There is no such information provided by the author in the given passage that could give any clarity regarding this.

Hence, the correct option is (D).

9. The author has stated in the passage that: 'An extradition request relating to Purulia arms drop case suspect Kim Davy failed owing to the apprehension that he may be ill-treated in India'.

Hence, the correct option is (D).

10. Ratify means giving formal consent or making something officially valid.

Endorse means to say publicly that you give official support or agreement to a plan, statement, decision, etc.

Hence, the correct option is (B).

11. The word 'common' needs to be used to demonstrate the normal kind of thermometer. The other three options are inappropriate as they fail to demonstrate any meaning.

Hence, the correct option is (A).

12. A thermometer has to be made up of glass as it needs to be transparent for the readings to be read properly. It cannot be brass or metal or rubber.

Hence, the correct option is (C).

13. The word 'bore' means a hollow part inside a tube. The rest of the words do not demonstrate any meaning. 'boar' is a kind of animal. We cannot use the word 'cavity' here, which means an empty space within a solid object. 'Mole' means a spy or a kind of animal.

Hence, the correct option is (A).

14. The bulb is formed at one end and the other side of it is closed. Thus 'it' has to be the tube. The other three options fail to have a proper meaning.

Hence, the correct option is (B).

15. We need to use the article 'a' to mean that a bulb is formed in the other end. 'an' or 'all' are incorrect here. 'That' is incorrect too as there is nothing to specify here.

Hence, the correct option is (C).

16. The given sentence has intransitive verb 'died'. The sentences having intransitive verb can't be converted into Passive voice as they don't have any clear known object.

Hence, the correct option is (D).

17. The meanings of the words are:

Exiguous - small

Petite - small

Bombastic - pompous

Conventional - old

Erroneous - wrong

Hence, the correct option is (B).

18. Effrontery, Impudence, Audacity and Temerity are synonyms and mean insolence/ boldness /impertinence, all of which are related to bad manners.

'Wariness' means to be 'careful', 'cautious', and 'alert' and best expresses the opposite meaning of the given word.

Hence, the correct option is (D).

19. Vilify: defame someone

Vociferous: conspicuously and offensively loud

Vituperate: use abusive language

Winsome: charming in a childlike or naive way

Hence, the correct option is (B).

20. The given sentence begins with the phrase 'it has been suggested'.

S should succeed 'Part 1' as it tells that on a certain basis something has been suggested.

Following it, the part P provides the thing on the basis of which the suggestion has been made.

After this, the sentence R begins to talk about the suggestion that has been made, a concept which is then completed by part Q and part 6 respectively.

Although option 4 may seem correct, we have to tell on what basis something is suggested which is directly given in S. Thus, (D) cannot be true.

Hence, the correct option is (A).

21. The first sentence talks of 'transformation in the organization and its effects'. The next sentence is S which talks more on sentence 1 and presents two factors 'change' and 'transformation'. The next sentence is P which talks out change and sentence Q extends P and tells us about our current domain. The next sentence is R which talks about the characteristics of transformation. Finally 6 tells our aspiration to live in the domain of transformation.

Hence, the correct option is (D).

22. When it was feared that the serfs might go too far and gain their freedom from serfdom, the protestant leaders joined the princess in crushing them.

Hence, the correct option is (B).

23. The correct verb here must be simple past 'dressed' and the preposition 'in' is the correct one to follow it. 'Dressed in' means 'attired in.'

Hence, the correct option is (A).

24. Loquacious: Someone who talks too much.

Reticent: An introvert, who speaks very little.

Talkative: A person who loves to talk.

Verbose: A person who makes long lengthy explanations.

Chatty: Readily engaging in an informal talk.

Hence, the correct option is (A).

25. 'Exterminate' means to kill.

'Extirpate' means to destroy.

'Eradicate' is similar in meaning to 'exterminate'.

'Expurgate' means to purge or clean up.

Hence, the correct option is (B).

अनुभागीय टेस्ट 11

Ques (1-5):Direction: Read the following passage carefully and answer the question that follow.

Smiling a lot is a valued trait: People who often smile sincerely radiate likeability, connect easily with others, and are appreciated more. By smiling, you make a positive impression that will assist in making contacts and reaching your goals. Moreover, smiling makes you feel good. However, not all smiles are created equal, and it is not a good idea to smile in every situation. Let's face it, smiling is not always as easy as it looks, which might be why we often indulge in it so **sparingly**. When all is said and done, it takes a bit of practice to turn smiling into a habit. Management is serious business! However, most managers are aware of the positive effect a well-meant smile can have on others. In most situations, your smile will contribute to your success. On the other hand, there are moments when you'd better not smile: Imagine that you are receiving some bad news, or you're in the middle of a difficult negotiation.

In addition, not all smiles are created equal: When someone smiles, we think of pleasure and happiness first, but that interpretation is not always correct. Imagine, for example, that you **stumble** on the street and almost knock into someone. Are you happy? No! But the chances are high that you will smile at the other person, and that the other person will immediately answer with a smile. The meaning of the smile here is more by way of an apology. Finding the right balance between showing a happy or serious facial expression is an art in itself. We want to come across as relaxed and friendly, but be taken seriously at the same time. However, If we contemplate this for too long, a **frown** will soon appear on our faces. In the end, with a smile, you will achieve the most and you will feel most happy with it. Nevertheless, smiling isn't always that easy; sometimes a lot of courage is needed to do it. Especially in situations where when it's preferable to smile, we tend to clench our jaws and look too tense.

Many job applicants miss out on a promising career because they were too tense to conjure a spontaneous smile on their faces. Many lovers miss out on their life partner because they didn't dare smile during the first meeting. And many managers have possibly lost the deal of their dreams because they couldn't smile spontaneously. A well-meant smile is almost something you cannot do too much of. Most people respond positively to this friendly gesture. And if they do not do that, it probably says more about their own fear of smiling. That said, smiling at someone who does not smile back can evoke a feeling of discomfort and shame. We naturally fear losing face. That's why we perhaps do not always dare to smile.

Q.1 What does the author mean by the statement "smiling is not always as easy as it looks"?

A. It needs a lot of practice to perfect the art of smiling.

B. All smiles are not equal and our indulgence in it depends upon the nature of the situation.

C. Always Keep smiling.

D. It is very difficult to make smiling a habit.

Q.2 Choose the word/group of words which is most SIMILAR in meaning to the word/group of words printed in bold as used in the passage.

Sparingly

A. Satiate **B.** Aversion
C. Meagerly **D.** Exacerbate

Q.3 Choose the word/group of words which is most SIMILAR in meaning to the word/group of words printed in bold as used in passage.

Stumble

A. Falter **B.** Extort **C.** Fretful **D.** Condone

Q.4 Choose the word/group of words which is most OPPOSITE in meaning to the word/group of words printed in bold as used in passage.

Evoke

A. Compel **B.** Sneer
C. Scrupulous **D.** Quell

Q.5 Choose the word/group of words which is most OPPOSITE in meaning to the word/group of words printed in bold as used in passage.

Frown

A. Accredit **B.** Rife **C.** Summon **D.** Grin

Q.6 Direction: In the question given below, a sentence is given with one blank, followed by four options, each having a word which may or may not fit in the blank. From the given options, choose the one that gives the correct word that fits in the blank.

_______________ factors influence the way these circuits operate, for better or worse.

A. Explicit **B.** Scores **C.** Plethora **D.** Myriad

Q.7 Direction: In the question given below, a sentence is given with one blank, followed by four options, each having a word which may or may not fit in the blank. From the given options, choose the one that gives the correct word that fits in the blank.

Fewer people on Southwest Florida beaches may have _______ to more sea turtle nests this season.

A. led **B.** lead **C.** leading **D.** causing

Q.8 Direction: Select the correct option that identifies the noun in the sentence.

It will take all of your energy and will to be able to walk again.

A. Take **B.** All **C.** Your **D.** Energy

Q.9 Direction: In the following question, out of the four alternatives, select the alternative which is the best substitute for the given group of the words.

A remedy for all diseases

A. Stoic **B.** Marvel
C. Panacea **D.** Recompense

Q.10 Direction: In the following question, out of the four alternatives, select the alternative which is the best substitute for the given group of the words.

One who is fond of fighting

A. Bellicose **B.** Aggressive
C. Belligerent **D.** Militant

Q.11 Direction: In the following question, out of the four alternatives, select the alternative which is the best substitute of the idiom/phrase, given in underlined part.

The captain played with determination because the honour of the team was **at stake.**

A. very low **B.** at the top
C. in danger **D.** appropriate

Q.12 Direction: In the following question, out of the four alternatives, select the alternative which is the best substitute of the idiom/phrase, given in underlined part.

Dishonesty is **at a premium** in almost all spheres of public life.

A. prevalent **B.** practised openly
C. encouraged **D.** valued highly

Q.13 Direction: In the following question six words are given which are denoted by A, B, C D, E, and F. By using all the six words, each only once, you have to frame a meaningful and grammatically correct sentence. The correct order of words is the answer. Choose from the four alternatives the one having the correct order of words.

A. eat
B. does
C. raw
D. not
E. meat
F. man

A. FBDAER **B.** BDAFCE
C. FBADCE **D.** FBDACE

Q.14 Direction: In the following question six words are given which are denoted by A, B, C D, E, and F. By using all the six words, each only once, you have to frame a meaningful and grammatically correct sentence. The correct order of words is the answer. Choose from the four alternatives the one having the correct order of words.

A. different
B. there
C. of
D. vehicles
E. kinds
F. are

A. BFEACD **B.** AECDBF
C. DCAEBF **D.** BFAECD

Q.15 Direction: In the following question, a sentence has been given in Active/Passive voice. Out of four alternatives suggested, select the one, which best expresses the same sentence in Passive/Active voice.

They are not meeting us.

A. We have not being met by them.
B. We are not being met by them.
C. We are being not met by them.
D. We have being not met by them.

Q.16 Find out that word, the spelling of which is wrong.

A. Assailant **B.** Appeasment
C. Ancestry **D.** Aerobatics

Q.17 Find out that word, the spelling of which is wrong.

A. Tuberculosis **B.** Trachery
C. Tincture **D.** Thwart

Q.18 Choose the word SIMILAR in meaning to the given word.

CORPULENT

A. Lean **B.** Gaunt
C. Emaciated **D.** Obese

Q.19 Choose the word SIMILAR in meaning to the given word.

BRIEF

A. Limited **B.** Small **C.** Little **D.** Short

Q.20 Choose the opposite word to the given word.

FRAUDULENT

A. Candid **B.** Direct
C. Forthright **D.** Genuine

Q.21 Choose the opposite word to the given word.

FLAGITIOUS

A. Innocent **B.** Vapid
C. Ignorant **D.** Frivolous

Q.22 Direction: In the following question, some part of the sentence may have errors. Find out which part of the sentence has an error and select the appropriate option.

Suganya opened a almirah (a) / full of books (b) / and took one of them (c) / for reading (d).

A. Suganya opened a almirah
B. full of books
C. and took one of them
D. for reading

Q.23 Direction: In the following question, some part of the sentence may have errors. Find out which part of the sentence has an error and select the appropriate option.

As I was to reach (a) / early I left in aeroplane (b) / instead of (c) / going by train (d).

A. As I was to reach
B. early I left in aeroplane
C. instead of
D. going by train

Q.24 Choose the suitable part of speech for a given word boldly.

Andy knocked on the door **but** nobody answered.

A. Adverb **B.** Adjective

C. Conjunction **D.** Verb

Q.25 Choose the suitable part of speech for a given word boldly.

After lunch let's go out for a coffee.

A. Pronoun **B.** Preposition
C. Verb **D.** Adverb

// Smart Answer Sheet //

Correct — Indicates percentage of students who answered questions correctly.

Skipped — Indicates percentage of students who skipped questions.

Q.	Ans.	Correct	Skipped
1	B	52.87 %	41.3 %
2	C	24.29 %	68.18 %
3	A	15.05 %	70.94 %
4	D	18.81 %	67.81 %
5	D	62.19 %	36.54 %
6	D	56.69 %	38.56 %
7	A	62.77 %	31.77 %
8	D	40.31 %	37.53 %
9	C	57.19 %	37.85 %
10	A	67.69 %	32.14 %
11	C	40.26 %	39.5 %
12	D	63.52 %	30.95 %
13	D	68.55 %	30.57 %
14	D	58.3 %	36.43 %
15	B	40.23 %	45.41 %
16	B	81.42 %	12.87 %
17	B	49.4 %	42.26 %
18	D	69.66 %	30.09 %
19	D	65.14 %	31.77 %
20	D	49.34 %	32.66 %
21	A	50.93 %	41.92 %
22	A	52.94 %	30.18 %
23	B	41.01 %	44.97 %
24	C	52.6 %	30.16 %
25	B	56.48 %	30.19 %

Performance Analysis	
Avg. Score (%)	56.0%
Toppers Score (%)	68.0%
Your Score	

//संकेत और समाधान//

1. Refer to the first paragraph of the passage where it is mentioned that Smiling is not always as easy as it looks as it is not a good idea to smile in every situation. Smiling a lot is a valued trait: People who often smile sincerely radiate likeability, connect easily with others, and are appreciated more. By smiling, you make a positive impression that will assist in making contacts and reaching your goals.

Hence. the correct option is (B).

2. Sparingly means in a restricted or infrequent manner; in small quantities. Hence it has the same meaning as meagerly.

Satiate means to completely satisfy yourself or a need, especially with food or pleasure.

Aversion means a strong dislike or disinclination.

Exacerbate means make (a problem, bad situation, or negative feeling) worse.

Hence. the correct option is (C).

3. Stumble means trip or momentarily lose one's balance; almost fall. Hence it has same meaning as falter.

Extort means obtain (something) by force, threats, or other unfair means.

Condone means approve or sanction (something), especially with reluctance.

Fretful means feeling or expressing distress or irritation.

Hence. the correct option is (A).

4. Evoke means bring or recall (a feeling, memory, or image) to the conscious mind. Hence it has opposite meaning to quell.

Compel means to force somebody to do something.

Sneer means a contemptuous or mocking smile, remark, or tone.

Scrupulous means very careful or paying great attention to detail.

Hence. the correct option is (D).

5. Frown means to furrow one's brows in an expression indicating disapproval, displeasure, or concentration. Hence it has opposite meaning to grin.

Rife means if something unpleasant is rife, it is very common or happens a lot.

Accredit means give credit to (someone) for something.

Summon means to order a person to come to a place.

Hence. the correct option is (D).

6. Myriad means a countless or extremely great number of people or things.

Explicit means stated clearly and in detail, leaving no room for confusion or doubt.

Scores means a group or set of twenty or about twenty.

Plethora means a large or excessive amount of something.

Hence. the correct option is (D).

7. The blank is preceded by 'have' which indicates that the verb occupying the blank will be used in the past participle form. According to this, options (B) are negated because these are the base forms of verbs, and (C) and (D) are negated because these are present participle forms of verbs. Option (A) satisfies the grammatical condition mentioned above and brings out a meaningfully correct sentence.

Hence, the correct option is (A).

8. Energy is a noun, as is will here. Take (A) is a verb. All (B) is an adverb modifying take. Your (C) is an adjective modifying energy and will.

Hence, the correct option is (D).

9. One word substitution is **Panacea**.

Panacea: a solution or remedy for all difficulties or diseases.

Stoic: a person who can endure pain or hardship without showing their feelings or complaining.

Marvel: be filled with wonder or astonishment.

Recompense: make amends to or reward someone for (loss, harm, or effort).

Hence, the correct option is (C).

10. One word substitution is **Bellicose.**

Bellicose: demonstrating aggression and willingness to fight.

Aggressive: ready or likely to attack or confront

Belligerent: engaged in a war or conflict, as recognized by international law.

Militant: favouring confrontational or violent methods in support of a political or social cause.

Hence, the correct option is (A).

11. "At stake" means "in danger". This phrase uses stake in the sense of something that is wagered.

Example:

She has to manage getting the contract this time since her job is at stake if she fails.

Hence, the correct option is (C).

12. 'At a premium" means "valued highly". Touts sell the tickets at a premium.

Example:

Difficult to get because there is little available We bought bunk beds because space in the apartment is at a premium.

Hence, the correct option is (D).

13. The correct sequence is FBDACE.

The meaningful sentence will be: **"Man does not eat raw meat."**

Hence, the correct option is (D).

14. The correct sequence is BFAECD.

The meaningful sentence will be: "**There are different kinds of vehicles.**"

Hence, the correct option is (D).

15. The action takes place in the present progressive, and the doer of the action is shown as lesser important than the addressee.

In the passive voice,

"We are not being met by them".

Hence, the correct option is (B).

16. Appeasment will be Appeasement.

Appeasement means giving people what they want to prevent them from harming you or being angry with you.

Example:

Music is an appeasement to shattered nerves.

Hence, the correct option is (B).

17. Trachery will be Treachery.

Treachery means the act of causing harm to somebody who trusts you.

Example:

The treachery of a foreign guide also added to his difficulties. But soon afterwards the king.

Hence, the correct option is (B).

18. Synonym of **Corpulent** is **Obese.**

Obese : grossly fat or overweight

Lean : be in or move into a sloping position

Gaunt : (of a person) lean and haggard, especially because of suffering, hunger, or age

Emaciated : abnormally thin or weak, especially because of illness or a lack of food

Hence, the correct option is (D).

19. Synonym of **Brief** is **Short.**

Short : lasting or taking a small amount of time

Limited : restricted in size, amount, or extent

Small : of a size that is less than normal or usual

Little : small in size, amount, or degree

Brief : of short duration; not lasting for long

Hence, the correct option is (D).

20. Fradulent: Obtained, done by, or involving deception, especially criminal deception.

Antonym of **Fradulent** is **Genuine**.

Genuine: Truly what something is said to be

Candid: Truthful and straight forward

Direct: Extending or moving from one place to another without changing direction or stopping

Forthright: Direct and outspoken

Hence, the correct option is (D).

21. Flagitious: Criminal

Antonym of **Flagitious** is **Innocent.**

Innocent: Not guilty of a crime or offenc

Vapid: Offering nothing that is stimulating or challenging

Ignorant: Lacking knowledge or awareness in general

Frivolous: Not having any serious purpose or value

Hence, the correct option is (A).

22. 'An' is used before words that begin with a vowel sound. For example, the word "European" begins with the vowel letter 'e' but it is pronounced with the consonant sound.

Example:

"He's British but he thinks of himself as a European."

So for the above sentence:

Suganya opened **an** almirah full of books and took one of them for reading.

Hence, the correct option is (A).

23. 'An' is used before words that begin with a vowel sound. For example, the word "European" begins with the vowel letter 'e' but it is pronounced with the consonant sound.

Example:

"He's British but he thinks of himself as a European."

So for the above sentence:

As I was to reach early I left in **an** aeroplane instead of going by train.

Hence, the correct option is (B).

24. A conjunction is a glue that holds words, phrases, and clauses (both dependent and independent) together. Here "but" is used as a conjunction.

Then the sentence is,

Andy knocked on the door **but** nobody answered.

Hence, the correct option is (C).

25. A preposition is a word that indicates the relationship between a noun and the other words of a sentence. Here "after" is used as a preposition.

Then the sentence is,

After lunch let's go out for a coffee.

Hence, the correct option is (B).

अनुभागीय टेस्ट 12

Q.1 Select the most appropriate synonym of the given word.

Enthral

A. Disgust **B.** Free
C. Mesmerise **D.** Repel

Q.2 The sentence is divided into four parts. Find out which part has an error mark it as your answer. If there is no error, mark 'No error' as your answer.

Neither of the two swimmers /(a) was good enough /(b) to break Shikha Tandon's records, /(c) one of India's finest swimmers. /(d) no error.

A. (a) **B.** (b) **C.** (c) **D.** No error

Q.3 Find the antonyms of the following word:

Foremost

A. Hindmost **B.** Unimportant
C. Mature **D.** Disposed

Q.4 Find the antonyms of the following word:

Protects

A. Defends **B.** Deprives **C.** Deserts **D.** Devises

Q.5 Find the synonym of the following word:

Cease

A. Begin **B.** Stop **C.** Create **D.** Dull

Q.6 Find the synonym of the following word:

Pious

A. Religious **B.** Sympathetic
C. Afraid **D.** Faithful

Q.7 Direction: Choose an option, which can be substituted for a given word/sentence/phrase out of given options.

Ram speaks less in the forum. Ram is

A. unintelligible **B.** reticent
C. garrulous **D.** banal

Q.8 Direction: Choose an option, which can be substituted for a given word/sentence/phrase out of given options.

One who cannot easily pleased

A. Cosmopolitan **B.** Frightening
C. Fastidious **D.** Feminist

Q.9 Direction: Choose an option, which can be substituted for a given word/sentence/phrase out of given options.

The murder of Brother:

A. Homicide **B.** Regicide
C. Fratricide **D.** Suicide

Ques (10-11):Direction: In the question given below, a part of the sentence is underlined. Below are given alternatives to the italicised part which may improve the sentence. Choose the correct alternative.

Q.10 Hoping not to be disturbed, I sat down in my easy chair to read the book. I won as a prize.

A. I had won as a prize
B. I have won as prize
C. I had to win as a prize
D. No improvement

Q.11 No one could explain how a calm and balanced person like him could penetrate such a mindless act on his friends.

A. Perpetuate **B.** Perpetrate
C. Precipitate **D.** No improvement

Ques (12-13):Direction: Choose the alternative which best expresses the meaning of the given idiom/phrase/ word.

Q.12 The thief was caught red-handed.

A. In the every act of committing the theft
B. On red tape
C. After being given a warning
D. With blood on his hands

Q.13 He decided to jump the gun and apply for the job before it was advertised in the press.

A. Play safe **B.** Fake his credentials
C. Be overhasty **D.** Use influence

Q.14

From the given group of words, choose the word wrongly spelt:

A. Imperative **B.** Ilicit
C. Imminent **D.** Immature

Q.15 Fill in the blank with an appropriate word.

The ship _____ Robinson arrived on the Island.

A. had been broken **B.** having been broken
C. having broken **D.** has broken

Q.16 Fill in the blank with an appropriate word.

Our armed forces are ______ those of any other country in the world.

A. Superior than **B.** Superior to
C. Superior from **D.** Superior of

Q.17 Direction: In the following question, choose the correctly spelt word.

A. Commettee **B.** Committe
C. Comittee **D.** Committee

Q.18 Direction: In the following question, four words are given out of which one word is incorrectly spelt. Select the incorrectly spelt word.

A. Succulent **B.** Palaeolithic
C. Omellete **D.** Enthusiastic

Ques (19-23):Direction: Read the passage given below and then answer the question given below the passage. Some

words may be highlighted for your attention. Read carefully.

Music can be divided into genres (e.g., country music) and genres can be further divided into subgenres (e.g., country blues and pop country are two of the many country subgenres), although the dividing lines and relationships between music genres are often subtle, sometimes open to personal interpretation, and occasionally controversial. For example, it can be hard to draw the line between some early 1980 s hard rock and heavy metal. Within the arts, music may be classified as performing art, fine art, or auditory art. Music may be played or sung and heard live at a rock concert or orchestra performance, heard live as part of a dramatic work (a music theater show or opera), or it may be recorded and listened to on a radio, MP3 player, CD player, smartphone or as film score or TV show.

By bringing music to the classrooms, schools are doing an important job by encouraging children to sing or play an instrument, thereby giving them a gift that will last for a lifetime. Students of music are better suited to face the world once they leave school. Here is what JoAnn Hood, Music Teacher, Nashville Forum, has to say about the impact of music on children. "I have found, during my 18 years of teaching, that music students tend to score better on tests, have better communication skills, and are better-disciplined students. They tend to be more prepared for the workforce and are more readily hired by businesses. I have also seen several instances where music kept a student in school who would have otherwise dropped out." Learning music at a young age can also equip people with skills that will benefit them when they grow old. John Ratey, MD, in his book titled "The User's Guide to the Brain," talks about how music benefits elders by helping the brain organize information and allow for selfexpression. Even Albert Einstein, the renowned physicist who learned to play the violin and piano in his childhood, continued to play and enjoy music till his very last days, commenting that he got most of his joy in life out of music.

Q.19 Which of the following can be inferred from the second paragraph of the passage?

A. Music can be recorded
B. Music is of different types
C. Music enriches a person for life
D. Music adds joy to life

Q.20 As per the passage, which of the following are two sub-country genres of music?

A. Folk and cowboy
B. Pop music and jazz
C. Classic blues and gospel music
D. Country blues and pop country

Q.21 As per the passage, how is music classified within art?

A. Within the arts, music may be classified as performing art, sophisticated art, or auditory art.
B. Within the arts, music may be classified as performing art, virtual, or auditory art.
C. Within the arts, music may be classified as performing art, fine art, or museum art.
D. Within the arts, music may be classified as performing art, fine art, or auditory art.

Q.22 Which of the following is true as per the passage?

A. Music may be played or sung and heard live at a rock concert or orchestra performance
B. Music can be heard live as part of a dramatic work (a music theater show or opera)
C. Music may be recorded and listened to on a radio, MP3 player, CD player, smartphone or as film score or TV show
D. All are true

Q.23 Which of the following is true as per the given passage?

A. Students of music are better suited to face the world once they leave school
B. Students of music are better suited to face the world once they leave college
C. Students of music are better suited to face the world once they leave university
D. Students of music are better suited to face the world once they leave premises

Q.24 Direction: Select the segment of the sentence that contains the grammatical error. If there is no error, mark 'No error' as your answer

She is ten years old (a) and you twelve still you (b) are acting like a child and (c) creating a nuisance all over the place (d) No error.

A. (a) **B.** (b) **C.** (c) **D.** (d)

Q.25 Direction: Select the part of the sentence which has an error from the given options. Select 'No error' if all are correct

Justin is the most fastest runner on the track team (a) He has won the nationals (b) twice, but there has been a (c) deterioration in his form over the years. (d) No error.

A. (a) **B.** (b) **C.** (c) **D.** (d)

// Smart Answer Sheet //

Correct Indicates percentage of students who answered questions correctly.

Skipped Indicates percentage of students who skipped questions.

Q.	Ans.	Correct	Skipped
1	C	83.78 %	13.23 %
2	B	84.79 %	13.26 %
3	B	76.99 %	14.03 %
4	C	76.59 %	14.32 %
5	B	80.11 %	13.57 %
6	A	86.28 %	10.81 %
7	B	55.74 %	33.8 %
8	C	65.37 %	31.69 %
9	C	43.65 %	47.32 %
10	A	83.27 %	14.22 %
11	B	89.66 %	10.15 %
12	A	54.93 %	39.08 %
13	C	84.41 %	14.19 %
14	B	78.55 %	13.66 %
15	C	89.69 %	10.15 %
16	B	86.05 %	12.3 %
17	D	64.93 %	31.5 %
18	C	77.48 %	14.41 %
19	C	61.47 %	31.74 %
20	D	65.61 %	33.0 %
21	D	63.55 %	32.23 %
22	D	62.94 %	30.21 %
23	A	23.99 %	75.8 %
24	B	79.08 %	13.02 %
25	A	87.77 %	10.33 %

Performance Analysis	
Avg. Score (%)	48.0%
Toppers Score (%)	58.0%
Your Score	

//संकेत और समाधान//

1. Enthral means to capture and hold one's attention, fascinate or mesmerise. Mesmerise is the most appropriate synonym of the given word.

Disgust and Repel mean strong dislike.

Free means costing nothing.

Hence, the correct option is (C).

2. The error lies in the wrong usage of the verb 'were' in Part B. 'Were' should be replaced by 'was' because a singular verb always comes after 'neither', 'each', 'either', 'everyone', 'many a'.

For example- Neither of the two applicants has the desired qualification.

Therefore, the singular verb 'was' should be used instead of the plural verb 'were' to make the sentence correct.

Hence, the correct option is (B).

3. Foremost: most prominent in rank, importance, or position.

Unimportant: lacking in importance or significance.

Hindmost: furthest back, latest or ultramodern.

Mature: fully developed physically, full-grown.

Disposed: inclined or willing.

Hence, the correct option is (B).

4. Protects: keep safe from harm

Deserts: to abandon that is to stop supporting or looking after

Defends: protect from harm or danger.

Deprives: prevent (a person or place) from having or using something

Devises: plan or invent (a complex procedure, system, or mechanism) by careful thought.

Hence, the correct option is (C).

5. Cease: come to an end, cease to happen.

Stop: come to an end, cease to happen.

Begin: perform or undergo the first part of (an action or activity).

Create: bring (something) into existence.

Dull: lacking interest or excitement.

Hence, the correct option is (B).

6. Pious: devoutly religious.

Religious: relating to or believing in a religion.

Sympathetic: feeling, showing, or expressing sympathy.

Afraid: feeling fear or anxiety; frightened.

Faithful: remaining loyal and steadfast.

Hence, the correct option is (A).

7. Not open or communicative is reticent. A garrulous person is excessively talkative. A banal remark is devoid of freshness or originality.

Hence, the correct option is (B).

8. The one-word substitution is Fastidious.

Fastidious: very attentive to and concerned about accuracy and detail.

Cosmopolitan: familiar with and at ease in many different countries and cultures.

Frightening: making someone afraid or anxious; terrifying.

Feminist: a person who supports feminism.

Hence, the correct option is (C).

9. Fratricide - the killing of one's brother or sister.

Homicide - the killing of one person by another.

Regicide - the action of killing a king.

Suicide - intentionally causing one's own death.

Hence, the correct option is (C).

10. While crossing the highway a five-year-old child was knocked down by a car.

Hence, the correct option is (A).

11. No one could explain how a calm and balanced person like him could perpetrate such a mindless act on his friends.

Hence, the correct option is (B).

12. In the very act of committing the theft.

The boys were trying to steal a car and the police caught them red-handed.

Hence, the correct option is (A).

13. Be overhasty

The new executive jumped the gun by sending out the appointment letter too soon.

Hence, the correct option is (C).

14. The word wrongly spelt is Ilicit.

It is used about an activity or substance) not allowed by law or by the rules of society.

Hence, the correct option is (B).

15. "The ship having broken, Robinson arrived on the Island." means the ship was broken and therefore Robinson arrived on the island which is a complete sentence.

Hence, the correct option is (C).

16. The adjective like superior is normally used with to. "Superior than" would therefore form a wrong sentence.

Hence, the correct option is (B).

17. The correctly spelt word is a committee.

It means a group of people who have been chosen to discuss something or decide something.

Hence, the correct option is (D).

18. 'Omellete' is spelt incorrectly which have the correct spelling as 'omelette'.

Omelette - A dish of beaten eggs cooked in a frying pan and served plain or with a savoury or sweet topping or filling.

Hence, the correct option is (C).

19. An inference can always be logically deduced from the information given in the passage. It is never directly stated in the passage. The author has explained how the learnings from music last for a lifetime.

Hence, the correct option is (C).

20. "Music can be divided into genres (e.g., country music) and genres can be further divided into subgenres (e.g., country blues and pop country are two of the many country subgenres)".

Hence, the correct option is (D).

21. Within the arts, music may be classified as performing art, fine art, or auditory art.

Hence, the correct option is (D).

22. Music may be played or sung and heard live at a rock concert or orchestra performance, heard live as part of a dramatic work (a music theatre show or opera) or it may be recorded and listened to on a radio, MP3 player, CD player, smartphone or as film score or TV show.

Hence, the correct option is (D).

23. The sentence is "Students of music are better suited to face the world once they leave school".

Hence, the correct option is (A).

24. There is an error in part (b) of the sentence (a) single verb can be used for two subjects only if the form of the verb is the same for both subjects. Here, She is a singular subject and is in the third person. 'You' is also a singular subject but it is in the second person. The verb 'is' is used for the subject she. The verb is missing for the subject you. Therefore are should be used after you in part (b) of the sentence.

Hence, the correct option is (B).

25. The superlative degree (or superlative) compares more than two things to show which has the least or greatest degree of the quality (e.g., brightest, most bright).

The use of "most" is incorrect as 'fastest' is in the superlative degree. We avoid the use of double superlative. Justin is the fastest runner on the track team.

Hence the correct option is (A).

// टिप्पणियाँ //

// टिप्पणियाँ //

www.ingramcontent.com/pod-product-compliance
Ingram Content Group UK Ltd.
Pitfield, Milton Keynes, MK11 3LW, UK
UKHW061702190726
13853UKWH00008B/2367

9 789390 893089